中華人民共和國國務院批准的重大文化出版工程

國家文化發展規劃綱要的重點出版工程項目

新聞出版總署列爲『十一五』國家重大工程出版規劃之首

國家出版基金重點支持項目

中華大典

醫藥衛生典

巴蜀書社

《中華大典》工作委員會

主　任：柳斌傑　金人慶

副主任：李　彦　于永湛　鄔書林　張少春　李衛紅　周和平　陳金泉　李靜海

委　員：張小影　伍　傑　朱新均　吳尚之　孫　明　王家新　徐維凡　劉小琴　毛群安　遲　計　曹清堯　彭常新　王志勇　潘教峰　姜文明　王　正　石立英　安平秋　陳祖武　詹福瑞　戴龍基　宋煥起　孫　顒　陳　昕　魏同賢　王建輝　朱建綱　高紀言　莫世行　段志洪　李　維　何學惠　甄樹聲　馮俊科　譚　躍　羅小衛　王兆成

《中華大典》編纂委員會

《中華大典》前言

《中華大典》是運用我國歷代漢文古籍編纂的一部大型工具書。其目的是爲學術界及願意了解中國古代珍貴文化典籍的人士提供準確詳實、便於檢索的漢文古籍分類資料。

中國是世界文明古國之一，幾千年來纂寫和聚集的文化典籍浩如烟海。我國歷代都有編纂類書的優良傳統，具有代表性的《永樂大典》等大多已佚失，現存《古今圖書集成》編就距今也已數百年。爲了適應今天和以後研究和檢索的需要，一九八八年海内外三百多位專家學者和各古籍出版社同仁倡議，在已有類書的基礎上，用現代科學方法編纂一部新的類書《中華大典》。

國務院在關於編纂《中華大典》問題的批覆中指出，編纂《中華大典》『是我國建國以來最大的一項文化出版工程』。本書所收漢文古籍上起先秦，下迄清末，約三萬種，達七億多字，分爲二十四個典，近百個分典，内容廣博，規模宏大，前所未有。

《中華大典》的編纂工作堅持科學態度和百花齊放、百家争鳴方針。儘量採用古精校精刻本，優先採用我國建國後文獻學和考古學的優秀成果。對傳統文化中重要的不同學派的資料，兼收並蓄。運用現代圖書分類的方法，對搜集到的資料，精選、精編，力求便於檢索、準確可信。

這項工作從開始起就受到中共中央、國務院和有關部門的重視和支持。國家主席江澤民、國務院總理李鵬分别爲《中華大典》題詞。江澤民的題詞是：『同心同德，群策群力，認真編好中華大典，爲建設有中國特色的社會主義服務。』李鵬的題詞是：『繼承和弘揚民族優秀傳統文化。』全國政協主席李瑞環、國務委員李鐵映也作了重要指示，要求抓緊辦理。一九九〇年五月，國務院批准《中華大典》爲國家重點古籍整理項目。一九九二年九月，正式成立了《中華大典》工作委員會和《中華大典》編纂委員會，召開了《中華大典》工作、編纂會議。自此，《中華大典》的編纂工作由試點轉入正式啓動，逐步鋪開。

編纂《中華大典》，學術性很强，工作量很大，工程十分艱巨，全賴廣大專家學者和全國各有關高等院校、科研院所、圖書館、出版單位的鼎力支持與積極參與。大家本着弘揚中華民族優秀文化的心願，發揚奉獻精神，克服各種困難，團結協作，給這部巨大類書的出版提供了根本保證。在此謹表示誠摯的謝意。

對本書的批評與建議，我們將十分歡迎。

《中華大典》編纂委員會

一九九七年四月

二〇〇六年十一月修訂

《中華大典》編纂通則

一、性質：《中華大典》（以下簡稱《大典》）是對漢文古籍（含已翻譯成漢文的少數民族古籍）進行全面的、系統的、科學的分類整理和彙編總結的新型類書，是在繼承歷代類書優良傳統、考慮漢文古籍固有特點的基礎上，借鑑和參照近代編纂百科全書的經驗和方法編纂而成。編纂《大典》的目的，是爲學術界及願意了解中國古代珍貴文化典籍的人士提供各種分門别類的、準確詳細的古代漢文專題資料。

二、規模和體例：《大典》所收古籍的時限，上自先秦，下迄辛亥革命。全書共收各類漢文古籍三萬餘種，七億多字。全書體例，着重汲取清代《古今圖書集成》所採用的經目和緯目相交織這一統一框架結構的模式，同時參照現代科學的學科、目録分類方法，並根據各類學科内容的實際情况，一般將每一大類學科輯爲一典，也有將幾個相關學科共輯爲一典的。對各典名稱，均以現代學科命名，對於所收入的各種古籍資料，亦儘可能納入現代科學分類體系之中。

三、經目：《大典》共分二十四個典，即哲學典、宗教典、政治典、軍事典、經濟典、法律典、教育典、語言文字典、文學典、藝術典、歷史典、歷史地理典、民俗典、數學典、物理化學典、天文典、地學典、生物學典、醫藥衛生典、農業典、林業典、工業典、交通運輸典、文獻目録典。典以下以分典、總部、部、分部分級，分部之下的標目根據各學科特點由各典自行擬定。

四、緯目：共設置九項緯目，用以包容各級經目的具體内容：

①題解：對有關學科的名稱、概念、含義、特點等作總體介紹的資料。

②論説：有關理論部分的資料。

③綜述：有關學科或事物的系統性資料，凡有關學科或事物的性狀、制度、範疇、特點及學科地位、發展情況等具體内容均編入此緯目中。

④傳記：有關人物的傳記資料。

⑤紀事：有關學科或事物的具體活動或事例的資料。

⑥著録：重要人物或文獻的有關著作資料，如專集介紹、序跋、藏書題記，以及有關著作的成書經過、版本源流等。

⑦藝文：有關屬於文學欣賞性的散文或韵文。

⑧雜録：凡未收入以上各緯目，而又有較高參考價值的資料，均入雜録。

⑨圖表：根據有關經目的内容需要，圖與表附於相關專題之下，或集中彙總於某級經目之後。

《大典》以内容分類安排各級緯目，各級緯目的正文，一般以原書爲單位，按時代順序排列。每一條資料前標明出處，包括書名或作者名、篇名或卷次，以利讀者核對原書。

五、書目：每分典後附有該分典所收書之書目，書目包括書名、作者、時（年）代、版本等内容。時代以成書時代爲準，成書時代不詳者，以作者主要活動時代爲準，並遵從歷史習慣。

六、版本：《大典》在選用版本時儘量採用古人的精校精刻本，亦採用部分學術界通用的近、現代整理圈點本及現代學者校點整理本。

七、校點：爲儘可能保存古籍原貌，《大典》衹對底本中明顯的脱、訛、衍、倒進行勘正。古本中的避諱字一般不作改動，衹對缺筆字補足筆畫。後人刻書時避當朝人諱而改動的字，據古本改回。《大典》採用新式標點法。

《中華大典》編纂委員會

一九九六年八月

二〇〇六年十一月修訂

《中華大典·醫藥衛生典》編纂委員會

《中華大典・醫藥衛生典》序

《中華大典・醫藥衛生典》是《中華大典》的重要組成部分，也是先期開展工作的試點之一，它包括《醫學分典》、《藥學分典》和《衛生學分典》，由成都中醫藥大學、中國中醫研究院和雲南中醫學院分工合作編纂。中宣部、文化部、國家教委、新聞出版署等十餘部委聯合組成的《中華大典》試點工作領導小組決定：先行試編《醫學分典》，在取得經驗的基礎上，再編纂其餘兩個分典。

一九八九年一月廿一日，《醫學分典》編委會在成都中醫藥大學成立，標誌着試點工作正式啓動。經過四年的試點、實踐，取得了較爲豐富的經驗，初步確定了《醫藥衛生典》的基本框架，擬訂了《醫藥衛生典》的《工作細則》、《共用書目表》和《醫學分典》的《編纂方案》、《書目表》等有關文件與資料，以及編寫出了《醫學通論總部》、《内科總部》、《兒科總部》的樣稿。從而爲《醫學分典》乃至《醫藥衛生典》編纂工作的順利開展提供了重要的前提條件。

在《醫學分典》試點工作取得經驗的基礎上，一九九三年九月，《醫藥衛生典》編委會在中國中醫研究院正式成立，《醫藥衛生典》的編纂自此全面啓動。

在中國醫學史上，也曾有過大型醫藥學類書的編纂，較早者如晉代的《雜藥方》，最大者如隋代的《四海類聚方》，較近者則當推清代《古今圖書集成》中的《醫部全録》。但清代以前的類書多已亡佚，僅存者也有資料不全、查找不便或錯訛等問題。工具書的編纂歷來是『前修未密，後出轉精』，

《醫藥衛生典》收編先秦至清末期間醫藥衛生及經史百家典籍中重要的醫藥衛生文獻資料，共約五千萬字，通過經緯交織的編纂方法，將我國古代人民對醫藥衛生的認識及防病治病的科學成果，按現代學科與專題予以分類編纂。它不僅展示了中醫藥學術的豐富内涵，也有助於廣大讀者把握中醫藥學術形成、發展的源流與脈絡。出版後，將成爲國内外醫藥衛生工作者和其他相關學科學者了解中醫藥科學知識的一個重要信息源、資料庫。

《醫藥衛生典》具有以下特點：

第一，它不僅是中醫藥界組織編纂的一部大型工具書，而且是國家中央政府『盛世修典』的一個重要組成部分。又被選作試點工程，充分體現出了黨和國家對醫藥衛生事業的關懷與重視。

第二，涵蓋面廣，内容豐富，規模空前。本典不僅博採醫藥衛生界所熟知的醫學、藥學以及衛生學等有關學科内容，還包括一般人不太了解，但已爲學術界和管理層所認識到並被視作優勢之一的『中醫藥文化』等方面的内容。資料來源廣涉經史百家文獻與出土簡帛文獻、域内傳世文獻與流失海外的文獻等多個層面；在時空上跨越先秦以迄清末；在數量上查閲文獻達一萬三千餘種，引用典籍七千種以上。如此的涵蓋面和容量規模，不僅明顯超越歷史上已有的中醫藥類書，也爲當前同類中醫藥出版物所不及。

第三，在編纂方法上具有高度的科學性和完整的系統性。本典按照現代學科分類方法，並結合我國類書編纂的優良傳統，分爲若干分典、總部、部、分部等各級經目，經目之下又設多個緯目。這樣經緯交織，系統完整，將數千萬字的資料科學有序地盡收一書，這在歷史上是罕見的。

第四，具有廣泛的實用性。由於本典搜裒歷代百家資料，又有多種目録、索引、書目表等供查檢，並在系統全面輯編文獻資料的基礎上做了一番去粗取精的工作，故對於專業人員和其他學科中需了解醫藥衛生資料的學者都具有很高的研究價值和參考價值。

第五，具有類書編纂的高水平和權威性。《中華大典》是經國務院批准，並由中央有關部委負責組織實施的國家重點古籍整理項目。本典由國内一大批著名專家和中青年學者參與編纂，歷時十一年，取得了豐富的經驗。在編纂中注意汲取古代類書輾轉傳鈔、校勘粗疏、出處不詳的教訓，總結歷代類書編纂的利弊得失，充分吸收近二百年來在古籍整理和考古研究方面的新成果，儘可能選用可靠的、經過專家校勘的善本，層層嚴把質量關，從而保證了本典的學術水平與權威性。

中國醫藥學是一個偉大的寶庫，是中國人民長期同疾病作鬥争的經驗總結，它不僅包含着對疾病診療以及衛生保健與康復的豐富經驗，而且形成了獨特的理論體系。在西方醫學未傳入中國之前，它爲中國人民的繁衍昌盛作出了卓越貢獻，就是到了現代醫學高度發達的今天，仍是中國醫藥衛生事業的重要組成部分，並越來越爲全世界所矚目。這是我們力圖編好本典的基點。在長達十一年的編纂工作中，我們抱着嚴謹認真的科學態度，發揚奉獻精神，團結合作，克服了許多困難，付出了辛勤勞動，有的同志病逝在工作崗位上。整個編纂工作，在黨中央、國務院的親切關懷下，在《中華大典》工委會、編委會和國家中醫藥管理局的指導下進行，四川省黨政領導部門和國家圖書館等全國很多單位給予有力的支持，我們在此表示衷心的感謝，並歡迎海内外廣大讀者對我們的不足之處提出寶貴意見和建議。

《中華大典·醫藥衛生典》編纂委員會

一九九九年七月十八日

《中華大典·醫藥衛生典》凡例

一、《醫藥衛生典》是《中華大典》的組成部分之一，收録一九一一年以前中國古籍文獻中有關傳統中醫、中藥及衛生保健方面的資料，其中包括日本、朝鮮等鄰近國家刊刻或撰著的部分中醫藥文獻。

二、根據《中華大典》『經緯交織』的編纂特點和體例規定，典是一級經目，分典是二級經目，總部、部、分部則分别爲三、四、五級經目。《醫藥衛生典》包括《醫學分典》、《藥學分典》和《衛生學分典》三個二級經目，分典下設總部、部、分部等經目，或於分部之下更設專題。各級經目依據學科發展的歷史狀況而設，不求整齊劃一。三個分典下的總部設置情况分别爲：《醫學分典》下設《醫學通論總部》、《基礎理論總部》、《診法總部》、《温病總部》、《針灸總部》、《推拿總部》、《内科總部》、《外科總部》、《骨科總部》、《婦科總部》、《兒科總部》、《眼科總部》、《耳鼻咽喉口齒總部》、《典制總部》、《醫家總部》、《辭章雜記總部》。《藥學分典》下設《藥物圖録總部》、《藥學通論總部》、《人物典制總部》、《藥材總部》、《藥性理論總部》、《藥物總部》。《衛生學分典》下設《通論總部》、《環境衛生總部》、《人體衛生總部》、《氣功總部》、《食養食治總部》、《人物總部》。

三、依據《中華大典》體例要求，本典各級經目下設有題解、論説、綜述、紀事、著録、藝文、圖表、雜録八個緯目。題解：爲對同級經目的名稱、含義、概念、特點等作總體性、概括性介紹的資料。論説：爲經目中有關理論部分的資料。綜述：爲經目性狀、特點、地位、實際應用發展情況等具體内容方面的資料。紀事：爲有關具體活動和事例的資料。著録：爲相關重要著作、文獻的評價、成書經過、版本源流諸方面的資料。藝文：爲以文學欣賞性爲主的相關資料，主要收詩賦等韻文，也收少量散文。圖表：爲文獻中表示各種情況、注明各種數字的圖和表的彙集。雜録：未收入以上緯目，而又具有一定參考價值，或其科學性有待進一步研究的資料。

各級經目下之緯目的設置，視所據有資料的情況，有則設之，無則不設。各緯目之下按時代先後排列資料，時代的確定以成書年代爲準，難以考實者就近排列，或遵從歷史習慣。

四、所引資料先標明出處，出處標署以書名和篇名爲主，如無篇名或標署篇名不便者則標署卷次。原書卷帙浩繁者，除標署書名和篇名外，有的復標卷次。同名異書者，加標作者名，以便檢索。

五、所引資料若在一段之中有略去不用者，則以【略】代之，所略内容如果位於段首或段尾，則不加標識，以免繁瑣。

六、本書用字儘量保持版本原樣，對異體字未作總體統一，原則上在同段文章中進行規範。通假字、古今字一般不改，衹在同一段中加以統一，規範原則一般是就多不就少。

七、本書注文的編排遵從歷史習慣採用兩種方法：一是隨文夾注，主要用於針對字、詞的短注；《素問》、《太素》等醫經之王冰注、林億等新校正、楊上善注等作隨文夾注處理。二是低正文一格的注文排法，主要用於對正文的發揮闡釋等文字。

八、作者自注不出注家名，注家不清楚者，不出注家名。《太素》楊上善注遵從歷史習慣不出注家名。其餘注家可考證者一律出注家名。

九、本書所採用的圓括號（ ）用於處理訛字和衍字。六角括號〔 〕的用法有二：一爲標署正字和增補的脱字，二是在注文前標署注家名。（書中收録有少量簡帛文獻，其隸定字用六角括號，通假的本字、古今字的今字用圓括號，爲特例。）

一〇、在標點使用上，遵從《中華大典》通則的規定，多用逗號和句號，儘量少用或不用其他符號。

一一、遵從《中華大典》通則的規定，對古籍的卷次，用一、二、三、四、五、六、七、八、九、〇標示，不用十、百、千、萬。

一二、各總部卷末，附載資料引用書目。書目包括書名、作者（編者）、時（年）代、版本等内容。

《中華大典·醫藥衛生典》編纂委員會

一九九八年十二月八日

二〇一五年七月修訂

中華大典·醫藥衛生典

衛生學分典

《中華大典·醫藥衛生典·衛生學分典》編委會

《中華大典·醫藥衛生典·衛生學分典》編纂說明

《中華大典·醫藥衛生典·衛生學分典》（以下簡稱《衛生學分典》）是組成《中華大典·醫藥衛生典》的三個分典之一。本分典在系統收集相關資料的基礎上，力圖全面客觀地反映中國古代衛生學的豐富內容。

《衛生學分典》下分六個總部，即《通論總部》、《人物總部》、《環境衛生總部》、《人體衛生總部》、《食養食治總部》、《氣功總部》。《通論總部》主要反映古代醫家關於衛生保健的一般性論述。《人物總部》主要反映古代在衛生學方面有影響的人物。《環境衛生總部》主要反映古代關於保護及建立有益健康的居住與生活環境，以及避免不良環境的資料。《人體衛生總部》主要反映古代與個人衛生保健及各種個人生活習慣對健康良莠影響的相關資料。《食養食治總部》主要反映古代以食藥兩用的材料進行保健養生與用藥膳进行疾病調治的相關資料。《氣功總部》主要反映古代以行氣調息方法進行養生保健的相關資料。

根據《中華大典》全書的性質，《衛生學分典》旨在爲學術界及願意瞭解中國古代衛生學典籍的人士提供準確翔實，便於檢索的漢文衛生學古籍的分類資料。爲了達到這一目的，本分典編纂人員從一九一一年以前記載衛生學狀況的各類文獻中廣泛收集資料。在近二十年中，爲了最大限度收集齊全古代衛生学資料，本分典《食養食治總部》主編及部分成員參與了《中醫養生大成》（古代養生學相關書籍的大型校點叢書）的編纂，又參與了從海外復製回歸中國失傳古醫藥典籍的兩個大型國家級課題，爲收集國內外相關資料打下了良好的基礎。本分典主要資料來源有以下幾個方面：

養生學專著：在全面調查上現存歷代養生相關著作，約有近五百種，大致可以分爲三類，其中『養生通論著作』三百種，『導引氣功』一百五十餘種，『煉丹』約四十種。這些著作中，的確有一部分內容屬於糟粕，並且也有一部分與道教雜糅在一起的內容。爲了保證入選的內容確屬中醫衛生學範圍，本分典不收錄以下類內容：一、以長生不老爲主旨的煉丹（含內丹、外丹）內容；二、渲染房中技巧、追求淫樂、采陰補陽的房中內容；三、其他以養生爲名、事涉邪術的各種內容；四、屬於全盤抄襲的養生類書籍的內容；五、以技擊爲主的武術內容。

本草類專著：中國古代醫藥學素有藥食同源之說，在現存近三百種古代本草專著中，大多設有『穀類』、『菜類』、『果類』、『鱗部』、『禽部』、『獸部』等，均屬於食物範疇。在充分調研的基礎上，爲了不與《中華大典·醫藥衛生典·藥學分典》有過多的重複，本書所選古籍以食物本草爲主，排除一般本草類著作。

醫學書籍：在普查四千多種古代非衛生類的古醫籍基礎上（含海外復製回歸的中國散佚相關醫書百餘種），從中摘錄零散的衛生學篇節，或具體的保健養生資料，匯入本分典相關總部之中。

其他類文獻：包括從相關學科（如農學、博物學等）、相關書籍（如佛經道藏、古代筆記小說類書籍、文史書籍、飲食類書籍等）中搜羅的古代衛生學資料。

爲盡量避免重複，凡完全照引前人資料者，概不收錄。故同一性質的資料，若未見有較晚書籍之名，大多因文字重複而被略去，而非遺漏。

《衛生學分典》的編纂在已出版的類書中尚屬首次，工程浩大，經驗不足，肯定會存在某些缺點錯誤，歡迎讀者批評指正。

《中華大典·醫藥衛生典·衛生學分典》編委會

二〇一四年四月

人體衛生總部

主　編：張早華

副主編：（按姓氏拼音排序）

付幼榮　蔣力生　嚴康維　楊金洪

编　委：（按姓氏拼音排序）

程　英　儲戟農　樊樹英　付幼榮

胡雪琴　蔣力生　李鴻濤　劉培生

陸嘉明　陸　静　彭　莉　吴　勇

嚴康維　楊德利　楊金洪　尹愛寧

張玉蘭　張早華　朱占瑞

《人體衛生總部》提要

衛生，即養生，指保養愛護生命，又稱攝生、保生、遵生、守生等。中華民族在悠久的文明發展過程中，不僅形成了獨具特色的生命觀、人體觀，而且創造發明了衆多的養生方法和技術，積累了豐富的養生經驗，留下了大量的養生文物和古籍，是人類探索生命奥秘的珍貴遺産。《人體衛生總部》的編纂，旨在全面文獻調查的基礎上，擷英取華，以最典型、最具代表性的養生文獻，反映古人的生命智慧。

本總部下設總論、個人衛生、嬰幼衛生、老人衛生、婦人衛生、養顔美容及房中衛生七個部。

總論部，包含三個方面的内容。一爲通論，類集古代養生的基本論説、普遍看法，具有通用常識的特徵；二爲醫事，擇要介紹古代養生的典型事件；三爲人物，重點載録歷史上著名養生人物的事迹。

個人衛生部，以個體生命爲對象，全面類集個人養生的各種方法、經驗。包括四時起居、運動勞逸、睡眠沐浴、盥洗服飾、口腔衛生、排便保健以及針灸按摩等日常養生的綜合知識。

嬰幼衛生部，包含嬰幼兒早期護養、體質鍛煉、免疫防病及早期教育的内容。

老人衛生部，以精神調養爲起點，兼顧起居、飲食、勞逸及合理用藥等方面，彰顯健康養老的中華傳統文化。

婦人衛生部，根據女性的生命特點，以經帶胎産及更年期爲主綫，重點集録婦女經期衛生、胎孕胎教衛生、産褥衛生、哺乳衛生及更年期衛生的内容。

養顔美容部，以人體顔面部位爲美容重點，分别載録顔面、頭髮、眼、耳、鼻、口的養護方法，兼及四肢胸背的保養內容，尤其對顏面的養護，全面輯錄有關駐顏容、潤膚增白及消瘢去痕、去疣去刺、平疙瘩、除黑斑黑痣的手段和方法，材料十分豐富。

房中衛生部，從交合之道、交合至理入手，兼及種嗣、服餌等房中秘術，是古人性科學的智慧結晶。本總部剔除了淫秽、迷信之糟粕，使內容更健康。

《人體衛生總部》，輯錄古代養生文獻百餘種，所錄文獻的標點、分類、編排，嚴格遵照《中華大典・醫藥衛生典・衛生學分典》的編纂體例和要求，此不贅述。

目錄

人體衛生總部

總論部

綜述

《養性延命錄・食誡篇》眞人曰：雖常服藥物而不知養性之術，亦難以長生也。養性之道，不欲飽食便臥，及終日久坐，皆損壽也。人欲小勞，但莫至疲，及強所不能堪勝耳。人食畢，當行步躊躇，有所修爲爲快也。故流水不腐，戶樞不朽蠹，以其勞動數故也。故人不要夜食，食畢但當行中庭，如數里可佳。飽食即臥，生百病，不消成積聚也。食欲少而數，不欲頓多難銷，常如飽中飢，飢中飽，故養性者先飢乃食，先渴而飲。恐覺飢乃食食必多，盛渴乃飲飲必過。食畢當行，行畢使人以粉摩腹數百過，大益也。青牛道士言：食不欲過飽，故道士先飢而食也。飲不欲過多，故道士先渴而飲也。食畢行數百步中益也。暮食畢，行五里許乃臥，令人除病。凡食，先欲得食熱食，次食溫暖食，次冷食。食熱暖食訖，如無冷食者，即喫冷水一兩，嚥甚妙。若能恒記，即是養性之要法也。凡食，欲得先微吸取氣嚥一兩，嚥乃食，主無病。眞人言：熱食傷骨，冷食傷藏。熱物灼脣，冷物痛齒。食訖踟躕長生，飽食勿大語，大飲則血脈閉，大醉則神散。春宜食辛，夏宜食酸，秋宜食苦，冬宜食鹹，此皆助五藏，益血氣，辟諸病。食酸鹹甜苦，即不得過分食。春不食肝，夏不食心，秋不食肺，冬不食腎，四季不食脾。如能不食此五藏，尤順天理。燕不可食，入水爲蛟蛇所吞，亦不宜殺之。飽食訖即臥，成病背疼。飲酒不欲多，多即吐，吐不佳。醉臥不可當風，亦不可用扇，皆損人。白蜜勿合李子同食，傷五內。醉不可強食，令人發癰疽生瘡。醉飽交接，小者令人面皯咳嗽，不幸傷絕藏脈損命。凡食欲得恒溫暖宜入易銷胜於習冷。凡食，皆熟勝於生，少勝於多。飽食走馬，成心癡。飲水勿忽咽之，成氣病及水癖。人食酪，勿食酢，變爲血痰及尿血。食熟食汗出，勿洗面，令人失顏色，面如蟲行。食熱食訖，勿以醋漿漱口，令人口臭及血齒。馬汗息及馬毛入食中亦能害人。雞兔犬肉不可合食，爛苑。屋上水滴浸者脯，名曰鬱脯，食之損人。久飢不得飽食，飽食成癖病。飽食夜臥失覆，多霍亂死。時病新差，勿食生魚，成痢不止。食生魚勿食乳酪，變成蟲。食兔肉勿食乾薑，成霍亂。人食肉不用取上頭最肥者，必衆人先目之，食者變成結氣及疰癘，食皆然。空腹勿食生菓，令人膈上熱，骨蒸作癰癤。銅器蓋食，汗出落食中，食之發瘡肉疽。觸寒未解，食熱食亦作刺風。飲酒熱未解，勿以冷水洗面，令人面發瘡。飽食勿沐髮，沐髮令人作頭風。蕎麥和豬肉，食不過三頓，成熱風。乾脯勿置秫米瓮中，食之閉氣。乾脯火燒不動，出火始動，擘之筋縷相交者，食之患人或殺人。羊胛中有肉如珠子者，名羊懸筋，食之患癲癇。諸濕食不見形影者，食之成疰腹脹。暴疾後不周飲酒，膈上變熱。新病差，不用食生棗、羊肉、生菜，損顏色，終身不復，多致死，膈上熱蒸。凡食熱脂餅物，不用飲冷醋漿水，善失聲若咽。生葱白合蜜食害人，切忌。乾脯得水，自動殺人。曝肉作脯不肯燥，勿食。羊肝勿合椒食，傷人心。胡苽合羊肉，食之發熱。多酒食肉，名曰癡脂，憂狂無恒。食良藥五穀充悅者，名曰中士，猶慮疾苦。食氣保精存神，名曰上士，與天同年。

《養性延命錄・雜誡忌禳害祈善篇》久視傷血，久臥傷氣，久立傷骨，久行傷筋，久坐傷肉。凡遠思強健傷人，憂恚悲哀傷人，喜樂過差傷人，忿怒不解傷人，汲汲所願傷人，戚戚所患傷人，寒熱失節傷人，陰陽不交傷人。凡交，須依導引諸術，若能避衆傷之事，而復陰陽之術，則是不死之道。大樂氣飛颺，大愁氣不通。用精令人氣力乏，多視令人目盲，多睡令人心煩，貪美食令人洩痢。俗人但知貪於五味，不知元氣可飲。聖人知五味之生病故不貪，知元氣可服故閉口不言，精氣自應也。唾不嚥則海不潤，海不潤則津液乏，是知服元氣飲醴泉乃延年之本也。沐浴無常不吉，夫婦同沐浴不吉。新沐浴及醉飽遠行歸還大疲倦，並不可行房室之事。生病切慎之，丈夫勿頭北臥，令人六神不安多愁忘。勿跂井今古，大忌。若見十步地牆，勿順牆坐臥，被風吹，發癲癇疾。勿怒目久視日月，失目明。凡大汗，忽脫衣不慎，多患偏風，半身不遂。新沐浴了，不得露頭當風，不幸得大風刺。風疾觸寒來，勿臨面火上，成胃起風眩。凡汗勿跂牀懸腳，久成血痺足重腰疼。凡腳汗，勿入水，作骨痺亦作遁疰。久忍小便，膝冷兼成冷痺。凡食熱物汗出，勿盪風，發疰頭痛，令人目澀饒睡。凡欲眠，勿歌詠，不祥。起眠訖，勿大語，損人氣。凡飛鳥投人，不可食焉。若開口及毛下有瘡，並不可食之。凡熱泔洗頭冷水濯，成頭風。凡人卧，頭邊勿安火鑪，令人頭重目赤鼻乾。凡卧訖，頭邊勿安燈，令人六神不安。冬日溫足凍腦，春秋腦足俱凍，此乃聖人之常法也。凡新哭泣訖便食，即成氣病。夜卧勿覆頭，婦人勿跂竈坐，大忌。凡若唾，不用遠，遠即成肺病，令人手重背疼咳嗽。凡人魘，勿點燈，照定魘死，暗喚之即吉，亦不可近前及急喚。凡人卧，勿開口，久成消渴并失血色。凡旦起，勿以冷水開目洗面，令人目澀失明饒淚。凡行途中觸熱逢河，勿洗面，生烏皯。人睡訖忽覺，勿飲水更卧，成水痺。凡時病新汗解，勿飲冷水，損人心腹不平復。凡空腹，不可見聞臭屍氣入鼻，令人成病。凡欲見死屍，皆須先飲酒及咬蒜，辟毒氣。凡小兒，不用令指月，兩耳後生瘡，是斷名月蝕瘡，搗蝦蟆末傅即差，并別餘瘡並不生。凡產婦不可見狐臭人，能令產婦著腫。凡人卧，不用於窻欞下，令人六神不安。凡卧，春夏欲得頭向東，秋冬頭向西，有所利益。凡丈夫，飢欲得坐小便，飽則立小便，令人無病。凡人睡欲得屈膝側卧，益人氣力。凡卧，欲得數轉側微語笑，欲令至少語，莫令聲高大。春欲得瞑卧早起，夏秋欲得侵夜卧早起，冬欲得早卧晏起，皆有所益。雖云早起莫在雞鳴前，晏起莫在日出後。冬日天地閉，陽氣藏，人不欲勞作汗出，發洩陽氣損人。新沐浴訖，勿當風濕語，勿以濕頭卧，使人患頭風眩悶，髮頹面腫，齒痛耳聾。濕衣及汗衣皆不可久著，令發瘡及患風瘙癢。

《褚氏遺書・受形》 男女之合，二情交暢，陰血先至，陽精後衝，血開裹精，精入爲骨，而男形成矣；陽精先入，陰血後參，精開裹血，血入居本，而女形成矣。陽氣聚面，故男子面重，溺死者必伏；陰氣聚背，故女子背重，溺死者必仰。走獸溺死者，伏仰皆然。陰陽均至，非男非女之身，精血散分駢胎、品胎之兆。父少母老，產女必羸；母壯父衰，生男必弱。古之良工，首察乎此，補羸女，先養血壯脾；補弱男，則壯脾節色。羸女宜及時而嫁，弱男宜待壯而婚。此疾外所務之本，不可不察也。

《褚氏遺書・分體》 耳、目、鼻、口、陰、尻，竅也；臂、股、指、趾，肢也；雙乳、外腎，關也；齒、髮、爪、甲，餘也；枝指、旁趾，附也。養耳力者常飽，養目力者常瞑，養臂指者常屈伸，養股趾者常步履。夏臟宜冷，冬臟宜溫。背陰肢末，雖夏宜溫，胸包心火，雖冬難熱。熱作腫，而竅塞，血不行而肢廢。餘有消長無疾，痛附有疾，痛無生死者，疣瘤而已。

《千金要方・養性序》 夫養性者，欲所習以成性，性自爲善，不習無不利也。性既自善，內外百病自然不生，禍亂災害亦無由作，此養性之大經也。善養性者則治未病之病，是其義也。故養性者，不但餌藥餐霞，其在兼於百行；百行周備，雖絕藥餌，足以遐年。德行不充，縱服玉液金丹，未能延壽。故老子曰：善攝生者，陸行不遇虎兕，此則道德之祜也。豈假服餌而祈遐年哉！聖人所以藥餌者，以救過行之人也。故愚者抱病歷年而不修一行，纏痾沒齒，終無悔心。此其所以岐和長逝，彭跗永歸，良有以也。

嵇康曰：養生有五難，名利不去爲一難，喜怒不除爲二難，聲色不去爲三難，滋味不絕爲四難，神慮精散爲五難。五者必存，雖心希難老，口誦至言，咀嚼英華，呼吸太陽，不能不回其操，不夭其年也。五者無於胸中，則信順日躋，道德日全，不祈善而有福，不求壽而自延，此養生之大旨也。然或有服膺仁義，無甚泰之累者，抑亦其亞歟。【略】

故養性之士，唾不至遠，行不疾走，耳不極聽，目不極視，坐不久處，立不至疲，卧不至懻。先寒而衣，先熱而解。不欲極饑而食，食不可過飽。不欲極渴而飲，飲不欲過多。飽食過多則結積聚，渴飲過多則成痰癖。不欲甚勞，不欲甚佚，不欲流汗，不欲多唾，不欲奔走車馬，不欲極目遠望，不欲多啖生冷，不欲飲酒當風，不欲數數沐浴，不欲廣志遠願，不欲規造異巧。冬不欲極溫，夏不欲窮涼；不欲露卧星月，不欲眠中用扇；大寒大熱、大風大霧皆不得冒之。五味不欲偏多，故酸多則傷脾，苦多則傷肺，辛多則傷肝，鹹多則傷心，甘多則傷腎，此五味克五臟五行，自然之理也。

凡言傷者，亦不即覺也，謂久則損壽耳。是以善攝生者，卧起有四時之早晚，興居有至和之常制，調利筋骨有俯仰之方，祛疾閑邪有吐納之術，流行營衛有補瀉之法，節宣勞逸有與奪之要。忍怒以全陰，抑喜以養陽。然後先服草木以救虧缺，後服金丹以定無窮，養性之理盡於此矣。夫欲快意任懷，自謂達識知命，不泥異端，極情肆力，不勞持久者，聞此言也，雖風之過耳，電之經目，不足喻也。雖身枯於留連之中，氣絕於綺紈之際，而甘心焉，亦安可告之以養性之事哉！非唯不納，乃謂妖訛也，而望彼信之，所謂以明鑒給蒙聾，以絲竹娛聾夫者也。

《千金要方・道林養性》 眞人曰：　雖常服餌而不知養性之術，亦難以長生也。養性之道，常欲小勞，但莫大疲及強所不能堪耳。且流水不腐，戶樞不蠹，以其運動故也。

養性之道，莫久行久立，久坐久卧，久視久聽。蓋以久視傷血，久卧傷氣，久立傷骨，久坐傷肉，久行傷筋也。仍莫強食，莫強酒，莫強舉重，莫憂思，莫大怒，莫悲愁，莫大懼，莫跳踉，莫多言，莫大笑。勿汲汲於所欲，勿懷忿恨，皆損壽命。若能不犯者，則得長生也。故善攝生者，常少思少念，少欲少事，少語少笑，少愁少樂，少喜少怒，少好少惡，行此十二少者，養性之都契也。多思則神殆，多念則志散，多欲則志昏，多事則形勞，多語則氣乏，多笑則臟傷，多愁則心懾，多樂則意溢，多喜則忘錯昏亂，多怒則百脈不定，多好則專迷不理，多惡則憔悴無歡。此十二多不除，則營衛失度，血氣妄行，喪生之本也。唯無多無少者，得幾於道矣。是知勿外緣者，眞人初學之法也。若能如此者，可居瘟疫之中 無憂疑矣。

既屏外緣，會須守五神肝、心、脾、肺、腎，從四正言、行、坐、立。言最不得浮思妄想，心念欲事，惡邪大起。故孔子曰：　思無邪。嘗習黃帝內視法，存想思念，令見五臟如懸磬，五色了了分明勿輟也。仍於每旦初起面向午，展兩手於膝上，心眼觀氣，上入頂下達湧泉，旦旦如此，名曰迎氣。常以鼻引氣，口吐氣，小微吐之，不得開口，複欲得出氣少，入氣多。每欲食，送氣入腹，每欲食氣爲主人也。

凡心有所愛，不用深愛，心有所憎，不用深憎，並皆損性傷神，亦不可用深贊，亦不可用深毀，常須運心於物平等，如覺偏頗，尋改正之。居貧勿謂常貧，居富勿謂常富，居貧富之中，常須守道，勿以貧富易志改性，識達道理，似不能言。有大功德，勿自矜伐。美藥勿離手，善言勿離口，亂想勿經心，常以深心至誠，恭敬於物。愼勿詐善，以悅於人。終身爲善，爲人所嫌。勿得起恨，事君盡禮。人以爲諂，當以道自平其心，道之所在，其德不孤。

勿言行善不得善報，以自怨仇。居處勿令心有不足，若有不足，則自抑之。勿令得起，人知止足。天遺其祿，所至之處，勿得多求，多求則心自疲而志苦，若夫人之所以多病，當由不能養性。平康之日，謂言常然，縱情恣欲，心所欲得，則便爲之，不拘禁忌，欺罔幽明，無所不作，自言適性，不知過後一一皆爲病本，及兩手摸空，白汗流出，口唱皇天，無所逮及，皆以生平粗心不能自察，一致於此。但能少時內省身心，則自知見行之中皆長諸，於知四百四病，身手自造，本非由天。及一朝病發，和緩不救，方更誹謗醫藥無效，神仙無靈。故有智之人，愛惜性命者，當自思念，深生恥愧，戒勒身心，常修善事也。

至於居處，不得綺靡華麗，令人貪婪無厭，乃患害之源。但令雅素淨潔，無風雨暑濕爲佳。衣服器械，勿用珍玉金寶，增長過失，使人煩惱根深。廚膳勿使脯肉豐盈，當令儉約爲佳。然後行作鵝王步，語作含鐘聲，眠作獅子卧，右脇脅著地，坐腳也。每日自詠歌云，美食須熟嚼，生食不粗吞，問我居止處，大宅總林村。胎息守五臟，氣至骨成仙。又歌曰：　日食三個毒，不嚼而自消。錦繡爲五臟，身著糞掃袍。

修心既平，又須愼言語。凡言語誦讀常想聲在氣海中臍下也。每日初入後，勿言語誦讀，寧待平旦也。旦起當專言善事，不當先計較錢財。又食上不得語，語而食者，常患胸背痛。亦不用寢卧多言笑，寢不得語言者，言五臟如鐘磬，不懸則不可發聲。行不得語，若欲語須住腳乃語，行語則令人失氣。冬至日，只可語不可言。自言曰言，答人曰語。言有人來問，不可不答，自不可發言也，仍勿觸冷開口大語爲佳。

言語既愼，仍節飲食。是以善養性者，先饑而食，先渴而飲。食欲數而少，不欲頓而多，則難消也。當欲令如飽中饑，饑中飽耳。蓋飽則傷肺，饑則傷氣，鹹則傷筋，酸則傷骨，故每學淡食，食當熟嚼，使米脂入腹，勿使酒脂入腸。人之當食，須去煩惱暴數爲煩，侵觸爲惱。如食五味必不得暴嗔，多令神氣驚，夜夢飛揚。每食不用重肉，喜生百病，常須少食肉，多食飯及少菹菜，並勿食生菜、生米、小豆、陳臭之物。勿飲濁酒、食麵，使塞氣孔。勿食生肉傷胃，一切肉須煮爛停冷食之，食畢當漱口數過，令人牙齒不敗口香。熱食訖，以冷酢漿漱口者，令人口氣常臭，作䘌病。又諸熱食鹹物後，不得飲冷酢漿水，喜失聲成屍咽。凡熱食汗出，勿當風，發痙頭痛，令人目澀多睡。每食訖，以手摩面及腹，令津液通流。食畢當行步躊躇，計使中數里來，行畢使人以粉摩腹上數百遍，則食易消，大益人，令人能飲食無百病，然後有所修爲爲快也。飽食即卧，乃生百病，不消成積聚。飽食仰卧成氣痞，作頭風。觸寒來者，寒未解食熱，成刺風。人不得夜食，又云夜勿過醉飽。食勿精思爲勞苦事，有損餘，虛損人常須日在巳時食訖，則不須飲酒，終身無干嘔。勿食父母本命所屬肉，令人命不長。勿食自己本命所屬肉，令人魂魄飛揚。勿食一切腦，大損人。茅屋漏水墮諸脯肉上，食之成瘕病。暴肉作脯不肯干者，食之害人。祭神肉無故自動，食之害人。

飲食上蜂行住，食之必有毒，害人。腹内有宿病勿食鯪鯉魚肉，害人。濕食及酒漿臨上看視不見人物影者，勿食之，成卒注。若已食腹脹者，急以藥下之。每十日一食葵，葵滑，所以通五臟壅氣，又是菜之主，不用合心食之。又飲酒不欲使多，多則速吐之爲佳，勿令至醉，即終身百病不除。久飲酒者，腐爛腸胃，漬髓蒸筋，傷神損壽。醉不可以當風，向陽令人發狂，又不可當風卧，不可令人扇凉，皆得病也。醉不可露卧及卧黍穰中，發癩瘡。醉不可强食，或發癰疽，或發喑，或生瘡。醉飽不可以走車馬及跳躑。醉不可以接房，醉飽交接，小者面䵟，咳嗽，大者傷絶臟脉損命。

凡人饑欲坐小便，飽則立小便，慎之無病。又忍尿不便，膝冷成痹，忍大便不出，成氣痔。小便勿努，令兩足及膝冷。大便不用呼氣及强努，令人腰痛目澀，宜任之佳。凡遇山水塢中出泉者，不可久居，常食作癭病。又深陰地冷水不可飲，必作痎瘧。飲食以調，時慎脱著。濕衣及汗衣皆不可久著，令人發瘡及風瘙。大汗能易衣佳，不易者急寒霍亂，食不消頭痛。脱著既時，須調寢處。凡人卧，春夏向東，秋冬向西，頭勿北卧，及墻北亦勿安床。凡欲睡，勿歌詠，不祥起。上床坐先脱左足，卧勿當舍脊下。卧訖勿留燭燈，令人魂魄及六神不安，多愁怨。人頭邊勿安火爐，日久引火氣，頭重目赤睛及鼻乾。夜卧當耳勿有孔，吹人即耳聾。夏不用露面卧，令人面皮厚，善成癬，或作面風。冬夜勿覆頭，得長壽。凡人眠，勿以脚懸踏高處，久成腎水及損房。足冷勿順墻卧，風吹人人，發癲及體重。人卧勿跂床懸脚，閉口，口開即失氣，且邪惡從口入，久而成消渴及失血色。屈膝側卧，益人氣力。勝正偃卧，按孔子不尸卧，故曰：睡不厭蹙，覺不厭舒。凡人舒睡，則有鬼痛魔邪。凡眠先卧心後卧眼，人卧近前急喚。夜夢惡不須説，且以水面東方潠之，咒曰：惡夢著草木，好夢成寶玉。即無咎矣。又夢之善惡，並勿説爲吉。衣食寢處皆適，能順時氣者，始盡養生之道。故善攝生者，無犯日月之忌，毋失歲時之和。一日之忌，暮無飽食，一月之忌晦無大醉，一歲之忌暮無遠行，終身之忌暮無燃燭行房。暮常護氣也。

凡氣，冬至起於涌泉，十一月至膝，十二月至股，正月至腰，名三陽成。二月至膊，三月至項，四月至頂。純陽用事，陰亦仿此。故四月、十月不得入房，避陰陽純用事之月也。每冬至日於北壁下厚鋪草而卧，云受元氣。每八月一日以後，即微火暖足，勿令下冷無生意，常欲使氣在下，不欲泄於上。春凍未泮，衣欲下濃上薄，養陽收陰，繼世長生。養陰收陽，禍至滅門。故云：冬時天地氣閉，血氣伏藏，人不可作勞出汗，發泄陽氣，有損於人也。又云：冬日凍腦，春秋腦足俱凍，此聖人之常法也。春欲晏卧早起，夏及秋侵夜乃卧早起，冬欲早卧晏起，皆益人。凡冬月忽有大熱之時，夏月忽有大凉之時，皆勿受之。人有患天行時氣者，皆由犯此也，即須調氣息，使寒熱平和，則免患也。每當臘日，勿歌舞，犯者必凶。

《養生類纂·養生部》 一人之身，一國之象。胸臆之設，猶宫室也。支體之位，猶郊境也；骨節之分，猶百川也；腠理之間，猶四衢也。神猶君也，血猶臣也，氣猶民也。故志人能理其身，亦猶明君能治其國。夫愛其民所以安其國，愛其氣所以全其身。民弊即國亡，氣衰即身謝。是以志人上士當施醫於未病之間，不追修於既敗之後。故知國難保而易喪，氣難清而易濁。審機權可以安社稷，制嗜慾可以保性命。若能攝生者，當先除六害，然後可以延駐。何名六害？一曰薄名利，二曰禁聲色，三曰廉貨財，四曰損滋味，五曰屏虛妄，六曰除嫉妒。六者若存，則養生之道徒設耳，蓋未見其有益也。雖心希妙理，口念真經，咀嚼英華，呼吸景象，不能補其促矣。誠者所以保和全真，當少思少念，少笑少言，少喜少怒，少樂少愁，少惡少好，少事少機。夫多思則神散，多念則心勞，多笑則臟腑上翻，多言則氣海虛脱，多喜則膀胱納客風，多怒則腠理奔浮血，多樂則心神邪蕩，多愁則頭面焦枯，多好則智氣潰溢，多惡則精爽奔騰，多事則筋脉乾急，多機則智慮沉迷。茲乃伐人之生甚於斤斧，蝕人之性猛於豺狼。無久行，無久坐，無久立，無久卧，無久視，無久聽。不飢强食則脾勞，不渴强飲則胃脹。體欲少勞，食欲常少。勞則勿過，少勿令虛。冬則朝勿虛，夏則夜勿飽。早起不在雞鳴前，晚起不過日出後。心内澄則真人守其位，氣内定則邪物去其身。行欺詐則神悲，行爭競則神沮。輕侮於人當減算，殺害於物必傷年。行一善則魂神歡，搆一惡則魄神喜。魂神欲人生，魄神欲人死。常欲寬泰自居，恬淡自守，則神形安静，災病不生。仙籙必書其名，死籍必消其咎，養生之理盡在此矣。至於鍊還丹而補腦，化金液以留神，此上眞之妙道，非食穀啗血越分而修之，萬人之中得者殊少，深可誡焉。

《女科百問・第一問》 精血以分男女之本源者，何也？答曰：男子以精爲本，女子以血爲源。男子爲陽，陽中必有陰，陰中之數八，故一八而陽精降，二八而陽精溢。女子爲陰，陰中必有陽，陽中之數七，故一七而陰血升，二七而陰血溢。陽精陰血，皆飲食五味之實秀，爲男女之本源也。方其升也，智慮開明，齒牙更始，髮黃者黑，筋弱者強，暨其溢也。凡充身肢體，手足耳目之餘，雖針芥之處，無有不至。凡子形肖父母者，蓋其精血，嘗於父母之身，無所不歷也。是以父一肢廢，則子一肢不肖其父母，一目虧，則子一目不肖其父母。然雌雞牝獸，無天癸而成胎，何也？鳥獸精血往來尾間也。精未通而遇女子，通其精則五體有不滿之處，異日有難狀之疾。陰已痿而思色以降其精，則精不出而內敗，小便道澀而爲淋，精已耗而復竭也。女人天癸既至，踰十年無男子合，則不調。未踰十年男子合，亦不調。不調則舊血不出，新血誤行，或漬而入骨，或變而爲腫，或雖合而難子。合男子多，則瀝枯虛人；產乳衆，則血枯殺人。觀其精血，思過半矣。

《飲膳正要・養生避忌》 夫上古之人，其知道者，法於陰陽，和於術數，食飲有節，起居有常，不妄作勞，故能而壽。今時之人不然也，起居無常，飲食不知忌避，亦不愼節，多嗜慾，厚滋味，不能守中，不知持滿，故半百衰者多矣。夫安樂之道，在乎保養，保養之道，莫若守中，守中則無過與不及之病。春秋冬夏，四時陰陽，生病起於過與，蓋不適其性而強。故養生者，既無過耗之弊，又能保守眞元，何患乎外邪所中也。故善服藥者，不若善保養，不善保養，不若善服藥。世有不善保養，又不能善服藥，倉卒病生，而歸咎於神天乎！善攝生者，薄滋味，省思慮，節嗜慾，戒喜怒，惜元氣，簡言語，輕得失，破憂阻，除妄想，遠好惡，收視聽，勤內固，不勞神，不勞形，神形既安，病患何由而致也。故善養性者，先饑而食，食勿令飽，先渴而飲，飲勿令過。食欲數而少，不欲頓而多。蓋飽中飢，飢中飽，飽則傷肺，飢則傷氣。若食飽，不得便臥，即生百病。

凡熱食有汗，勿當風，發痙病，頭痛，目澀，多睡，夜不可多食，臥不可有邪風。

凡食訖溫水漱口，令人無齒疾、口臭。汗出時，不可扇，生偏枯。勿向西北大小便。勿忍大小便，令人成膝勞、冷痺痛。勿向星辰、日月、神堂、廟宇大小便。夜行，勿歌唱大叫。一日之忌，暮勿飽食；一月之忌，晦勿大醉；一歲之忌，暮勿遠行；終身之忌，勿燃燈房事。服藥千朝，不若獨眠一宿。如本命日，及父母本命日，不食本命所屬肉。

凡人坐，必要端坐，使正其心；凡人立，必要正立，使直其身。立不可久，立傷骨；坐不可久，坐傷血。行不可久，行傷筋；臥不可久，臥傷氣。視不可久，視傷神；食飽勿洗頭，生風疾。如患目赤病，切忌房事，不然令人生內障。沐浴勿當風，腠理百竅皆開，切忌邪風易入。不可登高履險，奔走車馬，氣亂神驚，魂魄飛散。

大風、大雨、大寒、大熱，不可出入妄爲。口勿吹燈火，損氣。

凡日光射，勿凝視，損人目。勿望遠，極目觀，損眼力。坐臥勿當風、濕地。夜勿燃燈睡，魂魄不守。晝勿睡，損元氣。食勿言，寢勿語，恐傷氣。

凡遇神堂、廟宇，勿得輒入。

凡遇風雨雷電，必須閉門，端坐焚香，恐有諸神過。

怒不可暴，怒生氣疾、惡瘡。遠唾不如近唾，近唾不如不唾。虎豹皮不可近肉鋪，損人目。

避色如避箭，避風如避讎，莫吃空心茶，少食申後粥。

古人有云：入廣者，朝不可虛，暮不可實。然不獨廣，凡早皆忌空腹。古人云：爛煮麵，軟煮肉，少飲酒，獨自宿。古人平日起居而攝養，今人待老而保生，蓋無益。

凡夜臥，兩手摩令熱，揉眼，永無眼疾。凡夜臥，兩手摩令熱，摩面，不生瘡䵟。一呵十搓，一搓十摩，久而行之，皺少顏多。凡清旦，以熱水洗目，平日無眼疾。凡清旦刷牙，不如夜刷牙，齒疾不生。凡清旦鹽刷牙，平日無齒疾。凡夜臥，被髮梳百通，平日頭風少。凡夜臥，濯足而臥，四肢無冷疾。盛熱來，不可冷水洗面，生目疾。

凡枯木大樹下，久陰濕地，不可久坐，恐陰氣觸人。立秋日，不可澡浴，令人皮膚粗糙，因生白屑。常默，元氣不傷；少思，慧燭內光；不怒，百神安暢；不惱，心地清涼；樂不可極，慾不可縱。

《種子編・序》 天下有大豪傑所爲，即侯王將相不得而尙者，其在性命之間乎！昔孫思邈攝生太白山中，天子召見便殿，賜馬賜第又從幸九成宮，一時名士爭師事焉。盧照鄰問疾，先生曰：良醫導之以藥石，救之以針砭；聖人和之以道德，輔之以政刑。故在人有可愈之疾，在天有可禳之災。大哉斯言！枕中素書此其概矣！後陳圖南亦攜一石鐺隱卧華山，興國初，召見延英殿。宋琪問養生之道，先生曰：假令白日昇天，何益於事？今君明臣良，同德興化，勤行修煉，無出於此。至南宿儲位定策片言卓爾鴻猶，悉皆先生石鐺中物也。余於今世實得再見，心翼，岳太公焉。公爲金部衡山公之封翁。人但知其德門家學厚醞，駿發於衡山，而美其報，不知其德施之弘博，學力之冥搜，有爲之崑源宿海者，雖四世五公不足竟其緒也。余揖公於建康，叩其中藏，若洪鐘大吕，瞻其風采，則又僊僊有道，類天際眞人。乃知公以壯年即厭嫌大組，心寶尺宅，更時以長桑君學作度世福星，留都鉅公，若前大司馬吕公今大司馬范公、大司成王公，無不折節祗迎，把臂恐後，而一時名士願得師事者又無恙也。余與公郎衡山友最善，所以奉公教者最多，食公德者最沃，而知公之道心玄味者亦最深。眞不啻思邈之於唐，圖南之於宋也。一日出其笥中秘藏若干種，總名曰《醫學正印》，且命弁言於余。余讀其書，大槩祖瀰軒黄，昆季倉扁，一切微言運識都爲世儒所未睹。三復起舞，勸公繡梓以公諸世。俾余關中鄙人爲公播德無窮焉。異日者公道譽益隆，道貌益茂，方將龐眉皓髮於至尊之前，陰調元化則孫陳兩先生不得專席於古矣。天下之頌公者，寧止衡山之燮理玉鉉炳光青史乎哉！

賜進士第南京浙江道監察御史通家侍生趙志孟頓首拜撰

《吳醫匯講・陳獻傳・人身一小天地論》 造化一陰陽也，陰陽一太極也，太極本無極也。無極之前，陰含陽也，有象之後，陰分陽也。陰爲陽母，陽爲陰父。陽生於子，極於巳，而一陰來姤；陰生於午，極於亥，而一陽來復。震爲長男屬火，火生於寅，胞胎在巳；巽爲長女屬水，水生於申，胞胎在亥。巳亥爲天地之門户，陰陽之根本也。人稟健順之德，以生五行之氣，隱於五臟，見於六腑。呼吸，即陰陽運輸也；津液，即雨露灌溉也；光澤，即花木榮繁也；耳目，即日月晦明也，人身一小天地，信哉。善觀脈者，知陰則知陽，知陽則知陰，可以心察，可以指別，可以類求，可以意會，可以萬全，至道淵微，莫逾於此。順而調之，眞氣乃安，邪氣乃正，反之則病。實則氣入，虛則氣出；氣實則熱，氣虛則寒。治之若何？温凉各隨其候，補瀉各有其宜，無虛虛，無實實，無太過，無不及，上應天光、星辰、象緯，下副四時、五行、貴賤，以明三部九候，以察八正、八風、陰陽、昇降，配天象地之説，是在神悟靈機，心識微妙者矣。

《吳醫匯講・孫慶增・石芝醫話》 人之生命，天氣最急，地味次之，一時不呼吸，絶天氣而死，七日不飲食，絶地味而死，此其緩急可知也。保命當先納天氣，以接元氣，食地味以納天氣。《素問》曰：天食人以五氣，地食人以五味。

人身之否泰，與《易》理相同，地天則泰，天地則否。耳兩竅、目兩竅、鼻兩竅合爲坤象。鼻之下，人之中也。口一竅、前陰一竅、後陰一竅合爲乾象。頭至唇不動，地道也，口至足皆動，天道也；頭之上天，足之下地，人身上下合之，故能中立。逆之則泰，順之則否，理所當然，人自不察耳。

人身前面可動者，陰用陽也，後面不動者，陽用陰也，故曰前抱陽，後負陰。

西洋自鳴鐘，以比人身氣血之周流，最爲切肖。

水不昇爲病者，調腎之陽，陽氣足，水氣隨之而昇。火不降爲病者，滋心之陰，陰氣足，火氣隨之而降。則知水本陽，火本陰，坎中陽能昇，離中陰能降故也。

火上浮則右尺虛，不獨腎寒尺虛；食下行則右尺大，不獨腎虛尺大，蓋以命門、大腸同居於下也。

氣之性善昇而易散，育與固，養氣之妙法，惟静存守中，善養氣者矣。血之性善降而易凝，和與温，養血之妙法，惟運動調中，善養血者矣。

臟病入腑即愈，惟咳嗽症入腑即危，蓋肺與大腸爲表裏，胃傷則飲食不進故也。

經寒絡熱者，温經清絡，絡寒經熱者，温絡清經；但經直絡横，温甘通經，辛香通絡爲别。

傷於情志，和肝、開心、醒脾、解鬱爲主，然必緩治，用輕藥，漸可向愈；重藥則反傷胃腸，元氣不復，血氣耗散矣。

口授丹方，無不誇張效驗，而又藥物輕賤，便於採取，故人樂於聽聞，不辨病之陰陽、表裏、淺深、虛實，漫以試之，禍不旋踵者多矣。鄉愚之人，往往蹈此，哀哉！

看病認不眞切，則静坐思之，總於望、聞、問、切四者中搜求病機，必有得心之處，胸中了了，用藥方靈，若終於疑惑，而勉強投方，竊恐誤人性命也。

《吴醫匯講・周藴石・祖氣論》 夫絪緼鼓盪於天地之間者，孰推行是，孰發育是，無非一氣爲之橐籥而已。天以五行化生萬物，人以五臟應之。天一水也，故兩腎爲先天之本；天五土也，故脾胃爲後天所資。此東垣、丹溪之論，後人皆起而宗之。至汪氏苓友，獨主一心，其言曰：萬病皆起於心，五臟六腑皆繫於心。天有日則晝夜分，四時序，萬物生；世有君則尊卑定，貴賤明，兆姓治。心者，君主之官也，在天以日爲主，在人以心爲主。論凡數萬言，直與前賢鼎立，其嘉惠來兹，豈淺鮮哉！特是三家之説，一指脾，一指腎，一指心，則猶是以有形之臟體言也。夫氣者，形之本也，人自賦形以後，陽曰氣，陰曰血，而先天無形之氣，則宰乎陰陽血氣之先，修養家謂之祖氣，即天地生生之氣也。《緯書》之言曰：有生皆在氣中，凡夫負陰抱陽，昆蟲草木之屬，莫不感此氣而生，故氣在則形存，氣去則形壞。孔子曰：豘子食於其死母者，少焉眴若，皆棄之而走。所愛其母者，非愛其形也，愛使其形者也。使其形者，何也？氣也。《生氣通天論》曰：蒼天之氣清淨，則志意治，順之則陽氣固。又曰：服天氣而通神明。《靈》《素》之言，汪洋浩瀚，其要旨止歸一氣字。夫涕、唾、津、精、汗、血、液，七般靈物，皆屬陰。陰者，死質也；氣者，生陽也。方書中往往以血肉有情爲煉石補天之具，不知吾身中生陽之氣，既若存而若亡，則此塊然者，亦漸鄰於朽腐之鄉，乃反恃此物之朽腐者以卻病延年，不其難乎？是故治形必先治氣，形特氣之宫城；治氣必先治心，心實氣之主宰。先天之植此形者惟氣，後天之帥此氣者惟心，斗柄招太陽，徑寸混三才三奇論之，祖氣即子輿氏之言養氣，求放心也。古人云：行醫不識氣，治病從何據？蓋無此衝和不息之氣，則心何由而藏神，脾何由而載物，腎何由而爲蟄藏之本？經曰：知其要者，一言而終，其斯之謂歟。

《吴醫匯講・唐立三・攝生雜話》 命門眞火，藏於兩腎之中，性門眞水，藏於一心之內。人但言命門眞火，而不參究性門眞水何也？因眞陽之火，能生眞陰之水故也。殊不知性命相生，水火不可以一息不交。天一所生之水，爲我生身之始，水中能生眞火，人皆未究。況保眞陰之水，則眞陽之火常存而不散；若眞陰一衰，則眞陽無附，飛揚上越，變爲邪火，能返涸眞陰之水，豈不危哉！

火性本燥烈發揚，而腎中相火偏職閉藏，水性本柔弱蟄藏，而心精三合，獨主清利。則知性以位變，水火本無二氣。噓氣即有水，陽化陰也；蒸水即有氣，陰化陽也；燈因膏而不滅，陽依陰也，水因火而不冰，陰依陽也。相需如此，可以知其情性矣。

補心氣，益心精而不見效者，則知命門火衰，腎水不足，何也？命門之火，即心火之根，腎水之精，即心精之源。心無水則孤火上逆，腎無火則寒水下凝。水弱火炎，則肺金受克，陽焰飛揚於上焦，而生咳喘、咯血等病，下虚則上盛也。火弱水剛，則肝木失養，濁陰凝結於下焦，而生癃閉、壅腫、精寒等病，上虚則下實也。水火兩平，陰陽斯無偏勝。

脾之權在腎，胃之權在心，自下而上水滋土，自上而下火生土也。脾土屬陰，生於相火而健行不息，胃土屬陽，傳導於大腸而容受無窮，總在主納之腎，於是土以火生也。脾虚則胃滯而不食，脾實則胃運而能食，總在主出之肺，於是氣機流動也。故凡治脾胃，當以調肺氣，交心腎爲先。

人身之痰，最能爲害。勢涌如潮，勢衰如汐。風、寒、濕、燥，隨氣而生，體實、體虚，隨人而致。濁則濃，清則稀。五藏六腑無盛痰之所，上下昇降無時而定，又與正氣不兩立，殆猶天地間陰雲瘴霧耳。

周身氣血，無不貫通。故古人用針通其外，由外及内，以和氣血；用藥通其裏，由内及外，以和氣血，其理一而已矣。至於通則不痛，痛則不通，蓋指本來原通，而今塞者言，或在内，或在外，一通則不痛，宜十二經絡藏府，各隨其處而通之，若通別處，則痛處未知，而他處反爲掣動矣。

補、戒急授而驟壅，伐、戒亟奪而峻利，用之不當，皆能致害。故攻熱失宜，熱未去而寒復作，寒熱各踞於其所，反致溫涼並禁，良醫莫措矣；攻寒亦然。

人但知冬不藏精者致病，而不知夏不藏精者更甚焉。嘗見怯弱之人，而當酷暑，每云氣欲悶絶，可知中暍而死者，直因氣之悶絶也。夫人值搖精，恒多氣促，與當暑之氣悶不甚相遠。經曰：熱傷氣。又曰：壯火食氣。余故曰：夏令之炎威，甚於冬令之寒，苟不藏精，壯者至秋而發爲伏暑，怯者即中暍而死。

《全唐文・孙思邈・保生銘》 人若勞於形，百病不能成。飲酒忌大醉，諸疾自不生。食了行百步，數將手摩肚。睡不若高枕，唾涕不遠顧。寅丑日剪甲，理髮須百度。飽則立小便，飢乃坐旋溺。行坐莫當風，居處無小隙。向北大小便，一生昏蹇蹇。日月固然忌，水火仍畏避。每夜洗腳卧，飽食終無益。忍辱爲上乘，讒言斷親戚。思慮最傷神，喜怒傷氣息。毋去鼻中毛，常習不唾地。平明欲起時，下牀先左腳，一日免災咎，去邪兼辟惡，但能七星步，令人常壽樂。酸味傷於筋，辛味損正氣。苦則損於心，甘則傷其志。鹹多促人壽，不得偏耽嗜。春夏任宣通，秋冬固陽事。獨卧是守真，慎静最爲貴。財帛生有分，知足將爲利。強知是大患，少欲終無累。神氣自然存，學道須終始。書於壁户間，將用傳君子。

《全唐文・孫思邈・福壽論》　聖人體其道而不爲也，賢人知其禍而不欺也，達人斷其命而不求也，信人保其信而静守也，仁者守其仁而廉謹也，士人謹其士而謙敬也，凡人昧其理而苟非爲也，愚人執其愚而不懼也，小人反其道而終日爲也。福者造善之積也，禍者造不善之積也。鬼神蓋不能爲人之禍，亦不能致人之福，但人積不善之多而煞其命也。富貴者以輕勢取爲非分也，貧賤者以妄盜取爲非分也，神而記之，人不知也。亦不可一二咎而奪其人命也，亦有爵被人輕謗，及暴見貶黜，削其名籍，遭其横病者，多理輔不法所致也。理輔不正不死者，其壽餘祿未盡也；正理輔而死者筭盡也。貧者多壽，富者多促。貧者多壽，以貧窮自困而常不足，不可罰壽，富者多促，而奢侈有餘，所以折其命也，乃天損有餘而輔不足。亦有貧賤饑凍，曝露其屍不瘞者，心不吉之人也。德不足是以貧焉，心不足是以死焉。天雖然不煞，自取其斃也。不合居人間，承天地之覆載，戴日月之照臨，此非人者也。故有官爵之非分，車馬之非分，妻妾之非分，已上謂之不仁者非分也。有屋宇之非分，粟帛之非分，衣食之非分，貨易之非分，已上謂之不儉者非分也。則神而記之。三年五年十年二十年不過此，過此神而追之，則死矣。官爵之非分者，崎嶇而居之，賄賂而得之，德薄而執其位，躁求而竊其祿，求其躁取而必強，強而取之非分也，即有災焉、病焉、死焉，神已記之，人不知也。車馬之非分，市馬盜其價，而馬欲其良，水草而不時，鞭勒過度，奔走而不節，不知驅馳之疲，不知遠近之乏，不護嶮阻之路，畜不能言，天哀力竭，此非分也，神已記之，人不知也。妻妾之非分者，所愛既多，費用必廣，淫泆之道，必在驕奢，金翠之有餘，蘭膏之有棄，惡賤其文綵，厭飫其珍羞，人爲之難，余爲之易，人爲之苦，余爲之樂，此非分也，神又記之，人不知也。童僕之非分者，以良爲賤，以是爲非，苦不憫之，樂不容之，寒暑不念其勤勞，老病不矜其困憊，鞭打不問其屈伏，陵辱不問其親疎，此非分也，神又記之，人不知也。屋宇之非分者，人不多而構其廣廈，價不厚而罰其工人，以不義之財，葺其無端之舍，功必至，闕必明，斤斧血力木石勞闕，神不知環堵之貧，蓬户之陋，此非分也，神已記之，人不知也。粟帛之非分者，其植也廣，其穫也勞，其農也負，其利也倍，畜乎巨稟，動餘歲年，盜賊之竊糜，雀鼠之巢穴，及乎困農負債，利陷深冤，此非分也，神已記之，人不知也。衣服之非分者，紋綵有餘，餘而更製，箱篋之無限，貧寒之不施，不念倮露之凌寒，布素之不足，以致蠹魚鼠口，香黦腐爛，此非分也，神已記之，人不知也。飲食之非分者，一食而須其水陸，一飲而聚其絃歌，其食也寡，其費也多，民之糠糲不充，此以膻臊有棄，縱其僕妾，委擲泥塗，此非分也，神已記之，人不知也。貨易之利厚，不爲非分，利外剋人，此爲非分，接得非常之利者祥也，小人不可以輕而受之，其所鬻者賤，所價者貴，彼之餘而我之賊，賊而得之者禍也，倖而得之者災也，分而得之者吉也，屈而得之者福也。夫人之死，非因依也，非瘝瘵也，蓋以積之不仁之多，造不善之廣，神而追之則闕矣。人若能補其過，悔其咎，布仁惠之恩，垂憫恤之念，德達幽冥，可以存矣。倘不能逃其往負之災，不然者，其禍而多，其壽而促，金之得盈，福之已竭，且無義之富，血屬共之，上之困焉，下之喪焉，如此者於我如浮雲，不足以爲富也。人若奉陰德而不欺者，聖人知之，賢人護之，天乃授之，人以悦之，鬼神敬之，居其富而不失其富，居其貴而不失其貴，禍不及矣，壽不折矣，攻刼之患去矣，水火之災除矣，必可保生全天壽也。

《初月樓續聞見錄・徐靈胎》　徐靈胎，名大業，吴江人，性通敏，喜豪辯。初學時文薄其道，遂覃思周易道德陰符家言。久之有契，乃旁搜天文地利音律技擊之術，精意鍊習，得其要領，而於醫理尤邃。以諸生貢太學，尋棄去，專以醫活人。數應人請，往來吴淞震澤間。因以曉知諸水源流，順逆淺深通塞之故。其後縣有興作，靈胎輒正論鑿鑿持是非，有司不能奪，常委曲從之。乾隆二十七年，巡撫莊公欲興水利，將開震澤縣七十二港，以洩太湖下流水。靈胎自言其五十餘港，非太湖下流，開且無益，又將壞室廬墳墓不可算數。惟附城十餘港，爲湖下流，濬之便因導。有司相續卒從其言。靈胎故與同邑沈徵士冠雲友善，冠雲學優於致古，而靈胎務知今，兩人者交相資也。靈貽著書甚具，多自得之言。嘗創新樂府曰：　洄溪道情，警動剴切。士林誦之。卒年七十九。

《初月樓續聞見錄・陳見三》　元和陳見三，名傳焯，生而穎異，善讀書。父因事爲富人所訟，破其家產，時見三年纔十五，益發憤讀書，而以謀食故。兼習醫，弱冠即能神明其術，甚有聲。游於揚州，揚之人就求治疾者，往往獲奇效，業遂饒。後竟移家於揚。嘗謂古人治疾，皆入山採藥，今人取藥於廛肆間，故醫者依方治疾，或不效，非盡醫不良，藥亦有悞焉。於是即所居之旁，列肆市藥，親督子弟經理，誠信不欺。凡求治疾者，兼求藥，治益神。遇貧者，與藥不取直。揚之人益重之。年過八十，始謝病者不復診。揚鄭氏有廢園，園中大樹三株，皆合抱。主人將粥以爲薪，樹神見夢於見三，見三遂購金市樹，並市其園。疏泉疊石種花竹，時時嘯詠其間。一時賢士大夫，多樂從之遊。見三生四子，而其兄弟之子亦四人。見三析其產爲八，子與兄弟之子均焉，論者益以是多之。時青浦何元長，亦以善醫名，尤擅望聞之術。有金山人某來求診，元長曰：　爾嘗溺於水乎？其人曰然。與之藥，即愈。人問何以知其溺。曰望其色。黑而滯，切其脈。沉而牢。此陰寒內襲，是以知其溺也。嘉興沈某攜婦求診，先醫者皆以爲癥也。元長視之曰：　娠也，勿藥。而謂其夫曰：　爾將大疾，不可治。其人艴然去。歸十日，竟死。其婦則產子無恙也。崇明何氏子，病瘵甚，來就診焉。診之曰：　脈雖危，神色未衰，尚可治。與一方，平平無奇也。其人疑之，更數醫罔效。他日又來，仍與前方服之，則痊矣。凡元長所治病，應手輒效類如此。元長爲人，狀貌修偉，赤髭鬚，兩目閃閃如電，而性和易近。人病者自遠方來診，其脈即危不治，必婉言以慰之。俟其出，則私告其從者而反其幣。曰：　彼自遠來，生死視我一言。質言，之是趣之死也。窶人來診，輒施藥以助之，恐其貧不能自給也。元長幼時，嘗溺於水，若有人援之出者，既躍而起，其人遂忽不見云。王述菴侍郎，與里人同志者，輯明陳忠裕公詩文集。既成，無資授梓。元長曰：　此宇宙間至寶，詎忍聽其湮沒耶。即出資庀工刊訂之。客有以法書名畫古器求售者，苟心賞。雖過直弗靳。嘗於福泉山側，搆屋一區，顏其堂曰愛日，奉母居之，而自號爲福泉山人。嘉慶十一年八月某日卒，年五十有五。所著有《簳山草堂集》十六卷、《福泉山房醫案》十卷、《治病要言》四卷，藏於家。

《蘇州志・人物志・仙釋》　上古

廣成子，不知何時人。黄帝立爲天子，聞廣成子在於空同之上，故往見之，曰：　聞吾子達於至道，敢問治身奈何而可以長久。廣成子曰：　善哉，問乎！來，吾語女至道。至道之精，窈窈冥冥；　至道之極，昏昏默默。無視無聽，抱神以靜，形將自正，必靜必清，無勞女形，無搖女精，乃可以長生。目無所見，耳無所聞，心無所知，女神將守形，形乃長生。

爲治之方，則以敬天愛民爲本；　問長生久視之道，則以清心寡慾爲要。丙戌春，其徒請至盤山建醮，其明年留頌而逝。

王志謹從長春眞人北遊燕薊，徜徉乎盤山西甘澗之石龕，艸衣木食，若將終身焉。

《咫聞錄・醫者》　醫之道精矣微矣，奚可淺試乎哉！必其平日有絕大學問，採諸名醫之書，研求摩練，得其旨奧，庶不至殺人如麻焉。浙鄞有徐姓者，住居瞿脰湖濱，不農不儒，始依父兄以閑遊。繼有妻子而號苦，思欲養家，爰記醫方，懸牌療疾，計得蠅頭之利。人知底裏，誰肯寄之以命。冬衣敝絮，裏以棉袍，夏衣草衫，蔽以葛衫，日逐遊獵，尋病而醫。人見其濯濯也，以僕隸下人視之。進而坐談，踞身不起，必俟一飯而後歸。一日，有隔里許之姓朱者，偶觸傷寒，八日而死。徐聞之，貿貿然來。入其門，其屍已移房出堂矣。徐按其胸口，心口尚熱，可醫也。朱之家屬，以天氣炎暑，急治棺成衣，立圖殯。且知其不精於醫也，無人聽之，徐自取楮筆，書白虎湯一方，令其弟姪速檢藥石。其弟姪曰：　子非華陀，能挽人於已危乎？　子非純陽，能起死以復生乎？　子饑難度，不如與我幫忙同食三朝，不必以拙技嘗試也。徐曰：　氣雖絕，胸尚熱，死馬還須當活馬醫之。子與我錢百枚，我往市中沽藥。能生乃汝家之福，不能生算我假用此錢也。其弟姪厭其纏繞，與之。徐自煎自熬，以藥湯灌死者之口，竟順受而下。須臾，死者手微動，而口有氣。徐曰：　生矣。滿堂哀哭之聲畢止。於是復舁至房，調治數日而愈。咸以爲此神醫也，不可貌相，謝銀十兩。由是名聲大振，延者有人。徐欣欣得意曰：　白虎一湯，能起死回生，況病而未死之人乎？　凡遇病者就之，醫即開白虎湯與之。不及兩月，醫死者十餘人。被人拷打數次，醫道仍然不行。而朱復活二十餘年，是蓋朱之命不應死也，天遣徐以醫之。救一人而殺十餘人，亦由天遣而殺之。從知生死存亡，皆歸於命，有病者可不必醫矣。醫之者，但能醫不死之病，而不能醫不生之命矣。

《咫聞錄・痳瘋》 兩廣多痳瘋，以其地多卑濕，天氣過暖之故也。然染此症，貽害無窮，人襲其氣即發之。發之而生子孫，均是痳瘋。故官於城外偏僻處，設一院以收之。禁其入城，惟女瘋可賣，而男瘋不能。嘗聞有絕色女子，鈎引少年子弟，一宿之下，其瘋即過，是女之瘋，即脱。少年再覓，不再見是女矣。男即眉落，醫之無益。此祇可賣與外江之客，不能種於土人也。故諺有少不入廣之語。然亦有能自脱者。余在廣西時，聞蘇廣文説，伊藤縣有一富翁，痳瘋頓起，不知從何染來，恐害移子女，另於一園造屋居之。其妻子早晚送飧，已五六年矣。適子娶媳，客滿酬繁，竟忘送食。其妻忽憶夫飢，將雞一碗，命僮送去，而僮即放牀邊椅上，又以客忙，忘送其飯。其妻又憶無飯，進而視之，見椅上白糠，堆積如毯，此何物也，細視之，乃蟲數萬萬。其夫濃睡。心思此必夫身之蟲，聞雞氣而出，聚食此雞。急取布掩而包裹至院，用火燒之，不逾月而夫眉復，生肉色如舊，痳瘋即退。此亦若家之有德，而能使不治之症自治之。蓋有鬼使神差，存乎其間焉。夫濕熱生風，風生火，風火生蟲，理固然也。醫之者，祇知祛其風，收其濕，而不知殺其蟲，故百無一愈。今以雞而引蟲具出，亦一善醫之法也。余故載之。

《冷廬雜識・續名醫類案》 錢塘魏玉横之琇，《續名醫類案》六十卷，世無刊本。余從文瀾閣借四庫本錄一部，凡六十六萬八千餘言，採取繁富，間有辨論，亦皆精當。玉横自述醫案數十，其治病尤長於脅痛、肝燥胃脘痛、肝木上乘疝瘕等證。謂醫家治此，每用香燥藥，耗竭肝陰，往往初服小效，久則致死。乃自創一方，名一貫煎。統治脅痛吞酸吐酸疝瘕，及一切肝病。惟因痰飲者不宜。方用沙參、麥冬、地黄、歸身、枸杞子、川楝子六味，出入加減，投之應如桴鼓。口苦燥者，加酒連尤捷。余仿其法，治此數證，獲效甚神。特表其功用，以告世之誤用香燥藥者。

《冷廬雜識・醫學源流論》 徐靈胎醫學源流論云：有病固當服藥，乃不能知醫之高下，藥之當否，不敢以身嘗試。莫若擇至易輕淺，有益無損之方，以備酌用。如偶感風寒，則用葱白蘇葉湯，取微汗。偶傷飲食，則用山查麥芽湯，消食。偶感暑氣，則用六一散廣藿湯，清暑。偶傷風熱，則用燈心竹葉湯，清火。偶患腹瀉，則用陳茶佛手湯，和腸胃。如此之類，不一而足。即使少誤，必無大害。又有藥似平常，而竟有大誤者。如腹痛嘔逆之症，寒亦有之，熱亦有之，暑氣觸穢亦有之。或見此症而飲生薑湯，如果屬寒，不散寒而用生薑熱性之藥，與寒氣相鬭，已非正治，然猶有得效之理。其餘三症，飲之必危。曾見有人中暑，而服濃薑湯一碗，覆杯即死。若服紫蘇湯，寒即立散，暑熱亦無害。蓋紫蘇性發散，不拘何症，皆能散也。按此論，懲藥誤而發，微病用之，最爲穩善，養生家不可不知。

《冷廬雜識・醫宗四大家》 新安羅養齋浩，醫經餘論云：醫宗四大家之説，起於明代，謂張劉李朱也。李士材輩指張爲仲景，不知仲景乃醫中之聖，非後賢所及。況時代不同，安得並列？所謂張者，蓋指子和也。觀丹溪脈因症治，遇一症，必首列河間戴人東垣之説，餘無所及。其斷症立方，亦皆不外是。知丹溪意中，專以三家爲重。《格致餘論》著補陰之理，正發三家所未發。由是攻邪則劉、張埋宗，培養則李、朱已盡。皆能不依傍前人，各舒己見，且同係金元間人，四大家之稱，由是而得耳。此説足以證數百年相傳之訛。

《冷廬雜識・活人種竹》 明嘉善孫賢良洵，善岐黄術，醫痊不受酬贈，惟種竹一枝於宅傍，久之成林。自題詩有活人種竹不種杏之句。雅韻高風，未易求之近世。

《冷廬雜識・學醫宜慎》 程杏軒醫案，歷敘生平治驗，頗有心得。惟治張汝功之女暑風，用葛根、防風等藥，遂致邪陷心包，神昏腦厥，旋用清絡熱開裏竅之劑，而勢益劇，變成痙證而殁。因謂暑入心包，至危至急，不可救藥。而不知暑風大忌辛温升散，其初方用葛根、防風，刼耗陰津，遂至熱邪入裏。觀此可見醫學之難。憶道光癸巳仲秋，三弟以灝年十五，患伏暑症。初見發熱惡寒頭痛，延同里某醫治之。某醫道負盛名，診視匆遽，誤謂感寒，用桂枝、葛根、防風等藥二劑，而神昏肢冷。余時方自郡城歸，更延茅平齋治之，以爲熱邪入裏，用生地、元參、銀花、連翹、竹葉等味，竟不能痊。人皆歸咎於茅，而不知實誤於某也。并記於此，以明學醫之宜慎焉。

《冷廬雜識・難經經釋》 徐靈胎《難經經釋》，辨正誤謬，有功醫學。其釋分寸爲尺，分尺爲寸，云關上分去一寸，則餘者爲尺；關下分去一尺，則餘者爲寸。詮解明晰，可謂要言不煩。

《瀛壖雜志》 施醫院即今仁濟醫館也，與墨海毗連，專治華人疾病。主其事者爲西醫雒頡，稱刀圭精手。西人於醫學最嚴，必先於其國中考證無訛，然後出試其技，懼以疏庸殺人也。雒君尤精於眼科，藏有空青數枚，光滑如鷄卵，搖之中有水聲。他如癰疽惡瘍，跌折損傷，治之多立愈。雒君後往京師，從之者不一人，而推合信氏爲巨擘。合氏前時行醫於粵東，著有《全體新編》，講論脈絡臟腑，殊爲精詳。其目擊多由於剖割，雖遜於仁者之用心，而審治較切，或鮮至悞。葉遂初封翁爲之刊入海山仙館叢書中，流傳最廣。第書中不載治療方藥，殊爲憾事。至滬後，延金陵管君小異爲師，專事著述，譯有《西醫畧論》、《醫科新說》、《婦嬰新說》三書，然後西國醫學大明於中土，合氏自信其書必得享盛名於百年後洵非虛也。

《蟲鳴漫錄》 廬陵令富仁山興，自言幼年隨任楚南。有事登衡嶽，馳馬峻坂，失足跌深澗，脛斷骨折，血流盈盎。舁歸，痛暈數次，醫療兩月不效。膿血淋漓，宛轉床褥。有一隸，向習祝由科，自云能治。姑試之，啓曰：公子幸勿畏，諸僕從亦毋驚駭，稍張皇則吾術不驗。於是息心靜慮，聽其所爲。隸乃市桐油十餘斤，熾炭煮之，以長竹箸，且攪且咒。須臾油沸，投藥一刀圭，別索盆瀉溫水，啓衾扶富脛，以帛輕拭膿腐，漸就盆上。咸以爲將洗濯矣，隸突以沸油淋之，從者大駭，富覺脛上冷如冰雪，沁骨清涼，頗爲爽適。隸淋油畢，以紙蒙而縛之。富熟睡一飯頃，撫之，骨接如故。試起履地，亦如常，無所苦。三數日後，解紙縛，瘡痂已落，皮色依舊無纖痕。隸曰：此脛受傷甚劇，今雖愈，後遇陰雨潮濕，必陰然作痛。公子但記吾面目及醫治情景，即瘳。已而果痛，如其言思之，遂止。此隸亦神矣哉！凡醫皆畏人驚懼，恐亂其心，則無眞宰，其先令取盆注溫水者，欲以安衆心。

又 蘇州葉天士，名醫也。有一人患肺癰，委頓欲死。葉曰：此非外治不奏功。乃反接而縛之，令人取冷水一盆，劈頭淋之，其人一噤，而刺刀於心坎，膿血隨出約斗餘，藥敷瘡口而愈。後詢其故，葉曰：肺居心上，此人患癰，肺下垂包心，心不可見鐵，故以冷水驚之，使心上提，乘隙入刀刺肺，治亦神矣。又一家娶婦，甫卻扇而婦暈絕，延葉診視。葉掩鼻入房，視之曰易治耳。令人舁婦至堂中，命取大糞數桶，圍置而攪之，穢氣蒸騰，婦遂甦。葉曰：此爲香麝閉氣所致，故以穢氣解之。新房中須撤去香物，方可復入。若再發，恐不治。如其言，果瘳。

《志異續編・某醫》 某素業醫，家最貧，住錢塘城內。人無有延之者。但歲暮，諸債蝟集，不可摒擋，夫妻相對泣。某與妻訣曰：今屆除夕，甑塵竈蛙，枵腹奈何。生不如死，與子永別矣。妻挽之不得，徑出門去。至西湖畔，獨行徘徊，爲自盡計。有老僧見而異曰：君何面現死氣？某以實告。僧曰：察君之面，雖現凶氣，印暗藏吉光，明日當交好運，從此腰纏十萬貫矣。幸勿短見。貧僧雖力不能周，但此許薪米，尚可奉獻。即袖出數金與之。某拜謝，喜躍而歸。妻見其喜形於色，叩故。備述之。夫妻共感謝。里有富翁葉，年六十餘矣，生一子，視若珠玉。子甫十月，忽得一疾，不寒不熱，惟不住啼，不食乳。百藥罔效，衆醫束手，舉家倉皇。王生者，某醫戚也，力舉揚某。富翁家距城三十里，聞王生言，即著人持銀二十兩往迎。是時正元旦四鼓，某聞剝啄聲，開戶迎入。具陳來意，且出銀，某收訖，即同去，至則天明矣。細察氣色，詳審脈紋，似無大病，但滴乳不食，哭不絕聲。以藥投之，亦不下咽。某計窮散步於花園池畔，見一婦年約三十，臨池哭泣，詢故，曰：妾乳母也，恐兒難救，故悲耳。某曰：既是乳母，必詳悉是兒起病之由。我即醫是兒者，盍備言以更施治。婦欲言囁嚅，半晌，始泣曰：妾不言，諒先生亦不知，但可治則幸甚，萬一不治，審毋洩妾言，如洩則妾死矣。某曰：第言無傷。婦曰：前抱兒在此閑遊，見一田螺，兒欲之，因拾以與兒，不意兒持螺入口吞之。今所以啼哭不食乳者，乃田螺橫哽喉間也。某紿曰：頃察小兒病症，已十得八九，聞子言益信不誣。是病吾能治，但恐爾主人吝貲，不肯重謝耳。婦曰：主人非負德者，如不見信，當令主人先說明謝金，然後施治何如？某曰：可。婦趨白翁，翁即對某啓曰：倘蒙妙劑，保全小兒，闔家頂祝，願奉銀二千兩，稍酬萬一，決不食言。某曰：如能奏效，實屬萬幸，豈敢圖謝。但需用藥方，恐一時難辦耳。翁曰：試言之。曰：須得鴨百隻備用。翁曰：此易耳。俄鴨齊，某令人將鴨握固，自以指探入鴨喉內攪之，用盃刮取指上涎。已攪之鴨不用，復取第二隻，如前再攪再刮。取至數十隻，得涎半盃，即用匙灌入小兒喉中。頃刻啼止能乳矣。翁大喜，備銀二千兩，並衣服等類，送至家。某由是著名，延請無虛日，竟成富人。某感僧活命恩，思有以報之，僧故雲遊無定踪，迄不得一遇，遂設位朝夕供奉焉。攷鴨涎，本草雖著功用，實無治螺哽之文。乃用之竟效，蓋鴨本食螺，取其相制，亦猶鸕鶿治魚骨哽，貓肉治鼠齧瘡，舊梳治髮哽喉中，敗篦治齧蝨成癥之意。是醫應變之才，固亦未可多得也。此乾隆五十六年，在吳門聞杭州沈公國楨言如此，今不能舉其姓名矣。

《志異續編・葉天士》 葉天士，蘇之名醫也。其治病之法，每爲方書所不載，然無不立愈。嘗聞有富商某，生一子，年二十餘矣。忽得一病，不語不食，惟瞑目臥，延醫投以參、耆等補藥罔效，商人大恐。延天士胗視。甫入病人房，至牀前，即趨出曰：不必切脈，已知之矣。將病人移於外書房臥，用極陳小便一大桶，置病人頭側，再用空桶一，著人以瓢取小便，高傾入空桶內，取完復又傾，轉約一二回。病人呻吟索飲食，豁然而起。當叩其故，天士曰：吾始進房，即聞異香撲鼻。及至牀側，香愈馥烈。知病者因香竄過甚，正氣耗散而然。故用陳小便之氣以收之耳。有新婚者，成禮之日，次早夫婦俱不起。叩門呼之，不應。排闥入，則男女俱若死，奄奄一息。急延天士診視，及入房門曰：病已知矣。可取木屑數十石。即鋸木末也，另擇一密室，將木屑厚鋪於地，移病者伏木屑上，仍將門閉緊，須臾男女俱活。問其故，曰：余入室，聞漆氣薰人。蓋室內盡屬新置漆木器也，男女俱中漆毒，故氣悶若死。漆毒惟木氣能拔，毒出則氣暢而活矣。有藩憲新到任，升堂之後，目忽失明，當著人請天士。天士問曾莅任何處？曰京官。曾莅外任否？曰從未。天士曰：汝速回面稟，如此請我，我決不來，須全副儀仗來迎。來人如言回稟，是時藩憲已含怒矣。左右再三婉言，天士平日治病如神，非伊到不可。藩憲曰：且姑依伊言，如不效定即治罪。於是排列儀仗去迎，及至天士家，天士曰：如此請我，我亦不去。可速回面稟，須官太太親自來迎而後可。復又叮嚀來人，必要一一如言面稟，倘見罪則有我在。來人不得已，如言面稟，藩憲不覺大怒咆哮，左右莫不股栗。怒氣正盛，目忽復明。而天士已到轅門請罪曰：非敢如此無狀，是即所以治病也。蓋心藏神在志爲喜，喜樂無極者，神蕩散而不藏。目者，心之使也。心者，神之舍也。今因過喜神散，目故失明。經云：暴喜傷陽，暴怒傷陰。陽傷則陰愈盛，惟怒則陽氣逆上，故必得大怒，方可抑陰而伸陽。然非如此肆慢，決不得怒，此乃不得已而用之，舍此亦別無良策。藩憲聞言，遂優待焉。一日天士送客出廳，遇求催生方者，適廳前梧桐，墜一葉下，天士拾而授之曰：煎湯服。如言果生。後凡擬催生方者，僉用梧桐葉引。天士見而怪之，人以某日先生用梧桐葉神效對。天士曰：是日正值立秋之時，又適見梧桐葉落。不過取其得秋氣之先，物過之而脫落耳。梧桐葉，豈催生之物乎？一士日夜沉睡不醒，即偶醒亦兩目倦開，天士診之，令市一小鼓，於牀頭擊之，病者聞鼓聲，徐張目視，漸醒不復倦臥。人問故，天士曰：是人脾困，脾困故倦。小鼓聲，最能醒脾也。有某公子，年方二十，家素富，父爲某省制軍，是秋登賢書，賀者盈門。公子忽兩目紅腫，痛不可忍，日夜咆哮。延葉天士診之，天士曰：目疾不足慮，當即自愈。可慮者，七日內足心必生癰。毒一發，則不可治矣。天士平日決生死如燭照，不差累黍。及聞是言，不覺悲懼交集，再三懇其拯救。天士曰：此時不暇服藥，且先以方散毒，如七日內不發，方可再議藥也。當求其方，曰息心靜坐，以自己左手擦右足心三百六十遍，又以右手擦左足心三百六十遍，每日如此七次。俟七日後，再來施治。如方至七日，延天士至曰：目疾果如先生言已愈矣。未審癰毒，能不發否？天士笑曰：前言發毒者，妄也。公子富貴雙全，事事如意，所懼者死耳。惟以死動之，則他念俱寂，一心注足矣。手擦足心，則火下行，目疾自愈。不然，心益燥，目益痛，雖日服靈丹，庸有效乎？公子笑而厚酬之。天士兒婦生產後，交骨不合，投藥罔效。天士適踐一物有聲，拾視之，蠣殼也。即煎湯與服，頓愈。蓋蛤之屬，形皆兩片相合，性本喜合不喜開。其轉合之竅，亦與人骨竅相類。故以類相求耳。某店一小子，年十四五，坐店內，操貿易業。時當夏月，櫃下有門上飾銅鐶，小子無事，出陽物，入鐶內玩弄，不意陽物暴脹，不得脫。小子號啼，觀者塡門，咸無法可施。適天士乘肩輿過邀視。天士附耳語輿夫，著取冷水一大盆，潛至背後，出其不意，從頭傾下，果驚縮而脫。天士平日治病，出人意表，類皆如此。遺事甚夥，聊即其所聞者誌之，以槩其餘。聞岳州府，昔有名醫某，今忘其姓名，每聞聲，即知病之所在。有素相交好某，心微痛，請診之。診畢曰：心將生癰，不可爲也，可預備後事。其人曰：死不足惜，但上有老母，我死，母將誰養。醫曰：實無良法，俟今晚竭志以圖，明日再爲報命。至次日曰：思得一方，姑妄爲之。因用筆於病人左腿上畫一墨圈，大如杯。戒之曰：務刻刻目注圈內，心想圈內，自以爲紅矣腫矣，發熱矣痛極矣。使一刻不如是，則病必不治。其人如戒，至七日，果紅腫起一大癰。醫曰：心癰已移於此，可保無虞。蓋用志不紛之意，然而神矣。此亦葉天士之流亞也。

《春在堂隨筆》 偶於舊書中得一紙，題曰：讀《易》有得方。不知何人所傳，頗有思理。誠用其方，則五藏皆受其益，洵卻病延年之上劑也。因錄於此，以廣其傳。其方曰：艮，君子以思不出其位。此方治心，心之官則思，多思傷心。受之以艮，則隨事順應，無入而不自得矣。損，君子以懲忿窒欲。此方治肝治腎，多怒傷肝，多慾傷腎。懲之窒之，則肝木不致妄動，而腎水亦易滋長矣。頤，君子以慎言語，節飲食。此方治肺治脾，多言傷肺，多食傷脾。慎焉節焉，可以保肺而健脾矣。

《庸盦筆記・名醫治中消病》 祥符孫雨農孝廉育均嘗爲余言，昔汴人有得中消病者，日食米一二斗，腹日以膨亨，面日以黄瘦，而身日以饑憊，人無能救藥者，聞某縣有名醫，往就之診。醫開一方，僅砒霜四兩，別無他物。且戒之曰：汝忍饑不食兩日，然後食之，食必盡，否則不救。衆無不駭且怪者，又以其名醫也，姑減半食之。則嗷然大劄，吐出白蟲數十枚，其長六七寸不等，皆死矣。於是腹稍小饑稍瘳，而尚未霍然也。復詣名醫請診，醫唶曰：汝必食藥未盡也。凡汝之一食即消者，皆此蟲爲之，今僅殺其半耳，余不能救矣。問再食之可乎？醫曰不可。夫蟲既食人之食，亦有知識。吾之開砒霜四兩者，乃酌量蟲數而投之。蟲慣食人之食，故於久饑之後，一見即食。彼已見前蟲之死，肯再食乎，蟲既不食，則砒毒汝自當之。今汝食之則以砒而死，不食則以蟲而死。均之死也，復何言。病者不聽，食之果死。

《庸盦筆記・猛藥不可輕嘗》 益陽湯海秋侍御鵬雄於制舉文，道光年間，以少年捷科第，登言路，高才博學，聲名藉甚。一時勝流如曾文正公及王少鶴、魏默深邵位西梅栢言諸君子，皆與之交。侍御氣甚豪，旬日間，章屢上，遂由御史改部曹。頗鬱不樂，然不見於面也，乃研精著述，所著浮邱子尤自憙。一日，諸友集其舍。或言大黄最爲猛藥，不可輕嘗。如某某等爲庸醫所誤。皆服大黄死矣。侍御曰：是何害。吾向者無疾常服之。謂子不信，請面試之。命奚奴速購大黄數兩來，諸友苦止之不可。及既購到，諸友競起止之，侍御已連取大黄六七錢吞之。一友飆起奪之，侍御復攫吞大黄一塊，且罵奪之者。遂皆反唇，諸友不歡而散，抵暮，聞侍御泄瀉不止。黎明，諸友趨往問疾，始知侍御已於中夜暴卒矣。故曾文正公祭文有曰：一呷之藥，椓我天民。惜哉侍御！以戲服猛藥殺其身，年僅四十有四。不然，則所就固未可量也。

人體衛生總部

個人衛生部

綜　述

《肘後方・治卒霍亂諸急方》　凡所以得霍亂者，多起飲食。或飲食生冷雜物以肥膩酒鱠，而當風履濕薄衣露坐，或夜卧失覆之所致。

《全生指迷方・脈論》　論曰：人以天地之氣生，四時之法成。是以有五藏六府，四肢十二經，三百六十五穴，以象五運六氣，四時十二月，周天之度，陰陽變化，與天地同流。乖其氣，逆其理，則陰陽交錯，府藏偏毗，脈行遲速，榮衛失度，百病從生。非脈無以探賾索隱，所謂脈者，乃天真之元氣，有生之精神，精神去欶，脈理乃絶，故上古聖人體性形，剖別藏府，詳辨經絡，會通內外，各著其情，氣穴所發，各有腧名。善診脈者，靜意視義，觀其變於冥冥之中，以神合，神悠然獨悟，口弗能言。先別陰陽，審清濁，而知分部，視喘急，聽音聲，而知病所生，所謂陰陽者，至者爲陽，謂隨呼而出也；去者爲陰，謂隨吸而入也；動者爲陽，鼓聲躁急也；靜者爲陰，來去沉沉默默也。數者爲陽，謂一呼一吸六至也；遲者爲陰，謂往來不滿三至也。於三部九候之內，察其脈形，有獨異者，謂獨大、獨小、獨疾、獨遲。獨不應四時者，乃受病之所也。

《蘇沈良方・上張安道養生訣》　每日以子時後，三更三四點至五更以來皆可。披衣坐，只床上擁被坐亦得。面東或南，盤足坐，扣齒三十六通。握固，以兩拇指掐第二指手紋，或以四指都握拇指，兩手拄腰腹間。閉息，閉息敢是道家要妙，先須閉目靜慮，掃滅妄想，使心源湛然，諸念不起，自覺出入息調勻，微細即閉口并鼻，不令氣出也。內視五臟，肺白、肝青、脾黃、心赤、腎黑。當便求五臟圖煙羅子之類，常掛壁上，便中心熟議五臟六腑之形狀。次想心爲炎火，光明洞徹，入下丹田中。丹田在臍下。待腹滿氣极，則徐出氣。不得令耳聞聲。候出息勻調，即以舌攪唇齒內外，漱煉津液。若有鼻涕亦須漱煉，不嫌其鹹。漱煉良久，自然甘美。此是眞氣。未得嚥下，復作前法。閉息內觀，納心丹田，調息漱津，皆依前法。如此者三，津液滿口，即低頭嚥下，以氣送下丹田中。須用意精，猛令津與氣谷然有聲，徑入丹田。又依前法爲之，凡九閉息，三嚥津而止。然後以左手熟摩兩腳心，此湧泉穴上徹頂門，氣訣之妙。及臍下腰脊間，皆令熱徹。徐徐摩之，微汗出不妨，不可喘。次以兩手，摩熨眼面耳項，皆令極熱。仍按捏鼻梁左右，五七下，梳頭百餘梳。散髮卧，熟寢至明。右其法至簡易，惟在常久不廢，即有深功。且試行二十日，精神自已不同，覺臍下實熱，腰腳輕快，面目有光。久久不已，去仙不遠。當常習閉息，使漸能持久，以脈候之，五至爲一息。某近來閉得漸久，每一閉，百二十至而開，蓋已閉得二十餘息也。又不可強閉多時，使氣錯亂奔突而出，反爲害也。愼之愼之！又須常節晚食，令腹中寬虛，氣得回轉。晝日無事，亦時時閉目內觀，漱煉津液嚥之，摩熨耳目，以助眞氣。但清靜專一，即易見功矣。神仙至術，有不可學者三：一急躁，二陰險，三貪慾。公雅量清聽，無此三疾，竊謂可學。故獻其區區，若篤信力行，他日相見，復陳其妙者。方書口訣，多奇詞隱語，卒不見下手門路。今《直指精要》，可謂至言不煩，長生之根本也。幸深加寶秘，勿使淺妄者窺見，以泄至道爲。

《東坡詩・小圃五詠・人參》　上黨天下脊，遼東眞井底。玄泉傾海腴，白露灑天醴。靈苗此孕毓，肩肢或具體。移根到羅浮，越水灌清泚。地殊風雨隔，臭味終祖禰。青椏綴紫萼，圓實墮紅米。窮年生意足，黄土手自啓。上藥無炮炙，齕齧盡根柢。開心定魂魄，憂恚何足洗。靡身輔吾生，既食首重稽。

《東坡詩・小圃五詠・地黄》　地黄飼老馬，可使光鑒人。吾聞樂天語，喻馬施之身。我衰正伏櫪，垂耳氣不振。移栽附沃壤，蕃茂爭新春。沉水得稚根，重湯養陳薪。投以東阿清，和以北海醇。崖蜜助甘冷，山姜發芳辛。融爲寒食餳，燕作瑞露珍。丹田自宿火，渴肺還生津。願餉內熱子，一洗胸中塵。

《東坡詩・小圃五詠・枸杞》　神藥不自閟，羅生滿山澤。日有牛羊憂，歲有野火厄。越俗不好事，過眼等茨棘。青荑春自長，絳珠爛莫摘。短籬護新植，紫筍生卧節。根莖與花實，收拾無棄物。大將玄吾鬢，小則餉我客。似聞朱明洞，中有千歲質。靈尨或夜吠，可見不可索。仙人倘許我，借杖扶衰疾。

《東坡詩・小圃五詠・甘菊》 越山春始寒，霜菊晚愈好。朝來出細粟，稍覺芳歲老。孤根蔭長松，獨秀無衆草。晨光雖照耀，秋雨半摧倒。先生卧不出，黄葉紛可掃。無人送酒壺，空腹嚼珠寶。香風入牙頰，楚些發天藻。新荑蔚已滿，宿根寒不槁。揚揚弄芳蝶，生死何足道。頗訝昌黎翁，恨爾生不早。

《東坡詩・小圃五詠・薏苡》 伏波飯薏苡，禦瘴傳神良。能除五溪毒，不救讒言傷。讒言風雨過，瘴癘久亦亡。兩俱不足治，但愛草木長。草木各有宜，珍産駢南荒。絳囊懸荔支，雪粉剖桄榔。不謂蓬荻姿，中有藥與糧。舂爲芡珠圓，炊作菰米香。子美拾橡栗，黄精誑空腸。今吾獨何者，玉粒照座光。

《東坡文集・服胡麻賦並敘》 始余嘗服伏苓，久之良有益也。夢道士謂余：伏苓燥，當雜胡麻食之。夢中問道士：何者爲胡麻。道士言：脂麻是也。既而讀《本草》云：胡麻一名狗虱，一名方莖，黑者爲巨勝。其油正可作食。則胡麻之爲脂麻，信矣。又云：性與伏苓相宜。於是始異斯夢，方將以其説食之。而子由賦伏苓以示余，乃作《服胡麻賦》以答之。世間人聞服脂麻以致神仙，必大笑。求胡麻而不可得，則妄指山苗野草之實以當之。此古所謂道在邇而求諸遠者歟？其詞曰：我夢羽人，頎而長兮。惠而告我，藥之良兮。喬松千尺，老不僵兮。流膏入土，龜蛇藏兮。得而食之，壽莫量兮。於此有草，衆所嘗兮。狀如狗虱，其莖方兮。夜炊晝曝，久乃藏兮。伏苓爲君，此其相兮。我興發書，若合符兮。乃瀹乃烝，甘且腴兮。補填骨髓，流發膚兮。是身如雲，我何居兮。長生不死，道之余兮。神藥如蓬，生爾廬兮。世人不信，空自劬兮。搜抉異物，出怪迂兮。槁死空山，固其所兮。至陽赫赫，發自坤兮。至陰肅肅，躋於乾兮。寂然反照，珠在淵兮。沃之不滅，又不燔兮。長虹流電，光燭天兮。嗟此區區，何與於其間兮。譬之膏油，火之所傳而已耶？

《東坡文集・問養生》 余問養生於吴子，得二言焉。曰和，曰安。何謂和？曰：子不見天地之爲寒暑乎？寒暑之極，至於折膠流金，而物不以爲病，其變者微也。寒暑之變，晝與日俱逝，夜與月並馳，俯仰之間，屢變而人不知者，微之至，和之極也。使此二極者，相尋而狎至，則人之死久矣。何謂安？曰：吾嘗自牢山浮海達於淮，遇大風焉，舟中之人，如附於桔槔而與之上下，如蹈車輪而行，反逆眩亂不可止。而吾飲食起居如他日。吾非有異術也，惟莫與之爭，而聽其所爲。故凡病我者，舉非物也。食中有蛆，人之見者，必嘔也。其不見而食者，未嘗嘔也。請察其所從生。論八珍者必咽，言糞穢者必唾。二者未嘗與我接也，唾與咽何從生哉。果生於物乎？果生於我乎？知其生於我也，則雖與之接而不變，安之至也。安則物之感我者輕，和則我之應物者順。外輕内順，而生理備矣。吴子，古之静者也，其觀於物也，審矣。是以私識其言，而時省觀焉。

《東坡文集・石芝並引》 予昔夢食石芝，作詩記之，今乃眞得石芝於海上，子由和前詩見寄。予頃在京師，有鑿井得如小兒手以獻者，臂指皆具，膚理若生。予聞之隱者曰：此肉芝也。與子由烹而食之，追記其事。復次前韻。上中一掌嬰兒新，瓜指良是肌骨勻。見之怖走誰敢食，天賜我爾不及賓。旌陽遠遊同一許，長史玉斧皆門户。我家韋布三百年，只有陰功不知數。跪陳八簋加六瑚，化人視之眞塊蘇。肉芝烹熟石芝老，笑唾熊掌嚬雕胡。老蠶作繭何時脱，夢想至人空激烈。古來大藥不可求，眞契當如磁石鐵。

《聖濟經・聖濟經解義序》 一陰一陽之謂道，偏陰偏陽之謂疾，不明乎道，未有能已人之疾者。

大鈞以陰陽而播物，人受陰陽以立命。播物之初，獨陽不生，獨陰不成。一陰一陽，莫不由之，而其道顯矣。受命之後，陽勝則病陰，陰勝則病陽。偏陰偏陽不適其平，而其疾作矣。古之人明陰陽之道，以治人之疾者，陽病治陰，陰病治陽：虚則補之，實者瀉之；有餘則取之，不足則與之。將使一陰一陽無所偏勝而後已。其於已人之疾也何有？故曰：陰平陽秘，精神乃治；陰陽離决，精氣乃絶。

陰陽相照、相蓋、相治，四時相代、相生、相殺，五行更王，更廢、更相，人生其間，由於陰陽，役於四時，制於五行，平則爲福，有餘則爲禍，淫則爲疾。

日月往來是謂相照，下降上昇是謂相蓋，時消時息是謂相治，此陰陽之相摩也。寒暑屈伸是謂相代，以相繼王是謂相生，以王剋勝是謂相殺，此四時之變通也。當時者，尊更王也。已用者，賤更廢也。方來者，貴更相也，此五行之迭運也。大虚之中，陰陽相摩，四時變通，五行迭運，所以生化萬物也。

人生其間，由於陰陽，役於四時，制於五行。受中以委和，以生中和之理，各得其平。能者養之以取福，或過或淫，禍疾之所由作也。

《聖濟經·頤神協序章》 春溫夏暑，秋忿冬怒，四時迭運，氣不齊也。方陽用事，萬物以熙。人於是時，以析以因；方陰用事，萬物以凝；人於是時，以夷以隩。蓋天地有正氣，皆本於陰陽。人本衝和，不離於陰陽。其交辨也、其出入也、其顯晦也，既有自然之序，則人之動靜作止、闔闢啓處，固有不可紊之宜。

自春之溫，積而至夏則爲暑，言陽生而之盛也。自秋之忿，積而至冬則爲怒，言陰少而之壯也。溫暑言其候，春夏言溫暑，則知秋冬之爲清爲寒。怒忿言其情，秋冬言忿怒，則知春夏之爲喜爲悅。此四時更旺、更癈、更相。或生或長，或收或藏，所謂迭運而氣不齊也。萬物以陽熙，以陰凝。方陽熙之時，春則分散而就功。夏則因春之事而未章，故謂之以析以因。方陰凝之時，秋則不棘，冬則入室處，故謂之以夷以隩。天秉陽，地秉陰，故天地有正氣，皆本於陰陽。人受中以立命，陰陽之衝氣也。人秉衝氣，不離於陰陽。交於南，辨於北，左通物而出之，右戕物而入之。瑩天功，明萬物，在陽爲顯也。幽無形，深不測，在陰爲晦也。若是者有不可亂之序。故其交辨也，其出入也，其顯晦也，既有自然之序。彼有自然之序，則動而作，闢而啓，必因乎陽。靜而止，闔而處，必因乎陰。有不可紊之宜者，亦循自然之序而已。

東西南北之異方，高平下濕之異地，風俗氣候雖則不同，至於隨時調適，頤神衛生之道則一也。

東者魚鹽之地，西者金玉之域，南爲長養，北爲閉藏，此所謂異方也。或海濱傍水，或水土剛強，或地下，或高陵，此所謂異地也。或食魚而嗜鹹，或華食而脂肥，或嗜酸而食胕，或野處而乳食，此風俗之不同也。東則天地之所始生，西則天地之所收引，南則霧露所聚，北則凍冽所居，則氣候之不同也。風俗氣候雖不同，然所以安其形體者，詎苟不同耶。故隨時調適，順四序之宜，頤神而使之不虧，衛生而使之不傷者，庸有異哉。

《養生類纂·人事部·早起》 早起東向坐，以兩手相摩令熱，以手摩額上至頂上，滿二九止，名曰存泥丸。

又 凡雞鳴時，叩齒三十六遍訖，舐脣㰳口，舌撩上齒，嚥之三過，殺蟲補虛勞，令人強壯。

早起先以左足下床，則一日平寧。

早起以左右手摩腎，次摩腳心，則無腳氣諸疾。或以熱手摩面上，則令人悅色。以手背揉眼，則明目。煨生薑，早辰含少許，生胃氣，辟山瘴邪氣。

每日下床先左腳，念乾元亨利貞，下右腳，念日日保長生，如此各念三遍，則終日吉。

晨興以鍾乳粉入白粥中，拌和食之，極益人。

早起不可用刷牙子，恐根浮兼牙疎易搖，久之患牙痛。蓋刷牙子皆是馬尾爲之，極有所損。今時出牙者盡用馬尾灰，蓋馬尾能腐齒齦。

《養生類纂·人事部·身體》 忍尿不便，膝冷成痺。

忍大便不出，成氣痔。

小便勿努，令兩足及膝冷。

丈夫飢欲坐小便，若飽則立小便，慎之無病。

大便不用呼氣及強努，令人腰疼目澀，宜任之佳。

又 夜間小便時，仰面開眼，至老眼不昏。

忍小便成淋疾。

久忍小便成冷痺。

《養生類纂·天文部·水》 凡遇山水塢中出泉者，不可久居當食，作癭病。

深陰地冷水，不可飲，必作痎瘧。

凡山水有沙蝨處，勿在中浴，害人。欲渡者，隨驢馬後，急渡不傷人。

凡水有水弩處射人影即死。欲渡水者，以物行水，其水弩即散，急渡不傷人。

遠行觸熱，途中逢河，勿洗面，生烏䵟。

深山大澤中不可渡，恐寒氣逼人眞氣。

陂湖水誤飲小魚入腹，即成魚瘕病。

井水沸不可食之，害人。

屋漏水誤食，必成惡疾。

塚井水有毒，人中之者，立死。欲入塚井者，當先試之。法以雞彡投井中，毛直而下者無毒，毛迴旋而舞似不下者有毒。以熱醋數斗投井穴中則可入矣。

《養生類纂·養生部》 髮宜多梳，齒宜多叩，液宜常嚥，氣宜精煉，手宜在面，此五者所謂子欲不死修崑崙耳。

《養生類纂·天文部·日月》 忽怒目視日月，令人失明。

久視日月，令人損目。

《養生類纂·天文部·星》 久視星辰，令人損目。

夜觀星斗，認取北斗中星者，則一生無眼疾也。

俗傳識大人星不患瘧。

《養生類纂·天生部·雲漢》 引《瑣碎錄》 久視雲漢，令人損目。

《養生類纂·人事部·沐浴》 沐浴未乾而熟睡，成疾。

浴冷水則生腎痹之疾。

又 新沐髮訖勿當風，勿濕縈髻，勿濕頭卧，使人頭風、眩悶，髮禿面黑，齒痛耳聾，頭生白屑。

夜沐髮，不食即卧，令人心虚，饒汗多夢。

熱泔洗頭，冷水濯之，作頭風。

飲水沐頭作頭風。

冬浴不必汗出霡霂。

時行病新汗方解，勿冷水洗浴，損心。

凡居家，不欲數沐浴。若沐浴，必須密室，不能大熱，亦不得大寒，皆生百疾。

沐浴後不得觸風寒。

飢忌浴，飽忌沐，沐訖須進少許食飲乃出。

又 沐浴忌三伏、二社、四殺日，宜擇申酉亥子日，大吉也。

又 人能一生斷沐，未無眼疾。

有目疾，切忌酒後澡浴，令人目盲。

又 洗頭不可冷水，成頭風疾。

浴出不可和衫裙寢熟，恐成外腎疼，腰背拳曲。

《脾胃論·脾胃損在調飲食寒溫》 夫諸病四時用藥之法，不問所病，或溫或涼，或熱或寒。如春時有疾，於所用藥內加清涼風藥；夏月有疾，加大寒之藥；秋月有疾，加溫氣藥；冬月有疾，加大熱藥，是不絕生化之源也。

《蘭臺秘藏·脾胃虛損論》 易水張先生常戒不可峻利。食藥下咽，未至藥丸施化，其標皮之力始開，便言快也所傷之物已去。若更待一兩時辰許，藥盡化開。其藥峻利，必有情性。病去之後，脾胃既損，是真氣元氣敗壞，促人之壽。當時設下一藥枳實一兩，麩炒黄色爲度，白术二兩，只此二味，荷葉裹，燒飯爲丸。以白术甘溫，甘溫補脾胃之元氣，其苦味除胃中之濕熱，利腰臍間血。故先補脾胃之弱，過於枳實剋化之藥一倍。枳實味苦寒，泄心下之痞悶，消化胃中所傷。此一藥下胃，其所傷不能即去，須待一兩時辰許，食則消化，是先補其虛而後化其所傷則不峻利矣。當是之時，未悟用荷葉燒飯爲丸之理，老年味之始得，可謂奇矣。荷葉之物，中央空，象震卦之體。震者動也，人感之生足少陽甲膽者風也，生化萬物之根蒂也。《內經》云：履端於始，序則不愆。人之飲食入胃，營氣上行，即少陽甲膽之氣也。其手少陽三焦經，人之元氣也。手足經同法，便是少陽元氣生發也。胃氣、穀氣、元氣、甲膽上昇之氣，一也。異名雖多，止是胃氣上昇者也。荷葉之體，生於水土之下，出於污穢之中，不爲所染，挺然獨立。其色青，形乃空，青而象風木者也。食藥感此氣之化，胃氣何由不上昇乎？其主意用此一味爲引用，可謂遠識深慮，合於道者也。更以燒飯和藥，與白术協力滋養穀氣，而補令胃厚，再不至內傷，其利廣矣，大矣。

《蘭室秘藏·飲食所傷論》 《陰陽應象論》云：水穀之寒熱，感則害人六府。《痹論》云：陰氣者靜則神藏，躁則消亡。飲食自倍，腸胃乃傷。此乃混言之也。分之爲二，飲也，食也。飲者，水也，無形之氣也，因而大飲則氣逆形寒；飲冷則傷肺。食者物也，有形之血也。如《生氣通天論》云：因而飽食，筋脈橫解，腸澼爲痔。又云：食傷太陰厥陰，寸口大於人迎兩倍三倍者，或嘔吐、或痞滿、或下痢腸澼，當分寒熱輕重而治之。

《三元延壽參贊書·地元之壽起居有常者得之·四時調養》 《內經》曰：春三月，此謂發陳，夜卧早起，生而勿殺，逆之則傷肝，夏爲寒變，奉長者少。又春傷於風，夏必飧泄。

書云：春夏之交，陰雨卑濕，或引飲過多，令犯風濕，自汗體重，轉側難，小便不利。作他治必不救，惟五苓散最佳。

《內經》曰：夏三月，此謂蕃秀，夜卧早起，使志無怒，使氣得泄。逆之則傷心，秋爲痎瘧，奉收者少。

陶隱居云：四時惟夏難將息，伏陰在內，腹冷滑，補腎湯劑不可無，食物稍冷休哺啜。

書云：夏之一季，是人休息之時。心旺腎衰，化爲水，至秋而凝，冬始堅。當不問老少，皆食煖物，則不患霍亂，腹暖，百病不作。

書云：夏水止可隱映飲食，不可打碎食之，入腹冷熱相搏成疾。

書云：夏至以後迄秋分，須慎肥膩、餅霍、油酥之屬。此物與酒漿瓜果極理相妨，所以多病者爲此也。

陶隱居云：冷枕涼床，心勿喜。

凡枕冷物，大傷人目。

書云：夏不宜露卧，令皮膚厚，成癬或作面風。

書云：夏傷暑秋痎瘧忽大寒勿受之，患時病由此。

書云：暑月日曬處有石，不可便坐。熱生瘡，冷成疝。

書云：盛熱帶汗當風，不宜過自日中來，勿用冷水沃面，成目疾。伏熱者，未得飲水及以冷物，迫之殺人。

書云：五六月澤中停水，多有魚鼈精，飲之成瘕。《内經》曰：秋三月，此謂容平，早卧起，使志安寧。逆之則傷肺，冬爲飧泄，奉藏者少。

書云：秋傷於濕，上逆而咳，發爲痿厥。又立秋日勿浴，令皮膚麄燥，因生白屑。又八月一日後，微火暖足，勿令下冷。

《内經》曰：冬三月，此謂閉藏，水水地拆，無擾乎陽，早卧晚起，必待日光，去寒就溫，毋泄皮膚。逆之傷腎，春爲痿厥，奉生者少。

書云：冬時忽大熱，勿受之。患時病由此。又曰：冬傷於寒，春必病溫。

書云：冬時天地閉，血氣藏，作勞不宜，汗出冷背。

書云：冬寒雖近火，不可令火氣聚，不須於火上烘炙。若炙手，暖則已，不已損血，令五心熱。

故手足應於心也。

書云：大雪中跣足人，不可便以熱湯洗，或飲熱酒，足趾隨墮。又觸寒來寒未解，勿便飲湯食熱物。

《四氣調神論》曰：夫四時陰陽者，萬物之根本也。所以聖人春夏養陽，秋冬養陰，與萬物浮游於生長之門。逆其根則伐其本，壞其眞矣。故陰陽四時者，萬物之終始，死生之本也。逆之則災害生，從之則苛疾不起。是謂得道，故《天眞論》曰：有賢人者，逆從陰陽，分別四時，將從上古合同於道，亦可使益壽而有極時也。

《三元延壽參贊書・地元之壽起居有常者得之・沐浴洗面》 書云：頻沐者，炁壅於腦，滯於中，令形瘦體重，久而經絡不通暢。

書云：飽食沐髮，冷水洗頭，飲水沐頭，熱泔洗頭，冷水濯足，皆令人頭風。

書云：新沐髮勿令當風，勿濕縈髻，勿濕頭卧，令人頭風眩悶及生白屑，髮禿面黑，齒痛耳聾。

書云：女人月事來不可洗頭，或因感疾，終不可治。

書云：沐浴漬水而卧，積氣在小腹，與陰成腎痹。

書云：炊湯經宿，洗體成癬，洗面無光，作甑哇瘡。

書云：頻浴者，血凝而氣散，體雖澤而氣自損。故有癰疽癤之疾者，炁不勝血，神不勝形也。

書云：時病新愈，冷水洗浴，損心胞。

書云：盛暑衝熱，冷水洗手，尙令五臟乾枯，况沐浴乎？

書云：因汗入水，即成骨痹。

昔有名醫將入蜀，見負薪者猛汗河浴。醫曰：此人必死。隨而救之。其人入店中，取大蒜細切，熱麵澆之，食之汗出如雨。醫曰：貧下人且知藥，况富貴乎？遂不入蜀。

書云：遠行觸熱逢河，勿洗面，生烏皯。

閑覽云：目疾切忌浴，令人目盲。

白彦良壯歲常患赤目，道人曰：但能不沐頭，則不病此。彦良記之，七十餘更無眼疾。

《三元延壽參贊書・地元之壽起居有常者得之・行立》 書云：久行傷筋，勞於肝；久立傷骨，損於腎。

養生云：行不疾步，立不至疲，立勿背目。

書云：奔走及走馬，大動其氣。炁逆於膈，未散而又飲水，水搏於炁爲上氣。

書云：水有沙風處，勿浴勿渡，當隨牛馬，急渡之不傷人。水中又有弩射人影即死，以物打水，令弩散，急渡吉。

書云：行汗勿跂床懸腳，久成血痹，足痛腰疼。

眞人曰：夜行常啄齒，殺鬼邪。又疾行損筋。

行不得令人失氣，又行及乘馬，不用迴顧則神去。

凡欲行來，常存魁罡在頭上，所向皆吉。

行不多言，恐神散而損氣。

夜行常琢齒，琢齒亦無限數也。煞鬼邪，鬼邪畏琢齒聲，是故不敢犯人。

夜行及宜臥心中恐者，存日月還入於明堂中，須臾百邪自滅。山居恒爾，此爲佳。

夜歸，左手或右手，以中指書手心作我是鬼三字，再握固，則不恐懼。

沈存中《筆談》：草間有黄花蜘蛛，名天蛇，遭其螫仍濡露則病如癩，通身潰爛，露涉者慎之。

書云：大霧不宜遠行，行宜飲少酒以禦霧瘴。

昔有三人早行，一食粥而病，一空腹而死，一飲酒而健。酒能壯氣，辟霧瘴也。

《三元延壽參贊書・地元之壽起居有常者得之・坐臥》　書云：久坐傷肉，久臥傷氣。坐勿背日，勿當風濕，成勞。坐臥於塚墓之傍，精神自散。

書云：臥出而風吹之，血凝於膚爲痺，凝脈爲血行不利，凝於足爲厥。

書云：燈燭而臥，神魂不安。臥宜側身屈膝，不損心氣，覺宜舒展，精神不散，舒臥招邪魅。

孔子云：寢不屍。

書云：寢不得言語，五臟如懸磬，不懸不可發聲。

孔子曰：寢不言。

書云：臥不可戲，將筆墨畫其面，魂不歸體。

書云：臥勿以腳懸踏高處，久成腎水，損房足冷。書云：臥魘不語，是魂魄外遊，爲邪所執。宜暗喚，忌以火照，照則神魂入，乃至死於燈前。魘者本由明出，不忌火。並不宜近喚及急喚，亦喜失神魂也。

書云：臥處頭邊勿安火爐，日久引火氣，頭重目赤鼻乾，發腦癰、瘡癤。

書云：臥習閉口，氣不失邪。不入若張口，久成消渴，無血色。又夜臥勿覆頭，得長壽濯足而臥，四肢無冷。病又醉臥當風，使人發瘖。醉臥黍穰中，發瘡，患大風眉墮。又雷鳴時仰臥，星月下裸臥，當風中醉臥，以人扇之，皆不可也。

隱居云：臥處須當傍虛歇，烘烘衣衾常損人。

書云：飽食即臥，久成氣病，腰痛，百痾不消，成積聚。

書云：汗出不可露臥及浴，使人身振寒，熱風疹。西山記：坐臥於塚墓之間，精神自散。

枯木大樹之下不可息，防陰氣觸人陽神。

孫眞人曰：坐臥莫當風，頻於暖處浴。

書云：坐臥處有隙風，急避之。尤不宜體虛年老之人。

昔有人三代不壽，問彭祖。祖觀其寢處，果有一穴當其腦戶，令塞之，遂得壽。蓋隙風入耳吹腦，陽炁散。頭者，諸陽所聚，以主生也。

《三元延壽參贊書・地元之壽起居有常者得之・津唾》　眞人曰：常習不唾地，蓋口中津液是金漿玉醴能終日不唾，常含而嚥之，令人精炁常留，面目有光。

書云：養性者唾不至遠，遠則精炁俱損，久成肺病，手足重，皮毛麄澀，脊痛，咳嗽。故曰遠唾不如近唾，近唾不如不唾。

書云：嗌爲醴泉，聚流爲華池府，散爲津液，降爲甘露，溉臟潤身，宣通百脈，化養萬神，肢節毛髮，堅固長春。

書云：人骨節中有涎，所以轉動滑利。中風則涎上潮咽喉衮饗，以藥壓下，俾歸骨節可也。若吐其涎，時間快意枯人，手足縱活亦爲廢人。小兒驚風亦不可吐涎也。仙書云：亥子日不可唾，亡精失氣，減損年命。

有人喜唾液乾而體枯，遇至人教以回津之法，久而體復潤。蓋人身以滋液爲本，在皮爲汗，在肉爲血，在腎爲精，在口爲津，伏脾爲痰，在眼爲淚。曰汗、曰血、曰淚、曰精，出則皆不可回，惟津唾則獨可回，回則生意又續續矣。滋液者，吾身之寶金丹。訣曰：寶聚則爲富家翁，寶散則爲孤貧客。

《三元延壽參贊書・地元之壽起居有常者得之・起居》　廣成子曰：無勞爾形，無搖爾精，乃可以長生。

所謂無勞者，作若飽食坐臥，兀然不動，使經絡不通，血氣凝滯，但不必提重執輕，矻矻終日，無致精力疲極則妙矣。

莊周曰：人有畏形惡迹而走，舉足愈數，而迹愈多，走愈疾而影不隨，是自以爲尙遲，疾走不休，絕力而死。不知處陰以休影，處靜以息迹，愚亦甚矣！

書云：勇於敢則殺，勇於不敢則活。蓋敢於有爲即殺身，不敢有爲則活其身也。

書云：起居不節，用力過度，則絡脈傷。傷陽則衄，傷陰則下。

書云：起居不時，食飲不節者，陰受之，而入五臟塡滿拍塞爲飧泄，爲腸澼賊風。虛邪者，陽受之，而入六腑，身熱不得卧，上爲喘呼。

書云：精者，神之本；炁者，神之主；形者，炁之宅。神大用則歇，精大用則竭，炁大勞則絶。

書云：淸旦常言好事，勿惡言。聞惡事即向所來方唾之三遍，吉。又勿嗔怒，勿叱咤咄呼，勿嗟嘆，勿唱柰何，名曰請禍。

書云：早起以左右手摩腎，次摩腳心，則無腳氣諸疾。以熱手摩面，則令人悅色。以手背揉眼，則明目。

煨生薑早晨含少許，生胃氣，辟山瘴邪氣。

早起先以左足下床，則一日平寧。

每日下床，先左腳，念乾元亨利貞。下右足，念日日保長生。如此各念三遍，則終日吉。

晨興以鍾乳粉入白粥中拌和食之，極益人。早起不可用刷牙子，恐根浮兼牙疎，易損極，久之患牙疼。蓋刷牙子皆是馬尾爲之，極有所損。今時出牙者，盡用馬尾灰，蓋馬尾能腐齒跟。

書云：早起向東坐，以兩手相摩令熱，以手摩額上至頂上，滿二九，正名曰存泥丸。

淸旦初起，以兩手叉兩耳極上下之二七止，令人不聾。次縮鼻閉氣，右手從頭上引左耳二七止，次引兩髮鬢，舉之令人血氣流通，頭不白。又摩手令熱，以摩身體，從上至下，名乾浴。令人勝風寒時氣，寒熱頭疼，百病皆除之。

凡人旦起，常言善事，天與之福。

夜起坐，以手攀腳底，則無筋轉之疾。

《泰定養生主論・論童壯》 未弱冠爲童，過三十爲壯。夫壽夭貧富天也，去就邪正人也。共叔段以母偏愛而失身於不法，孟母三遷而孟子終爲亞聖。今夫少者甜處著糞，穩處着腳，不趁過庭之訓，復厭舞雲之風。譏師傒親，左右矚亡，蕭牆夾壁，沽酒市脯。困極告醫，惟務速效，怨天尤人，莫知反躬。孟子曰：學問之道無他，在乎收其放心而已。心神守舍，則飢渴寒溫之外，自不多事也。孔子曰：人之少也，血氣未定，戒之在色。古法以男三十而婚，女二十而嫁。又當觀其血色强弱而抑揚之，察其稟性淳漓而權變之，則無曠夫怨女，過時之瘵也。孔子曰：及其壯也，血氣方剛，戒之在鬬。夫鬬者，非特鬬狠，相持爲鬬。胸中纔有勝心，即自傷和學未明而傲，養未成而驕。志不行則鬱而病矣，自暴自棄，言不及義而狂矣。孟子曰：由仁義行，非行仁義也。如欲行仁義以求安樂者，吾見其爲不安樂也。少壯攝養之道，棄此大道，而別求傍蹊曲徑以資分外者，必致廢事蕩家而怪誕無恥也。大抵血氣盛旺之時，難以制抑。凡事當先知心是吾之靈明主人，一切好欲欺侮凌奪肆恣皆是血氣所使。倘犯刑名災害，則是靈明主人自受苦辱也。常作此想者，自然漸成調伏。古今脩性養命之術，恐名利之士難行，並不抄入。凡除夏日之外，五日一沐，十日一浴，若頻浴則外覺調暢而內實散氣泄眞也。年二十者，必不得已則四日一施泄，三十者八日一施泄，四十者十六日一施泄，其人弱者更宜愼之。毋恣生樂以貽父母之憂，而自取枉夭之禍而雷同衆人也。能保始終者，郤疾延年，老當益壯，則名曰地行仙。雖有貧富之異，而榮衛冲融，四時若春，此之抱病而富且貴，則已爲霄壤之間矣。況能進進不已，則非常人所可知也。但於名利場中，得失任命，知止知足，則漸入道鄉也。道者非特寂寥枯槁之謂也，如所謂素富貴則行此道於富貴；素貧賤則行此道於貧賤耳。關尹子曰：圓爾道，方爾德，平爾行，銳爾事。孔子曰：志於道，據於德，依於仁，游於藝。故內外二聖之言，未嘗不契。蓋藝爲應世之術，故能銳利乃事；仁爲泛愛之常，故曰平爾行。德方則不移，其有所得於心，有所據於事。道圓則通而不執，故無所不容，而德行廣大，志無不在也。何嘗盡廢諸事，而然後謂之攝養哉？特消息否泰而行之藏之，量其才能而負之荷之。以不流於物故謂之攝，以安其分故謂之養。《抱朴子》云：若才不逮而强思，力不勝而强舉。深憂重恚，悲哀憔悴，喜樂過度，汲汲所欲，戚戚所患，談笑不節，興寢失時，挽弓引弩，沉醉嘔吐，飽食即卧，跳走喘乏，懽呼哭泣，皆爲過傷，此古人所戒之節文。況夫風前月下，竹徑花邊，俯仰傷懷，杯餘疎散。或進退惟谷而干祿，或衝煙冒瘴以求榮。呼吸雜邪，停留寵辱，飲食異味，荏苒暴患，各有治條。當斯之時，即回光返照，少駐元神，以行藥力。毋復縱聰明，以凌爍粗工而自取多事也。嗚乎！三皇大聖，日總萬機而又能拳拳於天下民瘼，下禮折節於方外士，而講道論醫以廣其傳。

今之學者，一身未知所以自治，而以人治之，則孰爲多乎？而況又欲爲治人者難矣哉！余嘗作《返朴論》，其辭有云：儵與忽欲報混沌之德，而相與謀曰：人皆有七竅，以爲食息，而混沌獨無，嘗試鑿之。日鑿一竅，七日而混沌死。有客對余曰：吾有術以起混沌之死，但一年修一竅，七年而混沌復生。余曰：固哉之學也，何以爲誇佝乎。吾能以一息回混沌之生，而息息與之俱生，故視斯明，聽斯聰，言斯辯，而余未嘗以有視聽與言，而人亦未嘗以余爲聰明與辯，故不補其鑿而混沌自全。夫是之謂聰明與辯，高明之士能於此處具眼，則養生必有主也，不攝之方並類其次。

《泰定養生主論》　冬月，天地閉血，氣藏，伏陽在內，心膈多熱，切忌發汗以洩陽氣。《內經》云：冬三月謂之閉藏，水冰地坼，無擾乎陽，早臥晚起，必待日光，使志若伏若匿，若有私意，若已有得，去寒就溫，無泄皮膚，使氣亟奪，此冬氣之應，養藏之道也。逆之則傷腎，春爲痿厥。故人當服浸酒之藥，以迎陽氣。然亦不可過暖，綿衣當晚着，漸漸加厚，雖大寒不得向火烘炙，大損人目，且手足能引火氣入心，使心臟燥熱。衣服不宜火炙，冬月陽氣在內，已自鬱熱，若更炙衣，重裘近火，醉酒則陽氣大甚，若遇春寒閉塞之久，不即發散，至春夏之交，陰氣既入，不能損運陽氣，必致有時行熱疾，甚者狂走妄語，切忌之。孟冬之月，天地閉藏，水凍地坼，早臥晚起，必候天曉，使至神暢。

《格致餘論·夏月伏陰在內論》　天地以一元之氣化生萬物，根於中者曰神機，根於外者曰氣血。萬物同此一氣，人靈於物，形與天地參而爲三者，以其得氣之正而通也。故氣升亦升，氣浮亦浮，氣降亦降，氣沉亦沉。人與天地同一橐籥，子月一陽生，陽初動也；寅月三陽生，陽初出於地也，此氣之升也。巳月六陽生，陽盡出於上矣，此氣之浮也。人之腹屬地氣，於此時浮於肌表，散於皮毛，腹中虛矣。經曰：夏月經滿，地氣溢滿，入經絡受血，皮膚充實。長夏氣在肌肉所以表實，表實者裏必虛。世言夏月伏陰在內，此陰字有虛之義。若作陰冷看，其誤甚矣。或曰以手捫腹，明知其冷，非冷而何？前人治暑病，有玉龍丸、大順散、桂苓丸、單煮良薑與縮脾飲用草果等，皆行溫熱之劑，何吾子不思之甚也。予曰：春夏養陽，王太僕謂春食涼夏食寒，所以養陽也，其意可見矣。若夫涼臺水館，大扇風車，陰木寒泉，果冰雪涼之傷，自內及外，不用溫熱，病何由安？詳玩其意，實非爲內伏陰而用之也。前哲又謂升降浮沉則順之，寒熱溫涼則逆之。若於夏月火令之時，妄投溫熱，寧免實實虛虛之患乎？或曰：巳月純陽，於理或通，五月一陰，六月二陰，非陰冷而何？予曰：此陰之初動於地下也。四陽浮於地上，燔灼焚燎流金爍石，何陰冷之有？孫眞人製生脈散，令人夏月服之，非虛而何？

《四時宜忌·正月事宜》　元旦日，天倉開日，宜學道坐圜。戊辰日，宜煉丹藥，可長生。

《雲笈七籤》曰：以立春日芥頭、苓苓香、白檀，諸香㕮咀，煮湯沐浴，辟除不祥。

《活人心法·養生之法》　脾好音樂，夜食多則脾不磨。《周禮》曰：樂以侑食。蓋脾好音聲絲竹，耳纔聞脾即磨矣，是以音聲皆出於脾。而夏月夜短，晚飯少喫，尤宜忌之，恐難消化故也。

酒雖可以陶情性，通血脈，自然招風敗腎，爛腸腐脅，莫過於此。飽食之後，尤宜戒之。飲酒不宜麤及速，恐傷破肺。肺爲五臟之華蓋，尤不可傷。當酒未醒，大渴之際，不可喫水及啜茶，多被酒引入腎臟，爲停毒之水，遂令腰腳重墜，膀胱冷痛，兼水腫、消渴、攣躄之疾。大抵茶之爲物，四時皆不可多喫，令人下焦虛冷。唯飽食後喫一兩盞不妨，蓋能消食故也，飢則尤宜忌之。

凡坐臥處，始覺有風，宜速避之，不可強忍，且年老之人，体竭內疎，風邪易入，始初不覺，久乃損人。故雖暑中，不可當風取涼，醉後操扇。昔有人學得壽之道於彭祖，而苦患頭痛。彭祖視其寢處，有穴當其腦戶，遂令塞之，後遂無患。

五味稍薄令人爽神，稍多隨其臟腑各有損傷。故酸多傷脾，辛多傷肝，鹹多傷心，苦多傷肺，甘多傷腎。此乃五行自然之理。初傷不覺，久乃成患不淺。

久視傷心損血，久坐傷脾損肉，久臥傷肺損氣，久行傷肝損筋，久立傷腎損骨。孔子所謂居必遷坐，以是故也。

人之勞倦，有生於無端，不必持重執輕，仡仡終日，惟是閑人多生此病。蓋閑樂之人，不多運動氣力，飽食坐臥，經脈不通，血脈凝滯使然也。是以貴人貌樂而心勞，賤人心閑而貌苦。若貴人嗜慾不時，或昧於忌犯，飲食珍饈，便乃寢卧，故常須用力，但不至疲極，所貴榮衛通流，血脈調暢，譬如流水不污，戶樞不蠹也。

卧宜側身屈膝，益人心氣　覺宜舒展，則精神不散，蓋舒卧則招魔引魅。孔子寢不屍，蓋謂是歟。髮多梳則去風明目，故道家晨梳常以百二十爲數。浴多則損人心腹，令人倦怠。

寢不言者，爲五臟如鐘磬，然不懸，則不可發聲。睡留燈燭，令人神不安。

夏一季是人脫精神之時，心旺腎衰，腎化爲水，至秋乃凝，及冬始堅，尤宜保。故夏月不問老幼，悉喫暖物，至秋即不患霍亂吐瀉。腹中常暖者，諸疾自然不生，蓋血氣壯盛也。

月令仲夏之月，君子齋戒處必掩。身毋躁，止聲色，毋暴怒，薄滋味，保致和，禁嗜慾，定心氣。

雖盛暑衝熱，若以冷水洗面手，即令人五臟乾枯，少津液，况沐浴乎？凡甑冷物，大損人目。

茄性至冷菜瓜，雖治氣又能暗人耳目，驢馬食之即目爛。此等之物，大抵四時皆不可食，不獨夏季。老人尤宜忌之。

冬月天地閉，血氣藏，縱有病亦不宜出汗。

昔有三人冒霧早行，一人空腹，一人食粥，一人飲酒。空腹者死，食粥者病，飲酒者健。蓋酒能禦霜露、辟邪氣故也。路中忽遇飄風震雷晦暝，宜入室避之，不爾損人，當時未覺，久後成患。

春夏宜早起，秋冬任晏眠。晏忌日出後，早忌雞鳴前。水之在口曰華池，亦曰玉泉。《黃庭經》曰：　玉泉清水灌靈根，子若修之，命得長存。

《胎息論》曰：　凡服食，須半夜子後，床上瞑目盤坐，面東呵出腹內舊氣三兩口，然後停息，便於鼻內微納清氣數口，舌下有二穴通腎竅，用舌柱上腭，存息少時，津液自出，灌漱滿口，徐徐嚥下，自然灌注五臟，此爲氣歸丹田矣。如子後午前不及，但寅前爲之亦可，卧中爲之亦可，但枕不甚高可也。

漢蒯京，年百二十歲，日甚壯，言朝朝服食玉泉，扣齒二七，名曰鍊精。

後漢王真，常漱舌下玉泉嚥之，謂之胎息。孫真人曰：　髮宜多櫛，手宜在面，齒宜數扣，津宜常嚥，氣宜精鍊，此五者即《黃庭經》所謂子欲不死修昆崙爾。

熱摩手心熨兩眼，每三七遍，使人眼目自然無障翳。明目去風，無出於此，亦能補腎氣也。頻拭額上，謂之修天庭，連髮際二七遍，面上自然光澤。如有鼾點者，宜頻拭之。又以中指於鼻梁兩邊揩二三十數，令表裏俱熱，所謂灌溉中嶽，以潤於肺。以手摩耳輪，不拘遍數，所謂修其城郭，以輔腎氣，以防聾聵也。

大凡入坐，常以兩手按䏶，左右紐肩數十，則血氣通暢，不生諸疾。

古人以色慾之事，譬之淩盃盛湯，羽苞畜火，可不慎乎？

《活人心法・臞僊活人心法序》　昔在太昊之先，軒岐未曾有大乙氏之王天下也，調泰鴻之氣，薄滋味，寡嗜慾，修長生久視之道，其養之法已有矣；　巢氏博生咀華，以和氣血，藥餌之說已有矣；　陰康氏時，水瀆陰凝，民疾重墜，乃制舞以踈氣血，導引之術已有矣；　故人無夭傷。大朴既散，民多疾厄，厥後軒轅氏作，岐伯氏出，而有醫藥之方行焉。故至人治於未病之先，醫家治於已病之後。治於未病之先者曰治心，曰修養；　治於已病之後者，曰藥餌，曰砭焫。雖治之法有二而病之源則一，未必不由目心而生也。老子曰：　心爲神主，動靜從心。心爲禍本，心爲道宗。靜則心君泰然，百脈寧謐，動則血氣昏亂，百病相攻。是以性靜則情逸，心動則神疲，守眞則志滿，逐物則意移。意移則神馳，神馳則氣散，氣散則病生，病生則殞矣。雖常俗之語最合於道妙，今述其二家之說，自成一家新話，編爲上下二卷。目之曰活人，心謂常存救人之心，欲全人之生，同歸於壽域也。豈少補哉。然之世醫書，各家所編者何暇千本，紛然雜具，徒多無補。但此書方雖不多，皆能奪命於懸絕。雖司命莫之神也，凡爲醫者而能察其受病之源，而用之止，此一書醫道足矣。人能行其修養之術，而用之止，此一書仙道成矣。何况不壽乎，士之於世，不可缺焉。前南極衝虛妙道眞君《臞僊書》臞僊曰：　古之神聖之醫而能療人之心，預使不致於有疾。今之醫者，惟知療人之疾，而不知療人之心，是由捨本逐末，不窮根源而攻其流，欲求疾愈，不亦愚乎？雖一時僥倖而安之，此則世俗之庸醫不足取也。殊不知病由心生，業由心作。蓋陰有鬼神，陽有天理，報復之機，鮮無不驗焉。故有天刑之疾，有自戕之疾。其天刑之疾也，五體不具生而隱宮者，生而瘖瘂盲聵者，回跌撲而手足折者，有生人面瘡贅疣疾者，凡傳染一切瘵疫之證是也。蓋回夙世今生，積惡多過，天地譴之，故致斯疾，此亦業原於心也；　其自戕之疾者，調養失宜，風寒暑濕之所感，酒色財氣之所傷，七情六欲生於內，陰陽二氣攻於外，於是病生於心，害攻於體也。今只以人之易見者論之，且曰人心思火，久而體熱；人心思水，久而体寒。怯則髮豎，驚則汗瀝，懼則內戰，愧則面赤，悲則淚出，荒則心跳，氣則麻痺。言酸則垂涎，言臭則吐唾，言喜則笑，言哀則哭。咲則貌妍，哭則貌媸。又若日間有所見，夜則魂夢，有所思，夜則讝語，夢交合則精泄。致若驚悸氣怒而成疾者，則發狂裸体，踰垣上屋，呼神見鬼，歌舞咲哭，此皆因心而生也。太白真人曰：欲治其疾，先治其心。必正其心，然後資於道。使病者盡去心中疑慮，思想一切妄念，一切不平，一切人我，悔悟平生所爲過惡，便當放下身心，以我之天而合所事之天，久之遂凝於神，則自然心君泰寧，性地平和，知世間萬事皆是空虛，終日營爲，皆是妄想。知我身皆是虛幻，禍福皆是無有，死生皆是一夢。慨然領悟，頓然解釋，心地自然清淨，疾病自然安痊。能如是，藥未到口，病已忘矣。此真人以道治心，療病之大法也。蓋真人之教也，本爲天地立心，爲生民立命。惟心與天一理之所得者，獨明而能開人心之迷；惟其心與地一水之所汲者，獨靈而能滌人心之陋。故以一杯之水，而能療醫所不治之疾。罔不瘳者，豈由水之靈實，資於道之用也，苟非其人，則以予爲妄誕。老子曰：吾言甚易知，甚易行，天下莫能知，莫能行。是以知我者希，則我者貴。又曰上士聞道，勤而行之；中士聞道，若存若亡；下士聞道，大笑之，不笑不足以爲道。《內觀經》曰：知道易，信道難，信道易，行道難，行道易，得道難，得道易，守道難。守而不失乃可長生。

《四氣攝生圖・夏忌及沐浴修齋日》 四月食蕎菜，和鯽魚作羹，開胃口，補益。四日沐浴吉，八日修路夏齋，勿伐一切草木，勿食鱔魚及蒜。五月勿食韭，宜食大麥，杏藿皆益。減鹹味以安心。一日沐浴吉，五日修續命齋，勿食生菜。夏至前後三日，各別寢，是月陰陽爭，血氣散，勿見血汚之物。夏至後，勿食鳥獸肉及羊腳。六月六日修清暑齋，勿食葵，忌起土，九日沐浴吉。三伏日服腎瀝湯，夏七十二日省苦味，增辛味，以助肺氣。心有病即夢見丹鑪炎火之類，健忘多驚，宜服五參丸方。

玄參　丹參　苦參　秦艽各七分　沙參　人參　乾薑各五分

右搗爲散，煉蜜爲丸，如梧桐子大。食上煎水下三十丸。

《四氣攝生圖・心藏夏王》 夏之三月火王，萬物化實，欲安其神者則含忠履孝，輔義安仁，定其火，息其燄，澄其心，和其神，止聲色，薄滋味，可以居高明，可以遠眺望，而後合乎中和，以順天地之氣。早臥早起，無厭於日，順於正陽以消暑氣，逆之則腎藏爭分，水火相克也。

《四氣攝生圖・四氣攝生圖序》 夫理國者以養人爲本，修身者以治病爲先。覆載之間，唯人爲貴。是以洪範五福，其一曰壽。皇天猶以爲景福之最。人因元氣，假以成形，受氣陰陽，皆稟天地。江河淮濟，五嶽九州，草木星辰，觸象比類，皆神明所居，各有所主。存之即有，廢之即無。存之即生，廢之即死。黃庭云：口爲天關精神機，足爲地關生命扉，手爲人關把盛衰。天地含靈，皆在人之掌握。身貴若此，命豈輕哉？又《氣訣》云：我命在我，不在於天。昧用者夭，善用者延。又云：精極乃明，神極乃靈，氣極乃清，元極乃冥。因氣而衰，因氣而榮，因氣而滅，因氣而生。未有有氣而無形者，未有有形而無氣者。形氣相須，全在修養。《老子》云：玄牝之門，天地之根，綿綿若存，用之不勤。人之口鼻，皆神明出入之戶牖也。神所依者形，形所依者氣，氣所依者血。血氣相隨，如魚在水。水濁魚瘦，氣壅則病生。是知氣欲得清，血欲得運，運息流轉，寢食順時，五藏恬和，疾從何起？若一藏乖攝，三焦受邪，元氣不榮，衆疾俱作。仲尼云：寢食不時，嗜慾不節，勞逸過度，病共殺之。且春風東來，草木甲拆，而積廩之粟不萌。秋天雨霜，草木零落，而覆蓋之草木不傷。草木性猶如此，何況人之五藏六府，豈不由修養耶？世人罔能修行，相次殂謝，以殂謝爲命盡，以痾瘵爲筋衰，謂天地之合然，不信長生之可保。天養人以五氣，地養人以五味，飲五氣者歸天，食五味者歸地。所謂百病横生，多因飲食。飲食之患，過於聲色。聲色可以絕之逾年，飲食不可廢之一日。爲益不少，爲患亦多，如水浮舟亦能覆舟。四時攝生，蓋由節減保生。銘云：酸味損於筋，辛多傷正氣，甘物不益肉，苦多傷其志，鹹多促人壽，不得偏耽嗜。思慮損人性，喜怒傷於神，性損即害生，神傷則促命。養性以全氣，保神以安心。若役慮勞神，竭心殉物，體疲於外，精喪於中，衆邪競生，安得延駐，神隨氣，氣依味，味順即元氣清，元氣清則神爽，神爽則無疾。是以體欲常勞，食欲常少，勞勿過極，少勿大虛。凡春分後夏至前，少食糖酪之物，生膾相妨。夏至後，秋分前，少食餅臛之物，與瓜相妨。當時不必病生，卻後終作諸暴，斯乃從本者也。重衣厚褥，體不堪虛，以致風寒之疾。美麗艷姬，以致虛損之形。品味醉飽，厭飫強餐，以致疝結之疾。養性之道，勿久行、久坐、久聽、久視，不強食，不強飲，憂思愁哀，飢餐渴飲，日夕所營，不住爲妙。故曰：流水不腐，戶樞不蠹，以其動而不息也。陎欲導引，即不必鸞飛、鳳舉、猴擲、虎蹲，但展四肢，動搖九竅，令其血脈流轉，上下宣通。《眞氣銘》曰：凡欲去疾，導引爲先。經脈不擁，關節不煩。或如射鵰，側身彎環，或曲腰脊，如蟾半圓。交指腦後，左旋右旋，徑展手足，氣出指端，擺掣四肢，捉搦三關，熱摩赤澤，氣海亦然。是以攝養有方，則壽同龜鶴。若恣情放逸，則命比蜉蝣。因幼慕道門，棲心澹薄，究《黃庭》之妙，旨窮五千之玄言。今則採掇方書，搜羅祕訣，四季避忌，一年修行，錄之座隅，日可觀覽，號爲四氣攝生圖云爾。

《四氣攝生圖・肝藏春王》 肝屬東方木，爲青帝，神形如青龍，象如懸瓠。肝者榦也，狀如枝榦，故謂之肝。重四斤四兩，在心下，有七葉，左三葉右四葉。肝爲心母，爲腎子。肝下有三魂，名爽靈、胎光、幽精。夜臥及平旦，叩齒三十六遍，呼肝神及三魂神也。目爲之宮，左目爲甲象日屬陽，右目爲乙象月屬陰。肝放液爲淚，腎邪入肝，則多淚。膽爲之腑，膽合於肝，在肝短葉下。《黃庭經》云：肝氣鬱勃淸且長，羅列六腑生三光。心精意專內不傾，上合三焦下玉漿。其聲角，其性仁，其味酸。若乖則眼赤目癢。肝被陰邪侵，則夢見林園竹木。或見著青，或在水邊，見龍蛇禽獸奔走趑驚怕，可用噓以去之。平旦叩齒九通，以鼻引清氣，輕噓三十六遍，以治肝之一切煩熱。

《四氣攝生圖・春忌及沐浴修齋日》 正月勿食生葱、蓼子、蒜、狸豹等肉食。韮補益臟腑。一日修續壽齋，四日勿殺生，七日是三會日，修延神齋，八日沐浴吉。二月勿食蓼子、鷄子、兔肉。八日修

《丹溪心法・不治已病治未病》 與其救療於有疾之後，不若攝養於無疾之先。蓋疾成而後藥者，徒勞而已。是故已病而不治，所以爲醫家之法；未病而先治，所以明攝生之理。夫如是則思患而預防之者，何患之有哉？此聖人不治已病治未病之意也。嘗謂備土以防水也，苟不以閉塞其涓涓之流，則滔天之勢不能遏。備水以防火也，若不以撲滅其熒熒之光，則燎原之焰不能止。其水火既盛，尚不能止遏，況病之已成，豈能治歟？故宜夜臥早起於發陳之春，早起夜臥於蕃秀之夏，以之緩形，無怒而遂其志；以之食涼，食寒而養其陽，聖人春夏治未病者如此。與鷄俱興於容平之秋，必待日光於閉藏之冬。以之斂神匿志而私其意，以之食溫食熱而養其陰，聖人秋冬治未病者如此。或曰：見肝之病，先實其脾藏之虛，則木邪不能傳。見右頰之赤，先瀉其肺經之熱，則金邪不能盛。此乃治未病之法。今以順四時，調養神志，而爲治未病者，是何意邪？蓋保身長全者，所以爲聖人之道；治病十全者，所以爲上工術。不治已病治未病之說，著於四氣調神大論，厥有旨哉。昔黃帝與天師難疑答問之書，未嘗不以攝養爲先，始論乎天眞，次論乎調神。既以法於陰陽，而繼之以調於四氣。既曰食飲有節，而又繼之以起居有常。諄諄然以養生爲急務者，意欲治未然之病，無使至於已病難圖也。厥後秦緩達乎此，見晉侯病在膏肓，語之曰不可爲也。扁鵲明乎此，視齊侯病在骨髓，斷之曰不可救也。噫！惜齊晉之侯不知治未病之理。

《後漢書・華佗傳》 佗語普曰：人體欲得勞動，但不當使極耳。動搖則穀氣得銷，血脈流通，病不得生，譬如戶樞終不朽也。是以古之僊者，爲導引之事，熊經鴟顧，引挽腰體，動諸關節，以求難老。吾有一術，名五禽之戲：一曰虎，二曰鹿，三曰熊，四曰猨，五曰鳥。亦以除疾，兼利蹏足，以當導引。體有不快，起作一禽之戲，怡而汗出，因以著粉，身體輕便而欲食。普施行之，年九十餘，耳目聰明，齒牙完堅。

《遵生八箋・四時調攝箋春卷・春三月調攝總類》 《尙書大傳》曰：東方爲春，春者出也，萬物之所出也。《淮南子》曰：春爲規，規者，所以圜萬物也。規度不失，萬物乃理。《漢律志》曰：少陽東也，東者動也，陽氣動物，於時爲春。故君子當審時氣，節宣調攝，以衛其生。

正月立春木相，春分木旺，立夏木休，夏至木廢，立秋木死，立冬木歿，冬至木胎，言木孕於水之中矣。

歲時變常，災害之萌也。余特錄其變，應於疾病者，分列於四時，使遵生者懼害預防，愼攝自保，毋困於時變。其他水旱凶荒，兵革流移，余未之信也，不敢錄。

正月朔，忌北風，主人民多病。忌大霧，主多瘟災。忌雨雹，主多瘡疥之疾。忌月內發電，主人民多殃。七日忌風雨，三民災忌。行秋令，主多疫。

二月忌東北雷，主病西北多疫。春分忌晴，主病。

三月朔忌風雨，主多病。忌行夏令，主多疫。

《遵生八箋・四時調攝箋春卷・肝臟春旺論》 肝屬木，爲青帝，卦屬震，神形青龍，象如懸匏。肝者，幹也。狀如枝幹，居在下，少近心，左三葉，

右四葉，色如縞映紺。肝爲心母，爲腎子。肝中有三神，名曰爽靈、胎光、幽精也。夜卧及平旦，扣齒三十六通，呼肝神名，使神清氣爽。目爲之宫，左目爲甲，右目爲乙。男子至六十，肝氣衰，肝葉薄，膽漸減，目即昏昏然。在形爲筋，肝脈合於木魂之藏也。於液爲淚，腎邪入肝故多淚。六府膽爲肝之府，膽與肝合也。故肝氣通則分五色，肝實則目黄赤。肝合於脈，其榮爪也，肝之合也。筋緩脈而不自持者，肝先死也。目爲甲乙，辰爲寅卯，音屬角，味酸，其嗅臊羶。心邪入肝則惡羶。肝之外應東嶽，上通歲星之精。春三月，常存歲星青氣入於肝，故肝虚者筋急也。皮枯者，肝熱也。肌肉斑點者，肝風也。人之色青者，肝盛也。人好食酸味者，肝不足也。人之髮枯者，肝傷也。人之手足多汗者，肝方無病，肺邪入肝則多哭。治肝病當用噓爲瀉，吸爲補。其氣仁好，行仁惠傷憫之情，故聞悲則淚出也。故春三月木王，天地氣生，欲安其神者，當澤及群蒭，恩沾庶類，無竭川澤，毋漉陂塘，毋傷萌芽，好生勿殺，以合太清，以合天地生育之氣。夜卧早起，以合乎道。若逆之則毛骨不榮，金木相尅，而諸病生矣。

《遵生八箋・四時調攝箋春卷・修養肝臟法》 以春三月朔旦，東面平坐，叩齒三通，閉氣九息，吸震宫青氣入口，九吞之，以補肝虚受損，以享青龍之榮。

六氣治肝法秘訣曰：噓以治肝，要兩目睁開爲之，口吐鼻取，不使耳聞。治肝臟用噓法，以鼻漸漸引長氣，以口噓之。肝病用大噓三十遍，以目睁起，以出肝邪氣，去肝家邪熱，亦去四肢壯熱，眼昏胬肉，赤紅風癢等症。數噓之，綿綿相次不絶爲妙，疾平即止，不可過多爲之，則損肝氣。病止又恐肝虚，當以噓字作吸氣之聲，以補之，使肝不虚而他臟之邪不得以入也。大凡六字之訣，不可太重，恐損眞氣。人能常令心志内守，不爲怒動而生喜悦，則肝病不生。故春三月木旺，天地氣生，萬物榮茂，欲安其神者，當止殺傷，則合乎太清，以順天地發生之氣，夜卧早起，以合養生之道。

《遵生八箋・四時調攝箋春卷・黄帝製春季所服奇方》 黄帝曰：春三月服何藥？岐伯曰：男子有患五勞七傷，陰囊消縮，囊下生瘡，腰背疼痛，不得俛仰，筋脈痹冷，或時熱癢，或時浮腫，難以行步，因風淚出，遠視茫然，欬逆上充，身體痿黄，炁脹臍痛，膀胱攣急，小便出血，莖管陰子疼痛，或淋瀝赤黄汚衣，或夢寐多驚，口乾舌强，皆犯七傷，此藥主之。

茯苓五錢，食不消加一錢　菖蒲五錢，患耳加一錢　栝蔞四錢，熱渴加五錢　牛膝五錢，腰疼加一錢　山茱萸五錢，身癢加一錢　兔絲子五錢，陰痿加一錢　巴戟天四錢，陰痿加五分　細辛四錢，視茫加五分　續斷五錢，有瘡加一錢　防風五錢，風邪加一錢　山藥五錢，陰濕癢加一錢　天雄三錢，風癢加五分　蛇床子四錢，炁促加五分　栢子仁五錢，氣力不足加一錢　遠志五錢，驚悸加一錢　石斛五錢，身皮痛加一錢　杜仲五錢，腸痛加一錢　蓯蓉四錢，陰萎加一錢

右一十八味，各依法製度，搗爲細末，煉蜜爲丸，如豌豆大。每服三丸，加至五七丸，三飡食前服之。服至一月，百病消滅，體炁平復，神妙無比。

《遵生八箋・四時調攝箋春卷・肝臟導引法》 正二月三月行之治肝，以兩手相重按肩上，徐徐緩捩身，左右各三遍。又可正坐，兩手相叉，飜覆向胸三五遍。此能去肝家積聚，風邪毒氣，不令病作。一春早暮，須念念爲之，不可懈惰使一曝十寒，方有成效。

《遵生八箋・四時調攝箋春卷・春季攝生消息論》 春三月，此謂發陳，天地俱生，萬物以榮。夜卧早起，廣步於庭，披髮緩行，以使志生，生而勿殺，與而勿奪，賞而勿罰，此養炁之應，養生之道也。逆之則傷肝。肝木味酸，木能勝土，土屬脾主甘，當春之時，食味宜減酸益甘，以養脾炁。春陽初昇，萬物發萌，正二月間乍寒乍熱，高年之人，多有宿疾，春炁所攻，則精神昏倦。宿病發動，又兼去冬以來擁爐熏衣，啗炙炊煿成積，至春因而發泄。致體熱頭昏，壅隔涎嗽，四肢倦怠，腰脚無力，皆冬所蓄之疾。常當體候，若稍覺發動，不可便行踈利之藥，恐傷臟腑，别生餘疾。惟用消風和炁、凉膈化痰之劑，或選食治方中性稍凉利，飲食調停以治，自然通暢。若無疾狀，不可吃藥。春日融和，當眺園林亭閣虚敞之處，用攄滯懷，以暢生炁。不可兀坐，以生他鬱。飲酒不可過多，人家自造米麵團餅，多傷脾胃，最難消化。老人切不可以飢腹多食，以快一時之口，致生不測。天炁寒暄不一，不可頓去綿衣。老人炁弱，骨踈體怯，風冷易傷腠理，時備夾衣，遇煖易之，一重漸減一重，不可暴去。

劉處士云：春來之病，多自冬至後。夜半一陽生，陽炁吐，陰炁納，心膈宿熱與陽炁相衝，兩虎相逢，狹道必鬭矣。至於春夏之交，遂使傷寒虚熱，時行之患，良由冬月焙火食炙，心膈宿痰流入四肢之故也。當服祛痰之藥以

導之，使不爲疾。不可令背寒，寒即傷肺，令鼻寒咳嗽，身覺熱甚，少去上衣，稍冷莫強忍，即便加服。肺俞五臟之表，胃俞經絡之長，二處不可失寒熱之節。諺云：避風如避箭，避色如避亂。加減逐時衣，少飡申後飯是也。

春三月，六炁十八候，皆正發生之令，毋覆巢殺，毋破卵，毋伐林木。

《千金方》云：春七十二日，省酸增甘，以養脾炁。

《金匱要略》云：春不可食肝，爲肝旺時，以死炁入肝，傷魂也。

《養生論》曰：春三月，每朝梳頭一二百下，至夜卧時，用熱湯下鹽一撮，洗膝下至足方卧，以洩風毒脚炁，勿令壅塞。

《雲笈七籤》曰：春正二月，宜夜卧早起，三月宜早卧早起。

又曰：春三月，卧宜頭向東方，乘生炁也。春炁溫，宜食麥以涼之，不可一於溫也。禁吃熱物，併焙衣服。

《參贊書》曰：春傷於風，夏必飧泄。

《千金翼方》曰：春甲乙日，忌夫婦容止。

又曰：春夏之交，陰雨卑濕，或飲湯水過多，令患風濕自汗，體重轉側不能，小便不利。作他治必不救，惟服五苓散效甚。

春二三月，勿食小蒜，百草心芽。肝病宜食麻子荳李子，禁辛辣。

《遵生八箋・四時調攝箋春卷・三春合用藥方》 細辛散　老人春時多昏倦當服。明目和脾，除風炁，去痰涎。男女適用。

細辛一錢，去土　川芎一錢　甘草炙，五分

作一服，水煎六分，熱呷可常服。

菊花散　老人春時熱毒，風氣上攻頸項，頭痛面腫，及風熱眼澀宜服。

甘菊花　前胡　旋復花　芍藥　玄參　防風各一兩

共爲末，臨睡酒調二三錢送下，不能酒，以米湯飲下。

惺惺散　春時頭目不利，昏昏如醉，壯熱頭疼，腰痛，有似傷寒，宜服惺惺散。

桔梗一兩　細辛五錢　人參五錢　茯苓一兩　瓜蔞仁五錢　白术土炒，一兩

共爲末，煉蜜爲丸，如彈子大。每服一丸，溫湯化下。

神效散　老人春時多偏正頭風。

旋復花一兩，焙　白僵蠶微炒去絲，六錢　石膏五分

用葱搗同藥末杵爲丸，桐子大。每用葱茶湯下二丸即效。

墜痰飲子　治老人春時胸膈不利，或時煩悶。

半夏山東出者，用白湯洗淋十餘次，爲末　生薑一大塊，如指二節　棗子七枚

用半夏末二錢，入薑、棗，用水二鍾，煎至七分，臨卧去薑、棗服。

延年散　治老人春時，宜服進食順氣。

廣陳皮四兩，浸洗去裏白衣　甘草二兩，爲末鹽二兩半，炒燥

右三味，先用熱湯洗去苦水五六遍，微焙，次將甘草末並鹽蘸上兩面，焙乾，細嚼三二片，以通滯炁。

黃芪散　治老人春時諸般眼疾發動，兼治口鼻生瘡。

黃芪一兩　川芎一兩　防風一兩　甘草五錢　白蒺藜一錢，炒去刺尖，一兩

甘菊花五分

共爲末，每服二錢，空心早服，米湯飲下，日午臨睡三時服之。暴赤風毒，昏澀痛癢，並皆治之。外障久服方退。忌房室，火毒之物，患眼切忌針烙出血，大損眼目。

黍粘湯　治老人春時胸膈不快，痰湧炁噎，咽喉諸痰。

黍粘子三兩，炒香爲末　甘草半兩，炙

共爲細末，每服一錢，食後臨卧服。

太上肘後王經八方

《雲笈七籤》曰：昔巢居士事東海青童君，若心屈節奉師，溽暑沍寒，無懈無怠。僅二十年，乃口授八方，使八節制服以應八卦。若人未能跨鶴騰霄，優游於乾坤之內，守顯然之炁，容色不改，壽滿百年，須服此藥，神仙秘妙，不可輕泄，能久服必登上仙。

☶　艮卦東北　王君河車方

紫河車一具，首生併壯盛胞衣是也，挑血筋洗數十遍，仍以酒洗，陰乾，煮和各藥　生地八兩，補髓血　牛膝四兩，主腰膝　五味三兩，主五臟　覆盆子四兩，主陰不足　巴戟二兩，欲多世事加一兩，女人不用　訶黎勒三兩，主胸中炁　鼓子花二兩，臟勳骨　苦甙二兩，治諸毒藥　澤瀉三兩，補男女人虛　甘菊花三兩，去筋風　菖蒲三兩，益精神　乾漆三兩，去肌肉五臟風。炒黃用　栢子仁三兩，添精用仁　白茯苓三兩，安神　黃精二兩，補脾胃　蓯蓉二兩，助下元，女人不用　石斛二兩，壯筋骨　遠志二兩，益心力不忘　杏仁四兩，炒黃，去皮尖，去惡血炁　苣勝子四兩，延年駐形。一方有雲英石三兩，縮腸。余曰：不必加此。

右二十二味，共搗爲末，煉蜜如桐子大。酒下或湯下。服三料，顏如處子。昔王仙君傳與蘇林子，立盟歃血，不爾違太上之科。

☳　震卦正東　青精先生檽米飯方

白粱米一石，南燭汁浸，九蒸九曝乾，可有三斗。已上每日服一匙，飯過。一月後服半匙，兩月後服三分之一，盡一劑，則風寒不能侵，鬚髮如青絲，顏如冰玉。若人服之，役使六丁天兵侍衛。

攝生圖方

肝有病即目赤，眼中生瘀肉暈膜，視物不明。宜服升麻子散。

升麻　黄芩各八分　山梔七分　黄連七分　決明子　車前子各一錢　乾薑七分　龍膽草　茺蔚子各五分

共爲末，空心服二三錢，白湯下。

一方加苦鐵五分，去黄連、龍膽草。

《遵生八箋·四時調攝箋春卷·正月事宜》《周天玉衡六問》曰：大寒後十五日，斗指艮，爲立春。立，始建也。春炁始至，故爲之立也。後又十五日，斗指寅，爲雨水。雨水，中炁也，言雪散爲水矣。律大簇簇者，湊也，言萬物湊地而出，隨陽而生也。《晉樂志》曰：正月建寅。寅者，津也，謂生物之津塗也。《玉燭寶典》以正月爲端月，曰孟陽，曰獻歲。歲朝一日爲鷄，二日爲犬，三日爲豕，四日爲羊，五日爲牛，六日爲馬，七日爲人，八日爲穀。是日日色晴明溫煖，則本事蕃息安泰。若值風雨陰寒，炁象慘烈，則疾病衰滅。以各日驗之，若人值否，思預防以攝生。

《靈寶》曰：是月天道南行，作事出行俱向南吉。是月一日修續命齋，勿殺生。初七日是三會日，宜修延神齋吉。

元日五更，以紅棗祭五瘟畢，合家食之，吉。

《山海經》曰：畫桃符以獸鬼。

《荆楚歲時記》曰：元日服桃仁湯，爲五行之精，可以伏百邪。

《月令圖經》曰：元日日未出時，朱書百病符懸户上，符在五月中。

《荆楚記》：元日掛鷄於門庭，百神畏之。

《墨子秘要》曰：元日取鵲巢燒灰，着於厠以避兵，撒門裏以避盜。

《四時纂要》曰：是月四日寅日宜拔白，甲子日拔白。三十日服井花水，令鬢髮不白。

《肘後方》曰：正月上寅日，取女青草末三合，絳囊盛，掛帳中，能辟瘟疫。女青即雀瓢也

《玉燭寶典》曰：元日作膏粥以祀門户。

《瑣碎錄》：打春牛時，拾牛身土泥，撒簷下，不生蜒蚰。

《荆楚記》曰：正月未日，以蘆苣火照井中厠中，百鬼皆走。

正月元旦，迎祀竈神，釘桃符，上書一聻字，掛鍾馗以辟一年之祟。家長率長幼拜天地萬神，詣本境土地五穀之神，以祈一年之福，或誦經呪，完畢方禮拜。新年寅時，飲屠蘇酒，馬齒莧以祛一年不正之炁。

屠蘇酒方：

大黄一錢　桔梗　川椒各一錢五分　桂心一錢八分　烏頭六分，炮　白朮一錢八分　茱萸一錢二分　防風一兩

以絳囊盛之，懸井中，至元日寅時取起，以酒煎四五沸，飲一二杯，自幼小飲起。

洛陽人家，正月元日造絲鷄蠟燕粉荔枝，十五日造火蠶兒，食玉粱糕。

長安風俗，元日以後，遞以酒食相邀，爲之傳坐。立春後庚子日，宜溫蔓菁汁，合家並服，不拘多少，可除瘟疫。

元日五更時，點火把照果木樹，則無蟲生，以斧敲打各樹身，則結實。

【略】

是月上辰日，塞鼠穴，可絶鼠。

《五行書》曰：元日用麻子七粒、赤豆七粒，撒井中，辟瘟疫。又云：吞赤小豆七粒，服椒酒一杯，吉。

《歲時雜記》曰：元日燒蒼朮，服蒼朮湯，吉。

《崔寔月令》曰：元日進柏酒，酒是玉衡星之精，服之令人身輕。

《家塾事親》曰：元日取小便洗腋炁大效。

《珠囊隱訣》曰：元日煎五香湯沐浴，令人至老鬚黑。註曰：乃青木香也。因其一株五根，一莖五花，一枝五葉，一莖五節，故云。又以五香煎之方具於後。

元日四更時，取葫蘆藤煎湯浴，小兒終身不出痘瘡。其藤須在八九月收藏。又云：在除夕葫蘆煎湯亦可。

其月宜加綿襪以煖足，則無病。

元日，天倉開日，宜學道坐圜。戊辰日，宜煉丹藥。又一方云：五香湯法，用蘭香、荆芥頭、苓苓香、白檀、木香，等分，㕮咀，煮湯沐浴，辟除不祥，可降神靈，並治頭風。如無蘭香，以甘松代之。此又一説也。

《雲笈七籤》曰：以立春日清晨，煮白芷、桃皮、青木香三湯沐浴，吉。

《千金月令》曰：是月宜食粥，有三方：一曰地黄粥，以補虚，取地黄搗汁，候粥半熟以下汁。復用綿包花椒五十粒，生薑一片同煮，粥熟去綿包，再下熟羊腎一具，碎切成條，如韭葉大，少加塩食之。二曰防風粥，以去四肢風。取防風一大分，煎湯煮粥。三曰紫蘇粥，取紫蘇炒微黄香，煎取汁作粥。

《雲笈七籤》曰：正月十日，沐浴，令人齒堅。寅日燒白髮，吉。

《述見》曰：是月每早梳頭一二百梳，甚益。

《玄樞經》曰：春水未泮，衣欲上薄下厚，養陽收陰，長生之術也。太薄則傷寒。

《道藏經》曰：欲滅屍蟲，春正上甲乙日，視歲星所在，焚香朝朝禮拜，誠心祝曰：臣碩東方明星君，扶我魂，接我魄，使我壽命綿長如松栢。愿臣身中三屍九蟲盡消滅。頻頻行之，吉。

《四時纂要》曰：初七日，爲上會日，可設齋醮，大吉。

《清異錄》云：咸通俗，元日佩紅絹，囊内裝人參豆，大嵌木香一二厘，時服，日高方止，號迎年珮。

《遵生八箋·四時調攝箋春卷·正月事忌》 正月，日時不宜用寅，犯月建，百事不利。

是月初七日、二十一日，不可交易裁衣。

是月初，婚，忌空床，招不祥。不得已者，以薰籠置床以厭之。

《梅師方》曰：【略】勿食鯽魚，頭中有蟲。

《千金方》曰：是月食虎豹狸肉，令人傷神損壽。

又曰：不得食生葱、蓼子，令人面上起遊風。勿食蟄藏不時之物。

《本草》：是月勿食鼠殘傷物，令人生瘻。

《心鏡》曰：是月節五辛以避厲炁，五辛：蒜、葱、韭、薤、薑是也。勿食狸、豹等肉。

《攝生論》曰：八日，宜沐浴。其日不宜遠行。

《楊公忌》曰：十三日，不宜問疾。

正月元日，天臘日，十五日爲上元，二日戒夫婦入房。

《遵生八箋·四時調攝箋春卷·正月修養法》 孟春之月，天地俱生，謂之發陽。天地資始，萬物化生，生而勿殺，與而勿奪。君子固密，毋泄眞炁。卦值泰，生炁在子，坐卧當向北方。

孫眞人《攝生論》曰：正月腎炁受病，肺藏炁微，宜減鹹酸，增辛辣味，助腎補肺，安養胃炁。勿冒冰凍，勿太温煖。早起夜卧，以緩形神。

《内丹秘要》曰：陽出於地，喻身中三陽上昇，當急駕河車，搬回鼎内。

《活人心書》曰：肝主龍兮位號心，病來自覺好酸辛。眼中赤色時多淚，噓之病去效如神。

《靈劍子》導引法　春孟月一勢：以兩手掩口，取熱炁津潤摩面，上下三五十遍，令極熱。食後爲之，令人華彩光澤不皺。行之三年，色如少艾，兼明目，散諸故疾。從肝臟中肩背行後，須引吸震方生炁，以補肝臟，行入下元。凡行導引之法，皆閉炁爲之，勿得開口，以招外邪，入於肝臟。

《遵生八箋·四時調攝箋春卷·二月事宜》 《孝經緯》曰：雨水後十五日，斗指甲，爲驚蟄。蟄者，蟄蟲震起而出也。後十五日，斗指卯，爲春分。分者，半也。當九十日之半也，故謂之分。夏冬不言分者，天地間二炁而已矣。陽生子，極於午，即其中分也。春爲陽中，律夾鍾，言萬物孚甲，鍾類而出也。《晉樂志》曰：二月建卯。卯者，茂也，言陽生而滋茂也。《要纂》曰：二月爲仲陽，曰令月，此正女夷司和、春皞馭節之時也。

《玄樞經》曰：天道西南行，作事出行宜向西南，吉。不宜用卯日，犯月建，不吉。

是月取道中土泥門戶，辟官符。上壬日取土泥屋四角，宜蠶事。

《呂公忌》曰：是月令幼小兒女早起，避社神，免至小兒面黄。

是月採升麻，治頭疼熱風諸毒。採獨活，治賊風，百節痛風，無久新俱治。

《四時纂要》曰：是月初八日、十四日、二十八日，拔白鬚髮良。

《千金方》曰：是月宜食韭，大益人心。

《纂要》曰：是月丁亥日，收桃花陰乾爲末，戊子和井花水服方寸匕，日三服。療婦人無子，兼美容顔。

《千金月令》曰：驚蟄日，取石灰糝門限外，可絶蟲蟻。

《呂公忌》曰：社日，令男女輟業一日，否則令人不聰。

《千金月令》曰：二月二日，取枸杞煎湯晚沐，令人光澤，不病不老。

《雲笈七籤》曰：社日飲酒一杯，能治聾疾。杜詩：爲寄治聾酒一杯。

《月令》曰：春分後，宜服神明散。其方用蒼术、桔梗各二兩，附子一兩，烏頭二兩炮，細辛一兩，搗篩爲散，紅絹囊盛之，一人佩帶，一家無病。若染時疫者，取囊中之藥一錢，新汲水調服，取汗即愈。

二月已後，當多服祛痰之藥。風勞之疾每起於痰，人能先令痰有疏導，則病可庶幾。

是月上丙日，宜洗頭髮愈疾，效。上卯沐浴，去百病。

是月二十五，天倉開日，宜坐圜，入山修道。

《雲笈七籤》曰：二月八日沐浴，令人輕健，初六日亦同。

《玄樞經》曰：是月上卯日洗髮愈疾。

《玄樞經》曰：是月初八日，乃佛生日也。周建子，以子月爲歲首，是以十一月爲正月也。莊王九年四月初八日，釋迦生，以子至卯月，是今二月也，二月八日爲佛生辰無疑。今不知者不攷歲首建支，猶以四月爲成規，何其謬歟！

《靈寶》曰：是月八日，宜修芳春齋。五日，修太上慶生齋。

《洛陽記》：寒食日，粧萬花輿，煮楊花粥。

《遵生八箋・四時調攝箋春卷・二月事忌》 《千金月令》曰：二月三日，不可晝眠。

《白雲忌》曰：二月九日，不可食魚鱉，仙家大忌。

《雲笈七籤》曰：二月十四日，忌水陸遠行。

又曰：是月勿食黃花菜、交陳菹，發痼痰，動宿炁。勿食大蒜，令人炁壅，關膈不通。勿食雞子，滯炁。勿食小蒜，傷人志。勿食兔肉、狐貉肉，令人神魂不安。兔死眼合者勿食，傷人。兔子勿與生薑同食，成霍亂。

《養生論》曰：是月行途，勿飲陰地流泉，令人發瘧瘴，又令腳軟。

是月勿食生冷，可衣夾衣。

是月雷發聲，戒夫婦容止。

是月初四、十六日，不宜交易裁衣。

《玄樞經》曰：毋竭川澤，毋焚山林，勿任刑，勿殺生。《楊公忌》：十一日，不宜問疾。

《遵生八箋・四時調攝箋春卷・二月修養法》 仲春之月，號厭於日，當和其志，平其心，勿極寒，勿太熱，安靜神炁，以法生成。卦大壯，言陽壯過中也。生炁在丑，卧養宜向東北。

孫眞人《攝養論》曰：二月腎炁微，肝正旺，宜戒酸增辛，助腎補肝。宜靜膈去痰水，小泄皮膚，微汗以散玄冬蘊伏之炁。

《內丹秘要》曰：仲春之月，陰佐陽炁，聚物而出，喻身中陽火方半，炁候勻停。

《法天生意》云：二月初時，宜灸腳三里、絕骨，對穴各七壯，以泄毒炁，夏來無腳炁衝心之病。

春分宜採雲母石煉之，用礬石或百草上露水，或五月茅屋滴下簷水，俱可煉，久服延年。

《濟世仁術》云：庚子、辛丑日，採石膽，治風痰最快。

《遵生八箋・四時調攝箋春卷・三月事宜》 《孝經緯》曰：春分後十五日，斗指乙，爲清明，萬物至此皆潔齊而清明矣。後十五日，斗指辰，爲穀雨，言雨生百穀，物生清淨明潔也。律姑洗，姑者，故也；洗者，鮮也，言萬物去故而從新，莫不鮮明之謂也。《樂志》曰：三月建辰，辰者，震也，言時物動長也。《纂要》曰：三月爲蠶月，爲末春。

《玄樞經》曰：是月天道北行，作事出行宜向北方，吉。

《千金月令》曰：三日採艾，爲人以掛戶上，備一歲之灸。

《四時纂要》曰：是月三日，取桃花片收之，至七月七日，取烏雞血和，塗面及身，光白如素。

是月二日，收桃葉曬乾，搗末，井花水服一錢，治心痛。

《歲時記》曰：上巳日，取黍麵和菜作羹，以壓時炁。

《月令圖經》：上巳日，可採艾並蔓菁花，以療黃病。

《瑣碎錄》曰：三月三日，取薺菜花鋪竈上及坐卧處，可辟蟲蟻。

又曰：是日取苦楝花，無花即葉，於卧席下，可辟蚤虱。

是月採桃花未開蕊，陰乾，與桑椹子和臘月豬油，塗禿瘡神效。

《瑣碎錄》曰：是月羊糞燒灰存性，和輕粉，麻油，可搽惡瘡。

清明日日未出時，採薺菜花，候乾作燈杖，可辟蚊蛾。

清明日三更，以稻草縛花樹上，不生刺毛蟲。

是月初三日或戊辰日，收齊菜花、桐花、芥菜，藏毛羽衣服内，不蛀。

《濟世仁術》曰：三月三日雞鳴時，以隔宿炊冷湯洗澆瓶口及鍋竈、飯籮一應廢物，則無百蟲遊走爲害。

《山居四要》曰：清明前二日，收螺螄，浸水至清明日，以螺水灑牆壁等處，可絶蜒蚰。

《濟世仁術》曰：三月辰日，以絹袋盛麵，掛當風處，中暑者，以水調服。

《法天生意》曰：三月三日，採桃花浸酒飲之，除百病，益顔色。

又曰：清明前一日，採大蓼曬乾，能治炁痢。用米飲調服一錢，效。

《濟世仁術》曰：寒食日，水浸糯米一二升，逐日换水，至小滿，漉起曬乾，炒黄，水調，塗，治跌打損傷及惡瘡，神效。

三月三日，採夏枯草，煎汁熬膏，每日熱酒調吃三服。治遠年損傷，手足瘀血，遇天陰作痛，七日可痊，更治産婦諸血病症。

三月三日取羊齒燒炭，治小兒羊癇寒熱。

《萬花谷》曰：初三日，取枸杞煎湯沐浴，令人光澤不老。

是月二十日，天倉開日，宜入山修道。

二十七日沐浴，令人神炁清爽。

《本草》曰：是月上寅，採甘菊苗，名玉英。六月上寅，採梗，名容成。九月上寅，採花，名金精。十二月上寅，採根，名長生。收四味爲末，用成日煉蜜丸，如桐子大。每服一錢，一日三服。百日身輕潤澤，一年髪白再黑，二年齒落更生，三年返老還童。

《齊人月令》曰：採何首烏，赤白各半，米泔水浸一宿，同黑豆飯鍋上蒸熟，曬乾，去荳爲末，或加茯苓三分之一，煉蜜爲丸，酒下一二錢，百日後，百疾皆除，長年益壽、多子。忌食豬肉、魚鱉、蘿蔔。何首烏内，有生如鳥獸並山石形象，極大者，乃珍品也，服之成仙。

三月四月中，採山谷内新長栢葉、松針，或花蕋，長三四寸枝，陰乾，細搗爲末，煉蜜爲丸，如小荳大。常於月之朔望清晨燒香，東向持藥八十一丸，咒曰：神仙眞藥，體全自然。服藥入腹，益壽延年。鹽湯或酒下。服訖，忌食五辛。若要長肌肉，加大麻、巨勝；要心力壯健，加人參、茯苓。用七月七日露水和丸，尤佳。

《齊人月令》曰：是月上辰日，採枸杞，四月上巳日服之。松花酒：取糯米淘極淨，每米一斗，以神麯五兩和匀，取松花一升，細碎蒸之，絹袋盛，以酒一升，浸五日，即堪服。任意服之。

《千金方》：是月入大山，背陰不見日月松脂，採鍊而餌之。百日耐寒暑，補益五臟。

《雲笈七籤》曰：商陸如人形者，殺伏屍，去面黯黑，益智不忘，男女五勞七傷，婦人産中諸病。右用麵十二觔，米三斗，加天門冬末釀酒，浸商陸六日，齋戒服之。顔色充滿，屍蟲俱殺，耳目聰明，令人不老通神。

三月上巳，宜往水邊飲酒燕樂，以辟不祥，修禊事也。清明一日，取榆柳作薪煮食，名曰换新火，以取一年之利。

《眞誥》曰：是月十一日拔白，十三日拔白，永不生出。初一、初十日，拔白生黑。

是月取百合根曬乾，搗爲麵服，能益人。取山藥去黑皮，焙乾，作麵食，大補虚弱，健脾開胃。

《靈寶經》曰：是月三日，修盪邪齋。

是月初六、初七、廿七日沐浴，令人神爽無厄。

《荆楚記》曰：三月三日，四民踏百草。時有鬭百草之戲，亦祖此耳。

洛陽上巳日，婦人以薺花點油祝之，灑入水中，若成龍鳳花卉狀者，則吉，謂之油花卜。

《酉陽雜俎》曰：三月心星見辰，出火，禁煙插柳謂櫬此耳。寒食有内傷之虞故令人作鞦韆蹴踘之戲，以動盪之。

《養生仁術》曰：穀雨日採茶炒藏，能治痰嗽，及療百病。

《家塾事親》曰：是月採桃花未開者，陰乾，百日，與赤桑椹等分，搗和臘月豬脂，塗禿瘡，神效。

《萬花谷》云：春盡，採松花，和白糖或蜜作餅，不惟香味清甘，自有所益於人。

《遵生八箋・四時調攝箋春卷・三月事忌》 季春之月，不宜用卯日卯時作事，犯月建，不吉。

《雲笈七籤》曰：是月勿久處溼地，必招邪毒。勿大汗，勿裸露三光下，以招不祥。勿發汗以養臟炁。勿食陳葅，令人發瘡毒熱病。勿食驢馬肉，勿食獐鹿肉，令人神魂不安。勿食韭。

《月令忌》曰：勿食血並脾，季月土旺在脾，恐死炁投入故耳。

《百一歌》曰：勿食魚鱉，令人飲食不化，神魂恍惚，發宿疾。

《本草》曰：勿食生荽，勿食羊脯。三月以後有蟲如馬尾，毒能殺人。

《風土記》：是月十六日、廿七日，忌遠行，水陸不吉。初一、十六日忌裁衣交易。

《千金方》：三月辰寅日，勿食魚，凶。

《雲笈七籤》曰：是月五日，忌見一切生血，宜齋戒。孫眞人曰：是月勿殺生以順天道。勿食百草心、黃花菜。

《千金方》曰：勿食鳥獸五臟，勿食小蒜，勿飲深泉。《雲笈七籤》曰：三月八日，勿食芹菜，恐病蛟龍瘕，面青黃，肚脹大如妊。服糖水吐出愈。

《楊公忌》：初九日，不宜問疾。

《法天生意》云：勿食雞子，終身昏亂。

又云：勿食大蒜，亦不可常食，奪炁力，損心力。

《遵生八箋・四時調攝箋春卷・三月修養法》季春之月，萬物發陳，天地俱生，陽熾陰伏，宜臥早起早，以養臟炁。時肝臟炁伏，心當向旺，宜益肝補腎，以順其時。卦值夬。夬者，陽決陰也，決而能和之意。生炁在寅，坐臥宜向東北方。

孫眞人曰：腎炁以息，心炁漸臨，木炁正旺，宜減甘增辛，補精益炁。愼避西風，宜懶散形骸，便宜安泰，以順天時。

《靈劍子》曰：補脾坐功一勢：左右作開弓勢，去胸脇膈結聚風炁，脾臟諸炁，去來用力爲之，凡一十四遍，閉口，使心隨炁到以散之。

《遵生八箋・四時調攝箋春卷・修養膽臟法》當以冬三月，端居靜思，北吸玄宮之黑炁入口，三呑之，以補嘻之損，用益膽之津。

《遵生八箋・四時調攝箋夏卷・夏三月調攝總類》《禮記》曰：南方曰夏，夏之爲言假也，養之長之，假之仁也。《太元經》曰：夏者，物之修長也。董仲舒曰：陽長居大夏，以生育萬物。《淮南子》曰：夏爲衡，衡以平物，使之均也。《漢律志》曰：南者，任也。陽炁於時任養萬物，故君子當因時節宜調攝，以衛其生。

立夏，火相；夏至，火旺；立秋，火休；秋分，火廢；立冬，火囚；冬至，火死；立春，火殁；春分，火胎，言火孕於木之中矣。

《遵生八箋・四時調攝箋春卷・臞仙月占主疾》四月立夏日，忌北風，主疫。

五月夏至，忌東風，主病行秋令，主多疫。

六月行秋令，主多女災。

《遵生八箋・四時調攝箋夏卷・心臟夏旺論》心屬南方火，爲赤帝神，形如朱雀，象如倒懸蓮蕊。心者，纖也，所納纖微，無不貫注，變水爲血也。重十二兩，居肺下肝上，對鳩尾下一寸。註曰：胸中心口掩下鳩尾也。色如縞映絳，中有七孔，三毛。上智之人，心孔通明；中智之人，五孔，心穴通炁；下智無孔，炁明不通，無智，狡詐。心爲肝子，爲脾母。舌爲之宮闕，竅通耳，左耳爲丙，右耳爲丁。液爲汗，腎邪入心則汗溢，其味苦。小腸爲心之腑，與心合。《黃庭經》曰：心部之宅蓮含花，下有童子丹元家，主適寒熱榮衛和，丹錦緋囊披玉羅。其聲徵，其臭焦，故人有不暢事，心即焦燥。心炁通則知五味，心病則舌焦捲而短，不知五味也。其性禮，其情樂。人年六十，心炁衰弱，言多錯忘。心脈出於中衝，生之本，神之處也。主明運用。心合於脈，其色榮也。血脈虛少，不能於臟腑者，心先死也。心合辰之巳午，外應南嶽，上通熒惑之精。故心風者，舌縮不能言也。血壅者，心驚也。舌無味者，心虛也。善忘者，心神離也。重語者，心亂也。多悲者，心傷也。好食苦者，心不足也。面青黑者，心炁冷也。容色鮮好，紅活有光，心無病也。肺邪入心則多言。心通微，心有疾，當用呵，呵者，出心之邪炁也。故夏三月，欲安其神者，則含忠履孝，輔義安仁，定息火熾，澄和心神，外絕聲色，內薄滋味，可以居高朗，遠眺望，早臥早起，無厭於日，順於正陽，以消暑炁。逆之則腎心相爭，火水相剋，火病由此而作矣。

《遵生八箋・四時調攝箋夏卷・修養心臟法》當以四月五月弦朔清旦，面南端坐，叩齒九通，漱玉泉三次，靜思注想，吸離宮赤炁入口，三呑之，閉炁三十息，以補呵炁之損。

《遵生八箋・四時調攝箋夏卷・黃帝製夏季所服奇方》黃帝曰：夏三月服何藥？岐伯曰：以補腎茯苓丸，能治男子內虛，不能飲食，健忘，悲憂不樂，喜怒無常，四肢浮腫，小便赤黃，精濁淋瀝，絞痛，膀胱冷痛，陰囊濕癢，口渴飲水，腹脹，皆犯五勞七傷，宜服此方。

茯苓五錢，食不消加一錢　杜仲五錢，腰痛加一錢　山茱萸四錢，濕癢加五分
附子二錢，有風加五分　牡丹皮四錢，腹中遊風加一錢　澤瀉三錢，水炁加五分
桂三錢 顏色不榮加五分　山藥五錢，頭風加一錢　地黃四錢，秋冬加一錢　細辛二錢，目昏加一錢　石斛四錢，陰濕加一錢　蓯蓉三錢，痿黃加五分　生薑二錢

右一十三味共爲末，煉蜜爲丸，如桐子大。每服七丸，日再服。忌房事，生冷，豬魚等食。

《遵生八箋·四時調攝箋夏卷·夏季攝生消息論》 夏三月屬火，主於長養。心炁火旺，味屬苦。火能剋金，金屬肺，肺主辛，當夏飲食之味，宜減苦增辛以養肺。心炁當呵以踈之，噓以順之。三伏內，腹中常冷，特忌下利，恐泄陰氣，故不宜針灸，惟宜發汗。夏至後，夜半一陰生，宜服熱物，兼服補腎湯藥。夏季心旺腎衰，雖大熱不宜吃冷淘冰雪蜜水、涼粉、冷粥，飽腹受寒，必起霍亂。莫食瓜茄生菜，原腹中方受陰炁，食此凝滯之物，多爲癥塊。若患冷炁痰火之人，切宜忌之，老人尤當慎護。平居簷下、過廊、衖堂、破窗皆不可納涼，此等所在雖涼，賊風中人最暴。惟宜虛堂淨室，水亭木陰，潔淨空敞之處，自然清涼。更宜調息淨心，常如冰雪在心，炎熱亦於吾心少減。不可以熱爲熱，更生熱矣。每日宜進溫補平順丸散。飲食溫暖，不令大飽，常常進之。宜桂湯、荳蔻熟水，其於肥膩當戒。不得於星月下露臥兼便，睡着使人扇風取涼，一時雖快，風入腠理，其患最深。貪涼兼汗身當風而臥，多風痺，手足不仁，語言蹇澀，四肢癱瘓。雖不人人如此，亦有當時中者，亦有不便中者，其說何也？逢年歲方壯，遇月之滿，得時之和，即幸而免，至後還發。若遇年力衰邁，值月之空，失時之和，無不中者。頭爲諸陽之總，尤不可風，臥處宜密防小隙微孔，以傷其腦戶。夏三月，每日梳頭一二百下，不得梳着頭皮，當在無風處梳之，自然去風明目矣。

《養生論》曰：夏謂蕃秀，天地炁交，萬物華實，夜臥早起，無厭於日。使志無怒，使華成實，使炁得泄。此夏炁之應，長養之道也。逆之則傷心，秋發痎瘧，奉收者少，冬至病重。

又曰：夏炁熱，宜食菽以寒之，不可一於熱也。禁飲溫湯，禁食過飽，禁濕地臥並穿濕衣。

夏三月，丁巳、戊申、己巳、丑未辰日宜煉丹藥。

夏三月，頭臥宜向南，大吉。

夏三月，六炁一十八候，皆正長養之令，勿起土，伐大樹。

《千金方》曰：夏七十二日，省苦增辛，以養肺炁。

《內經》曰：夏季不可枕冷石並鐵物取涼，大損人目。

陶隱居曰：冰水止可浸物，使驅日曬暑炁，不可作水服，入腹內，冷熱相搏，成疾。若多着飴糖拌食，以解酷暑亦可。

《書》曰：夏至後秋分前，忌食肥膩、餅霍、油酥之屬，此等物與酒漿瓜菓極爲相妨，夏月多疾以此。

又曰：夏勿露臥，令人皮膚成癬，或作面瘋。

又曰：夏傷暑熱，秋必痎瘧。忽遇大寒，當急防避。人多率受，時病由此而生。

《參贊書》曰：日色曬熱石上凳上，不可便坐，搐熱生豚瘡，冷生疝炁。人自大日色中熱處曬面，不可用冷水洗面，損目。伏熱在身，勿得飲冷水及以冷物激身，能殺人。

《書》云：五六月，深山澗中停水，多有魚鱉精涎在內，飲之成瘕。

《養生論》曰：夏日不宜大醉，清晨吃炒葱頭酒一二杯，令人血炁通暢。

又曰：風毒腳炁因腎虛而得，人生命門屬腎，夏月，精化爲水，腎方衰絕，故不宜房色過度，以傷元炁。

《金匱要略》曰：夏三月不可食豬心，恐死炁犯我靈臺耳。宜食苦蕒以益心。

《千金翼方》曰：夏三月丙丁日，忌夫婦容止。

《養生論》曰：夏月宜用五枝湯洗浴，浴訖以香粉傅身，能祛瘴毒，疎風炁，滋血脈，且免汗濕陰處，使皮膚燥癢。

五枝湯方

桑枝　槐枝　桃枝　柳枝各一握　麻葉半斤

煎湯一桶，去渣，溫洗，一日一次。

傅身香粉方

用粟米作粉一斤，無粟米，以葛粉代之，加青木香、麻黃根、香附子炒、甘松、藿香、零陵香

已上各二兩，搗羅爲末，和粉拌勻，作稀絹袋盛之，浴後撲身。

《遵生八箋·四時調攝箋夏卷·夏三月合用藥方》 荳蔻散　治夏月多

冷氣發動，胃膈氣滯，噎塞，脾胃不和，不思飲食。

草荳蔻四兩，同生薑四兩炒，香黄爲度，去薑用　大麥芽十兩，炒黄　神麯四兩，炒黄　甘草四兩炙　乾薑一兩，炮

右爲末，每服一錢，如點茶吃，不計時服。

從蓉丸　平補下元，明目，妙甚。

蓯蓉四兩，酒洗去心内白汁　巴戟二兩　菊花二兩　枸杞二兩

右煉蜜爲丸，桐子大。每服二十丸，鹽湯下。

訶子散　脾胃忽生冷氣，腹脹滿疼悶，泄瀉不止。

訶子皮五箇　大腹五箇，去外皮　甘草五錢，炙　白术五錢炒　草荳蔻十四箇，麵包炒黄去麵用　人參五錢

右爲末，每服二錢，水一盞，入棗二個、生薑一小片，同煎至六分，温服。

稜术散　夏日因食冷物，氣積膈滯，或心腹疼痛等症，宜常服之。

用京三稜三兩，濕紙裹煨熱透，另搗　莪术二兩，同上製　烏藥三兩，去皮　甘草三兩，炙　陳皮二兩，用厚朴亦可

右爲末，每服一錢，鹽湯調下，不拘時服。

四順丸　老人百疾。

神麯四兩，入生薑二兩，去皮，一處杵作餅子，焙乾　甘草一兩，炙黄　草荳蔻一兩五錢，先炮熱去皮細剉用　大麥芽二兩，炒黄

右爲末，鹽湯服一錢。

橘紅散　夏月消食和氣

廣陳皮用一斤，湯浸洗五七次，布包壓乾，又用生薑半斤，取自然汁，將皮拌匀，一宿，焙乾，秤斤　肉荳蔻一兩　甘草二兩

右將甘草同白鹽三四兩同炒，候鹽紅色、草赤色爲度，共橘皮爲末。用茶點服，一錢一次。

太上肘後玉經八方

☴　巽卦東南　龜臺王母四童散方

辰砂四兩，本方原用伏火丹砂六兩，一時難得，且未當輕用，不若止如辰砂一兩　胡麻四兩，淨，九蒸九曝，炒微黄　天門冬四兩，去心　茯苓六兩　白术四兩　黄精六兩　桃仁四兩，去皮

右七味合爲末，煉蜜爲丸，搗萬餘下。夏月丸服，餘月散服。如桐子大，每二十丸。能服八年，顔如嬰童，肌如凝脂。不可慢傳，以獲天譴。

☲　離卦正南　彭君麋角粉方

每用麋角註曰：麋鹿之大者，角丫叉不齊，白如象牙，出水澤中，非山獸也。大者二十斤一副，生海邊　取用一兩，具解爲寸段，去心中黑血色惡物，用米泔浸之，夏三日冬十日一换。泔浸約一月已上，似欲輭即取出。入甑中蒸之，覆以桑白皮，候爛如蒸芋，曬乾，粉之。入伏火硫黄一兩，以酒調三錢一服。此方彭祖服之，得壽成仙。有人於鵠鳴山石洞中得石刻方，與此同也。

《遵生八箋・四時調攝箋夏卷・四月事宜》　《孝經緯》曰：穀雨後十五日，斗指巽，爲立夏。物至此時，皆假大也。後十五日，斗指巳，爲小滿。小滿者，言物長於此，小得盈滿也。律名中吕。《白虎通》曰：中吕何言？陽氣極將，彼故復中難之也。《晉志》曰：吕者，助也，陰助成陽之功也。四月建巳，巳者，起也，物至於此，畢盡而起也。《西京雜記》曰：陽德用事，和氣皆陽，爲正陽之月。又曰：陽雖用事，而陽不獨存，純陽凝於無陰，亦謂之曰陰月。《文選》稱爲除月，又曰首夏，維夏。

是月也，盛德在火，天道西行，作事出行，宜向西吉。

是月，每清晨吃葱頭酒一二杯，令血氣通暢。

四月丁巳，宜祀竈。十六日天倉開，宜入山修道。收書，於未梅雨時，開閣廚晾燥，隨即閉門，内放七里香花或樟腦，不生蠹魚。

收畫，未梅雨前，逐幅抹去蒸痕，日中曬晾令燥，緊捲入匣，以厚紙糊匣口四圍，梅後方開。匣須杉木、沙木爲之，内不用紙糊，並油漆，以辟黴氣。

辟蚊方：用鰻魚曬乾，於室中燒之，可少解其横。是月伐木不蛀。

《月令纂》曰：是月於魚池中納一神守，則魚不走。養鯉善飛，尤爲緊要。神守，即今之團魚也。

《馮氏口談》曰：戎衣同花椒捲收，或芫花末摻之，則不蛀。一用出紅藍布包之亦妙。風領煖耳，包藏瓮中，蜜封瓮口，毛決不脱。

《月録》曰：洗葛衣，用梅葉揉碎洗之，經夏不脆。忌用木盆，否則黑，以磁器洗之。

《内景經》曰：是月食蕈菜鯽魚作羹，開胃。

《靈寶經》曰： 是月八日，宜修啓壽齋。

是月初二、十六、十八、十九日，拔白生黑。

《雲笈七籤》曰： 木瓜善治轉筋，病者不必服此，但口呼木瓜二字，其病即瘥。

《月令纂》曰： 是月初四日、七日、八日、九日，取枸杞煎湯沐浴，令人不老，肌膚光澤。

《雲笈七籤》曰： 是月望後，宜食桑椹酒，治風熱之疾。亦可造膏，用桑椹取汁三斗，白蜜四兩，酥油一兩，生薑汁二兩，以罐先盛椹汁，重湯煮汁到三升，方入蜜、酥、薑汁，再加鹽三錢，又煮如膏，磁器收貯。每服一小杯，酒服。大治百種風疾。

《千金月令》曰： 四月節内宜服煖，宜食羊腎粥，其法先以兎絲子一兩，研煮取汁一兩，濾淨和麵切煮，將羊腎一具切條葱炒，作臛食之。補腎療眼暗赤腫。

此月宜晚卧早起，感受天地之精炁，令人壽長。

《月令》曰： 四月十五日取浮萍一兩，麻黄去根，桂心附子炮去臍皮，各五錢，搗爲末，每用一兩藥末入生薑二片，葱頭二箇，煎至八分，熱服，蓋煖取汗，治時行熱病。

《遵生八箋・四時調攝箋夏卷・四月事忌》 《攝生月令》曰： 四月爲乾，生炁在卯，死炁在酉，不宜用巳日時，犯月建，百事不吉。

又曰： 初九、二十五，忌裁製交易。

《白雲雜忌》曰： 是月勿食雉，令人炁逆。勿食鱔，能害人。

《千金方》曰： 勿令韮菜同鷄肉食，暴死者尤不可食，作内疽，生胸臆中。勿食諸物之心，勿大醉，勿食葫，傷人神，損膽炁，令人喘悸，脇肋炁急。勿食生蒜，傷人。更禁男女同房，忌純陰用事。葫即葫荽也。

《雲笈七籤》曰： 是月八日，不宜遠行，宜清心齋沐，必得福慶。

又曰： 是月忌暴怒傷心，秋必爲瘧。自夏至至九月，忌食隔宿肉菜之物，忌用宿水洗面漱口。

孫眞人曰： 是月初五日，忌見一切生血，勿食生菜。初八日、十六日忌嗜慾，犯之夭壽。

楊公忌曰： 是月初七日不宜問疾。

《遵生八箋・四時調攝箋夏卷・四月修養法》 孟夏之月，天地始交，萬物並秀，宜夜卧早起，以受清明之炁，勿大怒大泄。夏者，火也，位南方，其聲呼，其液汗，故怒與泄爲傷元氣也。卦值乾，乾者，健也，陽之性，天之象也。君子以自強不息。生炁在卯，坐卧行功宜向正東方。

孫眞人曰： 是月肝臟已病，心臟漸壯，宜增酸減苦，以補腎助肝，調養胃炁。勿受西北二方暴風，勿接陰以壯腎水，當靜養以息心火。勿與淫接，以寧其神，以自強不息，天地化生之機。

《月令》曰： 君子齋戒，處必掩身，毋躁，止聲色，毋進御，薄滋味，毋違和，節嗜慾，定心炁。

《内丹秘要》曰： 姤月爲一陰始生之月也。陰炁方生，喻身中陰符起縮之地。靈丹養成入口中，當馴致其道，遂歸丹田，不可慌忙急速。

《保生心鑑》曰： 五月屬火，午火大旺，則金炁受傷。古人於是時獨宿，淡味，兢兢業業，保養生臟，正嫌火之旺耳。

《遵生八箋・四時調攝箋夏卷・五月事忌》 五月用事，不宜用午，犯月建，百事不吉。

十五、二十五日，忌裁衣交易。

經曰： 五月初五、初六、初七日，十五、十六、十七日，二十五、二十六、二十七日，爲之九毒，戒夫婦容止。勿居濕地，以招邪炁。勿露卧星月之下。

《問禮俗》云： 五月俗稱惡月。按《月令》仲夏陰陽交，生死之分，君子節嗜慾，勿任聲色。

《金匱要略》云： 勿食韮菜，令人乏力，損目。勿食生菜。

《酉陽雜記》曰： 五月蛻精神，不可上屋，令人魂魄不安。

《太平御覽》：《異苑》曰： 五月勿曬床薦蓆。

《月令圖經》： 勿食濃肥，勿食煮餅。可食温煖之物。

《千金方》云： 勿食獐、鹿、馬各獸肉，傷人神炁。

《本草》云： 勿食山澤中水，勿食未成核果，令人發癰毒及寒熱。勿食生菜，勿食鷄肉，勿食蛇鱔，勿食羊蹄。

《保生心鑑》曰： 是月勿下枯井及深穽中，多毒炁。先以鷄毛探之，若毛下旋舞者，即是有毒，不可下也。

《濟世方》曰： 五月不可多食茄子，損人動炁。茄屬土耳。

《歲時記》曰：勿食菘菜，發皮膚瘋癢。

《保生月錄》曰：茉莉花勿置床頭，引蜈蚣，當忌。李子不可與蜜、雀肉同食，損五臟。

《千金方》曰：小兒不可弄槿花，惹病瘧。槿爲瘧子花。五月勿食鯉，多發風。勿食其腦。鯉鮓不可同小豆藿、官桂、豬肝同食，損人。

《類摘良忌》云：江魚即黄魚也，不可同蕎麥食，令人失音。枇杷不可同炙肉、熱麵同食，令人患熱發黄。桃子不可與鼈同食。

《便民圖纂》曰：甜瓜沉水者殺人，多食作陰下癢、生瘡。患腳氣，食之永不愈。雙蒂者殺人，且此物不可與油餅同食。

《楊公忌》曰：初五日不宜問疾，名地臘日。

《遵生八箋·四時調攝箋夏卷·五月事宜》 《孝經緯》曰：小滿後十五日，斗指丙，爲芒種。後十五日，斗指午，爲夏至。曰芒種者，言有芒之穀可播種也。夏至者，言萬物於此，假大而極至也。《白虎通》曰：律蕤賓。蕤者，下也。賓者，敬也。言一陰始生萎蕤，陽不資以爲用，如賓在外，而不爲内主也。《樂志》曰：辰爲午，午者，長也，大也，言物皆長大也。《吳子夜四時歌》曰：是月爲鬱蒸，爲仲暑。東坡詩曰：雲飛龍御月。

《玄樞經》曰：是月天道西北行，作事出行俱宜向西北，吉。

《荆楚記》曰：五日，以艾縛一人形懸於門戶上以辟邪氣。以五綵絲繫於臂上，辟兵厭鬼，且能令人不染瘟疾。口内常稱游光厲鬼四字，知其名則鬼遠辟。

《雲笈七籤》曰：五月並十二月晦日，正月中，常宜焚燒殺鬼丹。方：

鬼箭 蜈蚣 牛黄 野葛 雄黄 雌黄 硃砂 梨蘆 鬼比目 桃仁 烏頭 附子 半夏 硫黄 巴豆 犀角 鬼臼 麝香 白朮 蒼朮各等分

共二十味爲末，用茼草汁爲丸，否用糊汁亦可，丸如雞子大，每焚一丸，百邪皆滅。

《道藏》靈寶辟瘟丹方：

蒼朮一斤 降香四兩 雄黄二兩 硃砂二兩 硫黄一兩 硝石一兩 柏葉八兩 菖蒲根四兩 丹參二兩 桂皮二兩 藿香二兩 白芷四兩 桃頭四兩，五月五日午時收 雄狐糞二兩 蘄艾四兩 商陸根二兩 大黄二兩 羌活二兩 獨活二兩 雌黄一兩 赤小豆二兩 仙茅二兩 唵叭香無亦可免

已上二十四味，按二十四氣，爲末，米糊爲丸，如彈子大，火上焚燒一丸。

太倉公辟瘟丹方：

凡官舍旅館，久無人到，積濕積邪，容易侵人，製此爇之，可以遠此。宜於五六月終日焚之，可以辟瘟遠邪。

蒼朮一斤 台芎八兩 黄連八兩 白朮八兩 羌活半斤 川芎四兩 草烏四兩 細辛四兩 柴胡四兩 防風四兩 獨活四兩 甘草四兩 藁本四兩 白芷四兩 香附子四兩 當歸四兩 荆芥四兩 天麻四兩 官桂四兩 甘松四兩 乾薑四兩 三柰四兩 麻黄四兩 牙皂四兩 芍藥四兩 麝香三分

右爲末，煮紅棗肉爲丸，如彈子大。每用一丸，焚燒。

《千金月令》曰：是月取浮萍陰乾，和雄黄些少，燒煙去蚊。火燒棗子安床下，辟狗蚤。

《纂要》曰：五月五日採艾，治百病。

《瑣碎錄》曰：五日，硃砂寫茶字倒貼，辟蛇蠍；寫白字倒貼柱上，辟蚊蟲；寫儀方二字倒貼亦妙。

又曰：午時將燈草浸油内，望太陽呪曰：天上金雞喫蚊子腦髓液。念七遍，吸太陽氣，吹於燈草上，夜點燈草，照蚊俱去。

呂公曰：五日午時，韭菜地上，面東不語，取蚯蚓泥藏之。即蚯蚓糞也，圓如碎珠，粒粒成塊，即此物也。遇魚骨鯁喉，用此少許，擦咽喉外皮，即消。

《廣惠方》曰：五日，取晚蠶蛾裝一節竹筒内，開眼處封口，待其乾死，遇竹木刺傷者，以此少塗之，即出。更有别用，如此方可收得。

《雜記》曰：以青蒿草搗汁，和石灰作餅子，陰乾收起，遇刀斧傷者，塗之立效，愈後無痕。又一方：採百草頭，搗汁，和石灰作塊子，鑿大桑樹上一孔，納灰餅在内，待百日後取出，曝乾爲末，傅金瘡，神效。

五月五日宜合紫金錠、保生錠子，治小兒疾。方在醫書錄。内府此日用雄黄研末，少加硃砂，收眞蟾酥作杵，陰乾。凡遇惡毒初起，以唾磨搽，微痛，立消。

《瑣碎錄》曰：五日，取鱉爪著衣領中，令人不忘。

《千金方》曰：　五日日未出時，取東向桃枝刻作小人形，着衣領中，令人不忘。

《養生雜忌》曰：　病目者以紅絹盛榴花拭目，棄之，謂代其病。　凡紅物俱可。

又云：　五日，取萵苣菜原窠或葉置廚櫃內，不生蛀蟲。　置毛褐衣內亦妙。

《千金方》云：　五日，取葵子微炒爲末，患淋者食前溫酒服一錢，立愈。

又云：　取鯉魚枕骨燒灰，治久痢如神。

《雲笈七籤》曰：　五月一日取枸杞煎湯沐浴，令人不老不病。　五日以蘭湯沐浴亦可。　初四、初七、初八日沐浴，吉。

《玄樞經》曰：　初九日沐浴，令人長命。

高子曰：　五月五日午時，修合藥餌者，以天罡此時正塞鬼戶。《斗柄訣》以月月常加戌。　五月每日戌時天罡指午，亥時指未，自未輪轉。　五日午時，正指艮宮，爲鬼戶也。　故用此時合藥甚效，又爲天中之節。

《養生論》曰：　五月五日宜合截瘧鬼哭丹。　用上好白砒五錢，研細入鐵銚內，以寒水石一兩爲末圍定，然後以磁碗蓋定，用濕紙作條封碗合縫，炭火炙銚，煙出燻紙條黃色即止。　取放紙上，置泥地出火炁一時，取研爲細末。入冰片一分，麝香一分，共研，蒸餅爲丸，桐子大，硃砂爲衣。　每服一丸，臨發日，神前香爐上燻過，朝北，井花水吞下。　忌食魚、麵、生冷十日，永不再發。合時不令婦女孝服人見。　婦人有病，令丈夫捻入口中吞下，立效。　又不吐瀉，眞妙劑也。

《簡易方》曰：　用獨蒲蒜同眞飛丹搗和爲丸，圓眼大，治瘧。　臨發，用一丸，井花水面東吞，服即愈。

《保生月錄》曰：　是月十一日，天倉開，宜入山修道。

《簡易方》曰：　疫炁時行，用管伸置水缸內，食水不染。　十二月除夕同此。

《本草》云：　五日取露草百種，陰乾，燒爲灰，以井水煉成膏，再用嚴醋和爲餅子，腋下挾之，乾即換去。　五遍，能治腋下臭炁，又能抽出一身中瘡積毒炁。　挾完，即以小便洗腋下乾淨，最效。

《救民方》曰：　中風牙緊，不能下藥，用冰片、天南星，五日午時合起。遇病以指蘸藥擦大牙，左右二三十擦，口自能開，方下別藥治之。

《長生要錄》曰：　五月五日有雨，急破竹一二株，內有神水瀝，和獺肝爲丸，治心腹積聚。

又云：　是日取葛根爲末，療金瘡斷血，除瘧。　取豬牙燒灰，治小兒驚癇，並塗蛇傷。　又云：　取蝙蝠倒掛曬乾，和官桂、薰陸香燒之，辟蚊。

《家塾事親》曰：　巳丑卯辰日祀竈以豬首，吉。　五月朔日，不宜出錢財。

《萬氏家抄》曰：　五日，取蝦蟆曬乾收起，紙包紅絹袋盛，瘧發，早男左女右臂上掛帶，勿令知之，立愈。

《禮儀志》曰：　夏至浚井能改水。　朱索縛柳杞桃，結印爲門戶餙，可止惡炁。【略】

夏至淘井，可去瘟疫。

五月五日取塚上泥並磚石一塊回家，以小瓶盛，埋門外堦下，合家不患時症。

《抱朴子》曰：　五日，硃書赤靈符着心前，辟兵祛瘟，去百病。　此即治百病符也。正月元日佩即此符。

《本草》云：　五日採莧菜加馬齒莧爲末，等分，產婦服之易產。

《雲笈七籤》曰：　五日，不可見血物。

《博濟方》云：　五日午時，或臘月三十日，收豬心血，同黃丹、乳香相和爲丸，鷄荳大，以紅絹盛掛門上。　如有產婦子死腹中者，令酒磨一丸，即下。

五月取桃仁一百箇，去皮尖，研細，入黃丹三錢，丸如桐子大，治瘧。　發日，面北用溫酒或井花水吞下三丸，即絕。　合忌婦女、鷄犬見之。

《瑣碎錄》：　五日清晨，取白礬一塊，自早曬至晚，收之。　百蟲咬傷，以些少塗之即止，又能消毒。　取獨蒜，不分瓣蒜也，搗爛塗面皮手脚，一年不生惡瘡，及冬月不作凍瘡，神驗。　不可多擦。

《衛生方》云：　五日，取百草頭曬乾爲細末，用紙包收起。　臨用取一撮，白紙封好，用紅布絹拴定，令患瘧人以眼案臂，面北，男左女右，繫臂上股，勿令病人知爲何物，極有應驗。

又曰：　五日，採蜀葵花，赤白二色，收起陰乾。　赤者治婦人赤帶，白治白帶。

又曰：　取鷄腸草陰乾燒灰，治積年惡瘡，極效。　採無花菓陰乾，治咽喉諸疾。

《雲笈七籤》曰：五日午時，取天落水磨硃寫一龍字，明年若又雨，取水磨墨寫一龍字，如錢大，二字合作一小丸。婦人難産，乳香湯吞之；生出，男左女右，手中握字丸即下。如次年無雨，前字無用矣。每年須寫百字以濟人。

《本草圖經》曰：五月收杏去核，自朝蒸之，至午而止。以微火烘之收貯，少加糖霜可食。駐顔，故有杏金丹之説。不宜多食。

五日午時，飲菖蒲雄黄酒，辟除百疾而禁百蟲。

《瑣碎錄》曰：五日並夏至日，有患嗓臭者，於日未出時汲井花水一盞，作三漱，吐門閫裏，如此三十日，口臭永除矣。

《吕公歲時記》曰：夏至一陰生，宜服餌製過硫黄，以折陰炁。

《千金方》曰：五月二十七日宜服五味子湯。取五味一合，搗，置小瓶中，以百滚湯入蜜少許，即封口，置火邊，良久乃服。生津止渴。

二十日採小蒜曝乾，治心煩痛，解諸毒，又治小兒丹疹。

夏至後，宜浚井改水，以去瘟病。

是月十六日、二十日，宜拔白。

《洛陽記》：午日造朮羹艾酒，以花絲樓閣插鬢贈遺，造辟瘟扇。

《文昌雜錄》曰：端午日走馬，謂之蹯柳。

《保生餘錄》曰：五月取螢火二七枚，撚白髮能黑。

《千金方》曰：多採蒼耳陰乾，置大瓮中，能辟惡炁。若有時疫發生，即取爲末，舉家服之，不染。若病脹滿，心悶發熱，即服此。又能殺三屍九蟲。

《救民易方》曰：五月五日、六月六日、九月九日採稀簽草，即白花菜是也。去根、花並子淨，用莖葉入甑，九蒸九曝，層層灑酒與蜜水，蒸完極香。爲末，蜜丸皂角子大。每服五七丸，米湯下。服至百日，去週身癱瘓風疾，口眼歪斜，涎痰壅塞，久卧不起。又能明目，白髮變黑，筋力强健，效不可言。

《萬氏家抄》曰：五日午時採鷄腸草，曬乾爲末，齒痛熱腫者，擦之立愈。

《千金月令》曰：五日取瓦上青苔，或百草霜，入鹽嗽口，效。或水煮羊蹄根，或醋煮川椒，俱能治齒百疾。

《遵生八箋·四時調攝箋夏卷·五月修養法》 仲夏之月，萬物以成，天地化生，勿以極熱，勿大汗，勿曝露星宿，皆成惡疾。忌冒西北之風，邪炁犯人，勿殺生命。是月肝臟已病，神炁不行，火炁漸壯，水力衰弱，宜補腎助肺，調理胃炁，以順其時。卦值姤。姤者，遇也。以陰遇陽，以柔遇剛之象也。生炁在辰，宜坐卧向東南方。

孫眞人曰：是月肝臟炁休，心正旺，宜減酸增苦，益肝補腎，固密精炁。卧早起早，愼發泄。五日尤宜齋戒靜養，以順天時。

《保生心鑑》曰：午火旺則金衰，於時當獨宿，淡滋味，保養生臟。

《靈劍子》坐功法：常以兩手合掌，向前築去，臂腕如此七次，淘心臟風勞，散關節滯炁。

《養生纂》曰：此時靜養毋躁，止聲色，毋違天和，毋悖遇，節嗜慾，定心炁。可居高明，可遠眺望，可入山林，以避炎暑，可坐臺榭空敞之處。

《遵生八箋·四時調攝箋夏卷·六月事宜》 《孝經緯》曰：夏至後十五日，斗指午，爲小暑；後十五日，斗指未，爲大暑。小大者，就極熱之中分爲大小，初後爲小，望後爲大也。律林鍾，林者，衆也，萬物成熟，種類衆多。《樂志》曰：月辰爲未，未者，味也，萬物向成，咸有味也。《纂要》曰：六月爲徂暑。《玄樞》曰：是月天道東行，作事出行俱宜向東，吉，其月遇土王，戊日祭中霤之神。

是月宜飲烏梅醬、木瓜醬、梅醬、荳蔻湯以祛渴。方俱見前。

三伏日宜服腎瀝湯，治男子虚羸、五勞七傷、風濕臟虚、耳聾目暗。方：

乾地黄六分 黄芪六分 茯苓六分 五味子四分 羚羊角四分 桑螵蛸三兩炙 地骨皮一兩 桂心一兩 門冬五分去心 磁石一錢三分

打碎水洗，令黑汁出盡爲止。羊腎二箇，豬腎亦可，去脂膜，切如柳葉，以水四升，先煮去水升半，即掠去水上肥沫及腎澤，取汁煎諸藥，澄清去滓，分爲三服。三伏日各服一料，隨人加減亦可。忌食大蒜、生葱、冷陳滑物，空心平旦服之。

《養生雜纂》曰：老人炁弱，當夏之時，納陰在内，以陰弱之腹，當肥冷之物，則多成泄瀉。一傷眞炁，卒難補復。不宜燥熱補藥，惟用平補溫和之劑，如八味丸之類，以助元氣。

《雲笈七籤》曰：六月六日，沐浴齋戒，絶其營俗。

《關西舊俗志》曰：六月六日，取水收起，淨瓷盛之，一年不臭。用以作醋醬醃物，一年不壞。

《眞誥》曰：十九日、廿四日拔白，永不生。又云：初三、初四、十八、廿八日拔白亦可。

《四時纂要》曰：是月初一日、初七、初八、二十一日沐浴，去疾禳災。

《七籤》曰：是月二十七日，取枸杞煎湯沐浴，至老不病。

《荆楚記》曰：六月伏日，宜作湯餅食之，名爲辟惡。舊俗曰：造醬用三伏黄道日浸豆，黄道日拌黄，用草烏五七箇，切作四片，撒上，其蛆盡死。

《農桑撮要》曰：是月剩飯，用莧菜蓋之，過夜不餿。《山居四要》曰：養魚池中，是月宜納二神，守以護魚。

治水瀉百病，用烏蘭子六月六日同麵炒黄，等分爲末，米飲調服二錢。

《瑣碎錄》曰：宜食苦蕒，可益心炁。

《家塾事親》曰：西瓜性溫，熟者可食，解暑，名白虎湯。

《千金月令》云：是可食烏梅醬，止渴。方用烏梅搗爛，加蜜適中，調湯微煮，飲之。水瀉渴者，以梅加砂糖、薑米，飲之不渴。

《便民圖纂》曰：六月六日，用井花水，以白鹽淘於水中作滷，新鍋仍煎作白鹽，以此鹽擦牙畢，以水吐手心内洗眼，雖老猶能燈下讀書。

《抱朴子・養生書》云：三伏内用甘草一錢，好明白滑石六錢，爲末，和水飲之，名六一散，令人免中暑泄瀉。

三伏内服十味香薷飲方：

香薷數年陳者，一兩　人參　陳皮　白术炒　白扁荳炒　茯苓　黄芪　木瓜　厚朴薑汁浸　甘草各五錢

共爲飲片，水煎停冷服之。或爲細末，水調一二錢服。

三伏時，用門冬、五味子、人參泡湯代茶，謂之參麥散，消渴生津。

《濟世仁術》曰：六月極熱，可用扇急扇手心，則五體俱涼。

《抱朴子》曰：三伏中，用黄芪、茯苓煎膏，入甘草末二分，以井涼水調服，治譫狂，大消暑熱毒炁。

又方：木瓜醬，用木瓜十兩，去皮細切，以湯淋浸，加薑片一兩，甘草二兩，紫蘇十兩，鹽一兩，每用些少泡湯，沉之井中，候極冷飲之。

又方：梅醬吃水方，用黄熱梅十斤，蒸爛去核，將肉秤有幾斤，每斤加鹽三錢，加紫蘇乾者一兩，乾薑絲二錢，甘草三錢，攪匀，日中大曬，待紅黑色收起。用時，加白荳仁、檀香些少，飴糖調匀，和水服，最解暑渴。

又，桂漿、沉香熟水，俱載《飲食箋》内。

《靈寶經》曰：六月六日宜修清暑齋。

《遵生八箋・四時調攝箋夏卷・六月事忌》　《月令》曰：六月選用日時，不宜用未，犯月建，百事不利。初一日，忌經營，初十、二十日，忌交易裁衣。

《僊誌戒》曰：六月六日，忌取土開掘。

《四時纂要》曰：三伏日不可嫁娶，傷夫婦，不吉。

《雲笈七籤》曰：六月二十四日，忌遠行，水陸俱不可往。

《四時纂》曰：是月勿飲山澗澤水，令人患瘕。

《千金方》曰：勿食韮，令人目昏。勿食羊肉，傷人神炁。勿食野鴨鶩鳥，勿食鴈，勿食茱萸，勿食脾。乃是季月，土旺在脾故也。俱宜戒之。

《雲笈七籤》曰：六月勿食羊血，傷人神魂，少志健忘。勿食生葵，必成水瘕，且爲犬嚙，終身不瘥。

《瑣碎錄》曰：暑月不可露卧，勿沐浴當風，愼賊邪之炁侵人。

又曰：其月無冰不可以涼水陰冷作水飲冰。熱生涎者勿飲，能殺人。

《玄樞經》曰：是月勿斬伐草木，勿動土，勿舉大事，以援養炁。

《養生仁術》曰：勿專用冷水浸手足，防引起狂邪之風犯之，令人瘋病，體重炁短，四肢無力。

《食治通説》：夏月不宜飲冷，何能全斷？但勿宜過食冷水與生硬菓、油膩甜食，恐不消化，亦不宜多飲湯水。人能自愼，省食煎炒、醎臘、炙煿之物，自然津液常滿，何必戒飲。

《便民纂》曰：途中一時中暑身死者，勿可用冷水灌沃，急就道上取熱土，塡於死者臍上成堆，中間撥開作一孔，令人撒尿澆入臍孔，次用生薑、大蒜搗爛，熱湯送下，即活。

《瑣碎錄》曰：暑月瓮壜大日曬熱，不可即取盛裝飲食，恐收暑炁。

《楊公忌》曰：初三日不宜問疾

《遵生八箋・四時調攝箋夏卷・六月修養法》　季夏之月，發生重濁，主養四時，萬物生榮，增鹹減甘，以資腎臟。是月腎臟炁微，脾臟獨旺，宜減肥濃之物，益固筋骨。卦値遯，遯者，避也，二陰浸長，陽當避也，君子莊矜自

守。生炁在巳，坐卧宜向南方。

孫真人曰：是月肝炁微弱，脾旺，宜節約飲食，遠聲色。此時陰炁内伏，暑毒外蒸，縱意當風，任性食冷，故人多暴泄之患。切須飲食温軟，不令太飽，時飲粟米温湯、荳蔻熟水最好。

《内丹秘訣》曰：建未之月，二陰之卦，是陰炁漸長，喻身中陰符，離去午位，收斂而下降也。

《靈劍子》坐功法：端身正坐，舒手指，直上反拘。三舉，前屈，前後同行。至六月半後用之。去腰脊脚膝痹風，散膀胱邪炁。

《遵生八箋・四時調攝箋夏卷・脾臟四季旺論》 脾臟屬中央土，旺於四季，爲黄帝，神肖鳳形，坤之炁，土之精也。脾者，裨也。裨助胃炁。居心下三寸，重一斤二兩，闊三寸，長五寸。脾爲心子，爲肺母。外通眉闕，能制謀意辯，皆脾也。口爲之宫，其神多嫉，脾無定形，主土陰也。妒亦無准，婦人多妒，乃受陰炁也。食熟軟熱物，全身之道也。故脾爲五臟之樞，開竅於口，在形爲頰。脾脈出於隱白，脾乃肉之本意處也。穀炁入於脾，於液爲涎，腎邪入脾則多涎。六腑，胃爲脾之腑，合爲五穀之腑也。口爲脾之官，炁通則口知五味，脾病則口不知味。脾合於肉，其榮脣也，肌肉消瘦者，脾先死也。爲中央，爲季夏，日爲戊己，辰爲丑辰未戌，爲土。其聲宫，其色黄，其味甘，其嗅香，心邪入脾則惡香也。脾之外應中嶽，上通鎮星之精。季夏並四季各十八日，存鎮星黄炁入脾中，連於胃上，以安脾神。脾爲消穀之腑，如轉磨然，化其生而入於熟也。脾不轉則食不消也，則爲食患。所以脾神好樂，樂能使脾動盪也。故諸臟不調則傷脾，脾臟不調則傷質，質神俱傷，則人之病速也。人當慎食硬物，老人尤甚。不欲食者，脾中有不化食也。貪食者，脾實也。無宿食而不喜食者，脾虚也。多惑者，脾不安也。色憔悴者，脾受傷也。好食甜者，脾不足也。肌肉鮮白滑膩者，是脾無病徵也。肺邪入脾則多歌，故脾有疾當用呼，呼以抽其脾之疾也。中熱亦宜呼以出之。當四季月後十八日，少思屏慮，屈己濟人，不爲利争，不爲陰賊，不與物兢，不以自强，恬和清虚，順坤之德，而後全其生也。逆之則脾腎受邪，土木相尅，則病矣。

《遵生八箋・四時調攝箋夏卷・修養脾臟法》 當以夏季之月朔旦，並三季後十八日，正坐中宫，禁炁五息，鳴天鼓二十四通，註曰：鳴天鼓者，以兩手抱腦後，用中食二指起復互换，各二十四下。吸坤宫黄炁入口，十二吞之，以補呼之損也。

《遵生八箋・四時調攝箋夏卷・脾臟四季食忌》 六月勿食吴茱萸，令人患赤白痢。四季勿食脾、肝、羊血。脾病宜食米、棗、葵，禁酸味。

《遵生八箋・四時調攝箋秋卷・秋三月調攝總類》 《禮記》西方曰秋，秋者愁也。愁之以時，察守義也。《太元經》曰：秋者，物皆成象而聚也。《管子》曰：秋者，陰炁始下，故萬物收。《淮南子》曰：秋爲矩，矩者，所以方萬物也。《漢律志》曰：少陰者，西方也。西者，遷也。陰炁遷落，萬物糙子由反斂，乃成熟也。當審時節，宣調攝以衛其生。

立秋金相，秋分金旺，立冬金休，冬至金廢，立春金囚，春分金死，立夏金殁，夏至金胎，言金孕於火土之中也。

《遵生八箋・四時調攝箋秋卷・肺臟秋旺論》 肺屬西方金，爲白帝神，形如白虎，象如懸磬，色如縞映紅。居五臟之上，對胸，若覆蓋然，故爲華蓋。肺者，勃也，言其炁勃鬱也。重三觔三兩，六葉兩耳，總計八葉。肺爲脾子，爲腎母。下有七魄，如嬰兒，名屍狗、伏屍、雀陰、吞賊、非毒、除穢、辟臭，乃七名也。夜卧及平旦時，叩齒三十六通，呼肺神及七魄名，以安五臟。鼻爲之宫，左爲庚，右爲辛。在炁爲咳，在液爲涕，在形爲皮毛也。上通炁至腦戸，下通炁至脾中，是以諸炁屬肺，故肺爲呼吸之根源，爲傳送之宫殿也。肺之脈出於少商，又爲魄門。久卧傷炁，腎邪入肺則多涕。肺生於右爲喘咳。大腸爲肺之府，大腸與肺合，爲傳寫行導之府。鼻爲肺之官，肺炁通則鼻知香臭。肺合於皮，其榮毛也，皮枯而毛落者，肺先死也。肺納金，金受炁於寅，生於巳，旺於酉，病於亥，死於午，墓於丑，爲秋，日爲庚辛，爲申酉。其聲商，其色白，其味辛，其臭腥，心邪入肺則惡腥也。其性義，其情怒。肺之外應五嶽，上通太白之精，於秋之王日，存太白之炁入於肺，以助肺神。肺風者，鼻即塞也。容色枯者，肺乾也。鼻癢者，肺有蟲也。多恐懼者，魄離於肺也。身體黧黑者，肺炁微也。多怒炁者，肺盛也。不耐寒者，肺勞也，肺勞則多睡。好食辛辣者，肺不足也。腸鳴者，肺炁壅也。肺邪自入者，則好哭。故人之顔色瑩白者，則肺無病也。肺有疾，用呬以抽之，無故而呬，不祥也。秋三月金旺主殺，萬物枯損。欲安其魄而存其形者，當含仁育物，施恩斂容，陰陽分形，萬物收殺，雀卧鷄起，斬伐草木，以順陰炁，長肺之剛，則邪炁不侵。逆之則五臟畢，而百病作矣。

《遵生八箋·四時調攝箋秋卷·修養肺臟法》 當以秋三月朔望旭旦，向西平坐，鳴天鼓七，飲玉泉三，註云：飲玉泉者，以舌抵上腭，待其津生滿口，嗽而嚥之，凡三次也。然後瞑目正心，思吸兑宫白炁，入口，七吞之，閉炁七十息。此爲調補神炁安息靈魄之要訣也，當勤行之。

《遵生八箋·四時調攝箋秋卷·黄帝製護命茯苓丸》 黄帝曰：秋三月治病如何？岐伯曰：當服補腎茯苓丸，主治腎虚冷，五臟内傷，頭重足浮，皮膚燥癢，腰脊疼痛，心胃咳逆，口乾舌燥，痰涎流溢，惡夢遺精，尿血滴瀝，小腹偏急，陰囊濕癢，喘逆上壅，轉側不得，心常驚悸，目視茫茫，飲食無味，日漸羸瘦。醫不能治，此方奇效。

茯苓一兩　防風六錢　白术一兩　細辛三錢　山藥一兩　澤瀉四錢　附子炮，便製，五錢　紫菀五錢　獨活五錢　芍藥一兩　丹參五錢　桂五錢　乾薑三錢　牛膝五錢　山茱萸肉五錢　黄芪一兩　苦參三錢

右爲末，蜜丸如桐子大。先服每七丸，日再服。

《遵生八箋·四時調攝箋秋卷·秋季攝生消息論》 秋三月，主肅殺。肺炁旺，味屬辛。金能尅木，木屬肝，肝主酸。當秋之時，飲食之味，宜減辛增酸，以養肝炁。肺盛則用呬以泄之，立秋以後，稍宜和平將攝。但凡春秋之際，故疾發動之時，切須安養，量其自性將養。秋間不宜吐並發汗，令人消爍，以致臟腑不安。惟宜針灸，下痢，進湯散以助陽炁。又若患積勞、五痔、消渴等病，不宜吃乾飯炙煿，並自死牛肉、生鱠、雞、豬、濁酒、陳臭鹹醋、粘滑難消之物，及生菜、瓜菓、鮓醬之類。若風炁冷病、痃癖之人，亦不宜食。若夏月好吃冷物過多，至秋患赤白痢疾兼瘧疾者，宜以童子小便二升，並大腹檳榔五箇，細剉，同便煎取八合，下生薑汁一合，和收起臘雪水一鍾，早朝空心，分爲二服，瀉出三兩行。夏月所食冷物，或膀胱有宿水冷膿，悉爲此藥祛逐，不能爲患，此湯名承炁。雖老人亦可服之，不損元炁，況秋痢又當其時。此藥又理脚炁諸炁，悉可取效。丈夫瀉後兩三日，以韮白煮粥，加羊腎同煮，空心服之，殊勝補藥。又當清晨睡覺，閉目叩齒二十一下，嚥津，以兩手搓熱熨眼數多，於秋三月行此，極能明目。又曰：秋季謂之容平，天炁以急，地炁以明，早卧早起，與鷄俱興，使志安寧，以緩秋形，收斂神炁，使秋炁平，無外其志，使肺炁清。此秋炁之應，養收之道也。逆之則傷肺，冬爲飧泄，奉藏者少。秋炁燥，宜食麻以潤其燥。禁寒飲並穿寒濕内衣。《千金方》曰：三秋服黄芪等丸一二劑，則百病不生。

《金匱要略》曰：三秋不可食肺。

《四時纂要》曰：立秋後，宜服張仲景八味地黄丸，治男女虚弱百疾，醫所不療者。久服身輕不老。

熟地黄八兩　薯蕷四兩　茯苓二兩　牡丹皮二兩　澤瀉二兩　附子童便製炮，一兩　肉桂一兩　山茱萸四兩，湯泡五遍

右爲細末，蜜丸如桐子大。每日空心酒下二十丸，或鹽湯下。稍覺過熱，用凉劑一二帖以溫之。

《雲笈七籤》曰：秋宜凍足凍腦，卧以頭向西，有所利益。

《養生論》曰：秋初夏末，熱炁酷甚，不可脱衣裸體，貪取風凉。五臟俞穴皆會於背，或令人扇風，夜露手足，此中風之源也。若覺有疾，便宜服八味地黄丸，大能補理臟腑，禦邪，仍忌三白，恐衝藥性。

秋三月，卧時頭要向西，作事利益。

《本草》曰：入秋小腹多冷者，用古時磚煮汁熱服之。又用熱磚熨肚三五度，瘥。

《書》曰：秋炁燥，宜食麻以潤其燥，禁寒飲食，禁早服寒衣。

秋三月，六炁十八候，皆正收斂之令，人當收斂身心，勿爲發揚馳逞。

《書》曰：秋傷於濕，上逆而咳，發爲痿厥。

又曰：立秋日勿宜沐浴，令人皮膚粗燥，因生白屑。

又曰：八月望後少寒，即用微火煖足，勿令下冷。

《養生書》曰：秋穀初成，不宜與老人食之，多發宿疾。

《遵生八箋·四時調攝箋秋卷·秋三月合用藥方》 七寶丹，治久患瀉痢，療不瘥者，服之即效。老人脾洩滑，正宜服此。

附子童便和黄泥炮，五錢　當歸一兩　乾薑五錢　吴茱萸　厚朴薑汁炒　花椒各三錢　舶上硫黄八錢，此物最少，出倭夷海舡上，作灰塗縫者佳。人不多見，俱以市硫有油者用之。舶硫色如蜜黄，中有金紅處，如七月石榴皮色，打開儼若水晶，有光，全非鬆脆，性如石硬者眞

右七味爲末，米醋和成兩團，以白麵和作外衣，裹藥在内，如燒餅包糖一般，文武火煨，麵熟去麵，搗爲末，蜜丸桐子大。諸痢瀉，米湯下二十丸，空心，日午服。宿食炁痛不消，以薑鹽湯下。

攝脾丸，治秋來臟腑虛冷，泄瀉不定。

木香　訶子炮，去核　厚朴生薑汁炒　五倍子微炒　白朮土炒，各等分

右爲末，炊粟米飯爲丸，桐子大。每服十丸，米飲送下。

葳靈仙丸，治老壯肺氣壅滯，涎嗽間作，胃脘痰塞，痞悶不快。

龍腦薄荷一兩　皂角一斤，不蛀肥者，用河水浸洗，去黑皮，用砂器中採擦作稠水，去渣熬成膏，多少取用　葳靈仙洗去土，焙用，四兩

三味共搜爲丸，桐子大。每三十丸，臨卧生薑湯下。

保救丹，秋後發嗽，遠年冷嗽，遇秋又發，並勞嗽痰壅。

蛤蚧一箇，男取雄腰上一截，女用雌腰下一截　地黃熟，爛如飴，二錢　皂角不蛀的，醉炙，去黑皮，用二定　杏仁二錢，童便浸一周時，去皮尖，入蜜炒黄　半夏三錢，水煮內不見白　五味子二錢　丁香三錢

爲末，蜜丸桐子大。食前一服五丸，薑湯下。

二仁膏，治老人膈滯，肺疾痰嗽，又名生薑湯。

杏仁四兩，去皮尖　桃仁五錢，去皮　生薑六兩，去皮，切之　甘草一錢　鹽五錢，舊本三兩，如何可用三兩

右以二仁同薑濕紙裹包，研細，入甘草與鹽，瓶內收貯，用湯點服。

《遵生八箋·四時調攝箋秋卷·太上肘後玉經八方》

☷坤卦西南　風後四扇散

五靈脂二兩，延年益命　仙靈皮二兩，強筋骨　松脂二兩，去風痹　澤瀉二兩，強腎　白朮二兩，益氣力　乾薑二兩，益氣　生地黃五兩，補髓血　石菖蒲三兩，益心神　桂二兩，補不足　雲母粉三兩，長肌肥白

右藥十物，如法搗洗一萬杵，煉蜜爲丸，桐子大。日三四十丸。

☱兌卦正西　夏姬杏金丹

杏子六斗，煮水滾三四沸，放下杏子，以手或棍挼摩，令皮去。大煮半晌，漉起放盆中，去核，清汁得若干。取鐵鍋放糠火上，以羊脂油四斤，擦入釜中，擦之不已，盡此四觔脂爲止。下杏釜中熬之，糠火細細不斷，三四日藥成，如金光五彩色。每服一二匙，服之變老成少，顏色美好，夏姬服之上昇。

《遵生八箋·四時調攝箋秋卷·七月事宜》《孝經緯》曰：大暑後十五日，斗指坤，爲立秋。秋者，揫也，物於此而揫斂也。後十五日，斗指申，爲處暑，言漬暑將退，伏而潛處也。律夷則，夷者，傷也，則法也，言金氣始肅，萬物於此凋傷，猶被刑戮之法也。《晉樂志》：七月爲申。申者，身也，言萬物身體皆成就也。時爲龍火西頹。《提要》曰：七月爲蘭月。又曰：首秋、上秋、蘭秋、肇秋。

是月也，天道東北行，作事出行宜向東北，吉。不宜用申日，犯月建，作事不吉。

《白雲雜忌》曰：七日取麻勃一升，並人參半升合蒸，氣盡令徧，服一刀圭，令人心地聰明。

《雲笈七籤》云：七日曝皮裘，可以辟蛀。

《家塾事親》曰：七日取角蒿置氈褥書籍中，可以辟蠹。《法天生意》云：又可辟蛇。收芙蓉葉可以治腫，乾爲末，醋調一味，敷腫上，可消。

《常氏日錄》曰：七月上申日，採枸杞花，八月上酉日治服之。又云：立秋日人未起時汲井水長幼皆少飲之，卻病。

《法天生意》云：七日取百合根，熟搗，新瓦器盛之，掛於屋內，陰乾百日，拔白，以此搽之，可生黑髮。又云：是日取蜂窠中蜂蛹子一窠，陰乾爲末，用蜜調塗，可除面鼾。又云：七日取螢火十四枚，撚白髮自黑。

《常氏日抄》云：七日採蒺藜子，陰乾搗末，食後服，治眼失明。

《法天生意》曰：秋三月戊子、己亥、庚子、辛亥，宜煉丹藥，宜入山修道。

《雲笈七籤》曰：是月十六日，剪指甲，燒灰服之，能滅九蟲三尸。

又曰：十一日取枸杞煎湯沐浴，令人不老不病。二十三日沐，令髮不白。二十五日沐，令人壽長。

《千金月令》曰：七日暑氣將伏，宜食稍涼，以爲調攝。法用竹葉一把，梔子二箇，切碎，用水熬煎，澄清去渣，用淘粳米，磨作汁粉服。

神仙餌松實法：七月取松實中仁，去木皮，搗如膏，每服雞子大一團，日三服。久服身輕，三百日後，可行五百里之遠。即今山松卵內小子，過七月即裂，出無尋矣，非常食北來大松子也。

竹葉粥：中暑者宜用竹葉一握，山梔一枚，煎湯去渣，下米煮粥，候熟下鹽花點之，進一二杯即愈。

立秋太陽未昇，採楸葉熬膏，搽瘡瘍立愈，名楸葉膏。熬法以葉多方稠。又曰：七月七日採蓮花七分，八月八日採藕根八分，九月九日採蓮實

九分，陰乾搗細，煉蜜爲丸，服之令人不老。千葉蓮服之，令人羽化。

又曰：七日取烏雞血，和三月三日收起桃花片，爲末，塗面，令人瑩白如玉。

又曰：取赤小豆，男女各吞七粒，令人終歲無病。

《家塾事親》曰：七日取蜘蛛一枚，着領中，令人不忘。七日取槐角子熟搗成汁，納銅缽中，曬成膏，捏爲鼠屎大，納肛門内，每日三次，治痔及百瘡，大效。

又曰：七日取苦瓠白瓤，絞汁一合，以醋一升，古錢七箇，和均，以火煎之，令稀稠得所，點入眼眥中，治眼黑暗。

又七日採麻花，五月五日收麻葉，搗作炷圓，灸生瘰癧瘡上百壯，次燒胡桃松脂，研敷即愈。

《法天生意》云：七日採麻花，陰乾爲末，爲麻油浸，每夜擦上，眉毛脱落者立生。

是月二十三日、二十八日拔白，永不再生。

七月五日是三會日，宜修迎秋齋。

《修眞指要》曰：中元十五日，可修齋謝罪。

立秋日，用水吞赤小豆十四粒，一秋可免赤白痢疾。

七夕乞巧，使蜘蛛結萬字，造明星酒，同心膾。

《本草》云：七月七日，採愼火花、苗、葉五兩，鹽三兩，同搗絞汁，治熱毒，並小兒痘疹不出，在皮膚内者，以此汁手蘸摩之，日再，即出。丹瘡亦如此法。

《遵生八箋・四時調攝箋秋卷・七月事忌》 七月，日時不宜用申，犯月建，百事不利。初八、二十二忌裁衣交易。

初七日勿想惡事。

《白雲忌》曰：七月勿食蓴，上有蠲蟲，害人。勿食韭，損目。

《千金方》曰：勿食麂獐，動炁。勿食茱萸，傷神炁。

孫眞人曰：勿食雁，傷人。勿多食菱肉，動炁。勿食生蜜，令人暴下霍亂。勿食豬肺，勿多食新薑。

《法天生意》曰：立秋後十日，瓜宜少食。

《月令》云：立秋勿食煮餅及水溲餅，勿多食豬肉，損人神炁。

《楊公忌》曰：初一日、二十九日不宜問疾。

是月初七爲道德，臘十五日爲中元，二日戒夫婦入房。

《遵生八箋・四時調攝箋秋卷・七月修養法》 秋七月，審天地之炁，以急正炁，早起早卧，與鷄俱起，緩逸其形，收斂神炁，使志安寧。卦否，否者，塞也。天地塞，陰陽不交之時也。故君子勿妄動，生炁在午，坐卧宜向正南。

《孫眞人養生》曰：肝心少炁，肺臟獨旺，宜安静性情，增鹹減辛，助炁補筋，以養脾胃。毋冒極熱，勿恣涼冷，毋發大汗，保全元炁。

《靈劍子》導引法勢：以兩手抱頭項，宛轉回旋俯仰，去脇、肋、胸、背間風炁。肺藏諸疾，宜通項脈，左右同正月法。又法：以兩手相叉，頭上過去，左右伸曳之，十遍，去關節中風炁，治肺臟諸疾。

《遵生八箋・四時調攝箋秋卷・八月事宜》 《孝經緯》曰：處暑後十五日，斗指庚，爲白露，陰炁漸重，露凝而白也。後十五日，斗指酉，爲秋分。陰生於午，極於亥，故酉其中分也。仲月之節爲秋分，秋爲陰中，陰陽適中，故晝夜長短亦均焉。律南吕，南者，任也；吕者，助也。言陽炁尚有妊，生陰助陽成功也。辰酉，酉者，緧也，謂時物皆緧縮也。

《提要》曰：八月爲桂月，爲仲商。

《玄樞》曰：天道東北行，作事出行俱宜向東北，吉。不宜用酉日，犯月建，不吉。

《荆楚記》曰：是月初十日，以硃砂點小兒額上爲之天灸，以厭疾也。

《纂要》曰：十九日拔白，永不生。初二、初四、十五、二十五同。

《雲笈七籤》云：是月行路間，勿飲陰地流泉，令人發瘴腳軟。

社日，人家綳褓兒女俱令早起，恐社翁爲祟。與春社同。

《田家五行》曰：侵辰用磁器收百草頭上露，磨濃墨。頭痛者點太陽穴，勞瘵者點膏肓之類，爲之天灸。

《雜纂》曰：是月採百合，曝乾蒸食之，甚益炁力。

《千金月令》曰：此月可食韮菜、露葵。

《齊諧記》曰：八月初一日，作五明囊盛取百草頭露以洗眼，眼明。是日可修逐邪齋。

《述僊記》曰：八月一日以絹囊承取栢樹下露，如珠子，取拭兩目，明爽無疾。

《雲笈七籤》曰：是月八日，取枸杞煎湯沐浴，令人不老不病。二十二日沐浴，令人無非禍。

《纂要》曰：是月初三日、初七日宜沐浴，令人聰明。二十五日宜浴，卻病。

《圖經》曰：八月楮實子紅熟，甲子日採來，水浸去皮穰。仙方單服其實，水服二錢，服久乃佳。又云：採栢子，曬乾爲末，服方寸匕，稍增至多，欲絕穀，恣意取飽，渴則飲水，久服延年。

《雲笈七籤》曰：二十五日天倉開，宜入山修道。

《遵生八箋·四時調攝箋秋卷·八月事忌》《千金方》曰：勿食萌芽，傷人神膽，喘悸，脇肋氣急。勿多食新薑，勿食生蒜，勿食豬肺，及飴和食，令人發疽。勿食雉肉，勿食豬肚，冬成嗽疾。

《本草》云：勿食獐肉，動氣。勿食芹菜，恐病痕，發則似顛，小腹脹。勿食生蜜，勿多食生菓，勿食雞子，傷神。勿食蟹，霜降後方可食。蟹蓋中膏，内有腦骨，當去勿食，有毒。

《雲笈七籤》曰：起居勿犯賊邪之風。勿多食肥腥，令人霍亂。

《千金月令》曰：秋分之日勿殺生，勿用刑，勿處房帷，勿弔喪問疾，勿大醉。君子當齋戒，靜事以自檢。

二十九日忌遠行，水陸不吉。

《雲笈七籤》曰：是月初八日，勿買布買鞋履附足，大忌。

《楊公忌》曰：二十七日不宜問疾。

《遵生八箋·四時調攝箋秋卷·八月修養法》仲秋之月，大利平肅，安寧志性，收斂神氣，增酸養肝，毋令極飽，令人壅塞。是月宜祈謝求福。卦觀，觀者，觀也。風在地上，萬物興昌之時也。生氣在未，坐卧宜向西南方，吉。

孫真人《攝養論》曰：是月心臟氣微，肺金用事，宜減苦增辛，助筋補血，以養心肝脾胃。勿犯邪風，令人生瘡，以作疫痢。十八日，乃天人興福之時，宜齋戒，存想吉事。

《靈劍子》坐功法勢：以兩手拳腳脛下十餘遍，閉氣用力爲之。此能開胸膊膈氣，去脇中氣，治肺臟諸疾。行完，叩齒三十六通，以應之。

《雲笈七籤》曰：是月十五日，金精正旺，宜採銅鐵，鑄鼎劍。

《内丹秘要》曰：觀者，四陰之卦也。斗杓是月戌時指西，以月建酉也。時焉陰佐陽功，以成萬物，故物皆縮小，因時而成矣。喻身中陰符過半，隨而入於丹田。吾人當固養保元，以築丹基。

《遵生八箋·四時調攝箋秋卷·九月事宜》《孝經緯》曰：秋分後十五日，斗指辛，爲寒露，謂露冷寒而將欲凝結矣。後十五日，斗指戌，爲霜降，氣肅露凝結而爲霜矣。故云駟見而隕霜。駟[房星也]。律無射，射者，出也，言陽氣上昇，萬物收藏，無復出也。然隨陽而終，當隨陰而起，無終已也。辰爲戌，戌者，滅也，謂時物皆衰滅也。《夏小正》曰：九月納火。大火，心星也。故九月授衣。《提要》曰：九月爲霜月、菊月，暮秋、末秋，暮商、季商，杪秋、霜辰、授衣。是月也，天道南行，作事出行俱宜向南，吉。不宜用戌日，犯月建，不吉。

《風土記》曰：是月九日，採茱萸插頭鬢，辟惡氣而禦初寒。

是月二十日，宜齋戒沐浴，其日雞鳴時沐浴，令人辟兵。二十一日，取枸杞煎湯沐浴，令人光澤不老。二十八日宜沐浴。

二十一日天倉開，宜入山修道。

《千金月令》曰：宜進地黃湯，其法取地黃洗淨，以竹刀切薄，曬乾，用時，火焙爲末，碾細，沖湯服，煎如茶法。

《四時纂》曰：取枸杞子浸酒飲，令人耐老。

《病仙方》云：修長生者，保命莫切於蓑草，五月五日、七月七日、九月九日採治。方具五月條内。

《聖惠方》曰：甘菊花曬乾，三升，入糯米一斗，蒸熟，菊花搜拌，如常造酒法，多用細麵麯，候酒熟，飲一小杯，治頭風旋運等疾。

《雲笈七籤》曰：是月採白术，蒸曝九次，曬乾爲末，日服三次，不饑，延年益壽。

《食療本草》曰：此月後宜食野鴨，多年小熱瘡不愈，食多即瘥。

九日採甘菊，與茯苓、松栢脂，丸服，令人不老。

《纂要》曰：是月宜合三勒漿，過此月則不佳矣。用訶梨勒、批梨勒、菴摩勒三味和核，搗如麻豆大，用三兩，次用蜜一斗，以新汲水二斗調均，傾甕中，即下三勒，熟攪，密封三四日後開。又攪之，以乾淨布拭去汗，候發定密封，共三十日方成。味甚美，飲之消食下氣。

《西京記》曰：九日佩茱萸，餌糕，飲菊花酒，令人壽長。

《本草》曰：採太乙餘糧，久服不饑，輕身耐寒暑。

《呂公記》曰：九日天明時，以片糕搭兒女頭額，更祝曰：願兒百事俱高。作三聲。

又曰：九日造迎涼脯，羊肝餅，佩瓔木符。

《千金方》曰：是月內於戌地開坎，深二三尺，埋炭五斤，土覆。戌爲火之墓地，以禳火災，炭多可加。

《眞誥》曰：十六日宜拔白，永不生。

《遵生八箋・四時調攝箋秋卷・九月事忌》《千金月令》曰：是月勿食脾，季月土旺在脾也。

《雲笈七籤》曰：季秋節約生冷，以防痢疾。勿食新薑，食之成痼疾。勿食小蒜，傷神損壽，魂魄不安。勿食蓼子，勿以豬肝同飴食，冬成嗽病，經年不瘥。勿食雉肉，損人神炁。勿多食鷄，令人魂魄不安。九日勿起動床薦，當修延筭齋。

《月忌》曰：勿食犬肉，傷人神炁。勿食霜下瓜，冬發翻胃。勿食葵菜，令食不消化。

《雲笈七籤》曰：是月十八日忌遠行。

《楊公忌》曰：二十七日不宜問疾。

《遵生八箋・四時調攝箋秋卷・九月修養法》季秋之月，草木零落，衆物伏蟄，炁清，風暴爲朗，無犯朗風，節約生冷，以防癘病。二十八日，陽炁未伏，陰炁既衰，宜進補養之藥以生炁。卦剝，剝，落也。陰道將旺，陽道衰弱，當固精斂神。生炁在申，坐卧宜向西南。

孫眞人曰：是月陽炁已衰，陰炁太盛，暴風時起，切忌賊邪之風以傷孔隙。勿冒風邪，無恣醉飽。宜減苦增甘，補肝益腎，助脾胃，養元和。

《靈劍子》坐功法勢：九月十二日已後，用補脾。以兩手相叉於頭上，與手爭力，左右同法行之。治脾臟四肢，去脇下積滯風炁，使人能食。

《遵生八箋・四時調攝箋冬卷・冬三月調攝總類》《禮記》曰：北方爲冬，冬之爲言中也。中者藏也。《管子》曰：陰氣畢下，萬物乃成。《律志》曰：北方，陰也，伏也，陽伏於下，於時爲冬。蔡邕曰：冬者，終也，萬物於是終也。日窮於次，月窮於紀，星迴於天，數將幾終。君子當審時節宣，調攝以衛其生。

立冬水相，冬至水旺，立春水休，春分水廢，立夏水囚，夏至水死，立秋水歿，秋分水胎，言水孕於金矣。

《遵生八箋・四時調攝箋冬卷・臞仙月占主疾》十月，冬日忌北風，主殃六畜。

十一月，忌行夏令，主多疥癘之疾。

十二月，朔日忌西風，主六畜疫。忌行春令，主多痼疾。

《遵生八箋・四時調攝箋冬卷・腎臟冬旺論》《內景經》曰：腎屬北方水，爲黑帝。生對臍，附腰脊，重一觔一兩，色如縞映紫。主分水氣，灌注一身，如樹之有根。左曰腎，右名命門，生氣之府，死氣之廬。守之則存，用之則竭。爲肝母，爲肺子，耳爲之官。天之生我，流氣而變謂之精，精氣往來爲之神。神者，腎藏其情智，左屬壬，右屬癸。在辰爲子亥，在氣爲吹，在液爲唾，在形爲骨。久立傷骨，爲損腎也。應在齒，齒痛者，腎傷也。經於上焦，榮於中焦，衛於下焦。腎邪自入則多唾，膀胱爲津液之府，榮其髮也。

《黃庭經》曰：腎部之宮玄闕圓，中有童子名十玄，主諸臟腑九液源，外應兩耳百液津。其聲羽，其味鹹，其臭腐。心邪入腎則惡腐。凡丈夫六十，腎氣衰，髮變齒動，七十形體皆困，九十腎氣焦枯，骨痿而不能起床者，腎先死也。腎病則耳聾骨痿，腎合於骨，其榮在髭。腎之外應北嶽，上通辰星之精。冬三月，存辰星之黑氣，入腎中存之。人之骨疼者，腎虛也。人之齒多齟者，腎衰也。人之齒墮者，腎風也。人之耳痛者，腎氣壅也。人之多欠者，腎邪也。人之腰不伸者，腎乏也。人之色黑者，腎衰也。人之容色紫而有光者，腎無病也。人之骨節鳴者，腎羸也。肺邪入腎則多呻。腎有疾，當吹以瀉之，吸以補之。其氣智，腎氣沉滯，宜重吹則漸通也。腎虛則夢入暗處，見婦人、僧尼、龜鼈、駞馬、旂鎗，自身兵甲，或山行，或溪舟。故冬之三月，乾坤氣閉，萬物伏藏，君子戒謹，節嗜欲，止聲色，以待陰陽之定，無競陰陽，以全其生，合乎太清。

《遵生八箋・四時調攝箋冬卷・修養腎臟法》當以冬三月，面北向，平坐，鳴金梁七，飲玉泉三，更北吸玄宮之黑氣入口，五吞之，以補吹之損。

《遵生八箋・四時調攝箋冬卷・黃帝製護命茯苓丸》黃帝曰：冬三月宜服何藥？岐伯曰：當服茯苓丸，主男子五勞七傷，兩目迎風淚出，頭風項強，回轉不得，心腹脹滿，上連胃脇，下引腰背，表裏徹痛，喘息不得，飲食欬逆，面黄痿瘦，小便淋瀝，陰痿不起，臨爐不舉，足腫腹痛，五心煩熱，身背浮腫，盜汗不絕，四肢拘攣，或緩或急，夢寐驚悸，呼吸氣短，口乾舌燥，狀如消渴，急於喜怒，嗚咽悲愁，此方治之。

茯苓　山藥　肉桂　山茱萸　巴戟　白朮　牛膝　菟絲子各一兩　乾薑　細辛　防風　柏子仁　澤瀉　牡丹皮各五錢　附子童便煮三次，用一兩一箇，炮炒

右爲細末，蜜丸桐子大。空心鹽湯服七丸，日再服。

《遵生八箋・四時調攝箋冬卷・冬季攝生消息論》　冬三月，天地閉藏，水冰地坼，無擾乎陽，早卧晚起，以待日光。去寒就温，毋泄皮膚，逆之腎傷，春爲痿厥，奉生者少。斯時伏陽在内，有疾宜吐，心膈多熱，所忌發汗，恐泄陽氣故也。宜服酒浸補藥，或山藥酒一二杯，以迎陽氣。寢卧之時，稍宜虚歇，宜寒極方加綿衣，以漸加厚，不得一頓便多，惟無寒即已，不得頻用大火烘炙，尤甚損人。手足應心，不可以火炙手，引火入心，使人煩燥。不可就火烘炙食物。冷藥不治熱極，熱藥不治冷極，水就濕，火就燥耳。飲食之味，宜減鹹增苦，以養心氣。冬月腎水味鹹，恐水剋火，心受病耳，故宜養心。宜居處密室，温煖衣衾，調其飲食，適其寒温，不可冒觸寒風，老人尤甚，恐寒邪感冒，多爲嗽逆、麻痺、昏眩等疾。冬月陽氣在内，陰氣在外，老人多有上熱下冷之患，不宜沐浴。陽氣内蘊之時，若加湯火所逼，必出大汗。高年骨肉疏薄，易於感動，多生外疾。不可早出，以犯霜威。早起服醇酒一杯以禦寒，晚服消痰涼膈之藥以平和心氣，不令熱氣上湧。切忌房事，不可多食炙煿、肉麵、餛飩之類。

《雲笈七籤》云：冬月夜卧，叩齒三十六通，呼腎神名以安腎臟，晨起亦然。《書》云：冬時，忽大熱作，不可忍受，致生時患，故曰：冬傷於寒，春必温病。神名玄冥。

又云：大雪中跣足做事，不可便以熱湯浸洗。觸寒而回，寒若未解，不可便喫熱湯熱食，須少頃方可。

《金匱要略》曰：冬夜伸足卧，則一身俱煖。

《七籤》曰：冬夜卧，被蓋太煖，睡覺即張目吐氣，以出其積毒，則永無疾。

又曰：冬卧頭向北，有所利益。宜温足凍腦。

冬夜漏長，不可多食硬物並濕軟菓餅。食訖，須行百步摩腹法，搖動令消，方睡。不爾，後成腳氣。

《本草》云：惟十二月可食芋頭，他月食之發病。

《千金方》曰：冬三月宜服藥酒一二杯，立春則止。終身常爾，百病不生。

《纂要》曰：鍾乳酒方，服之補骨髓，益氣力，逐寒濕。其方：用地黄八兩，巨勝子一升，熬搗爛。牛膝四兩，五加皮四兩，地骨皮四兩，桂心二兩，防風二兩，仙靈皮三兩，鍾乳粉五兩，甘草湯浸三日，更以牛乳一碗，將乳石入瓷瓶浸過，於飯上蒸之，乳盡傾出，暖水淘淨，碎研。右諸藥爲中末，入絹囊盛，浸好醇酒三斗罈内，五日後可取服之。十月初一日服起，至立春日止。

冬氣寒，宜食黍，以熱性治其寒。禁炙飲食並火焙衣服。

冬三月，六氣十八候皆正養藏之令，人當閉精塞神，以厚斂藏。

《瑣碎錄》曰：冬月勿以梨攪熱酒飲，令人頭旋，不可枝梧。

《金匱要略》曰：冬三月，勿食豬羊等腎。

《七籤》曰：冬夜不宜以冷物鐵石爲枕，或焙煖枕之，令人目暗。

《本草》曰：冬月不可多食葱，令人發疾。

《遵生八箋・四時調攝箋冬卷・冬三月合用藥方》　陳橘丸　治大腸風燥氣秘等疾。

陳橘皮去白，一兩　檳榔五錢　木香五錢　羌活五錢　青皮五錢　枳殼麩炒，五錢　不蛀皂角兩挺，去皮酥炙黄　郁李仁去皮尖，炒黄，一兩　牽牛炒，二兩

右爲末，研細，蜜丸如桐子大。每服二十丸，食前薑湯下，未利加至三十丸，以大便通利爲度。

搜風順氣牽牛丸　治熱涌滯不快，大腸秘結，熱毒生瘡。

牽牛二兩，飯蒸　木通一兩　青橘一兩，去穰　桑皮一兩　赤芍一兩，炒　木香五錢

右爲末，蜜丸桐子大。酒下十五丸至二十丸，止婦人血氣，醋湯下。

解老人熱秘方

大附子一箇八九錢重者，燒過存性，研爲末，每服一錢，熱酒下。

大上肘後玉經八方

☰乾卦西北　天地父母七精散

竹實三兩，九蒸九曝，主水氣日精　地膚子四兩，太陰之精，主肝明目　黃精四兩，戊己之精，主脾臟　蔓菁子三兩，九蒸九曬，主邪鬼明目　松脂三兩，鍊令熟，主風狂脾濕　桃膠四兩，五木之精，主鬼忤　苣勝五兩，五穀之精，九曝

右爲末，煉蜜爲丸。每服二三十丸，妙不可述。

☵坎卦正北　南嶽眞人赤松子枸杞煎丸。枸杞子根三十觔，取皮，九蒸九曝，搗爲粉。取根骨，滑水煎之，添湯煮去渣，熬成膏，和粉爲丸，桐子大。每服三五十丸，壽增無筭。

《遵生八箋·四時調攝箋冬卷·十月事宜》　《孝經緯》曰：霜降後十五日，斗指乾，爲立冬。冬者，終也，萬物皆收藏也。後十五日，斗指亥，爲小雪，天地積陰，溫則爲雨，寒則爲雪。時言小者，寒未深而雪未大也。律應鍾，鍾者，動也，言物應陽而動下藏也。辰亥，亥者，劾也，言時陰氣劾殺萬物也。《西京雜記》曰：十月爲正陰，曰陰月。《要纂》曰：上冬。

是月天道南行，作事出行宜正南方，吉。不宜用亥日，犯月建，不吉。

十六日天倉開，宜入山修道。

又曰：初十日、十三日宜拔白。

《五行書》曰：是月亥日食餅，令人無病。

是月宜進棗湯，其方取大棗去皮核，於文武火上翻覆焙香，然後泡作湯服。

《攝生圖》曰：初一日宜修成福齋，初五日修三會齋，勿行譴責。

《四時纂要》：逐瘟方：地黃八兩，巨勝子一升，二物熬爛，牛膝、五加皮、地骨皮各四兩，官桂、防風各二兩，仙靈皮三兩，用牛乳五兩，同甘草湯浸三日，以半升同乳拌仙靈皮，磁瓶盛入，炊食上蒸之，待其牛乳盡出，方以暖水淨淘，碎如麻豆，同前藥細剉，入布袋盛之，浸於二斗酒中。五日後取看，味重取去藥渣，十月朔飲至冬至日止，忌葱蒜臭物。

決明子，主青盲，目淫膚赤、白膜、痛淚，又療唇口青色。十月十日採，陰乾，百日可服。

又云：是月取枸杞子，清水洗淨，瀝乾研爛，以細布袋盛，榨出汁水，去渣，慢火熬膏，勿令粘底。候少稠，即以瓦器盛之，蠟紙密封，勿令透氣。每朝酒調一二匙服之，夜卧再服。百日輕身壯氣，耳目聰明，鬚髮烏黑。

冬三月，戊寅、己卯、癸酉、辛巳、丁亥及壬、丙、戊、癸，宜煉丹藥。

是月宜服棗湯、鍾乳酒、枸杞膏、地黃煎等物，以養和中氣，方俱在前。

《雲笈七籤》曰：十月十四日，取枸杞煎湯沐浴，令人光澤不病。初一日、十八日併宜淋浴，吉。

冬至日陽氣歸內，腹宜溫暖，物入胃易化。

《脩眞指要》曰：十五日下元吉辰，可脩謝過齋。

《經驗方》：是月上亥日，採枸杞子二升，採時面東。再搗生地黃汁三升，以好酒五升同攪均，三味共入磁瓶內，封密三重，浸二十一日，安置。立春前三日，每早空心飲一盃。至立春後，鬚髮皆黑，補益精氣，輕身無比。忌食蘿蔔。

《太清草本方》云：槐子乃虛星之精，是月上巳日採而吞之，每服二十一粒，去百病，長生通神。是月宜食芋，無礙。

《遵生八箋·四時調攝箋冬卷·十月事忌》　是月初一、十四日，忌裁衣交易。

《白雲忌》：十月忌食豬肉，發宿氣。且亥爲豬肖，宜忌之。人能終身忌之，其有益於人自多。《本草》考之可見。

《千金方》：十月勿食椒，傷血脈。勿食韭，令人多涕唾。勿食霜打熟菜，令人面上無光。勿食獐肉，動氣。勿食豬腎，十月腎旺也，不令死氣入腎。

又曰：是月夫婦戒同寢，忌純陰用事。

是月勿帶煖帽，使腦受凍，則無眩暈之疾。

《法天生意》云：十月初四，勿責罰人，故刑官是日罷刑，大忌。

是月二十五日，不宜問疾。

是月初一日爲民歲臘，十五日爲下元，二日戒夫婦入房。

二十日忌遠行。

《遵生八箋·四時調攝箋冬卷·十月修養法》　孟冬之月，天地閉藏，水凍地坼。早卧晚起，必候天曉，使至溫暢，無泄大汗，勿犯冰凍雪積，溫養神氣，無令邪氣外入。卦坤，坤者，順也。以服健爲正，故君子當安於正以順時也。生氣在西，坐卧宜向西方。

孫眞人《脩養法》曰：十月心肺氣弱，腎氣強盛，宜減辛苦以養腎氣。毋傷筋骨，勿泄皮膚，勿妄針灸，以其血澀，津液不行。十五日宜靜養獲，吉。

《內丹秘要》曰：玄陰之月，萬物至此，歸根復命，喻我身中陰符窮極，寂然不動，反本復靜。此時塞充垂簾，以神光下照於坎宮，當夜氣未央，凝神聚氣，端坐片時，少焉神氣歸根，自然無中生有，積成一點金精。蓋一陽不生於復而生於坤，陰中生陽，實爲產藥根本。

《靈劍子》導引法勢：以兩手相叉，一腳踏之，去腰腳拘束，腎氣冷痺，膝中痛諸疾。

又法：正坐，伸手指緩拘腳指五七度，治腳氣諸風注氣，腎臟諸毒氣，遠行腳痛不安，併可治之，常行最妙。

人之一身，元炁亦有昇降，子時生於腎中，此即天地一陽初動，感而遂通，乃復卦也。自此後，漸漸昇至泥丸，午時自泥丸下降於心，戌亥歸於腹中，此即天地六陽，窮極百蟲閉關，草木歸根寂然不動，乃坤卦也。靜極復動，循環無端，其至妙又在坤復之交，一動一靜之間，即亥末子初之時。《陰符經》曰：自然之道靜，故天地萬物生。養生者當順其時而行，坤復二卦之宮，正在十月之間。

《遵生八箋·四時調攝箋冬卷·十一月事宜》《孝經緯》曰：小雪後十五日，斗指壬，爲大雪，言積陰爲雪，至此栗烈而大矣。後十五日，斗指子，爲冬至。陰極而陽始至，日南至漸長至也。《白虎通》曰：始律黃鍾何？黃，中色也。鍾，動也，言陽氣動於黃泉之下，欲養萬物也。《樂志》曰：辰子，子者，孳也。言陽氣至此更滋生也。《呂氏》曰：仲冬爲暢月。

《月纂》：天道東南行，作事出行宜向東南，吉。

冬至日陽氣歸內，腹中熱，物入胃易消化。

《纂要》曰：共工氏子不才，以冬至日死，爲疫鬼，畏赤小豆，是日以赤小豆煮粥厭之。

《月令》曰：君子齋戒愼處，必檢身心，身欲寧，去聲色，禁嗜欲，安形性。事欲靜，以待陰陽之所定。凡此以微陽方生，陰未退，聽陰陽相爭而未定，故君子當齋戒以待之。凡事與夏至同。此又當謹之至者。彼只止言節，此只卻言禁，蓋仲夏之陰猶微，而此時之陰猶盛。陰微則盛，陰未至於甚傷，陰盛則微陽當在於善保，故坤復之月，宜靜攝爲最。

《七籤》曰：是月初十日，取枸杞葉煎湯洗浴，至老光澤。十五、十六日俱宜沐浴。

《千金月令》曰：是月可服補藥，不可餌大熱之藥，宜早食，宜進宿熟之肉。

又曰：至日，於北壁下厚鋪草而臥，以受元氣。

《纂要》曰：是月初十日，宜拔白髮。

《五經通義》曰：至後陽氣始萌，陰陽交精，萬物氣微在下，不可動泄。

《保生心鑑》曰：子月，火氣潛伏閉藏，以養其本然之眞，而爲來春發生昇動之本。此時若戕賊之，至春昇之際，下無根本，陽氣輕浮，必有溫熱之病。

《簡易方》曰：冬至日鑽燧取火，可免瘟疫。

《仙經》曰：十一日天倉開，宜入山脩道。脩啓福齋。

《歲時雜記》：至日，以赤小豆煮粥，合門食之，可免疫氣。

冬至煎錫綵珠，戴一陽巾。

《遵生八箋·四時調攝箋冬卷·十一月事忌》《纂要》曰：是月勿食龜鼈肉，令人水病。勿食陳脯，勿食鴛鴦，令人惡心。勿食生菜，發宿疾。勿食生韭，多涕唾。勿食黃鼠，損神氣。勿食蝦蚌帶甲之物，勿食獐肉，動氣。勿食火焙肉食。

《翰墨全書》曰：是月二十五日爲掠剩大夫忌，勿犯交姤，凶。至後十日，夫婦當戒容止。

《纂要》曰：是月十二日、二十二日，忌裁衣交易。

《千金翼》曰：冬至後庚辛日，不可交合，大凶。

又曰：勿枕冷石鐵物，令人目暗。

又曰：初四日勿責譴下人，大忌。

又曰：十一日不可沐浴，勿以火炙背。

又曰：勿食螺螄、螃蟹，損人志氣，長屍蟲。

《雲笈七籤》曰：二十日不宜遠行，二十三日不可問疾。不用子日，犯月建，作事不吉。

《禮儀志》曰：至日鑽燧取火，可止瘟病。是日勿多言，當閉關靜坐，以迎一陽之生，不可用作。

《雲笈七籤》曰：仲冬腎氣旺，心肺衰，宜助肺安神，調理脾胃。無乖其時，勿暴温煖，勿犯東南賊邪之風，令人多汗，腰脊強痛，四肢不通。

《遵生八箋・四時調攝箋冬卷・十一月修養法》仲冬之月，寒氣方盛，勿傷冰凍，勿以炎火炙腹背，毋發蟄藏，順天之道。卦復，復者，反也，陰動於下，以順上行之義也。君子當静養以順陽生。是月生氣在戌，坐卧宜向西北。

孫眞人《修養法》：是月腎臟正旺，心肺衰微，宜增苦味，絶鹹，補理肺胃，閉關静攝，以迎初陽，使其長養，以全吾生。

《靈劍子》導引法勢：以一手托膝，反折，一手抱頭，前後左右爲之，凡三五度。去骨節間風，宣通血脈、膀胱、腎臟之疾。

是月也，一陽來復，陽氣始生，喻身中陽氣初動，火力方微，要不縱不拘，温温柔柔，播施於鼎中，當撥動頂門，微微挈之，須臾火力熾盛，逼出眞鉛，乑在箕斗東北之鄉，火候造端之地。

《遵生八箋・四時調攝箋冬卷・十二月事宜》《孝經緯》曰：冬至後十五日，斗指癸，爲小寒。陽極陰生乃爲寒，今月初寒尚少也。後十五日，斗指丑，爲大寒，至此栗烈極矣。律大呂，呂者，拒也。言陽氣欲出，陰拒之也。《樂志》曰：辰丑，丑者，紐也，言終始之際，以紐結爲名也。《纂要》曰：十二月曰暮冬曰杪冬、涂月、暮節、暮歲、窮稔、窮紀。

《月纂》曰：天道西行，作事出行俱宜向西。不宜用丑日，犯月建，作事不吉。

《墨子秘錄》曰：是月癸丑日造門，盜賊不能進。

《瑣碎錄》曰：臘月子日，曬薦蓆，能去蚤虱。

又曰：是月取豬脂四兩，懸於厠中，入夏一家無蠅。

二十四日床底點燈，謂之照虛耗也。

二十四日取鼠一頭，燒於子地上埋之，永無鼠耗。

《本草圖經》云：取活鼠，用油煎爲膏，敷湯火瘡，滅瘢疵，極良。

《玄樞》曰：除日以合家頭髮燒灰，同脚底泥包投井中，呪曰：敕令我家眷屬，竟年不害傷寒，辟卻五瘟疫鬼。

《七籤》曰：除夜枸杞湯洗浴，令人不病。初一、初二、初八、十三日、十五、二十日沐浴，去災悔，吉。

除日，掘宅四角，各埋一大石，爲鎮宅，主災異不起。

是日取圓石一塊，雜以桃核七枚，埋宅隅，絶疫鬼。

除夜取椒二十一粒，勿與人言，投於井中，以絶瘟疫。

其夜，家奉神佛前，併主人卧室燃燈達旦，主家宅光明。擁火圍爐，合家共坐，以助陽氣。

除夜宜燒辟瘟丹，並家中所餘雜藥焚之，可辟瘟疫。可焚蒼朮。方見五月。

《農桑撮要》曰：臘八日，收鱖魚，燒存性，研細，用酒調服，治小兒斑疹不出，即發更安。懸厠上不生蟲。

《法天生意》云：初七、初十、十八、二十日，拔白髮。

又云：除夜有行瘟使者降於人間，以黄紙朱書天行已過四字貼於門額，吉。

《便民要纂》曰：大寒早出，含酥油於口中則耐寒。

《食物本草》云：雪水甘寒，收藏能解天行時疫，一切熱毒。

是月收雄狐膽，若有人暴亡未移時者，急以温水研灌些少入喉中，即活。移時，即無及矣。當預備之。

是月取青魚膽陰乾，如患喉閉及骨鯁者，以此膽少入口中，咽津即解。

《家塾事親》曰：是月取豬板油脂背陰掛，能治諸般瘡疥，敷湯火良。

又法：取豬脂一斤，入盆甕中，加雞子白十枚，水銀二錢，封甕埋亥地上一百日，取治癰疽，極良。

又曰：是月，取皂角燒爲末，留起。遇時疫，早起以井花水調一錢服之，效。

《歲時雜記》曰：臘月，宜合茵陳丸料，時疫瘟瘧、山巒瘴氣等症。嶺表行客可常隨帶。

茵陳四兩　大黄五兩　豉心五合炒令香　恒山三兩　桃核仁三兩，炒　芒硝三兩　杏仁三兩，去尖　鼈甲二兩，酒醋塗炙　巴豆一兩，去皮膜，去油炒，另研

共爲末，蜜丸桐子大。初得時，三日内旦服五丸，或利或吐、汗。若否，再加一丸。久不覺，即以熱湯飲促之，老小以意酌服。黄病痰癖、時氣傷寒、痎瘧發癇，服之無不瘥者。治瘴氣如神，赤白痢亦效。春初一服，一年不病。收瓶，以蠟封口，置燥處。忌食莧菜、蘆筍。

屠蘇方

大黃十六銖　白朮十五銖　桔梗十五銖　蜀椒十五銖，去目　桂心十八銖，去皮　烏頭六銖，去皮臍　菝葜十二銖。一方加防風一兩

右七味㕮咀，紅絹囊盛之，除日沉井中，至泥底，正月朔日，取藥囊置酒中，煎數沸，取起，東向飲之，從小至大，一家無疫，以藥滓投井中，每歲飲之，可長年無病。

《田家五行》云：十二月二十五日，夜煮赤豆粥，合家食之，出外者留之，名曰口數粥，能祛瘟鬼。

《食臆雜錄》：是月二十四日，取井花水，平旦初汲者，浸乳香數塊，至元旦五鼓，煖令温，從小飲乳香一豆大，嚥水三口，則一年不染時疫。

《多能鄙事》曰：是月取烏鴉一二隻，入瓶，泥封固，燒爲末。治一切勞瘦、骨蒸、咳嗽，米飲調下二錢，良。

《内景經》曰：臘八日修百福齋。二十八日迎新齋。是月初六日，天倉開，宜入山修道。

《食物本草》云：臘雪貯藏，解天行時疫及一切熱毒。

《法天生意》云：川烏炒黄，絹袋盛裝，酒浸，服少許，可療頭風。

《遵生八箋·四時調攝箋冬卷·十二月事忌》《千金方》：是月勿食豬，脾旺在四季故耳。

是月勿歌舞，犯者凶。勿食生韭，勿食霜爛菓菜，勿食蚌蟹鼈蝦鱗蟲之物，勿食獐肉，勿食牛豬犺肉，勿食生椒，勿食葵菜。大抵與十一月忌同。勿犯大雪，勿傷筋骨，勿妄針刺。

《月忌》：二十一日不可問疾。初七日不宜水陸遠行，凶。初九日、二十五日，忌裁衣交易。

《瑣碎錄》曰：除夜勿嗔駡奴僕，並碎器皿，仍不可大醉。八日名王侯臘，忌夫婦入房。

《遵生八箋·四時調攝箋冬卷·十二月修養法》季冬之月，天地閉塞，陽潛陰施，萬物伏藏，去凍就温，勿泄皮膚大汗，以助胃氣。勿甚温煖，勿犯大雪。宜小宣，勿大全補。衆陽俱息，勿犯風邪，勿傷筋骨。卦臨，臨者，大也，以剛居中，爲大亨而利於貞也。生氣在亥，坐卧宜向西北。

孫眞人曰：是月土旺，水氣不行。宜減甘增苦，補心助肺，調理腎藏，勿冒霜雪，勿洩津液及汗。初三日宜齋戒靜居，焚香養道，吉。

《靈劍子》導引法勢：以兩手聳上，極力三五遍，去脾臟諸疾不安。依春法用之。

《東醫寶鑑·内景篇·身形》搬運服食　《養性書》曰：凡人修養攝生之道，各有其法，大概勿要損精、耗氣、傷神。此三者，道家謂之全精、全氣、全神是也。每於雞鳴時便可起坐，擁衾調息，叩齒聚神，良久神氣既定，方行火候搬運數十遍，便覺渾身和暢，血脈自然流通。當此之時，華池水生，神氣滿谷，便當大漱嚥下，納入丹田以補元陽，如搬運了就喫平昔補養的藥餌。以兩手摩擦令熱，乃行導引之法，行畢方可櫛漱盥洗，乃焚香默誦，洞章一遍，逍遥步庭，約行百步，待日高三五丈，方可食粥。食畢，以手捫腹，行二三百步，此養生大略，不可不知。《胎息論》曰：凡服食，須半夜子後，瞑目盤坐，面東呵出腹内舊氣三兩口，然後停息，便於鼻内微納清氣數口，舌下有二穴下通腎竅，用舌柱上腭存息少時，津液自出灌漱滿口，徐徐嚥下，自然灌注五藏，此爲氣歸丹田矣。如子後丑前，不及寅前，爲之亦可，卧中爲之亦可。又曰：人能常食玉泉，令人長年，面有光色。玉泉者，口中唾也。雞鳴時、早晨時、日出時、禺中時、日中時、晡時、日沒時、黄昏時、夜半時，一日凡九次漱口嚥之。羅仙曰：漢蒯京年百二十歲，氣力甚壯，言朝朝服食玉泉，叩齒二七，名曰鍊精。又杜景升、王眞常漱玉泉嚥之，謂之胎息。

壽夭之異　《素問》曰：黄帝曰：余聞上古之人，春秋皆度百歲，而動作不衰；今時之人，年半百而動作皆衰者，時世異耶？人將失之耶？岐伯對曰：上古之人，其知道者，法於陰陽，和於術數，飲食有節，起居有常，不妄作勞，故能形與神俱，而盡終其天年，度百歲乃去。今時之人則不然，以酒爲漿，以妄爲常，醉以入房，以慾竭其精，以耗散其眞，不知持滿，不時御神，務快其心，逆於生樂，起居無節，故半百而衰也。虞摶曰：人之壽夭，各有天命存焉。夫所謂天命者，天地父母之元氣也。父爲天，母爲地，父精母血盛衰不同，故人之壽夭亦異。其有生之初，受氣之兩盛者，當得上中之壽；受氣之偏盛者，當得中下之壽；受氣之兩衰者，能保養僅得下壽，不然多夭折。雖然或風寒暑濕之感於外，飢飽勞役之傷乎内，豈能一一盡乎所稟之元氣也。故上古聖人嘗百草，制醫藥，乃欲扶植乎生民，各得盡其天年也。《傳》曰：修身以竢命而已，必須盡人事以副天意，則凶者化吉，亡者得存，

未嘗令人委之於天命也。是故醫者，可以通神明而推造化，能使夭者壽，而壽者仙。醫道其可廢乎？

古有眞人至人聖人賢人　黃帝曰　余聞上古有眞人者，提挈天地，把握陰陽，呼吸精氣，獨立守神，肌肉若一，故能壽敝天地，無有終時，此其道生。中古之時，有至人者，淳德全道，和於陰陽，調於四時，去世離俗，積精全神，游行天地之間，視聽八遠之外，此蓋益其壽命而強者也，亦歸於眞人。其次有聖人者，處天地之和，從八風之理，適嗜慾於世俗之間，無恚嗔之心，行不欲離於世，擧不欲觀於俗，外不勞形於事，內無思想之患，以恬愉爲務，以自得爲功，形體不敝，精神不散，亦可以百數。其次有賢人者，法則天地，象似日月，辨列星辰，逆從陰陽，分別四時，將從上古，合同於道，亦可使益壽而有極時。內經。

論上古天眞　夫上古聖人之教下也，皆謂之虛邪賊風，避之有時，恬憺虛無，眞氣從之，精神內守，病安從來。是以志閑而少慾，必安而不懼，形勞而不倦，氣從以順，各從其欲，皆得所願。故美其食，任其服，樂其俗，高下不相慕，其民故曰朴。是以嗜慾不能勞其目，淫邪不能惑其心，愚智賢不肖不懼於物，故合於道，所以能年皆度百歲而動作不衰者，以其德全不危也。

保養精氣神　臞仙曰：精者身之本，氣者神之主，形者神之宅也，故神太用則歇，精太用則竭，氣太勞則絕。是以人之生者神色也，形之托者氣也。若氣衰則形耗，而欲長生者未之聞也。夫有者因無而生焉，形者須神而立焉；有者無之館，形者神之宅也。倘不全宅以安生修身以養神，則不免於氣散歸空遊魂爲變。方之於燭，燭盡則火不居，譬之於堤，堤壞則水不存矣。夫魂者陽也，魄者陰也。神能服氣，形能食味，氣清則神爽，形勞則氣濁，服氣者千百不死，故身飛於天；食穀者千百皆死，故形歸於地。人之死也，魂飛於天，魄落於泉，水火分散各歸本源。生則同體，死則相捐，飛沉各異，稟之自然。譬如一根之木，以火焚之，煙則上昇，滅則下沉，亦自然之理也。夫神明者，生化之本，精氣者，萬物之體全其形則生，養其精氣則性命長存矣。

四氣調神　春三月，此謂發陳，天地俱生，萬物以榮，夜臥早起，廣步於庭，被髮緩形，以使志生。生而勿殺，予而勿奪，賞而勿罰，此春氣之應，養生之道也。逆之則傷肝，夏爲寒變，奉長者少。夏三月，此謂蕃秀，天地氣交，萬物華實，夜臥早起，無厭於日，使志無怒，使華英成秀，使氣得泄，若所愛在外，此夏氣之應，養長之道也。逆之則傷心，秋爲痎瘧，奉收者少，冬至重病。秋三月，此謂容平，天氣以急，地氣以明，早臥早起，與雞俱興，使志安寧，以緩秋刑，收斂神氣，使秋氣平，無外其志，使肺氣清，此秋氣之應，養收之道也。逆之則傷肺，冬爲飧泄，奉藏者少。冬三月，此謂閉藏，水氷地坼，無擾乎陽，早臥晚起，必待日光，使志若伏，若匿，若有私意，若已有得，去寒就溫，無泄皮膚，使氣亟奪，此冬氣之應，養藏之道也。逆之則傷腎，春爲痿厥，奉生者少。夫四時陰陽者，萬物之根本也，所以聖人春夏養陽，秋冬養陰，以從其根，故與萬物沉浮於生長之門。逆其根，則伐其本，壞其眞矣。故陰陽四時者，萬物之終始也。

虛心合道　白玉蟾曰：人無心則與道合，有心則與道違。惟此無之一字，包諸有而無餘，生萬物而不竭。天地雖大能役有形，不能役無形。陰陽雖妙，能役有氣，不能役無氣。五行至精，能役有數，不能役無數。百念紛起，能役有識，不能役無識。今夫修此理者，不若先鍊形，鍊形之妙在乎凝神，神凝則氣聚，氣聚則丹成，丹成則形固，形固則神全。故宋齊丘曰：忘形以養氣，忘氣以養神，忘神以養虛，只此忘之一字，則是無物也。本來無一物，何處有塵埃，其斯之謂乎？

《東醫寶鑑・內景篇》　神

神爲一身之主。《內經》曰：心者，君主之官，神明出焉。《無名子》曰：天一生水，在人曰精；地二生火，在人曰神。《回春》曰：心者，一身之主，淸淨之府，外有包絡以羅之，其中精華之聚萃者，名之曰神，通陰陽，察纖毫，無所紊亂。《邵子》曰：神統於心，氣統於腎，形統於首，形氣交而神主乎其中，三才之道也。《內經》曰：太上養神，其次養形，故養神者，必知形之肥瘦，榮衛血氣之盛衰；血氣者，人之神，不可不謹養也。註云：神安則壽延，神去則形敝，故不可不謹養也。

心藏神。臞仙曰：心者，神明之舍，中虛不過徑寸，而神明居焉。事物之滑，如理亂棼，如涉驚浸，或怵惕，或懲創，或喜怒，或思慮，一日之間，一時之頃，徑寸之地，炎如火矣。若嗜慾一萌，即不善也，歸而勿納，是與良心競也。凡七情六慾之生於心皆然，故曰心靜可以通乎神明，事未至而先知，是不出戶知天下，不窺牖見天道也。蓋心如水之不撓，久而澄淸，洞見其底，是謂靈明，宜乎靜，可以固元氣，則萬病不生，故能長久。若一念旣萌，神馳於外，氣散於內，血隨氣行，榮衛昏亂，百病相攻，皆因心而生也。大概怡養天君，疾病不作，此治心之法也。《內經》曰：心藏神，神有餘則笑不休，神不足則悲。註云：心藏脈，脈舍神。心氣虛則悲，實則笑不休也。皇甫士安曰：心虛則悲，悲則憂心，實則笑，笑則喜。

人身神名。《黄庭經》曰：肝神龍煙，字含明，形長七寸，青錦衣鳳，玉鈴狀，如懸瓠，其色青紫。心神丹元，字守靈，形長九寸，丹錦飛裳，狀如未開垂蓮，其色赤。脾神常在，字魂停，形長七寸六分，黄錦之衣，狀如覆盆，其色黄。肺神皓華，字虚成，形長八寸，素錦衣裳，黄雲之帶，狀如華蓋，覆磬，其色紅白。腎神玄冥，字育嬰，形長三寸六分，蒼錦之衣，狀如圓石，其色黑。膽神龍曜，字威明，形長三寸六分，九色錦衣，緑華裙，狀如懸瓠，其色青。正理曰：《黄庭經》云，至道不煩決存眞泥丸，百節皆有神，神名最多，莫能枚舉。身中有三部，上部八景：髮神、胷神、眼神、鼻神、耳神、口神、舌神、齒神；中部八景，肺神、心神、肝神、脾神、左腎神、右腎神、膽神、喉神；下部八景，腎神、大腸神、小腸神、胴神、胃神、膈神、兩脇神、左陽神、右陰神。身中有九宫眞人，心爲絳宫眞人，腎爲丹亢宫眞人，肝爲蘭臺宫眞人，肺爲尚書宫眞人，脾爲黄庭宫眞人，膽爲天靈宫眞人，小腸爲玄靈宫眞人，大腸爲未靈宫眞人，膀胱爲玉房宫眞人。又有元首九宫眞人，腦有九辨，故頭有九宫，一曰雙丹宫、二曰明堂宫、三曰泥丸宫、四曰流珠宫、五曰大帝宫、六曰天庭宫、七曰極眞宫、八曰玄丹宫、九曰大皇宫也。又有金樓重門十二亭長。身外有一萬八千陽神，身内有一萬八千陰神，所主者爲絳宫眞人，即心主也。又有三身神、四智神、三魂神、爽靈胎光幽精七魄神、尸狗火矢天賊飛毒天賊陰藏臭陣七元八識神，假名異字，難可悉數。

《東醫寶鑑・内景篇》 按摩道引

《養生書》曰：夜卧覺，常叩齒九通，嚥唾九過，以手按鼻之左右上下數十過。又曰：每朝早起啄齒，并漱津唾滿口嚥之，縮鼻閉氣，以右手從頭上引左耳二七，復以左手從頭上引右耳二七，令耳聽延年。又曰：熱摩手心，熨兩眼，每二十遍，使人眼目自然無障翳，明目去風。頻拭額上，謂之修天庭，連髮際二七遍，面上自然光澤，又以中指於鼻梁，兩邊指二三十遍，令表裏俱熱，所謂灌溉中岳以潤於肺。以手摩耳輪不拘遍數，所謂修其城郭以補腎氣，以防聾聵。臞仙有歌曰：閉目冥心坐，盤趺而坐。握固靜思神，握固者，以大指在内四指在外，兩作拳也。叩齒三十六，以集心神。兩手抱崑崙。崑崙，頭也。叉兩手向項後數九息，勿令耳聞。左右鳴天鼓，二十四度聞。以兩手心掩兩耳，先以第二指壓中指，彈腦後。微擺撼天柱，搖頭左右顧肩膊，隨動二十四度。赤龍攪水渾。赤龍，舌也。以舌攪口中，待津液注而嚥之。漱津三十六，神水滿口匀；神水，口中津也。一口分三嚥，所漱津液分作三口，作汩汩聲而嚥之。龍行虎自奔。液爲龍氣爲虎。閉氣搓手熱，鼻引清氣，閉之少頃，搓手令極熱，身中徐徐放氣出。背摩後精門；精門者，腰後外腎也。合手心摩畢，收手窪固。盡此一口氣，再閉氣色。想火燒臍輪。想心火下燒丹田，覺熱極，即用後法。左右轆轤轉，俯首擺撼兩肩三十六，想火自丹田透關入腦戶，鼻引清氣閉少頃。兩腳放舒伸，放直兩腳。叉手雙虚托，叉手相交向上，三次或九次。低頭攀足頻。以兩手向前鉤雙腳心十三次，乃收足端坐。以候逆水上，候口中津液生，如未生，急攪取水如前法。再漱再吞津；如此三度畢，神水九次吞。一口三嚥，三次爲九。嚥下汩汩響，百脈自調匀；河車搬運訖，擺肩並身二十四，及再轉轆轤二十四次。發火遍燒身。想丹田火自下而上遍燒，此時口鼻皆閉氣少頃。邪魔不敢近，夢寢不能昏；寒暑不能入，災病不能迍。子後午前作，造化合乾坤；循環次第轉，八卦是良因。【略】

還丹内煉法

《金丹問答》曰：金液者，金水也。金爲水母，母隱子胎，因有還丹之號也。前賢有曰：丹者，丹田也，液者，肺液也，以肺液還于丹田，故曰金液還丹。《贈諶高士歌》曰：君且聽我試說，語無多，眞妙訣。夜深龍吟虎嘯時，急駕河車無暫歇，須臾搬入泥丸頂，進火玉爐烹似雪。華池神水湛澄澄，澆灌黄芽應時節；瓊漿玉液頻吞嚥，四體熏蒸顔色別。傍門小法幾千般，惟有此道最直截。《易眞論》曰：大修行，人既得刀圭入口運已，眞火以養之。凡運火之際，忽覺尾閭有物直衝夾脊，雙關瀝瀝有聲，逆上泥丸，復自泥丸觸上腭，顆顆降入口中，味如米酥，香甜軟美，覺有此狀，乃是金液還丹也。徐徐嚥歸丹田，常常如此不絶，則五藏清虚，閉目内觀藏府，歷歷如照燭，漸次有金光罩身，此乃眞景象也。《問答》曰：還丹之要在於神水。華池，神水液也，水之在口曰華池。《邵子》曰：天之神發乎日，人之神發乎目。

又 脾臟修養法

常以季夏之月朔旦，並四季之末十八日旭旦，正坐中宫，禁氣五息，鳴天鼓十二通，吸坤宫之黄氣入口，十二嚥之，閉氣五十息。《養性書》。

脾臟導引法

可大坐，伸一腳，屈一腳，以兩手向後反掣，各三五度，亦可跪坐，以兩手拒地，回顧，用力虎視各三五度，能去脾臟積聚、風邪毒氣。

肺臟修養法

常以七月、八月、九月朔望旭旦，西面坐，鳴天鼓七，飲玉漿三，然後瞑目，吸兌宫白氣，入口吞之，以補呬之損。

精宜秘密

《内經》曰：凡陰陽之要，陽密乃固，故曰陽強不能密，陰氣乃絶，陰平陽秘，精神乃治；　陰陽離決，精氣乃絕。

　註曰：　陰陽交會之要，正在於陽氣閉密而不妄泄爾，密不妄泄，則生氣強固而能久長，此聖人之道也。陽自強而不能閉密，則陰泄瀉而精氣竭絕矣。陰氣和平，陽氣閉密，則精神之用日益治也。秘精宜服金鎖思仙丹，大鳳髓丹，秘眞丸，玉露丸，金鎖丹。

節慾儲精

《內經》以八八之數爲精髓竭之年，是當節其慾矣。《千金方》載《素女論》六十者閉精勿泄，是慾當絕矣。宜節不知節，宜絕不能絕，坐此而喪生，蓋自取之也。次生經。人年四十以下多有放恣，四十以上即頓覺氣力衰退，衰退既至，衆病蜂起，久而不治，遂至不救。若年過六十，有數旬不得交合而意中平平者，自可閉固也。又曰：　凡覺陽事輒盛，必謹而抑之，不可縱心竭意以自戕也。若一度制得，則一度火滅，一度增油，若不能制，縱慾施瀉，即是膏火將滅，更去其油，可不深自防也。《養生書・仙書》曰：　慾多則損精，苟能節精可得長壽也。靜坐則腎水自升，獨居則房色自絕。

煉精有訣

全在腎家下手。內腎一竅名玄關，外腎一竅名牝戶，眞精未泄，乾體未破，則外腎陽氣至子時而興。人身之氣與天地之氣兩相脗合，精泄體破，則吾身陽生之候漸晚。有丑而生者，次則寅而生者，又次則卯而生者，有終不生者，始與天地不相應矣，煉之之訣，須半夜子時，即披衣起坐，兩手搓極熱，以一手將外腎兜住，以一手掩臍而凝神於內腎，久久習之而精旺矣。《眞詮》。西番人多壽，考每夜卧常以手掩外腎，令溫煖，此亦一術也。

胎息法

《眞詮》曰：　人在胎中，不以口鼻呼吸，惟臍帶繫於母之任脈，任脈通於肺，肺通於鼻，故母呼亦呼，母吸亦吸，其氣皆於臍上往來。天台謂識神托生之始，與精血合根在於臍，是以人生時惟臍相連。初學調息，須想其氣出從臍出，入從臍滅，調得極細，然後不用口鼻，但以臍呼吸，如在胞胎中，故曰胎息。初閉氣一口，以臍呼吸，數之至八十一或一百二十，乃以口吐氣出之當令極細，以鴻毛着於口鼻之上，吐氣而鴻毛不動爲度，漸習漸增，數之久可至千，則老者更少，日還一日矣。葛仙翁每盛暑輒入深淵之底，十日許乃出，以其能閉氣胎息耳。但知閉氣，不知胎息，無益也。《養性》曰：　胎息者，如嬰兒在母胎中，氣息自在上至氣關，下至氣海，不假口鼻之氣，故能閉氣不息，能入深泉，旬日不出也。又曰：　內觀之要，靜神定心，亂想不起，邪妄不浸，氣歸臍爲息，神入氣爲胎，胎息相合，混而爲一，名曰太乙。

調氣訣

彭祖曰：　和神導氣之道，當得密室閉戶，安床暖席，枕高二寸半，正身偃卧，瞑目閉氣於胃膈中。

五味生神

《內經》曰：　天食人以五氣，地食人以五味。五氣入鼻，藏於心肺，上使五色修明，音聲能彰，五味入口，藏於腸胃，味有所藏，以養五氣，氣和而生，津液相成，神乃自生。

肺臟導引法

可正坐，以兩手據地，縮身曲脊，向上五舉，去肺家風邪積勞。亦可反拳搥脊上，左右各三五度，此法去胸臆間風毒。閉氣爲之良久，閉目嚥液三叩齒爲止。

膽腑導引法

可平坐，合兩腳掌，仰頭，以兩手挽腳腕起，搖動爲之三五度。亦可大坐，以兩手拓地，舉身努腰脊三五度，能去膽家風毒邪氣。臞仙

導引法

治遺精。以手兜托外腎，一手摩擦臍輪，左右輪換，久久擦之，不惟可以止精，且可以補下元。更擦腎俞、胸前、脇下、涌泉，但心窩忌擦。入門。又法。止遺精，用短床或蒲蘿內，側身曲腿而卧，不許伸腳，病自安。回春又法：　夜半子時分，陽正興時，仰卧瞑目閉口，舌頂上腭，將腰拱起，用左手中指頂住尾閭穴，用右手大指頂住無名指根拳著，又將兩腿俱伸，兩腳十指俱摳，提起一口氣，心中存想，脊背腦後上貫至頂門，慢慢直下至丹田，方將腰腿手腳從容放下。如再行照前而陽衰矣。如陽未衰，再行兩三遍，此法下惟速去泄精之疾，久則水火既濟，永無疾病矣。回春。

《類經・疾病類・生氣邪氣皆本於陰陽》　是以春傷於風，邪氣留連，乃爲洞泄。春傷於風，木邪勝也。留連既久，則克制脾土，故爲洞泄。夏傷於暑，秋爲痎瘧。暑義見前。夏傷暑邪，若不即病而留延至秋，寒鬱爲熱，故寒熱交爭而爲痎瘧。痎音皆，義見後四十八。秋傷於濕，上逆而欬，發爲痿厥。濕土用事於長夏之末，故秋傷於濕

也。秋氣通於肺，濕鬱成熱，則上乘肺金，故氣逆而爲咳嗽。然太陰陽明論曰：傷於濕者，下先受之。上文言因於濕者，大筋緛短，小筋弛長，緛短爲拘，弛長爲痿。所以濕氣在下，則爲痿爲厥，痿多屬熱，厥則因寒也。冬傷於寒，春必溫病。冬傷寒邪，則寒毒藏于陰分，至春夏陽氣上升，新邪外應，乃變而爲溫病。上四節與陰陽應象大論同，詳義見陰陽類一。四時之氣，更傷五藏。風暑寒濕迭相勝負，故四時之氣更傷五藏。然時氣外傷，陽邪也。五藏內應，陰氣也。惟內不守而後外邪得以犯之。上文五節，即所以明陰氣不守之爲病。

《類經・會通類・運氣》 春三月，此謂發陳，天地俱生，萬物以榮，此春氣之應，養生之道也。逆之則傷肝，夏爲寒變，奉長者少。夏三月，此謂蕃秀，天地氣交，萬物華實，此夏氣之應，養長之道也。逆之則傷心，秋爲痎瘧，奉收者少，冬至重病。秋三月，此謂容平，天氣以急，地氣以明，此秋氣之應，養收之道也。逆之則傷肺，冬爲飧泄，奉藏者少。冬三月，此謂閉藏，水冰地坼，無擾乎陽，此冬氣之應，養藏之道也。逆之則傷腎，春爲痿厥，奉生者少。攝生四。

又 春氣在經脈，夏氣在孫絡，長夏氣在肌肉，秋氣在皮膚，冬氣在骨髓中。帝曰：余願聞其故。岐伯曰：春者，天氣始開，地氣始泄，凍解冰釋，水行經通，故人氣在脈。夏者，經滿氣溢，入孫絡受血，皮膚充實。長夏者，經絡皆盛，內溢肌中。秋者，天氣始收，腠理閉塞，皮膚引急。冬者蓋藏，血氣在中，內著骨髓，通於五藏。是故邪氣者，常隨四時之氣血而入客也，至其變化，不可爲度。針刺十九。

春氣在毛，夏氣在皮膚，秋氣在分肉，冬氣在筋骨。針刺十八。

正月二月，天氣始方，人氣在肝。三月四月，天氣正方，地氣定發，人氣在脾。五月六月，天氣盛，地氣高，人氣在頭。七月八日，陰氣始殺，人氣在肺。九月十月，陰氣始冰，地氣始閉，人氣在心。十一月十二月，冰復，地氣閤，人氣在腎。針刺十九。

逆春氣，則少陽不生，肝氣內變。逆夏氣，則太陽不長，心氣內洞。逆秋氣，則太陰不收，肺氣焦滿。逆冬氣，則少陰不藏，腎氣獨沉。夫四時陰陽者，萬物之根本也，所以聖人春夏養陽，秋冬養陰，以從其根。攝生六。

《類經・會通類・氣味》 帝曰：其於正味何如？岐伯曰：木位之主，其瀉以酸，其補以辛。火位之主，其瀉以甘，其補以鹹。土位之主，其瀉以苦，其補以甘。金位之主，其瀉以辛，其補以酸。水位之主，其瀉以鹹，其補以苦。厥陰之客，以辛補之，以酸瀉之，以甘緩之。少陰之客，以鹹補之，以甘瀉之，以酸收之。太陰之客，以甘補之，以苦瀉之，以甘緩之。少陽之客，以鹹補之，以甘瀉之，以鹹耎之。陽明之客，以酸補之，以辛瀉之，以苦泄之。太陽客，以苦補之，以鹹瀉之，以苦堅之，以辛潤之。運氣三十。

陰之所生，本在五味，陰之五宮，傷在五味。是故味過於酸，肝氣以津，脾氣乃絕。味過於鹹，大骨氣勞，短肌，心氣抑。味過於甘，心氣喘滿，色黑，腎氣不衡。味過於苦，脾氣不濡，胃氣乃厚。味過於辛，筋脈沮弛，精神乃央。疾病五。

多食鹹，則脈凝泣而變色；多食苦，則皮槁而毛拔；多食辛，則筋急而爪枯；多食酸，則肉胝䐢而唇揭；多食甘，則骨痛而髮落，此五味之所傷也。故心欲苦，肺欲辛，肝欲酸，脾欲甘，腎欲鹹，此五味之所閤，五藏之氣也。藏象八。

《類經・會通類・針灸》 正月二月三月，人氣在左，無刺左足之陽；四月五月六月，人氣在右，無刺右足之陽。七月八月九月，人氣在右，無刺右足之陰；十月十一月十二月，人氣在左，無刺左足之陰。經絡類三十四。

大禁二十五，在天府下五寸。經絡七。

無刺熇熇之熱，無刺渾渾之脈，無刺漉漉之汗，故爲其病逆，未可治也。先其時堅束其處，令邪氣不得入，陰氣不得出，審候見之在孫絡盛堅而血者皆取之。疾病四十八。

諸病以次相傳，如是者，皆有死期，不可刺也；間一藏及二三四藏者，乃可刺也。疾病九十四。

諸經根結病刺。經絡三十。十二經筋痹刺。疾病六十九。口問十二邪之刺。疾病七十九。陰陽二十五人之刺。藏象三十一。藏府諸脹針治。疾病五十六。周痹衆痹之刺。疾病六十八。升降不前，氣交有變，即成暴鬱，須窮刺法。運氣三十一。司天不遷正不退位之刺。運氣三十九。剛柔失守三年化疫之刺。運氣四十一。神失守位邪鬼外干之刺。運氣四十三。形氣不足，病氣不足，此陰陽氣俱不足也，不可刺之。針刺五十六。

《類經・會通類・運氣》 天溫日明，則人血淖液而衛氣浮，故血易瀉，氣易行；天寒日陰，則人血凝泣而衛氣沉。月始生，則血氣始精，衛氣始行；月郭滿，則血氣實，肌肉堅；月郭空，則肌肉減，經絡虛，衛氣去，形獨居。是以因天時而調血氣也。星辰者，所以制日月之行也。八正者，所以候八風之虛邪以時至是也。四時者，所以分春秋冬夏之氣所在，以時調之也，八正之虛邪，而避之勿犯也。以身之虛，而逢天之虛，兩虛相感，其氣至骨入則傷五藏，工候救之，弗能傷也，故曰天忌不可不知也。針刺十三。必先歲氣，無伐天和。論治十一。化不可代，時不可違。論治十二。

《類經・會通類・氣味》 形不足者，溫之以氣；精不足者，補之以味。

夫五味入胃，各歸所喜攻，酸先入肝，苦先入心，甘先入脾，辛先入肺，鹹先入腎，久而增氣，物化之常也。氣增而久，夭之由也。論治七。

補上治上制以緩，補下治下制以急，急則氣味厚，緩則氣味薄，適其至所，此之謂也。論治三。欲令脾實，氣無滯飽，無久坐，食無太酸。遠氣類四十一。帝曰：五味陰陽之用何如？岐伯曰：辛甘發散爲陽，酸苦涌泄爲陰，鹹味涌泄爲陰，淡味滲泄爲陽。六者或收或散，或緩或急，或燥或潤，或煉或堅，以所利而行之，調其氣使其平也。論治四。

肝苦急，急食甘以緩之。心苦緩，急食酸以收之。脾苦濕，急食苦以燥之。肺苦氣上逆，急食苦以泄之。腎苦燥，急食辛以潤之，開腠理，致津液，通氣也。肝欲散，急食辛以散之，用辛補之，酸瀉之。心欲耎，急食鹹以煉之，用鹹補之，甘瀉之。脾欲緩，急食甘以緩之，用苦瀉之，甘補之。肺欲收，急食酸以收之，用酸補之，辛寫之。腎欲堅，急食苦以堅之，用苦補之，鹹瀉之。肝色青，宜食甘，粳米牛肉棗葵皆甘。心色赤，宜食酸，小荳犬肉李韭皆酸。肺色白，宜食苦，麥羊肉杏薤皆苦。脾色黄，宜食鹹，大荳豕肉栗藿皆鹹。腎色黑，宜食辛，黄黍鷄肉桃葱皆辛。辛散，酸收，甘緩，苦堅，鹹耎。毒藥攻邪，五穀爲養，五果爲助，五畜爲益，五菜爲充，氣味閤而服之，以補精益氣。此五者，有辛酸甘苦鹹，各有所利，或散或收，或緩或急，或堅或耎，四時五藏，病隨五味所宜也。疾病二十四。

酸入肝，辛入肺，苦入心，鹹入腎，甘入脾，是謂五入。辛走氣，氣病無多食辛；鹹走血，血病無多食鹹；苦走骨，骨病無多食苦；甘走肉，肉病無多食甘；酸走筋，筋病無多食酸。是謂五禁，無令多食。九針論曰：病在筋，無食酸；病在氣，無食辛；病在骨，無食鹹；病在血，無食苦；病在肉，無食甘。口嗜而欲食之，不可多也，必自裁也，命曰五裁。疾病二十五

《類經・氣味類・五味之走各有所病》 黄帝問於少俞曰：五味入於口也，各有所走，各有所病。酸走筋，多食之令人癃；鹹走血，多食之令人渴；辛走氣，多食之令人洞心；苦走骨，多食之令人變嘔；甘走肉，多食之令人悗心。余知其然也，不知其何由，願聞其故。癃，良中切。悗，美本切。少俞答曰：酸入於胃，其氣濇以收，上之兩焦弗能出入也。謂上中二焦澀結不舒也。不出即留於胃中，胃中和溫則下注膀胱，膀胱之胞薄以懦，得酸則縮，綣約而不通，水道不行，故癃。綣，不分也。約，束也。癃，小水不利也。味過於酸，則上之兩焦弗能出入，若留于胃中，則爲吞酸等疾。若胃中溫和不留，則下注膀胱，膀胱得酸則縮，故爲癃也。愚按：《陰陽別論》有云女子胞者，《氣厥論》有云胞移熱於膀胱者，《五音五味篇》有云衝脈、任脈皆起於胞中者，凡此胞字皆音包，乃以子宮爲言也。此節云膀胱之胞者，其音抛，以溲脬爲言也。蓋胞音有二，而字則相同，恐人難辨，故在本篇特加膀胱二字，以明此非子宮，正欲辨其疑似耳。奈何後人不解其意，俱讀爲包，反因經語，遂認膀胱與胞爲二物。故在《類纂》則曰膀胱者胞之室，王安道則曰膀胱爲津液之府，又有胞居膀胱之室之説，甚屬不經。夫脬即膀胱，膀胱即脬也，焉得復有一物耶？致資後學之疑，莫知所辨，皆見之不眞耳，知者當詳察之。陰者，積筋之所終也，故酸入而走筋矣。陰者，陰器也。積筋者，宗筋之所聚也。肝主筋，其味酸，故内爲膀胱之癃，而外走肝經之筋也。又《宣明五氣篇》曰：酸走筋，筋病無多食酸。

黄帝曰：鹹走血，多食之令人渴何也？少俞曰：鹹入於胃，其氣上走中焦，注於脈則血氣走之，血與鹹相得則凝，凝則胃中汁注之，注之則胃中竭，竭則咽路焦，故舌本乾而善渴。血脈者，中焦之道也，故鹹入而走血矣。血爲水化，鹹亦屬水，鹹與血相得，故走注血脈。若味過於鹹，則血凝而結，水液注之，則津竭而渴。然血脈必化於中焦，故鹹入中焦而走血。又《宣明五氣篇》曰：鹹走血，血病無多食鹹。

黄帝曰：辛走氣，多食之令人洞心，何也？少俞曰：辛入於胃，其氣走於上焦，上焦者受氣而營諸陽者也，薑韭之氣熏之，營衛之氣不時受之，久留心下，故洞心。辛與氣俱行，故辛入而與汗俱出。洞心，透心若空也。營諸陽，營養陽分也。辛味屬陽，故走上焦之氣分。過於辛則開竅而散，故爲洞心，爲汗出。又《宣明五氣篇》曰：辛走氣，氣病無多食辛。

黄帝曰：苦走骨，多食之令人變嘔，何也？少俞曰：苦入於胃，五穀之氣皆不能勝苦，苦入下脘，三焦之道皆閉而不通，故變嘔。齒者内之所終也，故苦入而走骨，故入而復出，知其走骨也。苦味性堅而沉，故走骨。味過於苦，則抑遏胃中陽氣，不能運化，故五穀之氣不能勝之，三焦之道閉而不能，所以入而復出，其變

爲嘔。又如齒爲骨之所終，苦通於骨，内不能受，其氣復從口齒出，正因其走骨也。又《宣明五氣篇》曰：苦走骨，骨病無多食苦。

黄帝曰：甘走肉，多食之令人悗心，何也？少俞曰：甘入於胃，其氣弱小，不能上至於上焦，而與穀留於胃中者，令人柔潤者也，胃柔則緩，緩則蟲動，蟲動則令人悗心。其氣外通於肉，故甘走肉。甘性柔緩，故其氣弱小，不能至於上焦。味過於甘，則與穀氣留於胃中，令人柔潤而緩。久則甘從濕化，致生諸蟲，蟲動於胃，甘緩於中，心當悗矣。悗，悶也。甘入脾，脾主肉，故甘走肉。《宣明五氣篇》曰：甘走肉，肉病無多食甘。

《類經・疾病類・生氣邪氣皆本於陰陽》　陰之所生，本在五味，陰之五宫，傷在五味。此下言陰之所以生者在五味，而所以傷者亦在五味也。五宫，五藏也。《六節藏象論》曰：地食人以五味。夫味得地氣，故能生五藏之陰，若五味不節，則各有所克，反傷其陰矣。義如下文。是故味過於酸，肝氣以津，脾氣乃絶。津，溢也。酸入肝，過於酸則肝氣溢。酸從木化，木實則克土，故脾氣乃絶。味過於鹹，大骨氣勞，短肌，心氣抑。鹹入腎，腎主骨，過於鹹則傷腎，故大骨氣勞。勞，困劇也。鹹走血，血傷故肌肉短縮。鹹從水化，水勝則克火，故心氣抑。味過於甘，心氣喘滿，色黑，腎氣不衡。甘入脾，過於甘則滯緩上焦，故心氣喘滿。甘從土化，土勝則水病，故黑色見於外而腎氣不衡於内。衡，平也。味過於苦，脾氣不濡，胃氣乃厚。苦入心，過於苦則心陽受傷，而脾失所養，氣乃不濡。濡者，潤也。脾氣不濡則胃氣留滯，故曰乃厚。厚者，脹滿之謂。《五味論》曰：苦入於胃，五穀之氣皆不能勝苦，苦入下脘，三焦之道皆閉而不通。故變嘔者，其義亦此。濡音儒。味過於辛，筋脈沮弛，精神乃央。沮，壞也。弛，縱也。央，殃同。辛入肺，過於辛則肺氣乘肝，肝主筋，故筋脈沮弛。辛散氣則精神耗傷，故曰乃央。沮音苴，將魚、將御二切。弛，施、始二音。是故謹和五味，骨正筋柔，氣血以流，腠理以密，如是則氣骨以精，謹道如法，長有天命。五味入口，藏於胃以養五藏氣，故當謹和五味，則骨正筋柔，氣血以流。蓋凡在内者，皆陰氣爲之主也。然陰氣在裏，腠理在外，若不相及，而此曰腠理以密者，緣陰陽表裏，原自相依，不惟陽密足以固陰，而陰強乃能壯陽也，故如上文之邪因於外，而爲喘喝，爲痿厥，爲精亡，爲洞泄、咳嗽等證，此陽病之及於陰也。又如煩勞大怒，飲食起居之不節，而爲煎厥，爲形氣絶，爲筋脈腸痔氣逆骨壞等證，是傷於陰者亦能病及外體陽分，此陰之所以不可忽也。大都本篇之意，在帝則首言陽氣，以發通天之大本；在伯則纘言陰氣，以備陰陽之全義。故在前則言氣，氣本於天以養陽也；在後則言味，味本於地以養陰也。其所以詳言陰陽者，蓋欲分表裏，明精氣，辨邪正之本末耳。然本篇首曰通天，中曰服天氣，末曰長有天命，所重在天，則其重在陽氣可知矣，故言地者無非天也，言陰者無非陽也。通篇大義，在陽氣者若天與日，失其所則折壽而不彰，一言可以蔽之矣。

《香乘・周嘉胄・燒香左右》　屢燒香左右，令人魄正。

《香乘・周嘉胄・燒香避瘟》　樞密王博文，每於正旦四更，燒丁香以辟瘟氣。

《香乘・周嘉胄・燒香拒邪》　地上魔邪之氣，直上衝天四十里，人燒青木香，薰陸安息膠香於寢所，拒濁臭之氣，卻邪穢之霧，故天人玉女太乙隨香氣而來。

《養生兩種》　董江都曰：天地之氣，不至盛滿，不交陰陽，是以君子甚愛氣而謹遊於房。又按攝生之説，二至之日宜戒，大寒大暑宜戒，日月薄蝕宜戒，大風大霧、迅雷暴雨宜戒。又本命日、庚申日、甲子日、丙丁日、四立二分日、二社、弦望晦朔日。又每月十五日、二十八日，正月初三日、十四日、十六日，二月初二日，三月初九日，四月初四日、初八日，五月三個五日、六日、七日名爲九毒日，十月初日，十一月二十五日，十二月初七日、二十日，俱宜戒。

治久病黄腫。默坐，以兩手按膝，盡力搓摩，存想，候氣行遍身，復運氣四十九口，則氣通血融，而病除矣。

又　鼈與蛇相爲牝牡，相爲化生。有人發沙穴，見鼈與蛇俱，鼈暮出取食，跡在沙上，蛇輒出滅之。鼈遺子，蛇噓之始成。蛇久復爲鼈，鼈三足者爲能，音耐。食之殺人。馮元成云：能音台，夫文斗奎下六星，兩兩相比者，曰三能。鼎三足，能亦三足，二在旁，一在腹中。甲虫之有神者，人食之化爲水。太倉州民食三足鼈，身體化盡，止存毛髮，其妻爲隣人所訟，久不決，知州黄廷宣鞫之，令漁人捕三足鼈，使婦烹，使重囚食，囚亦化。

食取補氣不饑則已，飽尤傷脾，且生衆疾。用藥消化，亦違和，循州蘇侍郎言，食少則臟氣流通而少疾。諺曰：夜飯少吃口，活到九十九。

又　洛陽劉几，每一飲酒，輒以漱口，雖醉不忘，謂此可以無齒疾。晡後，食少許物輒已。有子壻陳令頗知其術，曰煖外腎而已。法以兩手掬而煖之，默坐調息，至千息，兩腎融液如泥，淪入腰間。此術至妙，回回教門善保養者無他法，惟煖外腎，不使着寒。又云，夜卧當以手握之令煖，謂此爲生人性命根本。

又　揚州武官侍眞者，宦於兩廣，然不染瘴，面色紅膩，腰足輕快。初不服藥，惟每日五更起坐，兩足相向，熱摩湧泉穴無數。歐公平生不信仙佛，笑人行氣，晚年患足瘡，一點痛不可忍。有人傳法，用之三日，不覺失去。其法垂足坐，閉目握固，縮穀道，搖颭爲之，兩足如氣毬狀，氣極即休，氣平復爲之。日七八，得暇即爲，乃搬運捷法也。《堅瓠集》。臨卧時坐于床，垂足，解衣，閉氣，舌拄上腭，目視頂，仍提縮穀道，以手摩擦兩腎穴各一百二十次，以多爲妙，擦畢即卧。

又　南陽酈縣山中有甘谷水，谷口皆生甘菊花。墮水中，世久味變，居民悉食谷水，無不壽考。高者百四五十歲，百歲外者居多，下者亦八九十歲，時人謂之壽鄉。用白甘菊二擔，浸酒，清香可受，但必陰乾，方可入酒。《堅瓠集》。

又　正月修養法

孟春之月，天地俱生，謂之發陽。天地資始，萬物化生，生而勿殺，與而勿奪。君子固密。毋泄眞炁。卦值泰，生炁在子，坐卧當北方。正月腎炁受病，肺藏炁微，宜減鹹酸增辛辣味，炁腎補肺，安養胃炁，勿冒冰凍，勿太溫煖。早起夜卧，以緩形神。靈劍子導引春孟月一勢，以兩手掩口，取熱炁津潤，摩面上下三五十遍，令極熱。食後爲之，令人華綵光澤不皺。行之三年，色如少女，兼明目散諸故疾。從肝臟中肩背，行後須引吸震方生炁，以補肝臟，行入下元。凡行導引之法，皆閉炁爲之，勿得開口，以招外邪入於肝臟。肝主龍號位號心，病來自覺好酸辛，眼中赤色時多淚，噓之病去效如神。

又　二月

仲春二月，號獻於日，當和其志，孕其心，勿極寒，勿太熱，安靜神炁，以法生成。卦大壯，言陽壯過中也。生炁在丑，卧養宜向東北。腎炁微，肝正旺，宜戒酸增辛，炁腎補肝。宜靜膈去痰，水小泄，皮膚微汗，以散去冬蘊伏之炁。靈劍子坐功一勢，正坐，兩手相叉，爭力爲之，治肝中風。以叉手掩項後，便面仰視，使項與手爭力，去撨毒、肩痛、目不明、積風不散，元和心炁，焚之令出，散調冲和之炁，補肝，下炁海，添內珠爾。又勢，以兩手相重按䏶，拔去左右，極力，去腰腎風毒之炁，及胸膈，兼能明目。《內丹秘要》曰：仲春之月，陰佐陽炁，聚物而出，喻身中陽火方半，炁候勻停。二月初時，宜炙腳三里、絕骨，對穴各七壯，以泄毒炁，夏來無腳炁冲心之病。

又　三月

季春之月，萬物發陳，天地俱生，陽熾陰伏，宜卧早起早，以養臟炁。時肝臟炁伏，心當向旺，宜益肝補腎，以順其時。卦值夬，夬者，陽決陰也，決而能和之意。生炁在寅，生卧懶散形骸，便互安泰，以順天時。補脾坐功一勢，左右作開弓勢，去骨胸脇膈結聚風炁，脾臟諸炁，去來用力爲之，凡一十四遍，閉口，使心隨炁到以散之。

又　下部行功法

氣積三百餘日前後，任督兩脈悉皆充滿，乃行下部工夫，令其通貫。蓋任督兩脈在母胎時原自相通，出胎以後飲食出入隔其前後通行之道，督脈自上齦循項行脊下至尾閭，任脈自承漿循胸行腹下至會陰，而兩不相貫。今行下部工夫，則氣至可相接而交旋也。行是功者，其法在兩處，其目有十一段。兩處者，一在睾丸，一在玉莖。在睾丸曰攢，曰掙，曰搓，曰拍；在玉莖者，曰咽，曰捽，曰撫，曰握，曰洗，曰束，曰養。以上十一字除咽洗束養四字，餘七字皆用手法。其工夫自輕至重，自鬆至緊，自勉至安，周而復始，不計遍數，日以六香，分行三次，百日功成，則氣滿充乏超越萬物矣。咽者，初行功之始，先吸精氣，令滿一口，以意咽下，嘿送至胸；再吸氣一口，咽下送至臍間；再吸氣一口，咽下送至下部行功處。然後乃行攢掙諸功。握字功，皆用努氣，至頂方爲得力，日以爲常。洗者，用藥水日逐盪洗二件也，一取通和血氣，一取蒼老皮膚。束者，工畢洗畢，用軟帛作繩，束其莖根，緊鬆適宜，取其長伸不屈之意。養者，功成物壯，鏖戰勝人，是其本分，猶恐其懶，或致他虞，先用舊鼎時或養之。養者，安間溫養，切勿馳騁，務令慣熟，然後狂戰無敵也。此功行滿百日即成，久久益佳，能令弱者強，柔者剛，縮者長，病者康，居然偉大夫也。木石鈇槌，何必惴哉！以致鏖戰勝人，世間無敵；以至採取，即得玄珠，以至延嗣，即百斯男之慶。天下之道，孰妙於是哉！

又　內壯神勇

壯有內外，前雖言其分量，尚未窮究其源，此再明之。自行脇肋打揉之功，氣已入骨分，至任督兩脈，氣充遍滿，前後交接矣。尚未見力，何以言勇？蓋其氣未到手也。法用石袋照前打之，先從右肩前打至大指、食指之背；又從肩後打至中指、無名指、小指之背；又從肩裡打至掌內大指、食指之稍；又從肩外打至掌內中指、無名指、小指之稍。打畢，用手處處搓揉，令其和勻氣血。日限六香，分行三次，時常盪洗，以疎氣血。功滿百日，其氣始透，乃行左手，仍準用前法，功亦百日。至此則骨中生出神力，久久加功，其兩臂腕指掌迥異尋常，以意努之，硬如鐵石，並其指可貫牛腹，側其掌可斷牛頭，努其拳可碎虎腦，皆其小用之末伎，任從無窮之使。

又　下部洗藥方

行下部功，常宜藥水日逐盪洗，不可間斷。蓋取藥力通和血氣，蒼老皮膚，又取解熱退火，不致他變也。法用地骨皮、蛇床子、甘草，各量用，煎水，日以爲常，先溫後熱，緩緩盪之，須早晚二次爲是。

《蒿庵閒話》　秦醫和曰：夫女，陽物而晦時，淫則爲內熱惑蠱之疾。以女爲陽物，蓋對飲食鬼物，諸可致病者而言，以其生氣所聚，故爲陽物。情熠內熾，慾觸外鑠，兩火合炎，發爲內熱。內熱所焚，智水自竭，燕昵日牽，志敗神奪，此惑蠱所由來也。以爲晦時之咎，則鑿說也。

《醫學真傳·原病》　人身本無病，凡有所病，皆自取之。或耗其精，或勞其神，或奪其氣，種種皆致病之由。惟五藏充足，六府調和，經脈強盛，雖有所傷，亦不爲病。若藏府經脈原有不足，又不知持重調攝，而放縱無常，焉得無病？如藏氣不足，病在藏；府氣不足，病在府；經脈不足，病在經脈。陰血虛而不爲陽氣之守，則陽病；陽氣虛而不爲陰血之使，則陰病。且正氣內虛而淫邪猖獗，則六淫爲病。是病皆從內生，豈由外至？其有外至者，惟暴寒暴熱，驟風驟雨，傷人皮膚，乍而爲病，則藏府經脈運轉如常，發之散之，一劑可痊。若先藏府經脈不足，而復外邪乘之，則治之又有法：必先調其藏府，和其經脈，正氣足而邪氣自退，即所以散之發之也。

《頤養詮要》　纔舒放，即當收斂；纔言語，便思簡默。不可乘喜而多言，不可乘快而多事。須有包含則有餘味，發露太盡，恐亦難繼。故慎言語，養德之大；節飲食，養生之大。

又　梓童訓曰：饒一箸，添子孫之福壽；退一步，免駒隙之易過。忍一言，免駟馬之難追；息一怒，養身心之精和。好辨以招尤，不若訒默以怡性。廣交以延譽，不若索居以自全；厚費以多營，不若省事以守儉。逞能以謗妒，不若韜精以示拙。薛文清曰：養得胸中無一物，其大浩然無涯。有欲，則邪得而乘之；無欲，邪無自而入。且無慾，則所行自簡。又覺胸中實平快樂，靜中有無限妙理。常沈靜則含蓄，義理深而應事有力。故厚重靜定寬緩，乃進德之基，亦爲吾人養壽之要。

又　曾子曰：君子有三言可寶而佩也：一曰無內疏而外親，二曰身不善怨他人，三曰患已至而後呼天。武侯《戒子書》曰：君子之行，靜以修身，儉以養德，非澹泊無以明志，非寧靜無以致遠。夫學須靜也，才須學也；非學無以廣才，非靜無以成學。慆慢則不能研精，險躁則不能理性。年與時馳，意與歲去，遂成枯落悲歎窮廬，將復何及也。魏應璩詩曰：細微可不慎，隄潰自蟻隙。勝理早從事，安復勞鍼石。哲人覩未形，愚夫闇明白，曲突不見賓，焦爛爲上客。思願獻良規，江海償不逆。狂言雖寡善，猶有如雞跖。雞跖食不已，齊王爲肥澤。

又　聖人不怨天、不尤人，心地多少灑落自在。常人纔與人不合即尤人，纔不得於事即怨天，其心忿忮勞擾，無一時之寧泰，是豈安命順時之道。

又　一念之非即遏之，一動之妄即改之，一毫念慮非妄便當克去。志固難持，氣固難養：主敬可以持志，處靜可以養氣。敬者，德之聚也。敬則衆善畢集，不敬則怠惰放僻，隨至而德敗矣。持敬而無間斷，則誠矣，未能誠者，由敬而入，敬以存心，其體湛然，自無雜慮，況莊敬亦是保養身心元氣的工夫。

又　泛交不若寡交，多求不若慎守。

又　必有容德乃大，必有忍事乃濟。君子立心，未有不成於容忍而敗於不容忍也。容則能恕人，忍則能耐事。一毫之嗁即勃然而怒，一事之違即憤然而發，是無涵養之力，薄福之人也。是故大丈夫當容人，不可爲人容；當制欲，不可爲欲制。

又　謹則無憂，忍則無辱；靜則常安，儉則常足。愈收斂則愈充拓，愈細密則愈廣大，愈深厚則愈光明。萬事不責於人，則寒冰烈火不擾吾心。

《萬壽仙書》　《呂氏春秋》曰：凡生之長也，順之也，使生以順者，欲也，故聖人必先適欲適節也。室大則陰，臺高則多陽，多陰則人，多陽則痿。蹷者，逆寒疾也，痿蹷不能行，以陰陽不適之患也。是故先王不處大室，不爲高臺，味不衆珍，春不熚熱，熱則理塞，脈則閉結，理塞則氣不達；味衆珍則胃充，胃充則中大鞔，中大鞔則氣不達以也，求長生其可得乎？

又　初十日，取枸杞葉，煎湯洗浴，至老光澤。十一日，勿沐浴。十五、十六，俱宜沐浴。二十日，不遠行。二十三日，忌問疾。此月，天道東南行，作事出行宜向東南，吉。此月生氣在戌，坐卧宜向西北。

大寒，早出含麻油於口中，則耐寒。冬月，夜坐臨卧點燈，前後一照。是月，天道西行，作事出行宜向西，吉。此月生氣在亥，坐卧宜向西北。除夜，枸杞湯洗浴，令人不病。此月，多宜焚蒼术。此夜宜安靜。諺云：除夜犬不吠，新年無疫厲。除夜，有行瘟使者降於人間，以黄紙朱書天行已過四字。

又 司馬溫公言，其先公爲郡令判官，客至，未嘗不置酒，或三行，或五行，不過七行，須沽街市，果止梨、栗、棗、柿，殺止脯醢菜羹，器用甆漆。當時士夫家皆然，會數而禮動，物薄而情厚。近日士夫家，酒非内法，果非遠方珍異，食非多品，器皿非滿案不放作會，嘗數日營聚，然後發書，風俗頽敝如是。公在洛，文潞公、范忠宣公約爲其率，會脱粟一飯，酒數行，詩云：隨家所有自可樂，爲具更微誰笑貧。惜福養財有補生化不小。

仇泰然守四明，與一慕官相得，一日問及公家：日用幾何？對曰：十口之家，日用一千。泰然曰：何用許多？曰：早具少肉晚菜羹。泰然曰：某爲太守，居常不敢食肉。公爲小官乃爾，足非庶士，自此見疎。予常謂節儉之益非止一端。大凡貪淫之過，未有不生於奢侈者。儉則不貪不淫，是可以養德也，人之受用，自有劑量，省嗇澹泊，有長久之理，是可以養壽也；醉釀飽鮮，昏人神志。若蔬食菜羹，則腸胃清虚，無滓無穢，是可以養神也；奢則妄取苟求，志氣畢辱。一從儉約，則於人無求，於己無愧，是可以養氣也，故老氏以爲寶。

逐月起居宜忌

春月，陽氣閉藏於冬者，漸發於外，故爾發散以暢陽氣。《内經》云：春三月，此謂發陳，天地俱生，萬物以榮，夜卧早起，廣步於庭，被髮緩形，以使志生，生而勿殺，予而勿奪，賞而勿罰，此春氣之應，養生之道也。逆之則傷肝，夏爲寒變。故人當二月以來，摘取東引桃枝，併葉各一握，水三升，煎取二升，以來早朝空心服之即吐，卻心膈疾飲宿熱即除。春深，稍宜和平將息，綿衣晚脱，不可令皆寒，人即傷肺，鼻塞咳嗽，但覺熱即去之，冷即加之，加減俱於早晨；若於食後日中，恐感冒風寒。春勿衣薄，令人傷寒、霍亂、消渴、頭痛，脊凍未泮。衣欲下厚而上薄，當此融和之景，宜眺園林亭閣虚敞之處，用攄滯懷以暢生氣。

孟春之月，天地資始，萬物化生，君子固審，毋泄眞氣。正月初八，宜沐浴，不宜遠行。初十，宜沐浴，令人齒堅。十三日，不宜問疾。是月，每早梳髮一十百過甚益。是月，天道南行，作事出行俱向南，吉。此月生氣在子，坐

午當向此方。此月勿冒水凍，勿太溫煖。

仲春之月，號厭於日，當和融志平，其心安靜，精炁以法生成。初二，取枸杞，煎湯晚浴，令人光澤，不病不老。是月，天道北行，作事出行宜向北。是月生氣在寅，坐卧宜向東北方。是月宜懶散形骸，便宜安泰，以順天時。

夏月，陽氣發外，伏陰在内，是人脱精神之時，特忌下利，以泄陰氣。《内經》云：夏三月，此謂蕃秀，天地氣交，萬物華實，夜卧早起，無厭於日，使志無怒，使華英成秀，使氣得洩，若所受在外，此夏氣之應，養長之道也。逆之則傷心，秋爲痎火，故宜宴居靜坐，減嗜慾，和心志。此時心旺腎衰，精化爲水。

秋乃凝，須當以固陰氣，汁多類，換衣着，常食熟物，使腹溫煖。生瓜果、茄水、水冷、淘粉粥，蜂蜜，尤不可食，恐秋患痢瘧，勿以冷水沐浴、洗手、面淋，皆使人得虚熱、眼暗、筋脈厥、霍亂轉筋、陰黄之疾，勿當風卧，勿眼中使扇，毛孔開展，風邪易入，犯之使人患風痹不仁、手足不遂、言語蹇澀之疾；年壯不即爲害，亦種病根；血氣中衰之人，如桴鼓應響矣；醉中尤宜忌之。

夏季不可枕冷石鐵物取涼，損人目。敕初八沐浴，令人輕健。十一日，勿問疾。十四日，忌遠行。立春後第五戊爲社日。是日，令幼兒女早起，避社神，免致面黄。是月上丙日，洗髮愈疾，上卯日，沐浴去病。是月天道西南行，作事出行向之，吉。是月生氣在丑，坐卧宜向東比。是月行途，勿飲陰地流泉，令人發瘧瘴，又令腳軟。

季春之月，陽熾陰伏，宜卧早起早，以養臟氣，時肝臟炁伏，心當向旺，宜益肝補腎，以順其時。三月初六、初七、二十七，沐浴，令人神爽無厄。初九日，不宜問疾。十六、二十七，忌遠行。是月，勿從處濕地招邪毒，勿大汗，勿裸露三光下，以招不擇。

夏季勿露卧，令人皮膚成癬，或作面瘋。孟夏之月，宜夜卧早起，受清明之氣。四月初三，忌見一切生血。四月初八，宜清心齋沐，必得福慶，不宜遠行。此月四日、七日、八日、九日，取枸杞煎湯，沐浴，令人不老，且肌潤。初七日，不宜問疾。此月，勿受西北二方暴風。是月，忌暴怒傷心，秋必爲瘧，忌宿水洗面嗽口。是月，天道西行，作事出入宜向西，吉。此月，生氣在卯，坐卧行功宜向正東。

仲夏之月，宜止聲色，薄滋味，節嗜慾，靜養以定心氣，早卧早起，可居高遠眺，可入山林以避炎暑，可坐臺榭空敞之處。

五月一日，取拘杞，煎湯沐浴，不老不病。五日，宜蘭湯沐浴，是日不宜見血物，不宜問疾。初四、初七、初八，沐浴，吉。初九沐浴，令人長命。五月初五、初六、初七、十五、十六、十七、二十五、二十六、二十七，謂之九毒，勿居濕地以招邪氣，勿露卧星月之下。是月，蛻精神，勿上屋，令人魂魄不安。是月，勿晒床薦席。是月，勿下枯井及深穿，中多毒氣，先以雞毛控之，若毛下旋舞者，即是有毒。茉莉花勿置之床頭，引蜈蚣。是月，天道西北行，作事出行宜向西北，吉。是月，生氣在辰，坐卧宜向東南方。

季夏之月，陰氣內伏，暑毒外蒸，縱意當風，任意食冷，故人多暴泄之患，切宜謹慎！六月初一、初七、初八、二十一，沐浴，去病禳災。初三日，不宜問疾。二十四日，忌遠行。二十七日，取枸杞，煎湯沐浴，不病。

六月，極熱，可急扇手心，則五體俱涼。此月，勿露卧，勿沐浴當風，恐邪氣候。三伏日，不可嫁娶，傷夫婦，不吉。此月，勿用冷水浸手足，令人瘋病，體重，氣短。是月，天道東行，作事出行俱宜向東。是月，生氣在巳，坐卧宜向南方。

秋月，當使陽收斂，不宜吐汗，犯之，令人臟腑消鑠。《內經》云：秋三月，此謂容早，天氣以急，地氣以明，早卧早起，與雞俱興，使志安寧，以緩秋刑，收斂神氣，使秋氣平，無外其志，使肺氣清，此秋氣之應，養收之道也。逆之則傷肺，冬爲飧泄。若知，夏時多食生冷瓜果，即宜以童子小便二升，并大腹檳榔五顆，細切，煎服八合，下生麥汁一合，和歲雪三分，早爲空心分爲兩服，瀉三兩行，夏月所食冷物，及膀胱宿水忍逐而出，即不爲患。此藥是乘氣湯，雖老年亦宜服之，瀉後兩三日，以薤白粥加羊腎，空心補之，勝服補藥。

七月初七取烏雞血，和三月三日取起桃花片，爲末，塗面，令人潔白如玉。七月，取蜘蛛一枚，著領中，令人不忘。十一日，取枸杞，煎湯沐浴，不老不病。二十三日，沐，髮不白。廿五日，沐，主壽。

立秋日，不可燥浴，令人皮膚麄燥，因生白屑。初一、二十九，不宜問疾。是月，天道東北行，作事出行宜向東北，吉。此月生氣在午，坐卧宜向正南。仲秋之月，宜收斂神氣，增酸養肝，又宜祈謝求福。八月初三、初七，沐浴，令人聰明。初八，枸杞煎湯，浴，卻病。二十二、二十五，浴，去病消禍。二十七日，不宜問疾。二十九，忌遠行。八月初四，以綵絲乾北辰星下，祝求長生。

立秋後第五日爲社，是日，幼兒女令早起，恐社神爲祟。是月初十，以硃砂點小兒額上，謂之吞炎，以厭疾也。是月望後，少寒即用微火煖足，勿令下冷。

《蘭臺軌範・情志卧夢》 《靈》、《素》

《靈・大惑論》：五臟六腑之精氣，皆上注於目，而爲之精。精之窠爲眼，骨之精爲瞳子，筋之精爲黑眼，血之精爲絡，其窠氣之精爲白眼，肌肉之精爲約束裹擷筋骨血氣之精，而與脈並爲繫，上屬於腦，後出於項中。故邪中於項，因逢其身之虛，其入深，則隨眼繫以入於腦，則腦轉，腦轉則引目系急，目系急則目眩以轉矣。邪其精，其精所中，不相比也。則精散，精散則視歧，視歧見兩物。目者，五臟六腑之精也，榮衛魂魄之所常榮，神氣之所生也。故神勞則魂魄散，志意亂。是故瞳子、黑眼法於陰，白眼、赤脈法於陽也，故陰陽合傳而精明也。目者，心使也，心者，神之舍也，故精神亂而不轉，卒然見非常處，精神魂魄，散不相得，故曰惑也。《素・舉痛論》：帝曰：余知百病生於氣也，怒則氣上，喜則氣緩，悲則氣消，恐則氣下，寒則氣收，炅則氣泄，驚則氣亂，勞則氣耗，思則氣結。《陰陽應象大論》：東方生風，在聲爲呼，在變動爲握，在志爲怒，怒傷肝，悲勝怒。（所勝即五行生剋之理。）南方生熱，在聲爲笑，在變動爲憂，在志爲喜，喜傷心，恐勝喜。中央生濕，在聲爲歌，在變動爲噦，在志爲思，思傷脾，怒勝思。西方生燥，在聲爲哭，在變動爲咳，在志爲憂，憂傷肺，喜勝憂。北方生寒，在聲爲呻，在變動爲慄，在志爲恐，恐傷腎，思勝恐。《調經論》：神有餘則笑不休，神不足則悲。血有餘則怒，不足則恐。血並於陰，氣並於陽，故爲驚狂。血並於陽，氣並於陰，乃爲炅中。血並於上，氣並於下，心煩惋善怒。血並於下，氣並於上，亂而善忘。（以上情志。）

不卧多卧 《靈・邪客篇》：黄帝問於伯高曰：夫邪氣之客人也，或令人目不瞑，不卧出者，何氣使然？伯高曰：五穀入於胃也，其糟粕、津液、宗氣，分爲三隧。故宗氣積於胸中，出於喉嚨，以貫心脈而行呼吸焉。榮氣者，泌其津液，注之於脈，化以爲血，以榮四末，內注五臟六腑，以應刻數焉。衛氣者，出其悍氣之慓疾，而先行於四末分肉皮膚之間而不休者也，晝日行於陽，夜行於陰，常從足少陰之分間，行於五臟六腑。今厥氣客於五臟六腑，則衛氣獨衛其外，行於陽，不得入於陰。行於陽則陽氣盛，陽氣盛則陽蹻陷；不得入於陰，陰虛，故目不瞑。黃帝曰：善。治之奈何？伯高曰：補其不足，瀉其有餘，調其虛實，以通其道而去其邪，飲以半夏湯一劑，陰陽已通，其卧立至。大惑論：黃帝曰：人之多卧者，何氣使然？岐伯曰：此人腸胃大而皮膚濕，而分肉不解焉。善食人多善卧，往往如此。黃帝曰：卒然多卧者，何氣使然？岐伯曰：邪氣留於上焦，閉而不通，已食若飲湯，衛氣留久於陰而不行，故卒然多卧焉。

不夜瞑不晝瞑　《靈》榮衛生會篇：黃帝曰：老人之不夜瞑者，何氣使然？少壯之人不晝瞑者，何氣使然？岐伯答曰：壯者之氣血盛，其肌肉滑，氣道通，榮衛之行，不失其常，故晝精而夜瞑。老者之氣血衰，其肌肉枯，氣道濇，五臟之氣相搏，其榮氣衰少，而衛氣內伐，故晝不精夜不瞑。寒熱病篇：陽氣盛則瞋目，陰氣盛則瞑目。

不得卧　《素・逆調論》：不得卧而息有音者，是陽明之逆也，足三陽者下行，今逆而上行，故息有音也。陽明者，胃脈也，胃者六腑之海，其氣亦下行，陽明逆不得從其道，故不得卧也。《下經》曰：胃不和則卧不安，此之謂也。夫起居如故而息有音者，此肺之絡脈逆也，絡脈不得隨經上下，故留經而不行，絡脈之病人也微，故起居如故而息有音也。夫不得卧，卧則喘者，是水氣之客也。夫水者，循津液而流也。腎者水臟，主津液，主卧與喘也，以上卧。按：風邪入於陰經亦多卧。

《靈・淫邪發夢篇》：陰氣盛則夢涉大水而恐懼，陽盛則夢大火燔焫，陰陽俱盛則夢相殺。上盛則夢飛，下盛則夢墮，甚飢則夢取，甚飽則夢予。肝氣盛則夢怒，肺氣盛則夢恐懼、哭泣、飛揚，心氣盛則夢喜笑恐畏，脾氣盛則夢歌樂、身體重不舉，腎氣盛則夢腰脊兩解不屬。《素》脈要精微論：短蟲多則夢聚衆，長蟲多則夢相擊毀傷。以上夢。

口喎　《養生方》云：夜卧當耳勿得有孔，風入耳中，喜食口喎。口喎見《金匱》，此又是一病。當內服藥而外提出風邪。

《五常政大論》：岐伯曰：大毒治病，十去其六；常毒治病，十去其七；小毒治病，十去其八；無毒治病，十去其九。穀肉果菜，食養盡之，無使過之，傷其正也。不盡行復如法，必先歲氣，無伐天和。

《蘭台軌範・通治方》　成煉鍾乳粉《千金翼》　主五勞七傷，欬逆上氣。

治寒嗽，通音聲，明目益精，安五臟，通百節，利九竅，下乳汁，益氣補虛，療腳弱冷疼，下焦傷竭，強陰。久服延年益壽，令人有子。

鍾乳不拘多少

右取韶州鍾乳，顏色明淨光澤者，不拘多少。置鍾乳於金銀器中，即以大鐺著水，沉金銀器於鐺中煮之，常令如魚眼沸，水減即添薄乳三日三夜，粗厚管者，七日七夜，候乳色變黃白即熟。如疑生，更煮滿十日，最佳。出金銀器中，更著清水，更煮經半日許，即出之，水色清不變則止。即於磁鉢中，用玉鎚著水研之，每日著水攪令勻，勿使著鎚鉢，勿使纖塵入內，研覺乾澀，即更添水，常令如稀米泔狀。乳細者，皆浮在上，粗者，沉在下，復繞鎚鉢四邊研之，狀若乳汁，研指上如書中白魚膩即成。澄取曝乾，每服秤半兩，分爲三服，用溫酒調下，空腹服。更量病輕重加減服之。亦可和爲丸服之。此鎮心強腎之聖藥，唐人最重之。

《蘭台軌範・虛勞方》　桂枝加龍骨牡蠣湯《金匱》　失精家，少腹弦急，陰頭寒，目眩，一作眼眶痛。髮落，脈極虛芤遲，爲消穀、亡血、失精，脈得諸芤動微緊，男子失精，女子夢交，此湯主之。

桂枝二兩　芍藥　生薑各三兩　甘草二兩　大棗十二枚　龍骨　牡蠣各三兩

右七味，以水七升，煮取三升，分溫三服。脈極虛芤遲，乃爲虛寒之症，故用桂枝及建中等湯。若嗽血而脈數者，乃陰虛之症，與此相反，誤用必斃。

《重訂通俗傷寒論・調理諸法・起居調理法》　吾紹之病家，一病之安危，多有責之於醫。不知侍疾者對於病人，往往居處不合理，身體不清潔，寒溫不適宜，卧起不定時，不但無助醫家治療之能力，實則助長病菌之生。爰將上述應注意各點臚舉於左。

整居處　《千金方》云：凡居處不得過於綺美華麗，令人貪婪無厭損志。但令雅素淨潔，能免風雨暑濕爲佳。又云：凡人居止之室，卧處必須週密，勿令有細隙，致有冷風氣得入，久而不覺，使人中風。凡諸室內，有強烈之風吹入，勿強忍久坐，必須起行避之。又云：凡近爐竈勿安床，勿面向坐，久思不祥事起。《延壽丹書》云：卧床務高二三尺，則地氣不及，邪氣不侵。勿陰室貪涼，濕地久坐，免受寒濕新邪。病人卧房宜寬敞，窗戶宜開爽，光綫宜充滿。二者注意室內之空氣，常使新鮮，最爲病理衛生之至要。王士雄云：人煙稠密之區，疫癘時行者，以地氣既熱，穢氣亦盛也，故住房不論大小，必要開爽通氣，掃除潔淨，庶幾清風自來，疫氣自然消散。反是則熱氣濁氣，益爲疫氣樹幟矣。凡時疫流行，罹此者每多被褐藜藿之子。荆戶蓬室之人，皆由於此。

潔身體　病後之人，面要常擦，能使容顏光澤，血氣流通。目常宜揩，每靜時宜常閉目，能清心安神，或用兩指背兩相摩擦，能祛火。齒宜常洗擦，以去口穢。腹要常摩，使腹食消磨，穢濁不結。足要常搓，常搓腳心湧泉穴，能去風濕，健步履。睡宜常屈足側曲睡，不致失精，使不氣滯於百節。夏日忌冷水抹臉。潔身體，勤摩擦，皆爲病後調和血氣法也。

適寒溫　凡患病人之衣服，必須間日更换，卧床被褥，尤須清潔。病人被覆，不可過煖，過煖亦能致病加重。重病者死，以熱鬱於內，氣不宣達故也。病人背要常煖，煖則不再受風寒。胸要常護，使寒不侵入。忌冷着汗衣，着之侵背傷肺。熱着曬衣，久曬之衣，必有熱毒，冬日熱火烘衣，取快一時，久必生病。凡春氷未泮之時，衣宜上薄下厚，養陰收陽。大暑中脱汗衣，不可向風。冬天暴冷，急着綿衣。亦弗頓加，稍覺煖，又宜暫脱。察天時之寒暖，分衣服之綿裌。無論未病人及病後，皆宜隨時注意。

定卧起　《千金方》云：春欲晏卧早起，夏及秋欲偃息侵夜乃卧，早起，冬欲早卧而偃起，皆益人。雖云早起，莫在雞鳴前；雖言晏起，莫在日出後。又云：氣力勝正偃卧，睡不厭屈，覺不厭舒。又云：丈夫頭勿北首卧，卧勿當梁脊下，卧訖勿留燈燭，令魂魄及六神不安，多愁怨。凡眠先卧心，後卧身，卧訖勿張口，久成消渴及失血。不得久眠，令人失氣。又云：夜卧勿覆其頭，得長壽。夜卧當耳勿有空吹，久成耳聾。人眠勿以腳懸蹋高處，久成腎虛，及損房足冷。又云：頭邊勿安火爐，日逼近火氣，使頭重目睛赤及鼻乾。《千金方》云：寒跏趺坐，煖舒腳眠，峻坐以兩足作八字，能去冷，治五痔病。簡菴云：若貪睡則神離，於氣無所主，奔潰四溢。飽食勿仰卧，食後勿就寢。此關於卧起之調攝，無論無病人及病後，若能遵守之，獲益必多。

《重訂通俗傷寒論・調理諸法・氣候調理法》　氣候調理之法，如冬溫夏涼，不失時序，即所以自護其身者也。前賢知攝生者，卧起有四時之早晚，興起有至和之常制。調養筋骨，有偃仰之方法。節宣勞逸，則有予奪之要則。溫涼調節合度，百病不生。《太素經》云：適寒溫者，寒無淒淒，暑無出汗，居處無犯八邪，則身自安矣。不獨病後調理如此，平時無病攝生，亦當遵此。茲述四時調理各法，分季列後。

春季　春三月，此謂發陳，天地俱生，萬物以榮。早卧宴起，廣步於庭，披髮緩行，以使志生。生而勿殺，與而勿奪，此春氣之應，養生之道也。春陽初生，萬物發萌，正二月間，乍寒乍熱，人有宿疾伏熱，春氣一動，遂即遄發。又兼去冬薰衣，烘炙禦寒，積藏餘熱，至春而發泄，致體熱頭昏，咳嗽脘悶，四肢倦怠。如風溫春溫稍發，不可使行疎利之藥，恐傷肺臟，宜用消風泄熱和氣，或涼膈化痰之劑。若病後調養，當此春日融和之際，宜處園林寬敞之處，用攄滯懷，以暢生氣。不可兀坐久卧，以鬱生化。天氣寒暄不一，不可頓去棉衣，逐漸減服，稍寒莫强忍，即仍加衣。不可令背寒，寒即傷肺，致鼻塞咳嗽。肺俞五臟之表，胃俞經絡之長，皆勿失寒熱之節。春夜卧時，間或用熱水下鹽一撮，洗膝上下至足方卧，能消風邪，利腳氣。此春季未病人及病後調理之法也。

夏季　夏三月，此謂蕃秀，天地氣交，萬物花實。晏卧早起，無厭於日，使志無怒，使華成實，使氣得泄，此夏氣之應，養長之道也。夏季暑氣酷烈，爍石流金於外，心火焚熾於內，即或無病之人，亦應獨宿淡味，節嗜慾，定心息氣，兢兢業業，保身養生，因一歲惟夏爲疾病之生死關也。試看草枯木落，其汁液盡消竭於夏季，故夏季之病，較別季爲獨多。而夏令調養，尤當謹慎，不論無病、病後，如平居簷下過街棚弄堂無窗屋內，弗納涼夜卧。勿露卧，勿有汗當風而卧，勿使人扇風取涼。雖大熱，不得吃冰水、涼粉、冰淇淋、冷粥，一切生冷煎炒炙煿肥膩甜辣諸物。勿用冷水洗面，伏熱在身，烈日曬熱之衣，及汗透之衣，皆不可便穿。飽腹受寒，必起霍亂。莫食瓜茄生菜，腹中方受陰氣，食凝滯之品，多爲痞積。若患冷氣痰火之人，尤宜忌之。此夏季未病人及病後調理之法也。

秋季　秋三月，謂之容平，天氣以急，地氣以明。早卧早起，與雞俱興，使志安寧，以緩秋刑，收斂神氣，使秋氣平，無外其志，使肺氣清，此秋氣之應，養收之道也。秋風雖爽，時主肅殺，萬物於此凋傷。順時調攝，使志安寧。若夏病暑濕將瘥，至立秋後宜善自調攝。秋不宜吐，致臟腑不安。不宜喫炙溥、牛豬各肉及鷄、生鱠、濁酒、陳臭、鹹醋、粘滑難消之物。若夏月好喫生冷，至秋患痢瘧。夏月貪涼露卧，非即病霍亂，至秋必成瘧疾。勿食新薑，大熱損目。勿貪取新涼，凡人五臟俞穴皆會於脊，酷熱之後貪取風涼，此中風之源也，故背宜常暖護之。凡清晨睡覺，閉目叩齒嚥津，搓手熨眼，可以明目。此秋季未病及病後調理之法也。

冬季　冬三月，此謂閉藏，天地閉藏，水冰地坼，無擾乎陽。早卧晚起，必待日光，去寒就溫，毋洩皮膚，逆之傷腎，春爲痿厥，奉生者少，此冬氣之應養藏之道也。斯時陷伏在下，於時爲冬，當閉精養神，以厚斂藏。如植物培護於冬，至來春方得榮茂。此時若戕賊之，春昇之際，下無根本，枯悴必矣。調理之法，有痰宜吐，心膈多熱，所忌發汗。恐洩陽氣，宜服藥酒滋補。寒極漸加棉衣，不得頻用大火烘炙。手足應心，不可以火炙手，引火入心，使人煩躁。冷藥勿治熱疾，熱藥勿治冷疾。宜減鹹增苦，以養心氣。冬月陰氣在外，老人多有上熱下冷之患。陽氣在內，不宜沐浴，勿加熱湯，逼令大汗，毛孔不密，易感外邪。不宜早出犯霜，或略飲酒以衝寒氣。勿多食葱，亦防發散陽氣。此冬季未病及病後調理之法也。

綜觀上述，四時應候調理，猶關乎時攝生。臨病調理，其他病室之氣候，亦須寒溫適宜，空氣流通，使清氣能進，濁氣可出。室中燈火，尤宜少燃也。吾紹病家習慣，凡病傷寒時疫，素重迷信，最怕鬼祟，不但夜間紅燭高燒，即日中於病室牀內，亦必以多燃燈火爲陽光。而滿屋皆侍病之人，駢肩並足，交頭接耳，七口八啐，汗霧交流。豈知人氣最熱，燈火最毒，炭氣汗酸穢氣密佈滿室，清氣反失流通，即使無病之人，久居此室，亦必頭目昏暈，胸膈氣悶，況在患時病之人乎？口鼻之所吸受，肺胃之所浸淫，往往輕者重，重者即死。此等惡習慣階之厲也，凡疫皆然，凡病亦皆然，此皆病家乏衛生常識故也。

《重訂通俗傷寒論・調理諸法・食物調理法》　傷寒溫熱之症，多屬胃腸伏邪，早已失其消化力，最宜忍飢耐餓，平卧安靜，熱退舌淨無苔，始可漸進粥飲湯。漸進漸厚，不致轉復。爰將瘥後進食法，食物之忌宜，食物調補法，臚舉於左。

甲　瘥後進食法

龐安常曰：凡病瘥後，先進清粥湯，次進濃粥湯，次進糜粥。亦須少少與之，切勿任意過食也。至於酒肉，尤當禁忌。若有不謹，便復發熱，名曰食復。王士雄云：瘥後必小便清，舌苔淨，始可吃粥飯鯽魚台鯗之類。油膩、酒醴、甜食、新鮮補滯諸物，必解過堅矢新糞，始可漸漸而進。切勿欲速，以致轉病。陳氏云：傷寒初瘥，進食最難。如胃中餘熱未清，進食過早，則邪熱必復發。若胃熱已清，舌苔亦淨，不與飲食，使幾微之元氣一脫，從何處續命耶？此際全以驗舌苔爲主，如胃中有積熱者，舌必有苔，苔必乾燥，重則焦槁，甚則芒刺，在此時期，止可與白滾湯頻頻調之，禁絕穀氣。全要使胃腸空虛，則邪熱易退。今之爲父母者，不知傷寒食復之利害，但狃於平昔之愛好，止記傷寒之不吃粥飯，而床頭果品，枕邊酸甜，一概不禁。不知此等滋味，一入胃腸，則稠粘膠結，反助胃火裏邪，其害甚於穀氣。如果看得舌苔漸淨，即宜漸進穀氣，以扶正勝邪。其法，先用荷葉擦洗構器，次用青竹葉帶水一滾，傾去竹葉，止用淨水一碗，次入嫩鮮蘆根指大數寸，置湯中一滾，再去蘆根，次入陳冬米研磨之粉，法以水攪和粉，澄去沉底粗者，止取上浮細者，入前湯中十數沸後，粉糊已熟。蘆根、竹葉氣清香入胃，能回清氣、退濁氣，有濕化濕，有火清火，有痰消痰，如有燥糞，自能潤下之。此傷寒瘥後進食第一法也。其糊初進最薄，續進逐漸加厚，至後進糜粥軟飯。若進米糊數日，大便不下，藥方中加當歸、紫苑、麥冬，大便液足，燥糞自行矣。若誤用大黃，多損氣血陰液，戒之戒之！

乙　食物之忌宜

傷寒溫熱愈後，雖能食糜粥軟飯，正氣未復，凡飲食居處，俱不可不慎也。如酒肴甘脆肥鮮生冷等物，皆不可犯。少食而頻，則易運化，不可過飽，及他有所食，雖思之勿與也。不但油膩腥發麴蘖炙煿熏灼臟腑者，固宜禁絕，即瓜果生冷，凡能冰伏脾胃者，亦宜禁不入口。最妙以蘿蔔湯，陳乾菜湯，疏導其胃腸，渴則飲清快露，和開水少許，或但飲細芽茶，輸運其精液。病勢輕減後，佐其點心，可略進流動性之滋養品，如藕粉、燕窩粥及開水沖鷄蛋等。每次之食量宜少，每日之次數宜多，不過以之略充飢腸而已。病將就痊時，凡各種未熟之果實油類，及一切之固形物而不易消化者，均不宜入口，恐損胃腸，反增病也。

丙　食物調補法

程鍾齡云：藥補不如食補。凡病邪未盡，元氣雖虛，而不任重補，則從容和緩以補之。相其機宜，循序漸進，脈症相安，漸爲減藥，穀肉菓菜，食養盡之，以底於平康。故飲食之補，但取其氣，不取其味。如五穀之氣以養之，五菜之氣以充之。每食之間，便覺津津汗透，將身中蘊蓄之邪熱，以漸運出於毛孔，何其快哉！人皆不知此理，急於用肥甘之味以補之，暫時雖精采健旺可喜，不思油膩阻滯經絡，邪熱不能外出，久久充養完固，愈無出期矣。廉安常有鑒於此，如所云凡病新瘥，只宜先進白稀粥，次進濃粥湯，又次進糜粥，亦須少少與之，不得早吃肉食，旨哉言乎！顧松園云：百合麥冬湯，清肺止咳，真柿霜消痰解熱。人乳爲補血神品，童便爲降火仙丹。雪梨生食能清火，蒸熟則滋陰。苡仁湯肺熱脾虚，服之有益。淡蓮子湯芡實粥遺精泄瀉，最屬相宜。扁豆紅棗湯，專補脾胃。龍眼肉湯，兼養心脾。鯉鱅鰻、綠魚膠同豬蹄、燕窩、海參，或雞、鴨，葷中麥爛飲汁更佳。填精益髓。鳳頭白鴨，烏骨白雞，補陰除熱。豬肺蘸白芨末，保肺止血。以上諸物，病人如已食飯多日，行動自如，方可隨宜恒食。此食補方法之大要也。

《重訂通俗傷寒論・調理諸法・病中調護法》 榮齋按：本章原作只有瘥後調理法，而不提及病中調護法，在編述方面是脱節，在事實方面是缺點。須知疾病與調護，爲醫療過程中一個重要關鍵，醫藥療效之顯著與否？與調護的合理不合理有密切關係。中醫文獻記載，因失於調護而造成事故的例子，是不少概見的。例如《冷廬醫話》載：秀水王氏子患身熱、咳嗽，由於不忌風冷和飲食，結果致疹發不透，胸悶氣喘而死，這是一個事實。另一方面，譬如感寒病熱，服發汗劑，若病家不善調護，或因覆被太多，致藥後大汗淋漓，病反熱高；或因服藥之後，仍食葷腥油膩，熱不得退；在病家尚以爲醫生辨證不確，用藥失當之故，而不知其癥結是在病家之失於調護。

祖國護病學説，在張仲景時代是很講究的。例如：服桂枝湯後的將息和禁忌，經常關心服藥後的病理反應和藥理反應等；已具備了護病學的基礎。後此各家醫書，不重視這個方法，認爲它是醫療工作中的附件，僅列入保生慎疾一類文字中，缺乏有系統的敘述。現在我把近人關於護病方法的文字摘錄三篇，取其通俗易曉，避免高深的理論，並附入西醫護病學若干則，取長補短，以資互相參證。

甲毛退之提出四點：一、空氣宜流通：一日夜須得兩三回之换氣，但换氣時不可使病人感覺有寒，春秋宜以衣被謹護之，冬季宜爇火於爐，以助其温。衣服被褥，常洗曬以使其潔。病體則時以温水毛巾拭之，使皮膚之呼吸便易。二、病室：宜整齊、清潔、閑静，最忌亂雜穢物或喧擾。三、宜保持平衡之體温：病人手足最易寒冷，則與他部温度不平衡，致妨礙血行。四、食物宜適量調劑其食慾：病人之食量，必減於平時，若以不配胃之食物進，則欲減而病增矣。雖然病體之消化力必弱，尤不可以無限制。錄自《中西醫話》卷二

乙顧時雨分三方面説：一、飲食方面：病中以吃素爲宜，尤其是外感病。如果病人不要吃的食物，千萬不可勉强。病人胃口呆鈍不思飲食時，可停止進膳一日或半日。病中消化力薄弱，每頓須少吃，且必擇易於消化者。因多吃油膩葷腥而患泄瀉時，從速停止飲食。病中每覺口味不佳，但不可因此而吃各種不應食的物品。病中進食質量宜少，如其不夠，寧可次數加多。病中食物，以糜粥爲最宜。二、寒暖方面：病人之衣被，須温凉合度，且須擇輕軟舒適者。病人之衣被，要適合時令。病室中宜保持適當温度攝氏表十六至二十度過與不及，皆非所宜。三、精神方面：病人須力求精神安定。侍疾者須常以好言安慰病人，尤宜細心留意病情，告知醫生，以供參考。病人煩悶時，侍疾者可擇有趣味之故事或笑話，講給病人聽，使病人精神上減少痛苦。病室内不可人聲擾雜，否則容易引起無謂之煩惱。家庭瑣事，不可告知病人，以免引起精神上的刺激。惲鐵樵《醫學月刊》第一期

丙陳祖光發汗時之攝生：取汗之目的，有一定標準。汗液亡失過多，則有筋惕肉瞤、亡陽、亡津液、小便不利，大便乾燥之弊。汗液排泄不佈，謂局部汗出而不遍佈周身也。則有病不解解不足言之弊。故發汗之目的，不求甚多，亦不求其少，求其遍身漐漐然潤也。發汗時之攝生，即增加體外温度，以輔助藥力之不足，或攝養體力，使體工恢復原狀；故可分爲求汗時，與汗出後二期言之：一、求汗時：藥汁宜温熱服。病室宜增高温率。服藥後宜温覆被窩，下半身更宜重褥，或熨以熱水袋。可少與熱稀粥，以助藥力。二、汗出後：宜休養在空氣不激烈鼓動的地方。静坐或躺卧在圍帳裏。室内保持常温。解除求汗時的生温準備。按汗後體液亡失，汗腺空疏，體工疏怠，若非休養一二小時，使體工恢復原狀，最易復病。此一二小時間，爲汗後時間，不可疏忽。吳興醫藥第一期

丁護病學摘要：一、一般熱病的護理：絶對卧床休息，應有充足的睡

眠，防止一切不必要的活動。多飲開水，每二十四小時至少喝三千毫升，以補充體內水分及促進毒素的排洩。體溫在三十八度以下者，每日檢查體溫二次上午八時、下午四時；在三十八度以上者，應每日四次上午六時、十二時、下午六時、十二時。發熱在三十八度以上者應食軟飯；在三十九度以上者應進流質飲食。退熱時不可使病人活動，仍應休息，因退熱時體力消耗很大，容易疲勞。病人在退熱時，脈搏、呼吸應該減少，如果反而增多，即證明是虛脫的象徵。二、傷寒的護理：照一般熱病護理。絕對安靜休息；除去在發熱期間應安靜外，在熱退後的短時期也要安靜，特別在第三第四週更要注意。飲食要給予高熱量的流質飯，每二小時一次但蔗糖或牛奶最好少給或不給，以防在腸內發生氣體。時時注意病人的糞便、體溫及脈搏，如發現體溫突然降低，或脈搏增高，或大便內有血時；應立即報告醫生。並應使病人絕對安靜，腹部上冷敷，禁食一二日。三、痢疾的護理：照一般熱病護理。隔離病人。靜卧休息，以減輕腸蠕動。腹部及臀部保溫，或用熱水袋放在腹部以減輕疼痛。在急性期間，要使病人在牀上平卧大便，以使腹壁不用力。急性期間，要常飲開水，每半小時或一刻鐘給予一次，直至小便通暢爲止。飲食：在急性期可用痢疾第一類飯流質飯，待症狀減輕後可用第二類飯半流質飯，直到大便沒有黏液及血時，才可進軟飯及普通飯。

《重訂通俗傷寒論・調理諸法・瘥後藥物調理法》 傷寒溫熱，大邪退後，餘熱未盡，元氣已虛，胃虛少納，脾弱不運，稍動則復，若調理失當，不知禁忌，隨時可以轉復。若非藥物調理合宜，瘥後遺症，何能輒除？爰舉其要，臚列二十四則於後。

一、瘥後浮腫　傷寒瘥後，脾虛不能制水，水溢於皮膚絡脈間，肢體浮腫者，須實脾利水，宜焦冬朮、茯苓皮、米仁、杜赤豆、扁豆、山藥、木瓜、車前子、澤瀉之屬治之，或以糯米米仁煮粥食最妙。有因食滯中宫者，乃病後脾胃大虛，不能消穀也。病者胃中猶燥，偏欲多食，食停心下臍上，則水不得上輸於肺，肺亦不能通水道於膀胱，故溢於肢體而爲腫。其症以心下臍上有硬處，按之則痛爲異。小便或利或不利。當用平胃散。加枳實、山查、麥芽、萊菔子、六神麴爲主，硬處消則腫自愈。或加苓、澤，兼利水亦可。亦有氣復未歸者，熱病大傷陰氣之後，由陰精損及陽氣，愈後陽氣暴復，陰尚虧歉之至，切忌消利。吴又可所謂病後氣復、血未復，氣無所歸，故暫浮腫。不可治腫，調其飲食，節其勞役，靜養自愈。吳鞠通曰：余見世人，每遇浮腫，便與滲利小便方法。豈不畏津液消亡，而成三消證，快利津液，爲肺癰與陰虛咳嗽身熱之癆損證哉？余治是證，悉用復脈湯，重加甘草，只補其未足之陰，以配其已復之陽，而腫自消。至其辨法，氣腫異於停水食滯者，停水身重，而小便不利；氣腫身輕，而小便自利。食滯腹中有結，氣腫腹中自和也。又有脾胃氣虛，土不制水，溢於下焦，故從腰以下有水氣而爲腫也。宜牡蠣澤瀉散，利小便而泄下焦之水也。

二、虛羸少氣　傷寒解後，肺胃津虧氣餒，餘熱挾胃火上昇，致虛羸少氣。氣逆欲吐者，胃有虛熱，氣不下降。竹葉石膏湯加竹茹、白薇主之。

三、日暮微煩　熱病新瘥，人強與穀，脾胃氣尚弱，不能消穀，故令人微煩。損穀則愈。

四、瘥後發蒸　熱症新瘥，蒸蒸骨熱如癆瘵者，乃餘熱留於陰分也。不可以其羸瘦而遽用虛損法，必察其六府有結邪，則仍以攻邪爲主。次察其筋絡有壅瘀，仍以通瘀爲主。次察其氣道有痰涎，仍以祛其痰涎爲主。數者俱無，方可清熱。或無邪而陰傷，方可純用養陰之藥。或分其餘邪之輕重，虧損之多少，而兼用養陰清熱藥進退加減以和之。

五、瘥後咳嗽　凡熱退之後，尚有咳嗽未除，此肺胃津虧，而有餘熱戀肺，宜滋養肺胃之陰，其嗽自止。如南沙參、麥冬、地骨皮、川貝母、川石斛、花粉、茯苓、杏仁、桑皮、蔗汁、梨汁之類，或加生地、玉竹之類。新感風寒，而症見咳嗽，其病爲輕，以其邪傳入肺，肺主皮毛，邪從外達也。溫熱多內傷虛證，見咳則重，五臟傳乘，肺受火刑，水源涸竭，每多死症。

六、自汗盜汗　瘥後自汗盜汗，雖皆屬虛，然溫熱瘥後，多由餘熱未清，心陽內熾，以致蒸蒸燔灼，津液外泄而汗出，爲陰虛有火，慎勿驟補峻補，苦堅清養爲宜。苦堅如當歸六黃湯加減，以育陰、瀉火、固表；清養如西洋參、生地、麥冬、黃連、甘草、小麥、百合、竹葉、茯苓、蓮心之類。若無熱惡寒，而盜汗不止者，陽虛也，黃耆建中湯加減。自汗不止者亦陽虛也，玉屏風散加牡蠣龍骨收之，以固護腠理，實表固濇之法也。

七、瘥後喜唾　病後喜唾，久不了了，中土陽虛，胃中有寒，不能收攝津液，而冷涎上泛也。宜理中丸。加益智仁溫納之。亦有胃虛而有餘熱者，宜用烏梅北棗丸。烏梅肉十枚、大黑棗五枚，俱去核，共杵如泥，加煉蜜丸，彈子大。每用一丸，噙化之。中虛不能攝水者，六君子湯加益智仁攝之。若其稠飲自下焦漾漾而起，溢出口中者，此腎氣不納，濁陰上泛也，宜都氣飲。加胡桃肉、補骨脂以納之。或少加淡附片以收之，或佐白朮以制之。

八、皮膚甲錯　病後身體枯瘦，皮膚甲錯者，乃熱傷其陰，陰液不能滋潤皮膚也。治法以養陰爲主，吴氏人參養榮湯、方見前清燥養榮湯均可酌用，葉氏加減復脈湯尤效，亦有粥食調理自回者。又有熱毒爲病，氣血被其煎熬，瘥後飲食漸進，氣血滋生，潤皮膚而滋筋骸，或痛或癢，宛如蟲行，最是佳境，不過數日，氣血通暢而自愈矣。

九、瘥後發瘡　温熱新瘥，發瘡者最多，乃餘熱淫於肌肉也。若照尋常瘡症，温託妄施，斷不能救，惟多服清凉解毒，兼養氣血藥自愈。

十、瘥後發痿　瘥後發痿，四肢不能動移者，熱傷筋脈也。吴氏諸養榮湯。酌用，輕者粥食調理自愈。

十一、瘥後不寐　凡傷寒温熱病，熱退之後，夜不欲寐者，胃不和也，温膽湯，加秫米和之。驚悸不寐者，心氣虛也，前方合酸棗仁湯。去川芎清斂之。觸事易驚，夢寐不安者，乃有餘熱挾痰也，宜用竹茹、黄連、石菖蒲、半夏、膽星、梔子、知母、茯苓、旋覆花、橘紅等味。虛煩不寐者，餘火擾動也，黄連阿膠湯清滋之。心火内熾不寐者，慎勿驟補，宜清養爲主，如西洋參、生地、麥冬、黄連、甘草、小麥、百合、竹葉、蓮心、茯神，或加阿膠，或雞子黄、珍珠粉審證酌加。若終夜清醒，目不得瞑，或目瞑則驚悸夢惕者，餘邪内留肝膽，膽氣未舒，肝魂不安也，宜酒浸郁李仁、炒棗仁、豬膽皮、黄連、焦梔、淡竹茹、桑葉等。滑以去著，苦以泄熱。

十二、瘥後昏沉　凡傷寒温熱症。新瘥後十餘日，或半月，漸至昏沉者，皆緣發汗未盡，餘邪在於心包故也。或見潮熱，或兼寒熱如瘧。宜連翹、梔子、豆豉、麥冬、菖蒲、淡竹葉、鈎籐、丹參之類清解之。然有痰火内伏包絡者，亦見昏沉，其人終日昏睡不醒，或錯語呻吟，或獨語如見鬼，宜丹參、白薇、麥冬、焦梔子、黄連、竹葉、辰砂染燈芯、細芽茶、天竺黄、石菖蒲、川貝母、廣鬱金等味。再加厥症返魂丹，輕清以開達之。甚或萬氏牛黄清心丸、葉氏神犀丹。皆可採用。

十三、瘥後怔忡　凡熱病新瘥，怔忡驚駭，乃水衰火旺，心腎不交也。宜補水養心，硃砂安神丸最妙，半夏秫米湯合交泰丸尤妙。

十四、瘥後妄言　凡傷寒温熱病，每有熱退身凉之後，其人如癡，神思不清，言語謬妄，或倦卧不思食者，此心神虛散不復所致。但當調養氣血，兼治其心可也，神復妄言自止。吴氏安神養血湯主之，薛氏參麥茯神湯亦主之。但痰火餘邪，内伏包絡，亦有此症。當用鮮菖蒲、天竺黄、川貝母、連翹、鈎藤、丹皮、竹茹、辰砂之類，以凉開熱痰，則神自清而不妄言矣。若猶不應，加萬氏牛黄清心丸清宣之。亦有餘熱未盡，熱擾於心，則多言譫妄者，宜導赤散加麥冬、蓮芯、硃砂拌燈芯等，熄餘燄而清心神。

十五、瘥後語蹇　傷寒温熱症，熱退後，其舌轉動不靈，而語言蹇澀者。因心脾腎三經之脈，皆繫繞於舌，心腎虛則舌不靈動，；痰阻脾絡，肝風内擾，則語言蹇澀不清，多是虛風痰火爲病。宜加味逍遥散去白朮。加生薑、鈎籐、鮮菖蒲、刺蒺藜、殭蠶之類，以熄風豁痰。痰多者，宜導痰湯加菊花、鈎藤、白蒺藜、鮮菖蒲、薑汁、竹瀝等，熄虛風而清痰火。若因痰熱滯於肺絡，有聲不能言者，宜顧氏清金散加石菖蒲、竹瀝清肅之。如因餘熱耗傷肺腎之陰，不能上接於陽者，宜清燥救肺湯，加巖製川貝、雅梨汁以清養之。若聲顫無力，語不接續，名曰鄭聲，乃元氣虛而無根也，宜貞元飲。合集靈膏峻補之。

十六、瘥後額熱　凡熱病熱退後，胃中痰食邪熱逗留，額屬陽明，故額獨熱，目神似覺呆鈍。宜清疏之，二陳湯加連翹、黄芩、山查、神粬之類，清之和之。

十七、瘥後發頤　俗名遺毒，乃餘邪留滯絡中而成毒也，因汗下清解未盡，其邪結於少陽、陽明二經。發於兩頤者，陽明部位也，發於耳之左右者，少陽部位也。治法以解毒清熱、活血疏散爲主。誤則成膿不出，而牙關緊，咽喉不利，多不能食而死，毒内陷而復舌燥神昏亦死，出膿後氣虛血脱亦死，故宜早治也。古方以普濟消毒飲爲主，發在耳後，以柴胡、川芎爲主；在項下以葛根、白芷爲主；在項後巔頂，加羌活、薄荷。時方以連翹敗毒散爲主，如羌獨活、荆、防、連翹、赤芍、牛蒡、桔梗、土貝、蒺藜、薄荷、銀花、甘草之類。如元氣虛者，須兼歸耆補托。潰膿後，當大補氣血爲主。然發於陽明者易治，發於少陽者難治。總之此症初起，速宜消散，緩則成膿，不可輕補於未潰之前，補早則必成膿。尤不可純用寒凉於將發之際，恐閉遏而毒不得發，故必兼疏散爲要。外治以葱水時時浴之。

炳章　按：余治此症，常用吳氏加減消毒飲，如銀花、連翹、蟬衣、殭蠶、牛蒡、馬勃、荆芥、元參、薄荷、鮮生地搗豆豉，便閉加大黃等辛涼疏散之劑，多則三帖必愈。如耳下有結核者，加粉重婁、天葵子。外台用水仙花根搗爛，和金黃散厚塗疼上，數日即消散。此屢經試驗法也。

十八、瘥後耳聾　溫熱症身涼後，尙有耳鳴耳聾等症者，其因有三：一、因餘邪留於膽經，宜養陰藥中加柴胡、鮮菖蒲、鈎藤、滁菊、通草、荷葉之類，以清解少陽之鬱。二、因痰火上昇，阻閉清竅，其耳亦聾，宜導痰湯去半夏、南星加栝蔞皮、京川貝、枇杷葉、杜兜鈴、通草、鮮菖蒲之類，以輕宣肺氣之鬱；　三、因腎虛精脫，則耳鳴而聾，宜常服耳聾左慈丸，或磁硃丸等以滋陰鎮逆。此二症不關少陽，皆禁用柴胡昇提。外治惟耳聾神丹，鼠腦一個，青龍齒、硃砂、梅冰、淨乳香、麝香各一分，樟腦半分，上藥各研細末，用鼠腦爲丸，如桐子大。用絲綿包裹，納入耳中，多效。

十九、瘥後腹熱　凡熱病後，身大涼，獨腹熱未除，此脾火內甚也，養陰藥中加生白芍自除。但此症惟伏暑晚發最多，多屬腸胃積熱，雪羹湯送服陸氏潤字丸最妙。

二十、瘥後疼痛　熱病失治於前，熱流下部，滯於經絡，以致腰脇疼痛，甚則不能起立，卧不能動，誤作痿治，必成廢人。宜清瘟敗毒散小劑，加木瓜、牛膝、續斷、萆薢、黃柏、威靈仙。以祛風通絡。

二一、瘥後不食　當辨不欲食，食亦不化兩端，不欲食者病在胃，宜養以甘涼，金匱麥門冬湯主之，葉氏養胃湯亦主之；　食不化者病在脾，當與以溫運，香砂理中湯主之，六君子湯亦主之。雖然不欲食一病，又宜分傷食與停食兩項，傷食者飲食自倍，腸胃乃傷，病在不及消化；　停食不論食之多少，或當食而怒，或當食時病在氣結而不能化也。治傷食宜注重於食，或吐、或下、或消；　若停食則重在氣，惟理氣兼之以消。吐下之法，不任用也，醫者須分別治之。

二二、瘥後不便　凡溫熱病後，大便不行者，熱閉居多，風閉氣閉者少。熱閉者，熱搏津液，腸胃燥結，及腸胃素有積熱者，多有此疾。其症面赤腹熱，大腹脹滿，四肢反冷，或口舌生瘡是也。大黃飲子最妙，三黃枳术丸、枳實導滯丸、陸氏潤字丸等。皆可酌用。虛閉有二，一陰虛，一陽虛也。凡下焦陽虛，則陽氣不行，不能傳送而陰凝於下，下焦陰虛，則陰血枯燥，津液不到，而腸臟乾槁。治陽虛者，但益其火，則陰凝自化，蓯蓉潤腸丸主之。老年者，黃耆湯送服半硫丸。治陰虛者但壯其水，則涇渭自通，六味地黃湯。加淡蓯蓉、白蜜主之，益血潤腸丸、五仁丸等亦效。風閉者，風勝則乾也。由風熱搏激肺臟，傳於大腸，津液燥爍，傳化則難。或其人素有風病者，亦多風閉。或腸胃積熱，久而風從內生，亦能成閉。東垣潤腸丸主之，加味皂角丸亦主之，氣閉者，氣內滯而污物不行也。其脈沉，其人多噫，心腹痞悶，脇肋膨脹。若用攻藥通之，雖或暫通，而其閉益甚矣。或迫之使通，因而下血者，惟當順氣，氣順則便自通矣。蘇子降氣湯，加枳殼、杏仁主之，重則六磨湯主之。

二三、瘥後下血　溫熱新瘥，或十日或半月，忽然下血者，由於初起失汗，邪不外達而內入，陽邪熱甚，熱傷陰絡而下溢也。治以清營、涼血、和絡之法，如生地、丹皮、地楡、川斷、槐米、白芍、苡仁、黑荆芥、白茅根，臟連丸，治之自愈。陰虛火旺者，臟連六味丸尤捷。

二四、瘥後遺精　病後遺精，因火動者多，宜清餘熱，固精封髓丹主之，三才封髓丹加黃連亦主之。以此症黃連、黃柏二味最是要藥也。

以上瘥後遺症，藥物調理各法，大旨已具，其他普通調理，當分補虛清熱兩項。補虛有兩法，一補脾，一補胃。如其人中氣虛者，病退後必納穀少，運化遲，或大便不實，或惡心吐涎，宜六君子加減以和中。形寒畏冷，宜黃耆建中湯溫補之。凡此症脈皆緩大，舌皆白嫩可辨。如其人陰分虛者，必有餘邪未盡，舌燥口渴，二便艱澀，脈兼微數等症，宜小甘露飲、葉氏養胃湯等清養之。清熱亦有兩法，初病時之熱爲實熱，宜用苦寒藥清之；　大病後之熱爲虛熱，宜用甘寒藥清之，二者有霄壤之殊。凡人身天眞之氣，全在胃口，津液不足，即是虛，生津液即是補虛。故以生津之藥，合甘寒瀉熱之，以治感後之虛熱。如麥冬、生地、丹皮、北沙參、西洋參、鮮石斛、梨汁、蔗漿、竹瀝、鮮茅根之類，皆爲合法。仲景、河間主用竹葉石膏湯、天水散以清虛熱，亦取甘寒之義也。設誤投參、耆、苓、术補脾之藥爲補，甯不併邪熱而補之乎？此爲瘥後調理脾胃之要訣也。

《羅氏會約醫鏡・治法精要・論事屬損傷宜自戒惧》　夫人之受氣於天以成形，其生死本有全局，奈人自有知識以來，恃其少壯，凡傷身損神之事，無所不爲，而得全其生之常度者無幾。此非天命，皆由自作，不得不詳言之，以爲保身者戒。一曰酒：蓋酒之味甘，其引人嗜也，日夜無度，而不知害人也，有甚於砒霜者矣。酣醉日久，病變百出，或濕邪傷脾，痰膈嘔吐；或肌肉鼓脹，腸風瀉痢；或耽湎不知，水淹跌傷，鬥毆傷生者，不知其幾何人矣！一曰色：因嬌媚可愛，不知伐命之説爲何！倘貪之戀之，其傷敗也，或致勞瘵，或染穢惡，或驚嚇喪膽，爭奪致殃。及至亡身敗家，而悔之無及者，又不知其幾何人矣！一曰財：人知財能養命，豈知財能殺人。貪得者不顧義理，爭奪者不惜性命。而究之悖入者亦悖出。積一生之圖謀，一旦化爲烏有【略】而明知明昧者，又不知其幾何人矣！一曰氣：恃血氣之勇，逞好勝之私，事無大小，每不自平。豈虞忿怒最損肝脾，膈食、氣蠱，脇痛、厥逆等症，胥由是生也。甚至恃強爭競，不傷他人，必傷自己。身受刑罰，骨肉分離，蕩盡莫救。而自愚自斃者，又不知其幾何人矣！夫人，生之自天，成之自己，乃人不知自成，而擾擾於酒色財氣之中，終身昏迷，不能出其藩籬，而禍患無極者，此皆聰明之誤，而愚拙者或不至此也。廣成子曰：毋勞爾形，毋搖爾精，乃可以長生。蓋形言其外，精言其內，內外俱全，斯得我生之常度，而可以壽終矣。此古聖人垂念蒼生，至眞至極之良方也，可不佩之以爲終身之戒乎！

《羅氏會約醫鏡·治法精要·論人元氣宜早培補》 上古之時，氣運渾厚，人心醇樸，故人之享壽，或耄耋，或期頤，且有百餘歲者。而其後則不然，氣運不同，渾噩之風日遠。而人之生也，或數月而嬉笑，或童稚而靈慧，迨十餘歲後，知識日開，六淫七情，無往而非斫喪之事，所以壯者日衰，少者易老，牙落髮禿，腰膝疼痛，內傷咳嗽，喉爛身熱，飲食不思，由是形容枯槁，坐以待斃。雖有良醫，不可救援，而欲以壽終也難矣。人皆歸之於數，而不知所以自致者不少也。譬之燭然，將一枝燃於靜室無風之所，一枝燃於門外多風之地，而外者之易燼，不及內者之可以久延也。余年二十以前，體弱多病，二十以後，知看藥書，至生病隕身之處，至再至三，諄諄懇懇，讀之痛心，不覺毛骨悚然。凡一切損身耗神之事，毫不敢犯。並調養藥餌，年常服之，所以目今七旬，未有老邁光景，大約得於保養之力者居多。夫人得於氣運之薄，及先天之不足者，固無可如何；若能惜身重命，凡一切損身者戒之，益身者遵之，早爲培補，後天人功，可以挽回造化，體旺而壽長也。倘其知之。

以下治酒病：

葛花解酲湯　治酒過痰逆，嘔吐痞塞，心煩食少，昏沉尿澀等症。

人參少者山藥三錢，炒黃，或時下條參三錢代之　白朮　茯苓　砂仁　葛花　白豆蔻肉各一錢　青皮　陳皮　豬苓　澤瀉各七分　神麯　木香各五分

薑引，熱服，取微汗，酒病去矣。

節齋化痰湯　治酒痰結於肺胃，或吐咯難出，因火邪炎上凝滯也。

天冬去心　黃芩酒炒　海石另研　瓜蔞仁去油　橘紅各一兩　連翹　香附淡鹽水炒　桔梗各五錢　青黛另研　芒硝另研。各三錢

共研末，煉蜜，加薑汁少許，搗丸，綠豆大，淡薑湯下五六十丸。

酒過腫脹　用香附二兩，艾葉醋煮，焙爲末一兩，醋糊丸。久服，敗水從小便出。嗣後宜戒酒。

止嗜酒方　用蒼耳子七枚，燒灰存性，投酒中飲之，即不嗜酒。又方：以酒二碗，漬氈襪底一宿，平旦飲之，勿令彼知，得吐即止。

救火酒醉傷　用水豆腐重敷遍身，可蘇。輕者用冷水塗濕腦後、項後。醉醒後，心中無主，用雞蛋三四個煮湯，加醋少許食之，可以補體定神。

戒酒良方：凡酒之傷人，不能自知。宜以醒眼觀醉人，小則失儀，大則傷身，令人膽戰心寒，何酷好乃爾！嗣後貪之者，須及早回頭。後來者，適可而止。由是身安行端，其樂何如！

以下治色病：

拯腎湯新　治腎經損傷，神昏身倦，或遺精白濁，玉莖隱痛等症。

熟地四錢　棗皮　山藥　枸杞　杜仲鹽水炒　巴戟去心。各錢半　茯苓一錢　五味三分　補骨脂鹽水炒，一錢

空心服。服之而效，可照分量加二十倍，再加菟絲子酒蒸四兩，青鹽五錢，煉蜜爲丸。每用淡鹽湯，空心下七八錢。

濟陰丸新　治腎經陰陽兩虧，兩尺脈空虛無神，將成勞瘵等症。

熟地八兩　棗皮四五兩　山藥四兩　茯苓三兩　龜板膠三兩，酒蒸　肉桂三兩　附子三四兩　杜仲淡鹽水炒，三兩　菟絲子淘淨泥沙，酒蒸，四兩　五味二兩

先將地黃、棗皮搗成膏，餘藥研末，加龜膠煉蜜爲丸。空心服七八錢，淡鹽湯送下。至於修制加減，與上保元丸可以參用。

青娥丸　治腎虛，腰痛，膝軟，補精益髓，諸損悉效。

補骨脂炒，四兩　杜仲八兩，薑水炒　胡桃肉去黑皮，十兩
　加巴戟肉四兩，胡蘆巴炒四兩，肉蓯蓉酒洗三兩；　或加大茴香鹽水炒二
　兩，青鹽二錢，共研末，煉蜜爲丸。空心溫酒或鹽湯送下五十丸。
戒色良方：　凡病多由自致，而色傷則不然【略】未病者致病，已病者加病。一身之精液盡枯，雖有妙藥，不償所出也。【略】
治財病【略】
以下治氣病：
逍遙散　治忿怒損傷肝脾，脇痛、發熱等症。
當歸　白芍　白朮　茯苓各二錢　甘草一錢　柴胡八分
　薑引，或加薄荷葉三分。
排氣飲　治內傷肝膽，氣逆脹滿。
陳皮去白，錢半　木香七分　藿香錢半　香附二錢　枳殼　澤瀉　烏藥各錢半　厚朴一錢
　熱服。如氣逆之甚者加白芥子、沉香、青皮、檳榔之屬。
解肝煎　治暴怒傷肝，陰滯氣脹。
陳皮　半夏　厚朴　茯苓各錢半　蘇葉　白芍各一錢　砂仁七分
薑引。如氣脹痛，加枳殼、香附、藿香之屬。
化肝煎　治怒氣傷肝，因而氣逆動火，致爲煩熱脇痛、脹滿動血等症。
青皮　陳皮　白芍各錢半　丹皮　梔子各一錢　澤瀉一錢，如血見下部者以甘草代之　土貝母二三錢
　溫服。如大便下血者，加地榆；　小便下血者，加木通各錢半。如兼寒熱，加柴胡一錢。如火盛，加黄芩一二錢。如脇腹脹痛，加白芥子一錢。如脹滯多者，勿用白芍。

《羅氏會約醫鏡・雜證・論齒牙》　保齒堅固，用羊脛骨火煅存性，爲末，加青鹽研勻，早夜揩牙。又方：　用香附炒黑二兩，青鹽兩半，爲末，如常揩牙。凡牙齒痛，屬寒者，宜乾薑、蓽撥、細辛；　屬熱者，宜石膏、牙硝；　屬風者，宜皂角、薑蚕、蜂房；　屬蟲者，宜石灰、雄黄。保齒，用旱蓮草根一斤，酒洗淨，青鹽四兩，腌三宿，同汁炒乾，研末，日用擦牙，連汁咽之，能烏鬚固齒。取牙，用鳳仙花子研末，入砒少許，點牙即落。

《聽西軒筆記》　王輔嗣《易經》頤卦大象注云：　禍從口出，病從口入。蓋古來已有此語。食者不可不慎，如河豚有毒，而味甚美，當烹庖時必以蘆芽同煮則可解。坡公詩云：　蔞蒿滿地蘆芽短，正是河豚欲上時。蓋謂此也。蝦蚖甚鮮，其物是化生，蝴蠓、蛆蟲之子，一落水皆可變，煮熟時有不曲躬者不可食。鱠魚背脊有十二刺，應一年十二月，有閏則多一刺，如正月之毒在第一刺，二月之毒在第二刺，以此類推，有中之者能殺人，惟橄欖汁可解，雞味最鮮，不論雄雌，養五六年者不可食。又如蟹者深秋美品，與柿同食即死。刀魚本石鱟，開春第一鮮美之肴，而腹中腸尤寫美味不可去之，此爲美食刀魚者。或以腸爲穢污之物，輒棄去。余則曰：　是未讀《說文》者也，案《說文》魚部。鱟飲而不食，刀魚也。此魚既不食，穢從何來耶？故曰：人莫不飲食也，鮮能知味也。飲食一道，如方言各處不同，只要對口味。口味不對，又如人之情性不合者，不可以一日居也。近人有以菓子爲菜者，其法始於僧尼家，頗有風味，如炒蘋菓，炒荸薺，炒藕絲、山藥、栗片，以至油煎白果，醬炒核桃、鹽水熬花生之類，不可枚舉。又花葉亦可以爲菜者。如胭脂葉、金雀花、韭菜花、菊花葉、玉蘭瓣、荷花瓣、玫瑰花之類，愈出愈奇。喜慶家宴客，與平時宴客，絕不相同，喜慶之肴饌如作應制詩文，只要華贍出色而已，若平時宴飲則烹調隨意，多寡咸宜，但其適口，即是嘉肴。或有問余曰：　今人有文章，有經濟，又能立功名、立事業，而無科第者，人必鄙薄之，曰是根基淺薄也。又曰出身微賤也，何耶？　余笑曰：　人之科第，如盛席中之一臠肉，本不可少者，然僅有此一臠肉，而無珍饌嘉肴以佐之，不可謂之盛席矣。故曰：　經濟文章，自較科第爲重，雖出之損職，亦可以治民。珍饌嘉肴，自較臠肉更鮮，雖出之家廚，亦足以供客。

《聽西軒筆記・治庖》　凡治菜以烹庖得宜爲第一義。不在山珍海錯之多，雞豬魚鴨之富也。庖人善，則化臭腐爲神奇；　庖人不善，則變神奇爲臭腐。曾賓谷中丞嘗言京師善治菜者，獨推茅耕亭侍郎家爲第一，然每桌所費，不過二千錢，咸稱美矣至矣。可知取材原不在多寡，只要烹調得宜，便爲美饌。古人著作，汗牛充棟，善於讀書者，只得其要領，不善讀書者，但取其糟粕。庖人之治庖亦然。欲作文必需先讀書，欲治庖必需先買辦。未有不讀書而作文，不買辦而治庖者也。譬諸魚鴨雞豬爲十三經，山珍海錯爲二十二史，葱菜蟹蒜酒醋油鹽一切香料爲諸子百家，缺一不可。治庖時寧可不用，不可不備。用之得當，不特有味可以咀嚼，用之不得當，不特無味，惟有

嘔吐而已。同一菜也，而口味各有不同，如北方人嗜濃厚，南方人嗜清淡。北方人以肴饌豐、點食多爲美，南方人以肴饌潔、果品鮮爲美。雖清奇濃淡各有妙處，然濃厚者未免有傷腸胃，清淡者頗能自得精華。隨園先生謂：治菜如作詩文，各有天分。天分高，則隨手煎炒便是嘉肴；天分不高，雖極意烹庖，不堪下箸。《易》曰：尊酒簋二。《詩》曰：每食四簋。可知古人飲食儉約，不比今時之八簋十簋始爲敬客也。僕人上菜，亦有法焉，要使濃淡相間，時候得宜。譬如鹽菜，至賤之物也，上之於酒肴之前，有何意味？上之於酒肴之後，便是美品，此是文章關鍵，不可不知。孟子曰：魚我所欲也，熊掌亦我所欲也。熊掌之味，尙亞於今之南腿，不過存其名而已。惟魚之一物，美不勝收。北地以黃河鯉爲佳，江南以螺螄青爲佳，其餘如刀魚、鱸魚、鯽魚、鯿魚、連魚、鰱魚，必各隨其時，愈鮮愈妙。若陽城湖之壯鰻，太湖之鼋與鼈，終嫌味太濃濁，比之鄉會墨卷，不宜常置案頭者也。

《疫痧一得·疫痧提要》 一、痧後四肢浮腫，夜則如常。脾健自愈，毋須溫補。

一、痧後十日半月不大便，亦無所苦。誤用通利，死不終朝矣。

一、痧後皮膚或痛或癢，婉如虫行。最是佳境，不過兩三日氣血流通。

一、痧後半身不遂，熱滯經絡。誤作痿治，必成廢人。

一、痧後不欲飲食，宜健脾養胃。

一、痧後有聲不能言，此水虧不能上接於陽也。

一、痧後鄭聲，乃氣虛也。

一、痧後喜睡不能自止者，胃中有寒也。宜溫之。

一、痧後吐津不止，猶有餘熱。宜用梅棗丸噙之立愈。

一、痧後多言，乃胃家猶有餘熱。

一、痧後遺精。心腎氣虛，不能管攝也。

一、痧後易於恐懼，猶有餘熱也。

一、痧後終日昏昏不醒；或錯語呻吟，此熱邪伏於心胞絡也。

一、痧後自汗、盜汗，乃陰虛陽虛也。

一、痧後心神不安，乃心血虧損所致。

一、痧後虛煩不寐，乃氣血兩虛。

一、痧後男女早犯色慾者，名爲勞復。其症頭重不能舉，目中生花，腰背疼痛，四肢無力，憎寒發熱等。用麥冬湯救之，多有效驗。若男莖縮入腹，女乳縮，脈離經者，多不可救。

一、疫症發瘡，必有證候可驗。誤以瘡症治之，斷不能救。

《重慶堂隨筆·燮理十全膏》 平補陰陽，調和氣血。

人參潞黨參，西洋參酌宜代用　黃耆各三兩，炙　白朮六兩　熟地八兩　歸身　白芍　川芎各二兩　甘草一兩，炙

右八味熬膏，將成入鹿角膠四兩、龜板膠三兩收之，盛瓷器內，窨去火氣。每開水調服數錢。

注：此一瓢先生方也，其方論云：古人治無形之勞倦，必培以甘溫；人參爲君，白朮爲臣，黃耆爲佐，甘草爲使。有形之勞倦，必助以辛溫，歸、芎是也；資以酸甘，芍、地是也。故以八味爲章旨，而驅策以血肉之物。如鹿之動，能通督脈，挺走險阻而不疲。角戴陽而上升，稟乎剛健之用。龜之靜，能通任脈，潛藏固蟄，抱陰負陽而善守。腹爲陰而下降，稟乎柔順之體。此二膠者各稟一德，草木力微，賴之而神其用也。陰陽兩虛者服之，無偏勝、無不及。或加陳皮、半夏以利樞機，允爲王道之劑。凡培養元氣之方，宜簡而純。簡則藏府易承，氣血易行；純則溫厚和平，可以補偏救弊，俾自相灌注，循環無端，生生不已，以合其先天所賦流行之道。若稍有穿鑿，非本然之理矣。蓋人身之精神，不外乎陰陽。陰陽又不外乎剛健柔順，相倚循環，並非分道揚鑣者也。故無形之動，陽之性，即陽之理；有形之靜，陰之性，即陰之理也。張之則爲陽，弛之則爲陰。陽則剛健中正，陰則柔順利貞。丹書敬勝怠勝，夫人知之，無如氣血精力與時推移。久勞其陽，陽必降而入陰；久斂其陰，陰必無力承陽。必使剛健中正以行之陰，柔順利貞以奉於陽，則陰陽一氣，無形體無疆界。不勞不斂，則自然清明在躬也。

《橘旁雜論·四食受病原委》 天有四時，即有六淫。風寒暑濕燥火人之感也，隨其藏府之虛實而病焉。邪如穿窬，見人家牆門不固之處，則乘而入。昔有三人，冒露晨行，後一人無病，一人病，一人死。無病者先以酒食，胃氣充而肌表固也。病者不飲酒而單食。死者空腹而行。可見邪之湊，其氣必虛。夫春氣宜溫，萬物發陳，其氣疎以達。設天寒衣薄，腠理閉塞，陽氣不得透泄，諸病生焉。驟發者其感也輕，更有從冬而受邪者，如王叔和云：寒邪

藏於肌膚，至春變爲溫病，其感也深。若貧乏之輩，肌理固密，胃氣壯實，更復營作，不時出汗，即有所感，邪從汗而泄矣。故被體雖薄而不病也。至於寒之初著人也，始則皮毛則肺應之，次則肌肉則胃應之。當體中稍有不適，即以辛散之劑服之，何至陽氣不得泄越，鬱而成病？始則身熱咳嗽，甚則爲疹爲癍，其總名曰春陽寒鬱。一更有當春季受邪，陽氣不透，其人稟厚，不致驟發，至春杪夏初，始欲走泄，因病熱焉。其邪傳心胞及胃者居多，或寒熱往來，或單熱不休，或疹或癍，或成溫疫。其名曰春溫晚發。夏爲火德，萬物欣榮，然大江以南，土卑潮汐，當梅雨淋漓，則多濕邪。大小暑又多酷熱，暑傷人氣。濕侵腸胃，人當夏令，宜謹起居，薄滋味，爲衛生要事。暑邪無形，從人口鼻吸受，暑先傷氣分，故氣促脈軟，四肢無力。暑傷心，心主液，故心煩少寐汗出。或久晴土燥，忽大雨下注，熱氣上蒸，最易受暑。及途行淺舍，勞逸雖殊，其受邪也同，是爲陽暑。更有處於涼亭水榭，愛納涼，喜冷飲，胃氣抑鬱，其病惡寒壯熱。少汗，脈沉滯，或吐瀉，是爲陰暑，不可不知。暑必挾濕挾穢。其病有霍亂者，有四因也，受暑、受涼、受濕、傷食。至於赤白二痢，皆由濕熱內侵，飲食不節，名曰暑濕交病。秋氣宜涼，金令清肅，則病者少。若秋陽熾驕，人感其氣，或貪涼露坐，毛竅爲風露所遏，邪不得泄，最易受病，大抵瘧症多從是得。及身熱頭痛，咳嗽喘促等症，愈晚愈重，其名曰涼風襲暑。冬氣凜冽，萬物閉藏，然每有夏秋伏暑在內，至冬至一陽來復，感其氣而欲泄。多見形寒肢熱，咳嗽吐血，牙宣鼻衄等症。更有冬氣和煦，陽藏不密，冬溫症。當冬三月，善衛生者，晨不冒霧露，閉關獨宿，夜卧不致過暖，則爲來春發生之本。若空腹曉行，不謹房室，易生寒病。即病者古名爲傷寒，可不慎歟。其名曰冬藏不固。其治法前賢悉備，何待予之贅辭耶。然未有分四時而立法者，故探討精微，特出己意，以成一編。俾業斯者，觀之瞭如指掌，熟玩詳求，自能得心應手。至不關乎氣感，當另立一門，以見意也。內經之四季所感而發病，未嘗不以四氣而論，予分四時受病，併出治法者，乃推其本而究其源，與古人立法，原無大異，惟用主藥有別耳。

《橘旁雜論・六淫相兼說》　風寒在其中，燥火在其中，暑濕在其中。夫冬天之風，人人欲避之，畏其寒也。早春之風，料峭入骨，人畏之，亦因寒也。當其楊柳風和，吹面不寒，夏月北窗，清風徐至，人非止不避，而反愛之。故風而寒則傷人，和而清者不傷人。覺其寒則傷人，不覺其寒則不傷人。惟腦後與隙中來者，咸宜避之。假如密室，當伏天其熱必甚，設遇外間涼風大至，人思挾纊，入此室中，其熱不減，但洞啓窗戶，霎時而涼。可見寒在風中玥矣。太陽爲眞火，諸濕一承其耀，無不熯然。火亦喜從其類，故易稱火就燥，風雖亦可爲燥，然必假天氣收肅，晴光軒豁之時，非其良能焉。更有藏廨年久，自能出火，可見燥在火中明矣。夫暑，火之餘氣也，必因濕而成。六月爲火德，小暑、大暑繫焉。或當亢陽，忽地潮礎汗，龍雷並起，大雨滂沛，人快其涼而不知熱土受濕，暑氣上蒸，此時感邪最易。又如螢火，腐草所化，亦由濕熱相蘊而成。始於長夏，絕於寒露，此暑之始終也。前人稱暑必挾濕，信夫。若暑不因濕，則可謂之火。火而兼濕，方成暑矣。

《橘旁雜論・童子好睡說》　或問童子好睡？孩提無論已，凡三歲以上，十歲以下之童子，每到晚餐纔罷，或竟倒卧或扶頭坐睡，無不如沉醉然。何耶？答曰：此脾系急？心系緩也。何謂脾系急？童子純陽好動，一日之中，無刻停歇，則體勞。脾主運動，故曰脾系急。何謂心系緩？童子天機活潑，心無所用，即入塾課讀，亦是口內工夫。十歲之外，有用機記者，即不然也。心主血，不用則血不耗，故曰心系緩。夫農夫粗人，身雖老大，亦多體勞心逸者，伸腳即酣睡可驗矣。富貴人心勞體逸者多，故不及農夫粗人之好睡耳。

補藥可通融論　古人病愈之後，即令食五穀以養之，則元氣自復，無所謂補藥也。黃、農、仲景之書，豈有補益之方哉？間有別載他書者，皆託名也。自唐《千金翼》等方出，始以養性補益等各立一門，遂開後世補養服食之法。以後醫家，凡屬體虛病後之人，必立補方，以爲調理善後之計。若富貴之人，則必常服補藥，以供勞心縱欲之資。而醫家必百計取媚，以順其意。其藥專取貴重辛熱爲主，無非參、朮、地黃、桂、附、鹿茸之類，託名秘方異傳。其氣體合宜者，一時取效，久之必得風痺陰痼等疾，隱受其害，雖死不悔。此等害人之說，固不足論。至體虛病後補藥之方，自當因人而施，視臟腑之所偏而損益之。其藥亦不外陰陽氣血，擇和平之藥數十種，相爲出入，不必如治病之法一味不可移易也。故立方祇問其陰陽臟腑，何者專重而已。況膏丸合就，必經月經時而後服完。若必每日視脈察色，而後服藥，則必須一日換一丸方矣。故凡服補藥，皆可通融者也。其有神其說，過爲艱難慎重，取貴僻之藥以爲可以卻病長生者，非其人本愚昧，即欲以之欺人耳。

輕藥愈病論　古諺有不服藥爲中醫之說，自宋以前已有之。蓋因醫道失傳，治人多誤，病者又不能辨醫之高下，故不服藥，雖不能愈病，亦不至爲藥所殺。況病苟非死症，外感漸退，内傷漸復，亦能自愈，故云中醫。此過於小心之法也。而我以爲病之在人，有不治自愈者，有不治難愈者，有不治竟不愈而死者。其自愈之疾，誠不必服藥；若難愈及不愈之疾，固當服藥。乃不能知醫之高下，藥之當否，不敢以身嘗試，則莫若擇平易輕淺，有益無損之方，以備酌用，小誤亦無害，對病有奇功，此則不止於中醫矣。如偶感風寒，則用葱白蘇葉湯，取微汗；偶傷飲食，則用山查、麥芽等湯消食；偶感暑氣，則用六一散、廣藿湯清暑；偶傷風熱，則用燈心竹葉湯清火；偶患腹瀉，則用陳茶佛手湯和腸胃，如此之類，不一而足。即使少誤，必無大害。又有其藥似平常，而竟有大誤者，不可不知。如腹痛嘔逆之症，寒亦有之，熱亦有之，暑氣觸穢亦有之，或見此症，而飲以生薑湯；如果屬寒，不散寒而用生薑熱性之藥，至寒氣相鬬，已非正治，然猶有得效之理。其餘三症，飲之必危，曾見有人中暑，而服濃薑湯一碗，覆杯即死。若服紫蘇湯，寒即立散，暑熱亦無害。蓋紫蘇性發散，不拘何症，皆能散也。故雖極淺之藥，而亦有深義存焉。此又所宜慎也。凡人偶有小疾，能擇藥性之最輕淡者，隨症飲之，則服藥而無服藥之誤，不服藥而有服藥之功，亦養生者所當深考也。

《檮旁雜論・勞逸有方》　車牛多骨立，驛馬多早斃，休息少也。山禽與野獸，不爲人獵取，從無見有自死者，散逸多也。牛馬有病，役於人也；禽獸無病，得自由也。《易》曰：天行健，君子自强不息。人可飽食不事事乎？但不可過勞，不可焦心。黎明至午，應行之事，只管去做，午後不妨休息養神。夫牛馬之勞，本非所願，爲畜於人，欲罷不能。山禽野獸，一巢一穴之外，惟覓食不飢則已。人能若是乎？大則爲國爲民，小則謀食謀衣，各行其志，亦各有所樂，故雖勞能臻上壽。頹惰自甘者，亦未必延齡也。外廄之馬，田家之牛，芻豢得宜，勞逸得中，亦何嘗骨立而早斃耶。前作攝生一卷，每言靜養，然人之於事，豈可盡廢，故書此可參閱之。

《檮旁雜論・疾病多生於夏》　李笠山，國初山人，善爲詞曲。其說使新巧，如曰天若只有三季而無夏，則人病必少。蓋夏月流金爍石，溽暑煩蒸，人當是境，飲食生冷，貪凉露坐，在所不免。勞力之夫，白汗淋漓，藏府堅實，尚可支持。膏粱之人，無此二者，多患霍亂吐瀉，或瘧或痢。試觀他時，何嘗有也。即秋季之疾，亦由夏月所釀，時至而發。故天無暑令，人可免病矣。其說誠然。我謂天有四時，生長收藏，何可缺一。人能於夏至前，便遠房帷。當三伏盛熱，須念伏陰在内，宜溫茶煖飯，薄滋味，一切瓜桃少啖，不露坐納凉，道途奔走，曉行晝歇，居家恬淡寡營。若有大樹蔽屋，疏簾清簟，假物調情，惟覺晝長可愛，何夏熱之能病人哉。

《全唐文・食箴並序》　皮子少且賤，至於食，自甘粢糲而已。未嘗食於鄉里，食於親戚，食於州部。有鄙邑大夫，嚮皮子之名，會未相贄，具厚羞宴之。皮子辭，大夫訂之曰：子自甘粢糲則可矣，於鄉里、親戚、州部何有？皮子曰：一杯之食至鮮矣，苟專其味，必不能自抑，既不能自抑，日須豐其羞；既曰須豐其羞，則貪也不能無不足。因是妄求苟欲之心生，窮貪極嗜之名生，且大夫不見前世之味禍乎？故羊斟不及，華元受其謀；黿羹不均，子家肆其禍；熊蹯不熟，殺宰夫而趙盾弑；雙雞易鶩，饋子雅而慶舍死。嗚乎！吾不仁者乎？誠賴其用，所欲不可求，所嗜不可得，方自甘粢糲而已。使我生於鐘鼎之家、膏粱之門，日縱異嗜，年成奇欲，未必不爲御者之羊斟、華元也，子家之伐靈公也，晉霸之殺宰夫也，盧蒲癸之殺慶舍也，此猶之禽獸欲爭食而死者矣。故食於天子者則死其天下，食於諸侯者則死其國，食於大夫者則死其邑，食於士者則死其家，又焉能以鄉里親戚州部爲讓乎？大夫曰：善自惟食之性不能自節，亦猶酒之性也，復箴以自符，箴曰寧能我食，不食於人；復食於人，是食其身。

《全唐文・酒箴并序》　皮子性嗜酒，雖行止窮泰，非酒不能適。居襄陽之鹿門山，以山稅之餘，繼日而釀，終年荒醉，自戲曰醉士；居襄陽之洞湖，以舶艫載醇酎一甔，往來湖上，遇興將酌，因自諡曰醉民。於戲！吾性至荒，而嗜於此，其亦爲聖哲之罪人也；又自戲曰醉士，自諡曰醉民。將天地至廣，不能容醉士醉民哉，又何必囿絲竹之筵，粉黛之坐也。襄陽元侯，聞醉士醉民之稱，訂皮子曰：子耽飲之性，於喧靜豈異耶？皮子曰：酒之道，豈止於充口腹、樂悲歡而已哉，甚則化上爲淫溺，化下爲酗禍。是以聖人節之以酬酢，諭之以誥訓。然尚有上爲淫溺所化，化爲亡國；下爲酗禍所化，化爲殺身。且不見前世之飲禍耶？路酆舒有五罪，其一嗜酒，爲晉所殺。慶封易内而耽飲，則國朝遷。鄭伯有窟室而耽飲，終奔於駟氏之甲。欒高嗜酒而信内，卒敗於陳鮑氏。衛侯飲於籍圃，卒爲大夫所惡。嗚乎！吾不賢者，性實嗜酒，尚懼爲鄷舒之僇，過此吾不爲也，又焉能俾喧爲靜乎？俾靜爲喧乎？不爲靜中淫溺乎？不爲酗禍之波乎？既淫溺酗禍作於心，得不爲慶封乎？鄭伯有乎？欒高乎？衛侯乎？蓋中怯不能自節，因箴以自符。箴曰：酒之所樂，樂其全眞，寧能我醉，不醉於人。

《醫學從衆錄·消毒犀角散》　消毒犀角，表疹斑毒壅，咽喉腫痛難，犀角、牛蒡、荆、防、草，熱盛加薄、翹、芩、連。消毒犀角飲即消毒飲之防風、荆芥、牛蒡子、甘草加犀角也，熱盛加連翹、薄荷、黄芩、黄連也。

《雜註滙參·傷食》　宜少毋食多，宜飢毋食飽，宜遲毋食速，宜熱毋食冷，宜零毋食頓，宜軟毋食硬。此六者，調理脾胃之要法也。《馮氏錦囊》惡食者，心下痞悶，見食惡食，甚則惡聞食臭。不能食者，心下不痞滿，自不能食。飢不欲食者，心下自不嗜食，若飢狀。

冷食傷血，熱食傷氣，飽食傷胃，飢食傷脾；著氣而食傷肝，食而著氣傷脾；不意食而食傷脾，倍於常而食傷腸胃。人寤食而寐則否者何？人目張則衛氣出外，目閉則衛氣入內。衛氣出外，主一身之動靜云爲，而臟腑空虛，故須飲食以助之；衛氣入內，則百骸皆逸，其氣默行於臟腑，故不食。是以寤食而寐則否也。

《雜注滙參·傷飲》　酒爲水穀之液，血亦水穀之液；酒入中焦，必求同類，故直走血分。《經》曰：飲酒者，衛氣先行皮膚，先充絡脈，此之謂也。然血者神氣也，血屬陰而性和；酒者淫氣也，酒屬陽而性悍。凡酒入血分，血欲靜而酒動之，血欲藏而酒逐之，故飲酒者，身面皆赤，此入血之徵，亦散血之徵也。酒本狂藥，大損眞陰，惟少飲之，未必無益，多飲之，難免無傷，而耽飲之，則受其害者，十之八九焉。且凡人之稟賦，臟有陰陽，而酒之性質，亦有陰陽。蓋酒成於釀，其性則熱，汁化於水，其質則寒。若陰虛者縱飲之，則質不足以滋陰，而性偏動火，故熱者愈熱，而病爲吐血、衄血、便血、尿血、喘嗽、躁煩、狂悖等證，此酒性傷陰而然也。若陽虛者縱飲之，則性不足以扶陽，而質留爲水，故寒者愈寒，而病爲鼓脹、泄瀉、腹痛、呑酸、少食、亡陽、暴脫等證，此酒質傷陽而然也。故縱酒者，既能傷陰，尤能傷陽，害有如此。

夫酒者清冽之物，不隨濁穢下行，惟喜滲入者也。滲入之區，先從胃入膽，膽爲清淨之腑，同氣相求，然膽之攝受無幾；其次從胃入腸，膀胱滲之，化溺爲多。逮至化溺，則所存者，酒之餘質，其烈性，惟膽獨當之。每見善飲

者，必淺斟緩酌，以俟腹中之滲，若連飛數觥，則傾囊而出耳。喻嘉言。

酒者，五穀之津液，米麴之華英，雖能益人，亦能損人，何者？酒有大熱大毒。大寒凝海，惟酒不冰，是其熱也；飲之易昏，易人本性，是其毒也。若避風寒，宣血脈，消邪氣，引藥勢，無過於酒也。若醉飲過度，盆傾斗量，毒氣攻心，穿腸腐脇，神昏志謬，目不見人，此則喪生之本也。《醫方類聚》。

《雜註滙參·飲食》　經義

人以水穀爲本，故人絕水穀則死。食氣入胃，散精於肝，淫氣於筋。食氣入胃，濁氣歸心，淫精於脈，脈氣流經，經氣歸於肺，肺朝百脈，輸精於皮毛；毛脈合精，行氣於元腑，腑精神明，留於四臟，氣歸於權衡。飲入於胃，游溢精氣，上輸於脾，脾氣散精，上歸於肺，通調水道，下輸膀胱；水精四布，五經並行。食入於陰，長氣於陽。飲食自倍，腸胃乃傷。水穀之邪氣感，則害於六腑。胃者，水穀之海，六腑之大源也。五味入口，藏於胃，以養五臟氣。五味入胃，各歸所喜。故酸先入肝，苦先入心，甘先入脾，辛先入肺，鹹先入腎。久而增氣，物化之常也。氣增而久，夭之由也。肝色青，宜食甘，粳米、牛肉、棗、葵皆甘。心色赤，宜食酸，小豆、犬肉、李、韭皆酸。肺色白，宜食苦，麥、羊肉、杏、薤皆苦。脾色黄，宜食鹹，大豆、豕肉、栗、藿皆鹹。腎色黑，宜食辛，黄黍、鷄肉、桃、葱皆辛。辛散，酸收，甘緩，苦堅，鹹軟。毒藥攻邪，五穀爲養，五果爲助，五畜爲益，五菜爲充，氣味合而服之，以補精益氣。辛走氣，氣病無多食辛；鹹走血，血病無多食鹹；苦走骨，骨病無多食苦；甘走肉，肉病無多食甘；酸走筋，筋病無多食酸。陰之所生，本在五味；陰之五宮，傷在五味。味過於酸，肝氣以津，脾氣乃絕；味過於鹹，大骨氣勞，短肌，心氣抑；味過於甘，心氣喘滿，色黑，腎氣不衡；味過於苦，脾氣不濡，胃氣乃厚；味過於辛，筋脈沮弛，精神乃央。多食鹹，則脈凝泣而變色；多食苦，則皮槁而毛拔；多食辛，則筋急而爪枯；多食酸，則肉胝䐢而唇揭；多食甘，則骨痛而髮落。

《清嘉錄·辟瘟丹》　男女佩帶辟瘟丹或焚於室中，益以蒼术、白芷、大黄、芸香之屬，皆以辟疫祛毒。又謂五日午時，燒蚊煙，能令夏夜無蚊蚋之擾。蔡雲《吴歈》云：蒲蓬卯蒜挂牀前，芷术香芸地下燃。還怕夜來眠不穩，碧紗帳外點蚊煙。

案：《月令事宜》載：五月五日收藏浮萍，乾爲末，和雄黄作紙纏香，焚

之能避蚊。然《江震志》則云：五日，採百草焚之以避蚊蚋。又《崑新合志》云：五日，燒蒼朮、白芷辟瘟丹並蚊煙以祛毒蟲。

《兩般秋雨庵隨筆・膽異》 諸物之膽，皆附肝不動，蚺蛇之膽，隨日而轉。分上中下三旬，熊膽隨時而轉。分春夏秋冬，象膽隨月而轉。分十二建，蓋象具十二肖肉。如正月建寅，膽在其虎肉是也。

《兩般秋雨庵隨筆・腋氣》 人患腋氣，俗謂之狐騷臭。粵人爲尤甚。崔令欽《教坊記》云：范漢女大孃子，亦是竿木家。開元二十一年出內，有姿媚而微慍羝。謂腋氣也。芳春齋，九日勿食魚，上旬卯日沐浴吉。十五日修太上老君生日齋。

《退庵隨筆・梁章鉅・攝生》 《素問・四氣調神大論》云：春三月，夜臥早起，廣步於庭。夏三月，夜臥早起，無厭於日。秋三月，早臥早起，與雞俱興。冬三月，早臥晚起，必待日光。按此即天眞篇所謂居起有常也。無厭於日，舊說謂無厭於長日，氣不宜惰也。愚謂厭字似當讀入聲，言不當在日出之後，以冬三月必待日光之語證之，其義自明矣。

唐柳公度年八十九，有強力，人問其術。曰：吾平生未嘗以脾胃熟生物、煖冷物，以元氣佐喜怒。按第一語，所謂養其外也。第二語，則並養其中，其義益精矣。

又 王漁洋叢書中。有清涼齋心賞編一種，載擦兩腧穴，及摩湧穴兩條，簡易可行。其一每臥時，只令人擦至睡熟即止，亦覺得力。鄭彥和爲江東倉曹，足弱不能陞降，樞密黄繼道教以此法，踰月即能拜跪。丁邵州致遠病足，半年不能下牀，一道人授此法而愈。

又 養生家言，散見於諸書中，有愈淺而愈適於用者。如《素問》云：聖人不治已病治未病。又云：虛邪賊風，避之有時。恬淡虛無，眞氣從之。精神內守，病安從來。《呂氏春秋》云：雖富貴不以養傷，雖貧賤不以利累形。列仙傳引封衡語云：體欲常勞，食欲常少。勞勿過極，少勿過虛。《博物志》云：所食愈少，心愈開，年愈益。所食愈多，心愈塞，年愈損。應璩詩云：上叟前致辭，室內姬麤醜。中叟前致辭，量腹節所受。下叟前致辭，夜臥不覆首。《清異錄》云：梳頭洗腳長生事，臨臥之時小太平。《千金方》云：口中言少，心中事少，腹中食少，自然睡少。依此四少，神仙訣了。又云：寢臥不得多言笑，譬五臟如鐘磬，不懸則不可發聲。《達生錄》云：怒後不可便食，食後不可發怒。《黄庭內經》云：髮宜多梳，齒宜多叩，液宜常嚥，氣宜常鍊，手宜在面。此五者所謂子欲不死修崑崙也。

《內科簡效方・飲食过多》 飲水停中：五苓散，白湯調服二三錢，以愈爲度。

飲茶成積：

蒼朮一兩，製南星　青皮　橘紅各三錢

醋煮蒸餅丸，梧子大，淡薑湯下二三十丸。

酒醉：

葱白　豆豉煎湯飲。

菊花煎濃汁服。

大醉不醒者，人乳、熱黄酒和服。外以生熱湯浸其身，則湯化爲酒而人醒矣。瓜果過度者，亦可用此法。

燒酒醉：

蘆菔汁、青蔗漿隨灌。

綠豆研水灌。或以枳椇子煎湯灌。大醉不醒，急以熱豆腐偏貼之，冷即易，以醒爲度。外以井水浸其髮，併以故帛浸溼，貼於胸膈。仍細細灌之，或童溲灌之，至甦爲度。凡燒酒醉後，吸咽則酒焰內燃而死。亦有醉後內火如焚，而反惡寒者，厚加衣被，亦能致死。即口渴飲冷，只宜徐徐飲之，以引毒火外達。若連飲過多，熱毒反爲驟冷所遏，無由外達，亦多閉伏不救。

酒積：

雞膍胵、乾葛等分爲末，蒸餅丸，梧子大。每酒下五十丸。

飲食過多：

橘皮五錢，濃煎細呷。

蘆菔生嚼數片。

米穀食積：大麥芽煎服。

麪食不消：生蘆菔恣啖，或以子煎湯服。

食肉過度：山查四兩，濃煎服。

牛肉過飽：稻草濃煎服。

過食鴨：糯米泔水溫服。

過食蛋：

蘇子煎服。飲醋。

過食魚：

燒焦鱉研末，水服一錢。啖芥醋。

過食蟹：蘇葉煎湯，入白沙糖服。

過食豆腐：蘆菔汁服。

過食荔枝：荔枝殼煎服。

過食菱：飲酒或薑汁。

過食萵苣蘆菔：薑汁服。

過食瓜：飲酒或飲鹽湯。

《類證治裁・不寐》 論治　陽氣自動而之靜則寐，陰氣自靜而之動則寤。不寐者，病在陽不交陰也。《靈樞》曰：衛氣日行於陽，夜行於陰。厥氣客於臟腑，則衛氣行於陽，不得入於陰，行於陽則陽氣盛，陽氣盛則陽蹻滿，不得入於陰則陰氣虛，故目不瞑。衛氣留於陰，不得行於陽，留於陰則陰氣盛，陰氣盛則陰蹻滿，不得行於陽則陽氣虛，故目閉。《素問》曰：陰虛故目不瞑。補其不足，瀉其有餘，調其虛實，以通其道而去其邪。飲以半夏湯，其臥立至。蓋不寐多由思慮勞神，驚憂怒火，氣鬱生涎，用半夏湯。半夏除痰而利小便，秫米益陰而利大腸。則陰陽交通而得臥也。又曰：胃不和則臥不安。蓋胃氣主降，若痰火阻痹，則煩擾不寐也。宜橘紅、茯苓、石斛、半夏、炙草、枳實、查肉、神麯之屬。又曰：臥則喘者，是水氣之客也。此水停心下，不得眠。宜茯苓甘草湯。若夫心血不足，或神不守舍。宜歸脾湯、琥珀養心丹。

《類證治裁・諸氣論治》 天地之氣和，則沴戾不作，生人之氣和，則諸疾不興。其氤氳一身，有宗氣、有衛氣、有元氣、有中氣。宗氣積於胸中，爲氣之海。衛氣行於脈外，爲營之護。元氣根於脾土，中氣出納丹田。顧經云：百病皆生於氣者，由六淫戕於外，七情戰於中，則氣之衝和者致偏。清純者化濁，流利者反滯，順行者多逆。如寒則氣收，暑則氣泄，喜則氣緩，怒則氣上，悲則氣消，恐則氣下，驚則氣亂，思則氣結，勞則氣耗。清氣在下，則生飧泄；濁氣在上，則生䐜脹。甚則厥噦呃，痞嘔噎膈，攻注刺痛，無非氣所主病。局方治法，通用辛香燥劑，然當審其虛實新久，如氣虛宜培，用四君、補中、保元諸湯。氣實宜泄。用七氣、五磨、降氣諸湯。

《歸田瑣記・梁章鉅・少食少睡》 今人以飽食安睡。爲有生樂事，不知多食則氣滯，多睡則神昏，養生家所忌也。昔應璩詩言中叟得壽之由，曰量腹節所受。《博物志》言所食愈少心愈開，年愈益，所食愈多，心愈塞，年愈損。孫思邈方書云：口中言少，心中事少，腹裏食少，自然睡少，依此三少，神仙訣了。馬總《意林引道書》云：欲得長生腹中清，欲得不死腹無屎。此皆古人相傳養生之訣，而余於今人亦得其證。

《歸田瑣記・梁章鉅・稟賦不同》 昔人夜臥不覆首，爲致壽之原，取其夜氣之不鬱蒸。又有百病從腳起說，蓋湧泉穴與心相通，風最易入，故養生家皆慎之。然人之稟賦不同，有不可以一律論者。相傳曹文恪公，臥被僅四尺餘，只覆胸腹而已，赤兩足置於被外，雖嚴寒亦然。劉文清相國臥被甚長，睡時將被摺爲筒，疊其下半，裝入之。家人侯其入於被中，并將上半反疊，如包裹狀，雖酷暑亦然。是皆罕聞之事，然兩公畢生泰然，並無傷寒、傷熱之證，且各登上壽考終，則理之不可解也。噫！余官袁浦時，於霜降安瀾後，同兩部公觴河上三大憲。孫寄圃節相居中，左爲顏惺甫漕帥，右爲張運鲂河帥。自巳初入席，坐至亥正，漕帥微露倦容，兩目稍閉，節相睨之而笑曰：三兄睡着了？漕帥瞿然曰：我正聽曲，何嘗睡耶？節相曰：三兄平日在署，以何時睡。漕帥曰：必到亥初，節相大笑。復左右視曰：世上人有亥初即睡者乎？語畢。復大笑不止，且對漕帥曰：君言亥初必睡。今已亥正，又何以不睡乎？漕帥正色曰：我言署中常日如此，今夜戲可觀，有酒可酌，又胡爲必睡耶？滿堂爲之歡噱。少頃，漕帥問節相曰：且請教中堂，在署以何時睡，節相曰：我照常辦事時，必到子正始睡，否則丑初或丑正，俱不可知，在寅初，乃無有不睡者矣。漕帥哂曰：然則中堂不必言何時睡，但當言今日辦事，明日睡而已。合坐又爲大笑，二公言此時，皆年已踰七十。嘗聞人言，亥子之間必須熟寐一二時，否則大傷陰氣。二公起居逶不相謀如此，而厥後並享大年，然則大貴人，固不可以常情測度乎？

《冷廬雜識・蜈蚣入腹》 明張沖虛，吳縣人善醫。有道人以竹筒就竈吹火，誤吸蜈蚣入腹，痛不可忍。張碎雞子數枚，令啜其白。良久，痛少定。索生油與嚥，遂大吐，雞子與蜈蚣纏束而下。蓋二物氣類相制，入腹則合爲一也。事見《吳縣志》。按：明江氏瓘《名醫類案》，亦有一方，云：取小豬兒一箇，切斷喉，取血，令其人頓飲之，須臾，灌以生油一口，其蜈蚣滾在血中吐出。繼與雄黃細研，水調服愈。南方多蜈蚣，且家家用竹筒吹火，嘗有是患，録之。

《妙香室叢話・致壽之道》 圃翁又云：昔人談致壽之道有四：曰慈，曰儉，曰和，曰静。人能慈心，不爲一切害人之事，即一言有損於人，亦不輕發，胸中一段吉祥愷悌之氣，自然災沴不干。人生享福，皆有分數，惜福之人，常有盈餘。暴殄之人，易至罄竭。不止財用當儉而已，儉於飲食，可以養脾胃；儉於嗜欲，可以聚精神；儉於言語，可以養氣息；儉於交遊，可以擇友寡過；儉於酬酢，可以養神息勞；儉於夜坐，可以安神舒體；儉於思慮，可以安煩去擾。人常和悦，則心氣充而五臟安，昔人所謂善養歡喜神。静之義有二，一則身不過勞，一則心不輕動。凡遇一切勞頓、憂煩、喜樂、恐懼之事，外則順以應之，此心凝然不動，如澄潭，如古井，則外間之紛擾皆退聽矣。

《妙香室叢話・圃翁》 桐城張文端公，晚自號圃翁，嘗云：予擬一聯，將來懸草堂中，富貴貧賤，總難稱意，知足即爲稱意；山水花竹，無恒主人，得閑便是主人。其言雖俚，卻有至理。又云：安寢乃人生最樂，古人有言，不覓仙方覓睡方。冬夜以二鼓爲度，暑月以一更爲度。每笑人長夜酣飲不休，謂之消夜。夫人終日勞勞，夜則寢息，是極有味，何以消遣爲。冬夏皆當以日出而起，於夏尤宜。天地清旭之氣，最爲爽神，失之正爲可惜。予山居頗閑，暑月日出，則起收水草清香之味。蓮方斂而未開，竹含露而未滴，日長漏永，不妨午睡數刻，焚香垂幕，净展桃笙，睡足而起，不啻天際真人。

《冷廬醫話・麈角解》 時憲書十一月，改麋角爲麈角解，始於乾隆戊子年。高宗純皇帝，以爲木蘭之鹿，吉林之麋，角皆解於夏，惟麈角解於冬。嘗於南苑驗之，特正其訛。又命時憲書紀年，仍增註六十一歲，至百二十歲，使花甲環周。益綿壽世之慶，蓋始於乾隆辛卯年云。

煦章按：麈産遼東寧古塔各地，頭似鹿，脚似牛，尾似驢，背似駱駝。從全體觀之，無一所似，故北人俗呼四不像。體大如小牛，毛淡褐，背稍濃，腹漸淡。角質堅，扁平而闊，瑩潔有紋理，表面有凸凹，角基甚厚，從幹分兩叉，一向外，一向後。足頗大，蹄較小，體長，除尾七尺二三寸。性似鹿，常慢走，食植物，馳驅時比馬尤速。每年五月産子，孕期八月，解角於長至節，長尾可爲拂塵。此辨麈之形態也。

《冷廬醫話・藥品》 楊希洛《本草經解要考證》謂萎蕤、漆葉治陰虛，兼令人有子，即華陀漆葉青黏散。青黏也無能識，或云黄精之正葉，或云即萎蕤也。然吾鄉有兩老儒，先後服此方皆致殞。或云漆葉乃五加皮葉，《本經》名豺漆也。里有兵子臂痛不能挽弓，或教用萎蕤一斤，五加皮浸酒飲盡，自健旺勝常。豈古方正爾，《綱目》殆誤附漆樹耶。漆本有毒，《本經》久服輕身，及抱朴子通神長生，皆難信。有割漆人誤覆漆，偏體瘡，至莫救，向在中山親見，況服食乎？陶弘景云：生漆毒烈是也。古無用葉者，故氣味缺，《綱目》殆因古方臆立主治耳。余按以五加皮葉爲漆葉，前此所未聞。然二物氣類迥別，是以應驗亦殊。明理之士，自當舍漆葉而取五加皮。究之古方藥品，最宜詳審，不可過信前人之說，爲所誤也。《本草綱目拾遺》有鷄神水，云可明目去障。製法擇大蘿蔔一個，開大孔，須近莖一頭開，勿在根邊方可活。孔内入鷄蛋一枚，種地上，使其葉長成，取鷄蛋内水點眼，其目如童。《重慶堂隨筆》又載製養空青法，冬至日取大蘿蔔一枚，開蓋挖空，入新生紫殼鷄卵一個在内，蓋仍嵌好，埋净土中，均四五尺深，到夏至日取出，用女人衣具包裹，藏瓷器中，否則恐遇雷霆被龍攝去也。卵内黄白，俱成清水，用點諸目疾，雖瞽者可以復明。二法並可試用，録之。

《冷廬醫話・鬚髮早白》 氣血衰則鬚髮易白，每於此徵年作焉。余觀晉書王彪之傳云，年二十，鬚髮皓白，時人謂之王白鬚，而官至光祿大夫，儀同三司，卒年七十三。此殆異稟，不可以常情測矣。又宋杜祁公衍，年過四十，鬚髮盡白，卒年八十。

煦章按：少年勤學，及操勞過度，血氣耗傷，則鬚髮早白。此因營養不足，色素不榮鬚髮，其白必乾燥無光澤。若具有異稟，鬚髮早白，其白如銀絲而有光澤，必面現紅色，聲如洪鐘，清而且長，所謂童顔鶴髮，爲長壽富貴之徵。如晉王彪，宋杜祁公衍之類歟。

《冷廬醫話・不寐》 韓飛霞謂黄連、肉桂能交心腎於頃刻，震澤毛慎夫茂才元勳嘗用之而奏效。某年四十餘，因子女四人殤痘連綿，辛勤百日，交小暑後，忽然不寐，交睫則驚恐非常，如墜如脱，呼呼不寧，時悲時笑。毛診之，謂由衛氣行於陽，不得入於陰，乃心腎不交之症。用北沙參、生地、麥冬、當歸、遠志、炙草、白芍、茯神、川連二分，肉桂一分，以甘瀾水長流水揚之萬遍爲甘瀾水先煮秫米一兩，去渣，將湯煎藥，服之全愈。毛居黎里鎮，讀書三十年，中歲行道，名著一時。

汪春圃純粹醫案，亦有以黃連、肉桂治不寐症者。丁俊文每日晡後發熱微渴，心胸間怔忡如築，至晚輒生懊憹，欲罵欲哭，晝夜不能寐。諸藥不效，延至一載有餘。汪診其脈，左寸浮洪，兩尺沉細，知屬陰虧陽盛，仿《靈樞》秫米半夏湯，如法煎成，外用肉桂三錢，另煎待冷，黃連三錢，另煎，乘熱同和入內，徐徐溫服，自未至戌盡劑。是夜卽得酣睡，次日巳牌方醒。隨用天王補心丹，加肉桂、枸杞、鹿膠、龜膠等味製丸，調理全愈。偶從杭城沈雨溥書坊，購得《醫學秘旨》一冊，有治不睡方案云：余嘗治一人患不睡，心腎兼補之藥，徧嘗不效。診其脈，知爲陰陽違和，二氣不交。以半夏三錢，夏枯草三錢，濃煎服之，卽得安睡。仍投補心等藥而愈。蓋半夏得陰而生，夏枯草得至陽而長，是陰陽配合之妙也。書係鈔本，題曰西溪居士著，不知何許人，識以俟考。

不寐之症，由於思慮傷脾，繁冗勞心者，非專恃醫藥可治。《老老恒言》謂不寐有操縱二法，操者如貫想頭頂，默數鼻息，返觀丹田之類。使心有所著，乃不紛馳，庶可獲寐。縱者任其心游思於杳渺無朕之區，亦可漸入朦朧之境。余謂二法之中，縱法尤妙。蓋操則心猶矜持，未極恬愉之趣，不若縱之游行自在也。特恐稍涉妄想，卽難奏效，尤當寓操於縱爲佳。余師歸安沈鹿坪先生焯，官台州教授時，因閱文繁勞，患怔忡不寐。有人傳一法云，每夜就枕後，卽收斂此心，勿萌雜念，惟游思於平素所歷山水佳處，任情一往，定而能靜。久而久之，心漸卽於杳漠之中，則不期寐而自寐矣。如法行之獲效，是其能得縱法之要者。

《冷廬醫話・齒》 秀水新塍鎮屠氏，人多耆壽，牙齒至老堅固不壞。有家傳秘訣，自幼大小便時，咬定牙齒，不令洩氣，法本張景岳。即有人詢問，亦不答應。歷久勿間，故牙齒從無墮落之患。余友鄭拙言學博鳳鏘說。

《冷廬醫話・慎药》 身軀肥瘦，何關利害？而隋郡王子隆體肥，乃服蘆茄丸以消。名位升沈，何與榮辱？寇萊公望得相，乃服地黃兼餌萊菔。推之服金丹以求仙，反促其壽。餌春藥以求子，轉傷其生。皆逐末忘本者也。

人體衛生總部

嬰幼衛生部

綜述

《**飲膳正要·乳母食忌**》凡生子擇於諸母，必求其年壯，無疾病，慈善，性質寬裕，溫良詳雅，寡言者，使爲乳母。子在於母資乳以養，亦大人之飲食也。善惡相習，況乳食不遂母性。若子有病無病，亦在乳母之慎口。如飲食不知避忌，倘不慎行，貪爽口而忘身適性致疾，使子受患，是母令子生病矣。

乳母雜忌：夏勿熱暑乳，則子偏陽而多嘔逆。冬勿寒冷乳，則子偏陰而多咳痢。母不欲多怒，怒則氣逆，乳之令子癲狂。母不欲醉，醉則發陽，乳之令子身熱腹滿。母若吐時，則中虛，乳之令子虛羸。母有積熱，蓋赤黃爲熱，乳之令子變黃不食。新房事勞傷，乳之令子瘦癯，交脛不能行。母勿太飽乳之，母勿太飢乳之，母勿太寒乳之，母勿太熱乳之。子有瀉痢、腹痛、夜啼疾，乳母忌食寒涼發病之物。子有積熱、驚風、瘡瘍，乳母忌食濕熱、動風之物。子有疥癬、瘡疾，乳母忌食魚、蝦、雞、馬肉、發瘡之物。子有癖、疳、瘦疾，乳母忌食生茄、黄瓜等物。

凡初生兒時，以未啼之前，用黃連浸汁，調朱砂少許，微抹口內，去胎熱邪氣，令瘡疹稀少。凡初生兒時，用荊芥、黃連熬水，入野牙豬膽汁少許，洗兒。在後雖生斑疹、惡瘡，終當稀少。凡小兒未生瘡疹時，用臘月兔頭並毛骨，同水煎湯，洗兒，除熱去毒，能令斑疹、諸瘡不生，雖有亦稀少。凡小兒未生斑疹時，以黑子母驢乳令飲之，及長不生瘡疹、諸毒。如生者，亦稀少。仍治小兒心熱、風癇。

《**泰定養生主論·論嬰幼**》嬰兒初生，車籃襁褓，各隨風俗。大概厥初下地之時，勿待其出聲，急以帛裹指，展去舌上青泥惡血，用手一遲，啼聲一出，即入腹中，斯爲患矣。如下地少頃，不能出聲者，急以溫水一口許灌之，即能啼也。久不出聲者，以其臍帶倒捋元氣入腹，仍以口頻頻進氣於兒口中，則自能啼也。先洗後斷臍，則不傷水生病。臍帶留長一寸，長則傷肌，短則傷臟，捋汁不盡則寒濕入腹，仍作臍風。衣勿新綿，暖則生風。其歛臍之法：寬急則中，常於無風處解開，看覷未愈，燒絳帛灰敷之；一月外，臍上有汁並腫者，輕則當歸末同韶粉和傅，灸絮熨之；重則灸數壯。初斷臍了綳畢，用甘草一小寸，煮汁一合許，用帛蘸與兒吮，約服一蜆殼許，得吐出去胸中惡物妙；未則再與吮之，半日內三五次服盡藥汁一合，得吐出惡水，則兒神氣爽，無病；一合服盡不吐，則胸中無惡物也。當先以菜葉包明淨生硃於飯內，蒸菜熟爲度，研極細末，當以一豆許，蜜和令抹入，口服之，日一次，三日止，服多則多傷也。凡冬夏浴兒，久易傷寒熱癇病等證；不浴亦不可。但初浴時，以豬膽汁一箇入湯溫浴之，則不生瘡疥。次用桃李梅根或枝，各二兩許㕮咀，煎湯浴之，則去不祥。富室能以金一斤，虎頭骨一箇，煎湯浴之，則壓驚辟惡妙。兒初落地。浴罷臍帶了畢，即看口中舌下並腭上兩頰，但有白泡相連去處，即便用指摘出惡汁，無令嚥下爲病，則無重舌語病，此其大畧。凡嬰兒六十日後，瞳人將成而能應和人情，自此爲有識之初，便當誘其正性，父母尊長，漸漸令其別之，母勿令其側目視父，父勿教其指抵其母。親族、長、幼、隣里、侍妾，皆不可訓其手舞足蹈，無禮罵人。時間聊發一哄，則爲日後不禁之端，高舉放手，閃避猛出，扶起放倒，兒雖強哄而面無人色，乖張惡性，自此萬端，驚氣入心，觸機而發。乳母嗜啖厚味、酒醪、燒炙、煎煿，兒亦愛食甘酸菓菰異味，是以有驚疳、積癖、吐瀉之疾，唯恐兒啼恣其所以，及其成病，又不忍忌其所好，猶不忍餌以辛苦之藥。借使病危，則針刺火灸，莫甚於此，況或不料愛亦徒然。大抵愛子之偏無出於母，其說有四：正室則姑息其嫡，妾寵畢各私其庶；有父愛長子，母憐幼嬰，纔有所偏，則所聞不正，偏食至病，偏愛無尊，習以性成，戕賊患害，其出乎此。

《**泰定養生主論·論孕育**》人而無厭，以害及遺體。況孕婦嫉妒、叫號、過喜、過怒、久行、久立、久勞，則有胎漏、下血、上衝等證。輕則病苦之憂，重則性命之禍。若久坐久卧，及矮女懷妊，胎不能轉側，臨蓐難產，甚至子死腹中，或胎衣不下。胎禁云：食雞鴨子多，則令子失音；食蟹多，則令子橫生；食兎多，則令子倒生。其餘所食不便，更不抄入。但食煎煿、燒炙、辛酸、厚味、醴醪過多，則令子胎毒惡疾、風熱搐搦、瘡疽腋腫、丹瘭瘰癧等病。臨月交合，則令子頭戴白被而出，則有妳疳肥瘡、白禿異證惡疾。大凡無犯，則胎氣眞純，忽有靈光入夢，或有瑞氣相憑，而生聖賢君子。是以古今史傳分明，且以近代方之，則五祖山誠禪師，慕蘇老泉而爲東坡學士；武夷丹士，投眞漆匠之家，而產西山先生；嵩道者受史衛王之供，而出嵩之丞相。凡投胎奪舍之靈，常有神童茂異之士。故文王設胎教之法，使孕婦常觀良金美玉、瑚璉簠簋之器，山川名書之祥，而遊目適懷；又聽講誦經史傳集，而使秀氣入胎。欲其生而知之，是乃仁術也。若無眞靜志思相棄，則徒爲矯揉，不若朴素眞常，毋聞惡聲，毋見惡事，如持滿執盈，以吉合吉爲善。佛氏有《胎骨經》，道教有三浩九氣、司命監生等文，鄭重尊貴，不可勝言，及醫書種種禁忌愛護之嚴，唯有力之家，可以奉行，故不抄入。大抵少艾初生臨月，切勿令姦薄侍女、市嫂、尼師告之以利害，恐之以異端，使其致期畏忍搐縮，開闔參差，而氣血乖張，家人無措。常以老成長上主管之，仍使溫厚老嫗三二人與之劇談，紿之以容易，則使其安帖無憂，俟子胞下垂，玉戶流津，痛陣再四，方至草上，則如瓜熟蒂落而脫然分解矣。既產畢，不可即使仰卧，且半靠高枕，使其氣順血盡，方可翻復偃卧。頻進疏通溫平活血之藥，蕩滌清利爲妙，庶無敗物停留，日後爲患。所以世俗不諳斯義，於是婦人血病十常八九，不爲苦病，而且濁敗子宮至絕孕，故產後一十八證，未有不因停滯而然也。方類於後。

《幼幼新書·小兒初生將護法第二》 《聖濟經》慈幼篇·保衛鞠育章曰：五行孕秀，有春夏爲冬異宜者，五形有殊相也。陰陽委和，有筋骨氣血不同者，五態有殊氣也。夫始生而稟衝和均，稟五行陰陽形態潛異。蓋母氣胎育，有盛衰虛實，其在子也，因有剛柔勇怯之異。是以嬰兒初舉，汗穢欲其蕩滌，不足欲其輔翼，衝和欲其保全。如惡血未納，拭以綿指，吞而在胸膈者，吐以甘草。入而在腹中者，利以黃連、汞粉。皆所以革汗穢也。啼聲不發，呵臍以溫之，甚者灸焫以攻之，皆所以助不足也。衛顖顋之天，杜風池之邪，浴之以通血脈，哺之以助穀神，皆所以養衝和也。三者保子之常法。然同爲吐利，而吐利有輕重。同爲灸焫，而灸焫有多寡。或先吐利，必使汗穢畢除。或先灸焫，必使疾狀不作。然後眞氣自育。彼其緩急先後之序，隨時變通，不可泥於一曲也。前世之書，執小兒氣盛之論者，不知陽中有陰而專於吐利。執河北關中地寒之論者，不知南北之異而專於灸焫。或以謂六歲爲兒，而嬰孺之病無承據，不知榮衛血氣有生皆全也。或以謂小兒脈候多端，與老壯有殊，不知臟腑呼吸有形皆同也。通識之士，必察剛柔勇怯之所以異，視其汗穢，無憚於吐利。視其虛弱，無憚於灸焫。審乎五形，適以寒溫之宜。審乎五態，導以陰陽之平。病之輕重緩急，隨證以治之，不必蔽於難治也。脈之長短遲速，因形以別之，不必拘於至數也。明乎此，則慈幼之道其庶乎！

《巢氏病源》：小兒始生，肌膚未成，不可暖衣，暖衣則令筋骨緩弱。宜時見風日，若都不見風日，則令肌膚脆軟，便易損傷。皆當以故絮著衣，莫用新綿也。天和暖風之時，令母將抱日中嬉戲，數見風日則血凝氣剛，肌肉硬密，堪耐風寒，不致疾病。若常藏在幃帳之內，重衣溫暖，譬如陰地之草木，不見風日，軟脆不任風寒。又當薄衣，薄衣之法，當從秋習之，不可以春夏卒減其衣，不則令中風寒。從秋習之，以漸稍寒，如此則必耐寒，冬月但當著兩薄襦一複裳耳。非不忍見其寒適當佳耳，愛而暖之適所以害也。又當消息無令汗出，汗出則致虛損，便受風寒。晝夜寤寐，皆當慎之。其飲食哺乳不能無痰癖，常當節適乳哺。若微不進，切當將護之。凡不能進乳哺，則宜下之，如此則終不致寒熱也。又小兒始生，生氣尚盛，無有虛勞，微惡則須下之。所損不足言，及其愈病則致深益。若不時下則成大疾，疾成則難治矣。其冬月下之難將護，然有疾者不可不下。夏月下之後，腹中常當小脹滿，故當節哺乳將護之。數日間又哺，哺之當令多少有常劑。兒稍大，食哺亦當稍增。若減少者，此是腹中已有小不調也，便當微將藥，勿復哺之。但當乳之，甚者十許日，輕者五六日，自當如常。若都不肯食哺，而但飲乳者，此是有癖，爲疾重，要當下之。不可不下，不下則致寒熱，或吐而發癇，或致下痢，此皆病重，不早下之所爲也，則難治。先治其輕時，兒不耗損而病速除矣。小兒所以少病癇者，其母懷娠時時勞役，運動骨血則氣強，胎養盛故也。若侍御多，血氣微，胎養弱，則兒軟脆易傷，故多病癇。兒皆須著帽，項衣取燥，菊花爲枕枕之。兒母乳兒三時摸兒項風池，若壯熱者，即須熨，使微汗。微汗不差，便灸兩風池及背第三椎、第五椎、第七椎、第九椎兩邊各二壯，與風池凡爲十壯。一歲兒七壯，兒大者以意節度，增壯數可至三十壯。惟風池特令多，十歲已上可百壯。小兒常須慎護風池。諺云：戒養小兒，慎護風池。風池在頸項筋兩轅之邊，有病乃治之。疾微，慎不欲妄針灸，亦不用輒吐下。《聖惠》乃云：立夏後疾，慎不欲妄針灸，亦不欲輒吐下。所以然者，針灸傷經絡，吐下動腑臟故也。但當以除熱湯浴之，除熱散粉之，除熱赤膏摩之，又以臍中膏塗之，令兒在涼處。勿禁水漿，常以新水洗。新生無疾，慎不可逆針灸。逆針灸則忍痛動經脈，因喜成癇。河洛間土地多寒，兒喜病痙。其俗生兒三日，喜逆灸以防之，又灸頰以防噤。有噤者，舌下脈急，牙車筋急。其土地寒，皆決舌下去血，灸頰以治噤。江東地溫，無此疾。古方既傳有逆針灸之法，今人不詳南北之殊，便按方用之，多害於小兒。是以田舍小兒，任自然皆得無此夭。又云：春夏決定不得下，小兒所以爾者，小兒腑臟之氣軟弱，易虛易實。下則下焦必虛益，上焦則熱，熱則增痰，痰則成病，自非當病不可不下也。《千金翼》《聖惠》及諸家方書皆以此爲宗本，其議論略，有不同者皆見於後。

《千金》論：生兒宜用其父故衣裹之，生女宜以其母故衣，皆勿用新帛爲善。《聖惠》云：新綾絹衣。不可令衣過厚。《千金翼》又於厚字下有一熱字。令兒傷皮膚，害血脈，發雜瘡而黃。兒衣綿帛特忌厚熱，慎之慎之。

《聖惠》論：凡小兒一期之內，造兒衣裳，皆須用故綿及故帛爲之，不得以綿衣蓋於頭面。冬天可以袷衣蓋頭，夏日宜用單衣，皆不得著面，及乳母口鼻吹著兒顋。凡綿衣不得太厚及用新綿，令兒壯熱，或即發癇，特宜慎之也。

《聖惠》論：凡兒匍匐已後，逢物即吃，奶母雖至細意，必亦不能盡覺。春夏必飲滯水冷物，至秋初便皆疾作。初則多啼不食，或好伏地，面色青黃，或時腹痛，既不解說，惟反拗多啼。或逢水漿便吃，不可制止。或睡中驚啼，或大便秘澀。常人惟知與紅雪鈎藤飲子，此二藥終日在口，然自不見其效。況腹中滯結已多，冷熱衝擊頗久，二藥何能排去？所以得秋氣風吹着背心腳心，便成瘧痢。庸醫與冷藥則傷滑不禁，與澀藥則氣壅不行。傷損臟腑，益令不食，遂使虛熱衝上，面黃髮焦，滯惡在內，手足如火，自然風水橫溢，四肢便腫。如此將養，十無一存。但每經春夏，不問有病無病，便須與四味飲子，多不三四劑，即康強也。葛氏《肘後》同，方見溫壯門。

《嬰孺》論：凡兒所以風者，衣暖汗出，風因而入也。

張渙論：嬰兒生後兩滿月，即目瞳子成，能笑識人。乳母不得令生人抱之，及不令見非常之物。百晬任脈生，能反復，乳母當存節喜怒，適其寒溫。半晬尻骨已成，乳母當教兒學坐。二百日外掌骨成，乳母當教兒地上匍匐。三百日臏骨成，乳母當教兒獨立。周晬膝骨已成，乳母當教兒行步。上件並是定法，蓋世之人不能如法存節，往往抱兒過時，損傷筋骨，切宜慎之爲吉。

張渙論：嬰兒冬月，但當着夾衣及衲衣之類，極寒即漸加以舊綿。人家多愛子，乃以綿衣過厚，適所以爲害也。

張渙論：嬰兒須看稟受，南北之殊，用藥蓋地土寒溫不同，此古人之最爲慎也。

《嬰童寶鑑》論：孩子春勿覆頂裹足，致陽氣亡出，故多發熱。衣物夜露，多生天瘹。三歲之中，勿太飽，勿太飢，臥須覆肚，食須飲水漿。若能如此者，則子少患而無夭傷矣。

《萬全方》論：田舍婦人產育，皆不知小兒初生將護之法，所養有絕無他疾者。譬之凡草凡木生於深山大澤之中，容易合抱。至於奇材異果，縱加倍壅，間有不秀實者，此豈貴賤之理有異哉？蓋天之於物，出於自然。古人亦云：小兒始生，肌肉未成，不可暖衣，即令筋有緩弱。宜見風日，若都不見風日，即令肌膚脆軟，便易傷損。皆以絮著衣，內勿用新綿。天氣和暖無風之時，令乳母抱兒日中嬉戲，數見風日，即血凝氣剛，肌肉硬密，堪耐風寒。以田舍小兒較之，此說尤長。

《顱顖經》治小兒初生日與平和飲子

人參　茯苓　甘草炙　升麻以上各一分

右以水一白盞，煎至一合半。已來時時與之，乳母忌油膩。滿月及百晬已來加之。臨時冷，加白术，熱加硝，各半錢。

《海藥》按：《仙傳》小兒方

右燒降眞香，或引鶴降，醮星辰燒此香，甚爲第一度籙燒之，功力極驗。小兒帶之能辟邪惡之氣也。

《別說》小兒方

右柳絮帖灸瘡良，飛入浴水，於陰暗處爲浮萍，嘗以器盛水置絮其中，數日覆之。即或又多積，可以捍作氊，以代羊毛，極柔軟，宜與小兒臥益佳，以性涼也。

《本草》小兒方

右白油麻與乳母食，其孩子永不病生。若久熱，可作飲汁服之。停久者，發霍亂客食，抽人肌肉。

《秘要指迷》：嬰兒初生三日，乃令母服順氣藥及煎人參湯方。

右用人參、甘草煎湯與母服，隨奶乳下與嬰兒飲，先洗盡胎腸惡物。如母服藥乃須溫暖，味不可冷熱相反，則令兒有病生。又凡嬰兒初生，嘗以句氣湯散服一匕，日外但服無慮。

《千金》灸法：凡新生兒七日以上，周年以還，灸不過七壯，炷如雀屎大。

《幼幼新書・浴兒法第八》《千金》論：凡浴小兒，湯極須令冷熱調和。冷熱失所令兒驚，亦致五臟疾也。凡兒冬不可久浴，浴久則傷寒，夏不可久浴，浴久則傷熱。數浴背冷則發癇，若不浴又令兒毛落。新生浴兒者，以豬膽一枚，取汁投湯中以浴兒，終身不患瘡疥，勿以雜水浴之。兒生三日，宜用桃根湯浴。桃根、李根、梅根各二兩，枝亦得。㕮咀之，以水三斗煮二十沸，去滓，浴兒良。去不祥，令兒終身無瘡疥。治小兒驚辟惡氣，以金虎湯浴。金一斤，虎頭骨一枚，以水三斗煮爲湯浴，但須浴即煮用之。

《外臺》崔氏又浴兒虎頭骨湯，主辟除惡氣兼令兒不驚，不患諸瘡疥方。

虎頭骨五大兩，無頭，身骨，亦得碎　苦參四兩　白芷三兩。《嬰孺集》以爲五兩

右三味切，以水一斗煮爲湯，內豬膽汁少許，適寒溫以浴兒良。

《本草注》主小兒身熱，食不生肌方。

右楮葉可作浴湯，又主惡瘡生肉。

《簡要濟衆》新生小兒浴方

右以益母草一大把，銼，水一斗，煎十沸，溫浴而不生瘡疥。益母草，茺蔚苗也，俗名鬱臭。

《子母秘錄》小兒辟惡敢。

右以水煮虎皮骨湯，浴兒數數作。

《食療方》：小兒初生，取虎骨煎湯浴，其孩子長大無病。

《斗門方》浴小兒胎穢。

白僵蠶　黑牽牛　細辛

右等分爲末如澡豆，用之良。

《元和紀用經》慶浴吉慶法謂三日、五日或七日洗兒也當取寅、卯、酉日爲大吉良，宜避壬、午、丁、未並凶，癸、巳亦凶。今不能合上三日者，但勿犯下三日凶惡之日，皆平安浴法。

《聖惠》治新生兒卒寒熱，不能服藥。宜用莽草湯浴方

莽草　丹參　蛇床子　桂心　菖蒲各一兩

右件藥銼碎，以水五斗，煮一二十沸，去滓，適寒溫以浴之，避風。

《聖惠》浴兒辟溫亞氣，療百病，去皮膚沙粟方。

桃根　梅根　李根各一把　細辛　蛇床子各一兩

右件藥都銼，以水二斗，煎至一斗，澄濾，候冷暖得所，浴兒佳。

《聖惠》治小兒壯熱浴方。

右以李子葉切半升，用水一斗，煎至七升，去滓，看冷暖得所浴之。

《聖惠》又方

白芷二兩　苦參三兩

右都銼，以水一斗，煎至七升，去滓，加少鹽及少漿水浴之。浴了以粉摩之，即不畏風。又大引散諸風也。

《嬰孺》治兒生一月至五月，乍寒乍熱。柳枝湯浴方

右以柳枝，不限多少，煮湯浴之。若渴，取冬瓜汁飲之。

《嬰孺》凡常浴兒不療病，只取桃柳心各七個，並水少許，清漿水、鹽各少許，浴之大良。浴了以粉粉之，不怕風，又散氣除邪。惟不用頻浴，頻浴引冷發癇。

《嬰童寶鑑》諸小兒浴法。凡浴湯用豬膽則瘡疥不生。有金銀、虎頭骨、麝香、丹砂煎湯則避惡氣。客忤驚癇，用李葉、桃葉、楮葉、梅葉根等煎湯，則解體熱溫壯之患。

《嬰童寶鑑》浴湯方。

金銀　虎頭骨　桃奴　丹砂　雄黃

右煎浴兒，退驚辟邪氣。煎湯沐髮，則令潤黑無垢。

《嬰童寶鑑》煎湯浴兒退熱。

蒴藋　葱　胡麻葉　白芷　藁本　蛇床子

《嬰童寶鑑》煎湯浴兒退風。

豬膽　苦參　防己　黃連　甘草　白芨　藁本　杉　柏　楓葉

《嬰童寶鑑》 煎湯浴兒治瘡。

大麻仁 零陵香 丁香 桑椹 藁本

《汪氏家傳》 浴小兒五根湯

桃根 柳根 楝根 桑根 槐根

右等分銼，或各以枝亦得，加豉爲湯浴兒妙。仍以光粉和蚌粉撲身，辟邪，吉。

《莊氏家傳》云：尋常浴湯煎熟，入少許清漿水、鹽一捻。浴訖以粉磨，既不畏風，又引散諸藥。

《幼幼新書・拭兒口法第九》 《千金》論曰：小兒初生，先以綿裹指，拭兒口中及舌上青泥惡血，此謂之玉衡。一作銜。若不急拭，啼聲一發，即入腹成百病矣。《千金翼》云：成痞病死。

《聖惠》論：凡兒初飲乳後，以髮纏指，沾清水點拭了，看齒根上有黄筋兩條，便以葦刀子割斷，點豬乳便差。如兒口難開，但先點豬乳自開。

《小兒集驗方》云：小兒初生，每日以井華水或微溫水，將潔淨舊軟帕子裹乳母手指，蘸水撩拭小兒口中，因而捺舌及兩頰，令稍寬舒，即不生口噤、積熱、風疾等病。京幾與山東人多能之，謂之捺兒口。拭畢，仍用少研細入麝香，乾坯子胭脂塗口中，令兒美乳食。

《小兒集驗方》云：東平有一老嫗，善與小兒拭口，使不生煉銀。云：小兒上下唇與齒斷相連處，皆有一筋牽引，若上唇筋緊，即生上煉；下唇筋緊，即生下煉。上煉生瘡滿頭，或生眉間，如有癬狀。瘙癢不已，時復流出黄汁，汁至處又生瘡。若下煉則起腰背，漸至四肢，亦如癬狀，亦瘙癢黄汁不已。若疾盛不治，或頭面上下相通，累年不較。又咬折，或成大疾。惟是每日早晨取溫水一盞，令其乳母以故軟潔淨帕子包手第一指，蘸溫水拭兒口，水中渲下。又拭又捺，使兒口中淨，及捺上下筋，令寬舒，即小兒自美乳食，諸疾不生。亦云：永無煉銀，惟使筋寬舒是法。京幾見小兒失捺，變爲口噤不吃奶，或不解捺而生煉銀者，不可勝數。

《東醫寶鑑・雜病篇・小兒》 小兒病難治

古語曰：寧醫十丈夫，莫醫一婦人；寧醫十婦人，莫醫一小兒。蓋小兒難問證，難察脈，治之尤難故也。入門 爲醫之道，大方脈爲難，活幼爲尤難，以其藏府晚嫩，皮骨軟弱，血氣未盛，經絡如絲，脈息如毫，易虛易實，易冷易熱，兼之口不能言，手不能指，疾痛之莫知；非觀形察色聽聲切脈，究其病源，詳其陰陽，表裏虛實而能療之者，蓋亦寡矣。療效。

臟腑生成

夫一月之孕，有白露之稱。二月之胚，有桃花之譬。及其三月，則先生右腎而爲男陰包陽也；先生左腎，則爲女陽包陰也。其次腎生脾，脾生肝，肝生肺，肺生心，以生其勝己者，腎屬水，故五藏由是爲陰。其次心生小腸，小腸生大腸，大腸生膽，膽生胃，胃生膀胱，膀胱生三焦，以生其勝己者，小腸屬火，六府由是爲陽。其次三焦生八脈，八脈生十二經，十二經生十二絡，十二絡生一百八十絲絡，絲絡生一百八十纏絡，纏絡生三萬四千孫絡，孫絡生三百六十五骨節，骨節生三百六十五大穴，大穴生八萬四千毛竅，則耳目口鼻百骸之身皆備矣。醫鑒。

初生解毒法

嬰兒在胎，口中有惡物，兒纔生不候聲出，坐婆急用軟帛裹手指，蘸黄連甘草濃煎汁，拭去口中惡物，若嚥入腹中必生諸疾。更以煉蜜少許，調朱砂末，一字抹入口中，令嚥下，則一生免瘡痘之患。得效。朱蜜嚥下，然後乃飼乳，酌量與之，勿令大飽，恐成吐奶。良方。既綳裹了，取黄連、甘草煎汁，以綿纏子，蘸入兒口，令咂之，三日以來，退惡物於大便，謂之臍屎。良方。

初生洗浴法

三朝洗兒，用虎頭骨，桃枝、豬膽，金銀器煎湯洗之，則兒少驚。尋常澡洗，用豬膽汁入湯中洗之，即不生瘡疥。良方。世俗以爲小兒體熱或遏澡浴，即與久坐湯水之中，風冷外傷，水濕內滲，變成風搐，可不戒之。□□小兒。

初生斷臍法

子在腹中，胞胎十月，止於臍中與母通氣，雖出胞胎，其臍中所通之氣猶未盡絕，斷臍之後，招風致病者有之。其法：初生小兒，綿裹臍帶，離肚五六寸，先用軟綿縛住脚於線外，將臍咬斷片時，去線待血流盡以手輕輕揉散，艾灸臍頭三壯或五壯，結作紇縖，軟帛要裹，切不可常時揭看，待臍根落去，自然無事。丹心。初生即捋軟綿貼臍根縛住，待第三日離肚二指許，捋臍剪斷，用生薑自然汁，或香油和麥，裹臍四圍於臍頭，以艾灸三壯，謂之熏臍，後不招風。丹心。先斷兒臍帶，可只留二寸許，以線繫定，然後洗浴，不然則濕氣入腹，必作臍風之疾。良方。

擇乳母法

凡擇乳母，須精神爽慧，性情和悅，肌肉充肥，無諸疾病，知寒溫之宜，能調節乳食，奶汁濃白，則可以飼兒。不得與奶母大段酸鹹飲食，仍忌纔衝寒暑來，便餧兒奶，如此則必成奶癖，或驚疳瀉痢之疾。良方。如陰陽交接之際，切不可餧兒奶，此正謂之交奶，必生癖。良方。奶母不可頻飲酒，恐兒作痰嗽、驚熱、昏眩之疾。良方。乳母宜謹節飲食，飲食下咽，乳汁便通，情慾動中，乳脈便應，病氣到，乳汁必凝滯，兒得此乳，疾病立至，不吐則瀉，不瘡則熱，或爲口糜，或爲驚搐，或爲夜啼，或爲腹痛。病之初來，其尿必甚少，便須詢問，隨證調治，母安子安，可消患於未形也。東垣。夫飲食之擇，猶是小可，乳母稟受之厚薄，情性之緩急，骨相之堅脆，德行之善惡，兒能速肖，尤爲關係。東垣。

小兒乳哺法

人生十六歲以前，血氣俱盛，如日方升，如月方圓，惟陰長不足，腸胃尚脆而窄，養之道不可不謹。東垣。凡初乳，先須捏去宿乳後與之。母欲寐，即奪其乳，恐睡困不知飽足也。兒啼未定，乳母勿遽以乳飲之，恐停滯胸膈而成嘔吐也。乳後不與食，哺後不與乳，乳食相併則難以剋化，結於腹中作痛，大抵成癖、成積、成疳，皆自此始。得效。小兒血氣俱盛，食物易消，故食無時，然腸胃尚脆而窄，一切發熱難化之物，皆宜禁絕，只與乾柿、熟菜、白粥，非惟無病，可以養德。此外生栗味鹹，乾柿性凉，可爲養陰之助，然栗大補，柿大澀，亦宜少與。東垣。

《壽世保元·辛集·小兒初生》 小兒五宜

一小兒分娩初離母體，口有穢毒，啼聲未發，急用軟綿裹指拭去口中惡汁。倘或不及，預煎甘草、黃連濃汁灌之，待吐出惡沫，方與乳吃。或用好朱砂水飛過，煉白蜜調和成膏，如小豆大，乳汁化服，三日內止進三粒，以除胎毒痘疹之患也。

一初生三五日，宜綁縛令卧，勿豎頭抱出，免致驚癇。

一乳與食不宜一時混吃，兒生疳癖痞積。

一兒衣宜用老年人舊裙舊袴改作小兒衣衫，令兒有壽，雖富貴之家，切不可製紵絲綾羅氈絨之類與小兒穿，不唯生病，且抑折福。

一兒生四五個月，止與乳吃。六個月以後方與稀粥哺之。周歲以前切不可吃葷腥並生冷之物，令兒多疾苦。待二三歲後，臟腑稍壯，方與葷腥庶可。若到五歲後食之尤嘉。一云：小兒永無雜疾，大忌雞肉，絕妙。

洗兒法

一初生兒洗浴，不可先斷臍，候洗了方斷，不致水濕傷臍，可免臍風臍瘡等症。浴兒調和湯水，須看冷熱得宜，不可久浴，久浴則傷風寒。夏不可久浴，久浴則傷熱。浴時當護兒背，免風邪而入，不使發熱成癇疾。用五根湯洗，以免瘡疥之患。

五根湯

桃根　柳根　梅根　桑根　槐根

加苦參、白芷同煎，辟諸不祥。

右每味一兩，洗淨切碎，用水煮，去渣，加豬膽汁一枚，候水溫洗，放金銀銅器，則辟諸惡邪之氣。

斷臍法

一小兒初生，洗訖，斷臍不可用刀割，以軟絹裹臍，或隔單衣咬斷，蓋臍不可令長，又不可太短，只取兒足掌長。如長，引外風則成臍風之患，短則傷臟內痛，面青啼叫。臍帶中有穢蟲，宜急撥去，不然入腹成疾。

《簡明醫彀·初生十則》 拭口：兒初生，莫待聲出，急以綿帛裹指蘸溫湯，展去舌上穢血。用手遲，啼一出，即入腹中，斯爲患矣。兒口舌未堅，無令粗婦人，恐傷兒，但以後法解之。用黃連、甘草各煎汁少許，滴口內；硃砂大塊鮮紅明亮如雲母者，水飛過，曬燥，重研萬下。以二分，蜜調，抹兒口中。以五七分蜜，丸赤豆大。每日甘草湯化服一丸，去穢毒，鎮心神。

回氣：兒初生有不出聲者，急灌溫水少許，更以口頻進氣於兒口，自啼。有因難產受寒，兒氣欲絕者，急烘綿絮，包裹懷中，以胎衣置火上燒燃；又以大紙撚清油點，燒於臍帶上下，使暖氣入腹，須臾即回。

洗浴：未可斷臍帶，恐進濕氣，臍風，臍爛。湯中切桃、李、梅、柳枝，去不祥；取豬膽周身擦之，不生疿瘡，月內浴皆可用。背勿受風，勿多浴，勿久浴，恐作風癇。浴罷，看口上腭有細白泡，名七星，銀簪挑破，京墨塗。有白膜，名鵝口，用軟絹裹指蘸湯絞去，塗京墨；舌下有，亦絞去塗墨。無重舌等證。

着衣：　男用父女用母舊衣綿改之。切勿過厚，貴乎適中。恐動火生瘡。痰熱發驚癇。皆由此始。周内造衣皆須故帛，用新綿令兒壯熱發驚。曬兒衣勿使遲夜，露濕之毒，八邪之害，兒黃瘦、腹痛、壯熱、夜啼、瘡疥。又夜染無辜鳥屎，令兒致病。

斷臍：　切忌用剪刀，致兒内瘀。切宜浴後，用紙作大撚如指，油點燒臍帶，留六寸。長則傷肌，短則傷臟。古用單衣隔咬，呵入暖氣，看臍帶中有蟲，急剔去，入腹内成疾。裹臍古用白練新綿，今以絹絲裹帶上滲枯礬合之，緩急得中，急則兒吐哯。臍解，貼膏藥臍上。換衣俱宜閉戶下賬，冬月宜火烘暖氣，勿令水濕、尿屎、風寒入臍。輕則腫爛，重則臍風、撮口、鎖肛諸患。

服餌：　所落之臍帶，宜炭火煅研，每重幾何，對稱硃砂和勻。濃煎甘草汁，陸續調與兒服，解痘疹胎毒，最效神方。

透肛：　罕有兒初生無穀道，大便不能出者，旬日必不救。須速用細刀刺穿，要對孔親切開通之，後用絹帛捲如小指，以香油浸透插入，使不再合，旁用生肌散敷之方見腫毒自癒。如有孔不透者，以金玉肥光簪腳透之，銀簪腳亦可。

乳哺：　乳食以少爲貴，諺云：忍三分寒，吃七分飽。又云：小兒常病傷於飽。多是傷脾胃。初則吐瀉，久成癖疾。初生未有乳，豬乳代之，可免驚癇，痘瘡。月内常飲最佳。取法：豬兒吮乳時，以鍾接定，便提豬兒後腳，口離乳。

藏胞：　胎衣盛於新瓶内，以青布裹口，紮緊，用磚蓋好，三日後依月吉地，向陽高燥處，埋入地三尺，築實，兒壽有志。

看顖頭頂前動處是：　顖顋者，精神之門戶也，開竅之橐籥也。上下相貫，百會相通，七竅應透，五臟所藉，泥丸之宮，魂魄之穴。氣實則闔，氣虛則開。良由長大，不可不合。醫家看病，切宜察之。寬大者，受病深重；未合者，怕熱怯寒。成坑者滑泄；突起者風疾；久冷者吐瀉；虛軟者癲癇；連額者易驚；動數者氣弱。兒之致疾，多由於此。喜暖忌寒，保固無病。兒生冬月，即做小帽如碗樣，時時戴之。兒在月内未宜抱出與生人見，幼時勿令入廟登塚恐中惡氣。夏月用色帛縫囊，盛去皮尖杏仁七個，與兒佩之，聞雷不驚。惺惺散方，卷末。

《醫學真傳・嬰兒》　人稟天地陰陽之氣以生，父母精血之形以成。甫離胞胎，府藏之形未充，陰陽之氣已立，此形此氣，賴乳爲先，間有小疾，多屬本氣不和，不宜妄投以藥。即藥亦當調其本氣，若概以發散消痰清熱之藥投之，非惟無益，反害之矣。軒、岐論醫，言人身經脈循行之道，血氣交會之理，上下内外，昇降出入，原無分於長幼。

數千年來，正道無傳，方技蜂起，不知經脈血氣，如何昇降？如何出入？原本未明，遂謂大人、小兒當分科異治；治既分，則方科尋究方書，兒科秘傳歌括，昧昧昏昏，毒流天下。遇病輒曰點乳勿與，詎知嬰兒之病，輕者什九，重者什一，惟藉名醫，知臟腑之原，識陰陽之本。按經投治，以法救之耳。今既絶其乳，復以消散之劑投之；病至輕者，間亦自愈。若氣血有乖而身熱，脾胃内虛而生痰者，遇此斷不能愈矣。甚至痰益生，則消益峻；熱愈熾，則涼遇投，至死不變。猶謂如是以治而病不愈，無如何矣！是則可歎也已。夫嬰兒者，猶物之初生萌芽也，腸細胃小，藉有形之乳食，養無形之氣機，毋容絶也，即曰：乳食太過！乍有壅滯，須知一週不食，胃亦空矣；一劑消食，滯已行矣。平人飲食入胃，傳化無停，一日數餐，次日皆傳道而出。至飼乳小兒之藥，施於無病之兒亦病，況已病乎？即更辯曰：小兒外感風寒，内停乳食，身發熱，胸膈氣滿，發散消磨且不愈，奚可食哉？而孰知其不然也。風寒原非外感，飲食本不内停；但古先聖賢，未經明言，世何以知？蓋人之一身，有三陰五藏之氣，三陽六府之氣，合十二經脈。氣血流行，外則從肌達表，徧行週身，以禦外侮；内則由藏至府，氣歸於胃，以消飲食。如曰外感，則富貴之兒，襁之褓之，不出戶庭，何以多感？貧賤之兒，受風受寒，不避外邪，何以少感？受而不病，則無外感；不受而病，實從内生矣。如曰内停，則無病之時，頻頻食乳，何不停食？既病之後，日日不乳，何以停食？若云初因停食而病，至今未消，試問人之胃腑，何如者也？食停於胃，如此不消，則胃之直氣已絶，尚何容醫？蓋在上脘者，名曰宿食，入於胃中，即便腐化。若上脘不清，則點水必惡，見食如仇。何以抱病之兒，渴欲求飲，見食朶頤？

由此觀之，則外感風寒，内停乳食之説，可廢矣。方書詐無爲有，兒醫日殺生靈，罪將奚歸？天歟！其不欲蒼生之環聚歟，乃假其手於兒醫歟！

《醫宗金鑒・幼科種痘心法要旨》　種痘要旨

嘗謂種痘之法，有謂取痘粒之漿而種之者；有謂服痘兒之衣而種之者；有謂以痘痂屑乾吹入鼻中種之，謂之旱苗者；有謂以痘痂屑，濕納入鼻孔種之，謂之水苗者。然即四者而較之，水苗爲上，旱苗次之，痘衣多不應驗，痘漿太涉殘忍。故古法獨用水苗，蓋取其和平穩當也。近世始用旱苗，法雖捷徑，微覺迅烈。若痘衣、痘漿之說，則斷不可從。夫水苗之所以善者，以其勢甚和平，不疾不徐，漸次而入，既種之後，小兒無受傷之處，胎毒有漸發之機，百發百中，捷於影響，盡善盡美，可法可傳，爲種痘之最優者。其次，則旱苗雖烈，猶與水苗之法相近，兒體壯威猶或可施。至若痘痂之何以爲順？選苗之何以善藏？天時之何以得正？種期之何以爲吉？調攝之何以合宜？禁忌之何以如法？形氣之何以可稱？與痘衣痘漿之弊，一一條分縷晰，細列於後。學者必細心體閱，則中有灼見，不致有他歧之惑，庶種法既善，而成功可必矣！

選苗

苗者，痘之痂也。種痘者，全資乎此，以爲胎毒之引道，關係匪輕。選苗時，宜留神細察，不可輕忽。其中有可用者，有不可用者，惟在痘之須與不須別之。痘之不須者，出不尖圓，色不紅潤，漿不充滿，所落之痂，溫暗而薄，此天人合病，內外合邪所致，即幸而得愈，亦不過良工之善爲調治，非天然之美，此等痘痂，斷不可用。痘之須者，始終無夾雜之證，出則尖圓，色則紅潤，漿則充滿，所落之痂，蒼蠟光澤，肥大厚實，此得天地陰陽之正氣，極順之苗也。收而用之，效如響應。但此痂甚少，所遇無多，或不能親其事而假手他人，亦必令彼身親目覩方可；否則寧置而不用，切勿濫用，種者審之。

蓄苗

種痘必資於苗，而苗之所可恃者，在氣之相通耳。若遇熱則氣洩，日久則氣薄，觸污穢則氣不清，藏不潔則氣不正，此蓄苗之法，所以不可不愼也。如遇好苗，須貯新磁瓶內，上以物密覆之，置於潔淨之所、清涼之處，其所貯之苗，在春天者，一月之痂可種；冬令嚴寒，四五十日之痂尚可種。蓋寒則氣收藏，熱則氣易洩，故時日有不同也。然於未收苗時，即當先與出痘之家明言其故，使彼樂從，無所疑忌，彼方肯用心收貯，不致稍有貽誤也。

天時

種痘貴得天時，得其時則種，不得其時則不種。夫天時之正，莫過於春，春爲萬物發生之際，天氣融和，不寒不熱，種之則痘自隨其氣而發生，此正二三月之時所以可種也。若交夏之後，六陽盡出地上，人之陽氣亦皆外浮，暑熱爍金，受病者衆，斯時種痘，兒何以堪，此四五六月之時所以必不可種也。至若秋令，天氣清肅，收斂之時，雖遇可種之兒，而無引毒之具，此七八九月之時勢有不能種也。至於十月，名曰小春，雖亦可種，然斯時寒氣固結，純陰用事，不若俟冬至後一陽鼓動，借其生生之氣，種之甚吉，此十月之所以可種，猶不若十一、十二月之尤可種也。然當可種之時，亦有不可種者，如春應溫而反寒，夏應熱而反涼，秋應涼而反熱，冬應寒而反溫，當其時而非其氣，是天地不正之氣也。常人感染則成時疫，小兒調理未遑，況敢言種痘乎？倘或遇此，只宜稍避，俟時氣平定再爲議種，方保萬全。亦有未種之時，天時甚正，既種之後，忽爾寒暄不時，此又人事所遇不齊，偶爾變氣，出意外者也；則宜屋中適其寒溫，順會天時，常燒辟穢香，飲食起居更加謹愼，可保無恙。種痘者宜詳審而體察之。

擇吉

下苗之日，必擇成日、開日、栽種日，及天合天月二德日則吉；倘三者不能兼備，即成開之日亦可；若值人神所在之日，忌不可種。

種痘吉日　成日　開日　栽種日

天月二德日，正五九月在丙，二六十月在甲，三七十一月在壬，四八十二月在庚，人神所在之日，十一日在鼻柱，十五日在徧身。

調攝

種痘之在調攝，最爲緊要，自始至終不可稍忽，如避寒熱、愼飲食是也。天氣嚴寒，蓋覆宜溫煖，勿使受寒，恐被寒氣所觸，則痘不得出；亦不可過於重棉疊褥，使熱氣壅滯，致痘不宣發。天氣溫煖，蓋覆宜適中，恐客熱與毒相並，致增煩熱；亦不可輕易著單露體，使寒邪外侵，阻遏生發之氣，此寒熱所以貴得其平也。人之氣血，必藉飲食生化，痘之始終，全賴乎此。若飲食虧少，氣血何所資助乎？但不可過甚；若過飲則飲停不化津液，過食則食滯必生痰熱。所以吮乳之兒，不多乳，不闕乳；能食之兒勿餐辛熱炙煿，勿啖黏硬生冷，勿恣意茶水，勿使飲涼漿，食不過飽，亦不過饑，此飲食所以貴得其平也。至於寒熱飲食之外，凡舉止動作，既不可任意驕縱，亦不可過於拂逆。惟在調攝之人，耐其性情，兢兢業業，善爲保護，不但愼於既種之後，且當愼於未種之先；不但愼之見苗之初，尤當愼之落痂之後。種痘者，宜諄諄告誡，務期詳細，使彼知關係匪輕，心存謹愼，如法調攝，始保萬全；

倘稍有不慎，以致小兒或爲寒熱所侵，或爲飲食所傷，咎將誰諉乎？此不知調攝者，所以斷不可與種也。

禁忌

種痘之家，房中最要潔淨，切忌冲犯：最喜明亮，不可幽闇。擇老成耐事之人，經過小兒出痘者，令其調護，不離左右，一切禁忌，俱當謹遵。勿詈罵呼怒，勿言語驚慌，勿對梳頭，勿對搔養，勿嗜酒，勿歌樂，凡房中淫液氣、婦人經候氣、腋下狐臭氣、行遠勞汗氣、誤燒頭髮氣、誤燒魚骨氣、吹滅燈燭氣、硫磺柴煙氣、葱蒜醉酒氣、溝渠汚濁氣，悉宜避之；更當預囑其左右之人，倘值迅雷烈風暴雨之變，大宜安定，勿使兒驚。其幃帳宜謹，蓋覆宜密切，勿暴動生風，常燒辟穢香以避偶爾不正之氣，再令人謹伺其門，不許生人往來，不許僧道師巫孝服之人入室。以上禁忌，一一遵守則吉，稍有疎忽，每至敗事，種痘者切宜諄告誡之。

辟穢香：南蒼术半觔，川大黄四兩，以上剉細片，爐中燒之，不可間斷。

可種

小兒面部紅潤，精采明亮透達，印堂、山根、年壽、眼下、口角，無青暗之色，兩目黑白分明，視瞻平正，愈看愈有神氣精光，顖不陷不塡，頭不解顱，鼻孔不小，氣清不濁，聲音清亮，天柱骨正頸不歪斜，骨肉相稱又宜緊束，肥不見肉，瘦不露骨，小便遠而長，腎囊緊小，微帶紫黑色，如荔枝殼，身無瘢癬瘡疥，項無結核，腹無積聚，形氣充實，精神強健，臟腑調順，脈息和平。以上皆可種。

不可種

小兒面色青白，或黧黑痿黃，無喜色無精采，兩目黑多白少，白睛帶青色，視瞻歪斜，暗昧無神，顖陷顖塡，解顱，顱不合，五輭，五鞕，龜胸，龜背，鶴膝，鼻孔小，氣濁，聲音不亮不長，肉不束，骨鬆如發麵樣，身體瘦無胭肉，身有瘢癬疥瘡，腹有痞積，項有結核，病後元氣未復，素有驚癇之證，失乳之後，氣血不足，脾胃虛弱，精神倦怠，脈不和平。以上皆不可種。

凡小兒父母，行事疎忽，不知調攝，不聽禁忌，不信醫藥，過於溺愛驕縱者，亦斷不可與種。

水苗種法

種痘之時，要細閲小兒，氣血冲和，臟腑均平，内無痰熱食積所傷，外無六淫之氣相侵，方可用上好痘痂種之。一歲者用二十餘粒，三四歲者用三十餘粒，置於淨磁鍾内，以柳木作杵，碾爲細末，以淨水滴三五點入鍾内，春溫用，冬熱用，乾則再加水幾點，總以調勻爲度，不燥不濕，用新棉些須攤極薄片，裹所調痘屑在内，捏成棗核樣，以紅線拴定，仍留寸許，長則剪去，將苗納入鼻孔，分男左女右，不可離人，時時看守，倘小兒用手拈弄，急禁止之，或被嚏出，急將苗塞鼻内，不可稍緩，恐洩苗氣。下苗後必以六箇時辰爲度，然後取出，如遇天氣嚴寒，多留數刻，若遇時令和暖，早取數刻亦可，要在臨時斟酌。痘苗取出之後，其苗氣漸次而入，傳遍五藏，至七日始發熱，發熱三日而苗見，見苗三日而出齊，出齊三日而灌漿，漿足三日而回水結痂，大功成矣。

五藏傳送之理

鼻者，肺之外竅也。水苗種法，以苗塞鼻中，其氣先傳於肺，肺主皮毛；肺傳於心，心主血脈；心傳於脾，脾主肌肉；脾傳於肝，肝主筋；肝傳於腎，腎主骨。痘毒藏骨髓之内，感苗氣而發，其毒自骨髓盡達於筋，腎藏之毒解矣；自筋盡達於肌肉，肝藏之毒解矣；自肌肉盡達於血脈，脾藏之毒解矣；自血脈盡達於皮毛，心藏之毒解矣；自皮毛盡達於顆粒，肺藏之毒解矣。五藏之毒層遞而解，然後毒化漿成，收靨落痂，此種痘傳送之次序也，不可不知。

旱苗種法

旱苗種法，用銀管約長五六寸，曲其頸，碾痘痂極細，納於管端，按男左女右，對准鼻孔吹入之，至七日而亦發熱。今時多用此法，蓋取其簡便捷入，不致脱落而有透洩苗氣之患也。第恐後人用之不善，輕吹之則不驟入，重吹之則迅烈難當，且恐流涕過多，苗隨涕去，往往不驗。今欲垂法後世，當取其法之和平穩當萬全者而則效之，此所以獨取於水苗也。

痘衣種法

小兒出痘者，當長漿，漿足之時，則彼痘氣充盛，取其貼身裏衣與未出痘之兒女服之，服二三日，夜間亦不脱下，至九日、十一日始發熱。此乃衣傳，然恐氣薄不透，多有不熱不出，其法不靈，故不可用。

痘漿種法

擇小兒出痘之順者，取其痘漿以棉拭之，分男左女右，塞入鼻中，亦能發痘。但取痘漿之時，不令本家知覺，捏破痘漿，盜以作種，使彼眞氣宣洩，毒不能解。如忍心害理不仁之事也，同志者切宜深惡而痛絶之，又豈可尤而效之也哉！

信苗

種痘發熱以前，小兒面部上忽出顆粒似痘，名曰信苗。此痘之將發，毒氣之標也，色紅而艷，聽之自消。若紅紫堅硬有如魚目者，急以銀針挑破，上以二聖散則無虞。

二聖散

明雄黄、紫草各等分，共碾爲細末，用油臙脂調上。

補種

下苗後宜令親切之人左右看守，恐他人用心之不慎也。若視爲泛常，看守疎忽，恐小兒惡其苗塞鼻中，不時捏出，使苗氣一洩，種多不驗，所以種而不發者，亦有之也。然或小兒五内壯實，不受苗氣，艱於傳進不發者亦有之。更有胎毒深邃，潛藏内蓄，雖苗氣傳至，不能引出不發者亦有之，俱當俟踰十一日爲度，過此不發，然後察天時和順，再爲補種之亦可。

自出

種痘以七日爲期，五藏傳遍始發熱者常也，或有至九日、十一日而發者，如傳送遲慢之故，亦無足慮。若發熱於五日以前，此時苗氣尚未傳至，其毒何由而發，必因種後適逢天行時氣，小兒感染而成，是乃自出之痘，非關苗氣引出者，種痘者不可不知，要當於未種之時，預爲申明其説焉。

治法

種痘乃引毒達表，乘兒安寧無病之時，事屬順吉，又何言治，然恐痘家過於溺愛，起居不謹，飲食不節，此病所由生也。故治法亦所不免，當悉照治正痘之法治之可也。

《重纂福建通志・國朝藝術》　郡有婦人患胎病，羣醫莫能治。能至，詢婦人所食，主人曰：食鷓鴣耳。能曰：夏氣方盛，鷓鴣食半夏，必半夏毒也。治之立愈。

徐璋，字東坡，精痘疹。有一兒患痘危甚，璋視之，辭以不治，將出，忽聞兒啼，璋曰：是聲亮而清，元氣未損，猶可救。復視之，投以異功散兩劑而愈。又有婦懷孕發痘，璋用下利法，有言痘忌下，孕婦尤甚者，璋曰：此火甚毒熾，不下則法無所施。如其言，治之愈。

童祖緒，字纘，三歲貢生，善醫，不取直。有孕婦抱兒踰溝墜而暈厥，既醒而腰腹間痛不可忍，醫者或言胎且墮。祖緒診之：非墮也。沉思有間，問抱兒者：左手乎？右手乎？以手之左右定其痛之所在，令其夫於偏痛處側揉之夜半，勿藥而愈。蓋兒在腹中，口含臍帶，母身墮則兒口脱，含手足妄動而痛。當過溝時，左手抱兒則先右足，右手抱兒則先左足，左墮當偏左揉之，右墮當偏右揉之也。

《兩般秋雨庵隨筆・種痘》　種痘始於宋真宗朝王旦，其後各相授受，以湖廣人爲最。今西洋夷醫吡哈哎善種痘，法以極薄小刀，微剔兒左右臂，以他人痘漿點入，不過兩三處，越七八日，即見點，比時行之痘大兩倍。兒無所苦，嬉戲如常。夷言本國雖牛馬亦出，恒有斃者，因思此法由牛而施之人，無不應驗，於是其法盛傳。然又必須此痘漿方得，他痘不能，故互相傳染，使痘漿不絶，名曰牛痘。誠善法也。又有所謂神黄痘者，産滇之南徼西彝中，形如槐角子，視常痘稍巨，用箬瓦火焙去黑殼，碾細末，白水下之，可除小兒痘毒。服法以每月初二、十六日爲期，半歲服半粒，一歲服一粒，遞加至三歲三粒，則終身不出矣。或曰按二十四氣服之，以二十四粒爲度。

《瀛壖雜志》　西人治病，大半乞靈於器，精妙奇闢，不可思議，不僅如華醫之用針灸已也。即如治肺疾者，有聽肺木，亦曰審氣筒，以一端枕病者胸前聽之，隨聽隨移，審其呼吸，辨其部位，即知病之所在，而亦能察治妊婦各證。顧其治華人傷寒内證，往往不效，且轉增劇，其故因不講切脈，專用補瀉二法。蓋實者瀉之，虚者補之，祇就其人秉體強弱言之耳。至於病之所在，則有宜攻者，有宜散者，用藥又有寒涼温熱之異，原非一定。苟執此以治，鮮不蹶矣。若其治西人驗而華人或不驗者，究因臟腑厚薄之不同耳。往見邱浩川傳海外牛痘種法，治小兒痘症如神。其術以刲臂微破，見血敷藥，兩三日即出痘一二顆，結痂甚易，終身不再發。余甚惜其言之不詳。種痘並不用藥，所取不過牛痘之漿耳。牛痘之法，隨時可種，然究於春令爲宜。法用最薄犀利小刀，割開臂上外皮，將痘漿點入。須令自乾，且不可擦去。三四日後，即於所割處起泡發漿，並不延及他處。經數日即結靨，脱落，小兒並無所苦，嬉笑如常，並不必避風忌口。眞良法也！予嘗問醫士雒頡，曰：牛痘之法固佳，而聞近日西人至中國，多有傳染時痘毒氣而再出者，則此法不足恃也。雒云：漿必取新鮮，粒務取明綻，則後日可無此患。故漿不過十日，過十日則力薄不效。又小兒每過三年必再種一二次。

《志異續編・痘症》　許姓子出痘，患閉症，吳下醫者，俱云不治。時葉天士，不屑以痘科名，再三懇求始至。痘童已七歲，身軀甚偉，奄奄一息。葉命取公鷄蓄三年者二，略去腹下毛，以刀剖之，一裹於背，一貼於胸，以青布縛緊置於地，云半日可活也。葉去，父母守之。入夜，童忽醒呼痛。父母喜甚，趨促葉視。葉曰：旣活矣，夫人而能治也，我何必往。又嘗偕外甥閒遊。甥年十五，經某家後園過，有女年約十六七，在園内摘花，問甥曰：佳否？答曰：佳。曰：汝可潛至，後齊腰抱之，我與汝聘爲婦何如。甥不敢。曰：我所命，何妨。促之去。甥果踰牆，潛至後抱之，女大驚而叫。家人至，擬執而鳴官。天士隔牆止之曰：無須此，我外甥也。是家固與天士相善者，曰：因何袖視，令外甥戲人閨女乎？曰：此我命伊救令姑娘者。曰：何謂救？曰：三日後如不出痘，我自偕舍外甥來負荊請罪。如出痘，則非我斷不能治。是家素信天士醫道通神，姑妄聽之。三日後果出痘，群醫咸謂不治之症。延天士至，天士曰：我固謂非我不可也。當用藥二劑，即起水上漿。又二劑，結痂而愈。遂爲外甥求親。是家感活命恩，許之。後問何以知其將出痘，又何以爲救。曰：吾觀其耳後及太陽，痘紋甚現，故知其將出痘。惟滿面肝腎之色，其毒必深，恐出痘時毒不能達，故猝然驚之。驚則不待痘發，其毒早已起而離其原所矣。他人之所以不能施治者，因其不知病源耳。我則知其毒發於驚，從此消息，故可治也。

《耳郵・化毒丹》 揚州之俗，嬰兒初生，必服化毒丹，以滌胎毒。有何氏者，生一子，命老嫗至藥肆買化毒丹。此嫗乃金陵人，口音與揚州有異。藥肆中人聽之不審，誤會爲買活絡丹者，即以付之。嬰兒服後，忽大病不食乳，數日竟死，偶檢點得蠟丸，刻活絡丹三字。窮究之，乃得其故，然無及矣。是故買藥不可不愼也。

人體衛生總部

老人衛生部

綜　述

《隋書·孫思邈傳》 《新唐書》思邈乃在《隱逸傳》。蓋重其人，不以方技目之也。中間紀盧照隣問養性之要，荅曰天有盈虛，人有屯危，不自慎不能濟也，故養性必先知自慎也。慎以畏爲本，故士無畏則簡仁義，農無畏則墮稼穡，工無畏則慢規矩，商無畏則貨不殖，子無畏則忘孝，父無畏則廢慈，臣無畏則勳不立，君無畏則亂不治。是以太上畏道，其次畏天，其次畏物，其次畏人，其次畏身。憂於身者不拘於人，畏於己者不制於彼，慎於小者不懼於大，戒於近者不侮於遠，知此則人事畢矣。此皆《舊唐書》所遺者，故附錄於傳後。寔養性脩身之要，延年卻病之方也。

《雲仙雜記·時元亨鍊真》引《河中記》 方山道人時元亨，鍊真厭世三十餘年，精、唾、涕、淚俱惜之，七十髮不白，走如奔馬。宋先生曰：吾以小術命此子三日卽死。乃於酒中以羊豕腦一拌啖之，元亨不覺也，飲罷，便苦頭痛下痢，明日便出如剝淨難頭肉者二三升許。又明日，元亨果卒。

《泰定養生主論·論衰老》 大抵桑榆之景，勞逸不同。蓋勞心者甚於勞力者耳。善爲心王者，勞亦如是，逸亦如是，如魚飲水，冷暖自知也。人年五十者，精力將衰，大法當二十日一次施泄，六十者當閉固勿泄也。如不能持者，一月一次施泄，過此皆常情也，不足爲法。凡肥盛強密者，自壯至老，衣食與藥，並用踈爽，肉雖多不使勝食氣，果宜棗柿藕，菜宜韭與蘿菔。飲食飢時先進熱物，然後並宜溫涼及時；勿恣食粘滑、燒炙、煎煿、辛辣、燥熱之味；防有內鬱風痰外發癰疽之證。雖清瘦而素稟強實。兼有痰證者與此同法。清癯虛弱者，自壯至老，衣服與藥，皆宜溫厚，性寒傷胃。腥膻、鱠炙、生冷、油膩，並宜少食。如肥而素稟滑泄虛寒易感者，與此同法。其餘扶衰潤槁之方，各類於後。

《老子頌》云：你喜我不喜，君悲我不喜。雁飛思塞北，鷰憶舊巢歸。秋月春花無限意，箇中只許自家知。虛靜天師云：靈臺皎潔似冰壺，只許元神裏面居。若向此中留一物，平生便是不清虛。《老子》云：虛其心實其腹，是皆融智慧，黜聰明，而宅天和，以卻百邪者也。豈比夫三千六百傍門小法，加之於萬境煎熬之心，而頭上安頭，又以金石草木剛烈之劑，餌之於喪津枯涸之體，而求補益哉。歷觀前人，以不仁成家，以仁而保家者有之矣。如以不仁而得，复以不仁而守者，禍不旋踵也。

先賢詩云：克己工夫，未肯加吝。

張紫陽詩云：人生雖有百年期，壽夭窮通莫預知。昨日街頭方走馬，今朝棺內已眠屍。妻財遺下非君有，罪業將行難自欺。大藥不求爭得遇，遇之不鍊更迷癡。蓋年老養生之道，不貴求奇，先當以前賢破幻之詩，洗滌胸中憂結，而名利不苟求，喜怒不妄發，聲色不因循，滋味不耽嗜，神慮不邪思，無益之書莫讀，不急之務莫勞，三綱五常，現成規模，貧富安危，且據見定。邵康節云：美酒飲教微醉後，好花須看半開時。又云：爽口物多終作疾，快心事過必爲殃。與其病後求良藥，孰若病前能自防。

又詩云：慮少夢自少，言稀過亦稀。簾垂知日永，柳靜覺風微。但看花開謝，不言人是非。何須尋洞府，度世也應遲。龐居士云：但願空諸所有，慎勿實諸所無。余亦有詩云：世人用盡機關，秖爲貪生怕死。我有安樂法門，直須顛倒於此。晉有祁孔賓，夜聞讀書，忽聞牕外云：祁孔賓隱去來。修飾人間事，甚苦不堪偕。所得未毫銖，所喪如山崖。

少壯既往，歲不我與。孔子曰：及其老也，血氣既衰，戒之在得。蓋因馬念車，因車念蓋，未得之慮得之，既得之慮失之，趦趄囁嚅而未決，寤寐驚悸而不安。夫二五之精，妙合而凝，兩腎中間，白膜之內，一點動氣，大如筯頭，鼓舞變化，開闔週身，薰蒸三焦，消化水穀，外禦六淫，內當萬慮，晝夜無停，八面受攻，由是神隨物化，氣逐神消，榮衛告衰，七竅反常，啼號無淚，咲如雨流，鼻不嚏而出涕，耳無聲而蟬鳴，喫食口乾，寐則涎溢，溲不利而自遺，便不通而或泄。由是眞陰妄行，脈絡踈澀，晝則對人瞌睡，夜則獨卧惺惺。

故使之導引按摩，以通徹滯固；漱津咽液，以灌溉焦枯。若扣齒集神而不能斂念，一曝十寒而徒延歲月，雖云老者非肉不飽，肥則生風；非人不暖，暖則多淫。僥倖補藥者，如油盡添油，燈焰高而速滅。老子云：以其厚生，所以傷生也。況有明修禮貌，暗伏姦雄，麴蘖腐其腸胃，脂粉惑其清眞，孤陽獨盛，水穀易消，自恃飲啖，過人恣造，欺天之罪，宿緣即盡，惡報臨頭。其或厭飫沉酣，身居勤儉，志益貪婪，方聚龜毛之鏹，忽作女子之夢，宋齊丘化書云：慳貪者化爲狗，暴勇者化爲虎。雖然身未遷謝，業已成行矣。

《養生類纂・養生部》引《仙經》 先除慾以養情，後禁食以存命。是知食胎氣飲靈元，不死之道返童還年，此蓋聖人之所重也。《太清中黃眞經》。我命在我，保精愛氣，壽無極也。

無勞爾形，無搖爾精，歸心靜默，可以長生。同上。

一陰一陽謂之道，三元二合謂之丹，泝流補腦謂之還，精化爲氣謂之轉。一轉一易一益，每轉延一紀之壽，九轉延一百八歲。

陰陽之道，精液爲寶，謹而守之，後天而老。同上。

子欲長生，當由所生之門，游處得中，進退得所，動靜以法，去留以度，可以延命而愈疾矣。同上。

《養生類纂・人事部・涕唾》引《雲笈七籤》 不可對比涕唾。《感應篇》。

飲玉泉者，令人延年，除百病。玉泉者，口中唾也。雞鳴平旦晡時，黃昏夜半，一日一夕，凡七嗽玉泉飲之。每飲輒滿口咽之，延年。

《全唐文・六箴並序》 皮子嘗謂心爲己帝，耳目爲輔相，四支爲諸侯。己帝苟不德，則輔相叛，諸侯亂，古之人失天下喪家國者，良由是也。帝身且不德，能帝天下乎？能主家國乎？因爲心口耳目手足箴，書之於紳，安不忘危，愼不忘節，窮不忘操，貴不忘道，行古人之事有如符節者，其在六箴乎。

心箴

大化之精，孕之曰人。大純之靈，形之曰心。心由是君，身由是臣。中既齟齬，外乃紛綸。耳厭聞義，目惡覩仁，手持亂柄，足踐禍門。舜爲天子，舜不得尊，其不尊者，與心爲臣。紂爲天子，紂乃得尊，其得尊者，與心爲君。天子之外，復有尊者，乃舜之心，將舜之身。天子之外，復有卑者，乃紂之心，將紂之身，危乎惕哉。臣之諫君，輔相不明，諸侯不賓，君爲穢壤，臣爲賊塵，未及於斯，良可自勤。嗚乎！吾君無忽茲文。

口箴

古銘金人，謂無多言，忽有所發，不可不論，既有所論，復謂多言，中庸之士，由茲保身。吾謂斯銘，未足以珍，出爲忠臣，言則及君。入爲孝子，言則及親。非君與親，則宜默云。謗訕之言，出如箭淪。一息之波，流於無垠。猜毀之言，出如鈞天。鈞天之樂，聞於無聞。佞媚之言，出如絲棼。一入於人，治亂不分。間諜之言，出如鷹鸇，鷹鸇之迅，一舉凌天。無嗜於酒，酒能亂國，無嗜於味，味能敗德，以道爲飲，以文爲食，成我之名，繄乃勉力。

耳箴

聽於無聽，默默元性，聞於無聞，洋洋化源。勿恃己善，不服人仁，勿矜己藝，不敬人文。勿躭鄭聲，其亂乃神。勿信美談，其殛乃身。聽悞多害，聽妄多敗。近賢則聰，近愚則聵。堯居九重，聽在民耳，故得大舜，授彼神器。勿聽他富，熒惑乃志。勿聞他貴，墮壞乃義。愼正今非，愼明古是，捨是何適，古樂而已。

目箴

媿爾瞭然，爲吾所視，高覩古人，有如鄰里。勿分秋毫，分於邦里；勿視邦祿，視於人紀。惟書有色，艷於西子。惟文有華，秀於百卉。見彼之倨，污甚塗炭。見彼之賢，絹甚葛藟。勿顧厲階，荼吾大志。勿視怨府，損吾高義。入吾明者，何人而已。古之忠臣，古之孝子，上立大業，中光信史。苟不善是，蚿蟓之類。

手箴

惟爾之指，屈伸由己。勿執亂權，勿樹賊子，勿秉非道，勿持非理，勿擠孤危，勿援姦宄。愼握吾操，俾直於矢，愼杖我心，俾平如砥。翦惡如草，颺姦如粃。爲而不矜，作而不恃。智如公倕，勿爲小巧。機如偃師，勿爲奇伎。身高道端，毫直國史。敬之戒之，俟爲天吏。

足箴

惟爾跰跰，爲吾所先，居必擇地，行必依賢。勿踐亂階，勿履利門，勿蹈怨府，勿躡禍源。鳳凰乃禽，不棲凡木。騶虞乃獸，不踐生物。惟爾棲踐，保茲無忽。

《壽親養老新書・飲食調治》 主身者神，養氣者精，益精者氣，資氣者食。食者，生民之天，活人之本也。故飲食進則穀氣充，穀氣充則血盛，氣血盛則筋力強，故脾胃者，五臟之宗也。四臟之氣，皆稟於脾，故四時皆以胃氣爲本。《生氣通天論》云：氣味辛甘發散爲陽，酸苦湧泄爲陰。是以一身之中，陰陽運用，五行相生，莫不由於飲食也。若少年之人，眞元氣壯，或失於饑飽，食於生冷，以根本強盛，未易爲患。其高年之人，眞氣耗竭，五臟衰弱，全仰飲食以資氣血，若生冷無節，饑飽失宜，調停無度，動成疾患。凡人疾病，未有不因八邪而感，所謂八邪者，風、寒、暑、濕、饑、飽、勞、逸也。爲人子者，得不慎之，若有疾患，且先詳食醫之法，審其疾狀以食療之。食療未愈，然後命藥，貴不傷其臟腑也。凡百飲食，必在人子躬親調治，無縱婢使慢其所食。老人之食，大抵宜其溫熱熟軟，忌其粘硬生冷。每日晨朝，宜以醇酒先進平補下元藥一服，女人則平補血海藥一服，無燥熱者良，尋以豬羊腎粟米粥一盃壓之，五味葱薤鶉膂等粥皆可。至辰時，服人參平胃散一服，然後次第以順四時軟熟飲食進之。食後引行一二百步，令運動消散。臨卧時，進化痰利膈人參半夏丸一服。尊年之人，不可頓飽，但頻頻與食，使脾胃易化，穀氣長存。若頓令飽食，則多傷滿。緣衰老人腸胃虛薄，不能消納，故成疾患。爲人子者，深宜體悉，此養老人之大要也。日止可進前藥三服，不可多餌。如無疾患，亦不須服藥，但只調停飲食，自然無恙矣。

《壽親養老新書・形證脈候》 《上古天眞論》曰：女子之數七，丈夫之數八。女子七七四十九，任脈虛，衝脈衰，天癸竭，地道不通。丈夫八八六十四，五臟皆衰，筋骨解墮，天癸盡，脈弱形枯。女子過六十之期，丈夫逾七十之年，越天常數。上壽之人，若衣食豐備，子孫勤養，承順慈親，參行孝禮，能調其飲食，適其寒溫，上合神靈，下契人理，此順天之道也。高年之人，形羸氣弱，理自當然。其有丈夫女子，年踰七十，面色紅潤，形氣康強，飲食不退，尚多秘熱者，此理何哉，且年老之人，痿瘁爲常，今反此者，非眞陽血海氣壯也。但胗左右手脈，須大緊數，此老人延永之兆也。老人眞氣已衰，此得虛陽氣盛，充於肌體，則兩手脈大。飲食倍進，雙臉常紅，精神強健，此皆虛陽氣所助也。須時有煩渴膈熱，大府秘結，但隨時以常平湯藥，微微消解，三五日間，自然平復。常得虛陽氣存，自然飲食得進，此天假其壽也。切不得爲有小熱，頻用轉瀉之藥通利，苦冷之藥疎解。若虛陽氣退，復歸眞體，則形氣尩羸，藏府衰弱，多生冷疾，無由補復。若是從來無虛陽之氣，一向憊乏之人，全在斟量湯劑，常加溫補，調停饘粥以爲養治，此養老之先也。

《壽親養老新書・醫藥扶持》 常見世人治高年之人疾患將同年少，亂投湯藥，妄行針灸，以攻其疾，務欲速愈。殊不知上壽之人，血氣已衰，精神減耗，危若風燭，百疾易攻。至於視聽不至聰明，手足舉動不隨，其身體勞倦，頭目昏眩，風氣不順，宿疾時發，或秘或泄，或冷或熱，此皆老人之常態也。不順治之，緊用針藥，務求痊瘥，往往因此別致危殆。且攻病之藥，或吐或汗，或解或利，緣衰老之人，不同年少，眞氣壯盛，雖汗吐轉利，未至危困，其老弱之人，若汗之則陽氣泄，吐之則胃氣逆，瀉之則元氣脫，立致不虞，此養老之大忌也。大體老人藥餌，止是扶持之法，只可用溫平順氣，進食補虛，中和之藥治之，不可用市肆贖買，它人惠送，不知方味，及狼虎之藥與之服餌。切宜審詳，若身有宿疾，或時發動，則隨其疾狀，用中和湯藥調順，三朝五日，自然無事。然後調停飲食，依食醫之法，隨食性變饌治之，此最爲良也。

《壽親養老新書・性氣好嗜》 眉壽之人，形氣雖衰，心亦自壯，但不能隨時人事遂其所欲。雖居溫給，亦常不足，故多咨煎背執，等閑喜怒，性氣不定。止如小兒，全在承奉顏色，隨其所欲，嚴戒婢使子孫，不令違背。若性怒一作，血氣虛弱，中氣不順，因而飲食，便成疾患。深宜體悉，常令人隨侍左右，不可令孤坐獨寢，緣老人孤僻，易於傷感，纔覺孤寂，便生鬱悶。養老之法，凡人平生爲性，各有好嗜之事，見即喜之，有好書畫者，有好琴棊者，有好賭撲者，有好珍奇者，有好藥餌者，有好禽鳥者，有好古物者，有好佛事者，有好丹竈者，人之僻好，不能備舉。但以其平生偏嗜之物，時爲尋求，擇其精絕者，布於左右，使其喜愛玩悅不已。老人衰倦，無所用心，若只令守家孤坐，自成滯悶。今見所好之物，自然用心於物上，日自看承戲玩自以爲樂，雖有勞倦咨煎性氣，自然減可。

《壽親養老新書・宴處起居》 凡人衰晚之年，心力倦怠，精神耗短，百事懶於施爲，蓋氣血筋力之使然也。全藉子孫孝養，竭力將護，以免非橫之虞。凡行住坐卧，宴處起居，皆須巧立制度，以助娛樂。棲息之室，必常潔雅，夏則虛敞，冬則溫密。其寢寐床榻，不須高廣，比常之制，三分減一，低則易於升降，狹則不容漫風。裀褥厚藉，務在軟平，三面設屏以防風冷。其枕宜用夾熟色帛爲之，實以菊花，製在低長。低則寢無罅風，長則轉不落枕。其所坐椅，音倚。宜作矮禪床樣，坐可垂足履地，易於興居。左右置欄，面前設几，緣老人多困坐則成眠，有所欄圍，免閃側之傷。其衣服制度，不須寬長，長則多有蹴絆，寬則衣服不著身。緣老人骨肉疏冷，風寒易中。若窄衣貼身，暖氣著體，自然氣血流利，四肢和暢。雖遇盛夏，亦不可令袒露其頸後連項。常用紫軟夾帛，自頸後巾幘中垂下著肉入衣領中，至背甲間，以護腠理。尊年人肌肉瘦怯，腠理開疏，若風傷腠中，便成大患，深宜慎之。

《壽親養老新書·戒忌保護》 人，萬物中一物也，不能逃天地之數。若天癸數窮，則精血耗竭，神氣浮弱，返同小兒，全假將護以助衰晚。若遇水火兵寇，非橫驚怖之事，必先扶侍老人於安穩處避之，不可喧忙驚動。尊年之人，一遭大驚，便致冒昧，因生餘疾。凡喪葬凶禍，不可令弔；疾病危困，不可令驚；悲哀憂愁，不可令人預報；穢惡臭敗，不可令食；粘硬毒物，不可令餐；弊漏卑濕，不可令居；卒風暴寒，不可令冒；煩暑燠熱，不可令中；動作行步，不可令勞；暮夜之食，不可令飽；陰霧晦暝，不可令饑；假借鞍馬，不可令乘；偏僻藥餌，不可令服；廢宅欹宇，不可令入；墳園塚墓，不可令遊；危險之地，不可令行；涧淵之水，不可令渡；闇昧之室，不可令孤；凶禍遠報，不可令知；輕薄婢使，不可令親；家緣冗事，不可令管。若此事類頗多，不克備舉。但人子悉意深慮，過爲之防。稍不便於老人者皆宜忌之，以保長年。常宜游息精藍，崇尚佛事，使神識趣向，一歸善道，此養老之奇術也。

《壽親養老新書·四時養老總序》 《四氣調神論》曰：陰陽四時者，萬物終始，死生之本也。逆之則災害生，從之則苛疾不起。是謂得道，春溫以生之，夏熱以長之，秋凉以收之，冬寒以藏之。若氣反於時，則皆爲疾癘，此天之常道也。順之則生，逆之則病。經曰：觀天之道，執天之行，盡矣。人能執天道生殺之理。法四時運用而行，自然疾病不生，長年可保。其黃髮之人，五藏氣虛，精神耗竭，若稍失節宣，即動成危瘵。蓋老人勤惰不能自調，在人資養以延遐算。爲人子者，深宜察其寒溫，審其餌藥，依四時攝養之方，順五行休王之氣，恭恪奉親，慎無懈怠。

《壽親養老新書·春時攝養》 春屬木，主發生，宜戒殺，茂於恩惠，以順生氣。春肝氣王，肝屬木，其味酸，木能勝土，土屬脾主甘。當春之時，其飲食之味，宜減酸益甘，以養脾氣。肝氣盛者，調噓氣以利之。順之則安，逆之則少陽不生。肝氣內變，春時陽氣初昇，萬物萌發，正二月間，乍寒乍熱，高年之人，多有宿疾，春氣所攻，則精神昏倦，宿患發動。又復經冬已來，擁爐熏衾，啖炙飲熱，至春成積，多所發泄，致體熱頭昏，膈壅涎嗽，四肢勞倦，腰腳不任，皆冬所發之疾也，常宜體候。若稍利，恐傷臟腑，別主和氣，凉膈化痰之藥消解。或只選食治方中性稍凉、利飲食，調停與進，自然通暢。若別無疾狀，不須服藥，常擇和暖日，引侍尊親，於園亭樓閣虛敞之處，使放意登眺，用攄滯懷，以暢生氣，時尋花木遊賞，以快其意。不令孤坐獨眠，自生鬱悶。春時若親朋請召，老人意欲從歡，任自遨遊，常令嫡親侍從，惟酒不可過飲。春時人家多造冷饌、米食等，不令下與，如水團兼粽粘冷肥僻之物，多傷脾胃，難得消化，大不益老人，切宜看承。春時遇天氣燠暖，不可頓減綿衣。緣老人氣弱骨疏，怯風冷，易傷肌體，但多穿夾衣，遇暖之時，一重漸減一重，即不致暴傷也。

《壽親養老新書·夏時攝養》 夏屬火，主於長養。夏心氣王，心主火，味屬苦，火能尅金，金屬肺，肺主辛，其飲食之味，當夏之時，宜減苦增辛以養肺氣。心氣盛者，調呵氣以疏之，順之則安，逆之則太陽不長。心氣內洞，盛夏之月，最難治攝。陰氣內伏，暑毒外蒸，縱意當風，任性食冷，故人多暴泄之患。惟是老人尤宜保護，若簷下過道，穿隙破牕，皆不可納凉，此爲賊風中人暴毒。宜居虛堂淨室，水次木陰潔淨之處，自有清凉。每日凌晨，進溫平順氣湯散一服，飲食溫軟，不令太飽，畏日長永，但時復進之。渴宜飲粟米溫飲。豆蔻熟水，生冷肥膩，尤宜減之。緣老人氣弱，當夏之時，納陰在內，以陰弱之腹，當冷肥之物，則多成滑泄。一傷正氣，卒難補復，切宜慎之。若須要食瓜果之類，量虛實少爲進之。緣老人思食之物，若有違阻，意便不樂，但便隨意與之，纔食之際，以方便之言解之，往往知味便休，不逆其意，自無所損。若是氣弱老人，夏至已後，宜服不燥熱，平補腎氣暖藥三二十服以助元氣，若從蓉圓、八味圓之類。宜往潔雅寺院中，擇虛敞處，以其所好之物悅之。若要寢息，但任其意，不可令久眠，但時時令歇，久則神昏。直召年高相協之人，日陪閑話，論往昔之事，自然喜悅，忘其暑毒。細湯名茶，時爲進之，晚凉方歸。

《壽親養老新書·秋時攝養》 秋屬金，主於肅殺，秋肺氣旺，肺屬金，味屬辛，金能尅木，木屬肝，肝主酸，當秋之時，其飲食之味，宜減辛增酸以養肝氣。肺氣盛者，調呬氣以泄之。順之則安，逆之則太陰不收，肺氣焦滿。秋時淒風慘雨，草木黃落，高年之人，身雖老弱，心亦如壯。秋時思念往昔親朋，動多傷感。季秋之後，水冷草枯，多發宿患，此時人子，最宜承奉，晨昏體悉，舉止看詳。若顏色不樂，便須多方誘說，使役其心神，則忘其秋思。其新登五穀，不宜與食，動人宿疾。若素知宿患，秋終多發，或痰涎喘嗽，或風眩痺癖，或秘泄勞倦，或寒熱進退，計其所發之疾，預於未發已前，擇其中和應病之藥，預與服食，止其欲發。

《壽親養老新書・冬時攝養》 冬屬水，主於歛藏。冬腎氣旺，腎屬水，味屬鹹，水尅火，火屬心，心主苦，當冬之時，其飲食之味，宜減鹹而增苦以養心氣。腎氣盛者，調吹氣以平之。順之則安，逆之則少陰不藏，腎之水獨沉。三冬之月，最宜居處密室，溫暖衾服，調其飲食，適其寒溫。大寒之日，山藥酒、肉酒時進一盃，以扶衰弱，以禦寒氣。不可輕出觸冒寒風，緣老人血氣虛怯，眞陽氣少，若感寒邪，便成疾患，多爲嗽吐逆麻痺昏眩之疾。炙煿煎爐之物，尤宜少食。冬月陽氣在內，陰氣在外，池沼之中，水堅如石，地裂橫璺，寒從下起，人亦如是。故盛冬月，人多患膈氣滿急之疾，老人多有上熱下冷之患。如冬月陽氣在內，虛陽上攻，若食炙煿燥熱之物，故多有壅噎痰嗽眼目之疾。亦不宜澡沐，陽氣內蘊之時，若加湯火所逼，須出大汗，高年人陽氣發泄，骨肉疎薄，易於傷動，多感外疾。惟早眠晚起，以避霜威。晨朝宜飲少醇酒，然後進粥。臨卧宜服微涼膈化痰藥一服。

《壽親養老新書・保養》 安樂之道，惟善保養者得之。孟子曰：我善養吾浩然之氣。太乙眞人曰：一者少言語養內氣，二者戒色慾養精氣，三者薄滋味養血氣，四者嚥精液養臟氣，五者莫嗔怒養肝氣，六者美飲食養胃氣，七者少思慮養心氣。人由氣生，氣由神住，養氣全神，可得眞道。凡在萬形之中所保者，莫先於元氣。攝養之道，莫若守中，實內以陶和。將護之方，須在閑日，安不忘危，聖人預戒，老人尤不可不愼也。春秋冬夏，四時陰陽，生病起於過用。五臟受氣，蓋有常分，不適其性而強云爲，用之過耗，是以病生。善養生者，保守眞元，外邪客氣不得而干之。至於藥餌，往往招徠眞氣之藥少，攻伐和氣之藥多，故善服藥者，不如善保養。康節先生詩云：爽口物多終作疾，快心事過必爲殃。知君病後能服藥，不若病前能自防。郭康伯遇神人授一保身衛生之術，云但有四句偈，須是在處受持。偈云：自身有病自心知，身病還將心自醫。心境靜時身亦靜，心生還是病生時。郭信用其言，知自護愛，康強倍常，年幾百歲。

《壽親養老新書・服藥》 沈存中云：人非金石，况犯寒暑霧露，既不調理，必生疾病。常宜服藥，辟外氣，和臟腑也。平居服七宣元、鍾乳元，量其性冷熱虛實，自求好方，常服紅雪三黃元、青木香元、理中元、神明膏、陳元膏、春初水解散、天行茵蔯元散，皆宜先貯之以防疾發。忽有卒急，不備難求，其防危救急不可闕者。伏火丹砂，保精養魄，尤宜長服。伏火硫黃，益氣除冷癖，理腰膝，能食有力。小還丹，愈疾去風，伏火磁石，明目堅骨。伏火水銀，壓熱鎭心。金銀膏，養精神，去邪氣。如上方藥，固宜留心。其餘丹火，須冀神助，不可卒致，有心者亦宜精懇，或遇其眞。

《壽親養老新書・集方・神仙不老丸》 不老仙方功效殊，駐顏全不費工夫。人參牛膝川巴戟，蜀地當歸杜仲俱。一味地黃生熟用，菟絲柏子石菖蒲。更添枸杞皮兼子，細末蜜丸梧子如。早午臨眠三次服，鹽湯溫酒任君須。忌食三白并諸血，能使鬚烏髮亦烏。

人參新羅者，須是團結重實滋潤，去蘆頭，刷洗淨，焙乾，薄切，焙燥，秤二兩　川牛膝長三四尺而滋潤者，去苗刷洗淨，焙乾，寸截，用酒浸一宿，焙燥，秤一兩半　川巴戟色黑紫沉重，大而穿心者佳，若色帶黃而浮輕者非。刷洗淨，焙乾，細切，刷，酒浸一宿，焙燥，秤二兩　川當歸大莖，其稍如馬尾狀滋潤，辛甘芬香者，去蘆頭，刷洗淨，焙乾，細切，用酒浸一宿，焙燥，秤二兩　杜仲截之多絲者，削去麄皮，只取其肉，如取肉桂之法。然後刷洗淨，焙乾，橫理剉之如豆，用麥麩炒，令絲斷色黑，去麩別磨，秤一兩半　地黃冬節前取，以水浸，沉者爲是，以其浮者擣取汁，浸令浹，蒸畢焙乾，如是者三，色黑味甘爲度。用時以生乾熟二種焙乾，酒浸一宿，漉出，竹刀細切，焙乾，各秤一兩，忌鐵器　菟絲子小如芥子極堅硬者佳，大而輕者非。用新布縕起挪洗，焙乾，以酒浸一宿，又添酒浸一宿，漉出，將溫湯淋，去酒焙燥，別磨，秤二兩　柏子仁色紅而滋潤者，去殼取仁，秤一兩，細研，臨時和入衆藥　石菖蒲緊細節密者，去毛，刷洗淨，焙乾，米泔浸一宿，再焙乾，細切，焙燥，秤一兩　枸杞子色白而肥潤，去蒂洗淨，焙乾，用酒浸一宿，焙乾，秤一兩　地骨皮色黃入手輕者佳，重者非，畧去浮皮，淨洗焙乾，薄切，焙乾，秤一兩

右十二味選之貴精，製之如法，不可曬，只用慢火焙，若太燥則又失藥氣。只八分乾，即於風前略吹，令冷熱相激便十分燥，取淨秤分兩，磨如細散。煉白蜜，以火日搜和，入木石臼內擣數百杵，圓如梧桐子大。

每日空心、午間、臨卧三次服，每服七十粒，鹽酒鹽湯任下。忌食葱白、薤白、蘆菔、豆粉及藕、諸般血，蓋藕能破血，諸血能解藥力。若三白誤食，亦無它，止令人鬚髮返白耳。合時忌婦人、孝子、雞犬等見。

陳書林曄云此方非特烏髭髮，且大能溫養榮衛，補益五臟，和調六腑，滋充百脈，潤澤三焦，活血助氣，添精實髓。須是節慾，使藥力相須，乃見功效之速。

《壽親養老新書・集方・三仙丹》 又名長壽圓。一烏二术三茴香，久服令人壽命長。善治耳聾并眼暗，尤能補腎與膀胱。順氣搜風輕腰膝，駐顏活血鬢難蒼。空心溫酒鹽湯下，誰知凡世有仙方。

川烏頭一兩，去皮尖，剉作骰子塊，用鹽半兩炒焦烈　茴香三兩，炒香　蒼术二兩，米泔浸一宿，用竹刀刮去麄皮，切片，用葱白一握共炒黄

右爲細末，酒糊爲丸，如梧子大。每服五十丸，空心食前溫鹽湯下，一日兩服。切忌諸血。

陳書林云：先公晚年常服此，飲啖倍進，後見錢都倉年八十，鬚鬢皆黑。詢其所以，云自三十歲以後，日進一服。

《壽親養老新書・集方・八仙丹》 治虛損，補精髓，壯筋骨，益心智，安魂魄，令人悅澤駐顔輕身，延年益壽，閉固天癸。

伏火硃砂　眞磁石　赤石脂　代赭石　石中黄　禹餘糧五味並用醋淬　乳香　沒藥八味各一兩

右爲細末，匀研極細，糯米濃飲，丸如梧桐子大，或如豆大。每服一粒，空心鹽湯下。

有人年幾七旬，夢漏羸弱，氣惙惙然虛損。得此方服之，頓爾強壯，精氣閉固，飲食如舊。

《壽親養老新書・集方・草還丹》 延年益壽，耐寒暑，能雙修德行，可登地仙。

補骨脂　熟地黄　遠志　地骨皮　牛膝　石菖蒲

右等分末，酒糊爲丸，如梧桐子大。每服三五十丸，空心日午溫酒下，鹽湯熟水亦可。大治虛勞白濁，乃翊聖眞君降授與張眞人方。服之百日，百病除。二百日，精髓滿，視聽倍常。神聰氣爽，瘟疫不侵。服三百日，步驟輕健，鬢髮如漆，反老還童。

《壽親養老新書・集方・小丹》 益壽延年，安寧神志魂魄，流滋氣血脈絡，開益智慧，釋散風濕，耳目聰明，筋力強壯，肌膚悅澤，氣宇泰定。

熟地黄　肉蓯蓉酒浸，各六兩　五味子　菟絲子酒浸，各五兩　柏子仁別研　石斛　巴戟去心　天門冬去心　蛇床子炒　覆盆子各三兩　續斷　澤瀉　人參　山藥　遠志去心，炒焦　山茱萸　菖蒲　桂心　白茯苓　杜仲剉，炒絲斷，各二兩　天雄炮去皮臍，秤一兩　煉成鍾乳粉扶衰三兩，續老二兩，常服一兩，氣完則折去

右爲末，蜜丸如梧桐子大。食前酒服三十丸，至五十丸。忌五辛、生葱、蕪荑、餳、鯉。虛人多起，去鍾乳，倍地黄。多忘，倍遠志、茯苓。少氣、神虛，倍覆盆子。欲光澤，倍柏子仁。風虛，倍天雄。虛寒，倍桂心。小便赤濁，三倍茯苓，一倍澤瀉。吐逆，倍人參。

此方補勞益血，去風冷百病，諸虛不足，老人精枯神耗，女子絕傷斷緒，並皆治之。

《壽親養老新書・集方・神仙訓老丸》 昔有宣徽使在鍾南山路邊，見村莊一婦人，年方二八，持杖責一老兒，年約百歲。宣徽駐車，令問何故。婦人至車前云：此老兒是妾長男。宣徽怪之。下車問其仔細，婦人云：適來責此長男，爲家中自有神藥，累訓令服，不肯服，至今老邁，鬚髮如霜，腰曲頭低，故責之。宣徽因懇求數服并方以歸。常服延年益壽，氣力倍常，齒落再生，髮白再黑，顔貌如嬰兒。

生乾地黄　熟乾地黄各五兩　川椒十兩，不去核　牛膝三兩，酒浸了，爲末　大黑豆一升，生用　乾山藥五兩　雌雄何首烏各十兩，雌者白，雄者赤，雄者不碾　肉蓯蓉五兩　枸杞五兩　藁本十兩，洗

右將雌何首烏爲末，用水甑內日辰蒸，日出曬，夜間露，如此九蒸九曬九露，數足，焙焦爲末，酒糊丸，如梧桐子大。空心溫酒鹽湯下，忌蘿蔔。

此藥性溫無毒，治百病，補下元，光澤皮膚，嬰兒亦可服之。

《壽親養老新書・集方・經進地仙丸》 凡丈夫婦人五勞七傷，腎氣衰敗，精神耗散，行步艱辛，飲食無味，耳焦眼昏，皮膚枯燥，婦人臟冷無子，下部穢惡，腸風痔漏，吐血瀉血，諸風諸氣，並皆治之。

川牛膝酒浸一宿，切焙　肉蓯蓉酒浸一宿，切焙　川椒去首　附子炮。以上各四兩　木鱉子去殼　地龍去土。以上各三兩　覆盆子　白附子　菟絲子酒浸，研　赤小豆　天南星　防風去蘆　骨碎補去毛　何首烏　萆薢　川羌活　金毛狗脊去毛　烏藥以上各二兩　綿黃耆　人參各一兩　川烏炮　白茯苓　白朮　甘草各一兩

右爲細末，酒煮麪糊爲圓，如梧桐子大。每服三四十圓，空心溫酒下。

陶隱居以此方編入道藏，時有人母，幼年得風氣疾，久治不瘥，五十餘年，隱居處此方脩合，日進二服。半年，母病頓愈，髮白返黑，齒落再生。至八十歲顏色如少年人，血氣筋力倍壯，耳目聰明。其家老僕，七十餘歲，竊服此藥，遇嚴冬，禦絺葛，履霜雪無寒色。有別業去家七十里，每使老僕往返不移時。又能負重，非昔時比，幾成地仙。

《壽親養老新書·集方·八味丸》 劉戴花方，老人常服，延壽延年。

川巴戟一兩半，酒浸，去心，用荔枝肉一兩同炒赤色，去荔枝肉不要　高良薑一兩，剉碎，用麥門冬一兩半去心同炒，赤色爲度，去門冬子　川練子二兩，去核，用降眞香一兩剉碎同炒，油出爲度，去降眞香　吳茱萸一兩半，去梗，用青鹽一兩同炒，後茱萸炮，同用　胡蘆巴一兩，用全蝎十四箇同炒，後胡蘆巴炮，去全蝎不用　山藥一兩半，用熟地黃同炒焦色，去地黃不用　茯苓一兩，用川椒一兩同炒赤色，去椒不用　香附子一兩半，去毛，同牡丹皮一兩同炒焦赤色，去牡丹皮不用

右一處研爲細末，鹽煮麪糊爲丸，如梧桐子大。每服四五十丸，空心食前鹽湯下，溫酒亦得。

此方溫平補肝腎，清上實下，分清濁二氣，補煖丹田，接華池眞水，三車不敗，五漏不生，熱不流於上膈，冷不侵於脾胃，令人耳目聰明。治積年冷病，除累歲沉痾，兼治遺精白濁，婦人赤白帶下，其效如神。

《壽親養老新書·集方·二黃丸》 黃德延曰：夫人心生血，血生氣，氣生精，精盛則鬚髮不白，顏貌不衰，可以延年益算。其夭閼者，多由服熱藥，性燥不能滋生精血也。予深燭此理，以謂藥之滋補，無出生熟二地黃，天麥二門冬。世人徒知服二地黃，而不知以門冬爲引導，則服二地黃者，徒過去爾。生地黃生精血，用天門冬引入所生之地，熟地黃補血，用麥門冬引入所補之地。四味互相，該說載於本草，可考而知。而又以人參爲通氣之主，使五味併歸於心，藥之滋補，無出於此。

生地黃　熟地黃　天門冬去皮　麥門冬去心，各一兩　人參一兩

右五味爲末，煉蜜爲丸，如梧桐子大。每服三十丸，至五十丸，空心溫酒鹽湯下。此方常服，十日明目，十日不渴，自此以往，可以長生，予登眞人之位，此藥之功也。

《壽親養老新書·集方·還少丹》 西川羅赤腳方，大補心腎，治一切虛敗，心神耗散，筋力頓衰，腰腳沉重，肢體倦怠，血氣羸乏，小便昏濁。服藥五日，頗覺有力。十日精神爽健，半月氣稍壯，二十日耳目聰明，一月夜思飲食，久服令人身體輕健，筋骨壯盛，怡悅顏色。婦人服之，姿容悅澤，大煖子宮，去一切等疾。

山藥　牛膝酒浸一宿，焙乾。上各二兩　遠志　山茱萸　白茯苓　五味子　肉蓯蓉酒浸一宿，切，焙乾　石菖蒲　巴戟去心　楮實子　杜仲去粗皮，薑汁并酒塗　茴香各一兩　枸杞子　熟乾地黃各半兩

右爲細末，煉蜜入棗肉爲丸，如梧桐子大。每服三十丸，溫酒鹽湯下，日進三服，空心食前。看證候加減用藥，身熱加山梔子一兩，心氣不甯加麥門冬子一兩，精液少加五味子一兩，陽氣弱加續斷一兩。

《壽親養老新書·集方·治眼昏夜光育神丸》 養神明，育精氣，主健忘，益智聰心補血，不壅燥，潤顏色，遠視移時，目不䀮䀮，臟腑調適，久服目光炯然，神宇泰定，語音清徹，就燈永夜，眼力愈壯，並不昏澀，不睡達旦亦不倦怠。服兩三月後，愈覺神清眼明，志強力盛，步履輕快，體氣舒暢，是藥之效，常餌如飲食，一日不可輟。惟在脩合洗濯潔淨，藥材須件件正當，不宜草率。

熟地黃洗，曬乾，酒浸　遠志淨洗，就砧上搥碎，取皮，去骨木　牛膝去蘆　菟絲子淨洗，曬乾，以酒浸，別研如泥　枳殼淨洗去穰，麩炒赤色　地骨皮須自取淨，洗淨，砧上搥打，取皮　當歸淨洗，曬乾，焙亦得。

以上七味，各等分，逐一秤過分兩平，除地黃、菟絲子，別器用酒浸，其餘五味，同剉細，共入一鉢內，或甆甕內，若每件十兩，都用第一等無灰濃酒六升，同浸三宿。取出，文武火焙乾，須試火令得所，不可太猛，恐傷藥性。十分焙乾，擣羅爲末，以兩手拌令十分勻，煉蜜爲丸，如梧桐子大。每服空心鹽酒下三十丸，加至四五十丸亦不妨，若不飲酒，鹽湯亦得，但不如酒勝。煉蜜法，冬五滾，夏六七滾，候冷以紙貼

蔥去沫，丸後都入微火焙，少頃入甕收。陳書林云：黃牧仲司諫常服此藥，晚年目視甚明，因傳其方。

李守愚取黑豆緊小而圓者，侵晨以井花水吞二七粒，謂之五藏穀，到老視聽不衰。《本草》云：熟地黃、麥門冬、車前子相雜，治內障眼有效，屢試信然。其法細搗羅，蜜丸如梧子大。三藥皆美，搗羅和合，異常甘香，真奇藥也。

《壽親養老新書・新書・戒夜飲說》 酒，古禮也。奉祭祀，會賓親，製藥餌，禮有不可缺者。用之有時，飲之有度，豈可以爲常而不知節哉。《禮經》賓主百拜而酒三行者，蓋重其道而不容輕故爾，豈令人浮沉於其中乎？予家祖父處世養生，惟務淡薄，皆享年八九十上下。予自幼年，性喜恬退，今又七十餘矣。飲酒止一二盞，纔夜即睡，明早即起，居常既罕病。且康健，亦自知節戒之功然也。人生天地間，貧賤者多，貴而富豈易得哉？倘能戒夜飲，順陰陽，正寤寐，保精氣，使一身神識安寧，百邪不侵，安享天年，豈不幸歟？好生君子審而察之。

《壽親養老新書・食治方・朮酒》 朮三十斤，去黑皮，淨洗搗碎，以東流水三石，於不漏器中漬之三十日，壓漉去滓，以汁於瓷器中盛貯。夜間候流星過時抄自己姓名，置於汁中。如是五夜，其汁當變如血，旋取汁以浸麴，如家醞法造酒，酒熟任性飲之。十日萬病除，百日髮白再黑，齒落更生，面有光澤，久服延年不老。忌桃李雀肉。服此酒者，眞康節所謂頻頻到口微成醉，拍拍滿懷都是春也。

《壽親養老新書・食治方・菖蒲酒》 通血脈，調榮衛，主風痹，治骨立痿黃，醫所不治者。服一劑，經百日，顏色豐足，氣力倍常，耳目聰明，行及奔馬，髮白更黑，齒落再生，晝夜有光，延年益壽，久服得與神通。

《壽親養老新書・食治方・菊花酒》 壯筋骨，補髓，延年益壽，耐老。

菊花五升　生地黃五升　枸杞子根五升

右三味，都搗碎，以水一石，煑出汁五斗，炊糯米五斗，細麴碎令勻，入甕內密封，候熟澄清，每溫服一盞。東坡云：菊，黃中之色，香味和正，花葉根實，皆長生也。又云：仙姿高潔，宜通仙靈。

《壽親養老新書・食治方・枸杞子酒》 明目駐顏，輕身不老，堅筋骨，耐寒暑，療虛羸。黃瘦不能食，服不過兩劑，必得肥充。無所禁斷。

枸杞子五升，乾者搗　生地黃切，三升　大麻子五升，搗碎

右先搗麻子令熟，攤去熱氣，入地黃、枸杞子，相和得所，納生絹袋中，以酒五斗浸之，密封，春夏七日，秋冬二七日，取服多少任意，令體中微有酒力，醺醺爲妙。諺云：去家千里，勿食蘿藦枸杞。此言其補益精氣，強盛陰道，久令人長壽。葉和羊肉作羹，益人。

《壽親養老新書・食治方・金髓煎》 枸杞子不計多少，逐日旋採，摘紅熟者，去嫩蒂子，揀令潔淨。便以無灰酒，於淨器浸之，須是瓮，用酒浸，以兩月爲限。用蠟紙封閉緊密，無令透氣。候日數足漉出，於新竹器內盛貯，旋於沙盆中研令爛細，然後以細布濾過。候研濾皆畢，去滓不用，即并前漬藥酒，及濾過藥汁攪勻，量銀鍋內多少升斗作番次，慢火熬成膏。切須不住手用物攪，恐粘底不勻，候稀稠得所，然後用淨瓶器盛之，勿令泄氣。每早晨溫酒下二大匙，夜卧服之。百日中身輕氣壯。積年不廢，可以延壽。

《壽新養老新・食治方・茯苓煎》 白茯苓五斤，去黑皮搗篩，以熟絹囊盛，於三斗米下蒸之，米熟即止，曝乾又蒸，如此三過。乃取牛乳二斗和合，著銅器中，微火煑如膏，收之。每食以竹刀割取，隨性任飽服之，則不饑。如欲食，先煑葵菜汁飲之，任食無礙。

又方：養老延年服茯苓方：華山鋌子茯苓，研削如棗許大，令四方有角，安於新瓷瓶內，以好酒浸，以三重紙封其頭。候百日開，其色當如餳糖，可日食一塊。百日後，肌體潤澤，服一年後，可夜視物。久久食之，腸化爲筋，可延年耐老，面若童顏。

《壽親養老親書・新書・菖蒲石》 恠石奇峰，以沙石器種之。旦暮易水則茂，水濁及有泥滓則萎。一寸九節者，服之可以烏髭，輕身延年。夜檠燈間，置一兩盆，可以收煙，不薰人眼。東坡詩云：碧玉椀盛紅瑪瑙，青盆水養石菖蒲。曾茶山詩云：窻明几淨室空虛，盡道幽人一事無。莫道幽人無一事，汲泉承露養菖蒲。文石清漪，斯几案間良翫也。

《壽親養老新書・五加》 取根，深掘肥地二尺，埋一根，令沒舊痕，甚易活，苗生從一頭剪取，每剪訖鋤土擁之。

五加，蓋天有五車之星精也。金應五行，人應五德，位應五方，物應五車。青精入莖，有東方之液；白氣入節，有西方之津；赤氣入華，有南方之光；玄精入根，有北方之飴；黃煙入皮，有戊己之靈。五神鎮主，相轉

育成。用之者眞仙，服之者反嬰。久服輕身耐老，明目下氣，補中益精，堅筋骨強志意。五葉者良，葉可作蔬菜食。五月、七月採莖，十月採根陰乾。張子聲、楊建始、王叔才、于世彥皆服此酒，得壽三百年。有子二十人，世世有得服五加酒散而獲延年者，不可勝計。或只爲散，以代湯茶而餌之，驗亦然也。

《壽親養老新書・造山藥麪法》 取山藥去皮薄切，日中暴乾，柳箕中挼爲粉，下篩如常麪食之，加酥蜜爲湆麪尤精。益氣力，長肌肉，久服輕身，耳目聰明，不饑延年。

《壽親養老新書・食後將息法》 平旦點心訖，卽自以熱手摩腹，出門庭，行五六十步消息之。中食後，還以熱手摩腹，行一二百步，緩緩行，勿令氣急。行訖，還牀偃卧。顆蘇煎棗，啜半升以下人參、伏苓、甘草等飲。覺似少熱，卽以麥門冬、竹葉、茅根等飲量性將理。食飽不宜急行，及走，不宜大語遠喚人，嗔喜卧睡，覺食散後，隨其所業，不宜勞心力。腹空卽須索食，不宜忍饑。生硬粘滑等物，多致霍亂。秋冬間暖裹腹，腹中微似不安，卽服厚朴、生薑等飲。如此將息，必無横疾。

《壽親養老新書・服豨薟法》 豨薟，俗呼火炊草，春生苗葉，秋初有花，秋末結實。近世多有單服者，云甚益元氣。蜀人服之法，五月五日、六月六日、九月九日採其葉，去根莖花實，淨洗曝乾，入甑中，層層洒酒與蜜，蒸之。如此九過，則已氣味極香美，熬，搗篩，蜜元服之。云治肝腎風氣，四肢痳痹，骨間疼，腰膝無力，亦能行大腸氣。張乖崖詠進表云：誰知至賤之中，乃有殊常之效。臣喫至百服，眼目輕明。至千服，髭鬢烏黑，筋力較健，效驗多端。陳書林《經驗方》敘述甚詳，療諸疾患，各有湯使。今人採服，一就秋花成實後，和枝取用，灑酒蒸曝，杵臼中，舂爲細末，煉蜜爲丸以服之。

《壽親養老新書・食治方・青娥丸》 治腎氣虛弱，腰痛，俛仰不利，秘精，大益陽事。老人服此，顏色還童。少年服此，行步如飛。

破故紙十兩，以水淘過，用香油炒。如臟腑虛冷，麥麩炒　杜仲五兩，須是六兩方得五兩，剉如骰子大，麥麩炒黃色　胡桃仁五十箇，以糯米粥相拌，臼內搗五六百下。只用此粥爲丸

右丸，如梧桐子大。每服三十丸，空心鹽酒下。此方趙進道從廣州太守處得之，久服大有神效。遂作詩一絕以紀其功：十年辛苦走邊隅，造化工夫信不虛。奪得風光歸掌內，青娥不笑白髭鬚。

《壽親養老新書・食治方・服椒法》 書林陳曄括爲之歌

青城山老人，服椒得妙訣，年過九十餘，貌不類期耋，再拜而請之，忻然爲我說。蜀椒貳斤淨，揀去梗核及閉口者，淨秤。解鹽六兩潔，其色青白龜背者良。研細。糁鹽慢火煑，煑透滾菊末。慘鹽在椒上，用滾湯泡過椒五寸許，經宿，以銀石器慢火煑，止留椒汁半盞。掃乾地鋪淨紙，傾椒在紙上。覆以新盆，封以黃土。經宿，取實盆內將乾菊花末六兩拌滾令[勻]，更洒所餘椒汁。然後攤於篩子內晾乾，菊須花小色黃葉厚莖紫氣香味甘，名曰甘菊，莖可作羹者爲眞。陰乾爲末。初服十五圓，早晚不可輟。每月漸漸增，累之至二百。初服之月，早十五粒，晚如之。次月早晚各二十粒。第三月增十粒，至二百粒止。鹽酒或鹽湯，任君意所歡。服及半年間，胸膈微覺塞。每日退十圓，還至十五粒。俟其無礙時，數復如前日。服半年後，覺胸膈間横塞如有物礙，卽每日退粒，退至十五粒止。俟其無礙所服仍如前。常令氣熏蒸，否則前功失。須終始服之，令椒氣早晚熏蒸。如一日不服，則前功俱廢矣。飲食蔬果等，並無所忌節。一年效卽見，容顏頓悅澤。目明而耳聰，鬚烏而髮黑。補腎輕腰身，固氣益精血。椒溫鹽亦溫，菊性去煩熱。四旬方可服，服之幸毋忽。逮至數十年，功與造化埒。耐老更延年，不知幾歲月。四十歲方可服，若四十歲服至老，只如四十歲人顏容，此其驗也。嗜慾若能忘，其效尤卓絕。我欲世人安，作歌故怛切。

《壽親養老新書・食治方・黃精》 餌黃精耐老不饑，其法可取甕子去底，釜上安頓，令得所盛，黃精令滿，密蓋蒸之，令氣溜卽暴之，第二遍蒸之亦如此，九蒸九曝。凡生時有一碩，熟有三四斗方好。蒸之不熟則刺人咽喉。既熟曝乾，不爾朽壞，食之甘美。補中益氣，安五臟，潤心肺，輕身延年，饑歲可以與老小休糧。《食療》云：根葉花實，皆可食之。但相對者是，不對者名扁精，不可食。

《壽親養老新書・食治方・補骨脂煎》 唐鄭相公爲南海節度，七十有五，越地卑濕，傷於內外，衆疾俱作，陰氣衰絕。乳石補益之藥，百端不應。有訶陵國舶主李摩訶獻此方，經七八日，覺其功神驗，自爾常服之。其方用破故紙十兩，揀洗爲末，用胡桃肉去皮二十兩，研如泥，卽入前末，更以好煉蜜和勻如飴，盛瓷器中。旦日以溫酒化藥一匙服之，不飲酒者，溫熟水化下。彌久則延年益氣，悅心明目，補添筋骨。但禁食芸薹、羊血。

《普濟方・服餌門・總論・方》 服枸杞養神，延年不老，地仙方。出《聖

惠方》。

用枸杞不限多少，常以十一月、十二月、正月採根，二月、三月採莖，四月採葉，五月採花，七月、八月、九月、十月採子。已上採者，並陰乾，擣羅爲散。每服二錢，以溫酒調下，日三服。能治一切風症，久服諸疾不生，爲地仙矣。出《聖惠方》。

神仙服枸杞法

有一人往西河爲使，路逢一女子，年可十五六，打一老人，年可八九十。其使者深怪之，問其女子曰：此老人是何人？女子曰：我曾孫，打之何怪？有此良藥，不肯服食，致使年老不能行步，所以決罰。使人遂問女子幾許，女曰：今年三百七十三歲。使者又問：藥有幾種，可得聞乎？女曰：藥唯一種，然有五名。使者曰：五名何也？女子曰：春名天精，夏名枸杞，秋名地骨，冬名仙人杖。一名西王母杖。以四時採服之，令與天地齊壽也。使者曰：所採如何？女子曰：正月上寅日採根，二月上卯日治服之。三月上辰日採莖，四月上巳日治服之。五月上午日採葉，六月上未日治服之。七月上申日採花，八月上酉日治服之。九月上戌日採子，十月上亥日治服之。十一月上子日採根，十二月上丑日治服之。但依此法治服之，二百日內身輕光澤，皮膚如酥。三百日徐行及馬，老者還少，久服延年，可爲眞仙矣。又有並花、實、根、莖、葉，作煎，及單笮子汁煎膏服之。其功並等。

服枸杞根方

用枸杞根切一石，水一石二斗，煮取六斗，澄清煎取三升，以小麥一斗乾淨擇，內汁中漬一宿，曝之，往反汁盡，曝乾擣末。酒服方寸匕，日二。一年之中，以二月八月，各合一劑，終身不老。

枸杞散　去風潤肺，壯筋骨，進飲食。

於正月上寅日，採枸杞根，洗去土，陰乾杵末，於二月上卯日服。每日空心日午夜臥水調下三錢匕，或溫酒亦得。服及一季，即見其功。又於四月上巳日採苗，五月上建日服。七月上建日採葉，八月上建日服。十月上建日採子，以水洗去肉，只取其實，十一月上建日服。餘並同前法。

神仙服槐子法

取槐子去皮，內牛膽中令滿，陰乾百日，滿取出。每於空心服一粒，用新汲水下，晚再服其肉。百日身輕，白髮變黑，久服齒落重生，走及奔焉。

神仙上品服槐子法　延年不老。

取十月上旬巳日，覓槐子角二斗，內兩雙新瓦盆內，合着，用紙麻泥封閉周迴，令不洩氣，四十九日開之。自爛去皮，以新布挼取黑子，取新汲水洗淨，瓶內貯，從月一日服一粒，隨意津水茶下，逐日添一粒，至十日卻十粒，又至十日，依前添一粒，照法添至十粒。令人長壽，並治風補腦，髮鬚再黑。仙書所傳槐子者，於諸藥中爲最，其法取十月巳日收，並不多得。圓實者每日服五粒，以井花水下，亦畏觸。服至一年，強壯。二年身體輕健。三年以外，補腦明目。久遠服食，其功難狀。

神仙服菊花延年不老

春三月，甲寅，日出時採葉。夏五月，丙寅，日出時採莖。秋九月，庚寅日，日暮時採花。冬月壬寅日，日暮時採根。其葉苦，更生莖名固盈花。一名延壽長生。又常十月戊寅日，平旦時採精者，菊實也。既採得須揀擇令淨，取三分爲一劑，春更加長生半兩，固盈半兩，長生半兩以辰日擣羅爲末，破日煉蜜和丸，如梧桐子大。每早晨以水下三七丸，日暮再服。一年後，可除萬病，輕自明目，益力增壽。二年內，山行諸虎狼蟲獸皆自避路，不敢相近。三年內，與鬼神相通。五年內，上知天文，同畢爲眞人矣。又王子喬變白增年方。三月上寅日採，名曰玉英。六月上寅日採，名曰容成。九月上寅日採，名曰金精。十二月上寅日採，名曰長生。長生者，根莖花葉四味，並陰乾百日，取等分，以成日合擣千杵爲末。酒調下一錢匕，以蜜丸如梧桐子大。酒服七丸，一日三服。百日身輕潤澤。服之一年，髮白變黑。服之二年，齒落重生。服之三年，八十歲老人，變爲童兒，神效。

夏姬服杏仁法　駐顏延年。

杏仁三斗，湯去皮、尖、雙仁者，早朝蒸之，至午時，即使慢火微烘之，至七日則止。每日空腹，不拘多少，隨意服之。駐延治病必驗矣，須五月採。

《普濟方・服餌門・總論》　凡人春服小續命湯五劑，及諸補散各一劑，夏大熱則服腎瀝湯三劑，秋服黃耆等丸一兩劑，冬服藥酒兩三劑，立春則止，此法終身常爾，百病不生矣。俗人見淺，但知鉤吻之殺人，不信黃精之益壽，但識五穀之療饑，不知藥石之濟命，但解施寫以生育，不能秘固以煕養，故有服餌方焉，郄悟曰：夫欲服食當尋性理所宜，審冷暖之適，不可見彼得力，我便服之。初御藥，皆先草木，次石，是爲將藥之大較也。所謂精粗相代，階粗以至精者也。夫人從少至長，休息五穀，不可一朝頓遺之。凡服藥物，爲益遲微，則無充饑之驗。然積年不已，方能骨髓塡實，五穀居然而自斷。今人多望朝夕之效，求目下之應，臟腑未充，便以絕粒穀氣，使除藥，未有用，又將御衣形神，與俗無別，以此致斃，胡不左哉！服餌大體，皆有次第，不知其術者，非止交有所損，卒亦不得其力。故服餌大法，必先去三蟲。三蟲既去，次服草藥。好得藥力，次服木藥。好得力訖，次服石藥。依此次第，乃得遂其藥性，庶其安穩，可以延年齡矣。

嵇康之論養生曰：世或謂神仙可以學得，不死可以力致。又曰：上壽百二十，古今所同，過此以往，莫非夭亡，此皆兩失。康之大意，以謂神特壽異，氣稟之自然，非積學所能致，至於導養得理，以盡性命。上獲千歲，下數百，可有之耳。夫以康論養生則善矣，而獨以神仙爲不可學，何哉？黃帝之論天眞，混元之言道，皆以虛無爲宗，恬淡爲本，至於黃庭内景，金碧參同，其爲養生引年之道，皆一道也。而獨以神仙爲不可學，則非也。黃帝問道於廣成子，廣成子曰：無視無聽，抱神以靜，形將自正，必靜必清。無勞汝形，無搖汝精，乃可長生。所謂道者，如此而已。若夫飛丹煉石，導引按蹻，與夫服氣辟穀，皆神仙之術所不廢者。

《普濟方·服餌法·總論·神仙服餌附論》 夫天分正氣，布晦明風雨之宜；人稟太和，有寒暑寢興之患。是則勞逸變作，損益牙生。苟不狥於天眞，乃自傷於至性。設或棲神玄牝，體道丹丘，餌其卉木之英，慕彼煙霞之域。足使貫金石之算，因能煉冰雪之性。容復命之根源，益精氣之戶牖。倘永事於服餌，可自得於神仙。今所纂集諸方，遐攷前經，旁徵故典，品藥必稽於和扁，論醫如訪於喬松。迴衰歷而去微痾，未爲奇績。駐童顔而堅上壽，粗有神功。將俟必秘藏，庶存編次云爾。

神仙服餌，草木必取其柯葉堅固，形質不變，若松柏茯苓之類，其意蓋以延年益壽爲本。至於其他，非具五行之方，則必備四氣之和，其意深矣。《千金》謂服餌大法，必先去三蟲。三蟲既去，次服草藥。草藥得力，次服木藥。木藥得力，次服石藥。精粗相代，由粗以至精，其序不可紊也。

又方 胡麻散 益壽延年去客熱。

胡麻子 白茯苓去黑皮 生乾地黃焙 天門冬去心，焙，各八兩

右搗羅爲細散，每服方寸匕，食後溫水調下。

胡麻丸 延年返老，補眞骨髓，保固三田。

用胡麻半斤，揀去土，研碎，以米醋三升，入瓷器煮盡醋後，入茯苓、人參、雲母粉各一兩，同丸如梧桐子大。每服二十丸，甘泉水下不拘時。

神仙服天門冬法 如居山遠行，辟穀不饑。服至十日，身輕目明。二十日百病愈，顏色如花。三十日髮白更黑，齒落更生。四十日行及奔馬。百日服之延矣。

天門冬二斤 熟乾地黃一斤

右搗羅爲末，煉蜜和丸，如彈子大。每服三丸，以溫酒化破服之，日三服。忌食鯉魚。

神仙餌朮法方

蒼朮三斤 石菖蒲三斤

右爲細散，每日空心以水調下三錢，日晚再服。治百病，久服令人長壽。忌桃李雀肉。

神仙餌朮法方

用蒼朮一石，揀擇令淨，搗碎，右從平旦裝入甑中，蒸至午時即止。以釜中湯淋三七遍取汁，卻入釜中，微火煎令可丸，即丸如彈子大。每服一丸，以溫酒化破服之，日二服。治百病，輕身益氣，去風寒，不饑渴，延年。忌桃李、雀肉。滑子餌法，蒸如餳，盛於不津器中，酒調服大匙。

仙朮丸 輕身延年。

用蒼朮肥者，米泔浸，不計多少，夏秋浸三日，春冬浸七日。竹刀刮去皮，洗淨，甑上蒸半日。作片子焙乾，石臼内木杵爲末，煉蜜爲丸，如梧桐子大。每日早晨，日午，酒下五十丸。服至十年，後用南燭蒸黑米飯食之。能引腹中成木人，即神靈矣。時燒退髮一兩些，若無髮氣，即木人形具矣。

二精丸 助氣固精，保鎮丹田。

黃精去皮 枸杞子各二斤

右各於八九月間採取，先用清水洗黃精令淨，控乾細剉，與枸杞子相和，杵碎拌勻，陰乾，再搗羅爲細末，煉蜜爲丸，如梧桐子大。每服三五十丸，空心食前溫酒下。常服助氣固精，補鎮丹田，活血駐顏，長生不老。

神仙餌茯苓方

用白茯苓十斤，刮去黑皮，曬乾，搗羅爲末，以好酒於瓷甕中浸之，看酒淹得所，以瓦盆合之，以泥封定，勿洩其氣，候六十日開，如錫相似。每服以溫酒調下如彈子大。日二服。如久服延年不老，神仙矣。忌食米醋。

神仙服地黃延年不老方

用地黃淨洗，隨多少搗絞取汁，煎令小稠。內蜜更煎，令可丸，即丸如梧桐子大。每日食前以溫酒下三十丸，日三服。如此十年，白髮再黑，力如年弱冠，令人多子，神效無比。

服地黃延年法

用生地黃不限多少，肥者，陰乾搗羅爲末，煉蜜和丸，如梧桐子大。每服食前以溫酒下三十丸，日三服。百日顏如桃花。服三年，令人長生不死。

神仙服地黃實延年益壽方

用地黃實不限多少，常以四月採取，陰乾，搗羅爲末。每服一錢，以水調下，日三服。令人長壽。

神仙餌地黃治病長生

用生地黃十斤，劈碎，於一大銅器中，安炊箄，箄上安地黃，入甑蒸之，汁當下流於銅器中，候消地黃汁盡即止。將銅器內汁，置於重湯中，煎之可丸，即丸如半雞子大。每服一丸，以溫酒化破服之，日三服。服之百日，與天地相保。白子高從太上傳受此方。

黃精膏方　神仙延年，補益，療萬病。

用黃精一石，去鬚毛洗令淨潔，打碎蒸令好熟，壓得汁，復煎去上游水，得一斗，內乾薑末三兩，桂心末一兩，微火煎看色鬱鬱然欲黃，便去火，待冷，盛不津器中，酒五合和服二合。常未食前，日二服。舊皮脫，顏色變光，華色有異，鬢髮更改。欲長服者，不須和酒，內生大豆黃。絕穀食之不饑渴，長生不老。

黃精丸　延年補益，療萬病。

黃精十斤，淨洗，蒸令爛熟　天門冬三斤，去心，蒸令爛熟　白蜜三斤

右拌和令勻，於石臼中搗一萬杵，再分爲四服，每服再搗萬杵，過爛取出，丸如梧桐子大。每服三十丸，溫酒下，日三，不拘時候。久服成仙。

服黃精成地仙方

黃精是芝草精也，一名萎蕤，一名仙人餘糧，一名苟格，一名勉行，一名兎子，一名重樓，一名垂珠，一名馬箭，一名白及，一名黃精。其葉如竹，其莖如桃，其花白，四月莖長五六尺，本黃末赤，其花如小豆，其實如黍，其根似薑。昔隨羊公神仙常用此藥，言與天地相畢。恒以二月三月，採根入地八九寸爲上，取一石五斗，淨洗細切，以水二石五斗，煮令苦味盡，漉出以布袋內壓取汁，澄清再煎如膏即止。然後炒黑豆黃搗羅爲末，相和得所，捏爲餅子如錢許大，每服二枚。日漸加之。百日知驗也，一年內即變老爲少，氣力倍增。亦焙乾篩末水服，功與上等。

又方：

取黃精根莖，不限多少，細剉陰乾，搗羅爲末。每服淨水調服，任意多少，效亦如前。

又方：當以二月三月，採取黃精，去鬚淨洗，切取一石，以水二石，煮之，從朝至暮，如水盡可取熱水添之。看苦味盡其藥美，即出令冷，手挼使破，以酒袋盛壓取汁，於鍋中微火煎如餳，取滓曝乾，搗羅爲末。入於煎中相和攪令勻，更用微火煎之，看可爲餅子即止。每服如雞子許大，效亦如神。若不欲斷穀，即一服減爲三服。皆食前服之，長生矣。

又方：

黃精汁三斗　地黃汁三斗　天門冬三斗

右相和以慢火煎之，減半，入白蜜五斤，白茯苓末二斤，相和更煎，可丸即止，丸如彈子大。每服一丸，以溫酒化破服之，日三。服百日內，令人顏如桃花。二百日內，老者還少，如十五六歲，更不老矣，乃爲神仙。

眞人餌黃精方

用黃精細切一石，水一石五斗漬之一宿，以慢火煮半日，勿令沸。絞取汁五斗，復於銅器中煎之，可餘三斗許，內蜜五升，松脂煉成者三升，熟攪可丸乃止，丸如彈子大。每服以溫酒化破一丸服之，日三。服三十日，不復饑，長生不老。

神仙餌黃精方

黃精十斤，淨洗，蒸令爛熟　白蜜三斤

右相和搗一萬杵，丸如梧桐子大。每服以溫酒下三十丸，日三服。久

服成仙矣。

神仙餌黃精延年法

用黃精生者擣取汁三斗，於銀鍋中煎之，令可丸，即丸如鷄子黃大。每日食前食一枚。三十日後不知饑。服之百日，行及奔馬，延年駐景，顏色不衰。

大茯苓丸　輕身不老，明目強力。

白茯苓去黑皮　茯神抱木者去木　大棗　肉桂去粗皮，各一觔　人參　白朮　遠志去心炒黃　細辛去苗葉　石菖蒲九節者，米泔浸三日，日換泔，切，曝乾，各十二兩　甘草八兩，水蘸劈破，炙　乾薑十兩，炮裂

右擣羅爲末，煉蜜黃色掠去沫，停冷拌和爲丸，如彈子大。每服一丸，久服不饑不渴。若曾食生菜，果子，食冷水不消者，服之立愈。五藏積聚氣逆，心腹切痛，結氣腹脹，吐逆不下食，生薑湯下。羸瘦，飲食無味，酒下。欲求神仙未得諸大丹者，皆須服之。若不絕房室，不能斷穀者，但服之去萬病，令人長生不老。合時須辰日辰時，於房中潔淨，不得令鷄犬、婦人、孝子見之。

又方：　用白茯苓去黑皮，剉一斤，以糯米酒浸五宿，取出曝乾，擣羅爲末，收入瓷器中，每食時入一兩錢末，拌食食之。久服精力百倍，延年不老，水調亦可。

神仙保精延駐餌茯苓方

白茯苓三十六斤　松脂三十四斤，煉了者　鍾乳粉一斤

右擣羅爲末，以白蜜五斗，和攪令相得，內瓷器中盛，固口陰乾，俟百日出，更研之。每日空心及晚食前酒調下二錢，服一劑大佳，不同餘藥。忌食米醋。

神仙餌茯苓延年不老方

白茯苓三斤，去皮，細剉，曬乾　白菊花一斤

右擣羅爲末，以煉成松脂和丸，如彈子大。每服一丸，以酒化破服，日再。百日顏色異，肌膚光澤，延年不老。忌食米醋。

神仙餌茯苓久服令人長生法方

白茯苓二斤　桂心一斤

右擣羅爲末，煉蜜和丸，如胡桃大。每服一丸，以溫酒化破服，日三服。忌食米醋。

神仙長生不死四靈丹方

一曰鴻光雲母粉是　二曰千秋卷柏是　三曰萬歲澤瀉是　四曰慈墨實菟絲子是

右擣羅爲末，以白松脂和擣千杵，丸如梧桐子大。每服空心溫酒下三十丸。服經七年，壽可千歲不死。旦暮長服之，可與天地相守。

眞人服食方

熟乾地黃十斤，細切，以酒二升浸三日，取出曝乾　巴戟一兩　厚朴一斤去粗皮，微炙　乾漆一斤，擣碎，炒令微煙出　覆盆子一觔

右擣羅爲細末，每服以酒調下二錢，日三服，加至三錢延年。

八仙公延年不老散

熟乾地黃三十兩　五味子四兩　天門冬十二兩，去心，焙　菖蒲六兩　遠志四兩，去心　石葦四兩，去毛　白茯苓二兩　桂心二兩

右擣細羅爲散，每服三錢，水調服之，日三服。三十日力倍於常，六十日氣力盛，衆病皆除，三百日行及奔馬，五百日毒害不能中，千日夜視有光，九年成地仙。

七精散　除百病，明耳目，延年卻老。

茯苓天精，三兩　地黃花土精，三兩　桑寄生木精，三兩　菊花月精，一兩一分　竹實日精　地膚子星精　車前子雷精各一兩三分

右上應日月星辰，卻合藥者，以四時王相，先齋戒九日，別於靜室內焚香修合，擣羅爲細末散。每服三方寸匕，以井花水調下，面向陽服之，須陽日一服，陰日二服，四十九日即驗。地黃花四月採，竹實似小麥，生藍田竹林中，無本。四十九日即驗可成仙矣。凡用茯苓，當如鷄雛兔形者，或如龜鼈形狀者佳。桑上寄生須桑上者，餘藥並須州土精好者爲妙。

地髓散　長年保命。

生乾地黃四兩　莎草根　茜根　地骨皮　菴藺子　茅根各一兩

右擇日修合，春用甲子，夏用丙子，秋用庚子，冬用壬子，擣羅爲細散。每日早晨溫酒調下一錢匕，午後再服。五十日後，諸疾不生，身體輕強，久服神效。

靈仙散　輕身延年卻老。

白茯苓去黑皮　天門冬去心，焙　白朮　巨勝子去皮，炮一日　桃仁去皮尖，炒　乾黃精各一兩

右擣羅爲細散，每於食前水飲下三方寸匕，日二服。或以蜜丸如赤小豆大，每服三十丸，溫水下。【略】

神仙令誦書氣力不衰方

松脂四兩，桑柴灰二十遍止　白蠟一斤　羊脂二斤　白蜜二斤　餳糖四兩

右都入銅器中，以慢火煎，可一炊時爲度，盛於不津器中。每服以溫酒調下一鷄子大，日三服神妙。

神仙服食方

白茯苓一兩　陳葵子三分　桂心半兩　天門冬一兩去心，焙　川椒半兩，去目及閉口者，微炒去汗

右擣細羅爲散，以新汲水調三指撮服之，日再。服至百日，耐老延壽。

眞人服食方

雲母粉五十斤　松脂十二斤　白茯苓十斤　附子去皮臍，生用　蠟蜜十斤

右擣羅上四味爲末，與蜜相和，更擣三千杵，以三年米醋，拌令勻，用不津粗器內之，埋於地中，滿千日方成，藥成出之，其上時時有光。每服以溫水化鷄子大服之，日三。服至一斤，身中三蟲伏屍，萬邪惡病，及諸瘡癩，皆除。服之二斤，饑渴寒熱，一切盡除。服之三斤，筋骨強。服之四斤，氣力盛。服之五斤，顔色如玉。服之六斤，身如飛行。服之七斤，延年不老，可致神仙。

《四時宜忌・八月事宜》《圖經》曰：八月楮實子紅熟，甲子日採來水浸，去皮穰，仙方單服其實。又云：採柏子曬乾爲末，服方寸匙，稍增至多，欲絶穀延年。

《四時宜忌・九月事宜》《四時纂》曰：取枸杞子浸酒飲，令人耐老。

又仙方云：修長生者，保命莫切於稀薟草，五月五日、七月七日、九月九日採。

《雲笈七籤》曰：是月採白朮蒸曝九次，曬乾爲末，日服三次，不飢，延年益壽。

《食療本草》曰：此月後宜食野鴨，多年小熱瘡不愈，食多即瘥。

九日採甘菊花及松柏脂，丸服，令人不老。

《西京記》曰：初九日佩茱萸，餌糕，飲菊花酒，令人壽長無疾。

《活人心法・治心》臞仙曰：心者神明之舍，中虛不過徑寸，而神明居焉。事物之滑，如理亂棼，如涉驚浸，或怵惕，或懲創，或喜怒，或思慮，一日之間，一時之頃，徑寸之地，炎如火矣。故神弗留則蠹，明弗留則耗，休休焉常與道謀而自不覺。或曰謹於爲善，若嗜慾一萌，即不善也；歸而勿納，是與良心競也。必有忿悁之心，起而與我，敵以我矜頵之意，接彼忿悁之心，何爲不鬬？鬬不止而害生矣，凡七情六慾之生於心皆然。故曰：心靜可以通乎神明。事未至而先知，是不出戶知天下，不窺牖見天道也。蓋心如水之不撓，久而澄清，洞見其底，是謂靈明宜乎靜，可以固元氣，則萬病不生，故能長久。若一念既萌，神馳於外，氣散於內，血隨氣行，榮胃昏亂，百病相攻，皆回心而生也。大槩怡養天君，疾病不作，此治心之法也。

《活人心法・保養精神》精者神之本，氣者神之主，形者神之宅也。故神太用則歇，精太用則竭，氣太勞則絶。是以人之生者，神也；形之托者，氣也。若氣衰則形耗，而欲長生者，未之聞也。夫有者回無而生焉，形須神而立焉，有者無之館，形者神之宅也。倘不全宅以安生，修身以養神，則不免於氣散歸空，遊魂爲變。方之於燭，燭盡則火不居。譬之於堤，堤壞則水不存矣。身勞則神散，氣勞則命終。形瘦則神斃，神斃則精靈遊矣。已遊者無返期；既朽者，無生理。故魂者陽也，魄者陰也。神能服氣，形能食味。氣清則神爽，形勞則氣濁。服氣者，千百不苑，故身飛於天；食穀者，千百皆苑，故形歸於地。人之苑也，故形歸於地，魂飛於天，魄落於泉，水火分散，各歸本源。生則同體，死則相捐，飛沉各異，稟之自然。行者譬如一根之木，以火焚之，煙則上升，灰則下沉，亦自然之理也。夫神明者，生化之本，精氣者，萬物之體，全其形則生，養其精氣，則性命長存矣。

《活人心法・薯蕷酒》薯蕷即山藥，一名山芋，味甘溫，無毒，補虛勞羸瘦，充五臟煩熱，強陰，久服耳目聰明，輕身不飢，延年。山薯蒸熟，去皮，一斤，酥三兩，同研，丸如雞子大。投沸〔湯〕中，一枚用酒半升，薯山生者佳，取曝十餘日，皮皺可用之。

《活人心法・地黃酒》地黃，味甘苦涼，無毒，久服輕身不老。一名地髓，補五臟內傷不足，通血脈，益氣力，利耳目。每米一斗，用生地黃三斤同

蒸，用白麴拌之，候熟，任意用之，大能和血(注)〔駐〕顔。

《活人心法・補養飲食・戊戌酒》 用糯米三斗，蒸熟，用犬一隻，煮一伏時，候極爛，搗爲泥，連汁與飯同拌勻，用白麴三兩和，二七日熟，空心飲一盃，勝飲常酒一瓶。極能補養元氣，老人飲之尤佳。然酒本能和血，痛飲不過三盃，多則傷五臟亂性發狂，尤宜忌之。

《奇效良方・諸虚門・八僊丹》 八僊丹一名三僊丸。

一烏二朮三茴香，更加椒楝牡香薑。

善治耳聾幷目暗，能調榮衛壯元陽。

元陽壯後精神爽，久服令人壽命長。

又療婦人脾血疾，空心日午用鹽湯。

何首烏　茴香　川椒炒　川楝子取肉　牡蠣煨　白薑炮，各一兩　蒼朮泔浸一宿　香附各二兩

右爲細末，酒煮麵糊和丸，如梧桐子大。每服三十丸，空心用鹽湯送下，小腸氣用霹靂酒送下。

《奇效良方・諸虚門・服百花方》 桃花三月三日採　蒺藜花七月七日採　甘菊花九月九日採　枸杞葉春採　枸杞花夏採　枸杞子秋採　枸杞根冬採

右並陰乾，各等分，搗爲細末。每服二錢，以水調下，日三服。百日自知其效，二百日力加百倍，久服令人輕身長壽。

《奇效良方・諸虚門・餌百花法》 以三月三日、五月五日、七月七日、九月九日，採百花陰乾，搗爲細末。每服二錢，以水調下，日二服。百日身輕，面目光澤，三年通神，忽然與眞人同位。如春採百草枝陰乾搗末，每服二錢，用溫酒調食後，服之以水，亦得輕身長壽。一名草精也。

《奇效良方・諸虚門・服人參法》 用人參一分，豬脂十分，酒拌和服一百日，滿體髓溢，日誦千言，肌膚潤，去熱風痰。

《奇效良方・諸虚門・辟穀松蠟丸》 松脂陳，一斤十二兩　白蠟一斤四兩　酥半斤　蜜一斤四兩　白茯苓去黑皮，搗末，十兩

右先取松脂、白蠟、酥、蜜四味，入磁器内盛密封，坐於二斗黍米甑内同蒸，候米熟取出内茯苓末，以杖攪和之，再密封如前。經五日即開，搗和爲丸，如梧桐子大。每服五丸，酒下。早晨近晚服。十日後即服一丸，若飢加至二丸、三丸。服此藥時，不得食一切物，服盡即不食，亦可延年。

《奇效良方・諸虚門・黃精酒》 主萬病，延年補壽，髮白再黑，齒落更生。

黃精　蒼朮各四斤　枸杞根五斤　松葉九斤　天門冬三斤，去心

右都剉，以水三石，煮取汁一石，浸麴十斤，炊米一石如常法，釀酒候熟，任性飲之。忌桃李、雀肉。

《奇效良方・諸虚門・菊花酒》 壯筋骨，補精髓，延年益壽，耐老。

菊花　生地黃　枸杞根各一斤。

右搗碎，以水一石，煮取汁五斗，炊糯米五斗，細麴碎拌令勻，入甕密封，候熟澄清。每溫飲一中盞，日三。

《奇效良方・諸虚門・服栢實法》 栢子仁二斤，搗羅爲末，以酒浸攪如膏　棗肉三斤　白蜜　乾地黃末　白朮已上各一斤

右和令勻，丸如棗大。每服三丸，以水研服之，日三服。一月百病愈，久服延年。

《奇效良方・諸虚門・餌朮法》 用蒼朮一石，揀擇令淨，搥碎，又從平旦裝入甑中，蒸至午時即止，以釜中湯淋三七遍，取汁卻入釜中微火煎，令可丸即丸，如彈子大。每服一丸，以溫酒化開服之，日二服。治百病，輕身益氣，能去風寒，不飢渴，延年。忌桃李雀肉。

《奇效良方・諸虚門・服枸杞養神延年不老地仙方》 用枸杞不限多少，常以十一月、十二月、正月採根，二月、三月採莖，四月採葉，五月、六月採花，七月、八月、九月收子。已上採者，並搗羅爲末，每服二錢，以溫酒調下，日三服。能治一切風，久服諸疾不生矣。

《奇效良方・諸虚門・鍊雲母粉服餌法》 雲母取上好白澤者，細擘，以水淨淘，漉出蒸之，一日夕下之，復更淨淘如前法，去水令乾，凡雲母二斤，用鹽三斤，消石一斤，和雲母搗之，一日至暮，取少許掌上，泯着不見星光爲熟。出安盆甕中，以水漬之，令相得，經一宿，炊久澄去上清水，徐徐去之盡，更添水如前，凡三十遍易水，令淡如水味卽漉出。其法一如研粉，澄取淀，然後取雲母淀，徐徐生絹袋中濾着，單上曝乾，卽成粉矣。每日空心，以酒調下一錢，或水下亦得。久服輕身延年，強筋塡髓，可以負重登山不乏，悅澤不老，耐寒暑，志高神仙。此非古法，近出東海賣鹽女子，年三百，貌同笄女，自負鹽重五百餘斤，如斯得效之者，其數不一，可驗神功矣。

《奇效良方·諸虛門·服天門冬法》 如居山遠行，辟粒不飢，服至十日，身輕目明；二十日百病愈，顏色如花；三十日髮白更黑，齒落更生；六十日行及奔馬；百日服之延年矣。

天門冬二斤 熟地黃一斤

右搗羅爲末，煉蜜爲丸，如彈子大。每服三丸，以溫酒化破服之，日三。忌食鯉魚。

《奇效良方·諸虛門·既濟丹》 升降水火，育神益血，久服延年，令人不老。

嫩鹿茸二兩，酥炙 附子二兩，炮，去皮臍 栢子仁別研 茯神去木 牛膝酒浸一宿 枸杞子酒浸一宿 肉蓯蓉酒浸一宿 當歸去蘆，酒浸一宿 酸棗仁微炒，別研 熟地黃酒浸，焙 沉香別研 山藥炒 遠志用甘草同煮，去心，不用甘草。已上各一兩半

右爲細末，蒸棗肉和丸，如梧桐子大。每服五六十丸，空心用溫酒或鹽湯送下。

《奇效良方·諸虛門·金鎖丹》 凡人中年之後，急務建助秘眞之術，以代殘年不衰矣。每日一服；至耋無瘮之理，其功不可具述。

桑螵蛸微炙黃 晚蠶蛾微炒 蛇床子微炒 紫稍花 鹿茸酥炙黃 川茴香炒 遠志去心各半兩 川山甲五片，炙黃 乳香二錢半 續斷三錢 木香二錢半 麝香一錢，研 黑牽牛一兩，微炒，取頭末三錢 石燕子一對，炭火燒赤，醋淬七次，研

右爲細末，用酒煑薄麵糊和丸，如梧桐子大。每服五十丸，空心用溫酒送下，及晚食前各一服，其功不可言也。如作末酒調服亦可。

《奇效良方·諸虛門·延生護寶丹》 補元氣，壯筋骨，固精健陽，通和血脈，潤澤肌膚，延年益壽。

菟絲子酒浸透，蒸熟，碾作餅，曬乾碾末，三兩 肉蓯蓉酒浸，切焙 晚蠶蛾酥少許，慢火炒 家韭子四兩，水淘淨，用棗二兩同煑，棗熟去棗，水淘淨，控乾，再用酒浸一宿，火炒軟，已上各淨秤二兩 葫蘆巴微炒 蓮實去皮，炒熟 桑螵蛸炒香 白龍骨 蛇床子二兩，水淘淨，用棗三兩同煑，棗熟去棗，焙乾，已上各淨秤一兩 乾蓮花蘂 乳香另研 鹿茸去毛，酥炙 丁香 木香已上各半兩 麝香二兩，另研

右除乳香、麝香、菟絲子末外，一十二味同爲細末，將前菟絲子末，用浸藥酒二升，文武火熬至一半，入蕎麥麵一兩，用酒調勻，下膏子內攪勻，次下乳香、麝香，不住手攪勻，輕沸如稠糊，放冷，此膏子都要盡，恐硬，入酒少許，與前藥末和成劑，杵千餘下，丸如梧桐子大。每服三十丸，早空心用溫酒入炒鹽少許送下。靜坐少時，想藥至丹田，以意加減丸數，如陽道衰精滑者，空心臨卧各進一服。

《奇效良方·諸虛門·膃肭臍丸》 治證同前

膃肭臍一對 鹿角膠 鹿角霜研 麋茸已上各二兩 熟地黃 葫蘆巴 菟絲子酒蒸 巴戟去心 鍾乳粉研 乳香研 當歸 牛膝酒浸 肉蓯蓉酒浸 小茴香炒 天雄去皮 附子已上各一兩 沉香半兩 硃砂二錢，研 麝香一錢，研

右先將膃肭臍酒浸一宿，煑爛搗成膏，將浸藥酒化麋鹿膠霜同爲膏，次下另研乳香、麝香、硃砂、乳粉末，其餘藥脩製了，亦研爲細末，再於乳鉢內同研千百下，別用羊白腰子三對，羊白脊髓五條，酒煑熟，爛研爲膏，同膃肭臍、麋鹿角膠搜拌藥末，成劑得所，若稍乾入酒糊些少，同搜和入臼內，搗三五千杵，丸如梧桐子大，窨一宿，慢火上焙乾，用無油罐子盛，用厚紙密封罐口。每服三十丸，加至五七十丸，空心用溫酒送下。

《萬壽仙书》 道林攝生論曰：老人養壽之道，不令飽食便卧，及終日久坐久勞，皆損壽也。時令小勞，不致疲倦，不可強爲不堪之事。食畢少行百步，以手摩腹百過，消食暢氣。食欲少而數，恐多則難化，先饑而食，先渴而飲，先寒而衣，先熱而解，勿令汗多，不欲多唾，唾不令遠，勿令卧熱揚扇，勿食生冷過多，勿奔走，勿露卧空階而冒大寒、大熱、大風、大霧，勿傷天味，酸多傷脾，苦多傷肺，辛多傷肝，鹹多傷心，甘多傷腎，此數者，老人猶當加愈。

《東醫寶鑒·內景篇》 灸臍法 有人年老而顏如童子者，蓋每歲以鼠糞灸臍中一壯故也。《資生經》。本朝韓雍侍郎討大藤峽獲一賊，年逾百歲而甚壯健，問其由，曰：少時多病，遇一異人，教令每歲灸臍中，自後康健云。

服人乳法無病婦人乳汁二盞，好清酒半盞，入銀器或石器內同滾頻服，每日五更時一服。《種杏》。

牛乳粥牛乳汁一升，入細米心少許，煮粥令熟。常服最宜老人。《種杏》。

老人保養　若一嚮憊乏之人，則當加溫補調停饘粥以爲養，宜補中益氣湯，異功散。方並見內傷部。衛生湯，固眞飲子。方並見虛勞。且於養性延年之藥皆可選用；　又人乳牛乳常服最佳。

《壽世保元・丁集・老人》　老者安之，不以筋骨爲禮，廣筵專席何當？勉強支陪，衰年之戒，一也。戒之在得，舉念渾無去取，家之成敗，開懷盡付兒孫，優游自如，清心寡慾，二也。衣薄綿輕，葛不宜華麗、粗重，愼於說着，避風寒暑濕之侵，小心調攝，三也。飲酒暖而戒寒涼，食細軟而遠生硬，必須減少，頻頻慢食，不可貪多，慌慌大嚥，四時宜製理氣健脾之藥，四也。莫爲尋幽望遠而早起，莫同少壯盡飲而晚歸，惟適興而止，五也。不問子孫賢否，衣衾棺槨自當預備，身雖強健，譬如春寒秋熱，可得久乎？常以朝不保暮四字介意，六也。老能持此六戒，雖不用藥，庶乎且安矣。若有貧，子孫不能稱意，只當安命持守，閉門端坐，頤養天年而已。不可貪饕責備，反生惱懷，自速其壽也。

延年良箴

四時順攝，晨錯護持，可以延年。三光知敬，雷雨知畏，可以延年。孝友無間，禮義自閑，可以延年。謙和辭讓，損已利人，可以延上。物來順應，事過心寧，可以延年。人我兩忘，勿兢炎熱，可以延年。口勿妄言，意勿妄想，可以延年。勿爲無益，常愼有損，可以延年。行住量力，勿爲形勞，可以延年。坐卧順時，勿令身怠，可以延年。悲哀喜樂，勿令過情，可以延年。愛憎得失，揆之以義，可以延年。寒溫適體，勿侈華艷，可以延年。動止有常，言談有節，可以延年。呼吸精和，安神閨房，可以延年。靜習蓮宗，敬禮貝訓，可以延年。詩書悅心，山林逸興，可以延年。兒孫孝養，僮僕順承，可以延年。身心安逸，四大閑散，可以延年。積有善功，常存陰德，可以延年。

衰老論

夫二五之精，妙合而凝。兩腎之間，白膜之內，一點動氣，大如筋頭，鼓舞變化，開闔周身，薰蒸三焦，消化水穀，外禦六淫，內當萬慮，晝夜無停。八面受攻，由是神隨物化，氣逐神消，榮衛告衰，七竅反常。啼號無淚，笑如雨流，鼻不嚏而涕，耳無聲蟬鳴。喫食口乾，寐則涎溢，溲不利而自遺，便不通而或泄。由是眞陰妄行，脈絡疏澀，晝則對人瞌睡，夜則獨卧惺惺。故使之導引按摩，以通徹滯固，漱津嚥液，以灌溉焦枯。雖云老者，非肉不飽，肥則生氣。非人不暖，暖則生淫。儌倖補藥者，如油盡添油，燈焰高而速滅。老子云：“以其厚生所以傷生也。”況有明修禮貌，暗伏姦雄，麴蘗腐其腸胃，脂粉惑其清眞，孤陽獨盛，水穀易消，自恃飲啖過人，恣造欺天之罪。宿緣既盡，惡根臨頭。其或厭飫沉酣，身居勤儉，志益貪婪。方聚龜毛之氈，忽作女子之夢。傾天下之色不足止其慾，遍天下之財不足禦其貪。

一論年高之人，陰虛筋骨痿弱無力，面無光澤，或黯慘食少，痰多或嗽或喘。或便溺數澀，陽痿，足膝無力者並治。形體瘦弱，無力多困，腎氣久虛，憔悴寢汗，發熱作渴，並皆治之。

八仙長壽丸

大懷生地黃酒拌砂鍋內，蒸一日至黑，掐斷，慢火焙乾，八兩　山茱萸酒拌蒸，去核，四兩　乾山藥四兩　白茯神去皮木、筋膜　牡丹皮去骨。各三兩　益智仁去殼，鹽水炒，二兩　遼五味子去梗，二兩　麥門冬水潤，去心，二兩

右忌鐵器，爲細末，煉蜜爲丸，如梧桐子大。空心，溫酒或炒鹽湯送下。夏秋白滾湯下。腰痛加鹿茸、當歸、木瓜、續斷。消渴加五味子、麥門冬各一兩。老人下元冷，胞轉不得小便，膨急切痛，四五日困篤欲死者，用澤瀉，去益智。諸淋瀝，數起不通，倍茯苓，用澤瀉，去益智。夜多小便，加益智一兩，減茯苓一半。治虛壅牙齒痛浮，治耳聵及虛。如耳鳴用全蠍四十九枚，炒微黃色，爲末。每服三錢，調酒送下百丸，空心服。

一論此膏塡精補髓，腸化爲筋，萬神具足，五臟盈溢，髓實血滿，髮白變黑，返老還童，行如奔馬。日進數服，終日不食亦不饑。開通強記，日誦萬言，神識高邁，夜無夢想。人生二十七歲以前服此一料，可壽三百六十歲。四十五歲以前服者，可壽二百四十歲。五十四歲以前服者，可歲一百一十歲。六十三歲以上服之，可壽至百歲。服之十劑，絕其慾，修陰功，成地仙矣。一料分五處，可救五人癱疫。分十處，可救十人勞瘵。修合之時，沐浴志心，勿輕示人。

瓊玉膏

人參好揀者，去蘆，十二兩　眞懷生地黃十斤，淨洗，搗取汁　白茯苓堅白者，去皮筋膜，二十五兩　白砂蜜五斤

右將參、苓爲細末，忌鐵器。蜜用生絹濾過，地黃取自然汁去渣，同藥

一處拌和勻，入磁器內封固，淨紙二十餘重密封。入重湯煮，用桑柴火煮六日，如連夜火即三日。夜取出，蠟紙數重包瓶口，入井內去火毒，一伏時取出。再入舊湯內煮一日，出水氣。取三匙作三盞，祭天地百神，焚香設拜，至誠端心。每清晨以二匙，溫酒化服。不飲酒者，白湯化下。忌雞犬聲及婦人，孝子見之。

臞仙曰：予所製此方，加沉香、琥珀各五錢，其功效異於世傳之方。乾咳嗽者，有聲無痰之名也。火乘於肺，喉嚨隱隱而癢，故令有聲。病原於脾者有痰，病不由脾，故無痰也。易曰：燥萬物者莫熯乎火。相火一熯，則五液皆涸，此乾咳嗽之由也。生地黃能滋陰降火，蜜能潤生津。損其肺者益其氣，故用人參。虛則補其母，故用茯苓。又地黃、白蜜皆潤，銖兩又多，茯苓甘而屬土，用之以佐二物。此水位之下，土氣承之之義，乃立方之道也。

一論陽春白雪糕，凡年老之人，當以養元氣，健脾胃爲主。每日三餐，不可缺此糕也。王道之品，最益老人。方見內傳。

《涌幢小品・回首神仙》　英雄回首即神仙，此語要解得好。英雄只是一氣字用事，回首則氣平而心和，自樂其樂，便是神仙景界，非有所感慨，舍伯王卿相，而從事於服食飛昇也。

《涌幢小品・醫不治老》　賈敦實，曹州人，唐貞觀時歷懷州刺史。永淳初疾篤，子孫延醫，卻不肯見，曰：未聞良醫能治老也。卒年九十餘。

《涌幢小品・性藥名言》　吳傑，號暘谷，武進人，學無所不通，更精於醫，遇奇疾尤效，正德末爲院使。嘗曰：調藥性易，調自性難。揭出性字，方可言醫。人以爲名言。

《涌幢小品・得水解毒》　晦翁中烏喙毒，頭岑岑，漸煩懣，遍體皆黑，幾至危殆。深山中又無醫藥，因思漢質帝得水可活之言，汲新水連飲之，大嘔而解。此神明所祐，亦平日精力完固之驗也。晦翁之祖名森，字良材。

《玉芝堂談薈・曼陀羅草》　何子元《餘冬錄》：曼陀羅草，其葉如伽葉，花有大毒，末之置飲食中，令人皆醉。取一枝掛酒庫內，飲其酒者易醉。周達觀《真臘風土記》：蒲巴澗山間有石可食，味勝於鹽，琢之爲器。有咸平樹，莢葉味酸，用以代醯。邱落朽樹間，有細腰蜂如蟻，作黃蠟。有朋牙樹，葉可釀以爲酒。周咨浮泥國，產巴尼樹、加蒙樹，其心皆可爲酒。《星槎勝覽》：忽魯謨斯山連五色，皆鹽鹵，鑿爲盤盂，用盛食物，不復加鹽矣。

《玉芝堂談薈・羊刺蜜》　《梁四公子傳》：高昌國獻蜜，梁武帝使杰公迓之。謂之曰：刺蜜是鹽城所產，非南平城者；南平羊刺無葉，其蜜色白而味甘，鹽城羊刺葉大，其蜜色青而味薄。《杜陽雜編》：貞元八年，吳明國貢鸞蜂蜜，其蜂之聲，有如鸞鳳，而身被五采，大者可重十餘斤，爲窠於岩嶺間，占地二三畝。國人採其蜜，不過三二合，過度即有風雷之異。其蜜色碧，貯之白玉碗，表裏瑩澈。久食令人長壽，顏如童子，沉疴眇跛，無不療焉。《同昌公主傳》：公主有疾，醫者欲難其藥，云得紅蜜白猿膏，食之可愈。上令揀內庫，得紅蜜數石，本兜離國所獻，白猿膏數甕，本南海所獻。《本草》：胡人呼刺蜜爲給勃羅。

《玉芝堂談薈・服日精月華》　服日精月華之法：日初出時，東向叩齒九道，微呪日魂名。日中五帝，字曰日魂，珠景昭，韜緒映，迴霞赤，童玄英，飈象。呼此十六字，日中五色流霞入口中。月初出，西向叩齒，微呪月魂名。月中五夫人，字曰月魂，暖蕭芳艷翳寥，婉虛靈蘭，鬱華結翹，淳金清瑩，炅客素摽。呼此二十四字，月中五色精光入口中。又《六研齋二筆》：仙人服日月光芒者，宜食竹筍鴻脯。筍者日華之胎，鴻脯者月胎之羽鳥也。《宛委餘篇》：日姓張，名表，字長史。日中青帝名圓常元，字照龍韜；赤帝名丹靈峙，字綠虹映；白帝名皓鬱將，字迴金霞；黑帝名澄濩淳，字玄綠炎；黃帝名壽逸阜，字飈暉像。月姓文名申字子光，月中青帝夫人名娥隱珠，字芬艷嬰；赤帝夫人名翳逸寥，字婉延虛；白帝夫人名弄素蘭，字鬱蓮花；黑帝夫人名結連翹，字淳屬金；黃帝夫人名青營襟，字炅定客。與前說各稍有異同。

《香乘・龍腦漿》　南唐保大中，貢龍腦漿，云以縑囊貯龍腦，懸於琉璃瓶中，少頃滴瀝成水，香氣馥烈，大補益元氣。《江南異聞錄》。

《香乘・焚香靜坐》　人在家及外行，卒遇飄風暴雨，震電昏暗大霧，皆諸龍經過。入室，閉戶焚香靜坐避之，不爾損人。

《香乘・香治異病》　孫兆治一人滿面黑色，相者斷其死。孫診之曰：非病也，乃因登溷感非常臭氣而得。治臭無如至香，今用沉檀碎劈，焚於爐中，安帳內以熏之。明日面色漸別，旬日如故。《證治準繩》。

《香乘・香愈弱疾》　玄參一斤，甘松六兩，爲末，煉蜜一斤，和勻入瓶，封口，地中埋窨。十日取出，更用炭末六兩，煉蜜六兩，同和入瓶，更窨五日取出。燒之，常令聞香，弱疾自愈。又曰：初入瓶中封固煮一伏時，破瓶取搗入蜜，別以瓶盛埋地中窨過用，亦可薰衣。《本草綱目》。

《香乘・沉香煎湯》 丁晉公臨終前半月，已不食，但焚香危坐，默誦佛經，以沉香煎湯，時時呷少許，神識不亂，正衣冠，奄然化去。《東軒筆錄》。

《蒿菴閑話》 吾身有旋曲以通視聽，或開或闔，皆合同而不離者，斯乃爲己之樞轄，時而動，時而靜，無竭窮之期者也。學道者於離目，則收視而內榮衛，於坎耳，則返聽而不用聽，於兌口，則不以談而希言以順鴻濛。三者既關鍵而不外馳，惟和緩四體，以處空房，其攝乎外者如此。委順其志，以歸虛無，無所思念，以爲常道，其心之正，則難以推移，其心之專，則不縱橫，寢寐也則神與相抱，覺悟也則候察心之存亡，其持乎內者如此，內外交養，清靜之旨備矣。

又 人身之中，有管括則甚微密，闔舒則能布寶者，是要道之魁柄，統化之綱紐也。若爻象一動乎內，吉凶必起於外。如五緯之在天，爲錯爲順，應時而感動，與二十八宿之互相乖戾，諺離俯仰之不同，統默運於無聲無臭之內也。學道法乎此，則文昌統錄，結責台輔，百官有司，各典所部，而不至有妄動之凶矣。其道如何，亦惟原其始，要其終，斯吾心存亡之端緒，可得而驗也。原其始，察念所自起，以審眞妄，要其終，順念之既止，以返虛無，則此心或存或亡，不至有昧，而虛極靜篤之境，可漸至矣。

《蜀都碎事》 五加皮，蜀中名白刺顛。陶隱居云：釀酒主人益壽。道家用此作灰，亦以煮石，與地榆並無別法。山人王常曰：何以得長久，何不食石蓄金鹽母。又志文章草贊云：文章作酒，能成其味。以金買草，不言其貴。文章草即五加皮也。

又 附子贊云：附堇而生，翠莖紫蕤。生蜀者良，三建則非。

石瓜贊云：修榦澤葉，結實如綴，膚解核零，可用治痺。

芎贊云：柔葉美根，冬不隕零。採而綴之，可糝于羹。

按產灌縣，葉爲蘼蕪蕪，《楚詞》謂江蘺者，根即芎，似雀腦者佳，葉可作羹食。

大黃贊云：葉大莖赤，根若巨皿。治疾則多，方家所詺。音瞑。

按蜀山中多有之，苗根皆長，盈二尺。大者可治爲枕，紫地錦紋者佳。

餘甘子贊云：黃葩翠葉，圓實而澤。咀久還甘，或號菴勒。

又 《史記・西南彝傳》云：蜀出蒟醬，枸音矩，一名蒟，緣木而生，其子如桑椹，熟時正青，長二三寸，以蜜藏而食之，辛香溫調五臟，土人以之作醬。

又 梨花山，在嘉定州之西山，有梨百餘樹，人遇寒疾，取此山花，食之即愈。

・**《堅瓠秘集・飽生衆疾》** 《明道雜志》：世言眉毫不如耳毫，耳毫不如老饕。此言老人饕餮嗜飲食，最年老之相。此語未必然。某見數老人，皆飲食至少。內侍張茂，則每食不過粗飯一盞許，濃膩之物，絕不向口。老而安寧，年八十餘卒。茂則每勸人必曰：寧少食，無太飽。王龍圖晰，造食物至精細，食不盡一盂，食包子不過一二枚。年八十卒，臨老尤康強，精神不衰。王爲余言，食取補氣，不飢即已，飽生衆疾，用藥物消化，尤傷和也。劉几秘製食物尤薄，僅飽即止，亦年八十而卒。劉監尤喜飲酒，每飲酒，更不食物，啖少果實而已，循州蘇侍郎，每見某，即勸令節食，言食少則臟氣流通而少疾。蘇公飲酒不飲藥，每與客食，未飽已捨匕箸。後貶瘴鄉，累年近六十，康健無疾，蓋得力此也。諺曰夜飯少喫口，活至九十九，即三叟量腹，節所受之意也。

《堅瓠秘集・煖外腎》 《明道雜志》：洛陽劉几，年七十餘，精神不衰，體幹清健，猶劇飲。予素聞其善養生，因問之。几曰：我有房中補導之術，欲授子。予曰：方困小官，家惟一婦，何地施此。見几每一飲酒，輒以嗽口，雖醉不忘，謂此可以無齒疾。晡後，食少許物輒已。几有子婿陳令，頗知其術，曰：煖外腎而已。法以兩手掬而煖之，默坐調息，至十息，兩腎融液如泥，淪入腰間。此術至妙。又《菽園雜記》回回教門善保養者，無他法，惟煖外腎，使不着寒。見南人着夏布袴者，甚以爲非，恐涼傷外腎也。云夜臥，當以手握之令煖，謂此乃生人性命之本根，不可不保護。此說最有理。

《堅瓠廣集・食杏仁》 孟蜀翰林學士辛寅遜居青城山，一夕夢神謂曰：汝可食杏仁，令汝聰明，老而強壯，資於年壽。辛拜請食法，云：以杏仁七粒納口中，久之則盡去其皮，逡巡嚼爛和津液如乳頓嚥。日日如法食之，一年必換血，令人強健康泰。辛依方久服，年躋大耋，輕健如童。要之寡慾守眞，靜攝養生爲上。

《堅瓠補集・十壽歌》 一要壽，橫逆之來歡喜受。二要壽，靈臺密閉無情寶。三要壽，艷舞嬌歌屏左右。四要壽，遠離恩愛如讎寇。五要壽，儉以保貧常守舊。六要壽，平生莫遣雙眉皺。七要壽，浮名不與人相鬥。八要壽，對客忘言娛清晝。九要壽，謹防坐臥風穿牖。十要壽，斷酒莫教滋味厚。

《堅瓠補集・養心歌》　《說圃識餘》載養心歌甚妙，惜不知誰作。歌云：得歲月，忘歲月，得歡悅，忘歡悅。萬事乘除總在天，何必愁腸千萬結。放心寬，莫膽窄，古今興廢言可徹。金谷繁華眼裏塵，淮陰事業鋒頭血。陶潛籬畔菊花黃，范蠡湖邊蘆月白。臨潼會上膽氣雄，丹陽縣裏簫聲絕。時來頑鐵有光輝，運退黃金無艷色。逍遙且學聖賢心，到此方知滋味別。粗衣淡飯足家常，養得浮生一世拙。考此歌乃邵堯夫作。

《堅瓠集・神仙粥》　神仙粥專治感冒風寒暑濕，頭痛骨疼，并四時疫氣流行等症。初得病兩三日，服此即解。用糯米半合，生薑五大片，河水二碗，於沙鍋內煮一二滾，次入帶鬚大葱白五七個，煮到米熟，再加米醋小半盞，入內和勻，乘熱吃粥，或只吃粥湯，即於無風處睡，以出汗爲度。此以糯米補養爲君，薑葱發散爲臣，一補一散，而又以酸醋歛之，甚有妙理，屢用屢驗，非尋常發表之劑可比也。

《堅瓠集・孝宗對語》　明孝宗體稍不佳，即誦詩曰：自身有病自心知，身病還將心自醫。心若病時身亦病，心生原是病生時。

《觚賸・萃仙丸》　康熙癸酉十月三日，戶部尚書山東王騭，奏事上前，上問卿年幾何矣？騭對曰：臣不敢隱，臣今實年八十。上問：居常用何藥餌？對曰：向者科臣陳調元貽臣一方，名萃仙丸。非有奇草異味而甚能益人調元。服之，八十尚生一子，存年九十六歲。臣亦用之日久，以是倖享餘齡，效犬馬之報於陛下耳。上命以方進，次日恭繕進呈，上見騭跪起輕捷，顧左右曰：八旬之人，矍鑠如此，眞福德老翁也。騭出，即敕太醫院依方修合。其方用白蓮蕊，陰乾，四兩。川續斷，酒炒，三兩。韭子，微炒，一兩。枸杞子，四兩。芡實，四兩，乳汁拌蒸。沙苑蒺藜，微炒，四兩。菟絲餅，二兩。覆盆子，酒炒，二兩。蓮肉，乳汁拌蒸，三兩。懷山藥，二兩，乳汁拌蒸。赤何首烏，四兩，九蒸九晒。破故紙，三兩，酒炒。核桃肉，二兩。龍骨，三兩，水飛。金櫻子，三兩，去毛。白茯苓，二兩，乳汁拌蒸。黃花魚鰾，三兩，炒成珠。人參，二錢。煉蜜丸如梧子，淡鹽湯下。

《香祖筆記》　《游宦紀聞》記程沙隨治腎虛腰痛方，杜仲酒浸炙，乾擣羅爲末，無灰酒調下。又記治食生冷心脾痛方，用陳茱萸五六十粒，水一大盞，煎取汁。去滓，入平胃散三錢，再煎熱服。又沙隨嘗患淋，日食白東瓜三大甌而愈。

《醫學源流論・用藥如用兵論》　聖人之所以全民生也，五穀爲養，五果爲助，五畜爲益，五菜爲充，而毒藥則以之攻邪，故雖甘草、人參誤用致害，皆毒藥之類也。古人好服食者，必生奇疾，猶之好戰勝者，必有奇殃。是故兵之設也，以除暴，不得已而後興；藥之設也，以攻疾，亦不得已而後用，其道同也。故病之爲患也，小則耗精，大能傷命，隱然一敵國也。以草木偏性，攻臟腑之偏勝，必能知彼知己，多方以制之，而後無喪身殞命之憂。是故傳經之邪，而先奪其未至，則所以斷敵之要道也。橫暴之疾，而急保其未病，則所以守我之巖疆也。挾宿食而病者，先除其食，則敵之資糧已焚。合舊疾而發者，必防其并，則敵之內應既絕。辨經絡而無泛用之藥，此之謂向導之師。因寒熱而有反用之方，此之謂行間之術。一病而分治之，則用寡可以勝衆，使前後不相救，而勢自衰。數病而合治之，則併力搗其中堅，使離散無所統，而衆悉潰。病方進，則不治其太甚，固守元氣所以老其師。病方衰，則必窮其所之，更益精銳，所以搗其穴。若夫虛邪之體攻不可過，本和平之藥而以峻藥補之，衰敝之日不可窮民力也。實邪之傷攻不可緩，用峻厲之藥而以常藥和之，富強之國可以振威武也。然而選材必當，器械必良，尅期不愆，布陣有方，此又不可更僕數也。孫武子十三篇，治病之法盡之矣。

《醫學源流論・五方異治論》　人稟天地之氣以生，故其氣體隨地不同。西北之人，氣深而厚，凡受風寒，難於透出，宜用疏通重劑。東南之人，氣浮而薄，凡遇風寒，易於疏洩，宜用疏通輕劑。又西北地寒，當用溫熱之藥，然或有邪蘊於中，而內反甚熱，則用辛寒爲宜。東南地溫，當用清涼之品，然或有氣邪隨散，則易於亡陽，又當用辛溫爲宜。至交廣之地，則汗出無度，亡陽尤易，附桂爲常用之品；若中州之卑濕，山陝之高燥，皆當隨地制宜。故入其境，必問水土風俗而細調之，不但各府各別，即一縣之中，風氣亦有迥殊者。并有所產之物，所出之泉，皆能致病，土人皆有極效之方，皆宜詳審訪察。若恃己之能，執己之見，治竟無功，反爲土人所笑矣。

《羅氏會約醫鏡・治法精要・治人元氣宜早培補》　培補保元丸新　治一切體弱，脈虛腎虧，神倦，及失血，咳嗽，夢遺火炎，小便短赤，喉舌乾燥等症。人於少年時，每年製服一料，可免內傷陰虛之病。若有是症，更宜多服，不可忽視延捱。至囑！

本支地八兩。揀六七錢重一支者，有小直紋而無橫紋，其色不純黑，內有菊花黃心爲佳，略洗，用元砂仁四錢微炒研末，同米酒入砂鍋內，以紙濕封數層，久蒸，取出晒乾，加酒再蒸。如是者九次。切勿用砂鍋煮熟，以眞汁耗也。最忌鐵氣。有謂用薑汁蒸者，薑入脾經，切不可依　棗皮四兩，下部滑遺者加一兩，酒蒸　淮山藥炒，四兩　白云苓四兩，去皮　粉丹皮一兩六錢，酒浸。如血虛熱燥者加五六錢　建澤瀉一兩二錢，淡鹽水浸。如小便短澀加五六錢　當歸三兩，酒蒸　白芍二兩半，煨，酒炒　杜仲三兩，鹽水炒　甘枸杞三兩，酒蒸　菟絲子淘淨泥沙，四兩，酒蒸，晒乾研末　北五味兩半，微炒

先將地黃、棗皮、枸杞、當歸共搗成膏，然後將餘藥研末，加煉蜜多斤，共杵爲丸，梧桐子大。每早用淡鹽水送百丸。立夏便服，交秋忌用。如血虛發熱者，加上阿膠三兩，蛤粉炒成珠。即失血者亦用，或多用。如咳嗽有痰者，加川貝母四兩糯米拌炒，麥冬三兩去心酒蒸，如下部虛滑，加蓮鬚三兩，牡蠣煅，淨粉，醋炒四兩。如腎中之陽虛，加補骨脂鹽炒三兩。如乏嗣者，加胡桃肉四兩。此方或少加熟附子一兩以助各藥之力。少年體弱者宜服。如中年右尺脈虛，屬命門火衰，及腎中之陽不足而乏嗣者，俱宜加肉桂三兩，製附子製法載《本草》三四兩，補骨脂、胡桃肉各四兩，更效。

溫脾湯新　此平補脾胃之藥。早服上方丸者，中時服此方一劑，庶脾腎兩補，則先天後天俱培，自精神健旺無虞也。方見失血症。

平補虛弱湯新　治氣血兩虛，脾腎悉虧，身倦神暈，一切不足等症。

人參少者以時下生條參三五錢代之　白朮　茯苓　炙草各錢半　當歸二錢　白芍酒炒，錢半　杜仲　黃芪蜜炒。各二錢　甘枸杞　山藥各二三錢　五味十五粒　附子一錢或多用

薑棗引。

如不思飲食，加藿香、元砂仁各一錢。如氣滯作脹，加陳皮八分、广木香三分。如脾虛下泄者，加炮乾薑八分、肉豆蔻一錢。如血虛發熱，加熟地三五錢，或兼用生地亦可。男、婦俱效。

備揀古來治虛損百病至穩神方於後，以便取用。

還少丹　治脾腎虛寒，飲食少思，發熱遺精，氣虧体瘦等症。

熟地六兩　山藥　棗皮　杜仲薑水炒　甘枸杞各三兩　五味　牛膝酒浸　遠志肉薑汁浸炒　肉蓯蓉酒浸　菟絲子製　川續斷　楮實子　船茴香　巴戟肉各兩半

爲末，蜜丸，鹽湯下。

無比山藥丸　治諸虛損傷。常服壯筋骨，益腎水，令人不老。

山藥四兩　菟絲子酒蒸，六兩　五味二兩半　肉蓯蓉酒浸焙，五兩　杜仲酒炒，三兩　牛膝酒蒸，二兩　熟地三四兩　澤瀉七八錢　巴戟肉　棗皮　茯苓　赤石脂各二兩

爲末，蜜丸，溫酒米湯任下。

十全大補湯　治氣血兩虛，体倦頭眩，神昏自汗，一切不足。

人參少者，或山藥，或沙參，條參多用代之　白朮　茯苓各二錢　炙甘草一錢　熟地　當歸各二錢　白芍酒炒，錢半　川芎一錢　黃芪蜜炒，二錢　肉桂錢半

溫服。或虛寒者，加附子一二錢。

人參養榮湯　治脾肺俱虛，寒熱自汗，心悸食少，身倦神昏等症。

人參　黃芪　當歸　白朮　炙草　桂心　熟地　白芍　茯苓各錢半　五味　遠志各七分　陳皮一錢

薑棗引。

仙傳班龍丸　壯精神，除百病，養氣血，補百損。常服延年輕身。

鹿角膠　鹿角霜　菟絲子製　熟地各八兩　茯苓　柏子仁微炒，去油　補骨脂鹽水炒，各四兩

將膠溶化，加酒爲丸，鹽水酒任下。

打老儿丸　治諸虛百損，補精生血，益氣力，健筋骨。多服延壽。

熟地　山藥炒　肉蓯蓉酒洗。各五兩　牛膝酒蒸　巴戟枸杞湯炒　楮實子去浮者　枸杞　茯苓　杜仲鹽水炒　棗皮各四兩　北五味蜜水蒸　遠志肉甘草湯製　小茴香鹽水炒。各二兩　石菖蒲兩半　川續斷酒浸，三兩

先將熟地、蓯蓉、棗皮搗化，後入藥末，蜜丸，早夜或酒或鹽水服百丸。

源泉湯新　治血虛，勞熱，骨蒸，五心熱，大便干燥，小便黃澀等症。

當歸錢半　生地二錢，用大本支摘碎，酒浸一時　熟地三錢　白芍錢半，酒炒　阿膠蛤粉炒成珠，錢半　枸杞錢二分　青蒿七分　丹參二錢半　乾薑炒黑過心，五七分　淮藥錢半　元參一錢　陳皮七分　地骨皮一錢

水煎。日服一劑，或多服。

如尺脈弱，血虛有寒者，加肉桂一錢。如婦人產後，加益母草三錢。此方更宜婦人。若五心不熱，減元參。如骨不蒸熱，去地骨皮。如胃寒作嘔者，去生地。

濟陰濬泉丸新　治陰虛勞熱，骨蒸喉痛，尿赤夜燥等症。

熟地八兩，製法詳載《本草》　棗皮四兩，去核酒蒸　淮藥四兩，微炒　丹皮二兩五錢　茯苓四兩　澤瀉兩半　枸杞三兩，酒蒸　上肉桂二三兩　眞龜板膠三四兩，水酒蒸化，合煉蜜爲丸

如精滑自遺者，加杜仲鹽炒三兩、補骨脂酒炒二兩、胡桃肉三兩。如火炎肺咳，加麥冬三兩、款冬花三兩。如火爍肺而痰臭者，再加白及三兩。多服自效，但須遠房室，調飲食，一切損神耗力之事，務宜切戒。

隨補羊羹新　治一切体弱神昏，不愛飲食，倦怠無力。大小男女同治，須當隨体加藥引導。至簡至易神方，不可忽視。但有毒者忌之，以羊食百草，能發百毒也。

羊肉不拘多少，或半斤，或四兩，照常加鹽加醬烹調。如命門火衰，或腳膝冷，或身體冷，或腹冷腹痛，大便溏泄，不思飲食，或食而不化等症，每兩羊肉用熟附子一錢同煮，或食，或揀去不食。若以附子研末同煮更妙。虛弱之症須多用數會，其效如神。如氣虛者，四肢無力，神氣短少，用蜜製黃芪煎水煮羊肉。如血虛者，唇白膚枯，或失血之後，或婦人生產之後，或月水差後，而色淡血少，用當歸煎水煮羊肉。如脾土虧弱，不能多食，或泄瀉，或削瘦，此等症候，小兒最多，大人亦不少，用淮山藥炒黃，或少加熟附子，共研細末，敷羊肉服。以上所載方法，宜因體活用，不得拘泥。至於羊肉，與人參同爲大補之物，但人參猶屬草根，不及羊肉爲氣，血之俱盛也。且易辦於參，味高於參，爲天下人所樂食。不得引導之藥，雖日食之，而於不足之處，終無有益。養生者宜知之。

金髓煎　用枸杞，不拘多少，以酒浸之，固封兩月，取出擂爛，同浸酒入砂鍋內熬成膏，淨瓶密收。每早溫酒調服几匙，夜亦再服。百日，身輕氣壯。積年不輟，可以羽化也。

《大雲山房雜記・治胃痛心痛口瘡》　《資暇錄》：棕櫚根一塊，水熬服，治胃疼痛。鬱金、香附、甘草各二錢，薑二片，煎服，治九種心痛。膽礬水泡漱口，治瘡，雨漱即愈。石灰治疥瘡。

《大雲山房雜記・解瘟方》　雷丸四兩，飛金三十張，朱砂三錢，明礬一兩，大黃四兩，水滴爲丸，每服三錢。《避暑錄》：大蒜一握，取道上熱土研爛，新水和之，漉去滓。治中暑猝仆，極驗。

《全唐文・何首烏》　何首烏錄

僧文象好養生術，元和七年三月十八日，朝茅山，遇老人於華陽洞口，告僧曰：汝有仙相，吾授汝秘方。有何首烏者，順州南河縣人，祖能嗣，本名田兒，天生閹，嗜酒，年五十八，因醉夜歸，卧野中，及醒，見田中有籐兩本，相遠三尺，苗蔓相交，久乃解，解合三四，心異之，遂掘根持問村野人，無能名，曝而乾之。有鄉人麥良戲而曰：汝閹也，汝老無子，此籐異而後以合，其神藥，汝盍餌之，田兒乃篩末酒服，經七宿，忽思人道，累旬力輕健，慾不制，遂娶寡婦曾氏，田兒因常餌之，加滄兩錢，七百餘日，舊疾皆愈，反有少容，遂生男，鄉人異之，十年生數男，俱號爲藥，告田兒曰：此交籐也。服之可壽百六十歲，而古方本草不載。吾傳於師，亦得之於南河，吾服之，遂有子，吾本好靜，以此藥害於靜，因絶不服。汝偶餌之，乃天幸，因爲田兒盡記其功，而改田兒名能嗣焉。嗣年百六十歲乃卒，男女一十九人，子庭服亦年百六十歲，男女三十人；子首烏服之，年百三十歲，男女二十一人。安期敘交籐云：交籐，味甘溫，無毒。主五痔，腰腹中宿疾冷氣，長筋益精，令人多子能食，益氣力，長(膚)〔服〕延年。一名野苗，一名交莖，一名夜合，一名地精，一名桃柳籐。生順州南河縣田中，嶺南諸州往往有之。其苗大如蒿，本光澤，形如桃柳葉，其背偏獨單，皆生不相對，有雌雄，雄者苗色黃白，雌者黃赤，其生相遠，夜則苗蔓交，或隱化不見。春末夏中初秋三時候，晴明日，兼雌雄採之，烈日曝乾，散服酒下良。採時盡其根，勿洗，乘潤以布帛拭去泥土，勿損皮，密器貯之，每月再曝。凡服，偶日二四六八日是，服訖以衣覆，汗出導引，尤忌豬羊肉血。老人言訖，遂別去，其行如疾風。浙東知院殿中孟侍御識何首烏，嘗餌其藥，言其功如所傳，出賓州牛頭山，苗如萆薢蔓生，根如杯拳，削去側皮，生啖之，南人因呼爲何首烏焉。元和八年八月錄。

《清嘉錄・雄黃酒》　研雄黃末，屑蒲根，和酒以飲，謂之雄黃酒。又以餘酒染小兒額及手足心，隨洒牆壁間，以祛毒蟲。蔡雲吳歈云：稱鎚粽子滿盤堆，好侑雄黃入酒杯。餘瀝尚堪祛五毒，亂塗兒額噀牆限。

案：孫思邈《千金月令》端五以菖蒲或縷或屑以泛酒。而馮慕岡《月令廣義》則云：五日，用朱砂酒辟邪解毒，餘酒染額胸手足心，無虺蛇之患。又以洒牆壁門窗，以避毒蟲。實丹砂也。吳曼雲《江鄉節物詞》小序云杭俗，五日，剉蒲根，入火酒，和雄黃酒飲之，或以塗小兒額上。詩云：細切蒲菹勸舉觴，不須九節認靈菖。嬌兒怯試燒春味，一抹妝成半額黃。《九縣志》皆載五日飲雄黃菖蒲酒。而《崑新合志》並云：隨洒牆壁間。

《清嘉錄・採百草》 土人採百草之可療疾者，留以供藥餌，俗稱草頭方。藥市收癩蝦蟇，刺取其沫，謂之蟾酥。爲修合丹丸之用，率以萬計。人家小兒女之未痘者，以水畜養癩蝦蟇五箇或七箇，俟其吐沫，過午取水煎湯浴之，令痘瘡稀。

案：吳自牧《夢粱錄》，五日採百草，修製藥品，爲辟瘟疾等用，藏之良驗。《江震志》：五日採百草，留以供藥品，覓蝦蟇收蜈蚣斬蛇頭，皆以製藥。《崑新合志》：五日採百草之可療疾者，合諸丸藥。

《退庵隨筆・攝生》 《史記・倉公傳》云：趙章病，倉公診其脈。曰：法五日死。而後十日乃死，所以過期者，其人嗜粥，故中藏實。中藏實，故過期，按費補之袞《梁溪漫志》載張文潛《粥記》贈潘邠老云：張安道每晨起，食粥一大盌。空腹胃虛，穀氣便作，所補不細。又極柔膩，與臟腑相得，最爲飲食之良。妙齊和尚說，山中僧每將旦，一粥甚繫利害。如或不食，則終日覺臟腑燥渴。蓋能暢胃氣，生津液也。今勸人每日食粥，以爲養生之要，必大笑。大抵養性命，求安樂，亦無深遠難知之事，正在寢食之間耳。後又見東坡一帖云：夜坐饑甚，吳子野勸食白粥云：能推陳致新，利膈養胃。僧家五更食粥，良有以也。粥既快美，粥後一覺，尤不可說尤不可說。乃今人有以不食粥爲高者，甚可笑也。

又 昔邢和叔恕嘗言：吾曹須愛養精力，精力稍不足則倦，所臨事皆勉強而無誠意！接賓客語言尚不可，況臨大事乎？然則以修己治人爲務者，不可不先講尊生矣。養生家言：以《素問・上古養眞篇》爲最古，所論上古之知道者，法於陰陽，和於術數，食飲有節，起居有常，不妄作勞，故能形與神俱，而終其天年，度百年乃去。今人以酒爲漿，以妄爲常，醉以入房，以慾竭其精，以耗散其眞，不知持滿，不時禦神，務快眞心，逆其生樂，起居無節，故半百而衰云云。可見縱欲戕生，古今同慨。蓋稟氣之厚薄，命數之延促，造物者主之，雖父子不能相假也。而疾疢之或消或長，體氣之或榮或衰，則存乎其人，譬之樹藝，鹵莽滅裂，與辛苦灌溉者，各自食其報耳。於造物何與焉。

養生自以絕慾爲第一義，然少壯之年，誠難言之。且不求嗣續，即講閉房，亦不可爲訓。吾儒平實之方，在節慾而已。昔董子言治身者以積精爲實，身以心爲本，精積於其本，則血氣相承受，而形體無所苦，故君子甚愛氣而謹遊於房。新壯者十日而一遊於房，中年者倍新壯，始衰者倍中年，中衰者倍始衰，大衰者之月，當新壯之日，而上與天地同節矣。

又 王充《論衡》所言養生之事甚詳，如云唾不及遠，行不疾步，耳不極聽，目不久視，坐不至久，卧不及疲。先寒而衣，先熱而解，不欲極饑而食，食不過飽，不欲極渴而飲，飲不過多。凡食過則成積，聚飲過則成痰癖。不欲甚勞甚逸，不欲起晚，不欲汗流，不欲多睡，不欲奔車走馬，不欲極目遠望，不欲多啖生冷，不欲飲酒當風，不欲數數沐浴，不欲廣志遠願，不欲規造意巧，冬不欲極寒，夏不欲窮涼，不露卧星下，不眠中見肩。大寒大熱，大風大霧，皆不欲冒之。又云：欲得長生，腹中當清，欲得不死，腹中無滓。此《雜應篇》述道書之言，《意林》引作：欲得長生腹中清，欲得不死腹無屎。皆平易切實之談。

又 人但知過怒過哀足以害性，而不知過喜過樂，亦足以傷生。《淮南子・原道訓》曰：大怒破陰，大喜墜陽。《漢書・東方朔傳》曰：樂太甚則陽溢，哀太甚則陰損。陰陽變則心氣動，心氣動則精神散而邪氣及。故《論衡》教人忍怒以全陰氣，抑喜以養陽氣。《顏氏家訓》亦云：大喜蕩心，微抑則定。甚怒煩性，稍忍即歇。語尤切實可守也。

又 高濂《遵生八箋》中所載逐月調攝之法，語多瑣碎，惟云：秋月宜凍足凍腦，冬月宜溫足凍腦，此二語必有所授，養生家不可不知也。

又 又云：蘇文忠公言揚州武官侍眞，官二廣十餘年，終不染瘴，面色紅膩，腰足輕快，初不服藥，惟每日五更起坐，兩足相向，熱摩湧泉穴無數，以汗出爲度。又歐陽文忠公平生不信仙佛，笑人行氣，晚年足瘡一點，痛不可忍，有人傳一法，垂足坐，閉目握固，縮穀道，搖颭兩足，如氣毬狀，氣極即休，氣平復搖，日七八度，行之三日。足疾失去。

《兩般秋雨庵隨筆・欒氏棗》 《群芳譜》山東新城有欒氏棗，豐肌細核，多膏肥美。舊傳欒毅自燕攜來之種，亦曰毅氏棗。見《太平寰宇記》，以對哀家黎甚工也。

《兩般秋雨庵隨筆·猺俗》 猺俗，負物男人以肩，女人以首。謂男首係狗王之頭，而女肩則記高辛公主金肩，故皆貴之。俗夫婦不同宿，擇晴晝入山僻處，盡一日之樂。插松枝於路口，曰插青人，無敢繼入者。其交也，銜弩裸體，遺精草莽，嵐蒸瘴結，是生短狐。

《兩般秋雨庵隨筆·頻羅庵主》 釋氏呼木瓜曰頻羅。吾家堂前有一株，蓋前代樹也。山舟學士，因自號頻羅庵主。

《兩般秋雨庵隨筆·檳榔》 《南史》劉穆之以金柈盛檳榔，宴妻兄弟，則此品六朝已尚之。《本草》：檳榔，大腹皮子也。陶隱居曰：尖長而有紫紋者曰檳，圓而矮者曰榔。出交州者小而味甘，出廣州者大而味澀。粵人以蠣房灰染紅，包浮留藤葉俗呼蒟葉。食之，每一包曰一口。按梁陸倕謝安成王賜檳榔一千口，見《北戶錄》，則口之爲稱，其來已久。其食也，滿口咀嚼，吐汁鮮紅。邱濬贈五羊太守詩云：階下腥臊堆蜆子，口中膿血吐檳榔。此言其鮮者。乾者本地人不常食，多行於外省。京師人亦嗜此品，雜砂仁、荳蔻貯荷包中，竟日細嚼，唇搖齒轉，惡狀可憎。漁洋山人調程給事詩云：趨朝問夜未渠央，聽鼓應官有底忙。行到前門門未啓，轎中端坐喫檳榔。讀之失笑。然程係南海人，固無足怪。今之士大夫往往就之，余三滯京師，兩遊嶺海，酒酣以往，手奉難辭，間一效颦，則蹙額攢眉，苦澀難忍。而甘之如飴者，其別有肺腸耶。

《咫聞錄·菜葉治病》 王奉楚人，所居在滇之委巷中。旁有藥店楊五者，不甚通醫，略記數方，聊以應濟，然事神最誠。一夕夢藥王降臨曰：爾事我甚虔，即以五十金賞之。而醒。後因天寒，應大室姻席歸，以深夜睡醒，喉忽疼痛，滿口起泡，渴甚思飲，急賣漿之家。時當半夜，家家閉戶。只有菜傭尚未關門，搗菜汁飲之，次早霍然。數日，忽有富室獨子，偶患喉症，延請名醫，治之無效。粘帖於門，能治好兒病者，願以五十金爲謝。楊五見之，揭帖進視，囑以菜葉搗爛，以汁飲之，應手而愈。富人餽五十鎰之外，又設宴而謝。醫術遂行。諺有之曰：趁我十年運，有病早來醫。其斯之謂與。

《歸田瑣記·百歲酒》 余在甘肅，賠齋禮堂軍門慎授一藥酒方，謂可治聾明目，黑髮駐顏。余服之一月，目力頗覺勝前。其方：用蜜炙箭芪二兩，當歸一兩二錢，茯神二兩，黨參一兩，麥冬一兩，茯苓一兩，白朮一兩，熟地一兩二錢，生地一兩二錢，肉桂六錢，五味八錢，棗皮一兩，川芎一兩，龜膠一兩，羌活八錢，防風一兩，枸杞一兩，廣皮一兩，凡十八味。外加紅棗二斤，冰糖二斤，泡高粱燒酒二十斤，煮一炷香時，或埋土中七日更好，隨量飲之。軍門云：此名周公百歲酒。其方得之塞上，周翁自言服此方四十年，壽已逾百歲。翁家三代皆服此酒，相承無七十歲以下人。余自粵西刊布此方，僚寀軍民服者皆有效，遂名梁公酒，有名醫熟玩此方，久而憬然曰：水火既濟，眞是良方。其制勝全在羌活一味，此所謂小無不入，大無不通，非神識神手，莫能用此也。自是而日三服，至今已八年。未幾余引疾歸田，僑居南浦，有患三年瘧者，乞此酒一小瓶飲之，前後凡兩人，皆應手霍然。而浦人不甚以爲然，至有訾其方者曰：此十八味平平無奇，而羌活一味，尤不宜輕服，與粵西名醫之言正相反。余聞之，爲齒冷而已。余同懷弟灌雲廣文，素嗜飲，中年以後，已成酒癆，每日啜粥不過一勺，顔色憔悴，骨立如柴，醫家皆望而卻走。適其長子元辰，在余桂林署中，錄此方寄之。灌雲素不飲燒酒，不得已，以紹酒代之，日飲數杯，以次遞加。半月後，眠食漸進，一月後，遂復元。客秋余回福州相見，則清健較勝十年前，而豪飲如故。據言並未服他藥，只常服此酒，日約三斤，已五年矣。夫紹酒之力固不及燒酒之厚，然服燒酒者，日以兩計，服紹酒者，日以斤計，則其力亦足相敵，故其效並同也。余五十餘歲時，鬢髮早白，鬚亦蒼然，自服此酒之後，白髮竟爲之稍變，初亦不覺，惟剃頭時，自見所落髮針，不似從前之白，始知黑髮已有可據，惟白鬚如舊，細思其理，酒氣向上，故於髮易見功，而下垂之鬚，酒力未必能到，此理甚明也。

《冷廬雜識·檳榔》 醫書檳榔治瘴，川廣人皆喜食之，近則他處亦皆效尤。不知其性沉降，破泄眞氣，耗損既久，一旦病作不治，莫識受害之由，嗜之者終無所警也。余按宋周去非《嶺外代答》有云：川廣人皆食檳榔，食久，頃刻不可無之，無則口舌無味，氣乃穢濁。嘗與一醫論其故，曰檳榔能降氣，亦能耗氣。肺爲氣府，居膈上爲華蓋，以掩腹中之穢，久食檳榔，則肺縮不能掩，故穢氣升聞於輔頰之間，常欲啖檳榔以降氣，實無益於瘴。彼病瘴紛然，非不食檳榔也。此論檳榔之害，最爲切要，知非特無瘴之地不可食也，嗜檳榔者其鑒之。

《冷廬雜識·五聖丹》 癲狗毒蛇嚙人者多死，方書雖有治法，不甚著效，惟蕭山韓氏所傳五聖丹，獲效如神，救人不可勝數。韓氏惟製藥施送，秘不傳人。鄭拙言司鐸開化，從其同寅汪睦齋學博世鈐處，得此方，見示。汪喜，錄單方，製良藥施人。此方得之於其至戚，乃自韓氏竊得者，汪按方製藥以拯人，無不應手取效，因錄之以廣其傳。

上號當門子一錢　梅花冰片一錢　火硝三分　上號腰面雄黃一錢　九製爐甘石一錢

右藥共研細末。男左女右，用竹挖耳，點近鼻處大眼角七次，隔一日再點七次，再隔一日又點七次。雖重傷者自愈，若犬齩至二十日外者不治。若用藥後誤喫羊肉，用藥再治，遲至二十日外者，亦不治。宜忌羊肉發物四十九日。兼治痧症悶死，時疫傷寒，癍發不出者，亦用此藥點眼角，男左女右。

《冷廬雜識·瘡方》　餘姚吴蓉峰學博麟書，患膿窠瘡，醫久不痊。後有相識遺一方，云得自名醫，爲療瘡第一良藥，如法治之果愈。余於庚戌年患此甚劇，亦以此方得痊。兹錄於左：

廚房倒挂灰塵三錢。鍛，伏地氣　松香一錢　茴香一錢　花椒一錢　硫磺鍛一錢　癩蝦蟆一錢　枯礬一錢　蒼术一錢　白芷一錢　硃砂一錢

右藥共研細末，用雞子一箇，中挖一小孔，灌藥其中，紙對固口，置幽火中，燉熟。輕去其殼。存衣，再用生豬油，和藥搗爛，葛布包之，時擦癢處。

《冷廬雜識·常食之物》　醫家謂棗百益一損，梨百損一益。韭與茶亦然。余謂人所常食之物，凡和平之品，如參、苓、蓮子、龍眼等，皆百益一損也。凡峻削之品，如檳榔、豆蔻仁、煙草、酒等，皆百損一益也。有益無損者惟五穀。至於鴉片煙之有損無益，人皆知之，而嗜之者日衆，亦可憫矣。

《冷廬雜識·湯火傷方》　《鏡花緣·説部》徵引浩博，所載單方，以之治病輒效。表弟周蓮史太史士炳，爲余言之，因錄其方以備用。余母周太孺人，喜施方藥，在臺郡時，求者甚衆。道光癸卯夏，有患湯火傷，徧身潰爛，醫治不效，來乞方藥。檢閱是書中方，用秋葵花浸蔴油同塗，時秋葵花方盛開，依方治之，立愈。乃採花貯油瓶中，以施人，無不應手獲效。

《冷廬雜識·錫》　臨海洪僉事若皋《南沙文集》，謂方書金銀、玉石、銅鐵俱可入湯藥，惟錫不入。間用鉛粉，亦與錫異。錫白而鉛黑，且須鍛作丹粉用之。明名醫戴元禮，嘗至京，聞一醫家，術甚高，治病輒效。親往觀之，見其迎求溢戶，酬應不暇。偶一求藥者既去，追而告之曰：臨煎時，加錫一塊。元禮心異之，叩其故，曰：此古方爾。殊不知古方乃餳字。餳即今糯米所煎糖也。嗟乎！今之庸醫，妄謬熟誵古方，大抵皆不辨錫餳類耳。余謂今之庸醫，不特未識古方也。即尋常藥品，亦不能辨其名。有書新會皮作會皮，蓋不知新會是地名也。有書撫芎作撫川芎，蓋不知川與撫爲二地也。此皆余所目見者。

《冷廬雜識·巴鯽膏》　外伯祖周悠亭先生向潮，兄弟三人。次春波先生踴潛，余外祖也。三葵園先生以清，俱好善樂施。賈人某，負逋五百金，貧不能償，焚其券。某感恩次骨，以家傳癰疽秘方相贈，按方製送，獲效甚神，錄之以廣其傳。

仙傳巴鯽膏奇方。治發背癰疽療毒一切無名腫毒，未成即消，已成即潰，力能箍膿，不至大患。

巴豆五錢，去殼　鯽魚兩箇，重十二兩以上者　商陸十兩，切片　漏蘆二兩　鬧楊花二兩　白及五錢，切　番木鱉五錢，切　蓖蔴子三兩，去殼　錦紋大黃三兩，切　烏羊角二隻　全當歸二兩，切　兩頭尖三兩，即雄鼠糞　白斂三兩，切　穿山甲二兩，切　黄牛腳爪一兩，敲研　豬腳爪一兩，敲研　蝦蟇皮乾二兩　川烏五錢，切　草烏五錢，切　蒼耳子四兩　元參二兩，切。鼠糞雌多雄少，雌者兩頭圓而無毛，雄者兩頭尖而有毛，不可混用。蝦蟇乾宜新，取其力猛也。

右藥入大廣鍋内，用眞蔴油三觔半，浸三日，熬至各藥焦黑，濾渣再熬，沸乃入後藥。

飛淨血丹。廿四兩。

用槐柳條不住手攪，熬至滴水成珠。熄火，待稍冷，再入後藥。上肉桂五錢、乳香四錢，去油、沒藥四錢，去油，上輕粉四錢　好芸香。四錢，去油。

此五味俱研極細，徐徐摻入，用銅箸攪勻，待凝冷，覆地上十餘日，火毒退盡，乃可用。

《冷廬雜識·藥忌》　吴江徐靈胎徵君大椿，謂醫藥爲人命所關，較他事尤宜敬慎。今乃眩奇立異，欲駭愚人耳目，將古人精思妙法，反全然不考，其弊何所底止。略舉數端，以示儆戒。人中黄、腸胃熱毒偶有用入丸散者，今入煎藥則是以糞汁灌人，而倒其胃矣。人中白、飛淨，入末藥，若煎服。是以溺汁灌人矣。鹿茸、麋茸、俱入丸藥，外症痘症，偶入煎藥。又古方以治血寒久痢，今人以治熱毒時痢，腐腸而

死。河車、臍帶，補腎丸藥偶用，今人煎劑腥穢不堪，又臍帶必用數條。肆中以羊腸龜腸代之。蜂水，大寒傷胃，前人有用一二匙，治陽明熱毒，今人用一碗半碗，以治小兒，死者八九。蚯蚓，痘症用一二條酒沖，已屬不典，今用三四十條，大毒大寒，服者多死。蜈蚣、蟾蜍，即桑蟲。蠍子、胡蜂，皆極毒之物，用者多死，間有不死者，倖耳。石決明眼科磨光，鹽水煮入末藥，今亦以此法，入一切煎劑，何義。白螺殼，此收濕摻藥，亦入煎劑，其味何在。雞子黃，此少陰不寐，引經之藥，今無病不用。燕窩、海參、淡菜、鹿筋、丑筋、魚肚、鹿尾，此皆食品，不入藥劑，必須洗浸極淨，加以薑椒葱酒，方可入口。今與熟地、麥冬、附桂同煎，則腥臭欲嘔。醋炒半夏、醋煅赭石、麻油炒半夏，皆能傷肺，人令聲啞而死。橘白、橘內筋、荷葉邊、枇杷露、查核、扁豆殼。此皆方書所棄，今偏取之以示異。余按徐氏所指，誠切中要害。惟海參淡食，最能益人，嘗有食之終身，而康強登上壽者，惟不宜與熟地等藥同煮耳。又枇杷露治肺熱咳嗽，獲效速，似不當在屏棄之列。

《冷廬雜識・食忌》 醫書所載食忌，有無藥可解者，錄以示戒。痧症腹痛，誤服生薑湯；疔瘡，誤服大麻花；骨蒸似怯症，誤服生地黃；青筋脹，即烏痧脹。誤認爲陰症投藥；渴極思水，驢肉花瓶內水；驗內荆芥同食；茅簷水滴肉上食之；食三足鼈，鱔鱺過荆林食之；老雞食百足蟲有毒，誤食之；蛇虺涎毒暗入飲饌食之。

《冷廬雜識・蒼耳子蟲》 蒼耳子草，夏秋之交，陰雨後，梗中霉爛生蟲，取就薰爐上烘乾，藏小竹筒內，隨身攜帶。或藏錫瓶，勿令出氣。患疔毒者，以蟲研細末，置治疔膏藥上貼之，一宿，疔即拔出而愈。貼時須先以針微挑疔頭出水。余在台州，僕周錦，種之盈畦，取蟲救人，屢著神效。比在杭郡學舍旁，蒼耳草蟲甚多，以療疔毒，無不獲效。同邑友人鄭拙言學博鳳鏘，攜至開化，亦救治數人。彼地無蒼耳草，書來索種以傳。又青蒿蟲，治小兒驚風最靈。余孫棨霖，曾賴此得生。此二方皆見《本草綱目》，而世罕知其效，特誌之。青蒿蟲，亦在梗中，焙乾研末和燈心灰湯調送下。

《冷廬雜識・鴉膽子》 鴉膽子治休息痢，歙程杏軒文囿《醫案》甚稱其功效。用三十粒，去殼取仁，外包龍眼肉，撚丸。每晨米湯送下，一二服或三四服即愈。此藥味大苦而寒，力能至大腸曲折之處，搜逐濕熱。本草不載，見於《幼幼集成》，稱爲至聖丹，即苦參子也。藥肆多有之。吾里名醫張雲寰先生李瀛，亦嘗以此方傳人。吾母周太孺人，喜施方藥，以治休息痢，無不應驗。兼治腸風便血，凡熱痢色赤，久不愈者，亦可治。惟虛寒下痢忌之。

《耳郵・斑蝥》 李甲、李乙，兄弟也，乙爲其伯父後，甲獨承父業甚富，而貪冒無饜，私冀弟死，則伯父之業，亦歸於己。乃乘乙病，僞爲煎藥，以布裹斑蝥一枚，置藥中。《說文》：斑蝥，毒蟲也。俗作斑貓非。煎畢取出，人不覺也。乙中毒死，甲遂兼有其產。俄而甲亦病，家人爲煎藥，甲自出一布包投藥中，服藥後，腹痛欲裂。家人疑駭，以所服皆平和之品，何以至此？因問甲適所投布包中何物也。甲恍然曰：是矣，余將償弟命矣。此中一斑蝥也。因自述前事，蓋恐弟一服不死，更備其一，將以復進。而不料留以自殺其軀也。言已而死。

《墨餘錄・聖治丸方論》 夏令暑熱炎蒸，濕濁上騰，人在蒸淫熱迫中，設或正氣不足，最易感病。矧南方地卑氣薄，更多中痧吐瀉之症。推其致病之原，或過於貪涼，風寒外受；或困於行路，暑濕相干；或口腹不慎，爲冷膩所滯；或飲食不節，使輸化失宜，或感時行疫癘之邪；或觸穢惡不正之氣。皆能致脾土不運，陰陽反戾，升降失司。卒然腹痛，上下奔迫，四肢厥冷，吐瀉並作，津液頓亡，則宗筋失養，故足攣筋縮，先起兩腿，或見四肢，名曰霍亂轉筋，生死瞬息。年來此症大行，我邑地窄人稠，互相傳染，甚有一家數人，而同時告斃者，深可畏也。茲故不揣鄙陋，爰擬一方，名曰聖治，人夏可預先備用，如遇疫癘時行，痧暑並觸或感穢氣，或入病家，心懷疑慮胸覺痞悶時，即以一丸入口，藉以解穢卻邪，勿亂其氣。方用正號仙居野术炒勿令焦黑。二兩，眞川厚朴二兩，白檀香研細末。一兩，降眞香研細末。一兩，新會皮鹽水炒。二兩，以上五味，再同研爲極細末，以廣霍香六兩煎濃湯，泊丸如大黃豆大，每服二三丸，細嚼和津嚥下。按术味甘能和脾，苦能燥濕，定中止嘔，扶正卻邪，開胃氣以除積飲，故用以爲君。朴苦辛。能瀉實而化濕，平胃調中，消痰行水，兼治瀉痢嘔惡。陳皮爲脾肺氣分之藥，能快膈導滯，宣通五臟，並可除寒散表。故用此二味爲臣。檀香調脾利膈，正氣驅邪。降香能辟穢惡怪異之氣，故用爲佐使。藿香稟清和芬芳之氣，爲達脾肺之要藥，氣機通暢，則邪逆自定，故用爲引。其曰聖治者，以聖人有治病治未病之旨，蓋思患預防，莫若服藥於未病之先，使輕者解散而重者化輕，未必非卻病養生之一助云。

《庸閒齋筆記・陳其元・神仙中人》 無錫華秋槎先生，前浙閩總督孫文靖公之姑丈也。嘉慶年間，任福建浦下場鹽大使，與先大夫同官相識，嗣文靖觀察閩鹺，華以迴避棄官歸，自是不相聞問者二十餘年。道光中葉，先大夫開厔嘉興，華忽雪夜相訪，年已九十，步履甚健，精力如少壯，兩目奕奕有光。相與話舊甚歡，詢其如何保嗇而致此，華言自歸里後，即講導引之術，終日靜坐，不以外事嬰心。年來頗有所得，夢寐間時有異人相接，寤則不能見也。數日前夢人告曰：子欲求仙，嘉興之陳壽人乃真神仙也。因買棹來此尋訪，則果有其人。思投以名刺則不恭，稱弟子則駭俗，故持晚生帖謁之，乃拒而不肯見，固請固拒，遂略窺其所居之園，古木壽籐，亭臺水石，覺有五雲縹緲氣象，真是仙境。自歎緣薄，訪仙不遇，頗深悵悵。先大夫笑曰：陳壽人我素識之，飲酒食肉，猶夫人耳。華曰：不然，真人不露相。遂別去。越日，先大夫見壽人，語以華君所説，彼此鼓掌大笑。後咸豐紀元，粵匪亂作，壽人歿，久矣。先大夫一日歎曰：陳壽人真神仙也！座客問故，先大夫曰：古語有人專精事天神，積久不倦，神感其意，現形而問所欲，其人謂不求富貴，但願一生無是無非，衣食粗足，居住山水間，妻賢子孝，優游卒歲而已。神大笑曰：此上界神仙之福，非凡人所能企及，爾欲求富貴則可耳。壽人席先世遺業，擁貲巨萬，樂善好施，與人無競，所居則宋岳珂之金陀別墅，爲嘉禾第一名園。日飲醇酒，以法書名畫消遣。子孫皆讀書入泮，一家雍睦，生平無一拂意事。當此烽煙告警，則業已化去。謂非神仙而何？座客皆太息以爲然。嗣二十餘年，同治壬申，余自蘇州歸過嘉興，見德清戚曼亭先生，問余此行有所遇否？余戲應曰：此行祇見一仙人。戚愕然詢故，余因述先大夫所言，蓋戚亦當年座上客也，戚曰是固然矣。今子所遇爲誰？余曰：南皮張子青尚書，少年以狀元及第，歷中外，官至一品，勛業文章政事，彪炳一時。年逾六十，夫婦齊眉，兒孫繞膝，門生故吏徧天下。最難得者，上有九旬之壽母，此時以養親居於吳之拙政園，極聲色園亭之奉以承歡。一家之中，太和翔洽，洪福清福，兼而有之。此又非陳壽人所能幾也，謂非當代神仙而何？先生亦撫手笑曰然。

《庸閒齋筆記・長壽術》 金陵陳伯敏太守魯言：京師秋杭和尚工圍棋，稱國手，飲酒食肉，無異平人。同治甲子，年一百二十歲始圓寂。先是太守奉授衢州知府之命，秋杭心慕西湖，與之同行來浙。至次年正月，偏辭同人，云將西歸，並促諸相知爲渠餞行，諸人乃於十四日設席餞之，酣呼暢飲，無異平時。兼與某公對局，局終云：此會難再，即此局棋，猶是絕著。猶手畫所下棋譜，倘徉而去。元宵早起，忽報秋杭已逝。太守往視，則見瞑目趺坐，雙垂鼻柱至膝，其光亮如水晶云。然此是釋子，或疑其有坐功服氣之術。康齋弟壬申冬遇紹城俞寶山老醫云：頃有天台老友相訪，年已一百十七歲，渠之所以得此大壽者，久服白朮之功耳。叩其服法，以鮮白朮四十斤，切片，冰糖四斤，入瓦罐內，煮乾晒之，九蒸九晒，約得八斤，日嚼數片，以供一年之需。此人已服至六十餘年，其子八十餘歲，亦服之甚健。考《神農本草經》有朮作煎餌，久服輕身延年之語，洵不誣也。

《夜雨秋燈錄・劉子儀膏藥》 國初吾鄉有劉公子儀，老學究也。授蒙爲業，困頓不支。貸所居大廈，得值。另卜城北臨街一廛，內居妻孥，外作小貿易。公性曠遠誠篤，不善較錙銖，年餘，母金耗盡，依舊阮囊。顧新居僅數椽蔽風雨而已。庭中環種野藥材，名參三七，蔓延階砌。公惡之，欲鋤去，植花草。一夜夢黃衣叟，指而告之，曰：此良藥也。和鉛粉，桐油熬成膏，能療諸毒瘡。芟刈何爲，公醒即謹誌。檢閱藥性編，誠然。心喜，急購粉與油，苦無藥竈。適有女丐在門，筐有小銅釜，短柄三足，以百錢購得之。又購得小鐵鑪，居然成就。硼剉虔修，先寬丐之有患者，小試良驗。明年春久雨，城中水尺餘，夏則奇旱，毒日蒸騰，沙煎石鑠，農賈無老稚，咸患潮濕。醫家術窮，惟是膏能愈。由此得值甚豐，頗給朝夕。然公性最善，雖深夜，丐者以一文來市藥，必起而與之。一夕甫就枕，風雨滿街，忽聞剝啄甚急，枕上詢阿誰，曰乞人市藥者。公披衣急起，啓雙扉，一丐者蹩而入，瘡在左股上，大如錢。公詳視已細，然後折紙，就鑪頭攤與之，量必符所患。詎藥成，而瘡忽大如盆。更之，瘡忽大如甌。再更之，忽大如巨盎，如水盤。凡十數易，皆不足蓋完所患。聽鄰雞亂鳴，孤檠閃壁，妻孥見久不返，甚催促。公如不聞，俯首呵凍，極力熨貼，絕不爲一文損厥生恚怒。而丐者反怒，大言之曰：嘻！鄙哉傖也！藥甚平淡，何子細乃爾。公不語，仍更與之。視釜中藥已竭，丐忽狂笑，聲可震屋瓦。袖出一錢擲釜中，曰：以此聊酬一夜勞。踏雪竟去。視釜底嵌一極古五銖錢，堅滑如鑄，藥氣上騰，成五色香雲，氤氳不散者終夜。由此藥更靈，人疑丐者仙也。公壽八十，無疾一笑逝。子孫讀書，多有遊庠者，猶懸壺市藥爲生。世世保守釜鑪如連城，余髫齡親見之，釜者古勺斗也。鑪者小折腳鐺也。

《三借廬筆談・毒藥》 陸放翁《避暑漫鈔》。內言宋毒藥庫藥共七等，用以殺不廷之臣。鴆毒則在第三，其上更有手觸鼻嗅而立死者，不知何藥。按南墨利加諸島，有毒木，人近其影即死，手觸其枝葉亦死。見《海國圖志》。

《房術奇书・五結友》 結友者，非結談笑遊戲無益之人，必擇道同心合，仁慈勤儉，不貪富貴，素有德行者。得以護衛助力，彼此進道，行無阻礙，能成就以全至真。故曰道心非難，久常爲難。

《房術奇書・六擇地》 擇地者，非擇名山洞府奇峰幽壑也。或市里村郭，深隱僻處，古廟古墳，有甘泉善陵，大不出十城，小則五畝，置丹室，斯善矣。石杏林崛道光口即往通都大邑，依有力之家以了大事爲此。故曰：志士若能修煉，何妨在市居朝？是矣。

《房術奇書・三調神》 調神功夫，名曰鍊補火候。用先天補氣，清秀顔色，紅白無疾，年十六七者，每月依後開日期氣數，以銀或錫造成橐籥，使之呵氣入管，量到我即收上泥丸，下歸丹田。行至六個月，顔老還童，髮白變黑。久久行之，乃見先天之神功妙用也。古語云竹破還須竹補，宜以氣補氣，壽永天地。諸經之説同也。上補自鼻，中補自臍，下補自腎。依日期自下而上曰返，自上而下曰還。此補無先天之妙用。又曰接命珍之重之。

人體衛生總部

婦人衛生部

綜　述

《婦人大全良方・精血篇》 飲食五味，養髓、骨、肉、血、肌膚、毛髮。男子爲陽，陽中必有陰，陰中之數八，故一八而陽精升，二八而陽精溢。女子爲陰，陰中必有陽，陽中之數七，故一七而陰血升，二七而陰血溢。皆飲食五味之實秀也。方其升也，智慮開明，齒牙更始，髮黃者黑，筋弱者強。暨其溢也，凡充身體、手足、耳目之餘，雖針芥之歷，無有不下。凡子形肖父母者，以其精血嘗於父母之身，無所不歷也。是以父一肢廢，則子一肢不肖其父；母一目虧，則子一目不肖其母。然雌鳥牝獸無天癸而成胎，何也？鳥獸精血往來尾間也。精未通而御女以通其精，則五體有不滿之處，異日有難狀之疾。陰已痿而思色以降其精，則精不出而內敗，小便道澀而爲淋。精已耗而復竭之，則大小便道牽疼，愈疼則欲大小便，愈便則愈疼。女人天癸既至，踰十年無男子合，則不調；未逾十年，思男子合，亦不調。不調則舊血不出，新血誤行或漬而入骨，或變而之腫，或雖合而難子。合男子多則瀝枯、虛人；產乳衆則血枯殺人。觀其精血，思過半矣。

《婦人大全良方・千金翼・求子方論》 《千金》論曰：夫婦人之別有方者，以其血氣不調，胎妊生產、崩傷之異故也。是以婦人之病比之男子十倍難療。經言：婦人者，衆陰所集，常與濕居。十四歲已上，陰氣浮溢，百想經心，內傷五臟，外損姿顏，月水去留，前後交互；瘀血停凝，中道斷絕。其中傷墮，不可具論。生熟二臟，虛實交錯，惡肉內漏，氣脈損竭。或飲食無度，損傷非一；或胎瘡未愈，而合陰陽；或行步風來，便利於懸廁之上，風從下入，便成十二痼疾。所以婦人別立方也。若是四時節氣爲病、虛實冷熱爲患者，故與丈夫同也。唯懷胎、妊孕而挾病者，避其毒藥耳。其雜病與丈夫同，則散在諸卷中，可得而知也。然而女子嗜欲多於丈夫，感病倍於男子，加以慈戀、愛憎、嫉妒憂恚，染着堅牢，情不自抑，所以爲病根深，療之難差。故養生之家，特須教子女學此三卷婦人方，令其精曉，即於倉卒之秋，何憂畏也。夫四德者，女子立身之樞機；產育者，婦人性命之長務。若不通明於此，則何以免其横夭者哉！故傳母之徒，亦不可不學。常宜繕寫一本，懷挾隨身，以防不意也。

又曰：人之情性皆願賢己，而疾不及人。至於學問，則隨情逐物墮於事業，詎肯專一推求至理，莫不虛棄光陰，沒齒無益。夫婚姻養育者，人倫之本，王化之基，聖人設教，備論厥旨，後生莫能精曉，臨事之日，昏爾若愚，是則徒願賢己而疾不及人之謬也。斯實不達賢己之趣，而妄徇虛聲以終無用。今述求子之法，以貽後嗣。同志之士，或可覽焉。

又論曰：夫欲求子者，當先知夫妻本命五行相生，及與德合，并本命不在子休廢死墓中者，則求子必得。若其本命五行相剋，及與刑煞衝破，并在子休廢死墓中者，則求子，子不可得，慎無措意。縱或得者，於後終亦累人。若其相生，并遇福德者，仍須依法如方，避諸禁忌，則所誕兒子盡善盡美，難以具陳矣。

禁忌法

凡欲要兒子生，吉良日交會之，日常避丙丁及弦望、晦朔、大風、大雨、大霧、大寒、大暑、雷電、霹靂、天地昏冥，日月無光，虹蜺地動，日月薄蝕。此時受胎，非止百倍損於父母，生子或瘖啞、聾聵、頑愚、癲狂、攣跛、盲眇，多病短壽，不孝不仁。又避日月、火光、星辰之下，神廟佛寺之中，井竈、圊廁之側，塚墓屍柩之傍，皆悉不可。夫交會如法，則有福德大智善人降託胎中，仍令父母性行調順，所作和合，家道日隆，祥瑞競集。若不如法，則有薄福愚癡惡人來託胎中，則令父母性行凶險，所作不成，家道日否，殃咎屢至。雖生成長，家道滅亡。夫過福之驗，有如影響，此乃必然之理，何不再思之。

男女受胎時日法

凡男女受胎，皆以婦人絕經一日、三日、五日爲男，仍遇月宿在貴宿日。又以夜半後生氣時瀉精者，有子皆男，必壽而賢明高爵也。若以經絕後二日、四日、六日瀉精者皆女。過六日皆不成子，又遇旺相日尤吉。

推王相時日法

春甲乙，夏丙丁，秋庚辛，冬壬癸。

推貴宿日法

正月：一日、六日、九日、十日、十一日、十二日、十四日、二十一日、二十四日、二十九日。

二月：四日、七日、八日、九日、十日、十二日、十四日、十九日、二十二日、二十七日。

三月：一日、六日、七日、八日、十日、十七日、二十日、二十五日。

四月：三日、四日、五日、六日、八日、十日、十五日、十八日、二十二日、二十八日。

五月：一日、二日、三日、四日、五日、六日、十二日、十三日、十五日、十六日、二十日、二十五日、二十八日、二十九日、三十日。

六月：一日、三日、十日、十三日、十八日、二十三日、二十六日、二十七日、二十八日、二十九日。

七月：一日、十一日、十六日、二十一日、二十四日、二十五日、二十六日、二十七日、二十九日。

八月：五日、八日、十三日、十八日、二十一日、二十二日、二十三日、二十四日、二十五日、二十六日。

九月：三日、六日、十一日、十六日、十九日、二十日、二十一日、二十二日、二十四日。

十月：一日、四日、九日、十四日、十七日、十八日、十九日、二十日、二十二日、二十九日。

十一月：一日、六日、十一日、十四日、十五日、十六日、十七日、十九日、二十六日、二十九日。

十二月：四日、九日、十二日、十三日、十四日、十五日、十七日、二十日、二十七日。

若春合甲寅乙卯，夏合丙午丁巳，秋合庚申辛酉，冬合壬子癸亥。與上件月宿日合者佳。論曰：夫人求子者，服藥須知次第，不可不知。其次第者，謂男服七子散，女服蕩胞湯及坐導藥，並服紫石門冬圓，則無不效矣。不知此者，得力鮮焉。

《婦人大全良方・婦人無子論》　夫婦人無子者，其事有三也。一者，墳墓不嗣；二者，夫婦年命相剋；三者，夫病婦疢，皆令無子。若是墳墓不嗣，年命相剋，此二者非藥能益。若夫病婦疢，須將藥餌，故得有效也。然婦人挾疾無子，皆由勞傷血氣生病。或月經閉澀，或崩漏帶下，致陰陽之氣不和，經血之行乖候，故無子也。診其右手關後尺脈浮，浮則爲陽。陽脈絶，無子也。尺脈微澀，中年得此，爲絶產也。少陰脈如浮緊則絶產。惡寒，脈尺寸俱微弱者，則絶產也。又有因將攝失宜，飲食不節，乘風取冷，或勞傷過度，致令風冷之氣乘其經血，結於子臟，子臟得冷，故令無子也。

《婦人大全良方・褚尚書澄求男論》　建平孝王妃姬等，皆麗，無子。擇良家未笄女入御，又無子。問曰：求男有道乎？澄對曰：合男女必當其年。男雖十六而精通，必三十而娶；女雖十四而天癸至，必二十而嫁。皆欲陰陽完實，然後交合，則交而孕，孕而育，育而爲子，堅壯强壽。今未笄之女，天癸始至，已近男色，陰氣早泄，未完而傷，未實而動，是以交而不孕，孕而不育，育而子脆不壽，此王之所以無子也。然婦人有所產皆女者，有所產皆男者，大王誠能訪求多男婦人，媒之官府，有男之道也。王曰：善。未再期生六男。夫老陽遇少陰，老陰遇少陽，亦有子之道也。

《婦人大全良方・陳無擇求子論》　夫有夫婦則有父子，婚姻之後，必求嗣續。故聖人謂不孝有三，無後爲大者，言嗣續之至重也。凡欲求子，當先察夫婦有無勞傷、痼害之屬。依方調治，使内外和平，則婦人樂有子矣。

《女科百問・第二問》　古法男子三十而娶，女子二十而嫁者，何也？

答曰：天以剛陽爲尊，地以柔陰而卑，則乾坤之體定矣。若天不剛陽，地不柔陰，是乾坤之體不定矣。夫乾道成男，男自子位左旋，積三十歲而至巳，所以男及三十而娶。當是之時，天陽已剛也。坤道成女，自子位右旋，積二十歲而至巳，所以女二十而嫁。至斯之際，地陰以順也。故及其時，得乎皆强，所謂乾坤之體定矣。不及其時而嫁娶者，則剛陽柔陰，必有所虧也。

《飲膳正要・妊娠食忌》　上古聖人有胎教之法，古者婦人妊子，寢不側，坐不邊，立不蹕。不食邪味，割不正不食，席不正不坐，目不覗邪色，耳不聽淫聲，夜則令瞽誦詩，道正事。如此則生子形容端正，才過人矣。故太任生文王，聰明聖哲，聞一而知百，皆胎教之能也。聖人多感生，妊娠故忌見喪孝、破體、殘疾、貧窮之人； 宜見賢良、喜慶、美麗之事。欲子多智，觀看鯉魚、孔雀； 欲子美麗，觀看珍珠、美玉； 欲子雄壯，觀看飛鷹、走犬。如此善惡猶感，況飲食不知避忌乎。

《泰定養生主論・論孕育》 觀夫古人制字，良有以也。以婦人有身爲有孕，孕之爲字，謂乃子也。子既形於內，而父可得而媱之乎，此亦禮也。又曰： 妊娠，夫妊者，任也； 娠者，辰也。女當之則宜禁，任保護而母致凶星惡日以犯之。精血既凝之時，月經不至之後，子宮已閉，血已榮胎，則當異寢，始終無犯，則胎壯母安； 起居運動，不失其常，則易產而少病。

《遵生八箋・四時調攝箋・春卷》 高子曰： 時之義大矣！ 天下之事，未有外時以成者也。故聖人與四時合其序，而《月令》一書尤養生家之不可少者。余錄四時陰陽運用之機，而配以五臟寒溫順逆之義，因時繫以方藥導引之功，該日載以合宜合忌之事。不務博而信怪誕不經之條，若服商陸見地藏之寶，掘富家土而禳，貧者得富，此類悉刪去而不存。不尚簡而棄禦災防患之術，如玉經八方，祛瘟符籙，坐功圖像，類此併增入而不置。隨時敘以逸事幽賞之條，和其性靈，悅其心志。人能順時調攝，神藥頻食，勤以導引之功，慎以宜忌之要，無競無營，與時消息，則疾病可遠，壽命可延，誠日用不可去身，豈曰小補云耳。

《東醫寶鑒・雜病篇》 一、生氣方。產婦宜向之坐臥，及床帳向之，開門大吉。

二、反支月。遇此月即鋪灰，用牛皮或馬驢皮，訖鋪草，勿令惡血污地吉。

三、禍害月。不得於其上產，又不得向之大小便，避之大吉。

四、絕命方。不得於其上產，又不得向之大小便，避之大吉。

五、懸屍方。遇此日產，不得攀繩，宜懸馬轡，攀之大吉。

六、閉肚方。臨月及滿月，並不得向之大小便，及棄不淨之水，謹之吉。

七、八荘方。產帳不得向之開門，忌之大吉。

《壽世保元・產育》 一、產母面赤舌青，母活子死。母面青舌赤，口沫出，子活母死。母唇皆青，口兩邊沫出，身重，寒熱，舌下青黑，反舌上冷，遇此症者，子母俱死，不可治也。

一、胎產橫逆，多因坐草太早，努力過多，兒身未轉，或已破水，其血必乾，致胎難轉。若先露腳謂之逆，先露手謂之横，當以小絹針於兒手足心針入二三分，三四刺之，以鹽塗其上，輕輕送入，兒得痛驚轉，一縮即當回順而生矣。

一、論產難，或橫或倒，死胎爛脹於腹中者，幾覺腹痛，或腰重欲坐草時，將神柞飲即溫飲一盞，便覺心下開豁，如渴又飲一盞，覺下重便產，更無諸苦，橫生倒逆不過三服即正，子死腹中，不過三服即下，能保母子兩全，最爲神驗。有一婦橫產，手出至胛，腫脹，但欲截其手，不保其生，屢服催生藥不效，以此藥濃煎一碗與服，少傾甦醒，再與一碗，困睡少時，忽云： 我骨節都拆開了，快扶起我。血水俱下，拔出死胎，全不費力，可謂更生，以此救人，百發百中。

《壽世保元・妊娠食忌》 一受孕之後，不可食之物切宜忌食，非惟有感動胎氣之戒，然於物理亦有厭忌者。設戒不能戒忌，非特延月難產，亦能令兒破形母殞，可不戒哉！

食雞肉、糯米合食，令子生寸白蟲。

食羊肝令子生多厄。

食鯉魚、鱠魚及鷄子令兒成疳多瘡。

食犬肉令子無聲音。

食兔肉令子缺唇。

鴨子共桑椹同食，令子倒生心寒。

食鱉令子項短及損胎。

雀肉合豆醬食之，令子面生鼾黑子。

食豆醬合葷，食之墮胎。

食水漿絕產。

食雀肉令子不耻多淫。

食山羊肉令子多病。

食子薑令子多指生瘡。

食螃蟹令子横生。

食蝦蟆、鱓魚令兒瘖啞。

食驢馬肉延月難產。

如此之類，無不驗者，則知聖人胎教之法豈非虛有自矣然乎。

《壽世保元・產後》 脈： 產後扶虛消瘀血，脈卻宜虛。叔和云： 新產之詠緩滑吉，實大弦急死來侵，寸口澀疾不調死，沉細附骨不絕生。

凡產畢，不問腹痛不痛，有病無病，以童子小便和酒共一鍾溫服，則百病不生。少坐上牀，倚高立膝仰卧，不時喚醒，及以醋塗鼻，或用醋湯炭及燒漆器，更以手從心捍之臍下，使惡露不至，如此三日，以防血暈血逆。酒雖行血，亦不可多，恐引血入四肢，且能昏暈。宜頻食白粥少許。一月之後，宜食豬蹄少許，仍慎言語、七情、寒暑、梳頭、洗足，以百日爲度。若氣血素弱者，不計日月。否則，患手足腰腿痠疼等症，名曰蓐勞，最難治療。初產時不可問是男女，恐因言語而泄瀉，或以愛憎而動氣，皆能致病。不可獨宿，恐致虛驚。不可刮舌，恐傷心氣。不可刷齒，恐致血逆。須血氣平復，方可治事，犯時微若秋毫，成病重如山嶽，可不戒哉！

《種子篇・先天靈氣》 蓋人爲萬物之靈，乃人之中又有靈與蠢之不同者。何與？蠢者愚夫愚婦，或反多男；靈者聰明俊秀，或反艱嗣者，何與？又愚夫愚婦，或偶誕俊秀之兒；聰明俊秀，或偶育癡愚之子者，又何與？蓋今之求子者，只言男女交媾，其所以凝結成胎者，不過父精母血，而不知此猶是後天滓質之物也。其胎之成否，子之有無靈蠢，尚不可必也。乃一點先天真一之靈氣，妙合在未始絪緼、未始交媾之先者，此正天得之以清，地得之以寧，人得之以生，且靈者可見，轉否爲泰，轉蠢爲靈，轉無子爲有子者皆在是也。人能葆合先天之靈氣，其於求子之道思過半矣。客問曰：葆合之道安在？曰：存仁。仁者，生生之理，萬善之元，廣嗣之本也。

《馮氏錦囊秘錄・女科精要・胎產門》 受胎保護諸法

受胎後，忌食牛、羊、犬、兔；雀肉、螃蟹；團魚、烏魚、無鱗魚；胡椒、花椒、薑、蒜辛辣之物。

一、受胎後，最忌暴怒，口不可出惡言，手不可用鞭撻。蓋怒傷氣血，多有因此動胎者，即不動胎，怒氣入胎，子生多疾；并不可看戲神儺神，及怪異形像。

一、受胎後，不可登高上梯，恐傾跌有損；不可伸手高處取物，恐傷胎而子鳴；腹中子鳴，但令產母鞠躬，片時自安。

一、受胎三五箇月後，常要緊束其身，勿令胎放，亦勿過緊，令胎不舒。

一、受胎七、八、九箇月，胎忽亂動，二兩日間，或痛或止，或胞水已下，腹痛不已，但腰不甚痛，脈未離經，離經之脈，一呼一吸，共六至，或沉細而滑也。此非產也，名曰弄產。又有臨產一月前，忽然腹痛，卻又不產，此是胎轉，名曰試胎。胎水有無，俱不妨事，但要直身坐、卧、行、立，不可驚憂逼迫。二者俱非正產，必因曲身觸犯而然。

《堅瓠秘集・護胎》 《菽園雜記》載婦人覺有娠，男即不宜與接。若不忌，主半產。蓋女與男接，欲動情勝，亦必有所輸泄，而子宮又開，故多致半產。獨牝馬受胎後，牡者近身，則以蹄觸之，謂之護胎。《易》稱牝馬之貞，以此，所以無半產者。人惟多欲而不知忌，故往往有之。《產寶論》及婦人科書，俱無此論，可擴前人所未發矣。愚謂不特半產，兒多痘毒夭殤，皆由於此，不可不慎。

《女科精要・產後門・產後當知》 凡產畢，飲熱童便一盞，不得便卧，宜閉目而坐，須臾上床。宜仰坐，不宜側坐；宜豎膝，不宜伸足高倚。床頭厚鋪裀褥，遮圍四壁，使無孔隙，免致賊風。以醋塗鼻，或用醋炭，更燒漆器，輕輕以手從心按摩至臍，則惡露盡下，以杜血暈血逆，如此三日。不問腹痛不痛，以童便和酒，溫服五七次。酒雖行血，能下惡露，行乳汁，然臟氣方虛，不可多飲，并不可產畢即飲，恐引血入四肢，能令血暈。如胃氣弱者，裏無火者，童便亦宜禁之，恐傷胃氣，惟頻食白米薄粥，漸進羊肉、豬蹄少許。慎言語，戒七情，勿勤梳頭洗足，以百日爲度。若氣血弱者，不計月日，否則患手足腰腿痠痛等症，名曰蓐勞，最難治療。產後不必問是男是女，恐因言語而泄氣，或以愛憎而勞神。最忌大喜、大怒。喜則氣散，或生紅汙；怒則氣逆，或生癥瘕。不可獨宿，恐致虛驚；不可刮舌，恐傷心氣；不可刷齒，恐致血逆。須氣血平復，方可治事。犯時微若秋毫，成病重如山嶽，可不慎歟？

乳乃血氣所成，產後不可食鹽，鹽止血，令無乳汁，且發嗽難治。夏忌貪凉用扇，及食冷物，切不可當風睡卧。兒生三日，相傳洗三，謂不洗則長大皮粗起粃，但夏月天熱洗可，不洗可，至冬後切不可洗，恐風入臍中，臍風由此而起。屢見有不洗三者，至老不聞皮粗起粃，有識者不洗三可也。且兒在胎，從母腹中溫煖長養，一出胎來，陽和之氣全失，雖當暑月，必須衣服同密，勿見外風，故俗云啞無六月。兒生下，欲斷臍帶，必以蘄艾爲撚，香油浸濕，熏燒臍帶，令焦方斷；其束臍，須用軟帛，厚綿裹束理勿令受風，及兒尿濕臍，此預防臍風第一要緊也。兒初生，皮膚嬌嫩，腠理不密，衣服須用大人故綿，則勿耗損脈絡精華，兼用布衣粗服，令其皮膚堅厚，一生受益無窮。兒生次日，即看口中上腭，如有白泡子，即以銀挖宜輕輕刮破其泡子，須刮出，勿令落入喉中，仍以京墨搽之。此泡一老，非惟難刮，且兒不乳，變生撮口諸症。又看牙齦之上，如有馬牙，亦須挑破取出，血出不妨，以墨搽之。其藏胎衣，忌太歲方、三殺方。宜用稍大平穩磁瓶，器小令兒吐乳，安穩令兒不驚。母血衣不可日晒，兒濕衣不可夜露。遇鳥以糞水染衣，能生毒瘡，變成疳症。古以一月爲小滿月，兩月爲大滿月，此兩月內，不暴怒，少勞祿，禁淫慾，終身無病，而且多子。凡人累刧重修，方得人身。一出胞胎，性命托於父母之保養。有因兒女之多，衣食之缺，投溺水中者，大損天和，最宜禁戒。

產後諸證，不可概服補藥，恐有於血凝滯也，非行血則邪不去。即諸虛症，亦須血行，其氣乃復，但行之有方，不可過峻。凡產後危證莫如三衝、三急。三衝者，敗血衝肺、衝心、衝胃也；三急者，新產之嘔吐、泄瀉、多汗也。其用藥則有三禁：禁佛手散，以川芎辛散能發汗走泄也；禁小柴胡湯，以黄芩性涼能地寒冷能作瀉而凝血也，白芍酸寒伐生氣也；禁四物湯，以生阻惡露也。更有三禁：不可汗，不可下，不可利小便。并勿犯胃及上下焦。雖有雜症，以末治之，大補氣血爲主。

產後滿百日方可會合，不爾至死，大概虛羸百疾多從此而得。凡婦人患風氣臍下虛冷，莫不由於早行房也。

產後諸疾，古方多用四物湯加減，而丹溪獨謂芍藥酸寒，伐生發之氣，禁而不用，何歟？蓋新產之婦，血氣俱虛，但存秋冬肅殺之氣，而無春夏生發之機，故最忌寒涼，大宜溫熱之藥，以助資始資生之源也。先哲製四物湯，以芎、歸之辛溫，佐以地、芍之寒，溫寒適中，爲女科諸疾妙劑。若用於產後，必取白芍，以酒重復製妙，去其酸寒之性，但存生血活血之能，或再加黑薑，則何不可用？且芍藥性清，微酸而收，最宜於陰氣散失之證，豈不爲產後要藥！先賢尙諄諄告誡，況寒涼酸削者乎！但知芍藥酸寒而不究生地更涼，且直走血分爲害尤甚，必不得已，當以熟地代之，若概以四物治產後者，誤人多矣。

產後以去敗血爲先，血滯不快，乃成諸病。夫產後元氣既虧，運行失度，不免瘀血停留。治者必先逐瘀，瘀消方可行補，此第一義也。但虛極不能姑待者，則以峻補之中，加入溫行之藥，峻補則力大而可宣通，溫行則流暢而不凝滯，即實證逐瘀，亦不可用峻厲之藥。產後元氣大虛，恐血無主宰，一任藥力，便爲崩行不止，虛則易脫，猶覆水難收矣。故莫若生化湯行中有補，補中有行，溫則不滯，無傷胃氣，爲至當也。

產後元氣大脫，新血未生，凡有頭疼發熱，惡心飽悶諸症，皆是虛中變現之假象，概以大補氣血爲主。如惡露未盡，補藥中入行血藥。如感冒風寒停滯，亦須補中兼以發散消導。勿得泛用峻厲，有傷氣血，因疑似之外邪，傷眞切之元氣，豈不誤甚！

新產之後，雖無疾病，宜將息勞動，調理脾胃，進以美味飲食，則臟腑易於平復，氣血自然和調，百疾不生，但中氣方虛，難於運化，勿得過多，反傷脾胃。

四物生地性涼而滯，大傷脾胃，芍藥味酸而寒，易伐生氣，產後常多誤人。生化湯除此二味，加以溫中行血之劑。如產後兒枕作痛，世多用消塊散血之劑，然後議補。又有消與補混施，不知舊血雖當消化，新血亦當生養，若專攻舊，則新血轉傷。世以回生丹，攻血塊，下胞衣，其元氣甚多傷損。生化湯因藥性、功用而立名也，產後血塊當消，而新血亦當生也。專消則新血不生，專生則瘀血反滯，芎、歸、桃仁三味，善去瘀血，驟生新血，佐以黑薑、炙草，引三味入於肺肝，生血利氣，行中有補，且得暖則血自流通，惡露自盡，故無後患，實產後之聖藥。張因其方，加人參、桂、牛膝、紅花，更爲產前催生之神效。

胞衣不下有二：有因惡露入衣，脹而不能出；有因元氣虧損，虛而不能出。惡露流入衣中者，腹必脹痛，用奪命丹，或失笑散，以消瘀血，緩則不救。元氣虛弱不能送下者，腹中不脹痛，用保生無憂散，以固元氣。然不若總以萬全湯去人參，並可取效爲至當也。

婦人百病，莫重於生產。產科之難，臨產，莫重於催生；既產，莫甚於胞衣不下。古方用花蕊石散最爲緊要，但恐石藥非腸胃大虛者所宜，莫若生化、萬全二方，送而用之。亦有用佛手散加紅花、益母草、香附、山楂、陳皮、牛膝梢煎成，衝童便服。更有一法，產訖胞衣不下，停久非特產母疲倦，又恐血流胞中，必致危篤，宜急斷臍帶，以物繫墜，使血不潮入胞中，則胞衣自萎縮而下。只要產母發心，以物繫墜之時，尤宜用心，先繫然後截斷，不爾，胞上掩心而死，愼之。

《女科精要・產後門・產後脉論》 叔和曰：產後寸口洪疾不調者死，沉微附骨不絕者生。又曰：沉小滑者生，實大堅弦急者死。丹溪曰：胎前脈當洪數，既產而脈仍洪數者死。又曰：胎前脈細小，產後脈洪大者多死。《產經》曰：胎前之病，其脈貴實；產後之病，其脈貴虛。胎前則順氣安胎，產後則補虛消瘀。此其要也。

臨產氣血動盪，胞胎迸裂，與常經離異，必有水先下，俗謂之胞漿，即養胎之液也。水下則胞裂而產，既產則氣血兩虛，脈宜緩滑，緩則舒徐，不因氣奪而急促；滑則流利，不因血去而枯澀，均吉兆也。若實大弦牢，非產後氣血兩虛所宜，實爲邪實，大爲邪進，弦爲陰斂，宣布不能，牢爲堅着，近乎無胃，皆相逆之脈也。

《女科精要・胎産門・難産七因》 一因安逸。蓋婦人懷胎，血以養之，氣以護之，宜常時行動，令氣血周流，胞胎活動。如久坐久卧，以致氣不運行，血不流順，胎亦沉滯不活動，故令產難。常見田野勞苦之婦，忽然途中腹痛，立便生產可知。

一因奉養。蓋胎之肥瘦，氣通於母。母之所嗜，胎之所養。如恣食厚味，不知減知，故致胎肥而難產。常見糟糠之婦容易生產可知。

一因淫慾。蓋古者婦人懷孕，即居側室，不共夫寢，以淫得最所當禁。蓋胎繫胞中，全賴氣血育養，靜則神藏。若情慾一動，氣血隨耗，火擾於中，血氣沸騰。三月已前犯之，則易動胎小產；三月以後犯之，一則胞衣太厚而難產，一則胎元漏洩，子多肥白而不壽，瘡毒痘毒，疾厄難醫。且人與物均稟氣以生，然人之生子，不能胎胎順，個個存，而馬牛犬豕，胎胎俱易，個個無損，何也？馬牛犬豕一受胎後，則牝牡絶不與交，而人受妊，不能禁絶，矧有從而無度者乎。

四因憂疑。今人求子之心雖切，保胎之計甚疏，或問卜禱神，或聞適有產變者，常懷憂懼，心懸氣怯，產亦艱難。

五因軟怯。如少婦初產者，神氣怯弱，子戶未舒，更腰曲不伸，展轉傾側，兒不得出。又中年婦人，生育既多，氣虛血少，生亦艱難。

六因倉皇。有等愚蠢穩婆，不審正產弄產，但見腹痛，遽令努力，產婦無主，只得聽從，以致橫生倒生，子母有傷，皆因倉皇之失。

七因虛乏。娠婦當產時，兒未欲出，用力太早，及兒欲出，母力已乏，令兒停住，因而產戶乾澀，產亦艱難，此可以補血催生湯用之，如保產萬全湯最妙。

《女科精要・胎産門・預免難産》 婦人孕子，如雞覆卵相似，雛在卵殼中，臨出，雛乃自(豕)〔啄〕破卵殼而出。兒在胞胎中，臨生乃兒自吮開胞衣而生。其有艱難延久者，多爲胞衣太厚，胎氣肥大故也。如孕子者，勿過安逸，勿厚奉養，勿多淫慾，自然胞衣不厚，胎氣不肥，產自不難，且於子嗣有益。

婦人以血爲主，性氣順則血和，胎安則產順。今富貴之家過於安逸，以致氣滯而胎不轉；過多交合，使精血聚於胞中，皆致難產也，生化湯主之。

有產累日不下，服催生藥不驗，此必坐草太早，心懼而氣結不行也。《經》云：恐則氣下，恐則精怯。怯則上焦閉，閉則氣還，還則下焦脹，氣乃不行，宜溫補氣血，壯而行之。

胞漿先破，惡水來多，胎乾不得下，先與四物，佐以四君，補養氣血，次煎濃葱湯，令穩婆洗產戶，使氣上下通暢，更用酥油、滑石塗產門，次服催生保產萬全湯。難產，有因母氣血盛，胎肥而難產者；有因母氣弱，血枯而難產者，悉是平時不善調攝，或七八月而犯房室，致污濁凝滯，不得順生。大法以順氣和血爲主；如漿乾不下者，滋潤爲主；污血阻滯者，逐瘀爲主。如坐草用力太早，胞水乾者，滑胎散、神應散、連進大劑，如魚得水，自順矣。

難產治法，或開滑子宮，或通調上下之氣，或滋養氣血，當隨機應變。若胎死腹中，惟有下法，平胃散加朴硝以下穢水。如肢體倦怠，急以四君四物加薑桂調補之，更宜去川芎加牛膝、紅花、益母尤妙。

立齋曰：交骨不開，產門不閉，子宮不收三證，皆由元氣素弱，胎前失於調理，致氣血不能動用而然。交骨不開者，陰血虛也，佛手散加髮灰、龜板。產門不閉者，氣血虛也，十全大補湯加五味子收之。子宮不閉者，補中益氣，加醋炒白芍、五味。如初產腫脹痛而不閉者，加味逍遙散。若腫既消而不閉者，補中湯加半夏、茯苓以健脾，使元氣復而諸疾自愈，切忌寒涼之劑。又曰：交骨不開者，陰氣虛也，龜爲至陰，板則交錯相解，故用之。又有開骨膏，明乳香一兩，五月五日研細，豬血爲丸，如雞豆大，朱砂爲衣，加味佛手散送下。畢養賢曰：產後見此三證，總服生化湯。如交骨不開，加龜板一枚。生化湯者，芎、歸、桃仁、黑薑、炙草，善化惡血，驟生新血而得名，爲產後聖藥。《經疏》云：臨產交骨不開，惟濃煮柞木枝湯，飲之自開。柞木俗名一葉一刺，其木枝幹直上，每一葉下必發一刺者是也。

盤腸生是母氣血虛弱，因而下脫，當用補氣血之藥，兼以升提，則腸自收，大劑參、芪、歸、芎加昇麻主之。有以醋水噴面，使婦人驚寒，則氣提而腸縮，恐驚則氣散，寒則血凝，愈難收而致病矣。不若皂角末吹鼻，嚏作自上也。

催生者，言欲產時，兒頭至產門，方服藥催之。或經日久，產母困倦難生，宜服藥以助血氣，令兒速生也。大法，滑以流通滯澀，苦以驅逐閉塞，溫以調暢諸經，香以開竅逐血，胞漿先破，氣滯血乾者，滋補精血以行之。然婦人氣弱無力，或日久困倦，而不能送子出產門者，須倍服人參，此藥能兼治橫生、倒產，催生保生之第一藥也。

《胎產心法・逐月養胎辨並慎擇醫藥論》 凡婦人有孕，則手足十二經脈氣血周流，俱拱養胎元，豈有逐月某經養某胎之理，故不具載。如孕婦有疾，必擇專門明醫，平日相信而無錯誤者，方可用之。若未試之醫，有毒之藥，切勿輕用，以貽後悔。更不可輕用針灸，以致墮胎。

《胎產心法・教養宜忌論》 教養宜忌之道，世人不特未諳，即有知者，亦鮮能遵而行之，難免半產、產難之虞，胎毒夭殤之患，良可慨矣。今擇其緊要者言之，婦人妊娠三月而形像始化，未有定儀，因感而變；口談正言，身行正事，生子端正莊嚴；欲生男者，聽古文史鑑，執弓矢；欲生女者，觀鸞鳳牡丹，施環珮；欲子美好，佩白玉；欲子賢能，看詩書；欲轉女爲男之法，有以絳紗囊佩雄黃於左者，或潛以夫髮及手足甲置席下者，或潛以雄雞尾尖長毛三莖置席下者，無令本婦知。皆外象內感，屢試屢驗者也。古者婦人有孕，即居側室，令老嫗伴宿，不與夫接，勿亂服藥，勿過飲酒，勿信師巫，勿食邪味，勿聽淫詞野傳，勿去登高涉險，勿妄針灸，勿舉重物，立不蹕，坐不邊，口不可出惡言，手不可行鞭朴，勿看日月薄蝕，勿見鬼神怪戲，毋哭泣，毋嗔怒，毋驚恐，毋沐浴。時當炎夏，雖難免於澡洗，然須避其熱湯。若遇嚴冬，縱然寢被清寒，切勿迫以爐炭。若心有大驚，犯之難產，子必癲癇。如或勞力過傷，腎氣不足，生子解顱。自家及鄰家修造動土，須宜遠避；若有衝犯，令子破形殞命。刀犯者，形必傷；泥犯者，竅必塞；打擊者，色青黯；繫縛者，相拘攣。坐不實其前陰，臥不久偏一側。若耽坐嗜臥，氣血則爲凝滯。常見富貴之家，厚養安逸，血滯氣凝，交骨堅閉，必難生育。雖曰無勞，時須小役，四體氣血流行，胎息易於運動，即如貧賤之婦，因時常行走動作，

疏通筋骨，開豁骨眼，所以易產。其最甚者，不遵禁忌，縱情交接，以擾子宮，有觸動胎元，一月而墮者，有三五月而小產、半產者，有胎肥碩而難產者，有敗精凝裹而礙產者，有生子多疾、痘瘡稠密者，皆由縱慾之故。夫三五月之胎墮，人所共知，而一月之小產，人所不覺，可不慎歟？至孕婦腰腹漸粗，飲食不宜過飽，茶湯更須節省。大熱大涼，總非所宜。有毒之物，切宜禁食。即椒、薑常用之品，亦須少嘗。其豕肉醇酒濕麵之類，縱不能屏絕不食，亦不可恣啖，歸精於胎，過於蕃長，致母臨蓐難產，而子在胞中，稟質肥脆，襁褓必多羸困。婦人孕懷甫交三月，即當滿裹其腹，胎氣漸長，僅可微鬆其束，切勿因其氣急滿悶而頓放之，致胎肥難產。俱當謹遵禁戒，隨時調護，可免諸患。此乃宗祧所重，人命所關，安可視爲兒戲耶。

《醫宗金鑒・內科・主運歌》 五運五行御五位，五氣相生順令行；此是常令年不易，然有相得或逆從。運有太過不及理，人有虛實寒熱情；天時不和萬物病，民病合人臟腑生。

《醫宗金鑒・婦科心法要訣・嗣育门》 分經養胎

分經養胎不足憑，無所專養論不經。形始未分無不具，陰陽之道漸分形。註：巢元方曰：妊娠一月名胚胎，足厥陰脈養之。二月名始膏，足少陽脈養之。三月名始胎，手心主脈養之，當此時血不流行，形象始化。四月始受水精以成血脈，手少陽脈養之。五月始受火精以成氣，足太陰脈養之。六月始受金精以成筋，足陽明脈養之。七月始受木精以成骨，手太陰脈養之。八月始受土精以成膚革，手陽明脈養之。九月始受石精以成毛髮，足少陰脈養之。十月五藏六府、關節、人神皆備。又有推巢元方養胎之說，謂四時之令必始於春，所以一月二月間是足厥少陽木也，三月四月間手厥陰少陽火也，五月六月間足太陰陽明土也，七月八月間手太陰陽明金也，九月十月間足少陰太陽水也。惟手少陰、太陽二經無所專養者，以君主之官無爲而已。此說更爲不經。夫男女交接，精血聚而成胚，此孕形之始也。雖未分身軀藏府，而其理無不具也。猶太極渾然，包羅萬象，而陰陽之一氣氤氳，浸漸化生而成子母分形，自然而然，如草木成熟，殼脫蒂落也。

受孕分房靜養

受孕分房宜靜養，謹戒食味使脾安。調其喜怒防驚恐，慎厥起居避風寒。註：受孕之後，分房靜養，恐動相火，致生胎毒。謹戒飲食五味，使其

脾胃調和。母之氣血易生，子之形成必育。內調七情，外避風寒，起居安順，不持重用力，不安逸多睡，不登高涉險，則母無病子亦安矣。

安胎母子二法

安胎之道有二法，母病胎病要詳分。母病動胎但治母，子病致母審胎因。註：安胎之道有二法，母病胎病當詳分而施治也。凡因母病以致胎動者，但療其母，母安則胎自安。或胎病有所觸動以致母病者，但宜安胎，胎安則母自愈矣。

胎前用藥三禁

胎前清熱養血主，理脾疏氣是爲兼。三禁汗下利小便，隨證虛實寒熱看。註：丹溪曰：胎前當清熱養血爲主，恐傷陰血也。理脾脾健，則氣血易生；疏氣氣順，則氣血調和。理脾疏氣兼以清熱養血，則胎自安矣。三禁者，汗、下、利小便也。蓋恐過汗亡陽傷氣，過下亡陰傷血，利小便傷津液也。然又當隨證詳審表裏、虛實、寒熱，以施其治，不可過峻也。

《醫宗金鑑・婦科心法要訣・生育門》　臨産

妊娠臨産要安詳，腹內雖疼切莫慌。舒身仰卧容胎轉，靜待生時不用忙。註：妊娠月足臨産，腹內如覺動轉疼痛，須要安詳，莫自慌亂，舒體仰卧，時時緩步，使兒身轉正，靜以待之，至其生育之時，自然順生，不用忙也。

産室

産室寒溫要適時，嚴寒酷熱總非宜。夏要清涼冬要煖，病者醫人俱要知。註：産室之內，四時俱要寒溫適中。若大熱大寒，均不相宜。夏月必須清涼，勿令炎熱，致産母中暑暈迷。倘有其事，不妨少與涼水以解之，冬月必須溫煖，勿令寒冷，以致血凝難産，當多備火爐，使産母腰背下身就火烘之，此臨産之家及醫人皆當知之者也。

擇收生婆

臨産穩婆須預擇，老成歷練又精明；無故莫教使手法，寬心寧耐待時生。註：臨産之家，必用收生婆，須預先擇老成歷練明白經事之人，無故切勿令其先使手法，如試水探漿等事。但囑令寬心寧耐以待生時可也。

驚生

人語喧嘩産母驚，心虛氣怯號驚生。急須止靜休嘈雜，産母心安胎自寧。註：産房之內不可多人，人多則語聲喧嘩，産母之心必驚；驚則心氣虛怯，至産時多致困乏，號曰驚生。有如此者，須急急摒出，只留服役一二人，使寂靜而無嘈雜之聲，則母心始安，安則其胎亦寧靜矣。

《羅氏會約醫鏡・婦科上・胎前調養免至墮胎》　婦人受胎之後，最宜調飲食，淡滋味，避寒暑，則胎元完固，生子無疾。若喜啖酸辛煎炒、肥甘生冷之物，脾胃受傷，胎則易墮；寒熱交雜，子亦多疾。【略】皆有明驗，所宜禁者，不可忽也。

古者婦人有孕，即居側室，不與夫接。若不知禁忌，縱情恣慾，有觸動胎氣而墮者，有敗精凝滯而礙産者，有生子多疾，痘瘡稠密者，種種有害，所宜深戒。試觀百物，有胎之後，並不交合，幾有墮胎者，何人之不如物也！

孕婦七情，宜知自慎。喜怒憂思悲恐懼，一有所過，母氣必傷，子氣應之。母傷，則胎易墮；子傷，則臟氣不完，病斯多矣。盲聾暗啞之類，皆胎養之故也。明哲之婦，庶能慎焉。

古有胎教，言動必端，心思必慎。凡淫聲豔色，不留耳目；異端邪教，勿入庭室。并不使之好逸惡勞，貪眠養驕，庶得清純中正，和平長厚之道，以養胎孕。血氣流通，百脈暢活，以便産育。【略】臨盆亦易，其有賴於胎教也大矣。

凡婦人受種之後，不惟勿復交接，以擾子宮，而且勿勞苦，勿食冷，勿疾行，勿數浴，勿飲酒，勿令之怒，勿令之驚，勿登高臨深，勿伸身舉重。少有觸犯，其胎必墮。

《醫學真傳・胎産》　胎産，乃婦人生育之常，非病也。其半産漏下，則爲病矣。半産者，未滿十月而産，俗云小産是也；漏下者，血不養胎，離經下漏也。未滿三月而漏者，胎必不保，以胎未成形，其凝結之血，即胎也；血行，恐胎亦不成矣。至四五月而漏者，其胎已成，大補氣血，不漏則安。至於生産之後，不過氣血兩虛，謹慎調養，必無他患。或三四日之間，其身發熱，稍有微寒，總因氣血暴虛，陰陽不和之故。服藥祗宜補氣調血，陰陽和而寒熱可愈。丹溪云：産後須大補氣血，雖有雜證，以末治之。誠哉斯言！若延醫診治，見其身熱，復有微寒，必曰：此外感也。投以散寒清熱之藥，不惟不愈，變證日加。

《醫學真傳・七情內傷》　喜、怒、憂、悲、思、恐、驚謂之七情。七情通於五藏，喜通心，怒通肝，憂通肺，悲思通脾，恐通腎，驚通心與肝，故七情太過則傷五藏。七情内傷則有所虧損，療之不易也。須識其何藏獨傷，觀其色，察其脈，驗其形神，詳其太過與不及，而後調濟之。

《胎産指南·産婦禁用諸藥》 一、産婦氣不順，禁用枳殼、厚朴等耗藥。

二、産後傷飲食，禁用枳實、大黄、蓬、棱。

三、産後身熱，禁用芩、連、梔、柏。

四、産後七日内，禁用地黄、芍藥。

五、産後血塊痛，禁用牛膝、蓬、棱、蘇木。

六、産後大便不通，禁用大黄、芒硝。

七、不可服濟坤丹，要損血氣。

八、不可服瘦胎丸，要傷胎。

九、不可用《産寶》峻藥方。

《胎産指南·産後忌食諸物》 一、果忌梨、藕、橘、柑、柿、西瓜，要停血作痛。

二、食忌冷粉、緑荳、冷飯、蕎麥，要停血作痛。

三、忌鵝、犬、豬、牛首肉，恐犯諸藥，又恐停血塊作痛。

四、忌莧菜、生菜、苔菜，停血痛。

五、忌沙糖酒，要損新血。

六、忌獨煎山楂湯，損新血。

七、忌多食胡椒、艾、酒，行血致崩。

八、忌生薑酒，寧波俗弊，發汗行血。

九、忌濃茶汁，寒停血塊痛。

《胎産指南·鄉俗産後十弊》 一、産畢毋令食牛、羊、豬、鵝肉、雞子、麵物，虛人難消化。

二、毋食凉粉、緑豆、粥漖汁、蕎麥麵。

三、毋多食胡椒、艾、酒，血塊雖得熱流通，新血亦不寧，防崩漏。

四、産後寧波俗弊，多用薑數斤以消血塊，發熱亡血致危。

五、産後毋食梨、橘、柑、藕、冷菜，及冷藥、冷水，致血塊凝結。

六、毋食橙、丁、橘、幹、枳朮、香砂等丸，重損新血。

七、七日内，毋勞洗以勞神，毋勉強早起，以冒風寒。

八、産後月之内，毋多言、勞女工。

九、産後暑月，毋用冷水洗手足。

十、産後遇大寒月，用小衣烘熱，常溫腹内，冷則塊痛久，雖藥不行。

《胎産指南·産後用藥十誤》 一、産後誤用耗氣順氣等藥。胸膈飽悶，雖陳皮不可用至五分。

二、誤用消食藥，多損胃減飯，甚至不進食，且凝血塊。

三、身熱，誤用芩、連、梔、柏，損胃增熱，甚至不進食，且凝血塊。

四、三日内未服生化湯以消血塊，毋輕用人參、芪、朮、熟地，致塊不消，至危亡。

五、毋用地黄，以滯惡露。毋獨用枳實、枳殼、牛膝以消塊。

六、毋用大黄、芒硝以通大便，致泄瀉成臌脹。

七、毋用蘇木、三棱、蓬朮、牛膝以行血塊，致損新血。

八、俗多用山楂一味煎汁，以攻血塊，成危疾而死人，不可不知也。

九、毋服濟地丹兩三丸，下胞下胎。

十、毋信《産寶百問》及《婦人良方》。

《志異續編·産難》 産難催生方甚多，然或驗或不驗，朱文貴妻，每難産，患之，會友招仙，朱叩催生方。仙書曰：不作意，任自然。即此語，是靈丹。有頃，復書曰：人物一理，靜觀自知。當即仙語推之，若馬若牛，若羊犬豕，無不易生。或驅策失宜，或傾跌致損，則坼副菑害者有之，否則無是也。禽鳥雖屬卵生，其理則一。問有禽生卵不下者乎？且山林之鳥，卵無不成，家禽則往往多卵，豈盡雌之不才與。余嘗於松月山房，畜鷄數對，内有鷄常作哺聲。忽一日，引雛十三而至。跡之，始知哺於叢竹内，數殼，適符十三之數。此即不作意任自然之明徵也。竊謂生産，乃自然之理，斷無有難易之分。或平日嗜慾不節，致胎氣不固，臨産又復大驚小怪，産婦心慌氣亂，於是或横生，或逆産，甚或欲生不生。接生者，從而迎之送之，復令産婦，用力以生之，勢必至於力竭氣耗。氣耗則血不行，血不行則胎滯，僉以爲難産。不知非産之難，乃人自難也。昔人著《達生篇》，有六字訣云：睡忍痛，慢臨盆。誠爲臨産秘訣。今仙語不作意，任自然，亦可謂之六字訣云。

人體衛生總部

養顏美容部

綜　述

《**雲仙雜記・化玉膏**》　衛玠盥面，用化玉膏及芹泥，故色愈明潤，終不枯槁。

《**養生類纂・養生部**》引《**褚氏遺書**》　養耳力者常飽，養目力者常瞑，養臂指者常屈伸，養股趾者常步履。

《**養生類纂・天文部・露**》引《**本草**》　栢葉上露，主明目。

百花上露，令人好顏色。

百草頭秋露水，愈百疾，令人身輕不飢，肌肉悦澤。上同

《**三元延壽參贊書・地元之壽起居有常者得之・櫛髮**》　眞人曰：　髮多櫛，去風明目，不死之道。日頭髮梳百度。

陶隱居云：　飽則入浴飢則梳，梳多浴少益心目。

故道家晨梳常以百二十爲數。

眞人曰：　髮宜多櫛，手宜在面，齒宜數叩，精宜常嗽，氣宜精鍊。

此五者，所謂子欲不終修崑崙耳。

安樂詩云：　髮是血之餘，一日一次梳，通血脈，散風濕。

《**三元延壽參贊書・地元之壽起居有常者得之・視聽**》　老子曰：　五色令人目盲，五音令人耳聾。

彭祖曰：　淫聲哀音，怡心悦耳，以致荒耽之惑，知此可以長生。

孔子曰：　非禮勿視，非禮勿聽。

孟子曰：　伯夷目不視惡色，耳不聽惡聲。

孫眞人曰：　生食五辛接熱食飲，極目遠視，夜讀註疏，久居煙火，博弈不休，飲酒不已，熱飡麵食，抄寫多年，雕鏤細巧，房室不節，泣淚過多，月下觀書，夜視星斗，刺頭出血，多日沒後，讀書數卷，日月輪看，極目瞻視，山川草木，馳騁田獵，冒涉風霜，迎風追獸，日夜不息，皆喪明之由。愼之！《書》云：　心之神發乎目，久視則傷心。腎之精發乎耳，久聽則傷腎。

《書》云：　耳耽淫聲，目好美色，口嗜滋味，則五臟搖動而不定，血氣流蕩而不安，精神飛馳而不守，正氣既散，邪淫之氣乘此生疾。

《敘書》云：　久視日月星辰，損目。路井莫顧，損壽。故井及水瀆勿塞，令人目盲耳聾。瓿殺看鬭則氣結。

《書》云：　五色皆損目，惟皂糊屏風可養目力。

《淮南子》曰：　五色亂目，使目不明；　五聲譁耳，使耳不聰。又曰：　耳目曷能久熏勞而不息乎？

《**壽親養老新書・集方・牢牙烏髭方**》　紹定壬辰，江淮趙大使剋復盱眙時，納合行省相公，名買住，來金陵，予在趙鹽軍廳同會納合。年逾七十，鬢髮髭鬚皆不白。質其所由，謂吾國有行臺出典藩鎮，髭鬚皓然，數載歸朝而鬚髮皆黑。人怪其異，自序遇一方，牢牙烏髭，歲久得效。因傳其方郤不言分兩，續乙巳年，會張經歷朝請，始得分兩云。紫壺溫尉序。

旱蓮草二兩半。此草有二種，一種是紫菊花，爐火客用之。此一種再就北人始識之，本草中名鯉腸草，孫眞人《千金方》名金陵草，浙人謂之蓮子草，其子若小蓮蓬故也　芝蔴莘三兩。此是壓油了，麻枯餅是也　訶子二十箇，並核剉　不蛀皂角三鋌　月蠶沙二兩　青鹽三兩半。蓋青鹽吾鄉少且貴價，只以食鹽代之，但藥力減少　川升麻三兩半，最治牙疼

右爲末，醋打薄糊爲丸，如彈子大，捻作餅子，或焙或曬。以乾爲度。先用小口甆瓶罐子，將紙筋泥固濟，曝乾，入藥餅在瓶內，塘灰火中燒令煙出。若煙淡時，藥尚存性，急取退火，以黃泥塞瓶口，候冷，次日出藥。旋即數丸，旋研爲末。早晚用，如指牙藥，以溫湯灌漱，使牙藥時，須少候一時，方吏薻𠬝。久用力莫大焉。

烏髭方甚多，此方頗爲奇異，故抄之。

吾祖知縣承議公，家傳常用牢牙方。

荊芥不見火　土芎　細辛　當歸

右爲末，使時末可便用水漱，須令藥氣入牙內良久方漱，爲佳。常用，至老，牙不動搖。

《瑞竹堂經驗方・面・洗面藥》 零陵香　檀香鎊。丁香　茅香　藿香　白朮　白及　白斂　川芎　沙參　防風　藁本　三柰子　天花粉　木賊　甘松　桃仁兒　黑牽牛　白僵蠶炒去絲。香白芷各一兩　綠豆五升，沸湯泡一宿，曬乾。　肥皁角五十莢，去皮弦

右爲細末，每日洗而用之，治面上遊風，諸般熱毒，風刺等證，即令光澤精神。

《瑞竹堂經驗方・髭髮・五神還童丹》 堪嗟髭髮白如霜，要黑原來有異方。不用擦牙並染髮，卻來五味配陰陽。赤石脂與川椒炒，辰砂一味最爲良。茯神能養心中血，乳香分兩要相當。棗肉爲丸梧子大，空心溫酒十五雙。十服之後君休摘，管教華髮黑加光。兼能明目并延壽，老翁變作少年郎。

赤石脂　川椒　辰砂　茯神　乳香各一兩

此方乃仙家傳授，無問老少，皆可服。

《瑞竹堂經驗方・髭髮・丁砂散》 掠髭髮

大訶子一箇　母丁香一十五箇　百藥煎一錢　針砂少許，醋炙七次　高茶末

右爲極細末，用水一大碗熬數沸，不去滓，收於淨甆器內。每夜臨卧，溫漿洗淨髭髮，用藥水掠之，次早用溫漿水洗淨。百日，其髭髮自黑。用藥更浸一新釘尤妙，婦人亦可用。

《瑞竹堂經驗方・髭髮・妙應散》 牢牙，疎風，理氣，黑髭髮。

白茯苓　遼參　細辛去叶　香附子炒去毛　白蒺藜炒去角　川芎　縮砂各五錢　龍骨研　石膏煅　百藥煎　白芷各七錢　麝香少許研

右爲細末，臨卧，早晨溫水刷之。

《瑞竹堂經驗方・髭髮・訶子散》 烏髭髮。

訶子兩个，去核　沒食子　百藥煎三兩。金絲礬一兩半，研。針砂三兩，用好醋一碗，甆器浸三日，炒七次

右將喬麥麵入針砂打糊，先夜將針砂糊抹在頭上，用荷葉包，到天明溫漿水洗淨。次夜卻將前四味藥末調入針砂，用生薑一塊槌碎，再加些少輕粉一處調勻，抹在頭上，用荷葉包，到天明，溫漿水加數點清油在內洗淨，其髮黑且光。

《瑞竹堂經驗方・髭髮・掠髭鬢方》

白檀末一錢　香白芷一錢　白及一錢　滑石研　零陵香二錢　三柰子三錢，麵包，燒熟爲度　青黛一錢，研　百藥煎一錢，另研　甘松一錢，去土

右爲細末，用漿水一大盞，藥末一錢，甆器收盛，蓋覆勿令灰塵坐落。早晨梳洗畢掠之，不過十數日有驗。用盡，再添漿水藥末。

《瑞竹堂經驗方・調補・草還丹》 夫草還丹者，不用金石，不加燥熱，不傷五臟，只以草藥爲用，全在製度之妙，得水火既濟之術，奪丹砂燒煉之功，大壯脾胃，能進飲食。且脾屬中央之土，乃五臟之主，一失調養，則五臟俱虛，百病由此而生。此藥益精髓，補腎經，固元陽，輕腰腳，安五臟，通九竅，令人耳目聰明。有一老人，年七十以上，常服此藥，悅顏容，烏髭髮，固牙齒，能夜書細字，延年益壽，乃仙家之良劑，平補大有效驗。

蒼朮四兩，一兩酒浸，一兩醋浸，一兩泔浸，一兩鹽水浸，各一宿　胡蘆芭一兩，酒浸一宿　破故紙一兩，酒浸一宿　覆盆子二錢，揀淨　茴香一錢，新肥者　川楝子一兩　木香半兩，堅實者　山藥堅白者　穿山甲酥炙黃　地龍去土淨　茯苓堅圓者　枸杞子　牛膝各三錢。酒浸一宿

右曬乾爲細末，無灰酒糊爲丸如梧桐子大，每服三五十丸，溫酒送下，鹽湯亦可。乾物壓之，空心服畢，須行百步，使藥力行，日進二服。此方得之刑部令史王國寶，渠隸事時有一僧子窩藏強盜，部擬死，渠入出之，後僧子以此方謝。囑云：惟西平章有此方，不可亂傳，當珍藏之。後渠入佐西平章，於方冊內得此方，藥味分兩製度相同，乃平章常服藥。

《瑞竹堂經驗方・調補・金鎖丹》 此藥延年益壽，添精和血，注顏壯骨，養神調氣，不可盡述。

遠志去心，炒　蛇床子酒浸，微炒　紫梢花　鹿茸炒黃，各一錢半　海馬二對，炒黃色　黑牽牛取頭末，三錢　穿山甲五片，炙黃　木香　乳香　麝香各二錢半　川茴香　晚蠶蛾二錢　續斷一錢半

右爲細末，酒糊爲丸，如梧桐子大。每服五十丸，空心溫酒送下，七日可便見效。

《瑞竹堂經驗方・調補・金鎖正元丹》 治男子五勞七傷，沉寒痼冷，四

肢厥逆，陰盛身寒，臍腹久痛，臟腑軟弱，困倦少力，飲食遲化。澀精補氣，久服強健駐顔。

白僵蠶炒　破故紙炒　白龍骨　山茱萸湯浸去核　桑螵蛸炒　黑附子炮　肉蓯蓉酒浸　牛膝酒浸　菟絲子，酒浸。各半兩　韭子，二兩。炒

右爲細末，煉蜜爲丸，如梧桐子大。每服二三十丸，空心溫酒送下，日進二服。常服有益，婦人亦可服。

《瑞竹堂經驗方・腳氣・騙馬丹》　治寒濕腳氣，四肢疼痛。補五臟，壯筋骨，補精髓，駐顔，黑髮鬢，健行步，大宜常服。

胡蘆芭鹽炒黃色　破故紙鹽炒香　金剛骨酒浸一宿，晒，鹽炒　骨碎補去毛，鹽炒　甜瓜子鹽炒黃色　胡桃仁另研細各一兩　乳香另研　沒藥另研　自然銅火煆醋蘸七次。各半兩

右除另研外，共爲細末，醋糊爲丸，如梧桐子大。每服三十丸，溫酒送下，病在上食後，病在下食前。日進三服。

《瑞竹堂經驗方・齒・神仙長春散》　治牙齒動搖疼痛。牢牙，黑髭髮，至老不白，深有神效。

皂角一斤，去皮弦，虫蛀不用　食鹽四兩二味同燒煉　香附子淨，四兩。炒去毛　青鹽四兩，研　牛蒡子四兩，炒　蓮花蕊一兩　藿香一兩　旱蓮草一兩　麝香一分，研　腦子一分，研

右將皂角剉碎，用小瓦盆兩箇，上盆底鑽小孔三箇，下盆裝一重皂角，一重食鹽，四兩都裝盆內。相合泥固，炭火煅煉，煙青爲度。取出，與前藥碾細，入麝香、腦子，同爲細末。每日早晨、臨睡刷牙甚妙。

《瑞竹堂經驗方・齒・沉香散》　治刷牙，固齒，榮養髭髮。

沉香二錢半，鎊　白檀一錢半，鎊　苦楝子破四片，炒，半斤　母丁香一錢半　細辛去苗，半兩　酸石榴皮二錢半　當歸半兩　訶子皮二錢半　香附子半兩，炒去毛　荷叶灰一錢　青鹽二錢半，研　青黛二錢半，研　乳香一錢，研　龍腦半錢，研　麝香半錢，研

右爲細末，每用半錢，如常刷牙，溫水漱了，早晚二次用。

《瑞竹堂經驗方・齒・刷牙藥》

香附子炒，去毛，一兩　大黃火煨

右用橡子二十箇，內一十八箇，裝滿青鹽，於沙器內罩擺定，用碗蓋

之，燒存性。與生橡子二箇，并香附子、大黃同爲細末。每日刷牙掠髭鬢。

《世醫得效方・眼科・總論》　人有雙眸，如天之有兩曜，乃一身之至寶，聚五臟之精華。其五輪者應五行，八廓者象八卦。凡所患者，或因生食五辛，多啖炙煿，熱湌麵食，飲酒不已，房室無節，極目遠視，數看日月，頻視星火，夜讀細書，月下觀書，抄寫多年，彫鏤細作，博弈不休，久處煙火，泣淚過多，刺頭出血多。若此者，俱喪明之本。復有馳騁田獵，衝冒塵沙，日夜不息者，亦傷目之媒。又於少壯之時，不自保惜，逮至四十，以漸昏蒙。故善衛養者，纔至中年，無事常須瞑目，勿使他視。非有要事，勿宜輒開，則雖老而視不衰。大抵榮衛順則斯疾無由而生，榮衛衰則致病多矣。

《四時宜忌・正月事宜》《四時纂要》曰：是月四日、寅日宜拔白。甲子日拔白，三十三日服井花水，令鬚髮不白。

《雲笈七籤》曰：正月初十日沐浴，令人齒堅。寅日燒白髮，吉。《述見》曰：是月每早梳頭一二百梳，甚益。

《四時宜忌・二月事宜》《四時纂要》曰：是月初八日、十四日、二十八日，拔白鬚髮，良。《千金方》曰：是月宜食韭，大益人心。

《纂要》曰：是月丁亥日，收桃花陰乾爲末，戊子和井花水服方寸匕，日三服，療婦人無子，兼美容顔。

《四時宜忌・三月事宜》《法天生意》曰：三月三日，採桃花浸酒，飲之，除百病，美顔色。又曰：清明前一日，採大蓼曬乾，能治熱痢，末，水調服一錢，效。

又　《眞誥》曰：是月十一日拔白，十三日拔白，永不生出。初一、初十日拔白，生黑。是月取百合根曬乾，搗爲麪服，能益人。取山藥去黑皮，焙曬作麪食，大補虛弱。

《四時宜忌・四月事宜》《月令纂》曰：是月初四日、七日、八日、九日，取枸杞煎湯沐浴，令人不老，肌膚光澤。

又　是月初二、十六、十八日九日，拔白生黑。

《四時宜忌・七月事宜》《家塾事親》曰：七日取角蒿置氈褥書籍中，可以辟蠹。又云辟蛇。

又云：收芙蓉花葉以治腫，乾取末，醋調一味，敷腫上可消。七日取百

合根熟搗，新瓦器盛之，掛于屋內，陰乾百日，拔白以此糝之，可生黑髮。

《常氏日抄》曰：是月上甲日，採枸杞花，八月上酉日，治病服之。又云：立秋日，人未起時，汲井水，長幼皆少飲之，療病。又云：七日取螢火十四枚，撚白髮自黑。

《法天生意》曰：七日採麻花，陰乾爲末，烏麻油浸，每夜塗眉毛，脫落者立生。是月二十三日、二十八日，拔白，永不再生。

《雲笈七籤》曰：是月十六日，剪指甲，燒灰服之，能滅九蟲三屍。十一日，取枸杞煎湯沐浴，令人不老不病。又云：此月二十三日沐，令髮不白，二十五日沐，令人壽長。

又 竹葉粥，中暑者宜用，竹葉一握，山梔一枚，煎湯去渣下。立秋太陽未升，採楸葉熬膏渣，治瘍立愈，名楸葉膏，熬法以葉多方稠。

又曰：七月七日，採蓮花七分，八月八日，採藕根八分，九月九日，採蓮實九分，陰乾搗細，煉蜜爲丸，服之令人羽化。又曰：七日取烏雞血，和三月三日收桃花片爲末，塗面，令人瑩白如玉。

《四時宜忌·八月事宜》 《齊諧記》曰：八月初一日，作五明囊，盛取百草頭露以洗眼，眼明。

《四時宜忌·十月事宜》 是月，天道南行，作事出行，宜正南方，吉。不宜用亥日，犯月建，不吉。十六日，天倉開，宜入山修道。又曰：初十日、十三日，宜拔白。

《纂要》曰：是月初十日，宜拔白髮。《五經通義》曰：至後陽氣始萌，陰陽交精，萬物氣微在下，不可動泄。

《四時宜忌·十二月事宜》 《法天生意》云：初七、初十、十八、二十日，拔白髮。

《普濟方·服餌門·神仙服餌》 神仙服百花方出《聖惠方》。

桃花三月三日採　蒺藜花七月七日採　甘菊花九月九日採　枸杞葉春採　枸杞花夏採　枸杞子秋採　枸杞根冬採

右幷陰乾分兩等匀，搗細羅爲末。每服二錢，以水調下，日三服。百日自知其效，二百日力加百倍，久服令人身輕長壽。

又 服蒼朮方

蒼朮一斤　好白麻油半斤

右件將朮用白米泔水浸一宿，取出切成片子，用前麻油炒令熟，用瓶盛貯。每日空心服一撮，用冷水湯咽下。大能壯氣駐顏色，辟邪，又能行履，饑只此服之。

又 養老延年服茯苓方

華山挺子茯苓，斫削如棗大，令四方有角，安於新瓷瓶內，以好酒浸，三重紙封其頭。後一百日開，其色當如餳糖，可日食一塊。百日後，肌體潤澤，服久精神壯健。若加人參，此藥除百病，益元氣，養六腑五臟。清明耳目，強壯不衰。延年益壽，神驗。用七月七日露水丸之更佳。服時乃咒曰：神仙眞藥，體合自然。此藥入腹，天地同年。咒訖服藥。斷諸雜肉五辛，最切忌之。服一年後。可夜視諸物。久食之腸化爲筋，可延年耐老，面若童顏。孫眞人《枕中記》云：服百日百病除，二百日晝夜不眠，二年後役使鬼神，四年後玉女來侍。《抱朴子》云：任子季服之十八年，玉女從之，能隱能彰，不食穀炙，瘢滅，面生光澤。

又 神仙服菊花延年不老方

菊花　茌子各三斤

右常以九月九日辰時，收採陰乾，搗羅爲末，煉白松脂和丸，如梧桐子大。每服以溫酒下二十丸，日服三次，令人長生。

神仙延年不老餌菊花方

白菊花　白茯苓各一斤

右搗羅爲末，每服三錢，以溫酒調下，日三服，久服令人長生。

又 仙方出《本草方》。

用三月三日採桃花，服三樹花盡，面色如桃花。

令人不老出《本草方》。

七月七日採蓮花七分，八月八日採根八分，九月九日採實九分。陰乾搗篩，服方寸匕。令人不老。

延年愈百病出《本草方》。

取日照草木上霜，皆五色者服之。昔東方朔，盛得五盒，漢武帝以賜群臣，老者皆少，病皆除。

又 變白輕身

以枸杞子二升，十月上亥日採，採時面東摘。生地黃汁三升，以好酒二升，於瓷瓶內浸二十一日。取出，研令地黃汁同浸攪之，卻以紙三重封其頭子，更浸候至立春前三十日，開瓶。可逐日空心飲一杯，至立春後，髭鬢變白，補益精氣，服之返老，輕身無比。

《普濟方・服餌門・總論・方》 神仙服蓬虆令人輕身健行不老方

蓬虆一名覆盆，江南謂之莓子，味甘無毒。四月五月俟其實熟，採曝乾，搗細羅爲散。每服三錢，以水調服之。安五臟，益精強志，倍力，輕身不老，服之易顏色也。

又 服九節菖蒲法出《王氏博濟方》。 駐顏延年，明耳目，去風氣，通關竅，安神益智。

九節菖蒲，不拘多少，唯生山澗石上流水中者，採取爲妙，若是少得時，只石上水中生者亦可，不可陂澤中生者。於八月間採取得去根，須淨擇了，以淘米泔浸三日三宿，每日換米泔，取出控乾。以硬竹削爲片子如錢厚，以布袋盛貯，長流水浸三復時，更用井花水淨洗擇，如蒸飯九度，每蒸後曬一日，後數足。不得犯鐵器，於木石臼子中，細搗羅爲末，煉蜜和丸，如梧桐子大，初服二十丸，漸加至三十丸，至四十丸、五十丸，用鹽湯下，茶酒亦得，忌羊血。若有餘者，以紙袋子盛貯，掛在風裏，如服盡更將末合。或酒煮糊和丸亦得。

又 神仙餌菟絲子方出《十便良方》

用菟絲子一斗，酒浸良久，漉出曝乾，又浸令酒乾爲度，搗細羅爲末。每服二錢，以溫酒調下，日三服，後吃三五匙水飯壓之。至三七日，更加至三錢服之。令人光澤，唯服多甚好。三年後，老變爲少，此藥治腰膝，去風冷，益顏色，久服延年，神秘勿示非道。兼明目。

又 神效服蒺藜方出《聖惠方》。

用蒺藜子一石，常以七月八月熟時，收採曝乾，先舂去刺，然後搗羅爲末。每服二錢，以新汲水調下，日三服，勿令中絕，斷穀服之長生。一年以後，冬不寒，夏不熱。服之二年，老者復少，髮白再黑，齒落重生。服至三年，身輕延年。

神仙服雄黃法出《聖惠方》。

凡雌黃，千年化爲雄黃，千年化爲黃金。黃金者，眞人餌法微妙，難可知也，輕身益氣，莫過雄黃之效也。

用雄黃一斤，細研，以酒三升，和著銅器中，用炭火上微煎令沸，勿令大熱。以好漆二升，去滓，合着其中，攪令相得，藥成如黃金，或作紫色，丸如梧桐子大。常先食含化一丸，嚥津，日三服。十日，諸疾悉愈。二十日，肌肉中藥氣遍行，能耐寒暑，寒則熱，熱則涼。服之百日，腸中肥，皮膚厚，筋骨堅，耳目聰明，無復諸患，行步如飛。服之二百日，顏色有光，白髮變黑，齒落重生，反老成少。服之三百日，神仙玉女在身左右。服之一年，長生登仙，入水不由橋梁。服之不止，身形堅固。眞人所貴，神仙所寶，勿示非人，恐招譴謫。

服楮實可致神仙方出聖惠方。

用楮實五斗，正赤時收，陰乾，搗羅爲末。每服二錢，以淨水調下，日三服，令人耳目聰明，延年不老，神驗，宜久服之，老者成少，令人夜應徹視，見鬼神。道士梁頓，年七十乃服之，更少壯，到百四十歲，能夜行及馬。

神仙服大麻子，補益駐顏，鬢髮黑，延年不老方。出《聖惠方》。

大麻子三升，酒浸一宿，九蒸九曝，去殼　崖蜜五升　牛膝煎三升　菟絲子五升，酒浸一宿，曬乾　地黃煎三升

右先搗菟絲子爲末，熬麻子令香，以柏木杵臼搗爲膏，即和前藥等作團。內入臼中搗三千杵，不得見孝子及鷄犬，仍擇良日合之，每服一鷄子大，溫酒化破服之，日三服。

神仙服乳香入口不死法出《聖惠方》。

用乳香上好者三斤，白蜜三升，瓷銀器中合煎，如無好蜜，好酒亦可，以柳木篦數攪令如餳。每日空心及晚食前，服一栗殼。祛風益顏色，神效。

神仙服蜂房丸方

常以九月十五平旦時，取蜂窩，完者蒸之，陰乾百日，搗千杵細羅末，以煉蜜如丸，如梧桐子大。每服三丸，以酒下，日三服。老人服之，顏如十五六童子也。

神仙服薔薇根令人輕身健行方出《聖惠方》。

取薔薇根，不拘多少，洗淨曝乾，搗細爲散。每服三錢，食前以水調下，日三服，延年輕身，若世人有中箭瘡，服之即愈。若箭全在體中，服之自出。

神仙服澤瀉令人輕身健行不老方出《聖惠方》。

取澤瀉搗細羅爲散，日分服六兩爲准，水調服之，百日身輕百倍，久服強

壯，不衰老，面光澤，走如奔馬，遠游無倦。

又 服椒法出《家藏經驗方》。　書林陳曄括爲之。

青城山老人，服椒得妙訣，年過九十餘，貌不類期耋。再拜而請之，忻然爲我說。

蜀椒二斤，淨揀挑去梗及閉口者，淨秤之。解鹽六兩，其色青白龜背者良。研細，糝鹽，慢火煮透，滾菊末，糝鹽在椒上，用滾湯泡過椒五寸許，經宿以銀石器慢火煮，止留椒汁半盞。掃乾地鋪紙，傾椒在紙上，覆以新盆，封以黄土，經宿取真盆內，將甘菊花末六兩，拌滾令勻，更灑所餘椒汁，然後攤於篩子內曬乾。菊須花小、色黄、葉厚、莖紫、氣香、味甘，名曰甘菊，葉可作羹者爲真，陰乾末之。

初服十五丸，早晚不可輟，每月漸漸增，累之至二百。初服之月早十五粒，晚亦如之。次月早晚各二十粒。第三月增十粒，至二百粒爲止。

鹽酒或鹽湯，任君意所歠。服及半年間，胸膈微覺寒。每日退十丸，還至十五粒，時數服如前。日服，半年後，覺胸膈間橫塞如有物礙，即每日退十粒，退至十五粒止。

候其無所礙，所服更仍前。當令氣熏蒸，否則前功失。須始終服之，令椒氣早晚熏蒸，一日不服則前功俱廢矣。

飲食蔬果等，并無所忌節。一年效即見，容顏頓悦澤，目明而耳聰，鬚烏而髮黑，補腎輕腰身，固氣益精血。椒溫鹽亦溫，菊性去煩熱。四旬乃可服，服之幸勿忽，逮至十數年，功與造化將，耐老更延年，不知幾歲月。四十歲方可服，若四十歲服至老，只如四十歲人容顏，如此其驗也。

嗜慾若能忘，其效尤卓絶。我欲世人安，作歌故(叨怛)〔怛切〕。

又 吳眞君服椒方出《王氏博濟方》。

椒性稟五行，其葉青，其皮赤，其花黄，其膜白，其實黑。煖丹府，通血脈，助元氣，消酒食毒，辟溫邪氣，安五臟，調三焦，而熱不上蒸，芳實之中，功皆莫及。每金州椒一斤，揀去浮及合口者，并目，入銀器內炒令透，地上鋪紙兩重，傾在紙上，用新盆合定，周迴以黄土培。半日許，其毒成汁自出，曬乾，木臼中輕杵。取紅皮四五兩，再入鐵臼杵爲末，以木蜜爲丸，如梧桐子大，候乾，紗袋盛掛通氣處。每日空心酒下十丸，至十五丸，半年加至二十丸，一年後加至二十五丸，并無忌。

歌曰：其椒應五行，其人通六義。欲知先有功，夜間且不起。服之半年內，腳心汗如水。四時去煩勞，五臟無風氣。明目腰不痛，身輕心健記。別更有異能，三年精自秘。顏貌如嬰童，精爽又少睡。但服此神妙，一生無瘧痢，若能志心服，三屍自然棄。更有九般蟲，各各自迴避。倘逢此色人，第一須傳意。雖未遇神仙，初緣已得地。

又 神仙服胡麻法

用胡麻三斗肥者，揀擇使淨，於微火上熬令香熟，攤之，搗令細，和白蜜三升攪令相得，安金銀或銅器中。又安置釜口上著水重煎，以柳木篦攪，勿令著底，視藥稠硬，乃出之。用柏木杵臼搗三萬杵。丸如梧桐子大。每服三十丸，以酒若水下，食前服。服盡一劑，腸化爲筋，不畏寒暑，而如童顏，頭白更黑，齒落重生，耳目聰明，後天不老。如食酒肉五辛，取藥一丸，丸如胡桃大，咀嚼以口中津液下之。服盡一劑，更不衰老，駐流年，補骨髓，強志記，充肌膚，美顏色，百無所忌。此藥當以臘月頓合，當合之時，不用見喪孝產穢雞犬等。清淨室內和合，若有犯穢，服無所效。大有功力，不能具述，服者當自知耳。

神仙服胡麻粉法

用胡麻一斗，淨簸揀蒸一炊久，出曝乾又蒸，九蒸九曝了，微搗去皮炒令香。更簸取四升，用地黄汁浸爲劑，卻熬乾細羅爲散。每服以溫酒調下三錢，日三服，十日外即覺有功。若七十老人服百日外，肌肉還如少時，亦能絶穀，數試有驗。

服天門冬方　強筋髓，駐容顏法。

用天門冬曝乾，搗末篩細。食後方寸匕，日三，可至十服。小兒服尤良，與松子脂蜜丸服之益善，惟多彌佳。又搗取汁，微火煎取五斗，下白蜜一斗，胡麻炒末二升，合煎攪勿息手，可丸即止。火下大豆黄末和爲餅，徑三寸，厚半寸，一服一枚，日三。百日已上得益，此方最上，妙包衆方。一法釀酒服，絶傷始多，無若多即吐去病也。蒯道人年近二百而少，常告皇甫隆云：但取天門冬去心皮，切，乾之，酒服方寸匕，日三，令人不老，補中益氣，愈百病也。天門冬生奉高山谷，在東嶽名淫羊藿，在中嶽名天門冬，在西嶽名管松，在南嶽名百部，在北嶽名無不愈。在原陸山阜名顛棘。雖然處處有異名，其實一也，在北陰地者佳，取細切烈日乾之，久服令人長生，氣力百倍。治虛勞絕傷，年老衰損羸瘦。偏枯不隨。風濕不仁，冷痺，心腹積聚，惡瘡疽癰腫。癩疾重者，周身膿壞，鼻柱敗爛，服之皮脱蟲出，顏色肥白。此無所不治，亦治陰萎耳聾目暗。久服白髮黑，齒落生，延年益壽，入水不濡。服二百日後，貼泰疾損，拘急者緩，劣者強。三百日身輕，三年走及奔馬，又三年心腹皆去痼疾矣。忌食鯉魚，須常以七月、八月、九月採其根，亦云正月採之。過此味遜也。

又 餌雲母水方 神仙治萬病。出《聖惠方》。

用白雲母二十斤，薄擘以露水八斗作湯，分半洮洗雲母，如此再過。又取二斗作湯，內芒硝十斤，以雲母入木器中漬之二十日，出絹袋盛，懸於屋上，勿使見風日，令燥。以水漬，以鹿皮爲囊，揉挺之，從旦至日中。乃以細絹下篩，滓復揉挺，令得好粉五斗，餘者棄之。取粉一斗，內崖蜜二斤，攪令如粥，內於生竹筒中，薄削之，漆固口，埋北垣南崖下，入地六尺，覆土。春夏四十日，秋冬三十日，出之當如澤爲成。若洞不削者，更埋三十日出之。先取水一合，內藥一合，攪勻盡服之，日三。水寒溫盡自在腹中，十日小便當變黃，先療勞氣風疹。二十日腹中寒癖消。三十日齲齒除，更生新。四十日不畏風寒。五十日諸病皆愈，顏色日少，長生神仙。吾自驗之，所以述錄。

煉雲母粉服餌法出《聖惠方》。

以雲母取上好白澤者，細擘以水淨淘，漉出蒸之一日夕下之，復更淨淘如前，去水令乾。凡雲母二斤，用鹽三斤，消石一斤，和雲母擣之一日，至暮取少許於掌上，泯看不見星光爲熟。出安盆瓮中，以水漬之，令相得，經一炊久，澄上清水，徐徐去之盡，更添水如前，凡三十遍。易水令淡，如水味淡即漉出，其法一如研粉，澄取淀然。取雲母淀，徐徐用生絹袋中濾着單上，曝乾即成粉矣。每日空心以酒調下一錢，或水下亦得。久服，輕身延年，強筋填髓，可以負重登山不乏，悅澤不老，耐寒暑，志高神仙。此非古法，近東海(買)〔賣〕鹽女子，三百歲貌同笄女，常自負鹽重五百餘斤。如此得效者，其數不一，可驗神功矣。

中山衛叔卿服雲母法出《聖惠方》。

取雲母一斤至三斤，五色具者細擘之，以採茅屋溜水，若秋百草上露水以漬之百日。內以筆囊中，接之以絹細羅，入乳鉢中研如麵。着竹筒中，塞口懸甑上，以白沙一石蓋上蒸之，一日一夜氣達上，出之。又內黍稻米一石、蒸之，一日取出，於銅器中用白蜜和調重湯上煎熬令可丸，即丸如梧桐子大。每服二丸，空心食前以水酒下并得，日三服，十五日加至三丸，常以鷄鳴時，及午時，星辰出時。服之三十日，身輕目明。五十日筋骨強盛，七十日三蟲伏屍皆去。八十日皮膚光澤，九十日入水火不燒濡，百日易筋骨，三百日行及奔馬，一年爲眞人。又云年七十以上，四百日已後，可得仙矣。

又方出《聖惠方》。

取雲母粉一斤，硝石一斤，同擣末，細絹羅，更研如麵。白蜜三斤，合調內生竹筒中，漆固口，埋北垣下，三十日取出，當化成水，銅器中盛。每日空心以水苦酒調下一栗殼，漸漸加之，日三服。二十日身光，三十日露不着身，五十日火不能害，百日之後，便成仙也。

神仙餌雲母法出《聖惠方》。

雲母粉一觔　桂心一觔，擣羅爲末　葱葉擣絞取汁三升

右合和爲一處，內生竹筒中，於一石米下蒸之，令米熟即化成水。每於食前，服一栗殼。二十日氣力強盛。服之四十日，顏如童子。服之百日，嚴冬入水不寒。一方入袋中，銀砂石器中，水煮石軟，以冷水浸，而和袋揉洗，下者爲粉。

又法出《聖惠方》

取美玉一斤，擣細羅之，內雲母水中十日當消，日可服之。凡諸石屑內雲母水中皆消，不但是玉也。

神仙服胡麻法延年駐壽出《聖惠方》

用胡麻三斗淨淘，上甑蒸，氣逼出，日乾，以水淘去沫，卻蒸如此九度。以湯脱去皮，簸令淨，炒令香，杵爲末，蜜丸如彈子大。每服溫酒下一丸。忌毒魚生菜。能除一切痼病，至一年面光澤不饑，三年水火不能害，行及奔馬，久服長生，上黨者尤佳，酒調散亦可。

神仙餌胡麻法出《聖惠方》

用胡麻一石，淘去上黑皮令白，蒸之一日，曝乾擣碎，釜中用水一石五斗，又蒸之。令釜中有一石許水，便傾胡麻置一瓮中，盡釜中湯潑之。以麥糵一斗，擣內瓮中，釀之如作糖法，兩復時盡去卻糟煎之，三分餘一分。更盛置銅器中，坐一釜湯中，猛火煮之令稠，瓷瓮內貯之。每服如鷄子大三丸。服百日充益肌肉，鬢髮還黑，耳目聰明，能常服之，壽命不窮。

神仙餌胡麻膏益壽延年老人復少方出《聖惠方》。

胡麻膏一斗　韭頭一斤

右相和，慢火煎令韭焦黄去。并每日溫酒下二分。服之至百日，去黚黯，肌膚充益。二百日老者復少，三百日延年益壽。久服不已，長生。

又　芡實散　河上公益壽延年。

乾鷄頭實去皮　忍冬莖葉揀無蟲汚，新肥者　乾藕各一觔

右於甑內炊熟曝乾，擣羅細爲散，每日食後新汲水調下一錢。

蒼朮木瓜丸出《聖濟總錄》　卻老駐顏，治腰腳。

蒼朮一觔，米泔浸五宿，切，焙乾爲末　木瓜一枚，瓷碟盛飯甑內，蒸爛去皮核

右取木瓜研如糊，拌蒼朮末，丸如梧桐子大，焙乾。用黄蠟不拘多少，於銚內鎔，將藥於蠟內拌勻取出篩子內，紙襯滾過。每日空心鹽酒任下三十丸。

輕身散出《聖濟總錄》　蕩穀氣，延壽命。

用黄耆一斤剉，生薑汁煮三十沸，焙乾爲散，入茯苓、甘草、人參、山芋、雲母粉各一錢拌勻。每服一錢匕，入鹽少許，湯點服，不拘時候。

茯苓散出《聖濟總錄》　還精補腦長生，駐顏卻老延年。

赤茯苓先用水煎三四十沸，曝乾，四兩　菊花二兩　鍾乳取如鵝管蟬翼光明者，先入銀器中，放在五六斗釜中，乃添水於釜內九分，釜底燃火，令如魚目沸，三復時。每一復時換，水淨洗刷，復添水，慢火煎爲魚目沸，日足取出。乳鉢內研極細，入水少許，更研如稀糊。乃取澄曝乾，更研如粉。一兩　雲母取黄白光者，簇於大方磚上，以炭火七斤，煅通赤。從旦至暮，取出，去灰，擣羅爲末。入絹袋，於大盆中攪之按揉，令水內澄，取曝乾，更研如粉。一兩　菖蒲九節者，米泔浸三復時，逐日換泔，日足，切曝乾　栝蔞根　赤石脂研如粉，水飛過，曝乾，更研　山茱萸微炒　防風去叉　牛膝　菟絲子酒浸三日，焙乾，擣末　熟乾地黄焙　續斷　杜仲去粗皮，炙　山芋　蛇床子微炒　天雄炮製，去皮臍　柏子仁　肉桂去粗皮　牡丹皮　肉蓯蓉酒浸去皺皮，切，焙　人參　天門冬去心，焙　石斛去根節　白朮　石長生去根節，微炙　牡蒙　附子炮裂，去皮臍　苦參　玄參水洗，麵炒焦　獨活去蘆頭　牡荊子　狗脊去毛　紫菀水洗去土，曝乾　乾薑炮裂　黄耆炙剉　澤瀉　甘草水蘸炙　芍藥　巴戟天去心　淨沙參　遠志　石南葉煖水洗，控乾，炙　牡蠣擣末，水和作團，轉飛，取曝乾。各半兩

右擣研羅爲散，每服一錢匕，溫酒調下，日三服，空心，日午近晚各一。二十日見效，四五十日，諸疾幷差，一年可還童。

又　神仙駐顏延年方

枳實　熟乾地黄　甘菊花　天門冬去心，焙。各三斤

右擣細羅爲散，每服三錢，空心以溫酒下，日再服之。衆病皆除。身輕目明，百日顏色悅澤如十五時人，可致神仙，與天地相畢。

又　益壽地仙丸出《御藥院方》　補五臟，填骨髓，續絶傷，黑髭髮，和氣血，駐顏，輕身健體，延年益壽，補益丹田，清頭目，聰耳。

甘菊三兩　枸杞二兩　巴戟天去心，二兩　肉蓯蓉酒浸二宿，洗淨切片，焙乾，四兩

右擣羅爲末，煉蜜和丸，如梧桐子大。每日空心鹽湯或酒下三十丸。久服清頭目，補益丹田，駐顏潤髮。春秋枸杞、菊花加一倍，冬夏蓯蓉、巴戟加一倍，服餌勿令斷絶。

又　老君益壽散出《聖惠方》。

白朮四兩　防風一兩，去蘆頭　乾薑一兩半，炮裂，剉　細辛三分　桔梗一兩，去蘆頭　肉蓯蓉酒浸去粗皮　遠志去心　澤瀉各一兩　石斛去根，剉　桂心　柏實　雲母粉　石葦去毛　杜仲去粗皮，剉　牛膝去苗　白茯苓　菖蒲　五味子　蛇床子　甘菊花　山茱萸十三味各半兩　附子一兩半，炮，去皮臍　天門冬五兩，去心焙　天雄半兩，炮裂，去皮臍　熟乾地黄二兩

右擣細羅爲散。平旦酒服三錢，各月日三服。夏平旦一服，春秋平旦日暮各一服。服藥後十日知效，二十日所苦覺減，三十日氣力盛，四十日諸病除，六十日身輕如飛，七十日面光澤，八十日神通，九十日精神非常，一百日以上，不復老也。若能斷房，長生矣。

神仙變白延年十精散出《聖惠方》。

巴戟天精　雲母粉日精　甘菊花月精　熟乾地黄地精　菟絲子人精　杜仲山精　五味子草精　鍾乳粉水精　石斛石精　人參藥精。以上各等分

右擣細羅爲散。每服以酒調下三錢，空心及食前服。久服髮白再黑，齒落重生，充益肌膚，悅澤顏色，腰腳輕健，耳目聰明，補腦添精，延年卻老，眞功不可具述。

西山嶽眞人靈飛散出《聖惠方》。

雲母粉一斤　茯苓八兩　鍾乳粉　人參《千金翼》作白朮　柏子仁　續斷
桂心各七兩　菊花十五兩　乾地黄十二兩

右爲末，生天門冬十九觔取汁，溲藥，內銅器中蒸一石二斗黍米下，米熟曝乾爲末。先食飲方寸匕調服，日力倍。五日血脈充盛，七日身輕，十日面色悦澤，十五日行及奔馬，三十日夜視有光，七十日白髮盡落，故齒皆去。更取二十一兩白蜜，和擣二百丸如梧桐子大，作八十一枚，曝乾，丸皆映徹如水晶珠。欲令髮齒時生者，吞七枚，日三服即出。髮未白齒不落者，但服散。五百丸如前法服，已白者餌藥至七百丸乃落。入山日吞七丸，絶穀不飢。余得方以來，將踰三紀，頃者但美而悦之，疑而未敢措手。積年詢訪，屢有好名人，曾餌得力，遂服之一如方説，但能業之不已，切不徒棄耳。

常餌補方

枸杞子一斤　天雄三兩　蓯蓉　石斛　乾薑各八兩　菟絲子　遠志　續斷各五兩　乾地黄十兩

右治下篩，酒服方寸匕。

四扇散出《聖惠方》。　變白輕身，卻老還童，除百疾，駐顔益壽，填精補腦。

松脂煉成者　澤瀉取歧尾好者　白朮肥大者　雲母粉製如常法　乾薑炮白實者　肉桂去粗皮　菖蒲石上者　生乾地黄焙乾

右各等分，搗四萬杵，細羅爲散，先以蠟紙數重，作囊盛之。更於新瓷器中盛。每日兩食前，以清酒調下三方寸匕。或以蜜丸如梧桐子大，清酒服十五丸，百日即效。

《普濟方·頭門·鬚髮墮落·方》　治梳頭髮不落。

榧子三個，去皮搥碎　胡桃二個，去皮　側柏葉四片，如手大

右和合，用雪冰三日，取水用梳髮，永不脱落，兼能潤澤。

又　治鬚髮禿落不生，令生。

生薑汁一合　生地黄汁一合　羊子肝汁一合

右相和令勻，夜卧塗之。十日便生。

治脈極虚寒，鬚髮墮落，令髮潤澤方。

麻子三升碎　白梧葉切，一把

右以米泔汁二斗，煮五六沸，去滓，用以洗沐，則鬢不落而長。

又　治鬢髮墮落。

右以泔煮桑葉，去滓，沐髮七遍，長六尺。

又　石灰酒　治頭髮落不止方，及治眉鬚。

用石灰三升，細篩水拌令濕，炒令極熟至焦，以木柴投入，火即着爲候。停冷取三升，絹袋貯之，以酒三斗浸三宿。初服半合，日三四夜二。稍加至一合神效。一方密封，冬浸十四日，春秋七日，取服，常令酒氣相接。服之一月，即新者生也。

又　沐頭湯　治脈極虚寒，鬚髮墮落，令髮潤澤方。

用桑根白皮切三升，以水五升淹漬，煮五六沸，去滓。洗髮，數數爲之，自不復落。一方，用長三尺者，當甑飯上蒸之，承取兩頭汁，以塗髮鬢，則立愈。

又　治頭風，毛髮落不生方。

用鐵上生衣研，以臘月豬脂和塗之。日三。亦治眉毛落。

又　治髮易長而黑。

多取烏麻花，磁器盛密蓋，深埋百日出。用之塗髮。

又　療人鬚鬢禿落，不生長方。

用麻子仁三升，秦椒二合，置泔汁中一宿，去滓。日一沐，一月長二尺也。一方無秦椒。

又　治髮落不生令長方。

用麻子一升，熬黑壓取油以傅頭。長髮妙。三十日後漸生。

又　胡麻散　治五癩，頭面遍身，生赤核麻木，鼻內聞腥穢，鬚髮退落。

胡麻子三兩，輕濫　何首烏三兩　蔓荊子一兩　威靈仙一兩　九節菖蒲一兩　苦參一兩　荊芥穗　菊花　沙苑白蒺藜　鼠粘子炒各一兩

右件一十味藥，洗潔淨控乾。如治大風，但鼻目耳不動，并可療之。每服一錢，薄荷茶酒任下，日用五七服，不以時候。如纔覺便吃，半月見效。如已患年歲，須服一月，方始見功。及五十日可減一半，服及百日永差。其鬚髮自生。如治皮膚風疾，瘙癢疥癬之類，即入下四味，與前六味爲末，以薄荷自然汁和酒調下一錢。若腎臟風攻注，亦宜服之。如吃此藥至三五日，須頻暖浴，貴其汗出也。

《普濟方・頭門・眉髮鬚不生・附論》 夫足少陰之血氣，其華在髮。足少陽之血氣盛，眉美。足陽明之血氣盛，鬚美。諸經血氣盛，則眉髭鬚髮俱美澤。若血氣虛少枯竭，則變黃白而不生。若風邪乘其經絡，血氣改變，則異色惡髮必生。宜以藥傅之，令生好髮也。

《普濟方・頭門・眉髮鬚不生・方》 松葉膏 治血氣風熱所攻，眉髮鬚不生。

松葉半斤 蓮子草半斤 馬鬐膏半斤，鍊成膏者 韭根半斤 防風一兩，去蘆頭 蔓荊子二兩 白芷一兩 辛夷仁半兩 川升麻半兩 吳鹽半兩 芎藭半兩 獨活半兩 桑寄生半兩 藿香半兩 沉香半兩 零陵香各半兩

右細剉，先以桑根白皮一斤，以水八升，煮取五升，去滓。又以竹瀝一升，相和浸漬諸藥一宿。後以豬脂二斤煎，候白芷色黃膏成，濾去滓，於瓷器中盛。每用塗之，日三五度妙。

治血瘕，腦虛，頭風，致髭眉鬢疎薄不生，宜用此方。

蔓荊子半兩 白芷 附子 防風去蘆頭 芎藭 莽草 辛夷 黃芩 細辛洗去苗土 當歸 漢椒去目，已上各一兩 川大黃一兩半

右都細剉，以馬鬐膏一斤，豬脂二斤，以慢火同煎。候白芷色黃，住火，去滓，放冷，用瓷合盛。淨洗塗之，日三上良。

治眉髮髭不生，兼令黑方。

鐵粉二兩 附子二兩，去皮臍，生用 羊躑躅三兩 蓮子草二斤 零陵香三兩 沒石子五顆 蔓荊子二兩

右粗羅爲散，以生油五升，浸五七日後，用慢火煎取一半已下，去滓，於瓷盒內盛貯。血虛無眉髭髮，每日塗之神驗。切不得塗着口鼻，恐有毛生。

青蓮膏 治血虛，眉髮髭不生，宜用此方。

蓮子草汁三升 生巨勝油一升 牛乳一升 甘草二兩，細剉

右相和於鐺中，以慢火煎之，纔似魚眼沸便攪之，勿住手，直至沫盡爲熟，澄清濾去滓，盛於不津器中。每用候夜卧時，身仰卧，每鼻孔點三五點，如小豆大，至六七遍止，良久乃起。有唾須唾卻，勿得嚥之。啜少湯飲。如此點半年，白者即黑，落者重生，其藥良驗。忌生蒜、蘿蔔、辛辣物。

松脂膏 治眉髮髭不生。

松脂二兩 附子二兩，去皮臍，生用 蔓荊子半斤

右爲末，以烏雞脂和瓷器中盛，密封頭，於屋北陰乾。百日藥成，細研，以馬鬐膏和薄，塗於上不生處，勿令近面。

又方：

柏葉切，一斤 附子二兩，去皮臍，生用

右爲末，以豬脂和作二十丸。每日一丸，在米泔中化開，洗之。每日用之，十日後再生新者。餘藥以絹裹，密器貯之，勿令泄氣。

治生眉毛方

鐵生衣亦作鐵粉 牆上青衣《外臺秘要》作爐上青衣

右爲末，以水和塗之，即生。

治眉髮髭不生方：用羊糞灰三斗，以水淋取汁洗之。三日一洗，不過十洗，大生。

又 治髮落不生。先以醋泔清淨洗禿處，以生布揩，令大熱。臘月豬脂細研，入生鐵煮沸三二度，傅之徧生。

令白髮不生。以麻子五升研，桐葉一握擣相和，浸三日，去滓。沐髮令白髮不生。

《普濟方・頭門・生髮令長・附論》 夫足少陰之經，血所榮也，氣盛則髮長而美，若虛則髮不長。

《普濟方・頭門・生髮令長・方》 蓮子草膏 治髮鬚禿落，令重生兼黑潤。

蓮子草汁二升 熊白脂一大合 豬鬐膏一合 生麻油一合 柏白皮三合 山韭根切三合 瓦衣切五合

右以銅器煎之，候膏成，去滓收貯。每於梳頭塗膏，令頭髮生又黑。

胡麻膏 長髮令速生，及黑潤。

胡麻油一升 臘月豬脂一升 烏雞脂一合 丁香一兩半 甘松香一兩半 零陵香二兩 芎藭二兩 竹葉二兩 細辛二兩 川椒二兩，去目 苜蓿香二兩 澤蘭一兩 大麻仁一兩 桑根白皮一兩 辛夷一兩 桑寄生一兩 蔓荊子各一兩 防風二兩，去蘆頭 杏仁三兩，湯浸去皮、尖、雙仁 莽草二兩 柏葉三兩

右都細剉，米醋浸一宿，漉出內入油鷄脂豬脂中，以慢火煎，候白芷色焦黃膏成。綿濾去滓，以磁盒盛。淨先頭塗之，日二用，三十日髮生。

長髮塗香油方

松皮二兩　天雄三(二)兩，去目　莽草一兩　秦艽一兩，去苗　獨活二兩　川烏頭三(二)兩　川椒二兩，去目　白芷二兩　芎藭二兩　辛夷二兩　甘松一兩　零陵香一兩　沉香一兩　羊躑躅一兩　木香一兩　藿香一兩　甘菊花一兩　牛膝一兩，去苗　松葉半斤　杏仁三(二)兩，湯浸去皮

右細剉，以醋五升，漬一宿漉出。以生烏麻油六斤。於鐺內，微火煎令沸，候白芷色焦黃膏成。以綿濾去滓，瓷器盛。一依塗油之法，任意塗之，以髮生爲度。

生髮膏

細辛　防風　續斷　芎藭　皂莢　柏葉　辛夷仁各一兩　寄生二兩　澤蘭　零陵香各二兩　蔓荊子四兩　桑根汁一升　韭根汁三合三勺　竹葉切三合　松葉切六合　烏麻油四大升　白芷六兩

右以苦酒、桑根汁、韭根汁，漬一宿，以綿裹煎，微火三上三下，白芷色黃，去滓，濾以器盛之。用塗摩頭髮，日三兩度。一方無苦酒漬。

令髮速長而黑方

烏喙三兩，去皮臍，生用　莽草三兩　續斷三兩　皂莢二兩，去黑皮並子　澤蘭三兩　白朮三兩　細辛各三兩　辛夷一兩　柏葉一兩　防風一兩　竹葉一兩　杏仁各一兩，湯浸去皮、尖、雙仁，生用

右細剉，以隔年米醋三升，漬一宿，漉出。以麻油二升、豬脂二斤同煎藥焦黃，藥成去滓，以瓷器盛。每使淨洗頭了塗之。三十日效。

近效生髮方

蔓荊子　青葙葉　蓮子草各一份　附子二枚　碎頭髮灰二匕

右以酒漬，內瓷器中封閉，經二十七日藥成，以烏鷄脂和塗之。先以泔洗，然後傅之，數日生辰一尺也。

生髮牆衣散

牆衣五合，曝乾搗末　鐵精一合　合歡木灰二合　水萍末三合

右搗研以生油和少許如膏，以塗髮不生處，日夜再，即生髮，效。

令髮易長方

蓮子草絞汁取三升　麻油二升　羊乳一升　豬脂一升

右先煎乳一沸，次入脂等，更煎三兩沸，放冷，以磁盒貯之。每日塗髮，七日之外不長盡長。

長髮方

蔓荊子三升　大附子二枚

右以酒一斗二升漬之，以磁器盛之，封頭二十日藥成。先以灰汁淨洗，鬚髮拭乾，取烏鷄脂煎以塗之，一日三遍，凡經七日，然後以藥塗，日三四便澤。以汁櫛髮，十日長一尺，勿近面塗，恐有毛生。一方無烏鷄脂。

令髮易長

熊脂一兩　蔓荊子一兩

右相和令勻，以醋調塗之，髮即漸長。

常用長髮藥

用亂髮洗淨晒乾，以油煎令焦，就鉢內細研如膏，擦之長髮。又法，凡婦女禿髮，即以漢椒四兩，用酒浸密室內坐擦之，其髮自然長。

又　生髮膏

胡麻油一升　鴈脂一合　丁香　甘松香各一兩半　吳藿香　細辛　椒各二兩　澤蘭　白芷　蔓荊子　苜蓿香　大麻子各一兩　芎藭　防風　莽草　杏仁各三兩，去皮　竹葉切，三(五)合

右切，以酢漬一宿，煎之以微火，三上三下，白芷色黃膏成，去滓。以塗髮及頂尤妙。

令髮速長黑

烏喙　莽草　續斷　皂莢去皮子　澤蘭　竹葉　細辛　白朮各二兩　辛夷　防風各一兩　柏葉切，四兩　杏仁別擣　松葉各三兩　豬脂三升

右先以米酢，漬一宿，以脂煎三上三下，膏成去滓，塗髮及頂上。傅藥時忌風。

治頭風烏喙膏，生髮令速長黑而光潤。

烏喙　莽草　石南草　續斷　皂莢去皮子，煎　澤蘭　白朮各三(二)兩　辛夷仁一兩　柏葉切碎　豬脂半(三)升

右以苦酒漬一宿，以脂煎於東向竈釜中。未煎之先放三堆土，每三沸

即下放一堆土。候沸定，放一堆土，三次畢成膏訖。去滓，置銅器中，數北向屋溜，從西端至第七溜下埋之，三十日藥成。小兒當刮頭，日三塗。大人數沐，日塗之甚驗。

治婦人長髮方

零陵香　白芷　蔓荊子　蓁樹　生附子　藿香各一兩　荊芥枝半兩

右㕮咀，綿包扎於瓶內，用香油一斤浸，卻用紙封口，埋地內半月，取刷之。

紫金油

用鯽魚膽二十枚，鐵銼一片五錢重，訶子五枚，煨去核，鬱金二枚剉，黃芩半兩剉，黑豆一大合，紫草半兩，零陵香半兩，生薑汁一大合，和勻，生絹袋子盛，取竹瀝油四兩，麻油一十二兩，入藥袋子，於有油瓷盒內浸，密封放涼處，半月取出。逐日揉頭，百日內如漆，永不落，治稀黃。

香芎油　治頭風髮落不生。

用秦椒、白芷、川芎各半兩，蔓荊子、附子、零陵香各二錢半，細剉，用綿裹，以生麻油半斤，於瓷器內，浸三七日。塗髮稀少處，不可滴面上。去風生髮。

柏枝油

用柏枝乾者、秦椒、半夏各三兩。㕮咀，用水兩碗，煎至半碗。入蜜少許，再煎一兩沸。每用時，入生薑汁少許調勻。擦無髮處，每日兩次，去風生髮。

烏韭方

用烏韭石衣，燒爲灰，沐頭長髮。此是陰岩濕處山石上苔，長者可四五寸。

治髮落，不生令長：用鴈肪傅之。

主生毛髮：以胡麻生油塗頭，令人生髮。

生髮：以羊屎燒灰，和鴈肪塗頭上，三日生。

長髮方：以石荊生水傍者作灰汁，沐頭生髮。

生毛髮：以白犬乳汁塗孔中，即生黑髮。若欲不生，拔去毛髮，以鱉膏塗之，即不生矣。

長髮方：用續斷汁沐頭。

又　主生髮　以水萍作湯沐浴。又爲膏傅之。

長髮：挼皂莢葉沐頭。

長髮：以松葉子作油傅頭。

主生髮，去風癢：取菴摩勒子，壓取汁合鐵粉，和油塗頭。初塗髮脫，後生如漆。

令腦滿髮不白，而長生。用槐子，以相連多者爲好，十月巳日採之，新盆盛，和泥，百日皮爛爲水，核如大豆服之。

生毛髮。用金星草根，搥碎浸油塗頭良。

治無頭髮。用瓜蒂葉，生搗汁塗之，即生。

《普濟方·頭門·生眉·附論》　足太陽之經，其脈起於目內眥，上額交巔。血氣盛，則眉美有毫，血少則眉惡。又眉爲風邪所傷，故眉脫。皆是血氣傷損，不能榮養也。

《普濟門·頭門·生眉·方》　烏蛇圓　治風毒，眉毛墮落，宜服。

烏蛇肉酒浸，炙令黃　白附子炮裂　白殭蠶微炒　乾蝎微炒　防風去蘆頭。已上各半兩　麝香一分，細研　鹿脛骨半兩，塗酥炙令微黃　藿香半兩　臘月烏一雙，燒爲灰

右爲末，煉蜜和搗三二百杵，丸如梧桐子大。每日空心以溫酒下二十丸，夜臨卧再服。

又方：用白礬十兩，燒令汁盡，細研爲末，以蒸餅和丸，如梧桐子大。每日空腹，以溫水下七丸。日加一丸，至四十丸，日減一丸。周而復始效。

生眉毛方：用蔓菁子四兩，微炒爲末，以醋和，每夜塗之。

又方：用七月烏麻花，陰乾爲末，生烏麻油浸，每夜傅之。

治眉癢毛落方：用垂柳葉陰乾，搗羅爲末，以母生薑汁於生鐵器中調，夜間塗之，漸以手摩令熱爲妙。

又　治眉毛脫落，宜用此方。用蓮子草，搗絞取汁，磨生鐵塗之。以手揩摩，令藥氣透肉，一日可三兩度，塗之爲妙。

又　生眉髮　以鱧腸草汁塗之，生速而繁。

《普濟方·頭門·洗法·方》　治髮積　用五苓散摻之，或炒燥細麵，或百藥煎皆好。

必效沐髮方　治頭風屑。取生柏葉細剉，水一斗煮取湯，沐髮。

又方：取杏仁、烏麻子搗，以水煎，濾取汁，用以沐髮。

洗頭光澤訣：右用豬膽一枚，浴頭時，傾在水中，洗其髮。自然如漆光澤訣：以乳香油浸七日外，時擦髮一二，光而且黑。

洗頭方

胡餅霜　白菖蒲末　櫨子皮末各一兩。

右藥研合炙皂角漿水和丸，如毬子大。每一丸，用灰汁揉洗頭甚妙。

梳頭藥方

香白芷　零陵香　防風　荊芥穗　地骨皮　滑石　王不留行各等分

右爲末，每用一大錢，摻在頭上再梳。

藿香散　去鼾洗髭髮。

藿香葉　零陵香　皂角去皮子，炙　檀香　沉香各一兩　香白芷二兩　白丁香　黄明膠碎砂珠　丁香各七錢　龍腦二錢半，另研　糯米一升

右爲細末，每日如常使用，洗髭髮手面百日，令光悅潤澤。

又　澀皮湯　治髭髮乾澀，令潤澤洗髮方。

小麥麩半升，計二兩半　半夏湯洗七次，去滑，剉，一兩　沉香末半兩

右藥用水兩碗，入生薑一兩，和皮細切，同煎三兩沸，生絹濾去滓。取清汁入龍麝少許，攪勻洗髮，令潤柔易長。

洗髮菊花散。治頭髮脫落。

甘菊花二兩　蔓荊子　乾柏葉　川芎　白芷　細辛去苗　桑白皮去粗皮，生用　旱蓮子草根莖花葉。已上各一兩

右粗篩，每用藥二兩，漿水五大碗，煎至兩大碗，去滓，沐髮。

乾洗頭，白芷散。

香白芷　王不留行各二兩

右爲細末，每用乾摻頭髮內，微用力擦去垢膩，用篦子刮去藥末。

又　洗頭明眼方　鳳眼草，即椿樹上固固翅也，燒灰淋水洗頭，依日洗之，經一年，眼如童子。加椿皮灰尤佳。

又　乾洗頭　治頭生垢膩，兼去風。

滑石四兩　川芎　王不留行　白芷　細辛　防風　羌活　獨活各半兩

右爲末，先梳頭髮通細，摻入藥三五錢，插入兩手如洗頭狀，再用梳通篦之。風屑垢膩，自然去，永無頭風。

又　乾洗頭藥

甘松　百藥煎　五倍子　川芎　薄荷　香白芷　草烏頭　藿香　茅香各等分

右爲末，摻髮上揉搓，木梳梳之。

又　乾洗頭藥方

香白芷　零陵香　甘松　滑石

右等分，爲細末，摻於髮內梳篦。

又　洗頭方　令髮香，白屑不生。

以鷄蘇燒作灰淋汁，或煮取汁，洗之。

沐髮方：用甑氣水，以物於炊飯時承取沐頭。令髮長密黑潤，不能多得。朝朝梳頭，漸漸覺有益好。

沐頭長髮方：以烏韭燒灰沐髮，令黑。

洗頭長髮方：取鴈骨燒灰，和泔洗頭。

澤頭方：以蘭草葉五月六月採，陰乾和油，作膏塗髮。

沐頭及洗身上瘡癢：以赤瓜實汁洗之。

主沐髮長潤：以麻葉與桐葉搗，浸水沐髮，則長潤矣。

沐髮：以青蘘生杵汁，沐髮令黑而長，乃胡麻葉也。

沐髮方：春斫胡桃木皮，出水承取，沐頭至黑。

主沐頭長髮：以紫衣燒灰，淋取汁，沐頭良。

《普濟方・頭門・鬼舐頭》　治鬼舐頭方：用燒貓兒屎，以臘月豬脂和傅之。

又方：用塼末和蒜搗傅，日一度。

治鬼舐頭：取小兒糞，臘月豬脂和傅。

又方：用貓兒毛燒灰，以膏和傅之。

《普濟方・面門・面鼾黯・附論》　夫鼾黯之黑點，如烏麻斑，如雀卵，稀則棋布，密則不可容針。皆由風邪客於皮膚，痰飲浸漬，其形外著。或飽食安坐，無所作爲。若養生方所謂積聚不消之病，使人面巨黧皯是也。故之固有常劑，若乃塗澤蠲除。朝夕從事者又安可已。面鼾黯者，由臟腑有痰飲，或皮膚受風邪，致令氣血不調，則生黑鼾。五臟六腑十二經脈，皆上於面，夫血之行，俱榮表裏。又或痰飲積於臟腑，風邪入於腠理，使氣血不和，

或澀或濁，不能榮於皮膚，故變生黑䵟。若皮膚受風邪，外治則瘥，若臟腑有痰飲，內療則愈也。

《普濟方・面門・面䵟䵳・方》 防風膏 治面䵟䵳，塗之能令光潤。

防風 藁本 辛夷 芍藥 當歸 白芷 牛膝 商陸 細辛 密陀僧 芎藭 獨活 萎蕤 木蘭皮 蕤仁各二(一)兩 杏仁 丁香 雞舌香 零陵香 珍珠屑 麝香 油一斤 羣髓 鹿髓各一升 牛髓一升 蠟四兩

右先將髓以水浸，令白取出。除珍珠屑、麝香外，餘藥并剉碎。次將油髓蠟入鍋中，熬令消，入諸藥，用文火煎之。若白芷色黃，量稀稠得所，以新綿濾去滓。方將珍珠屑、麝香別研爲細末，入前汁中熬成膏，貯瓷器內，臨卧塗面上，旦起以溫水洗去，避風日妙。

長春散 治風䵟粉刺，常用光澤面皮。

甘松 藁本 藿香 白附子 細辛 廣陵香 小陵苓 茅香 白檀 三柰子 川芎 白芷各二兩 白丁香 白及 白蘞各三兩 栝蔞根 楮實各四兩 滑石半斤 韶腦半斤(兩) 牽牛四兩 皂角二(三)斤半 綠豆一升

右爲細末，加白麵一斤，和勻一處，後韶腦再和勻，用甚妙。

治面䵟䵳粉刺，及面皮皺定年方。

白及二兩半 白朮五兩 白芷 細辛 白附子 防風 白茯苓 白石脂 土瓜根 蕤仁 萎蕤各三兩 白礬 藁本 芎藭各一兩半 當歸一兩 白玉屑 琥珀末 珍珠末 鍾乳粉各半兩

右搗羅爲細末，取雞子白并蜜等分和，撚作挺子，入布袋盛，懸掛門上陰乾，六十日後如鐵即堪用，更搗研爲末。每夜用漿水洗面，即以豬脂調藥塗之。經六十日，面如新剝雞子。

治外膏 主面䵟䵳。

白芷 白蠟各三兩 白附子 辛夷 防風 烏頭 零陵香 藿香 萎蕤各半兩 藁本 商陸 麝香各六錢 麻油一合 羊脂五合 牛脂 鵝脂各一升

右薄切，醋漬浹治一宿，但合煎，候白芷色黃膏成。以皂莢湯洗面傅之。

白瓜丸 治面䵟䵳，令色光白。

白瓜子仁三兩 陳橘皮三分 白芷 藁本 遠志 杜蘅 車前子 當歸 雲母粉 白石脂各一兩 天門冬 細辛 柏子仁 栝蔞根 黃丹各半兩

右搗羅爲末，煉蜜和搗三五百杵，丸如梧桐子大。每服不計時候，以溫酒下三十丸。

治粉滓䵟䵳皺皰及茸毛，令面悅澤光潤，如十四五時方。

黃耆 白朮 白蘞 萎蕤 土瓜根 商陸 蜀水花 鷹屎白 防風 白芷 細辛 青木香 白附子 芎藭 杏仁各二兩

右爲末，以雞子白和作挺，陰乾，石上研，取漿水夜塗面，旦以水洗之，細絹羅如粉佳。一方無土瓜根。

玉容散 治面上熱刺䵟䵳。

牽牛二兩 香白芷 川芎 藿香 甘松 藁本各半兩 栝蔞根七錢半 楮桃兒 豬牙皂角各二兩 阿膠 細辛各二錢半 零陵香一兩

右爲細末，每用一錢，如洗面藥用，早晨晚夕各用一次。

藿香散 治去䵟洗䵳。

藿香葉 零陵香 皂角 檀香 沉香各一兩 香白芷二兩 白丁香 黃白膠 丁香各七錢 龍腦二錢半 糯米一升

右爲細末，每日如常使用，洗髭鬢手面，百日令光悅澤潤。

硃砂紅丸子 治面色不瑩淨，及䵟䵳面黑皺。

硃砂 白朮 白蘞 白附子 吳白芷 白殭蠶 木香各半兩 鍾乳粉二兩 白茯苓 密陀僧 白及各二錢半

右爲細末，用阿膠半兩，熬成膏子，入上項藥末一處就成丸，如梧桐子大。如常用溫水，蜜少許，磨化開，調塗面上，次日早晨，用溫湯水洗之，甚妙。

洗面去䵟䵳，主悅白方

豬胰 豆粉四升 冬瓜半斤 皂莢五梃 細辛 白朮 防風 白蘞 白芷各三兩 商陸三兩

右用土瓜根一兩搗，絹羅，取大豬蹄一具，煮令爛作汁，和散爲餅，曝乾再搗爲末。羅取與洗，不過一年悅白。一方每夜用少許，洗手面令光滑。

玉容散　治面上諸皯䵟，及減瘢痕。

白附子　冬瓜子　韶腦各二錢半　楮桃兒二錢　白殭蠶　白蘞　成煉鍾乳粉各半兩　白及一兩半　麝香一錢

右爲極細末，用豆漿調勻，稀稠得所，臨卧塗患處，明旦溫淡漿水洗去。

白附子膏　治皯鼆令面悦澤，亦治皯䵟。

白附子　青木香　丁香各一兩　商陸根一兩　細辛三兩　酥半斤　羊脂三兩　密陀僧一兩　金牙三兩

右以酒二升漬一宿，煮取一升，去滓，内酥煎一升，膏成。夜塗面上，旦起溫水洗，不得見大風，日差。又先以内酥羊脂煎成膏，入金牙密陀僧攪令勻，盛不津器中，夜卧塗之尤佳。一方無丁香。

治面皯䵟令悦白方。

雄黃一兩半　雌黃一兩　硃砂　珍珠　白及　白殭蠶各三兩　白茯苓一兩　膩粉半兩　密陀僧一兩

右搗羅爲末，入研了藥，更研令勻細，旋取以豬脂面脂等分，調攪令勻。每先以澡豆，將水洗淨拭乾，塗之，勿衝風向火。

鍾乳粉散　治皯䵟去黯子。

玉女粉　白及各二錢半　細辛末　輕粉各半錢　密陀僧一錢半　白附子　鍾乳粉　白蘞各二錢

右同研勻細，用孩兒乳汁調塗患處，或溫水調亦得。臨卧用，次日以溫水洗去。

豬蹄膏　治洗面皯。

白芷　玄豆　栝蔞　白及　白蘞　零陵香　藿香　鵝梨

右用豬蹄一付，刮去黑皮，切作細片，用慢火熬如膏粘，用羅子濾過，再入鍋中，用蜜半盞，同梨入藥末一處再熬，滴水不散，方成。以絹濾過，臨卧塗面，次日漿水洗面。

沉香膏　治面皯䵟。

沉香　牛黃　薰陸香　玉屑各三分　丁香　水銀各一分　雌黃　鷹屎各半兩

先將三味香搗羅爲末，次將玉屑、牛黃、雌黃入乳鉢中，研令細，方與水銀及諸藥同研，令極細，入白蜜調和，令稀調得所，入瓷瓶中盛。每至臨卧時，塗面皯䵟處，兼治鼆皯面。

蘇合煎　治面皯黯。

蘇合香　麝香　白附子　紫菀　蜀水花各二兩　青木香三兩　鷄舌香　鸕鷀屎各一兩

右先取糯米二斗，折炊一斗，生用一斗，合醋酢用水一斛五斗，稍稍澄取汁，合得一斛煮并令沸，以綿裹諸藥，用著沸漿中煎得三升，藥熟以澡豆洗皯處，令燥以傅皯上。日再欲傅藥，常以酢漿水洗面，然後塗藥。塗藥至三四合，皯處當小急痛，皯處微微剝去便白，以漿水洗淨，傅玉屑膏訖白粉之。若急痛勿怪，癢勿搔之，但以粉粉上而按抑癢處，滿百日可用脂胡粉取瘥。

茯苓膏　治面皯䵟，令悦澤光白潤好及手皴。

豬蹄兩具　白粱米一升　白茯苓　商陸各五兩　萎蕤一兩　白芷　藁本各三兩

右羅勻，用前藥汁三斗，并研杏仁一升，合煮一斗五升，去滓，瓷瓶盛貯。内甘松、零陵香末各一兩，入膏中攪令勻，綿冪之。每夜取塗手面，一方用桃仁一升，合煮，亦治面皯皰。

白附丹　治男子婦人面生黑瘢點。

白附子二兩　白及　白蘞　白茯苓　密陀僧　石脂　定粉各等分

右爲末，先用洗面藥洗淨，臨卧用人乳汁，如無，用牛乳或鷄子清調，如合就用乳，將藥末丸如龍眼大，陰乾，逐旋用漿水磨開傅之。一方無石脂。

治面上皯䵟瘢點方

白附子一兩　白蘞　白芷　密陀僧　赤茯苓　胡粉各半兩

右爲末，每用時先以熱水洗面，臨卧時以牛乳和塗之，人乳亦可。

杏仁膏　治面皯䵟塗之，令光白潤澤。

杏仁　雄黃　瓜子　白芷各一兩

右除白蠟外，并入乳鉢中研，令細。入油半斤，并藥鍋中以文火煎之，候稠凝，即入白蠟又煎攪勻，納瓷盒中。每日先塗藥，後傅粉，大去皯黵。

桃仁澡豆　主悅澤去皯黵方。

桃仁一升　蕪菁子一兩　蓽豆麵二升　白朮六合　土瓜根七合

右搗羅爲細散，卻以酥漿水洗手面。

白附子　治去面皯黵。

白附子　香附子　白檀　馬珂　紫檀各一兩

右爲末，白蜜和如杏仁大，陰乾。臨用以水研塗面，旦以溫水洗卻。忌風油七日。面色如蓮花。

治面多皯黵，皮肉粗澀，令人不老方。

硃砂　雄黃各三兩　水銀霜半兩　黃鷹糞一升　上胡椒二兩

右細研如粉，以面脂和淨洗面，每夜塗之，以手細摩令熱，明旦不廢作粧，然須五日一洗面。塗不過三遍，所有惡物，一切皆除，數倍少嫩，慎風日不傳，神秘。

玉容散　治面黑皯黵，皮皺皴方。

白附子　密陀僧　牡蠣　白茯苓　芎藭各二兩

右爲末，和羖羊乳夜塗面，以手摩之，旦用漿水洗。不過五六度，一重皮脫皯瘥矣。一方以酥調傅。

治面皯黵，永除根本方。

烏雌鷄　胡粉　膩粉　英粉　鷹糞白各一兩

右藥都細研令勻，臨臥時淨洗面，於手掌内以津唾調塗面上，或早晨用亦得。塗卻後，一日不得洗面。不過三五上，面色潔白。

治皯黵烏黷，令面潔白方。

馬珂三兩　白附子　鷹屎白　珊瑚各一兩

右研成粉和勻，用人乳調，每夜取傅面，明旦溫漿水洗之。

桃花圓　治面黑皯，令人潔白光悅方。

桃葉二兩　桂心　烏喙　甘草各一兩

右爲末，丸如大豆許。每服十丸，日二服，十日易形。一方有白附子、瓠瓜、杏仁各一兩，爲七味。

治面皯黵風刺方。

苦參一斤　赤芍藥　冬瓜子各四兩　玄參二兩

右爲末，每用一錢，用手洗面上。

治面上有瘢子方

大風子　膩粉　麝香　荊芥

右爲末，空心洗面上。

治面皯黵方。

鷄子二枚　胡粉　丁香各一兩

右先以醋一升，浸七日後，取鷄子白調香粉令勻，以漿水洗面，傅之佳。

礬石散　治面皯黵。

白礬　石硫黃　白附子各六銖

右爲末，以酢一盞，漬三日夜，淨洗面傅之。莫見風日，慎三七日可如白雪。

羊乳膏　治面上皯黵，内外兼治。

甘草二兩　白羊乳三升　羊胰二具

右相和一宿，先以酢將洗面水布拭之，夜傅藥兩遍，明旦以豬蹄湯洗卻，每夜洗之。

又方

桂心　蜜　石鹽各等分

右爲末，相和，夜調塗之。

治去皯黵方

白礬末　白丁香　鷹粉各等分

右爲末，以唾津調傅。

羊髓膏　治面皯黵塗之，令光白潤澤。

羖羊脛骨髓二兩　丹砂半兩　鷄子白二枚

右先將髓并丹砂入乳鉢中，研令極細，以鷄子白調和，令勻，入盒中盛。每用時先以漿水洗面，後塗之。

治黑皯，令人面色好方。

白殭蠶　黑牽牛　細辛各等分

右爲末，如澡豆，用之洗面，又浴小兒胎穢良。

治面黑皯黵，皮皺皴方。

益母草灰五升　落梨灰三升　石灰一斗

右研細於盆內，先着石灰，上用紙蓋，漸入熱水，候濕透石灰於紙上，留取水五升。將此水煮稀糯米粥，拌前件二味灰作毬，於炭火內燒令通赤，取去候冷，搗羅爲末。依前將粥拌更燒，如此七遍後，更以牛乳拌，又燒兩遍，然後搗羅爲末。每夜先洗面了，以津唾調少許塗之。平旦以熱漿水洗面，去斑皺皯黵極妙。

杏仁膏　治面黑皺皺，黶黑，皯黵，皶皰，粉刺，疵痣，黃黑不白光淨，凡是面上之病皆主之。

杏仁　鷄子白

右相和，如餅煎麵，入夜塗面，明旦以米泔洗之。一方溫酒洗之。

治粉滓皯黵方。

白蘞十二銖　白石脂六銖

右擣篩，以鷄子白和，夜卧塗面，旦以井花水洗卻。

治皯黵斑，及去瘢痕方。

雲母粉　杏仁各等分

右細研入銀器中，以黃牛乳拌，略蒸過，夜卧時塗面上，旦以漿水洗之。

治面皯黵方。

鷄子一枚　硃砂末一兩

右先研硃砂爲末，入鷄子中封固口，與鷄卵同令鷄伏，候鷄雛出，即取塗面效，不過五度。一方以白鷄腹下伏之，如前法取用，但云鷄子令面皮急而光滑，丹砂發紅色也。

治皯令人面皮白方。

鹿角尖　乾薑一兩

右擣乾薑，以和鹿角汁攪使調。每夜先以暖漿水洗面，軟帛拭乾，取上白蜜塗面，以手摩使蜜盡，不粘手爲候。然後塗藥，平明還以暖漿水洗之，二三日顔色驚人。塗藥不用過見風日妙，尤佳。

治面皯黯方

茯苓　白石脂各等分

右爲末，和蜜塗之，日三，除七黑。

治面黑皯黵，皮皺皺方。

杏仁一兩　膩粉半兩

右以鷄子白和勻，夜用傅面，經宿拭去甚妙。

治皯黵斑點，兼去瘢痕方。

桃花　杏花各一升

右以東流水浸七日，相次洗面三七遍極妙。一方加當歸。

治皯黵斑點方。

皂莢末半升　杏仁半兩

右都研令細，每夜用唾調塗之。

治面皯黵，內外兼治方。

右成煉松脂爲末，溫酒服三合。日三服，盡三升無不瘥。

又方

右以白附子爲末，酒和傅之即落。一方以水和塗之，亦治面皯皰。

治人面皯黵黑，膚色粗陋，皮厚狀醜。

右以羖羊脛骨爲末，以鷄子白和傅之，旦以白淨粱米泔洗之。日三。白如雪。

治去皯黵方。

右以白殭蠶爲細末，先以肥皂洗淨面，卻以藥末如洗之良。

又方

右以胡粉、黃蓮二味，爲末搽之。

丹砂方　治面皯黵，塗之令光白潤澤。

右以丹砂一兩研細，入蜜少許，更研如膏，入盒中盛。每至臨卧塗面，明旦以漿水洗之。一方以水和丹砂末，服方寸匕。男七日，女二七，色白如雪。

益母草塗方　治面皯黵，令光白潤澤，退皺皺。

右以益母草灰一升，以醋和爲細團，以炭火煅七度，後入在乳鉢中研細，用蜜和勻入盒中。每至晚卧時，先以漿水洗面，而後塗之大妙。

又方，以草煮湯洗之。一方，麵湯和酒七遍，洗面用之。

治面皯黑子方

右取李核中仁，去皮細研，以鷄子白和如稀餳塗。至晚每以淡漿水洗之，後塗胡粉。不過五六日有效。避風。

治血馯面皺䵳子，令人面潤澤有光。

右取蕪菁子爛研，入常用面脂中良。

又方

右用落葵子，以醋浸之揩面，令潤澤有光。

治面多馯䵳，或似雀卵色者。

右用苦酒漬朮，常以拭之面，即漸漸除之。

治面馯䵳黑子方

右以雄黄一兩細研，入豬脂和，每夜塗之效。

治馯䵳斑方

右以密陀僧，用乳煎塗面佳，兼治痞鼻皰。 一方以人乳調塗面，每夜用之。

治面馯䵳黑，膚色粗陋，皮厚狀醜方。

右用杏仁酒浸，皮脱擣碎，絹袋盛，夜取拭面。 亦治面皯。

又方

右用酒浸鷄子三枚。 蜜封四七日成，傅面如白雪。

治面皯䵳方

右用桃花、冬瓜子各等分擣，以蜜和傅面。

治面黑馯䵳皮皴方

羖羊膽　牛膽各一枚

右以醋一合，和煎三二沸，夜卧塗之。

攀風黄耆膏　整容去風。

黄耆　當歸　防風　檀香　栝蔞　香白芷各半兩　甘松　零陵香　川芎　甘草　生乾地黄　木香　藁本　白斂各一兩　赤芍藥　杏仁　麻油一斤

右件藥除油外，十六味皆剉碎焙乾，入油内，慢火熬一伏時，去諸藥不用，再稱熬若油。每一兩入明蠟四錢，再於火上化開蠟熬，少時用新綿子濾去滓，盛於瓷器内，熬時不得用銅鐵器，須銀石器内熬。

七香嫩容散　去風刺馯䵳。

黑牽牛炒，二兩　香白芷　零陵香　甘松　栝蔞根各二兩　茶子四兩　皂角末四兩

右件爲細末，如常用之。

藁本散　治面多馯䵳風刺。

藁本　黑牽牛　黑豆小盞　皂角

右爲細末，如澡豆常用之。

石菖蒲散　治面上馯䵳，風刺瘡䵳。

石菖蒲　甘草　白茯苓　淡豆豉　皂角

右各等分爲末，卧時，先以皂角洗面，揩拭令極乾，用鷄子清汁塗面上，至來早將此藥澡豆洗之。

五倍子膏　治面上風刺馯䵳。

漏蘆　五倍子　黄蘗各一兩

右爲細末，臨卧蜜調塗。 如小赤瘡，即以面油調傅。

瑩肌如玉散　治有馯䵳，及粉刺之類，并去垢膩，潤澤肌膚。

皂角三斤　糯米一升六合　緑豆　楮實子　白及　白丁香　縮砂　升麻各半兩　甘松七錢　三賴子三錢

右同爲細末，如糯米，緑豆粉末，及皂角末，一處攪拌勻，用之甚效。

又　去馯䵳　以山慈菰根，擣塗面上。

去面馯　以李子衫襟，燒灰傅之。

治面馯　以小蒋子是溝渠間者，爲末傅之。

《普濟方・面門・面皯皰・附論》　夫面皯皰者，生皷皰，細起如粟穀狀，由風熱相搏而生。蓋諸陽在於頭面，風熱乘之，結而不散，故成皯皰。養生方説，醉不可露卧，及飲酒熱未解，冷水洗面，令人發面瘡，輕爲皷皰是也。

《普濟方・面門・面皯皰・方》　五香散　治皯皰黶䵳，黑暈赤氣，令人白光潤方

黄耆　白茯苓　萎蕤　杜若　商陸　大豆黄卷各二兩　白芷　當歸　白附子　冬瓜仁　杜蘅　白殭蠶　辛夷仁　香附子　丁子香　蜀水花　旋覆花　防風　木蘭　芎藭　藁本　皂莢　白膠　杏仁　天門冬　土瓜根　白朮　梅肉　酸漿　水萍各二兩　蓽豆　豬胆二具

右治下篩取洗面，二十七日白，一年與衆別。

玉屑膏　治面皯皰。

玉屑　珊瑚　木蘭皮　辛夷各一兩半　白附子　芎藭　白芷各一兩　冬

瓜仁四兩　桃仁半斤　商陸半斤　牛脂二兩　豬脂四兩　白狗脂一斤

右除玉屑珊瑚及諸般脂外，并細剉。先於銀鍋中，以文火銷諸般脂令鎔，後下諸藥，同煎三上三下，令白芷色黄爲度，濾去滓，下玉屑珊瑚末攪令匀，於瓷器中盛。每夜塗面神效。

治面皯方

雄黄　雌黄　光明砂　密陀僧　珍珠　峭粉　白殭蠶　白及　茯苓　水銀

右研和令匀，少減取，和豬脂面攪令調。每夜用澡豆漿水洗去，勿衝風火。又方，以李子仁和鷄子白塗則落。

麝香膏　治面皯皰，令光白。

麝香　附子　當歸　芎藭　細辛　杜蘅　白芷　芍藥各一兩　豬脂一斤

右先將豬脂，入鍋中化成油，餘并剉如小麥大，入脂油中，以文火煎，稀稠得所，濾去滓。麝香攪令匀，傾入瓷盒中收。每塗藥，先以漿水洗面。

治面皯方

芍藥　茯苓　杏仁　防風　細辛　白芷各一兩　白蜜一合

右爲散，先以水銀霜傅面三日，始取前件白蜜以和散藥，每至夜中傅之，不得向風日。向曉任意作粉常用妙，每夜先以漿水洗面，後傅之。

枸杞子散　治面皰傅面。

枸杞子　白茯苓　杏仁　防風　細辛　白芷各一兩

右爲細散，先以膩粉傅面三日，即以白蜜一合和散藥，夜卧時，先用漿水洗面了傅之，不得見風日，能常用大佳。

治面上雀子斑及皯皰方

白蘞　生礬石　白石脂　杏仁

右研和鷄子白，夜卧塗面上，旦用井花水洗之。

治面皯皰，令人悦白方。

瓜蔞子　白石子　雀屎　麝香

右搗篩，別研麝香、雀屎、白石脂和合，取生菟絲苗汁和之，如薄泥。先用澡豆洗去面上垢膩，次以藥塗皯上。日夜三四度，平旦温漿水洗之。亦治面黑斑駁。

冬葵子散　治面皯皰，令光白，少年氣血盛，面皰甚者。

冬葵子　柏子仁　白茯苓　冬瓜子

右搗細爲散，每服二錢匕，溫酒調下，食後臨卧時服之。

礬石散　治面皯皰，令光白。

礬石　白石脂　白蘞　杏仁

右幷爲散，以鷄子白調令匀，入瓷盒中盛。臨卧時，先用漿水洗面，後塗藥，明旦以井水洗之，白蘞亦作白藍。

黄蓮散　治面皯皰，令光白。

黄蓮　木蘭皮　大豬肚

右將二味，搗羅爲末，納豬肚中縫合口，入五斗米甑内蒸熟，取出細切曝乾，搗羅爲末。每服二錢，溫水調，空心臨卧服。

麻黄散　治面皯皰。

麻黄　甘草　杏仁各三兩

右搗篩，酒下一錢，日三服。

羊乳膏　治面皯。

羊膽膏　治面皯皰，及産婦黑皰，如雀卵色。

羊膽　豬脂三合　細辛三分

右相和煎成膏，每夜塗面，旦以漿水洗之，亦治令面皮光澤。

治面皯皰方

黄連三兩　蛇床子四合

右搗末，以面脂和塗面。日再瘥。

治面皯皰，及産婦黑皰，如雀卵色。

桃花　冬瓜仁各一兩

右擣爲末，以蜜調傅之。

治面皯，如雀卵色。

以羖羊膽一枚，酒二升，煮三沸，塗之。日三度瘥。

浮水膏　治面皯皰，令光白。

用水萍曝乾五兩，搗羅爲末，以蜜調和，稀稠得所，入瓷盒中盛。每卧時塗面。本草按浮萍瀹之，亦可飲少許汁良。治少年面上起細皰。

治面皯皰，及產婦黑皰，如雀卵色，䵟黯斑方。
用白茯苓末，蜜和傅之。
治面皯
用桂心、生薑末，蜜和傅之。
治面皯皰，及產婦黑皰，如雀卵色。
用七月七日取露蜂子，於漆椀中，以少酒漬，取汁重濾過，以明粉相和塗之。
治面皰方
生地三斤　枸杞根一十斤
右先擣枸杞，次擣地黃，曝乾合篩。空心酒服方寸匕，日三。久服顏如童子，此秘方也。
治男女皰面生瘡方
黃連二兩　牡蠣三兩
右擣羅，以粉瘡上頻傅之，即瘥。一方以水和如泥，傅之妙。
治面上皰子方
水銀　臘月豬脂各一兩
右相和熟研，令水銀星盡，向夜塗之，平明拭淨。三四度瘥。
又方
鷹糞白半兩　胡粉一分
右細研，以蜜和傅面上。
治少年面上起細皰方
鷄子二枚　好酒一升
右瓷瓶子內盛，密封頭，候七日，取出鷄子去殼，每夜塗面上，且以溫漿洗之。
治面及鼻病皶皰
木蘭皮一斤　梔子仁一斤
右擣散，食前以漿水服方寸匕，日三良。一方食後用蜜湯下。
治面皶皰方
用鸕鷀屎一升爲末，以臘月豬脂和勻，夜傅之。亦治䵟黯。
治面皯皰，年少氣盛。
用麋脂塗拭面上，日再塗之瘥。
治面上皰子方
用川大黃末，以水調，每夜塗之。
木蘭膏　治面皶皰。
木蘭皮　防風　白芷　辛夷　木香　牛膝　獨活　藁本　芍藥　白附子　杜蘅　當歸　細辛　芎藭　麝香　臘月豬脂二斤
右除麝香豬脂外，幷剉碎。先將豬脂入鍋中令銷，下諸剉藥，以文火煎三上三下，候白芷塊子黃色膏成，用新綿濾去滓，入麝香攪勻，稀稠得所，瓷盒盛。每臨卧時，先以溫漿水洗面，後塗膏，日三次。
白芷膏　治面皶皰。
白芷　白附子各三分　芎藭　防風半兩　丁香　白蕪荑　木蘭皮　細辛　藁本　零陵香　松花　麝香各一兩(分)　熊脂三斤
右除麝香、熊脂外，幷剉碎入淨器中，以酒二升浸一宿。先將熊脂入銅鐺中，化令銷。次下酒中諸藥，以文火煎之，三上三下，候白芷黃色膏成，用新綿濾去滓，入麝香攪勻，稀稠得所，瓷盒盛。每臨卧時，先以澡豆溫漿水洗面，後塗膏大效。
防風散　治肺臟風毒，及過飲成皶皰。
防風一兩　石膏三兩　小荊子　梔子仁　薺苨　枸杞子　白蒺藜各一兩　甘草半兩
右爲細末，每服二錢，溫水調下。食後，二服。
杏仁膏　治面皶皰。
杏仁研，一兩　硫黃研，一分　密陀僧研，半兩　硇砂研，一錢　白鵝脂二兩
右除鵝脂外，再同研如粉，入鵝脂油，更研令勻，傾入瓷盒子，坐煻灰火中養之，攪令稀稠得所，成膏。每臨卧，以紙拭皰，令乾塗之。
治卒得面皰方
土瓜根　水銀　胡粉　青羊脂等一分
右爲粉。和傅面皰，且以漿水洗之極妙。
白附子散　治面皰瘡腫。
白附子　青木香　由跋各二兩　麝香三分
右爲散，以水和塗面。一方用細辛二兩尤佳。

白膏　治面瘡，疱疥癰惡瘡。
附子十五枚　蜀椒一升　野葛一尺五寸
右羅勻，以酢漬一宿，豬膏一斤，煎令附子色黄去滓，塗日三。
治面皰及黑方
醋酒三升　牛膽　羖羊膽各一具
右合煮三五沸，傅之。
治面上皶皰皯䵳方
蒺藜子　梔子仁各一斤
右搗合如泥，以醶漿和如泥，臨卧以塗面上，日未出便洗瘥。
雄黄散　治面上生細皰瘡方。
雄黄　峭粉　水銀各等分
右以臘月豬脂，和以傅皰上，瘥止。
治年少氣血，面生疱瘡方。
薺苨　肉桂各二兩
右爲末，以酢漿服方寸匕。日一服。亦治䵟䵳，及減瘢去黑痣。
治面皶皰皯䵳方
用木蘭皮一斤，以三年酢漬，令浸百日，曝乾爲末。溫酒服，早午晚日三次，以漿水服之。又以爲末，傅之治滅瘢。
治面皯皰，及產婦黑皰，如雀卵色。
右以鷄卵，醋浸令壞，傅面皯後，以漿水洗之。
治面皯。一名杏仁膏
治面皯䵳，令悦白潤好及手。一名茯苓膏
治䵳皯面。一名治白䵟䵳方
白附子膏。方見面䵟䵳類
治面皯皰，令悦白潤好，及治手皺方。
治少年面上起細皰。
挼浮萍搶之，亦可飲少許汁良。
又　治面黑皯　以冬瓜藤燒灰洗之。
治面皯，以乾柿炙食之。
治面白皯瘢，以續隨葉汁傅之，又莖中白汁，剝人面去䵟䵳，甚效。

《**普濟方・面門・面粉皶・附論**》　夫面皶者，是粉刺也。面上有皶如米粒，此由膚腠受於風邪，搏於津脈之氣，因虚而作。亦云傅之胡散入虚肌，使之然也。
《**普濟方・面門・面粉皶・方**》　治粉刺，面生䵟䵳方。
黄耆　白朮　白蘞　萎蕤各二兩半　商陸　鸕鷀糞　鷹糞各一兩　防風　芎藭　白芷　細辛各一兩半　木香一兩　白附子　杏仁各一兩半
右爲末，以鷄子白，都和作梃子，曝乾，以漿水研塗面，夜傅朝洗之妙。
治面上粉刺，悦澤容顔方。
硫黄　密陀僧　乳香　膩粉　白殭蠶　杏仁各等分
右同研如粉，以牛酥調稀稠得所，暖漿水洗面了，拭乾塗之。勿使皂角，三五度瘥。
治面上粉刺，及面瘡方。
黄連　粳米　赤豆各五分　吳茱萸一分　胡粉　水銀各六分
右搗黄連等下篩，先於掌中研水銀，使極細和藥，使相入，以生麻油總稀稠得所。洗瘡拭乾傅之。但是瘡即瘵，神驗。一方無胡粉。
赤膏　治婦人面粉皶。
光明砂四分　麝香二分　牛黄半分　水銀四分　雄黄三分
右研如粉，面脂一升，納藥中和攪令勻，如傅面脂法，香漿水洗。塗藥避風，經宿粉皶如蔓菁子狀，自落，大效。
防風散　治面上風刺，粉刺。
防風　輕粉　荊芥各二(三)分　密陀僧　乳香各一錢
右爲細末，每夜遇晚，用藥一錢塗面上，以乳汁調傅之。次日空心，再用鹽荊芥湯洗之。
治面上瘢跡。一切風刺、粉刺、雀斑方。
白附子　密陀僧　白茯苓　白芷　胡粉各等分
右爲細末，以羊汁調塗傅，至天明漿水洗面。不過五七次。亦治風瘡。
治面上粉刺及黑䵟方
硃砂　雄黄　密陀僧各一兩　麝香半兩　粉霜半兩
右研細，用面脂調，夜卧時勻以塗面，至明以溫漿水洗之。

肥皂圓　治男子婦人風刺、粉刺、雀斑、面上細瘡。
南星　朴硝各半兩　巴豆七枚　白梅肉一兩
右爲細末和勻，將肥皂一個，酌量大小入藥，在肥皂內，麻線扎定，濕紙煨香熟取出，入消風散一貼，爛搗成膏，丸如彈子大。每日用之洗。欲入諸香，隨意加之。
治風刺、粉刺、瘡麻子風、黑鼾等疾方。
殭蠶　白附子　白芷　藁本各一兩
右爲末，如常面藥洗之。
五參圓　治去酒刺。面瘡。
人參　丹參各一錢　苦參　沙參　玄參各一兩
右爲末，用胡桃仁五錢，重杵碎爲丸，如梧桐子大。每服三十丸，茶湯送下，日進三服，食後服。
紅膏　治面上粉刺。
硃砂一兩　麝香　牛黃各半兩　雄黃三分
右細研令勻，以面脂和爲膏，勻傅面上，避風經宿，粉刺自落。
白蘞膏　治面粉皶。
白蘞　白石脂　杏仁各半兩
右爲末，更研極細，鷄子白調和，稀稠得所，瓷盒盛。每臨卧塗面上，明旦以井花水洗之良。
療面及鼻酒皶方。出《肘後方》
珍珠　胡粉　水銀各等分
右豬脂和塗。又鸕鷀屎和臘月豬脂塗，亦大驗神效。傅面，旦起以水洗之。
治粉刺方。出《百一選方》
雄黃　硫黃　蛇床子各等分
右爲細末，臨睡時洗面了，用眞酥一匙塗之。
治婦人面上粉刺方
滑石半兩　黃蠟一錢　巴豆五個
右各爲細末，每用少許，如常法洗面。
治婦人頰上瘡，瘥後每年不發。
黃礬石二兩　胡粉一兩　水銀一兩半
右搗篩，先以片許豬脂，於瓷器內熟研水銀，令銷盡，更加豬脂，并礬石、胡粉使粘稠。洗面瘡以塗上。又別熬胡粉令黃，塗膏訖，則以粉，數日即瘥。
治猝病餘，面如米粉方。
白蘞　杏仁半分　鷄矢白一分
右擣下以蜜和之，雜水以揩面良。
丹砂散　治面皶如麻子。
丹砂　桃花各五兩
先將桃花研令如膏，次入砂，同研極細。每服一錢，空心井水調下，日三服。十日(至)〔知〕，二十日太白，小便當出黑汁。
萱草膏　治面粉皶瘖瘟。
萱草花曝乾，七兩　白蜜二兩
右搗羅萱草花極細，與蜜調研，令勻，入瓷盒，俟每旦洗面後，多少塗面上。
石粟膏　治面粉皶，瘖瘟如麻子。
石灰二兩　粟米二兩
右將灰羅細，同粟米納瓶中，以水浸經三日，取出如膏，曝乾，重研如粉，以面脂調勻，入瓷盒中盛。每洗面訖，拭塗之。
治面皯，及粉皶。
右三年大酢二升，漬鷄子五枚，七日，鷄子當軟如泥，去酢瀉著瓷器中，以胡粉兩鷄子許，和研如膏。蓋口蒸之於五斗米下，熟，藥成封之，勿泄氣。夜欲卧時，研塗面皰粉刺上，旦以漿水洗面。每日如此，百日瘥，勿見風效。亦治粉刺及鼾。
治面及鼻病酒皶方
用馬蘭子花杵，傅之佳。
治面粉滓方
右熬礬石，以清酒和傅之，不過三上。一方熬汁盡爲末，酒塗之。亦治猝病餘，面如米粉，又去粉刺。
又方出《聖惠方》

用生菟絲苗擣汁塗，不過三上，一方菟絲子汁。

玉女粉　治面上風刺，粉刺，面皯黑白斑駁。

用益母草不拘多少，剉擣晒乾燒灰，湯和燒數次，與粉相似。每用以乳汁調，先刮破風刺，後傅藥上。一方洗面用之，又以醋漿水和燒通赤，如此五次細研，夜卧時，如粉塗之。

治大粉痣方出《海上方》

用黑牽牛爲末。對入面藥中洗面，能去粉痣。

治粉刺方

用茺蔚子燒益母灰爲末，以面湯溲燒之洗面，遍治面上風刺。亦製硫黄極妙。

又方：以蘖米末共米醋和傅，亦使皮膚澤，爲熱不及麥蘖也。

又方：以蜂子取其未成頭足時，炒食之。又酒漬，以傅面，令面悅白。

治去酒刺面瘡：用蜜一兩，白丁香一十粒，浸在蜜裏，早晨夜晚點在面上，酒刺自落。

治鼻瘡贅子，及面上雀兒斑。

黄丹　硇砂　巴豆　餅藥各三錢

右爲末，入生礦石灰末一匕，鷄子清調匀，酒瘡用鵝翎刷上，雀兒斑竹針刺破，挑藥點之，纔覺痛，微腫可洗。

治粉刺　皯黑白斑駁。

右羖羊膽五枚取汁，以好酒一升，相和煎令稠，以塗面上，日三度。

土瓜膏　治面粉皶瘖癟。

用土瓜根二兩，擣爲細散，以漿水和研成膏，入瓷盒中盛。每臨卧，以漿水洗面後少許。

治婦人粉刺，面上黑子。

右以黑牽牛不拘多少，以童子小便浸，令軟爛，研極細，先以生薑自然汁塗患處，卻以藥塗之。詰旦，用溫酒洗淨，甚者不過三效。

《普濟方·面門·面體疣目·附論》 夫風邪入於經絡，血氣凝滯，肌肉弗澤，發爲疣目。或在頭面，或在手足，或布於四體，其狀如豆，如結筋綴連，數十鼠乳相類，故謂之疣目。

《普濟方·面門·面體疣目·方》　治一切疣贅瘢黶方

風化石灰　粉爐炭灰　桑柴灰各一錢　砒霜　硇砂各一分　黄礬半分

右將砒霜等三味，研令極細，入前膏內調匀，用布揩破塗之。似有白痂，即以新羅松子油調塗之。

治疣目及痣等方

桑柴灰四升　附子兩棵　硇砂一分　糯米五十粒

右擣爲末，入煎內調令匀，每取少許點疣目上，即自落兼破。一切腫毒要作頭者，當上用此藥，腫毒即破也。

治面及身上生疣目方

膩粉一兩　巴豆一枚

右細研，以針輕撥破。疣目上點之，成瘡自落。後用黄連末傅之，便乾。

治去疣目方

松脂　柏脂

右等分，合和塗之，一宿失矣，兼治疵痣。

治面及身上生疣目方

用蠟紙一片，炙令熱，上以硫黄末少許，摻令匀，緊卷，以火燒點疣目上，待有沸聲便撥，卻已去根也。

治疣目及痣黶子方

用糯米五十粒，於濕石灰裏埋之，以米爛爲度，用針撥破疣目傅之，經宿自落。亦治黶子。

又方：以鹽塗疣上，令牛舐之，不過三度。

又方：以屋溜下水塗之效。或云以墨塗之，不過三度。

又方：以朔藋赤子挼使壞，疣目上亦令塗之。

又方：以石硫黄揩疣目上，六七遍除，以醋調塗即瘥，亦治疵痣。

又方：七月十五日，正中時望中，以禿條帚掃疣目上，三七遍差。

又方：取月盡日平旦井花水，月生一日煮作湯，竈突北面南自洗。呪曰：日盡水，月初湯，竈突北，千疣死，百疣亡。凡七度洗及呪。甚良妙。

又方：用布紙一張於床下，即以筆點疣，下還點紙一千，無問多少，皆一一點。每點即呪曰，紙亦散，點一遍訖，乃深埋點紙於屋漏下，久當疣散。

又方：月晦日，夜於廁前，取故草二七莖，別二七過粉疣目上訖，呪曰今日月晦疣驚，或明日朝乃棄，勿反顧之。

又方：取亡人枕若席物拭之，亡人近，彌易去也。

又方：取七月七日，以大豆一合，拭疣目上三過訖，使病疣目人種豆，著南向屋東頭第二霤中，豆生四葉，以熱湯沃殺，疣目便失。

又方：右盜取一酘酒醅，以摩疣目上，呪曰疣疣不知羞，一酘酒醅洗你頭，急急如令。呪滿七遍，即自愈。

又方：用杏仁二十枚，燒令黑，研如膏，塗疣目上。

治疣目耳瘑瘡出《本草》：以烏雞膽日三傅。

治人面卒得赤黑丹如疥狀，不急治，徧身即死。用燒鹿角末，豬膏和塗之。

療面目身卒得赤斑或癢，或瘭子腫起，不即治之，甚殺人。以羖羊角燒爲灰，研令極細，以雞子清和塗之，極神驗。無雞子，和塗之甚妙。

治面目卒得赤黑丹如疥狀，不急治，遍身即死，若白丹者方。取白瓷瓦末，豬脂和塗之。

又 治去疣目方：用豬脂於癢處揩之，令少出血即瘥，神驗不加。

又方：用牛口中涎，數塗疣目上自落。亦治𤺋痣。

又方：用艾作炷，於疣目上灸之，三壯即除。

又 又方：用灰二兩，以苦酒漬七日，滴汁點疣目上即落，作小瘡子即瘥。亦治𤺋痣。

又方：以蜘蛛網絲繞纏之，自落良。一方棘叢間花蜘蛛絲尤良。

又 銷黑痣疣贅：取浣衣黃灰，蒿、藜、荻三種灰，火水蒸，以點之，即去。不可廣用，爛人皮肉，桑薪灰，功勝浣衣黃灰及炭灰。

《普濟方·面門·黶痣·附論》 夫黑痣者，蓋風邪搏於血氣，變化所生也。夫人血氣充盛，則皮膚潤悅，不生疵瑕；若損則生黯痣。然黑痣者，是風邪變其血氣所生也。若生而有之者，非藥可治也。凡面及體生黑點，謂之黑痣。亦云黑子也。傷其上皮。令裁破，以藥點之，此名三灰煎。

《普濟方·面門·黶痣》 灰煎 治疣贅瘢痕，疵痣，及𤻤疽惡病等。

石灰一斗五升　湿桑灰四斗　柞櫟灰四斗

右合九斗五升，以沸湯令浥浥調濕，納甑中蒸之，從平旦至日中，還取釜中沸湯七斗，就甑三淋之澄清，納銅器中，煎令至夜。斟量餘五斗汁，微火徐徐煎取一升。洗亂髮乾之，如雞子大，納汁中即消盡。又取五色綵，剪如韭葉大，量五寸著藥中，亦消盡，又令不強藥成，以白磁子貯之。煎時不令婦人、小兒、雞犬見。亦治其諸瘤，其血瘤附左右胡脈及懸癰，舌本陰處，可不令消。消即血出不止，殺人。宜詳慎之。

治出黑子方。

大丁香　𦍋子各等分

右以研塗黑處。

神手膏　治專去痣。

石灰一兩　斑貓七個

右蘸苦竹、麻油、少許，卻和勻，石灰揭調，然後入釅醋少許攪和，不拘多少。先用刀剔破痣，入藥於內塗之。

糯米膏　出黶子。

石灰　木炭灰三錢

右件秤勻，以水少許，調令稀稠得所，盛甑內盛。以竹篦子攤平，然後揀好糯米二十粒，每粒立種之如蓮蓬樣，每粒插一半在灰內，以好紙遮蓋盞口，無令透氣。候四五日，取起一二粒着在灰內者，若化作粥漿可用。如未便，候一二日。如取黶子先洗淨過，以竹針削作針，燈上燎過，其尖稍利，先輕手於黶周圍，略撥動，即以竹針輕批，糯米漿汁勻布撥動處，黶上不用。須臾微赤，不痛，不作膿，三數日即作痂，勿剝，任其自落，不作瘢痕，其黶自除。

治出黶方

用蕎麥稭一擔，不爛者，燒灰存性，入石灰半斤，同灰一齊過冷火滅。然後以熱水淋灰，淋下灰水，用鐵器內煮，以漆匙攪成膏子，於黶上點出。或先以草莖刺破亦可。

七白圓　治面上黶色並雀斑。

白附子　白及　白蘞　白芷　白殭蠶　白茯苓　白朮各等分

右爲末，以雞子清調作錠子，陰乾，每用漿水摩傅面上，以時換傅。七日見效，加密陀僧。

治面上黑痣及贅方

雄黃　硫黃　珍珠末　白礬　（蘭）〔蔄〕茹　藜蘆各半兩　巴豆三枚

右爲末，都研令勻，以黑漆和合如膏，於上點之。當成瘡自落，及去面䵟皮中紫點。其不耐漆人，用雞子白和塗之良。

治赤疵及黑痣，去䵟䵴。

乾漆一兩　巴豆三枚　炭灰　雄黃　雌黃　白礬各一兩

右爲末，都研令勻，以黑漆和合如膏，於上點之。當瘡自落，及去面䵟皮中紫點，其不耐漆人，用鷄子白和塗之良。

五灰煎　治黑子，去疣贅。

石灰　朔藋灰　桑灰　炭灰　蕈灰各一升

右以水溲蒸令氣匝，仍取釜中沸，淋取清汁五升許，於銅器中東向竈煎之，不得令鷄犬、小兒、女子、穢惡人見，膏成凝強。細砂糖即堪用，量以點之。

治去痣方

糯米一百粒　石灰　巴豆三粒　餅藥少許

右入瓷瓶同窨三日，以竹簽挑粟米許點痣，自然蝕落，亦治去瘢。

治點痣方

硇砂　石灰　斑貓　巴豆各等分

右用餅藥調，每用粟米大點上。

治黑子及贅方

生藜灰五升　生桑灰五升　石灰三升半

右合和令調，蒸之，令溜取甑下湯一斗，從上淋之，盡湯取汁，於鐵器中煎減半。更閑火煎，以鷄羽搖中即然斷藥成。欲去黑子疣贅，先小用石灰、桑灰，淋汁熬成膏，草莖刺破，點新水沃之。（及）〔忌〕油膩等物。

治面䵟方

先以草梃掐斷，於䵟上劃破，微有血出，銅綠細末貼之。三日不洗面，瘡痂起自然無了。如厚䵟或青䵟，須再起一遍。方盡無瘢痕。

治黑痣生於身面上

用黎蘆灰五兩，水一椀，淋灰汁於銅器中盛，以重湯煮，令如黑膏。以針微撥破痣處，點之者不過兩次，神驗。

治黯點方

用桑灰、艾灰各三升，以水三升淋之，重淋三遍，以五色帛納汁中合煎，令可丸。以傅黯上，則爛脫，乃以膏塗之。兼治疣目，甚妙。

治點痣藥

用𪉖入水熬數沸，下好灰調如粥相似，入磁器內，上鋪白連紙一層，用糯米五十粒，頓於紙上，用物合了，放在暖處，次日看米如膏。點痣用針撥破，點上米膏。

治點䵟子方

取落梨灰少許，淋取灰汁，於銅器中重湯煎，如黑餳。以針微撥破䵟子，令藥得發動點之。大者不過一點。

治黑子去疣贅方

用續隨子熟時壞破之，以塗其上便落。

神效灰煎　治疣贅，黑疵痣䵟，穢瘡疽，瘜肉結瘤。

用炭灰三升，湯拌令濕，徹以熟湯漬，令半日後則還之淋之。稍點湯，不得太速下，即灰汁不驗，候汁下得二三升，即納一小鐺中，煎一兩沸，即別取一大兩。風化石灰爲佳，恐中濕者。須熬令極熱，納灰汁中和煎，以杖箄攪之，勿住手，候如煎餅麵，少許，細細取成膏。急瀉着一瓷器中，攪令冷。不然，須臾乾燥不堪用。常候此煎十分有一分堪久停，但有傷損肉色，須臾變赤黑色，痛如火燒，狀如灸瘢。發時即肉病凹爲效，後經二十餘日，病自然脫落，無瘢痕。欲衝風冷遠行，貼烏膏亦神效，痂亦易落。瘡未瘥間，忌小豆藿。縱有瘢，亦不凸出，烏膏極妙。

治赤痣

用黑大蒜和䱇血塗之。

治去痣䵟小瘤子方

用石灰化𪉖，各等分爲細末。先以針挑破，卻用水調藥，點上些小在患處，三日三上即去。如無滅，用麥稈灰、竈灰淋水同石灰調，依前用。一方，天色冷，溫用。

治去䵟子方，亦治血䵟面皺。

用蔓菁子研末，入面脂中及去皺。

治去痣䵟。

用石灰、炭灰上熬令熱，放糯米於灰上，候米化，即用米點之。

美容膏　治偏滿頭面，大小諸黶子，或偏身體者。

料炭灰　桑柴灰　蕎麥藾灰各半兩

右灰用熱湯淋取一升，熬至五分，又用

獨角仙一個　紅娘子半錢　糯米四十九粒　石灰一兩

右爲末，將前項灰，調汁如麵糊相似，在瓷盒內，土底埋五七日，取出使用。取瘢痕黶內刺破，用細竹簽子點之。放藥用濕紙揉藥，再點，至三上，見瘢痕時，令水淋洗。忌薑醋熱肉之物。

治去面上黶子，黑痣方。

右夜以暖漿水洗面，以生布揩黶子令痛。水研白梅檀香取濃汁，塗黶子上，且復以暖漿水洗之，次以鷹屎白傅其上。亦治黑子。

治黑黶子，及紋刺。

用石灰水調一盞，如稠粥，揀好糯米粒全者，半置灰中，半灰外，經宿灰中米色變，如水精。若人手面上有黑黶子，及紋刺，先微以針頭撥動，置少許如水精者於其上，經半許黶汁自出，剔去藥不用。但不得着水，三二日愈。

治黑痣面皯潤毛。

用大豆黃卷一升，炒令香爲末，空心暖酒下一匙。大豆黃卷者，乃黑豆芽也。

又　如聖膏

黑豆梗灰　蕎麥稭灰　茄梗灰　桑柴灰　礦灰　炭灰

右件各等分爲末，水三碗，淋取汁，將淋下再淋兩次，慢火熬膏。每用少許，針刺破黶子傅之。

又　治疣痣黑子

以諸灰雜石灰熬煎以點之。

治痣子方。

用苦菜折之，取白乳之出，常點痣子自落。

《普濟方·面門·澡豆》　洗面藥

川芎　細辛　藁本　霍香　白附子　冬瓜子　沉香　白殭蠶　甘松
栝蔞仁　皂角末　阿膠　楮桃　絲瓜　白斂　腦子　糯米　白朮　生栗子　吳白芷　白茯苓　白及　土瓜根　廣木香

右爲細末。

洗面藥方

零陵香　檀香　丁香　茅香　藿香　白朮　白及　白斂　川芎　沙參
防風　藁本　三柰子　天花粉　木賊　楮桃兒　黑牽牛　白殭蠶　白芷　甘松　綠豆　肥皂角

右爲細末，每日洗面用之。面上遊風，諸般熱毒風刺，光澤精神爽。

澡豆洗面，去皯䵟風癢，令光色澤方。

白朮　白芷　白及　白斂　茯苓　藁本　萎蕤　薯蕷　土瓜根　天門冬　百部根　辛夷仁　栝蔞　藿香　零陵香　鷄舌香　香附子　阿膠　白麵　楝子　澡豆　皂莢

右等分擣篩，以洗面，令人光澤。若婦人每夜以水和解漿塗面，至明溫水洗之，甚去面上諸瘡。

澡豆方　治面上黑不淨，洗手面。

白豆屑　白附子　甘松香　丁香子　白芷　白殭蠶　鷹屎白　白檀香
白朮　木香　芎藭　白鮮皮　大棗　杏仁　麝香　白梅肉　麵三升
冬瓜仁　豬胰　鷄子白　土瓜根各一兩

右先以豬胰和麵曝乾，然後合諸藥擣末，又以豆屑二升爲散。每旦用盥洗，十月色如白雪，三十月如凝脂。《千金翼》有桂心三兩，無白殭蠶、芎藭、白附子、大棗。

洗面藥。

山川芎　藁本　白斂　栝蔞　白阿膠　白茯苓　石膏　甘草　香白芷
零陵香　防風　白及　滑石　三柰子　細辛　薑　楮實子　綠豆　糯米　皂角

右等分爲末，每用三錢洗面。

香藥澡豆方　治面皯黑黯，手皮乾皴，令潔白光潤。

白斂　白芷　葳蕤　白及　細辛　當歸　鹿角膠　土瓜根　白茯苓
商陸　鸕鶿屎　密陀僧　栝樓仁　桑根白皮　橘子　芎藭　白附子
冬瓜仁　桃仁　硇砂一兩

右細擣爲散，先將鹿角膠並硇砂，以水三升，煮令膠消。用和白麵五升，薄作餅子，曝乾，擣羅爲末。更入綠豆麵二升，藥相和令勻。常用洗手面，色白如練。

澡豆方　治洗手面。令白淨悅澤。

白豆麵一升　麵三升　冬瓜仁　豬胰　白茯苓　白鮮皮　白芷　栝蔞子　白朮　白附子　白斂　菟絲子　土瓜根　羌活　萎蕤　桃仁　杏仁　商陸　芎藭各一兩

右合擣篩，入麵豬胰拌勻。更每日常用，以漿水洗良。

又方

豬胰　豆末　細辛　土瓜根　白朮　藁本　防風　白芷　茯苓　商陸根　白附子　杏仁　桃仁各四兩　栝蔞　皂莢　冬瓜子　雀矢　菟絲子

右擣末，以麵一斗，用漿水和豬胰，研令爛，和諸藥及麵作餅，曝乾，擣，絹篩收貯，勿令遇風。洗手面極妙。

洗面藥

霍香　栝蔞根　白芷　藁本　檀香　楮桃兒　白茯苓　防風各二兩　丁香　川芎　黑牽牛　零陵香　甘松　茅香各二兩半　麝香　赤小豆　沉香　糯米一升

右爲細末。

又方《海上方》：

白茯苓　藿香　零陵香　香白芷　白附子　白朮　白斂　白殭蠶　甘松各半兩　杏仁　藁本　黃明膠二兩　雀糞　皂角　赤縛兒　糯米　綠豆各一升　益母草灰半升，六七月開花盛時採

右爲細末，拌勻洗面。

澡豆方　治面黑不淨。

丁香　沉香　木瓜花　鍾乳粉各三兩　桃花　青木香　櫻桃花　白蜀葵花　麝香半兩　㮈花　白蓮花　紅蓮花各四兩　李花　梨花　旋覆花各六兩　玉屑　珍珠各二兩　蜀水花一兩

右擣末乳等并研，以絹下之，合和大豆末七合，研之千遍，密貯勿泄。常以洗手面，百日如玉光潤。去臭氣粉滓，咽喉臂膊用洗妙。

又方

白鮮皮　白殭蠶　芎藭　白芷　白附子　鷹屎白　白朮　甘松　甜瓜子仁　細辛　杏仁　白檀香　藁本　冬瓜子仁各三兩　白梅肉　鷄子白　豬胰各等分

右擣爲散，入後三味同擣勻，每洗面，日常用之。

澡豆花仁洗面光潤方

白鮮皮　鷹屎白　白芷　青木香　甘松香　白朮　桂心　麝香　白檀香　丁香子各三兩　冬瓜子　白梅　鷄子白　豬胰　麵五升　土瓜根一兩　杏仁三兩

右以豬胰和麵曝乾，然後諸藥擣散，和白豆末三升，以洗手面。十日如雪，三十日凝脂無比。

洗面藥

黃明膠　甘松　白斂　藁本　川芎　細辛　白及　白殭蠶　川零陵　白朮各一兩半　桃花　大皂角　沉香半兩　糯米一兩

右爲細末。

澡豆洗手面藥豆屑方

白茯苓　土瓜根　商陸根　萎蕤　白朮　芎藭　白芷　栝蔞　藁本　桃仁各六兩　皂角　豆屑　豬脂各三兩　豬蹄一對　麵一斗

右取豬蹄汁拌諸藥等，曝乾擣散，以作澡豆，洗手面妙。

玉盤散　治洗面。

糯米二升　皂角二斤　乾楮實一斤　黃明膠一斤　白及　白斂　白芷　白朮　藁本　芎藭　細辛　甘松　零陵香　白檀香各一兩

右爲粗末澡豆，以皂角末別入，看緊慢添減，洗面識爲度。或加白丁香、杏仁、鷄子清調塗，過夜者專去風刺。

澡豆悅面急面皮，去䵟𪒠粉刺方。

蔓荊子　白芷　芎藭　皂角末　萎蕤　白朮各五兩　冬瓜仁　梔子仁　栝蔞仁　蓽豆三升　豬腦　桃仁　鷹矢　商陸各三兩

右藥爲末。其冬瓜仁、梔子仁、栝蔞仁，別擣如泥。豬腦、鷹矢，合擣令相得。然後下諸藥，更擣令調，以冬瓜瓤汁和爲丸。每洗面用漿水，以此丸當澡豆用，早夕用之，亦不避風日，即瘥。

澡豆方　治面黑不淨。

白芷　白斂　白及　白附子　白茯苓　皂角　白朮各二（一）兩　桃仁四

兩　沉香　麝香各二錢　杏仁　大豆麵　糯米各二兩

右先將好漿水三大盞，消膠爲清，取糯米淨淘，和膠清煮作粥，薄攤晒之，令乾和藥，一時擣細羅爲散，取豆麵重和之令勻。又用酒半盞，白蜜二兩，火上鎔之，令蜜消，即一時傾入澡豆內，拌之令勻，晒乾。常用洗手面佳。

檀香散　治洗手。

栝蔞根　零陵香　藿香　甘松　藁本各二兩　吳白芷　大皂角　茅香　白檀香　糯米　楮桃兒各三兩

右爲細末，沙羅子羅，如常洗手使用。

澡豆　治手乾燥，少潤膩方。

大黃豆　赤小豆　苜蓿　零陵香　冬瓜仁　茅香各六兩　丁香　麝香各半兩　豬胰半斤

右細擣羅，與豬胰合和，晒乾再擣篩。取洗手面，常用之良。

澡豆方。

豬胰　白茯苓　藁本　白芷各四兩　甘松　零陵香　白商陸　大豆末　藋灰各一升

右擣篩調和訖，稍取前豬胰九味，瓷器中汁和。以洗手面，只用煖酢漿洗淨後，任意水洗如常。八九月冷處貯之，三月後勿用。亦治手乾燥，少潤膩。一方無白芷。

蓽豆香澡豆方

蓽豆一升　白附子　芎藭　芍藥　白朮　栝蔞　商陸　桃仁　冬瓜仁各二兩

右擣末，以洗面後傅藥粉飾之也，如常法。此方甚妙，《肘後方》無白朮。

香藥澡豆方　治面皯黑黯，手皮乾皴，令潔白光澤。

頭麵五升　白斂　栝蔞瓤　白附子　白芷　芎藭　白及　零陵香　白檀香各一兩

右細擣爲散，更入綠豆麵二升，相和令勻。每日洗手面，常用之妙良。

澡豆良方

白芷　白斂　白朮　桃仁　冬瓜仁　杏仁　萎蕤各等分　皂莢加倍

右爲末，絹篩。洗手面時即用之極妙。

又方

蓽豆麵　白芷　青木香　甘松香　零陵香　藿香各二兩　冬瓜子　栝蔞仁各四兩

右擣篩，用如常法。

豬蹄湯　治洗手面，令光潤。

豬蹄　桑白皮　芎藭　萎蕤　白芷　白茯苓各三兩　商陸　白朮二兩

右㕮咀，以水三斗，煎豬蹄及藥取一斗，去滓，每溫一盞。洗手面極良。

蘇澄藥澡豆方。

白芷　芎藭　栝蔞子各五兩　青木香　鷄舌香各三兩　皂莢　蓽豆　赤小豆各二升

右擣末，和散，任用洗手面，去皯皰妙。

香藥澡豆方　治手乾燥。常少潤膩。

白芷　甘松香　零陵香　栝蔞仁　冬瓜仁各四兩　蓽豆　大豆麵各一升

右擣爲細散，每洗手面常用佳。

澡豆方　治洗手面。令白淨悅澤。

蓽豆麵一升　栝蔞實三兩　豬胰五具　土瓜根　白茯苓　萎蕤各二兩　皂莢三梃

右擣篩，將豬胰拌勻和，更擣令勻。每旦取洗手面，百日。一方以好酒二升，都煎之，令白芷色黃，絞去滓，更煎盛瓷器中，旋以塗手面。

玉肌還少散。

白芷　白薟　白附子　阿膠　白殭蠶　白蒺藜　白膠香

右等分爲末，不拘多少。如豆痕，加乳香，用一料，加皂角末一斤。

澡豆方　治面黑不淨。

白芷　芎藭　栝蔞仁各五兩　鷄舌香一兩　皂莢十兩

右擣爲末，入大豆、赤小豆末，各半升和勻。日用洗面，令人顏色悅澤。

服藥取白方

白松　乾地黃　乾漆　附子　桂心

右等分擣末，蜜丸。服十丸，日三。諸蟲悉出便肥白。

令顔色光澤方

白附子　白芷　密陀僧　胡粉各一兩半

右擣爲末，以羊乳汁和之。夜卧塗面，旦煖漿水洗，不過五度。

純陽紅粧丸

破故紙四兩　胡桃肉四兩　蓮肉一兩　胡蘆巴四兩

右爲細末，酒糊丸，如梧桐子大。每服三十丸，空心酒下。

淖手藥　臨睡使用。

栝蔞一個　瓜一個　杏仁三十個

右各細剉，用綿包於瓷盒內，酒浸。每洗手訖，塗淖手。

洗面藥

杏仁　滑石　輕粉

右等分，研爲細末，飯上熟蒸，入鷄子淸勻調，洗面畢傅之。

洗瘡法　治面上黑皯風瘡。

黑牽牛　甘松　香附子各四兩

右爲末，作面藥，逐日洗之。

服藥取白方

乾薑　桂心　甘草各等分

右擣羅爲末，且以生鷄子一枚，納一升酒中攪溫，以服方寸匕。十日知，一月白光潤。

又方　治去黑。

羊膽　豬胰　細辛各等分

右煎三服，塗面咽，旦醋漿水洗之。

白面方　治去皯黯面皺。

牡蠣三兩　土瓜根一兩

右爲末，白蜜和取塗面，即白如玉。旦以溫漿水洗之，宜避風日，甚良。

洗斑洗皯方

紫背浮萍四兩　防風半兩

右濃煎洗浴，就以湯浮萍，於患處斑上熱擦。如無眞防風，只以浮萍一味亦妙。如此熱洗三五次，其斑即除。此藥微末，其功甚大，不可小看。

豬蹄漿　治急面皮去皺，主光澤潔白，去皯黯。

以大豬蹄一具，淨治如食法，以水三升，清漿水一升，不渝盆中，煮成膏，用洗手面。又以此藥和澡豆，夜塗面，旦用漿水洗，面皮即急。

冬瓜洗面藥　治顔面不潔，蒼黑無色。

用冬瓜一個，以竹刀去青皮，切作片，酒一升半，水一升，同煮爛。用竹篩擦去滓，再以布濾過，熬成膏。入蜜一升，再熬稀稠得所，以新綿再濾過，於瓷器中盛。用取栗子大，用津液調塗面上，用手擦。如熬藥時，用柴二秤，炭一秤，布一丈。

煉草留顔方

用五月五日收取益母草，俗呼爲之鬱嗅草，曝乾燒灰。取草時勿令根上有土，即無效。燒之，先以水洒地一處，或泥一爐，燒良久，爐冷，以灰細篩過，用水熟攪和之，攪令極熱，團如鷄子大，日中晒令極乾。取黃土泥作小爐，於地四邊，各開一竅，生剛炭上下俠，以藥丸於炭中央，一經一炘。又則微微燒之，令火氣欲絶，不效。經一復時藥熟，不可以猛火逼之。若藥鎔變爲磁色黃時，用之無驗。火微則藥色白膩，一復時出之，於白瓷器中。以玉杵研，細絹篩，又碾三日不絶，深藏於乾淨瓷罐中收貯。逐日取以洗面，晶瑩如玉，老者還童，神妙不可具述。如無玉杵，以鹿角槌亦可。

洗面藥　桃仁延年去風，令面光潤。

用桃仁五合去皮，用粳米飯漿研細，以漿水杵取汁，令桃仁盡即休。微溫用洗面極妙。

又方：用栗子上薄皮研，和蜜塗面展皺。

治男子婦人白桃花顔色。

三月三日取桃花爲末，七月七日取烏骨鷄血，和塗面及身，三二日後，脱白如白雪妙。

又方：半年紅方。

以鷄子一枚，放於頂上，取一竅，傾出黃留白。以金花胭脂，及硇砂少許，紗封與鷄抱，候別卵內鷄出爲度。乾以敷臉，洗不落，半年紅。

療人一月即得肥白方。

以大豆黃炒舂如醬滓，取純黃一大升，擣篩，煉豬脂和丸，熟丸。酒服二十丸，再漸加至三四十丸。服盡五升，不出一月，即大能食，肥白。試用之。

延年洗面藥。

萎蕤　商陸根　栝蔞　杜若　滑石各八兩　土瓜根　芎藭　辛夷仁　甘松各一兩　白茯苓　白芷各一分　木蘭皮　零陵香　麝香二兩　蓽豆二升　冬瓜仁二升　豬蹄三具

右擣羅爲散，和蓽豆，以水桃仁、冬瓜仁、黃瓜蔞子令碎，以豬蹄汁中，暖令散，和藥作餅子，曝乾擣篩。更和豬蹄汁，又捻作餅，更曝乾汁盡乃止，擣篩爲散。稍稍以洗手面妙。

治洗面退油，去藥子斑粉刺方。

牽牛　白及　甘松　三賴子　海金沙

右等分，治雀斑加白丁香，用鷄子清調擦，晚塗面上。

常用膏

右常用膏，鷄子一枚，丹砂二兩，末之。仍去安白鷄腹下伏之，餘同鷄子，令面皮急而光滑。丹砂發紅色，不過五度傅，面白如玉，光潤照人，甚佳。

澡豆方

用密陀僧，以乳和勻塗面，自然光瑩。

七白散　洗面藥。

白斂　白朮　白牽牛　白茯苓　白芷　白芍藥　白殭蠶

面裏皮痛，何首烏末，薑汁調膏之，付帛蓋以火炙，鞋底熱熨之。

硫黃　蝸牛殼　木香各半兩　朱粉　杏仁各半兩

研膏蝸殼木香爲末，硫黃末粉黃丹也、杏仁，入臘月豬脂調成膏。夜臥時，用漿水洗面令乾，以藥塗患處，平明洗去濕癬，以米泔水洗上藥。

《普濟方・面門・澤面》　鍾乳丸　治面上萬病。男子年五十服之，顏如十五兒女。年四十服之，顏如童女。面色常如桃花，悅不皺，先有黷，悉皆平除，神驗無比。

鍾乳粉一兩　金屑　珍珠　珊瑚　水精　琥珀　密陀僧　白檀香　千歲棗各半兩　乳香一兩　零陵香　人參　木香　訶黎勒各一兩　白附子　桃仁　胡粉　黃鷹糞　丁香　光明沙　牛黃各半兩　辛夷　杏仁各一兩

右擣羅爲末，入石藥，更研二七日訖，以煉蜜和丸，如彈子大。每夜取一丸，以溫水化破。服經一月，面如童子。

白附子丸　治令人面潔白媚好。

白附子　白芷　杜若各三分　赤石脂　桃花各三兩　杏仁　甜瓜子　牛膝各一兩　鷄糞白　白石脂　遠志　萎蕤各三分

右爲末，煉蜜和擣五七百杵，丸如梧桐子大。每服食後，以溫牛乳一合入口，下二十丸。

桃花丸　治面黑䵟，令潔白光悅

桃花　桂心　烏喙　甘草各二兩　白附子　甜瓜子仁　杏仁各一兩

右擣爲末，煉蜜和丸，如梧桐子大。每服以溫酒下十丸，日三服之良。

治人面似玉色潤方

羊脂一升　狗脂一升　白芷半斤　烏喙二兩　甘草一兩　半夏半兩

右細剉，並脂同入在鐺中，煎候白芷色黃膏成，以綿濾去滓，瓷器中貯。每夜取用塗面，一法二十日即變。

麝香面膏　治面黑無精光，令潔白滑潤，光彩射人。

麝香　豬胰　蔓荊子　酥　甜瓜瓤　桃仁

案：本方缺製法及用法。

治人面白淨悅澤方

白斂　白朮　白附子　白芷各二兩　藁本三兩　豬胰三具

右爲末，先蕪菁子半升，又酒水半升相和，煎數沸，研如泥，合諸藥，納酒水中，以瓷器貯封三日。每夜取傅面，且以漿水洗之。一方無白朮。

治人面潔白澤，顏色紅潤方。

豬胰　蕪菁子　栝蔞子　桃仁

右各等分以酒和擣傅之，慎風日。一方用杏仁。一法又云，寒月以爲手面膏，可加土瓜根一兩，大棗二七枚。

白楊皮散　治面與手足黑，令光澤潔白。

白楊皮半升　桃花　白瓜子仁各一升

右擣篩，溫酒服方寸匕，日三。欲白加瓜子，欲紅加桃花。三十日面白，五十日手足俱白。一方有橘皮三分，無楊皮。

治面悅澤方

藥朮　土瓜　大棗七枚

右擣和膏，湯洗面，及塗藥，四五日光澤矣。

鉛丹散

鉛丹　眞女菀六十銖

右治下篩，酒服一刀圭許。日三，男十日，女二十日，知則止。黑色皆從之便出，面白如雪便止，過太白。其年過三十難復療。服藥忌五辛。一方用散，漿水服方。

治人面潔白悅澤，顏色紅潤方。

以酒漬桃花服之，好顏色，治百病，三月三日收。一方採三株桃花，陰乾爲末，空心飲服方寸匕，日三，並細腰身。

治人面鮮花可愛方

用冬葵子取蒸，烈日中曝乾，挼去皮取仁，細研和蜜，傅之甚驗。食此菜後被狗咬，即瘡不瘥也。

治面光白膩潤，去皯黯面皺方。

白附子　杏仁　香附子　白檀香　紫檀香　馬埼各半兩

右擣羅爲末，以白蜜都和勻。夜卧塗面，旦以溫水洗之。

治面黑無精，化潔白滑潤，光彩射人。

雄黃　硃砂　白殭蠶　珍珠末各等分

右都研令勻，以面脂和丸。胡粉一錢，入藥二錢，和攪令勻。夜卧塗之，日以漿水洗面良。

沖和順氣湯　治面黑。一婦人年紀三十，憂思不已。飲食失節，脾胃有傷，面色黧黑不澤，環唇尤甚。心懸若饑，仍不欲飲食，氣短氣促。大抵心肺在上，行營衛而光澤於外，宜顯而不藏，肝腎在下，養筋強骨於內，當斂而不見，脾胃在中，主傳化精微以灌輸，宜沖和而不息。其氣一傷，則藏見失所，憂思不已，氣結而不行，飲食失節。氣耗而不足，使陰氣上溢於陽，故黑色見於面也。又經曰：脾氣通於口，其黑在唇。令水反侮土，故色見於唇也。此陰陽反作，病之所從也。《上古天眞論》云：陽明脈衰，面始焦枯。知陽明氣不足，非助陽明生發之劑，無以復其色也。

升麻　白芷　防風各一錢　甘草　芍藥　蒼朮各三分　黃芪八分　人參　葛根各一錢半

《內經》曰：上氣不足，推而揚之。以升麻苦平，葛根甘溫，自地升天，通行陽明之氣，爲君人之氣，以天之疾風名之，留行不行，以辛散之。以防風辛溫，白芍藥之酸，安太陰之怯弱。《十劑》云：補可以去弱，人參、羊肉之屬，人參、黃芪、甘草，甘補益氣爲臣。《至眞大要論》云：辛甘發散爲陽，生薑辛熱，大棗辛溫。和營衛，開腠理，致津液，以復陽氣，故以爲使。

右件㕮咀，都作一服。水二盞，生薑三片，棗二枚，同煎至一盞。去滓溫服，早飯後，午飯前，取天氣上升之時，使人之陽氣易達故也。服而愈。

治面目傷青黑：用熱酒調一黃散貼在黑。不散，酒調桂末貼。末熱，用茶調貼。

令人面悅白：取土蜂未成頭足者，炒食之。又酒漬以傅面良。

長年美顏色，令人不饑。以六月天氣服之。

悅澤肌膚如玉：取冬瓜子三五升，去皮搗爲丸。空心服三十丸，令人白淨如玉。

令人面淨肌細：以萊菔根服之。

《普濟方·面門·面膏》　玉屑面脂方　令黑者皆白，老者亦少。

玉屑　寒水石　木蘭皮　旋覆花　珊瑚　丁香　土瓜根　蜀水花　白茯苓　芎藭　菟絲子　辛夷仁　冬瓜仁　白頭翁　當歸　藁本　白殭蠶　商陸　蕪菁子　梔子花　細辛　萎蕤　藿香　白芷　防風　黃芪　桃仁　青木香　前胡　桂心　半夏　白斂　杏仁　蘼蕪　芒硝　杜蘅　麝香　秦椒　礬石　秦皮　杜若　升麻　蜀椒　黃芩　白薇各六銖　栝蔞仁二兩　熊脂　鵝脂　羊髓　牛髓　白狗脂各五合　鷹屎白　清酒　豬肪脂各一升

右㕮咀，酒漬一宿，內脂等，合煎三上三下，酒氣盡，成紋去滓，下麝香末，攪至凝色變乃止，磁器中密貯勿洩氣。

玉屑面脂方

玉屑　白附子　白茯苓　青木香　萎蕤　白朮　白殭蠶　密陀僧　甘松香　烏頭　商陸　石膏　黃芪　胡粉　芍藥　藁本　防風　芒硝　白檀　當歸　土瓜子　桃仁　芎藭各二兩　白頭翁　零陵香　細辛　知母　豬脂　羊脂　白犬脂　鵝脂各一兩　辛夷　桃花各半兩

右切，酒水各一升，合漬一宿，取出之，用微火煎，令水氣盡，候白芷色黄，去滓停一宿，且以柳枝攪，乃用之。

面膏方　治人面色悦澤。如桃花紅光。

杜蘅　杜若　防風　藁本　細辛　白附子　木蘭皮　當歸　白朮　獨活　茯苓　萎蕤　白芷　天雄　玉屑各一兩　菟絲子　防己　商陸　梔子仁　橘仁　冬瓜仁　蘼蕪花各三兩　藿香　白鵝脂　丁香　零陵香　甘松香　青木香各二兩　麝香　白脂　牛髓各一兩　羊胰三具

右先以水浸各髓等，五日滿易水，又五日別一易水，又五日二日一易水，凡二十日止。以酒一升，入羊胰令消盡去脈。乃細切香於埳器中浸之，密封一宿。曉以豬脂等各煎，三上三下，以酒水氣盡爲候，即以綿布絞去汁。十日以後色等桃花。一方有白斂、人參各等三兩，無蘼蕪花、瓜仁。此是面膏藥，疑更有此二味。

治面上皯黑，凡是面上疾皆主之方。

丁香　零陵香　梔子花　桃仁　白斂　茯苓　土瓜根　菟絲子　防風　沉香　辛夷　當歸　麝香　藁本　商陸　芎藭各三兩　萎蕤　藿香　白芷　甘松香　鸕鷀糞　木香各二兩　白附子　土瓜根　木蘭皮　白茯苓　冬瓜仁　鵝脂　羊髓　羊腎脂　豬胰六具

右細剉，以豬胰汁漬藥一宿，都入於鍋中，煎令白芷色黄爲度。去滓，微火煎成膏，入麝香和勻，盛於瓷盒内，任用傅面。

延年面脂方

白朮　茯苓　杜蘅各六分　萎蕤　藁本　芎藭　土瓜根　栝蔞各五分　木蘭皮　白殭蠶　蜀水花　辛夷仁　零陵香　藿香　菟絲子　梔子花　麝香　鷹屎白　冬瓜仁　桃仁　白蠟　羊脂　豬胰　白附子　豬脂三升

右細切，酒三升，取豬胰、桃仁綿裹，納酒中，令消鎔，絞取汁，取漬藥一宿。別煎豬胰令消，去滓，以鵝脂、羊脂、白蠟於鐺中，用綿裹納鐺，微火煎三上三下，藥黄色，去滓待澄凝，納鷹屎末攪令勻，以塗面妙。

面脂方　治面上諸疾，黑皯瘡刺，令白淨如玉。

當歸　芎藭　細辛　白朮　辛夷　鹿髓　木蘭皮　栝蔞瓤　白附子　藁本　桃花　鸕鷀糞　密陀僧　白殭蠶　零陵香　杜蘅　鷹屎白　萎蕤　麝香　丁香　白茯苓各一兩　羊髓　白蠟　鵝脂各一升　豬脂各三升

右擣碎，以酒一斗，鵝脂漬一宿。明旦漉出，以鵝脂等煎，候白芷色黄，膏成去滓，入麝香攪令勻。夜以傅之面，慎風。

麝香膏　治面上百疾。

麋香　零陵香　土瓜根　白蘞　防風　沉香　梔子花　當歸　藁本　木蘭皮各一兩　白殭蠶　鸕鷀糞　桃仁　冬瓜仁　辛夷　白茯苓　白芷　商陸　丁香各一兩　牛脂　豬脂　鵝脂各三斤

右細剉綿裹，用酒一斗浸一宿，取脂髓等，慢火於銀鍋中與藥同熬成膏。

白殭蠶　木蘭皮各二兩半　蜀水花　青木香　冬瓜仁各三兩　羊腎脂　羊髓　生豬脂　鵝脂各一升半

右㕮咀，先以美酒五升，挼豬脂六具取汁，漬藥一宿，於豬脂中，微火極煎，三上三下，白芷色黄，以綿裹一兩，納生布中，絞去滓，入麝香末，以白木篦攪至凝乃止。惟用之良。

治人面悦澤，如桃花紅光方。

辛夷　細辛　芎藭　白朮　白芷　當歸　木蘭皮　栝蔞　香附子　藁本　桃花　蜀水花　商陸　蜜陀僧　白殭蠶　零陵香　杜蘅　鷹屎白　萎蕤　土瓜根各五分　麝香　丁香各二兩　白附子　玉屑　鵝脂　麝髓　羊髓　狗髓　豬脂各三斤

右切細酢漬，密封一宿。明旦以豬膏煎，三上三下，白芷色黄爲度。藥成去滓，攪數萬遍，令色白以傅面。慎風日良。

玉屑面膏　治面無光澤，皮肉皴黑。久用令人潔白光潤。

玉屑　細辛　土瓜根　熊脂　當歸　白犬脂　萎蕤　木蘭皮　桃仁　鷹屎白　商陸　辛夷各一兩　蜀水花　青木香　白殭蠶　芎藭　黄耆　杜蘅　藿香　菟絲子　麝香　防風各半兩　丁香　白附子　冬瓜仁　豬胰　鵝脂　羊髓　白蠟　豬膏　豬肪脂各一升

右以水浸豬鵝犬熊脂，數易水，浸令血脈盡乃可用。擣篩諸藥，清酒一斗漬一宿。明旦生擘豬鵝等脂，置藥中，取銅鐺於炭火上微微煎藥，至暮時乃熱，以綿濾置瓷器中，仍以綿絮白芷片，看色黄即膏成。

其豬脂又浸藥酒暖，取汁安鐺中。其玉屑、蜀水花、鷹屎、白麝香爲末，膏成安藥中，攪令勻。旋取傅面。一方有鸕鷀糞，無蜀水花。

面脂方　治面上皴黑，凡是面上之病皆主之。

丁香　零陵香　桃仁　白斂　白及　白殭蠶　辛夷　商陸　防風　當歸　沉香各三兩　麝香　梔子花　芎藭　菟絲子各三兩

煎候白芷焦黃爲度，去滓，入麝香和勻，於瓷盒中盛。夜臨卧洗手面，乾拭塗之。

面脂方　主悦澤人面，耐老。

冬瓜仁　白芷　商陸　芎藭各三兩　當歸　藁本　蘼蕪　土瓜根　桃仁　萎蕤　細辛　防風　木蘭皮　辛夷　甘松香　麝香　白殭蠶　白附子　梔子花　零陵香各一兩　豬胰汁

右薄切綿裹，以豬胰汁漬一宿。平旦以煎豬胰六升，微火三上三下，白芷色黃，膏成去滓，入麝香，收於瓷器中，取塗面。一方用酒浸藥妙。

面膏方　令人面色悦澤，桃花紅光。

防風　芎藭　白芷　白殭蠶　蜀水花　白斂　細辛　茯苓　藁本　萎蕤　青木香　辛夷仁　當歸　土瓜根　栝蔞各三分　桃仁六分　豬脂　鵝脂　羊腎各一升

右細切裹，酒二升，浸一日一夜。便納脂急火煎之，三上三下。然後慢火一夜，藥成去滓，以水石粉三分，納脂中，以柳木篦熟攪，任用之。

治面黑令白去䵟方

烏賊魚骨　細辛　栝蔞　乾薑　蜀椒各三兩

右以苦酒漬三日，以成煉牛髓二斤煎之，以酒氣盡藥成。作粉以塗面，醜人亦鮮妙光華。

塗面方

用落葵子，令人面鮮華。取葵子蒸，烈日中曝乾，刮去皮，取仁細研，和白蜜傅之，甚驗。

蠟脂膏

白蠟　桃花　菟絲子　白芷　木蘭皮　細辛　辛夷仁　白茯苓　土瓜根　栝蔞根　白附子　杜蘅　桃仁　杏仁各三分　羊髓　蔓荊子一（二）升半　牛髓　鹿髓各二升

右並細切，以苦酒浸一宿，用上件蠟油髓脂等，煎如面脂法。其蔓荊油酒如前，煎令煙出，然後始下蠟髓訖，納諸藥。候白芷色黃，膏成任用。每日以澡豆洗面，然後塗之。

治人面色潤膩，鮮白如玉。

防風　萎蕤　芎藭　白芷　藁木　桃仁　白附子　茯苓　細辛　甘松香　零陵香　當歸　栝蔞各四分　蜀椒　鸕鷀屎　冬瓜仁各三分　麝香一分

右酒浸淹潤一夕。明旦以綿薄寬裹之。以白鵝脂三升，羊脂二升，幷煉成者。以煎之於銅器中。微火上煎，使之沸，勿使焦也。乃下之，三上，看白附子色黃，膏成去滓。又入鐺中上火，納麝香氣出，仍麝香更以綿濾度之。乃納栝蔞仁、桃仁、瓜子仁等脂並鸕鷀屎粉等，攪令勻調。膏成待凝，以瓷器貯。柳木作槌子於鉢中研，使輕虛得所。生力研之無度數。三二日研始好，唯多則光滑任用。

手膏方　治塗手令潤澤。

白芷　芎藭　藁本　萎蕤　冬瓜仁　楝子仁　桃仁　棗肉　冬瓜瓤　陳橘皮　栝蔞子各等分　豬胰三升

右細剉，以水八升，煮取三升。去滓，別以好酒三升，煮豬胰取汁，入研桃仁，幷煎藥汁，都攪令勻。更煎成膏，以瓷器中貯。先淨洗手，拭乾塗之。

常用蠟脂方

蔓荊油三斤　甘松香　零陵香　辛夷仁　白朮　細辛　竹茹　竹葉　白茯苓　蘼蕪花各三分　羊髓一升　麝香一分

右切，綿裹，酒浸，再絞去，以脂中煎，緩火令微以沸。三日許，香氣極盛，膏成，乃煉蠟令白。看臨睡下蠟，調軟硬得所，貯用之。

手膏方　治手潤白。

桃仁　杏仁　橘子仁　赤小豆　辛夷　芎藭　當歸　大棗　牛腦　羊腦　狗腦各二（一）兩

右細剉，先以酒一升，漬諸腦。又別以酒六升，煮赤豆令爛，絹裹絞去渣。乃入諸腦等後，以綿裹諸藥，納酒中，慢火煎欲成。絞去滓更煎，膏成以瓷器盛之。五日已後堪用，先淨手訖，取膏塗之。甚光潤。切忌近火。

鹿角散

鹿角 牛乳 芎藭 細辛 天門冬 白芷 白朮 白斂 白附子 酥酪各三兩 杏仁五十枚

右㕮咀，先以水漬鹿角一百日。出之與諸藥內牛乳，緩火煎令汁盡。出角，以白練袋盛，餘藥勿收。至夜取石上磨鹿角，取塗面，且以漿水洗之。無乳小便亦得。塗至百日，面色光潔。一方用牛乳及酥，於銀鍋內，慢火熬成膏，夜塗面上良，仍以漿水洗之。一名鹿角膏，用之日久，令百歲老人面如少年時，主光澤潔白。

常傅面脂方 療人面無光潤，黑及皺。

細辛 萎蕤 黃耆 白附子 薯蕷 辛夷 芎藭 白芷各一分 栝蔞 木蘭皮各二分 豬脂三分

右切，以綿裹，用少酒浸一宿。納脂膏煎之，七上七下，別出一片白芷煎色黃，藥成，去滓攪凝。以傅面任用之，亦主金瘡止血良妙。

去風面膏方 治風寒。令人面光悅，卻去皺。

青木香 白附子 白蠟 白芷 芎藭 零陵香 香附子 茯苓 甘松各一兩 羊髓一升半

右㕮咀，以酒水各半升，浸藥經宿。次日煎三上三下，候酒水浸膏成。去滓，取傅面如收，若有皯黯皆落。

摩風膏

白及 白斂 檀香 零陵香 白芷 茅香 藿香 蠟 白膠

右等分爲粗末，以香油煎黃色，去滓，卻入蠟、白膠，加麝香少許，良妙。

令人面白如玉色光潤方

羊脂 豬脂 白芷 烏喙 大棗 麝香 桃仁 甘草 半夏

右等分，煎以白芷色黃，去滓塗面。二十日即變，五十日如玉光潤妙。

一方無桃仁、麝香、棗。

令人面色悅澤，如桃花光方。

香附子十枚 茯苓 白芷二兩 零陵香 麝香半兩 蔓荊子二兩 牛髓 羊髓 水清白蠟各八兩

右以油髓，微火煎五物令色變，去滓，納麝香研千遍。凝用澡豆洗面，然後塗傅之。

又方

杏仁二升 白附子三兩 密陀僧一兩 白羊髓三升 珍珠一兩 白鮮皮三兩 鷄子白十枚 酒三升 胡粉一兩

右以清酒二升半，先取杏仁盆中，研之如膏。下鷄子白研二百遍，又下生羊髓研二百遍。篩擣諸藥納之，研五百至一千遍，彌佳。初研杏仁時，即少下酒令薄，漸漸下使盡藥成。以指捻看如脂，即可用也。藥草以絹篩，取細如粉佳。

塗手指法。又面光潤方。

豬脂 白芷 桃仁各一兩 辛夷 冬瓜仁 細辛 黃瓜 栝蔞仁各三分

右以油一大升，煮白芷等二三沸。去滓，將豬脂取盡，乃納冬瓜仁末各和之。膏成，以塗手掌即光。亦作好酒煎之成膏尤佳。一方無黃瓜。

七白膏 令人面光潤不皺，退一切皯黯。

香白芷 白斂 桃仁各一兩 辛夷 冬瓜仁 白附子 細辛各三錢

右以鷄子白，調丸彈子大，或人小指大狀，陰乾。每夜淨洗了面，溫漿水，於瓷器內磨汁塗之，極妙。

玉龍膏

白斂 白芷 茅香 零陵香各等分 栝蔞仁半兩 麝香少許

右前藥三味，以香油煎令稍焦。去滓，以蠟少許調勻，用度爲妙。

面脂方 治人面色潤膩，鮮白如玉。

白附子 鹿角膠 石鹽 白朮 細辛各一兩 鷄子白一枚

右細剉。先以水一斗五升，煎白朮，以布絞取汁六升，於銀鍋中，以重湯煮取二升後，下諸藥，更煮至半升。以綿濾過，取於磁盒中。每夜臨卧時洗面了，拭乾塗之。

療化面方 兼去皯黯，令光澤潔白。

珍珠 光明砂 冬瓜仁各二分 水銀少許

右以四五重絹袋盛之，於銅鐺中，以作漿水，微火煮，一夕一日始堪用。取水銀和面脂，熟研使消，合珍珠、冬瓜子末。更和調以傅面，取瘥爲度，且以漿洗之。

手膏方　治手皸，冬不粗皺。

栝蔞瓤二兩　杏仁一兩

右同研如膏，以蜜令稀稠得所，每夜塗。

煉脂方

凡合面脂，先須知煉脂法。以十二月買極肥大豬脂，水漬七八日，且易水煎，取清脂投水中，煉鴟熊脂皆同此法。

面油摩風膏。

麻黄　升麻　當歸　羌活　防風　白斂　白及　白檀

右等分用小油半斤，以銀石器內，綿子裹定藥，於油中熬之得所，澄淨去滓，入黄蠟一兩，并麝香少許。

白面方

牡蠣三兩　土瓜根一兩

右二味爲末，白蜜和，取塗面，即白如玉。且以溫漿水洗之。宜慎風日。以牡蠣爲末，蜜丸，服三十丸。亦以牡蠣肉炙食之佳。

令人好顏色方：以蓬虆子食之。

令面生光方：以密陀僧用乳煎，塗面佳。兼治皶鼻皰。

洗面方：用天門冬曝乾，蜜丸，用以洗面。

令人面不皺，光華可愛：以麋角於漿水中，研爲泥，塗面上。

《普濟方・頭門・鬚髮墮落・附論》　夫足少陽，膽之經也，其榮在鬚。足少陰，腎之經也，其華在髮。衝任之脈，爲十二經絡之血海，其別絡上脣環口。若血盛，則榮於鬚髮，故鬚髮美。若血氣衰弱，經脈虛竭，不能榮潤，故令鬚髮禿落也。

《普濟方・頭門・鬚髮墮落・方》　生髮膏　治熱衝髮鬚落。

松葉切　蓮子草　錬成馬鬐膏　棗根皮切。各一升　韭根切　蔓荊子碎各三分　竹瀝　豬脂各三升　防風　白芷各二兩　辛夷仁　吳藍　升麻　芎藭　獨活　寄生　藿香　沉香　零陵香各一兩

右以棗根煮汁，竹瀝等浸一宿，以脂等煎之，候白芷色黄，膏成。以塗頭髮及頂上，日三五度妙。

又　蔓荊子膏　治血虛頭風，鬚髮禿落不生。

蔓荊子三兩　桑寄生三兩　桑根白皮二兩　白芷二兩　韭根二兩　鹿角屑二兩　馬鬐脂五合　五粒松葉三兩　甘松香一兩　零陵香一兩　生烏麻油三斤　棗根皮汁三升

右細剉，綿裹，內脂及油棗根汁中，浸一宿。慢火煎，數攪，候白芷色焦黄，膏成。去滓，收磁盒中。每日揩摩鬚髮不生處，十日後即生。

又　治眉髮墮落。

白芷　附子　防風　芎藭　莽草　辛夷　細辛　黄芩　當歸　蜀椒各一兩　大黄一兩半　蔓荊子一升　馬鬐膏五合　豬膏三升

右藥十二味，㕮咀。合二膏，微火煎，白芷色黄，膏成。先洗頭髮，用膏傅。如常澤法，勿近面，則面生毛也。

又　鬢髮禿落生髮膏

莽草一兩　防風　升麻　白芷　薺苨各二兩　蜣螂四個　驢鬐膏　貓膏一作狗膏　豬膏　馬鬐膏　熊膏各半升

右諸膏成，煎各半升合煎諸藥沸，取下停冷，復上火三五沸，濾去滓。傅頭當澤用之，一方有雄雞膏，無驢鬐膏。

又　治頭風髮落，并眼暗方。

蔓荊實三兩，研　桑寄生　桑根白皮各二兩　韭根切，三(二)合　白芷二兩　甘松香　零陵香各一兩　馬鬐膏三合　烏麻油一升　松葉切，三合　甘棗根白皮汁三升

右細切諸藥，內棗根汁中浸一宿，數數攪令調，濕匝已後，且內油脂中，緩火煎之，勿令火熱，三五日候棗汁竭，白芷色黄膏成，去滓。每日揩摩鬢髮及梳洗。其藥浸經宿，臨時以綿寬裹煎之，膏成去滓，綿濾，以新瓷瓶盛。稠濁者即先用，卻不堪久停。特勿近手摩壞也。

又　南燭草煎丸　治血氣虛憊，鬚髮禿落不生，縱生色黄不黑，宜服。

南燭草　酸石榴皮　旱蓮子苗各五斤

右以上三味，於端午日內收於磁瓶中，泥封令密，安巨中，至六月中旬取出，皆如黑餳。研之，又以生地黄五斤絞取汁，及白蜜五合，同煎上件三味成膏，次下諸藥末。

地骨皮四兩　熟乾地黄四兩　訶黎勒皮二兩　秦椒三兩，去目及閉口者，微炒

去汗　白芷二兩　旋復花二兩　桂心二兩　杏仁三兩，湯浸去皮、雙仁，麩炒微黄

右爲末，入上件膏中，用緩火煎，可丸如梧桐子大。每日空腹，以溫酒下三十丸，晚食後再服。服至四十丸日，鬚髮皆生，黑而復光。忌生葱、蘿蔔、大蒜。

摩膏一名茼茹膏　治頭中二十種風，髮禿落摩之，即此療頂如剝似銅盆者。

蜀椒三兩半　莽草二兩　乾薑　半夏　桂心　茼茹　附子　細辛各一兩，并生用

右細擣篩，以生豬脂剝去筋膜，秤取二十兩，和前件藥合擣。令消盡脂，其藥成矣。先以白米泔沐髮，令極淨，夜摩之。經四五日，即毛孔漸漸日生軟細白皮毛。十五日後，漸漸變作黑髮。至一月四十日，待髮生五寸以上住止。若至五日不停，彌佳。好酥及生油和藥亦得。又傷寒鼻塞，但以摩之瘥。

治鬢髮禿落

附子二兩，去皮臍，生用　荊實二兩　柏葉三兩　烏雞糞三合　松葉三兩

右相和，於新瓷瓶中盛，陰乾百日出之，擣羅爲末，以馬鬐脂和如膏塗之。經十日即生。

又　茯苓朮散一名通神散　治髮白及禿落。

白朮一斤，一方用蒼朮　茯苓　澤瀉　豬苓各四兩　桂心半斤

右擣散，服一刀圭。日三，食後沸湯調服。一方酒或米飲調。服後三十日，髮白變黑，容貌改紅，筋骨強盛，久服通神明。

治頭風一切風，髮禿落更不生，頭中二十種病，頭眩面中風，以膏塗之方。

茼茹三兩半，去皮　細辛　附子各二兩　桂心半兩

右擣篩，以豬膏勿令中水，去上膜及赤脈二十兩，擣令脂消盡藥成。擣訖仍研，恐其中有脂膜不盡。以生布絞擠取汁，以瓷器貯之。先用桑柴灰汁洗髮，令淨。一方云，桑灰兩日洗待乾，以藥摩須令入肉，每日須摩。如非十二月合，則用生烏麻油和，極效。

又　治鬢髮脱落，令生長方。

生柏葉切，一升　豬膏三斤　附子四枚

右爲末，以膏和爲三十丸。用布裹一丸，內泔汁中煎，沐髮長不落。其藥密收貯，勿令洩氣。

又　三聖膏　治髭髮脱落，能令再生。

附子　蔓荊子　柏子仁各三分

右以烏雞膏和擣三千杵，貯新瓷器中，封百日出。以馬鬐膏和，以傅頭訖，巾裹之，勿令見風，日三傅即生。《肘後方》不用柏子仁，以酒漬澤沐。一方無馬鬐膏和，用藥塗在髭髮落處，三五日即生，自然牢壯不落。

《普濟方・頭門・白禿・附論》　夫蟯子爲害，因血氣虚乘風而上，則能生瘡、疽、癬、瘑、疥無不爲也。瘡痂不去而癢，鬢髮禿落，無復生榮，是爲白禿。

《普濟方・頭門・白禿・方》　杜蘅膏一名松脂膏，出《千金方》　治白禿，及癰疽百瘡。

杜蘅　雄黄研　木蘭皮剉　礬石研　大黄剉，炒　附子炮裂，去皮臍　石南　秦艽去苗土　真珠研　苦參　水銀　松脂各六兩　豬脂去膜，五斤

右先將草藥擣羅爲細末，次將石藥及水銀，合研如粉。方熬豬脂松化，次下諸藥，文武火煎，令稀稠得所，以新綿濾去滓，磁合盛貯。每用先以泔漿水洗頭淨，後塗藥。

木蘭皮膏出《聖惠方》　治白禿及百瘡。

木蘭　蔓荊子　秦艽去苗　附子去皮臍，生用　川大黄　石南　苦參以上各一兩　白礬　真珠末　雄黄　水銀　松脂以上各半兩，細研至水銀星盡

右先以木蘭皮等七味，細剉。醋拌令勻，經宿。用鍊了豬脂二升，於鍋中煎，令附子等焦黄爲度，以綿濾去滓。後入白礬等五味，更煎數沸，離火候冷，於瓷合中盛。日三度塗之。

五味子膏一名蛇床子膏，出《千金方》　治白禿髮落，生白痂，終年不瘥。

五味子　肉蓯蓉切，焙　松脂　蛇床子　遠志去心，各三兩　菟絲子五兩，以酒浸一宿，焙　雄黄研　雞糞白　雌黄研　白蜜各一兩　豬脂二斤

右先將草藥，擣羅爲末。次將石藥雞糞再研，令如粉。下豬脂、松脂，入鍋中同熬化。後下諸藥，文火煎，稀稠得所，以新綿濾去滓，瓷合

盛。每用先桑柴灰汁，洗頭令淨，後塗藥。不過三次，髮生。

防風丸出《聖濟總錄》　治白禿髮落。

防風去叉　黃連去鬚　生乾地黃焙。各四兩　蔓荊實九兩　柑皮焙，一兩半

萎蕤二兩半　茯神三兩半，去木　大黃剉炒　甘草炙剉。各二兩

右爲末，煉蜜丸，如梧桐子大。每服二十丸，空心粥飲下。

升麻膏出《聖濟總錄》　治白禿髮落。

升麻　薺苨　莽草各二兩　白芷一兩　防風去叉，三兩　蜣蜋四枚，別研

馬鬐脂　熊脂　豹骨髓各半斤

右先將草藥擣羅爲末，次將三味脂熬消，後下諸藥，以文火煎，令稀稠得所，綿濾去滓，磁合盛。每用先以泔漿水洗頭淨，後塗藥。

王不留行湯出《千金方》　治白禿，及頭面久瘡，去蟲止痛。

王不留行　桃東南枝　東引茱萸根皮各五兩　蛇床子　蔓荊子　苦竹葉　蒺藜子各三升　大麻仁一升

右㕮咀，以水二斗半，煮取一斗。洗瘡，日再。并療癰疽、妬乳、月蝕、瘡爛，皆治之。

松瀝煎方出《千金方》　治頭瘡，及白禿髮不生。

松瀝七合　丹砂研，二兩　雄黃研，取精二兩　水銀研　黃連各一兩　礬石一兩，燒，一方無礬有鉛粉，一兩，燒

右擣散，內瀝中，攪令調。以塗之。先以泔洗髮令淨，及瘡令無痂，然後傅藥。日三。後當作膿，膿乾更洗，塗藥。如此三度，膿訖，以甘草湯洗去藥毒。可十度許洗，即瘥。

治白禿瘡出《十便良方》

烏頭末半兩，生用　硫黃半兩，細研　膩粉一分　狗糞一兩，白色者研　巴豆一分，生去皮，研

右同研令勻，以生油調攪。先用熱米泔洗，又以熱漿水洗，又用生甘草水洗淨，然後剃卻髮，刮去痂，令赤色，便塗揩之，令入肉。便以故帛包裹。兩日一上，三上即驗。後用冬瓜皮燒灰，細研，油調塗之，即髮生如常。

治白禿瘡

白礬焙枯　松脂　膩粉　五倍子　黃丹一方用密陀僧

右等分爲末，調柏油和香油，調藥擦瘡上。

桃皮湯出《聖濟總錄》　治白禿髮落，沐髮方。

桃皮去粗黑色者，剉，三兩　麵　豉炒，研，各半兩　白米研，一合

右以水一斗，煮取八升，去滓，放溫沐頭。每日用之。

桃皮膏出《聖濟總錄》　治白禿髮落。

桃皮去粗黑者，一兩(五)剉，炒，研，以水一斗煮取汁五升，去滓，先溫吃半盞，餘留洗頭　豉半兩　白麵炒，半兩

右先以桃皮汁洗頭，卻以水調豉、麵末傅之。

治禿瘡

黃蜀葵花　大黃　黃芩各等分

右爲細末，好清油調搽。

治禿方

柳細枝一握，取皮　水銀大如三豆　皂莢一梃，碎

右用醋煎如餳以塗之。

水銀膏出《聖惠方》　治白禿瘡不愈。

水銀一兩　黃連二兩，去鬚　細墨一兩

右先以黃連、墨擣爲散，用不著水豬脂，和水銀同研，令墨盡，用塗瘡上，神效。

烏羊膏出《直指方》　治頭白禿瘡及惡瘡。

豮豬糞臘月收取，燒灰，半兩　檳榔二錢　雄黃一錢

右爲末，先以麻油調和鴨子清，約頭大小作圓餅，溫覆頭上。引蟲。不可熱覆，不得動頭。待十分癢忍不得，令人急手揭起。次用苦楝煎湯淋洗，拭淨。濕則摻，乾則麻油輕粉調抹。

禿頭藥

楝樹子輕霜，火煉作灰　白礬各重半兩，火上煉

右研爲細末，擦瘡上。

治白禿方出《聖惠方》

黑豆一合，炒令微黃　乾桃花一兩

右爲散，以臘月豬脂調塗瘡上。用帛子包裹，勿令見風。

治刺梨頭白瘡

豬筒骨帶髓　柴草

右用香油熬藥，焦色去藥，入白礬、輕粉在內。擦瘡，即生髮。

治白禿瘡

裹鹽荷葉　藤穰

右剉碎，水煎濃汁，洗三五度瘥。

治禿頂方出《千金方》

用蕪菁子爲末，以酢和傅之。日三。

又方出《千金方》：　用麻子三升，熬焦爲末，以豬脂和塗之。髮生爲度。

治禿無髮者方出《千金方》：　用黑椹二升，内甖中，日曝三七日，化爲水洗瘡。上三七日髮生，神效。

治白禿方出《肘後方》：

右用羊肉濕脯，炙令香及熱，速搭上，不過三四度。癢勿搔之。牛肉亦得。

又方出《肘後方》：　療白禿。用新破豬肚去糞，及熱速搭頭上，須臾蟲出。出若不盡，更作，取令無蟲。若癢慎勿搔，當縛兩手，日中卧，午後去之。瘥。

又方出《肘後方》：　用皂莢湯淨洗乾拭，然後以陳久油滓塗之。日三。麻油亦可。

又方：　用煮桃皮汁飲之，並洗頭。《外臺秘要》有麴、豉和以傅。一方用花爲末，和豬脂封上。

又方：　用麴、豆豉兩種，治下篩，酢和傅上。一作麪。一方以米泔淨洗，用醋和傅之。

又方：　用大黑豆炒令焦，爲末，和臘月豬脂熱暖，匙抄封上後即裹著。勿見風。一方髑髏骨、大豆各燒爲末，等分，臈豬脂，和如泥塗之。

必效治禿瘡方：　用童子小便暖洗之，揩令血出，取合鵠糞五合，熬末，和釅醋令稠塗之。即瘥。一方先以米泔淨洗，用醋和傅之。

治禿方：　取三月三日桃花開口者，陰乾，與桑椹等分，搗末，豬脂和。以灰汁洗，後塗藥瘥。

治刺梨：　用百年屋下燕窠泥。同奄翁窠爲末，麻油調。先用米泔洗透，用刀子剃去皮，血出不妨。用紙挹乾傅藥，或乾傅亦可。

龍粉散，治白禿瘡。用乾地龍爲細末，入輕粉麻油調傅之。

白禿頭方：　用麻油膩粉調抹。

又方：　用雄豬膽汁半杯。入法醋，以雞羽傅掃。

藜蘆散　治禿瘡。

貫仲一兩，藜蘆二(三)錢　漏蘆三錢

右爲細末，先洗淨瘡，乾擦瘡上候乾，油調塗。

又方：　用藜蘆爲末，以臘月豬膏和塗之。又五月漏蘆草燒作灰，豬膏和便塗。先用鹽湯洗，乃傅。

又方：　用先洗淨好花椒末，不以多少調傅。三五次效。

又方：　治白禿瘡，及髮中生癬。用取熊白脂傅之。

治白禿：　用白鴿糞，擣細羅爲末，先醋米泔洗了，傅之立瘥。

治大人小兒禿刺梨溜膿　用獨核肥皂去核，用砂糖填滿，中放巴豆二枚，麻繩扎定，鹽泥固之。火煅，青煙起，存性，去泥。入檳榔末，輕粉五七分，研勻，用香油調傅。先用熱湯泡灰汁洗淨，再用溫水洗去，軟帛挹乾。傅藥一宿，便見效，傅後不須再洗。

治癩頭：　用白膠香真珠麻油煎沸，入細切葱白黃丹，先用清湯洗，不拘多少傅。

療禿瘡：　用取虎膏傅之。

苦楝膏　治大人小兒瘡禿，及惡瘡。用苦楝皮燒灰，以豬脂調傅之。

治癩頭熱紅餅瘡方：　用生艾、白芷、大腹皮、連根葱，各等分，煎湯洗拭。以生藍青葉，入些生艾擣細，蜜水爲膏傅。亦治惡瘡。

治頭禿：　用五靈脂、白礬、白芷、青黛、好草烏各一分，爲末，麻油調傅。

決效散　治風癢頭瘡。

貫仲三兩　白芷一兩

右爲細末，油調塗之。

細辛膏一名白屑膏　治頭瘡有蟲，變成白禿。

療白禿方：　羊蹄草根獨根者，以三年醋研和如泥。勿見風日，及婦女雞犬。以生布拭瘡，令赤，傅之。

治禿瘡法

黃連　木香　百部各一兩(分)　南椒二銖

右爲細末，更入麝香少許，輕粉十個，砒、硫黃、水銀、各三銖，於乳鉢內，研令細。以生油塗瘡，藥末傅之。

百部散出《楊氏家藏方》　治大人小兒禿瘡。

金毛狗脊去毛　黑狗脊　蛇床子炒　馬兜鈴根各一兩　硫黃　秦艽　百部各半兩

右件爲細末，生麻油調塗瘡上。

治禿瘡出《本草》：以象肉燒作灰，和油塗之。

治濕癬白禿出《本草》：以馬齒莧煎爲膏，塗之，若燒灰傅之，亦良。

主頭瘡白禿出《本草》：可煎及已絞汁傅之。

治白禿瘡出《本草》：以糞藍煎湯洗之。

治白禿瘡出《本草》：用山豆根不拘多少，以水研傅瘡上。

治髮禿落出《本草》：以馬鬐膏塗頭上。

治白禿生髮出《本草》：以白馬脂五兩，在瘡上稍稍封之。

治白禿瘡出《本草》：以駁馬不乏者尿，數數煖洗之，十遍瘥。

治頭瘡白禿出《本草》：以馬尿洗之。

治頭極癢，不痛出瘡出《本草》：用楸葉根，不拘多少，以擣絞汁塗之。

治頭瘡白禿，殺蟲及治腫毒出《本草》：以莽草與白斂、赤小豆爲末，鷄子白調如糊，塗之。幷塗腫上，乾即更易。

治頭瘡白禿出《本草》：取鷄窠中草，和白頭翁草燒灰，豬脂傅之。

《普濟方・頭門・赤禿・附論》　夫諸陽脈，皆在於頭，風熱乘之，則陽邪熾盛。發於頭皮腦絡之間，細瘡偏密，赤色有汁，癢痛浸淫，乃至髮落，故名赤禿。

《普濟方・頭門・赤禿・方》　旱蓮汁出《聖濟總錄》　治赤禿髮落塗方。

旱蓮草三兩　鐵粉一分

右先將旱蓮草擣絞取汁，次入鐵粉研令極細，入合中。每用先以泔漿洗頭，次塗之。

牛羊角灰出《千金方》　治赤禿髮落塗方。

牛羊角等分燒灰

右研如粉，以豬脂調傅之。一方無羊角。

馬蹄灰出《千金方》　治赤禿髮落塗方。

用馬蹄燒灰，研如粉，用臘月豬脂調塗之。

椹汁方出《千金方》　治赤禿髮落塗方。

用黑椹一斗，磁瓶中密封，於北簷下埋之，一百日即變爲水。每用先淨洗頭，次塗之，髮即生。一方桑灰汁洗頭，令淨，擣椹傅之，日中曝頭睡。

楸葉汁出《聖惠總錄》方　治赤禿髮落塗方。

用楸葉一兩，擣絞取汁傅之。

治禿髮復生出《海上方》：用香油水各和一半，以銀釵攪之，使油水相入，擦傅頭上，髮則復生。

又方：用取狗乳塗之。

治頭赤禿方出《千金方》：用擣黑椹子取汁，每服一中盞，日三服。

又方出《聖惠方》：用豬毛燒灰細研，以豬脂和傅之。

又方出《聖惠方》：用油磨錢衣塗之，即生。

《普濟方・頭門・眉鬢髭髮》　烏鬚髮出《本草方》：以胡桃瓤和胡粉爲泥，拔去白鬚髮，以內孔中。其毛皆黑。

染髮仙方：以胡桃、青皮、壓油，和詹糖香塗，髮色如漆。

染鬚髮方出《本草方》：以鉛丹煎膏染之。

烏髭髮出《本草方》：用蘗縷爲虀食之。

染髭髮令永黑出《本草方》：以鐵落，及熱末凝塗之。

變毛髮出《本草方》：以石榴花幷葉，乾之爲末，和鐵丹服之，一年變毛髮，色黑如漆，鐵丹乃飛鐵爲丹也。

烏髭髮出《本草方》：以毗梨勒燒灰，乾傅立效。能染髭髮變色。

染髭髮出《本草方》：以活師與青胡桃上皮，和爲泥，染之不變。活師，科斗蟲也。

婦人塗髮令黑方出《本草方》：以芭蕉汁塗之。

黑髮方出《本草方》：用芸薹子壓取油傅頭，令頭髮長黑。

染髮出《本草方》：用金櫻花和鐵粉研，拔白髮傅之，再出者黑。亦可染髮。

染鬚至黑出《本草方》：以針砂及沒石子，染鬚至黑。

染髮方出《本草方》：用大麥、針砂、沒石子等末，染之令髮黑。

烏髭鬢七效方出《本草方》：以小雌鷄一對，別處各養喂，不得令食蟲幷雜物，只與烏油麻一件，幷與水吃。鷄長大放卵時，專覷取出先放者卵收取，及別處更放卵後。細研好硃砂一兩了。卻將先放者卵，擊破卵巔些些作竅，入砂於卵內安置，用紙粘損處數重。候乾，用後放者卵，一齊令雞抱，候雞子出爲度。其藥在卵內，自然結實，打破取出，爛研如粉，用蒸餅。丸如綠豆大，不計時候，酒下五七丸。不惟變白，亦愈疾矣。

長生不飢黑毛髮方出《本草方》：取旱藕食之。

令人體潤，毛髮不白，久服成仙出《本草方》：以玉井水服之。

黑鬚髮：《雜修養書》云：正月一日，取五木煮以浴，令人至老鬚髮黑。徐鍇云：道家謂青木香爲五香，一云五木。道家多以此浴，當是其義也。

《普濟方・頭門・鬚髮黃白》 乾漆丸出《聖濟總錄》。治髭髮白，可以變黑。

乾漆炒令煙盡　柏子仁微炒　生乾地黃焙　熟乾地黃焙。各一兩

右爲末，研糯米飲，和擣三五百杵，塗酥丸如梧桐子大。每服三(二)十丸，空心溫酒下。

令白髮還黑方一名秦椒散，出《千金方》

旋覆花　秦椒　隴西白芷各一升　桂心一兩

右件擣篩，以井花水服方寸匕，日三服。三十日白髮還黑，禁房室。若不信，將此藥拌飯喂貓兒，一月白處變黑，此乃神效。一方或酒茶溫調亦得。

治髭鬢早白，令變爲黑方。

硫黃一兩，細研　酸石榴皮一兩　天竹黃半兩，細研　磁石二兩，燒，醋淬七遍，研飛過

右先以和了麵少許，裹硫黃內於石榴皮中。又用麵都裹石榴皮，於瓷碗中盛。飯甑內蒸兩遍，取出曬乾，擣羅爲末。次入天竹黃、磁石等末相和，更研令勻，煉蜜和丸，如綠豆大。每日早晨，以杏仁湯下二十丸。其藥服六七日以來，覺頭癢，便是效也。白者自落，黑者再生。神妙。

駐顏益心神方。出《聖惠方》　染鬢髮，髮白爲黑。

熟乾地黃半斤　牛膝四兩，去苗　杏仁半斤，湯浸去皮、尖、雙仁，微炒，研如膏　菟絲子三兩，湯浸三日，曝乾擣末

右爲末，都研令勻。以煉蜜和擣三五百杵，丸如梧桐子大。每服以溫酒下四十丸，食前服。忌生蒜、葱、蘿蔔。

秦椒丸出《聖惠方》　治髭髮黃悴。

秦椒去目及閉口，炒出汗　生乾地黃焙　旋覆花　白芷各一兩

右爲末，煉蜜和丸，如梧桐子大。每服三十丸，米泔水下，不拘時。

三倍丸出《聖惠方》　補益明目，壯氣延年，令人好顏色。變鬚髮令黑，其功不可盡述。

川椒取紅，一斤　牛膝三斤，去苗　生地黃三十斤，淨洗擣絞取汁

右爲末，用生地黃汁拌之，令勻曬乾，即更拌，以地黃汁盡爲度，曬乾，擣羅爲末，和於木杵臼擣千餘杵，丸如梧桐子大。每日空心及晚食前，以溫酒下四十丸，忌生葱、蘿蔔、大蒜等。

地黃丸　治人年四十，髭髮俱白還黑。

生地黃肥者剉，五斤　五加皮　牛膝酒浸，焙。各五兩

右先將地黃入淨瓶中，以酒五升，浸一宿。取出曝乾，入甑九蒸九曝後，同後二味，擣羅爲末。煉蜜丸，如梧桐子大。每服二十丸，空心溫酒下。一方擣細羅爲散，每日空心以溫酒調下二錢。若於羹粥中吃亦得。此藥能化白令黑，添益筋力，忌生葱、蘿蔔、大蒜等。

又方出《聖惠方》：

用黑豆三升，以水七升，煮黑豆令極爛，去豆再煎，令稠，常用塗髮良。

蜀椒丸　治髭髮白，可還黑色。

蜀椒去目并閉口者　杏仁去皮尖雙仁。各八兩　熟乾地黃一升

右先剉地黃，入淨磁器中，以酒一升，浸一宿，取出，与杏仁同擣如膏。次用炭火燒地令赤，以釅醋潑之，乘熟將椒置其上，以盆覆之，四面泥塗，令勿透風，候冷取出，擣羅爲末，合和煎膏，入糯米飯一升，同擣三百杵，丸如梧桐子大。每服三十丸，空心溫酒下。

變白髮令黑，塡骨髓，去萬病方。

熟乾地黃四斤　杏仁一斤，湯浸，去皮、尖、雙仁，研如膏　訶黎勒皮半斤

右爲末，入杏仁同研令勻，以煉蜜和擣三二百杵，丸如梧桐子大。切不得令孝子女人見。每服以溫酒下三十丸，食前服，漸加至四十丸爲度。於磁器內密貯之，變白功效不可具述，忌生葱、蘿蔔、大蒜等。

近效換白髮及髭方。

熊脂二兩，臘月者佳　白馬鬐脂一兩，細切熬之，以綿濾絞汁　婆羅勒十棵，其壯似芙薺子，去皮取汁，俱以指甲掐之即有汁　生薑一兩，一鐺中煮之　母丁香半兩

右爲末，其脂煉濾之，以藥末相和令勻。另取一小槐枝，左攪數千遍，少頃即凝，或似膏。即拔白髮以辰日良，槐枝點藥，拔一條即以藥入髮根孔中，以指頭熟揩之令藥入，十餘日便黑髮生。

一醉烏髮　治頭鬚白再黑方。

生地黃汁一升　訶黎勒十個，磨兩頭　酸石榴三個，大者取汁　綠礬半兩，研　硇砂研　硫黃研。各半兩

右藥同入磁瓶中，內用二味汁浸密封，勿令透氣。至四十九日後取出，其訶子狀若黑梅，至夜臨卧，含一枚噙津，至曉爛嚼，以酒一盞下之，三二日後再服。忌葱、大蒜、蘿蔔。

槐枝散出《聖濟總録》　治鬚黃白揩牙方。

槐枝如筋大者　青鹽　胡麻子仁炒黑色　生乾地黃各一兩　皂莢不蛀者，去皮子二梃

右剉碎，入磁瓶中，用瓦片蓋，紙筋泥固濟，仍蓋上留一穴，如錢眼大，候乾，以文武火燒，煙盡放冷，爲末。每旦揩牙畢，餘藥塗鬚上，少頃洗之。

治髮鬢黃赤令黑方。

用羊糞燒灰，以臘月豬脂相和塗之。日三夜一，取黑即止。

治髮黃。

用臘月豬脂，和羊屎灰、蒲灰，等分，封頭，三日一爲之。

治婦人蒜髮。

用乾柿子五個，香湯煮爛，枸杞子擣爲末，合和爛研，丸如梧桐子大。每日空心服，及卧時前，濃煎香湯下五十丸。

變白不老。

多收桑椹曝乾擣末，蜜和爲丸，每日服六十丸。

治髭鬢黃赤，一染即黑。

生薑半斤　生地黃一斤。各淨洗，研自然汁，留滓

右用不蛀皂角十梃，去黑皮并筋，將前藥汁蘸皂角，慢火炙黃用，藥汁盡爲度。前藥滓同入罐內，用火煅存性爲末。用鐵器盛。藥末三錢，湯調停三日，臨睡將藥蘸髭髮即黑。

服菊增年變白方。

用菊，以三月上寅日採，名曰玉英；六月上寅日採，名曰容成；九月上寅日採，名曰金精；十二月上寅日採，名曰長生者，根莖也。陰乾百日，各取等分，以成日合擣千杵，下篩和以蜜，丸如梧桐子大。三服七丸。百日身體潤，一年白髮變黑，二年齒落復生，三年八十者變童兒。

必效染白髮方。

用揀細粒烏豆四升，以醋漿水四升，煮汁去卻豆，以好灰汁，淨洗髮待乾，以豆汁熱塗之，以油帛裹之，經宿開之。待乾，即以熊脂塗揩，還以油帛裹，即黑如漆。一塗三年不變，驗。又方：醋煮大豆，色黑時去豆，煎令稠，塗之。

染白髮方。

用黑桑椹一升，蝌蚪子即蝦蟆子，瓶盛密封，懸東屋角，百日盡化爲黑泥，染鬚髮如漆。又取二十七枚，和胡桃脂研如泥，拔去白者，點孔中，則生黑者。一方無蝦蟆子。

栝蔞散　治鬚黃白揩牙。

取栝蔞實一枚，開頂作蓋子，取瓤并子，用青鹽一兩細研，杏仁去皮尖三七粒，同栝蔞瓤并子，納入栝蔞內，卻將頂蓋蓋了。麻線繫定，鹽泥固濟，炭火煅，煙盡去泥，取膏爲末，早夜揩牙。一方無青鹽，一方用濕紙兩三重包裹，次用蚯蚓泥，并紙筋一處擣爲筋泥，包裹於濕紙上，厚一指許，用酒圓勻不破紙綻，於日中曬乾。用熱炭二斤，四邊上下煅之，火多則恐曝裂，徐徐添火，候泥球通紅，有青煙焰出，即藥成。去火，掃淨地尺許，置泥球其上，以新瓦盆蓋，食頃，繫去泥皮，取藥細研。晨起、日中、臨睡，以指蘸藥擦牙。令極熱，即取效速。仍不輟用之，百日髭鬢可致如黑。先有白者摘去，以餘藥揉於鬢間，後來髮不生白矣。其治口齒之功，未易具陳。

變白令黑方。

生乾地黃　覆盆子已上各一斤　地骨皮一斤

右爲末，煉蜜和擣三五百杵，丸如梧桐子大。每服以溫酒下四十丸，食前服，忌生葱、大蒜、蘿蔔等。

白髮令黑方。

八角附子一枚　大酢半升

右以銅器中煎兩沸，內好礬石，大如碁子許一枚，消盡，內香脂三兩，和令相得，攪至凝，內竹筒內。拔白髮，以膏塗拔根，即生黑髮也。

拔白令黑。

取除日自拔白，以鱉脂塗之。又黑狗膽塗之，又白狗乳塗亦得。

治髭髮黃赤令黑方。

生柏葉切，一升　豬膏一斤

右擣柏葉爲末，以豬膏和爲二十丸。用布裹一丸，內泔汁中化破沐之。日一用，一月後漸黑光潤。

又方：　用大豆五升，酢漿水二斗，煮取五升沐之。

治鬢髮黃赤方

用燒梧桐灰，以乳汁和，塗傅鬢髮幷膚肉，鬢髮即黑。

酸榴漿方　治鬢髮黃白。令還黑色。

用酸石榴，五月內，於東南枝上。揀平坐不側而大者一枚，於頂上筋劄眼子，深一寸餘，用水銀半兩，灌於眼子內，不得封閉，從風日雨露，至十月葉落盡時取下，殼內盡成水。每用時以魚胞裹指頭，點藥撚之。

療髮黃。

用熊脂塗髮梳之，散頭入床底，一食頃即出，便盡黑。不過一升脂驗。

治年衰髮白。

用桑葉椏枝，名鷄桑最堪入用。椹利五臟關節，通血氣，久服不飢。多收曝乾擣末，蜜和爲丸。每日服六十丸，變白不老。一方，取黑椹水漬之，頻沐髮即黑。

《普濟方・頭門・榮養髭髮・附論》　夫腎主骨髓，腦爲髓海。髮者，腦之華，髓之所養也。衝脈爲經絡之海，其浮而外者，循腹上行會於咽喉，別絡唇口。血盛則滲灌皮膚，生毫毛，此髭髮所本也。若髭髮不生，或生而黃悴，則腦虛，衝脈衰，無以榮養故也。須以藥治之，令潤澤也。

《普濟方・頭門・榮养髭髮》　地黃丸　榮養髭髮，堅牙齒，補血氣，益顏色延年。

生地黃三斤，擣取汁　杏仁三升，去皮、尖、雙仁，點地黃汁研，如膏　丁香三兩　胡桃瓤一斤，同杏仁別研　烏麻油一升，點地黃汁研絞取汁　大麻油一升　木香　牛膝切　人參　茯苓去黑皮，各三兩　無食子三兩　訶黎勒皮三兩　箋香　沉香剉　安息香擣如碁子，水煮爛，各二兩　柳枝皮炙乾　鹽花各三兩　松脂精好者，以布袋盛，湯煮自化出湯，冷自凝。如末白，便換布袋，煮極白，取八兩　龍腦研，一分　白蜜一升　酥一升

右將擣研藥令極細，同諸藥與地黃汁調如膏，磁瓶盛，分三瓶。每瓶約七分，不可令滿。坐爐中塼上，四面用火，候瓶中藥沸，即以柳枝攪，欲乾旋添地黃汁，以盡爲度，時時抄看，可丸乃止。候藥冷，丸如彈子大，以蠟紙蓋頭，勿令泄氣，每食後含一丸，咽津，日三夜一，十日覺。百日大效。初服藥，處淨室一月，忌萊菔、藕蒜，常食少生薑即效。

零陵香油方　治髮令黑光滑潤，梳頭。

零陵香半兩　烏麻油一斗　茅香半兩　蓮子草一兩　細辛半兩　藁本半兩　白芷半兩　生鏵鐵五兩，擣碎　訶黎勒皮一兩　沒石子一兩　酸石榴皮一兩　牛膝一兩，去苗　白檀香一兩　沉香一兩　地骨皮半兩　芎藭半兩

右細剉，幷鏵鐵，以綿裹入油中，浸四十九日藥成。常用梳頭，經年尤驗。

浸油長髮，令黑光潤澤方。

生麻油五升　乾桑椹一兩　梔子花一兩　訶黎勒皮一兩　蓮子草一兩　細辛半兩　白芷半兩　藁本一兩　零陵香一兩　白斂(各)一兩　酸石榴皮一兩　生鐵三斤，擣碎　硝石一兩　地骨皮一兩　沒石子一兩

右細剉，幷生鐵，以綿裹入油中浸。經四十九日後藥成。常用梳頭，經年尤效。

治風益髮，令潤澤不白，令油塗頭方。

乾蓮子草半兩　蔓荊子　細辛　藁本　柏子仁　芎藭　白芷　甘松香　零陵香　白檀香已上各一兩　胡桃二十顆，去皮　鏵鐵一斤，擣碎

右都剉，幷鏵鐵，以綿裹，用淸油五斤，於磁器中，浸半月，藥成。常用塗頭，一月後甚驗。

惜梳髮神效散

當歸　荊芥　黑牽牛　白芷　威靈仙　側柏葉　訶子各等分

右爲細末，隔夜滲在髮中，次早理之。能去風屑垢膩，解梳結。

巨勝七子丸　益髭髮，變白爲黑。

甘菊花三兩　旋覆花三兩　吳白芷三兩　白茯苓三兩　牛膝三兩　覆盆子三(二)兩半，炒　旱蓮子一兩半

右爲細末，煉蜜搜和，擣杵一二千下，丸如梧桐子大。每服三十丸，空心溫酒送下，食後再服三十丸。良久少飲酒，引動藥力。如此日進三服，兩個月髭髮鬢如鴉，更治一切氣，益脈補下元。忌生蘿蔔、豬羊血、葱、蒜。忌月日如右，并忌服藥如左，每月至此日，無得服藥，止吃素麵。昔日唐李昇服此藥，壽至七十歲，全無白髮。若試此藥，用白犬一隻食藥，六十日乃黑。

正月初四、二月初六、三月十二、四月十六、五月十八、六月二十四、七月二十一、八月十五、九月十六、十月十三、十一月十四、十二月初七。

槐桃膏　榮養髭髮。

瓦松半生半燒灰　鐵粉鏵鐵醋淬十遍，擣研　羊糞半生半燒灰　槐枝細剉。各一兩　胡桃仁一斤

右除瓦松等三味外，將胡桃仁與槐枝擣作一團，塡小瓶中令實。又取槐枝斫長二寸，密插於瓶中，與瓶中齊，更取一瓶子。須盛得前藥瓶子者勘合。然後置地坑陷空瓶子與地面齊，其向上瓶子，即壅馬糞火燒一宿，候冷開之。其向下瓶子腹中有油清，則取此油調前三味塗頭。每日淨洗，再換藥。

柏葉散　常使榮養髭鬢。

側柏葉四兩　何首烏　地骨皮　白芷各二兩

右爲粗末，每用半兩，入生薑十片，水一大盞，煎五七沸，去滓，淋洗髭鬢。臨睡用。

滋榮散　長養髭髮落最宜。

生薑焙乾，一兩　人參一兩

右爲細末。每用生薑一塊切斷，蘸藥末，於髮落處揉之。日二次用。

槐實膏　治腦虛，髭髮枯悴目暗。

槐實去皮，取黑者，炒，擣末一合　生地黃擣取自然汁一合　馬牙硝研，三錢　酥煉，一兩

右以銀石器盛地黃汁，文武火熬，先下槐實末，次下馬牙硝，不停手攪，常令如魚眼沸。候煎減一半，即下酥，更煎三二十沸，傾出置磁合中。每臨卧，以棗核大内鼻中，去枕，仰卧展足，腦中出惡水勿驚。

三倍丸　榮養髭髮，固牙齒，補益血氣。

丹砂研，一兩　磁石煅研，二兩　神麴炒研，二兩

右擣研爲末，細羅。別以豬腎三隻去脂膜，用濃酒二升熬腎爛，去腎取酒和藥末，丸如綠豆大。空心，溫酒或熱水下二十丸。

三物膏　榮養髭髮。

柳枝　桑枝　槐枝各剉，一升

右以水二斗，同煮至一斗，去滓，入好鹽一斤，熬成膏，磁盒盛，臨卧揩牙。

汞蛭油方　榮養髭髮。

汞一兩　乾水蛭七枚，爲末

右以銀三兩，作一小盒，盛汞與水蛭。以蚯蚓土和泥固濟，約半指厚，深埋在馬糞中。四十九日取出，化爲黑油。用魚胞作指袋，時蘸少許，撚髭上，其油自然倒行至髭根，變黑。

烏金散　榮養髭髮，牢牙。

草烏頭四兩　青鹽二兩

右將青鹽爲末，同入藏瓶內，瓦子一片蓋。瓦上鑽一竅，外用紙筋泥固濟，仍留一竅候乾，用火煅黑煙盡、青煙出爲度，以新黃土罨一宿，取出爲末。逐日未洗面前揩牙，候洗面了方漱。日三。

《普濟方・頭門・頭風白屑》　夫頭生白屑，不問冬夏，令人瘙癢，世呼爲頭風。此本於肺熱也。肺爲五臟之蓋，其氣上衝頭頂，肺寒則腦液下而多鼻涕，肺熱則薰蒸而多白屑。復以風熱鼓作，故癢而喜搔。

蓮子膏　治頭風白屑，長髮令黑。

蓮子草汁一斗二升　松葉　桐樹白皮　桑根白皮　防風去蘆頭　芎藭　白芷　辛夷　藁本　零陵香　沉香　秦艽　商陸　犀角屑　青竹茹　細辛　杜若　蔓荊子以上各二兩　甘松香　白朮　天雄去皮臍　柏樹白皮　楓香以上各一兩　生地黃汁五升　生油四升　馬鬐膏一升　熊脂二升　蔓荊子油一升

右細剉，以蓮子草汁、地黃汁浸藥一宿。用脂膏油等，微火煎三上三下，以白芷色黃焦膏成。濾去滓，於甆器中貯之。每用時，取桑樹根白皮，剉三升，以水一斗，煮取五升，去滓，以沐頭了，然後塗膏熱摩入肌肉。

甘松膏　治頭中風癢白屑。

甘松香　丁香　白芷　澤蘭　桑白皮　桑寄生　大麻　苜蓿　杏仁　蔓荊子　辛夷仁　芎藭　防風　莽草各一兩　零陵香　吳藿香　細辛　蜀椒各二(三)兩　竹葉　松葉　柏葉各半升　胡麻油　臘豬脂各一升　烏雞肪　雁肪各一兩(合)

右㕮咀，以酢漬一宿，内油膏中，微火煎三上三下。白芷色黃，膏成，去滓，塗頭上。日二夜一，髮生。

龍腦膏　治頭風癢白屑，長髮令黑。

龍腦　沉香　白檀香　蘇合香　雞舌香　零陵香　丁香　甘松　木香　藿香　白芷　白附子　細辛　當歸　芎藭　天雄　辛夷　甘菊花　烏喙　防風　蔓荊實　杏仁湯浸去皮、尖　秦椒去目及閉口，各一兩　烏麻油五升(斤)

右除油外，并細剉，以新綿裹内鍋中，入油同煎。候白芷黃色膏成，去滓，以瓷盒收。旋取以手摩頭頂髮際。

松脂膏　治頭風癢白屑，長髮令黑。

松脂　白芷　天雄　莽草　躑躅花各一兩　秦艽　獨活　烏頭炮裂　辛夷仁　甘松　零陵香　沉香　牛膝　木香各三兩　松葉　杏仁湯浸去皮、尖，研　藿香葉　莎草根　甘菊花　蜀椒去目并閉口者　芎藭各二兩

右除杏仁外，并細剉。以醋三升，都入瓷瓶内，浸一宿，取入大鐺。用生麻油一斗，與藥同以微火煎，候醋氣盡膏成，去滓，貯入不津器中。每日三度，匀塗髮根。

生髮膏　治頭中風癢白屑。

蔓荊子　附子　細辛　續斷　零陵香　皂莢仁　澤蘭　防風　杏仁　藿香　白芷各二兩　松葉　石南各三兩　莽草一兩　馬鬐膏　豬脂　松膏各二斤(升)　熊脂三斤(升)

右㕮咀，以清醋三升，漬藥一宿，明日以馬鬐膏等，微火煎三上三下，以白芷色黃膏成。用澤髮。

長髮膏　治頭風白屑風癢。

蔓荊子　附子去皮　澤蘭　防風　杏仁去皮　零陵香　藿香　芎藭　天雄　辛夷各一兩　沉香二兩　松脂　白芷各三兩　馬鬐膏　松葉切　熊脂各一兩　生麻油四斤(升)

右以苦酒漬一宿，以脂等煎，緩火三上三下，白芷色黃，膏成，去滓，濾收貯。塗髮。頭風癢并白禿，三兩度差。

白屑膏　治生髮頭風癢，并白禿。

烏喙　莽草　細辛　續斷　石南草　辛夷仁　皂莢　澤蘭　白术　防風　白芷各二兩　柏葉　竹葉切，各一斤　豬脂五升　生麻油七斤

右以苦酒漬一宿，以油脂煎，候白芷色黃，膏成，濾掠收，以塗頭髮。先洗後用之。一方有松葉。

龍腦丸　治諸風白屑，長髮令黑。

白龍腦二兩，用銅鼎盛水五升，入龍腦，拌糯米五十粒，石灰泥固濟銅鼎口，文火煮半日，候冷取出，研如粉　真珠二兩，先用大紙三張，以皂莢津漬過，爲袋盛之，又用綿裹定，入栗糠五斗，安甑中，蒸一晝夜，撚破即研如粉乾　丹砂二兩，如芙蓉者，研如粉，并雄黃粉同入銀鍋中，用醋三升，以文火煮，一復時取出，卻以溫水淘去醋味，曝乾　雄黃一兩，研如粉　琥珀二兩，拾得芥子者，搗研如粉

右和匀，内留三兩。每夜臨卧漱口了，揩齒嚥津。餘六兩，再用白麵四兩作餅子，紙二張裹，煨熟，取出研細，與前藥六兩，煉蜜和擣，丸如梧桐子大。每日空心，取兩丸含化嚥津，後飲溫酒三五合。若四十以上，更加白龍骨一兩，研如粉，以水飛過曝乾，綿裹蒸一飯久，次入桑螵蛸一兩，煨熟擣末，并前末同煉蜜丸。

旱蓮膏　治頭風白屑，長髮令黑。

旱蓮子草十斤，擣絞取汁二升　桐木白皮四兩　松葉　防風　芎藭　白芷　辛夷仁　藁本　沉香　秦艽　商陸　犀角屑　青竹皮　細辛　杜若　蔓荊子　零陵香各二兩　甘松　天雄　白术　升麻　楓香脂各一兩　生地黃十斤，擣絞取汁五升　烏麻油四升　馬脂一升　熊脂二升　豬脂一升，擣絞　蔓菁子油一升　桑根白皮三兩

右除脂油外，并細剉。以蓮子、地黃等汁入瓷瓶内，浸一宿取出，與豬脂油同入大鍋内，微火煎。候白芷黃色，膏成。去滓，貯入不津器中。

先洗髮令淨，候乾，用藥塗摩。明旦取桑根白皮二兩細剉，以水一斗五升，煮取一斗，放溫洗髮，每夜塗藥一次。

《普濟方・頭門・眉鬚髭髮總論》 夫足太陽血氣盛則眉美，足少陽血氣盛則髯美，足少陰血氣盛則髮美，手陽明血氣盛則髭美。夫經絡所至不同，血氣各有所屬。眉鬚髮髭，率本於經絡之血氣，或黑或紺或黄或白，可以知盛衰。蓋氣在人，猶水之津也，髭髮猶津之有彡也，津之槁澤而彡隨之，則髮髭本血氣可知矣。

《普濟方・頭門・烏髭髮附論》 髮本於足少陰，髭本於手陽明。二經血氣盛則悦澤，血氣衰則枯槁。容貌之間，資是以賁飾，則還枯槁爲悦澤法烏可廢乎？

《普濟方・頭門・眉鬚髭髮》 烏鬚髮方

黄蘗四兩 茴香一兩 川楝子 菟絲子 肉蓯蓉 川牛膝 白芍藥 白茯苓 杜仲 石斛 熟地黄 威靈仙 地骨皮 枸杞子 乾山藥 生地黄 五味子 山茱萸 麥門冬 蓮花蕊 生鷄頭肉 藿香 當歸 胡蘆巴 川芎 澤瀉 白术 人參 巴戟 黄耆 羌活 菖蒲 獨活 黄連 廣木香 沉香 吳茱萸各半兩

右爲末，醋糊爲丸，如梧桐子大。每服五十丸，空心溫酒送下。

沉香延齡散 治烏髭髮，牢牙益精氣。

沉香另研 木香 檀香 香附子 白芷 龍骨浸水 甘松 川芎 生地黄 蓽撥 升麻 防風 當歸 何首烏 藁木 青鹽炒 人參 石膏 白茯苓 白蒺藜 杜蒺藜 海浮石 藿香 熟地黄 細辛各半兩 丁香 荊芥穗 菖蒲 槐角子 白殭蠶 天麻 桂心 露蜂房炒黑，各三(二)錢半 麝香錢半 柳枝一握，四兩，細剉炒

右爲末，每日早晚，先刷淨牙，後蘸藥，刷五七十遍，多爲上。

《普濟方・頭門・鬚髮黄白・附論》 足少陰血氣盛，則鬚潤澤而黑。足太陽血氣盛，則髮潤澤而黑。二經血氣虛乏，則鬚髮變爲黄白。然則還其潤澤，復其紺黑，雖有傳染之法，曾不如益血補氣爲宫服劑。蓋血氣調適則滋潤外彰，其視傳染之功遠矣。

《普濟方・頭門・鬚髮黄白》 駐顔苣藤丸 治髮白令黑，補益鬚顔。

苣藤二斤 杏仁四兩，湯浸去皮尖雙仁者，麵炒微黄 陳橘皮一兩，湯浸去白瓤，焙 細辛一兩 附子一兩，炮裂，去皮臍 旋覆花一兩 覆盆子二兩 青葙子二兩 秦椒二兩，去目及閉口者，微炒去汗 熟乾地黄四兩 白芷一兩 續斷一兩 秦皮一兩 桂心二兩 生地黄五斤，擣絞取汁

右爲末，入地黄汁中，以沙糖相和，擣五七百杵，丸如梧桐子大。每日空心服，以橘皮湯下三十丸，晚食前再服。忌生葱、蘿蔔、大蒜等。

治掠白反黑。

白檀 白芷 三柰子各二錢 白及一兩 甘松一錢半 白茯苓二錢半 回回青 百藥煎 針砂炒。各五分 滑石二錢 犁兒鐵一塊，瓶盛漿水浸

右爲末，每服三錢，漿水一盞，於錫器瓶中頓冷，澄清掠之。

旋飾巫雲膏 治髮鬢黄白不黑。

膽礬 五倍子 百藥煎 訶子 青胡桃皮 木瓜皮 何首烏 細辛酸石榴皮 豬牙皂角

右等分，爲極細末。煉蜜和丸，如小錢大。常於木灰内培養，勿得離灰。如要烏髭時，用熱好酒磨化開，撚髭。如烏鬢時，用好熱醋磨，以掠頭鬢。

地骨皮丸 變髭髮，益氣血，令終身不白，但黑潤而已。黄白者，經六十日變黑。已白者，服百日如漆。堅牙齒，益筋力，四時常服。

地骨皮三(五)兩 生乾地黄五兩 牛膝去苗，三兩 覆盆子三兩 黄耆三兩，剉 五倍子三兩 桃仁四兩，去皮、尖、雙仁，別研如膏 菟絲子四兩，酒浸三日，曝乾，別杵爲末 蒺藜子四兩，微炒去刺

右爲末，下桃仁攪使相入。煉蜜和，更擣三千杵，丸如梧桐子大。每日空心，以溫酒下四十丸，粥飲下，漿水下亦得。服藥十日，即急拔去白者，二十日黑者即生。神妙不可言。終身不得食蒜、牛肉、生葱、蘿蔔等。

摩頂黑髮方 治髮黄浸油。

白芷 附子去皮臍，生用 連翹 防風去蘆頭 卷柏 零陵香 蔓荊子 蓮子 躑躅花 川芒硝已上各一兩

右細剉，用綿裹，以生油二斤，浸經三日。略煎，取藥放冷。每用塗頂，揩令入肉。

馬齒莧還黑效方 治腦血虛，髮白早，宜服馬齒莧還黑效方。

馬齒莧子一升　白茯苓二兩　熟乾地黃四兩　澤瀉二兩　卷柏二兩　人參二兩，去蘆頭　松脂四兩煉成者　桂心一兩

右爲散。每日空心以溫酒調下二錢，漸加至三錢，晚食再服。一月效，忌生葱、蘿蔔、大蒜等。

柏子仁丸　治髭髮早白，壯血脈，令復黑。

柏子仁三兩　酸石榴皮一兩　秦椒三兩，去目及閉口者，微炒去汗　何首烏二兩　馬齒莧二兩　蓮子草二兩　白芷二兩　旋覆花二兩

右爲末，煉蜜和丸，如梧桐子大。每服空心以熱水下三十丸，晚食前再服。忌大蒜、生葱等。

地黃丸　變白令黑，補益。

熟乾地黃一斤　牛膝一斤，去苗　枳殼五兩，麸炒微黃，去瓤　茯神三兩　菟絲子五兩，酒浸三日，曝乾，別擣爲末　車前子五兩　地骨皮三兩　訶黎勒皮二兩

右別取生地黃肥者，擣絞取汁五升。浸牛膝及地黃曝乾，如前又浸，曝乾。以地黃汁盡爲度。放令乾，擣羅爲末，煉蜜和擣三五百杵，丸如梧桐子大。每服以溫酒下三十丸，再服。忌血食，并生葱、蘿蔔，大蒜等。

川椒丸　治腦血虛，髮早白，宜服，補益令黑。

川椒五兩，去目閉口者，微黃，炒去汗　苣勝一升　瓦松半斤　茜根二斤，剉　熟乾地黃三斤　覆盆子一斤　牛膝一斤，去苗　菟絲子五兩，酒浸三日，曝乾，別擣爲末

右爲末，煉蜜和擣五七百杵，丸如梧桐子大。每服以溫酒下四十丸，食前服。忌生葱、蘿蔔、大蒜等。

神不安方　治年少髮白，及心氣虛，神不安。

地骨皮一兩　桂心三分　熟乾地黃二兩　白芷三分　旋覆花三分　訶黎勒皮三分　秦椒三分，去目及閉口者，微炒，去汗　杏仁一兩，湯浸去皮、尖、雙仁，研如膏

右爲末，煉蜜和丸，如梧桐子大。每日空心以溫酒下四十丸。忌生葱、蘿蔔、大蒜等。

膽礬丸　治男子年少，髭髮斑白。

土馬騣牆蘚兒　石馬騣石蘚兒　半夏　川五倍子各一兩　生薑二兩　胡桃十個　真膽礬半兩

右爲末，和作一塊，絹袋子盛，如彈大，熱酒水各少許，浸藥絞汁。沐洗頭髮，一月神效。

變白髮神效揩齒藥方。

酸石榴一枚，以泥裹，燒令通赤，候冷去泥取用　槐枝　茄子根與槐枝同燒，令煙絕，急以物蓋之，候冷取用　馬齒莧　蘭香菜并根　薄荷　石膏　五倍子燒　川升麻已上各一兩

右爲散，用揩齒，不惟變白爲黑，兼牢固牙齒。

地仙丹　令髮黑延年，久服可貌如童子，齒落重生，行如奔馬，夜視有光，久服爲地仙。

遠志一斤，去心　白茯苓一斤　熟乾地黃一斤　地骨皮一斤　麥門冬一斤，去心，焙　苣勝一斤，蒸曝乾，去皮

右爲末，以棗肉和，木杵臼擣千餘杵，丸如梧桐子大。每日空腹以溫酒下四十丸，晚食前再服。忌生葱、大蒜、蘿蔔等。

五神還童丹　歌曰：堪嗟髭髮白如霜，要黑元來有異方。不用擦牙并染髮，卻將五味配陰陽。赤石脂與川椒炒，辰砂一味最爲良。茯神能養心中血，乳香分兩要相當。棗肉爲丸桐子大，空心溫酒十五觴。七服之後君休摘，管教華髮黑油光。兼能明目并延壽，老翁變作少年郎。

赤石脂　川椒炒　辰砂　茯神　乳香已上各一兩

右爲末，棗肉和丸，如梧桐子大。每服三十丸，空心溫酒下。

備急拔白毛令黑毛生方。

用拔白毛後，隨即以好白蜜傅拔處，即生黑毛。眉中無毛，以針挑傷傅蜜，亦生眉毛也。又一方，以石子磨丁香汁，拔白毛，急用手以傅孔中，即生黑毛。如毛髮白，取梧桐擣汁塗上，必生黑者。一方，用白蜜傅髮孔，即不復生也。

治鬢黃，剪爪甲搔令毛孔中血出，以蜜塗之，即生黑毛。

令髮不生，用蚌灰、鱉脂相和。新拔毛，即塗毛孔上，永不生。

令人髮不白，以大麥食之，久食之良。

變白方　用丁香以生薑汁研，拔去白髮塗汁孔中，即異常黑也。

變白方　多取烏臼子壓爲油，塗頭令黑。

變白令黑，耐老明目，輕身。以龍葵子赤珠者服之。若能生食者，不食他菜。十日後，則有靈異。不與葱薤同啖。

治白髮。鑷去白髮，消白蠟點孔中，即生黑者。

變白髮。以槐黑子水呑之。

治蒜髮，用蔓菁子壓油，塗頭能變蒜髮。

作香澤塗髮方

依臘澤藥內漬油裏煎，即用塗髮。亦綿裹煎之。

浸油益髮神效方

蓮花鬚一兩陰乾　零陵香一錢　卷柏葉　白芷　芎藭　防風各半兩

右件細切，以綿裹，入生椒七十粒，生麻油半斤，浸於新瓶中，埋地中七日，取出。婦人塗髮極佳，兼治頭髮落不生，極佳。

菟絲子丸一名牛膝丸　治髭髮黃白，可變令黑。及治鬚髮禿落不生。

菟絲子酒浸三日，別擣　地骨皮各三兩　枳殼去瓤麩炒八兩　生牛膝擣絞取汁半升　生地黃擣絞取汁半升

右將前三味，擣羅爲末，以牛膝、地黃汁和作餅子。曝乾，再擣羅，煉蜜丸。如梧桐子大。每服十五丸，早食後溫酒下。如心中熱，米飲下。一方生擣爲末，煉蜜和丸，每日空心，生薑湯下三十丸，漸加至五十丸。久服。忌生葱、蘿蔔、大蒜。

人參，丸治髮髭白，能變令黑。

人參五兩　熟乾地黃焙　天門冬去心，焙　白茯苓去黑皮，各十兩　胡麻仁湯浸去皮炒，五升

右爲末，煉蜜丸，如梧桐子大。每服十丸，食後溫酒下。

胡麻丸　治髭髮白，可變令黑。

胡麻仁炒　杏仁去皮尖雙仁，炒研，各二兩　桂去粗皮，一兩　黑豆黃二兩　生地黃擣絞取汁，一升

右先將地黃汁入銅鍋煎三兩沸，次入杏仁煮膏，餘藥杵擣羅爲末，投入同煎令稠，丸如梧桐子大。每服十丸，早食後溫酒下，臨卧再服之。

《普濟方・頭門・榮養髭髮》　瑩肌膏　治毛髮長茸散，頻剃復生不盡者，以膏貼之，次日茸毛隨膏藥自退，瑩淨再不復生。

乳香二錢，研　瀝青三兩

右慢火同化開，入小油一處煎沸，硬軟得所。臨卧塗患處。明旦用溫淡漿洗去。

蒺藜散

右服蒺藜子一石。當七月八月熟時收，日乾，舂去刺，然後杵爲末。每服二錢，新汲水調下，日三服。勿令中絕，斷穀長生。服之一年已後，冬不寒，夏不熱。服之二年，老者復少，髮白復黑，齒落重生。服之三年，身可長生。

治髮不落方。劉君安曰：欲髮不脫，梳頭滿千遍。

用羊糞和鴈膏傅毛髮，三宿即生。

金陵草煎方　益髭髮，變白爲黑。

用金陵草一秤，六月以後收採，揀擇無泥土者，不用洗，須青嫩不雜枝梗者。爛擣研，新布絞取汁，又以紗絹濾，令滓盡，內通油器鉢盛之。日中微煎，又取生薑一斤，絞汁，白蜜一斤，合和入煎中，以柳木篦攪勿停，令薑蜜勻。日中煎之，令如稀餳，爲藥成矣。每旦日及午後，各服一匙，以溫酒調服。欲作丸，日中再煎令可丸，如梧桐子大。依前法，酒服三十丸。及時多合製爲佳，其效甚速。

治血脈虛極，鬚不得潤澤，宜用此方。

用桑根白皮剉一斤，柏葉剉一斤，以水三斗，淹浸，煮五六沸。去滓沐頭。數數爲之，髮即潤澤。

南燭煎　益髭髮及容顏，兼補暖方。

右於三月三日，採南燭葉幷藥子，入大淨瓶中乾盛，以童子小便浸滿瓶。固濟其口，置閑處，經一周年取用。每日一兩次，溫酒服之，每酒一盞，調藥一匙，極有效驗。

去風潤髮。以白油麻葉擣和漿水絞，去滓沐之。潤毛髮，滑肌膚，益血色。

以胡麻葉作湯沐浴良。

黑潤毛髮。以柏葉燒取汁塗頭。

《奇效良方・諸虛門・小菟絲子丸》　治腎氣虛損，五勞七傷，小腹拘急，四肢酸疼，面色黧黑，唇口乾燥，目暗耳鳴，心忪短氣，夜夢驚恐，精神困

倦，喜怒無常，悲憂不樂，飲食無味，舉動乏力，心腹脹滿，腳膝痿緩，小便滑數，房室不舉，股內濕癢，水道澀痛，小便出血，時有遺瀝，並宜服之。久服填骨髓，補五臟，去百病，明耳目，益顏色，延壽。

菟絲子酒浸，焙乾，煅爲末，五兩　石蓮肉二兩　白茯苓去皮，一兩　山藥二兩七錢半，碾爲末，打糊

右爲細末，用山藥末打糊爲丸，如梧桐子大。每服五十丸，空心用溫酒或鹽湯送下。如腰腳無力，木瓜湯送下。

《奇效良方·諸虛門·天雄沉香煎丸》　治下元傷憊，陽事不能，或成下墜，及小腸氣痛，腎臟風攻注，脾胃不和，腰腳重疼。

天雄生，剉碎　附子生，剉碎　草烏生剉　漢椒已上各四兩　防風生用　牛膝　黑豆緊小者，生用　天麻已上各二兩。右上八味，以無灰好酒一斗，於銀鍋內慢火煨，不得令大沸，煙盡爲度，炒令乾　肉蓯蓉酒浸　官桂去皮。各三兩　紫巴戟去心，二兩　沉香　丁香　木香　羌活　乾薑已上各一兩

右爲細末，煉蜜和丸，如梧桐子大。每服二十丸，空心用溫酒送下。久服明目，雄氣海，駐容顏。

《奇效良方·諸虛門·羊肝丸》　鎮肝明目

羌活　甘菊花　細辛　栢子仁　官桂　五味子　白朮已上各半兩　黃連三分　羯羊肝一具，新瓦盆焙乾，更焙之，肝若大，止用一半

右爲細末，煉蜜爲丸，如梧桐子大。每服三四十丸，食前用溫水送下。一方有地黃，無栢子仁。

《奇效良方·諸虛門·地黃丸》　治用力勞心，肝虛風熱攻眼，赤腫羞明，漸生翳障，乘肝腎風毒，熱氣上衝，目痛。久視傷血，血主肝，故勤勞則傷肝而目昏，肝傷則目生風，而熱氣上湊，目昏亦盛。不宜專服補藥，當益血鎮肝，而目自明矣。

熟地黃一兩半　甘菊花　防風　光明硃砂　羌活　桂心　沒藥已上各半兩　決明子　黃連各一兩

右爲細末，煉蜜和丸，如梧桐子大。每服三十丸，食後熟水下，日三。晉范甯嘗苦目痛，就張湛求方，湛戲之曰：古方宋陽子少得其術，以授魯東門伯，次授左丘明，遂世世相傳，以及漢杜子夏，晉左太冲。凡此諸賢，並有目疾。得此方云：省讀書一，減思慮二，專內視三，簡外觀四，旦起晚五，夜早眠六。凡六物，熬以神火，下以氣簁，蘊於胸中，七日然後納諸方寸。修之一時，近能數其目睫，遠視尺箠之餘，長服不已，非但明目，及亦延年。審如是而行，非可謂之嘲戲，亦奇方也。

《奇效良方·諸虛門·椒紅丸》　治元臟傷憊，目暗耳聾。

蜀椒去目並合口者，炒出汗，曝乾，搗爲細末，取紅，淨秤一斤　生地黃七斤，揀嫩者

右先將生地黃搗，絞取自然汁，入銅器中煎至一升許，住火。候稀稠得所，即和前椒末爲丸，如梧桐子大。空心，用煖酒送下三十丸。合藥時勿令婦人、雞犬見，服百日覺身輕，少睡，足有力，是藥效也。服及三年，心智爽悟，目明倍常，面色紅悅，髭髮光黑。

《奇效良方·諸虛門·菖蒲酒》　主大風十二痺，通血脈，調榮衛。治骨立痿黃，醫所不治者。服一劑，服(輕)〔經〕百日顏色豐足，氣力倍常，耳目聰明，行及奔馬，髮白更黑，齒落再生，晝夜有光，延年益壽，久服得與神通。

右用菖蒲剉治，薄切曝乾，一斗，生絹袋之。以好酒一石，入不津器中，安藥囊在酒中，密封泥之。百日發視之，如綠葉色，復炊一斗秫米內酒中，復封四十日，便漉去滓。溫飲一盞，日三。其藥滓曝乾，搗羅爲細末，酒調一錢服之尤妙。一切三十種風，有不治者悉效。

《奇效良方·諸虛門·葡萄酒》　駐顏煖腰腎

乾葡萄一斤末　細麴五斤末　糯米五斗

右炊糯米熟，候冷入麴并葡萄末，水三斗，攪令勻，入甕蓋覆候熟。即時飲一盞，不拘時。

《奇效良方·諸虛門·九仙薯蕷煎》　治腰腳疼痛，腹內一切冷病。服之令人肥白，顏色悅澤，身體輕健，骨髓堅牢，行及奔馬，久服可通仙矣。

薯蕷　杏仁一升，湯浸去皮、尖、雙仁　生牛乳三升

右爛研杏仁，入牛乳絞取汁，以杏仁盡爲度。後取薯蕷相合，都入新磁瓶盛之，密封瓶口，安於釜中，以重湯煮一復時乃成。每日空心，以溫酒調一匙服之。

《奇效良方·諸虛門·服柏實方》　用栢實於八月合房取，乃暴令折，其子自脫，用清水淘洗，沉者控乾，輕搥取仁，搗羅爲細末。每服二錢匕，酒調下，冬月溫酒下。早晨、日午、近晚各一服，稍增至四五錢。若絕穀者，取飽

爲度，渴卽飲水。令人悦澤。一方用煉成松脂及白蜜丸如梧桐子大，每服十丸，或二十丸，日三服。又方與松子等分，松脂和丸，酒下。又方加菊花末等分，密丸，如梧桐子大。每服十丸至二十丸，酒下，日三服。

《奇效良方・諸虛門・服菟絲子方》 用菟絲子一斗，酒浸良久，漉出曝乾，又浸令酒盡爲度，搗爲細末。每服二錢，以酒調下，日三服。後喫三五匙，水飯壓之。至三七日，更加至日三服之。令人光澤，惟服多甚好。三年後老變爲少，此藥治腰膝，去風冷，益顔色，兼明目，久服延年。神秘勿示非道。

《奇效良方・諸虛門・服乳香法》 用乳香上好者三斤，白蜜三斤，瓷銀器中合煎。如無好蜜，好酒亦得。以柳木篦數攪，令如餳。每日空心及晚食前，服一栗殼，祛風益顔色，神仙。

《奇效良方・諸虛門・服菖蒲法》 駐顔色，延年，明耳目，去風氣，通關竅，安神益智。

九節菖蒲，不以多少，惟生山澤日上東流水中者，採取爲妙。若是少得時，只石上水中生者亦得，不可陂澤中生者。於八月間採取，得去根鬚淨擇了，以淘米泔浸三日三夜，每日換米泔，浸出控乾，以硬竹削爲片子，如錢厚，以布袋盛貯長流水中，浸三復時，更用井花水淨洗擇，如蒸飯九度，每蒸候曬一日，候數足，不得犯鐵器，於木石臼内搗爲細末，煉蜜爲丸，如梧桐子大。初服三十丸，漸加至五十丸，用鹽湯下，茶酒亦得。忌羊血。若有餘者，以紙袋子盛貯，掛通風處。如服盡，更將末合，或酒糊丸亦可。

《奇效良方・諸虛門・服槐子法》 取槐子去皮，内牛膽中令滿，陰乾，百日取出。每服一粒，空心新汲水下，日晚再服。月内身輕，百日内白髮變黑，久服齒落更生，走及奔馬。

《奇效良方・諸虛門・吳真君服椒方》 椒性稟五行，其葉青，其皮赤，其華黄，其膜白，其實黑。煖丹府，通血脈，助元氣，消酒食，辟濕毒，祛邪氣，安五臟，調三焦，而熱不上蒸，芳草之中，功皆莫及。每金州椒一斤，揀去浮及合口者，并目，銀器内炒令透，地上鋪紙兩重，傾在紙上，用新盆合定，周回以黄土培半日許，其毒成汗自出。曬乾，木臼内輕搗，取紅皮四五兩，再入鐵臼杵爲末，以煉蜜和丸，如梧桐子大。候乾炒，袋盛掛通風處。每日空心，酒下十丸至十五丸，半年加至二十丸，一年後加至二十五丸，可無所忌。

歌曰：

其椒應五行，其人通六義。欲之加有功，夜間且不起。服之半年内，腳心汗如水。四時去煩勞，五臟無風氣。明目腰不疼，身輕心健記。別更自異能，三年精自秘。顔貌若嬰童，精爽又少睡。但服此神妙，一生無瘡痢。若能志心服，三屍自然棄。更有九般蟲，各各自迴避。儻逢此色人，第一須傳意。雖未過神仙，初緣已得地。

《奇效良方・諸虛門・服雄黄法》 凡雌黄千年化爲雄黄，雄黄千年化爲黄金。黄金者，若眞人餌法微妙難妙，難可知輕身益氣，莫過雄黄之效。

右用雄黄一斤，細研，以酒三升，和青銅器中，用炭火上微煎令沸，勿令大熱，以好漆二升去滓，合着其中，攪令相得，藥成如黄金，或作紫色，丸如梧桐子大。常先食含化一丸，嚥津，日三服。十日諸疾卽愈，二十日肌肉中藥氣偏行，能耐寒暑，寒則熱，熱則涼。服之百日，腸中肥，皮膚厚，筋骨堅，耳目聰明，無復諸患，行步如飛。服之二百日，顔色有光，白髮再黑，齒落更生，返老成少，身形堅固。眞人所貴，神仙所保，勿示非人，恐招譴謫。

《奇效良方・諸虛門・服天門冬方》 強筋髓，駐容顔。

用天門冬曝乾，搗下篩，食方寸匕，日三，可至十服，小兒服尤良。與松以崖蜜丸服之，益善彌佳。

又搗取汁，微火煎取五斗，下白蜜一斗，胡麻炒末二升，合煎，搗勿息手，可丸卽止火，下大豆黄末和爲餅，徑三寸，厚半寸。一服一枚，日三。百日已上得益，此方最妙。

一方釀酒服，如傷多無，若多卽吐去病也。蒯道人年近二百，而少告皇甫隆云：但取天門冬去心皮，切乾末，酒服方寸匕，日三。令人不老，補中益氣，愈百病也。天門冬生奉高山谷，在東嶽名淫羊食，在中嶽名天門冬，在西嶽名管松，在南嶽名百部，在北嶽名無不愈，在原陸山阜名顛棘。雖然處處有之，異名，其實一也，在陰地者佳。取細切，烈日乾之，久服令人長生，氣力百倍，治虛勞，絶傷年老，衰損羸瘦，偏枯不隨，風濕不仁，冷痺，心腹積惡，瘡癧疽腫，癩疾，重者週身膿壞，鼻柱敗爛，服之皮脱蟲出，顔色肥白。此無所不治，亦治陰痿，耳聾目暗，久服白髮黑，齒落生，延年益命，入水不濡。二百日後恬泰疾損，拘急者緩，劣者強。三百日身輕，三年走及奔馬，又三年心腹痼疾皆去矣。忌食鯉魚，須當以七八九月採其根，亦云丑月，過此味也。

《奇效良方・諸虛門・摩腰膏》 補下元虛敗白濁。若摩一丸，腰下如火，二丸血脈舒暢，三丸顏色悅澤，十丸骨健身輕，氣全精足，骨髓堅定。

母丁香　木香　硃砂　藿香　附子　乾薑　沉香　桂心　生硫黃　枯礬　雄黃　杏仁別研　吳茱萸　陳皮已上各二錢　輕粉別研　麝香別研，各一分

右爲細末，入杏仁、輕粉、麝香同研勻，煉蜜和丸，如雞頭大。每用老薑一塊，切碎煎濃汁，傾在盞內，將一丸浸汁中良久，化研如膏。令人手蘸藥於腰上摩之，至藥汁盡爲度，遂巡腰上熱如火。但是諸虛之證，並皆治之。

《奇效良方・諸虛門・神仙不老丸》 養榮衛，潤三焦，滑肌膚，去邪氣惡蟲等疾。《還奇方》云：予㓜也勤，瘁衰不待。年方三十，而白髮生，三十五而白鬚生，自是時時蔡去，四十九則不勝芟矣。乃聽其自然，未幾遭喪天之慘，繼罹哭子之憂，心志凋耗，其白者益多，餘者益黃。久之忽遇金華山張先生，謂予曰：子今半百，容貌衰甚，可不爲門戶計，進補治氣血，以強色身之藥乎？慨然傳一方云：初得之異人，予拜而受之。遂合服逾百日，覺前時之白者黃者皆返黑矣，見者以爲異。予遂名之曰神仙不老丸。以其藥品概括爲歌曰：不老神方功效殊，駐顏全不費工夫。人參牛膝川巴戟，蜀地當歸杜仲俱。一味地黃生熟用，菟絲栢子石菖蒲。更添枸杞皮根子，細末蜜丸桐子如。早午臨眠三次服，鹽湯溫酒任君須。忌食三白并諸血，能使髭烏髮亦烏。

人參須團結重實精美者，洗去蘆，焙燥，秤二兩　菟絲子以水漂去浮，用取沉者，酒蒸焙乾，秤二兩　枸杞子色紅潤者，去蒂，酒浸一宿，焙乾一兩　栢子仁色紅新者，去殼取仁，一兩細研，臨時和入　石菖蒲去毛節，米泔浸一宿，節密者秤一兩　川牛膝長而闊者，去蘆，酒浸一宿焙燥，秤一兩半　杜仲刮去粗皮，剉碎，生薑汁拌炒，斷絲，一兩半　地骨皮色黃者刮去浮皮，淨秤一兩　地黃以水浸，重者用，以浮者搗取汁，浸沉者，蒸令透，焙乾，如是者三次。色黑者味甘熟，秤一兩，又用生沉者一兩，酒浸，各用竹刀切，忌鐵器　川當歸揀大者，去蘆頭，二兩　川巴戟用黑色紫沉重大穿心者。不用色黃細者。搥去心，酒浸，焙，一兩

右件揀選，精製如法，勿曬，用慢火焙乾，若大燥則失藥味。待乾，即於風前略吹，令冷熱相激便燥。淨秤碾爲細末，煉蜜擇火日搜和於木臼內搗千餘杵，丸如梧桐子大。每日空心、日午、臨卧，各一服，每服七十丸，鹽酒鹽湯任下。忌食葱白、韭白、蘆菔、豆粉，及藕、諸般血，蓋諸血能破血，又解藥力。若三白誤食，亦無他說，止令人髭髮反白耳。合時切忌穢觸，婦人、孝子、雞犬等見。此方非特烏髭髮，大能安養榮衛，補益五臟，和調六腑，滋充百脈，潤澤三焦，活血助氣，添精實體。最要節色慾，使藥力效之速也。

《奇效良方・諸虛門・腽肭臍丸》 補益丹田，固濟水臟，安神益智，明目駐顏，壯腰膝，充肌膚，補虛冷，安臟腑。

腽肭臍酒炙黃　蓽澄茄　附子炮去皮臍　牛膝去苗　覆盆子　沉香　薯蕷　補骨脂微炒　石斛去根　檳榔　麝香另研　肉蓯蓉去鱗酒浸炙　桂心　木香已上各一兩　山茱萸　遠志去心　白朮　巴戟去心　蛇床子　石龍芮　肉荳蔻　芎藭　澤瀉已上各三分　母丁香半兩

右爲細末，煉蜜和搗三五百杵，丸如梧桐子大。每服三十丸，漸加至四十丸，空心用溫酒送下。

《奇效方・諸虛門・巨勝丸》 治男子筋痿，少腹不利，小便頻數，腰背悶疼，不能久立，則腿膝痛冷，難以屈伸，以意多忘，耳作蟬鳴。久服滋血氣，壯元陽，烏髭髮，添精補髓，益壽延年，婦人尤宜服之。

巨勝子　甘菊花　旋覆花　白茯苓去皮　蓽澄茄　覆盆子　熟地黃　肉桂去粗皮　牛膝去苗酒浸　遠志去心　白芷已上各一兩　旱蓮子去莖葉，七錢半

右各製度畢，共爲細末，酒煮麪糊和丸，如梧桐子大。每服四十丸，空心溫酒送下，日進二服。忌羊血、生葱、蘿蔔等。

《奇效良方・諸虛門・服地黃延年不老方》 用地黃淨洗，隨多少，搗絞取汁，煎令小稠，內蜜再煎，可丸即丸，如梧桐子大。每日食前以溫酒下三十丸，日三服。如此十年，白髮再黑，力如二十時，令人多子，神效無比。

《奇效良方・諸虛門・餌地黃治病長生方》 用生地黃十斤擘碎，於一大銅器上安炊箪，上安地黃，入甑蒸之，汁當下流於銅器中，候消地黃汁盡即止。將銅器內汁置於重湯中煎之，可丸即丸，如半雞子大。每服一丸，以溫酒化開服之，日三服。服至百日，與天地相保，白子高從太上受此方。

《奇效良方・諸虛門・黃精膏》 神仙延年補益，療萬病。

用黃精一石，去鬚毛，洗令淨潔，打碎蒸熟，壓得汁，復煎去遊水，得一斗
肉。乾薑末三兩，桂心末一兩，微火煎，看色鬱鬱然欲黃，便去火，待冷，盛不津器中。酒五合和服二合，常未食前，日三服。舊皮脫，顏色變光，花色有異，鬢髮更改。欲長服者，不須和酒，內生大豆黃，絕穀食之，不飢渴，不老。

《奇效良方・諸虛門・二精丸》 助氣固精，保鎮丹田。

黃精去皮　枸杞子各二斤

右各於八九月間採取，先用清水浸黃精令淨，控乾，細剉，與枸杞子相和，杵碎拌勻，陰乾，再搗羅爲細末，煉蜜爲丸，如梧桐子大。每服三五十丸，空心溫酒下。常服助氣固精，補鎮丹田，活血駐顏，長生不老。

《奇效良方・諸虛門・三僊丸》 一名長壽丸。詩曰：一烏二术三茴香，久服令人壽命長。善治耳聾并眼暗，調理脾胃及膀胱。順氣搜風輕腰膝，駐顏悅色鬢難蒼。空心溫酒鹽湯下，誰知世上有僊方。

川烏一兩，去皮，剉如骰子大，用鹽半兩同炒黃，去鹽　茴香三兩，炒香　蒼术二兩，用米泔水浸一宿，用竹刀刮去黑皮，切片，用葱白一握同炒黃，去葱

右爲細末，酒煮麪糊和丸，如梧桐子大。每服五十丸，空心鹽湯送下，日進二服，忌豬羊血。昔有人年八十，髭髮皆黑，云自三十已後，日進此藥一服，自不變白。

《奇效良方・諸虛門・何僊姑慶世丹》 如有人抱一切危疾，及癱瘓痛楚，久在枕床，旦暮齋心服之，靈神必護。一名四神丹，能還精安魂魄，順五臟，和六腑，添智慧，烏髭髮，去八邪。一名還精丹，能補五臟不足，四肢少力，口乾氣虛，神亂，骨節疼痛，毛髮焦枯。一名護命丹，此藥稟天地之氣，感得洞府仙巖間，有醉翁降臨居處，立便去邪。一名延齡丹，如有惡疾，居體不安，得步艱辛，飲食少進，或寢寐不安，或痛連筋骨，或十生九死，服之是疾皆除。駐悅顏色，滋潤肌膚，聰明耳目，四肢強健，延年益智，功效不可具述。

枸杞子仙經云：此藥是星之精，益血海，足筋骨，補氣安神　甘菊花仙經云：是木之精，服之聰明耳目，去頭風手軟，到九竅，通三焦，去尋用　遠志仙經云：是陽吉閃，去驚悸，潤肌膚，壯筋骨，須用硬物，搥破取去心　車前子仙經云：是鎮星之精，益胃安處，根注頓去，夜驚惡想　生地黃用乾者去蘆。仙經云：是太陰之精，開心神，去邪，養脾胃，五千榮衛神　巴戟仙經云：是黃龍之精，去心疾，補血海，輕身延年

覆盆子仙經云：是神門之精，開暢輕身，安五臟，三萬六千神　白术仙經云：是太陰之精，祛濕痺，止吐逆，消食化痰，滋養榮衛　肉蓯蓉用有肉者，其藥一百年一生，入小腸，補下元。酒浸七日　石菖蒲細小九節者，能昇智慧，清神明，煖下元，補虛利小便　地骨皮　菟絲子酒浸七晝夜，晒乾，炒令黃色爲度　牛膝治濕腳氣，腰膝疼痛，去蘆頭。酒浸七日　細辛療百病，順氣益血，炮，去苗用　續斷治五勞七傷　何首烏性溫無毒

右各用本土所生者，逐件擇洗，各等分搗細末，煉蜜和丸，如梧桐子大。每服三十丸，空心用溫酒送下，服一月，百病不生；服一年至二年，返老還童，顏貌若蓮花，是病皆除，元是神仙之術。

《奇效良方・諸虛門・麋角丸》 聰耳目，補心神，安臟腑，填骨髓，理腰腳，能久立，髮白更黑，耄者還少。諸麋角丸方，凡有一百一十方，此特出衆方之外，容成子煎服而羽化。

麋角取當年新角，連腦頂者爲上。看角根著痕處亦堪用，退角根不平者不堪。夫造此藥，取角五具，或四具三具，二具一具爲一劑，先尖一大寸，卽各長七八寸，取勢截斷，量把鎊得，卽於長流水中，以竹器盛懸浸十宿。如無長流水處，卽於淨盆中滿着水浸，每夜易換。卽將出削去皺皮，以利鎊鎊取，白處至心卽止。以清粟米泔浸兩宿，初經一宿，卽乾握去舊水，置新絹上曝乾，淨擇去惡物麁骨皮，及鎊不勻者，卽以無灰美酒於大磁器中浸經兩宿，其酒及器物隨藥多少，其藥及酒俱入淨釜中。初用武火煮一食久，後卽又着火微煎，如蟹目沸，以柳木篦長四尺，闊三指，徐徐攪，不得住手，困則易人，時時更添美酒，以成煎爲度。煎時皆須平旦，下手不得經兩宿，仍看肖如稀膠，卽以牛乳五升，酥一片，以次漸下後項藥，仍以麋角一條，炙令黃爲末，與諸藥同製之。

檳榔　通草　秦艽　肉蓯蓉　人參　菟絲子酒浸兩宿，別搗待乾　甘草已上各一兩

右搗爲末，如不要補，卽不須此藥共煎。又可一食時，候藥似稀稠粥，卽上火。少時歇熱氣，卽投諸藥末相和攪，令相得，仍待少時，漸稠粘，堪作丸，卽以新器盛貯，以衆手一時丸就，如梧桐子大。若不能衆手丸，就旋煖漸丸亦得。如粘手，着少酥塗手。其服餌之法，空腹以酒下之，初服三十丸，日加一丸，加至五十丸爲度，日二服。初服一百

日内忌房室，服經一月，腹内諸疾自相驅逐。有微利勿怪，漸後多泄氣能食。患氣者加枳實、青木香，准前各一大兩，若先曾服丹石芍藥，即以三黄丸食上壓令宣泄。如飲酒食麪，口乾鼻中氣麄，眼澀，即以蜜漿飲之，即止，如不止，加三黄丸使微利。如此一度發動已後，方始調暢。服至二百日，面皺自展光澤，一年齒落更生，强記，身輕若風，日行數百里。二年常令人肥飽少食，七十已上服之，卻成後生。三年腸作筋髓，預見未明，四年常飽不食，自見仙人。三十已下服之不輟，顔一定而不變，脩合時須在淨室中，勿令陰人、鷄犬、孝子等見，婦人服之尤佳。

昔道士戴寧古，於城市中遇一醉人，召飲，遺一詩曰：尾閭不禁滄海竭，九轉靈丹徒用說。惟有斑龍頂上珠，能補玉堂闕下血。約九月於峩眉山相見。寧古如期而往，果於太虛巖下見之，授以脩養之術，曰：子血氣動蕩，虛且竭矣。宜先服麋角丸，使血氣有補，筋骨壯盛，乃可用此術。寧古始悟斑龍之句，服之踰年，體輕色潤，壽至一百七十歲，故留此方以諭後人。

金髓煎

右用枸杞子不拘多少，逐日旋採擇紅熟，去嫩華子，揀令潔淨。便以無灰酒於淨甕内浸，至兩月爲度，用蠟紙封固緊密，勿令透氣。候日數足漉出，於新竹器内盛貯。旋於砂盆内研令爛細，以細布濾去滓，不用即同前漬藥酒與藥汁攪勻，量銀鍋内多少升斗作番次，慢火熬成膏。切須不住手用物攪，恐粘底不勻，候稀稠得所，傾出，用淨磁器貯之，勿令泄氣。每日早晨，用溫酒半盞化開二大匙服，夜卧再服。至百歲身輕氣壯，積年不廢，可以羽化。

《奇效良方・諸虛門・神仙巨勝子丸》 安魂定魄，改易容顔，通神仙，延壽命，添髓生精，補虛益氣，壯筋骨，潤肌膚，髮白再黑，齒落更生，目視有光，心力無倦，行步如飛，寒暑不侵，能除百病。

巨勝子焙，一兩　生地黄　熟地黄　何首烏各四兩　枸杞子　菟絲子　五味子　酸棗仁　破故紙炒　栢子仁　覆盆子　雞頭實　廣木香　蓮花蘂　巴戟天去心　肉蓯蓉酒浸三日　牛膝酒浸　天門冬酒浸　官桂　人參　茯苓去皮　楮實子　韭子　天雄炮去皮臍　蓮肉　川續斷　山藥已上各一兩

右爲細末，春夏煉蜜爲丸，秋冬蒸棗肉，入胡桃肉一十箇，搗如泥，同藥末和，更搗千餘杵，丸如梧桐子大。每服三十丸，空心用溫酒送下，鹽湯亦可，日二。如久服，去天雄，用鹿茸亦得。此藥耳聾復聰，眼昏再明，服一月元臟强勝，六十日髮白變黑，一百日容顔改變，目明，可黑處穿針，冬月單衣不寒。若將白鷄用藥拌飯喂六十日，則變爲黑鷄矣。

《奇效良方・諸虛門・延壽丹》 治腎經不足，添精補髓，益氣壯陽，久服輕身耐老。

栢子仁　甘菊花　茯苓已上各十兩　松脂三十兩，法酒煮白

右爲細末，煉蜜和丸，如梧桐子大。每服二十丸，空心用溫酒或鹽湯送下，日三服，能愈諸疾。

《奇效良方・諸虛門・保命延齡丸》 安神養氣，補塡骨髓，起弱扶衰，潤澤肌膚，聰明耳目，久服烏髭髮，固牙齒，能夜讀細字，心力不倦。

巨勝子　補骨脂酒浸，焙　酸棗仁　栢子仁去殼，另研　甘菊花　肉蓯蓉酒浸，焙　楮實子　天雄炮，去皮、尖　枸杞子　天門冬去心　五味子　牛膝酒浸焙　覆盆子　白茯苓去皮　巴戟去心　人參去蘆　菟絲子酒浸一宿，杵作餅，焙乾入藥同研　山藥已上各一兩　肉桂去粗皮，四兩　生乾地黄半斤，細切，新瓦上焙乾

右爲細末，春夏白沙蜜，秋冬蒸棗肉，入胡桃肉十枚，去皮同藥末於臼内，搗千餘杵，丸如梧桐子大。每服三十丸，加至五十丸，空心用溫酒送下。

《奇效良方・諸虛門・枸杞子丸》 育神養氣，强力益志，及治風勞氣冷，美顔色，烏髭髮。

枸杞子焙　覆盆子　車前子　甘菊花去梗　生地黄焙　地骨皮　何首烏　巴戟天去心　續斷　白术　細辛去苗　遠志去心　石菖蒲米泔洗，曝　牛膝酒浸，焙　菟絲子酒浸一宿，搗作餅，晒乾入藥，已上各一兩

右爲細末，煉蜜和丸，如梧桐子大。每服十丸，加至三十丸，空心用溫酒送下。

《奇效良方・諸虛門・薯蕷丸》 治風虛，益顔色，令人體健，氣力强壯。

薯蕷　熟地黄　肉蓯蓉酒浸一宿，刮去皺皮，炙乾　附子炮裂，去皮臍　菟絲子酒浸三日，搗作餅，晒乾　赤石脂已上各一兩　牛膝去苗　山茱萸去核　白

茯苓去皮　五味子　栢子仁　巴戟去心　人參去蘆　乾薑炮　澤瀉　白术　桂心已上各一兩

右爲細末，煉蜜和搗三五百杵，丸如梧桐子大。每服十丸，加至四十丸，空心用溫酒送下。

《奇效良方·諸虛門·骨補丸》　治下元傷憊，駐顏悦色。

黄狗脊骨一條，兩頭去兩節，截爲五段，用硇砂一兩，細研，以漿水一升調浸，取令消化作水，下脊骨，在汁中浸三宿，後用炭火炙乾，再以汁刷之，汁盡爲度，研爲細末　鹿茸一隻，去毛，酥炙　肉蓯蓉酒浸，切焙　官桂去粗皮　附子炮裂，去皮臍　牛膝酒浸，焙乾　蛇床子炒　乾薑炮　五味子　陽起石火煅，研爲粉　胡椒已上各一兩

右爲細末，和前狗脊骨末，用棗肉五兩，酥一兩相和，搜搗。一月其精溫暖，兩月精結實，三月精秘不泄。益顏色，壯筋骨，百病不生。

《奇效良方·諸虛門·枸杞煎》　去萬病，通神明，安五臟，延年，駐顏。

枸杞子取汁三升　生地黄取汁三升　麥門冬取汁三升　杏仁去皮尖，研如膏，一升　人參搗爲末，三兩　白茯苓去黑皮，研爲末，三兩

右以銀鍋內，慢火先熬前四味如稀餳，後入人參、茯苓末，待煎候如膏，以磁器盛之。每服半匙，空心溫酒化服，日二。

《奇效良方·諸虛門·容顏不老方》　一斤生薑半斤棗，二兩白鹽三兩草，丁香沉香各半兩，四兩茴香一處搗。煎也好，點也好，修合此藥勝如寶。每日清晨飲一盃，一世容顏長不老。

《奇效良方·諸虛門·駐春丹》　宿小便，美顏色。

白茯苓去黑皮，四兩，細碾爲末　白麪一斤，另傾　青鹽一匙　人參不犯銅鐵器，搗碎，一兩　川椒一合，去目，於木臼內杵碎

右爲粗末，用水二大椀，煎至一椀，與茯苓白麪和勻，如臂大，文武火燒熟。三日服一料，半年之後，當減三料，每月止服七料。又半年，再減三料，每月止服四料。若兩日一次見小便，是效也，如此不必常服。

《奇效良方·諸虛門·蒼术丸》　烏髭髮，駐顏色，壯筋骨，聰耳目，除風濕，潤肌膚。久服令人身輕體健，百病不侵。

蒼术用米泔水浸，逐日換水，浸三日，取出刮去黑皮，切作片子，曝乾，用慢火炒令黄色，研爲細末。一斤　茯苓蒸過，去黑皮，研爲末，半斤

右和勻煉蜜爲丸，如梧桐子大。每服十五丸，空心或臨卧白湯送下。別用白术末六兩，甘草末一兩，和勻作湯點之。令人好顏色。

右以百花上露飲之，令人肥白美顏色。

右以麋鹿骨煮汁，釀酒飲之，悦顏色，令人肥澤。

右以桃蠹食之，益顏色。

右以小麥苗作虀汁喫，令人好顏色。

右以井華水研硃砂末服之。

《奇效良方·諸虛門·應驗打老丹》　強壯筋骨，滋補丹田，安定魂魄，溫暖下元，添精補髓，悦色駐顏，祛除百病，身輕體健，長生不老，益壽延年。不問男子、婦人，並宜服之。

白茯苓去皮　栢子仁另研　乾山藥　密蒙花　甘菊花去梗　雲母石火煅　覆盆子　五味子　山茱萸去核　鍾乳粉另研　蛇床子　生地黄　蔓荊子去蒂　赤石脂另研　金鈴子　熟地黄　天門冬去心　麥門冬去心　枸杞子　白芍藥　川芎　續斷去蘆　石斛去根　菟絲子酒浸一宿　桂心　玄參去蘆　藁本　肉蓯蓉酒浸一宿　蓽撥　紫菀去蘆　遠志去心　牡丹皮　沙參　丹參去蘆　牛膝去苗　鹿茸去毛，酥炙　茴香　黄蓍去蘆　巴戟去心　附子炮，去皮臍　獨活去蘆　牡蠣煨　烏藥　苦參　杜仲鹽炒　甘草已上各等分

右爲細末，煉密和搗千餘杵，丸如梧桐子大。每服三十丸，不拘時溫酒送下，日進三服，至六十日見效。按方云，薛侍郎便經泥川，見一女子將一老人捶之，因詰其故，女子曰：乃妾之子也。薛問：汝年幾何？答曰：妾年六十七歲。昔隨伯父隱於華山，一日歸見妾夫婦年老無子，手足不遂，命服此藥。至一百日，身體輕健，氣力加倍，手足頓愈，變爲童顏，一年乃有此子。薛曰：願聞此方。女子遂以此授之。

《奇效良方·諸虛門·椒紅丸》　壯筋骨，益血脈，悦顏色。

蜀椒去目并合口者，炒出汗，三兩　牛膝去苗，用酒浸三宿，洗淨晒乾，四兩　石斛去根　巴戟去心　吳茱萸湯泡，焙炒　硫黄細研，水飛　桂心去粗皮　木香已上各一兩　附子炮，去皮臍　菟絲子酒蒸，別浸　鹿茸去毛，酥炙　蓯蓉酒浸，去皺皮，炙　磁石火燒醋淬，細研水飛。已上各二兩　生地黄五兩，取汁熬爲膏

右爲細末，入別研藥和勻，煉蜜和搗二三百杵，丸如梧桐子大。每服三十丸，空心用鹽湯送下。

《奇效良方·諸虛門·補骨脂丸》 煖下元，壯筋骨，久服令人強健，悅澤顔色，及治因感濕陽氣衰絶，並宜服之。

補骨脂五兩，微炒香，搗爲細末 白蜜四兩 胡桃肉二兩，研如泥

右將蜜胡桃肉同熬如稀餳，後入補骨脂末和丸，如梧桐子大。每服三十丸，空心用溫酒送下。一方煉蜜和勻如飴，盛磁器中，旦日以溫酒化服一匙，熟水亦得。久服延年益氣，忌芸薹、羊血。《刪繁本草》注云：補骨脂今多以胡桃合服，此法出於唐鄭相國。自序云：予爲南海節度，年七十有五，越地卑濕，傷於內外，衆疾俱作，陽氣衰絶，服乳石補益之藥，百端不應。元和七年，有訶陵國舶主李摩訶，知予病狀，遂傳此方，其藥予初疑而未服，摩訶稽顙固請，遂服之。經七八日而覺應驗，自爾常服，其功神驗。十年二月罷都，歸錄傳之。破故紙十兩，湯浸去皮，細研如泥，即入前藥，更以好蜜和攪，令勻如餳糖，盛於磁器中，旦日煖酒二合，調藥一匙服之，便以飯壓之，不飲酒人煖熟水調服亦可。彌久則延年益氣，悅心明目，補添筋骨，但忌食芸薹、羊血，餘無所忌。此物本自外蕃，隨海舶而來，非中華所有，蕃人呼爲補骨脂，語訛爲破故紙也。婦人服之亦佳。

《奇效良方·諸虛門·地仙丸》 治風氣，補元陽，活血脈，壯筋骨，潤肌膚，聰耳目，延壽筭，駐容顔，久服則身輕。

黄耆剉炒 天南星炮 羌活去蘆 懷香子炒 地龍去土 骨碎補炒 防風去叉 赤小豆揀 狗脊去毛 白蒺藜炒 烏藥去木 白附子炮 附子炮，去皮臍 萆薢已上各半兩 牛膝酒浸，切焙 肉蓯蓉酒浸，切焙 何首烏去黑皮 覆盆子去蒂 蜀椒揀去目并合口者，炒出汗，已上各一兩 木鱉子去殼，三分

右爲細末，酒煑麪糊和丸，如梧桐子大。每服二十丸，空心鹽湯或茶酒任下。男子久冷，元氣虛憊，脚手疼痛等疾皆可服之。

《奇效良方·諸虛門·肉蓯蓉丸》 治下元久冷，水臟傷憊，風虛勞損，不思飲食。久服駐容顔，烏髭髮，益精神，生氣血。

肉蓯蓉二兩，酒浸一宿，刮去皺皮，炙乾 菟絲子二兩，酒浸三日，曝乾，別碾爲末 熟地黄 鍾乳粉 天雄炮，去皮臍 五味子 桂心 人參去蘆 乾薑炮 白朮 遠志去心 杜仲去粗皮，炙黄 巴戟去心 牛膝去苗 山茱萸去核 覆盆子 川椒去目並合口者，微炒出汗，已上各一兩 甘草炙，半兩 天門冬一兩半，去心，焙

右爲細末，煉蜜和搗三五百杵，丸如梧桐子大。每服三十丸，空心用溫酒送下。

《奇效良方·諸虛門·復老還童丸》 補下元，烏髭髮。

肉蓯蓉酒浸 巴戟去心，酒浸 蛇床子炒 八角茴香 菟絲子酒浸 牛膝去蘆，酒浸 川楝子鹽炒 五味子 山藥 茯神 黄芩 續斷 楮實 檳榔 人參 乾薑已上各一兩 乳香 木香 沉香 母丁香 白檀香已上各半兩

右爲細末，煉蜜和劑，先入井華水一盞同和藥，皆千餘下，丸如梧桐子大。每服三五十丸，空心用溫酒送下。

《奇效良方·諸虛門·真人換白丸》 治氣血不榮，髭髮衰白。

甘菊花 苣藤子 旋覆花 白茯苓去皮 桂心 白芷已上各二分 牛膝酒浸，切焙 華澄茄各半兩 覆盆子一分 蓮子草一兩

右爲細末，煉蜜和丸，如梧桐子大。空心用溫酒下三十丸，晚食前再服二十丸，飲少酒引藥力，兼治風疾。一名烏銀丸，用酒煮麪糊和丸。

《奇效良方·諸虛門·加減仙茅丸》 壯筋骨，益精神，明目，黑髭鬚。

仙茅二斤，米泔浸五日，去赤水，用鋼刀剉，夏月止浸三日，陰乾，淨稱一斤 車前子十二兩 蒼朮二斤，米泔浸五日，刮去皮，焙乾，淨秤一斤 枸杞子一斤 栢子仁微炒，另研 白茯苓去皮，秤 茴香炒。秤各八兩 生地黄焙乾 熟地黄焙乾。秤各四兩

右爲細末，酒煮麪糊和丸，如梧桐子大。每服五十丸，漸加至八十丸，食前用溫酒送下。日二服。

《奇效良方·諸虛門·何首烏丸》 治男子元臟虛損，髮白再黑，塡精補髓。

何首烏半斤 肉蓯蓉六兩 牛膝四兩

右將何首烏用棗一層，何首烏甑內蒸，棗軟，用竹刀切焙，同爲末，用棗肉和丸，如梧桐子大。每服五七丸，嚼馬藺子服酒下。食前一服加

一丸，日三服。至四十九丸卽止，卻減丸數服，其效如神。

《奇效良方・諸虛門・神仙一井金丹》 補益眞元，大壯腰腳，久服髭鬢不白，牙齒牢固，進美飲食，聰明耳目，行步輕健。

牛膝酒浸三日　川椒去目，炒出汗　黑附子炮，去皮　木鱉子煨，去殼　白附子　肉蓯蓉酒浸三日　何首烏水三椀，黑豆半椀，煮熟去豆。已上各三兩　烏藥二兩，天台者　羌活炒　狗脊炙，去毛　南星炮　舶上茴香　萆薢黑豆煮　地龍去土，炒　防風去蘆　赤小豆　骨碎補去毛，炙　白蒺藜炒，去刺　綿黃耆蜜炙　五味子炒　覆盆子炒　青鹽火炮　全蠍已上各一兩

右爲細末，用無灰酒煮麪糊和丸，如梧桐子大。每服五十丸，煎五味子湯送下，空心、日午各一服。此藥大有功效，服至百日，逢火日摘白爲黑。余在淳安，主簿李淵云：乃祖通判公少服一井金丹，至老髭髮不白。後在都城，訪楊五倅，聞先和王晚年髭髮不白，所服何藥？答曰：某未嘗知。遂呼老藥僮叩之，云先和王常服一井金丹。後廬陵見前郴守趙鼒，六十餘歲，髭髮皆不白，衆以爲潤色者，僕子面視之，非是染者，渠云自然如此。繼過豫章，其子作酒官，托丘倅叔獻詢叩，渠云：大人平生只服一井金丹。方知此藥之妙，皆得其方。但其間有小不同，今併載之，一方減川椒，白附子、木鱉子、黑附子、何首烏俱減一兩，每服二十丸，五味子泡湯下。其他方五味子煎酒下。一方黑豆半椀，水二椀，同羌活、萆薢、何首烏一處煮，豆熟爲度。去豆不用，只用二味藥。一方萆薢、黑豆同何首烏一處煎。

《奇效良方・諸虛門・雙芝丸》 治諸虛，補精氣，塡骨髓，壯筋骨，助五臟，調六腑，久服駐顏不老。

熟地黃取末　石斛去根，酒炙　肉蓯蓉酒浸　菟絲子酒浸三日，淘，炒　牛膝酒浸　黃耆已上各四兩　杜仲蜜水浸泡　五味子焙　薏苡仁炒，各二兩　沉香三錢　麝香二錢　糜鹿角霜半斤　白茯苓去皮　天麻酒浸　乾山藥　覆盆子　人參　木瓜　秦艽已上各一兩

右爲細末，煉蜜和丸，如梧桐子大。每服二十丸至三四十丸，用溫酒下，鹽湯米飲亦得。凡年五十已上者，加入

黑附子以青鹽湯蘸炮，一兩　鹿角一對，去頂，二指　硫黃半斤，渾用

右用麻油釜中以水同煮，常令微沸，勿大急甚，水耗只旋添溫水，須用水以備添之，煉令角膠汁盡，其角如霜，以手捻如膩粉，乃盛之收用，勿令穢汚着也。一方無山藥。

《奇效良方・諸虛門・枸杞煎丸》 補虛，益氣，烏髭。

枸杞根葉花不以多少，於木臼中搗爛，水煮一伏時，絞取濃汁五升，入酒五升，同熬成膏　肉蓯蓉酒浸，切，焙　附子炮裂，去皮臍　白朮各二兩　熟地黃焙　何首烏判碎，用大豆蒸透，焙乾，去豆　補骨脂炒，各三兩

右爲細末，以煎膏和丸，如梧桐子大。每服三十丸，空心用溫酒送下。

《奇效良方・諸虛門・秋蓮丸》 治諸虛百損，壯筋骨，健脾胃，去痰涎，除風濕，添精益氣，和血駐顏。牢牙齒，烏髭髮，理腰疼，療疝氣，功效不可具述。

蓮肉一斤，先用酒浸一宿，待透入，於豬肚內線縫合，卻用酒煮熟，取出曝乾，豬肚不用　蒼朮用茅山者一斤，分作四分，一分用米泔水浸，小茴香破故紙各一兩同炒，一分用酒浸，川烏川練子肉各一兩同炒，一分用醋浸，川椒一兩同炒，一分用鹽水浸，黑牽牛一兩同炒，去牽牛　木香　五味子　枸杞子　熟地黃　牛膝　肉蓯蓉　鹿茸各二兩

右爲細末，用酒煮糊爲丸，如梧桐子大。每服五十丸，空心用溫酒或鹽湯送下。

《奇效良方・諸虛門・麋角霜丸》 補煖元臟，駐顏。

麋角一副，水浸一七日，刮去皺皮，鎊爲屑，盛在一銀瓶內，以牛乳浸一日，如乳耗更添，直候不耗，於麋角屑上乳深二寸，用油單紙重密封瓶口。別用大麥一斗，安在瓶內，約厚三寸。上安瓶，更用大麥周圍塡實，露瓶口，不住火蒸一復時，如鍋內水耗，卽旋添熟湯，須頻看角屑，看爛如麪相似，卽住火取出，用細篩子漉出乳，焙乾，每料用乾角屑八兩　附子炮裂，去皮臍　山芋各三兩

右爲細末，蒸棗肉和丸，如梧桐子大。每服十五丸至二十丸，空心用溫鹽酒送下。一方煉蜜爲丸。

《奇效良方・諸虛門・加味青蛾丸》 補諸虛不足，陰陽道衰，滋陰氣，悅容顏。

杜仲三兩，去粗皮，切碎。用生薑汁一兩，同蜜少許拌炒，斷絲　破故紙鹽炒　小茴香鹽炒　葫蘆巴各四兩　蓮花蘂半兩　川山甲酥炙，三錢　青鹽少許　胡桃二十五箇，去皮，細研如泥

右爲細末，煮糊和丸，如梧桐子大。每服三十丸，空心用溫酒送下，以乾物壓之。

《东醫寶鑒・外形篇》　清血四物湯

川芎、當歸、赤芍藥、生地黃、片芩、酒炒紅花、酒焙赤茯苓、陳皮各一錢，生甘草五分。

右剉，作一貼，入薑二片，煎水，調五靈脂末一錢。食後服。

梔子仁丸　治酒齄。老山梔子仁爲末。黃蠟等分，熔化和丸彈子大，茶清嚼下。忌熱物，半月效。

硫黃散　治鼻齄。

生硫黃五錢，杏仁二錢半，輕粉一錢。

右爲末，酒調。臨臥塗之，明早洗去。

白龍丸　治酒齄，滿面紫黑。

川芎、藁本、細辛、白芷、甘草各等分。

右末四兩，入煅石膏末一斤，水丸彈子大，逐日用，此藥洗面如澡豆法，或夕塗晨洗之。

凌霄花散　治酒齄鼻，不三次可。去根凌霄花、山梔子等分爲末，每二錢，食後茶清調下。

參歸丸　治酒齄，乃血熱入肺。

苦參四兩，當歸二兩。

右末酒糊和丸梧子大，熱茶清下七八十丸。

肺風丸　治面鼻風瘡及齄皰。

細辛、旋覆花、羌活各二兩，晚蚕蛾、炙苦參各一錢。

右末軟飯和丸梧子大。食後茶清下五七十丸。

升麻湯　治肺風瘡。

陳皮、甘草各一錢，蒼朮、乾葛、桔梗、升麻各七分，赤芍藥、大黃、酒蒸各五分，半夏、赤茯苓、白芷、當歸各三分，枳殼、乾薑各二分。

右剉，作一貼，入薑三片，燈心一撮，同煎服。

清肺飲子　治鼻紅，肺風瘡。

薄荷一兩，山茶花、胡麻仁、片芩、酒炒梔子、葛花、苦參、甘草各七錢，連翹、荊芥、芍藥、防風各三錢。

右爲末，每二錢茶清調服，後用搽藥。

搽鼻去紅方

白礬、水銀、京墨各一錢，杏仁四十九箇，輕粉七分，白楊葉七箇，大風子四十九箇，五味子四十九粒，核桃七箇。

右爲末，雞子清調搽患處。

面鼻紫黑　面爲陽中之陽，鼻居面之中，一身之血運到面鼻，皆爲至清至精之血。多酒之人，酒氣熏蒸面鼻，得酒血爲極熱，熱血得寒，汚濁疑澀而不行，故色爲紫黑。治宜化滯血，生新血。服清血四物湯。上方見氣弱者加酒黃芪。

鼻色占病　《靈樞》曰鼻頭色青爲痛色，黑爲勞色，赤爲風色。黃者便難也，色鮮明者有留飲也。鼻色青，腹中痛苦冷者死。鼻頭微白者亡血也，赤者血熱也，酒客多有之。

修養法：常以手中指於鼻梁兩邊揩二三十遍，令表裏俱熱，所謂灌漑中岳以潤於肺也。常去鼻中毛，謂神氣出入之門戶也。

單方九十五種

白鹽　治酒齄和津唾常擦之爲妙。

白礬　治鼻中瘜肉。取枯礬末和豬脂，綿裹塞鼻中甚妙。

硫黃　治鼻紅如神。硫黃化開入燒酒內，淬三次爲末，茄汁調敷三次即效。

雄黃　療鼻中瘜肉。取棗核大，塞鼻中，瘜肉自落。

輕粉　治酒齄。輕粉、硫黃爲末，和津唾擦之。又輕粉、硫黃、乳香、細辛，爲末，唾調傅之。

細辛　除齆臭、瘜肉。與瓜蒂同用，爲瓜丁散。有人患瘜肉垂出，外用此即消盡。

芎藭　治鼻多涕。或煎，或末服，並佳。

乾薑　治鼻塞。爲末，蜜和丸，塞鼻中。

辛夷　通鼻塞。爲末，葱茶清點，服一錢。又綿裹塞鼻中。

皂角　治鼻塞。炙爲末，取少許吹入鼻中，又食物入鼻，不出，以末吹鼻，取嚏即出。

百草霜　治久患鼻瘡，膿極臭。細研爲末，以冷水調下二錢。

眼病禁忌　酒色七情最宜痛斷。凡眼疾忌鷄、魚、酒、麪、糯米、鹹、酸、熱油諸般毒物，眼乃一身之主，不能忌口，藥亦無功，自陷此身也。每日白煮精豬肉，噍飯，或山藥、蘿菖、菜果，皆可啖。

眼病調養　養目力者，常瞑。讀書、博弈過度患目，名曰肝勞。非三年閉目不可治。古人治肝勞有養之法。彭眞人患目疾，不計晝夜瞪目注視，閉之少頃依法再行，積功而視秋毫。徐眞人亦患目疾，暗室正坐，運睛旋還八十一數，閉目集神再運，不數年而神光自現，狀如金輪，永除昏暗。施眞人歌曰：運睛除目暗，皆養之之法也。熱摩手心，熨兩眼，每二七遍，使人眼目自無障瞖，明目去風，無出於此。常以手按兩眉後，小空中三九過，又以手心及指摩兩目下顴上，以手提耳四十過，摩令微熱，輒以手逆乘額三九過，從眉中上行入髮際，以口噍唾無數，如此常行，目即清明，一年可夜讀書。五色皆損目，惟皂糊屏風可養目力。

修養固齒法　百物養生，莫先口齒，不漱不洗，損蠹之媒。凡暑毒、酒毒，常伏於口齒之間，莫若時時洗漱之爲愈也。晨興洗畢，灌漱一口，吐出掌中就掌滌眼，自覺光明，終身行之可爲妙法。齒宜朝暮叩以會神，一云以集身神。若卒遇凶惡，當叩左齒三十六，名曰打天鍾。若辟邪穢，叩右齒，名曰搥天磬。若存念至眞，叩中央齒，名曰鳴天鼓。凡人患齒不能食果菜者，皆齒露也，爲鹽湯含漱叩齒神效。每晨起以一捻鹽納口中，以溫水含揩齒，及叩齒百遍爲之不絕，不過五日，齒即牢密。凡飲食訖，輒以濃茶漱口，煩膩既去，而脾胃不知。凡肉之在齒，得茶漱滌，不覺脫去，而不煩挑剔也。蓋齒性便苦，緣此漸堅牢，而齒蠹，且自去矣。食畢漱口數過，齒不炷。養生家晨興叩齒，永無齒疾。附齒有黃黑色物，似爛骨之狀者，名爲齒林。治齒者，先看有此物，即用疳刀掠去之，否則齒不着齦也。一人中年得風疾，上下齒常磨切相叩，甚有聲響，緣此得壽一百二十歲。

齒病禁忌　齒病勿食油及乾棗。患齒者，忌脂麻油、乾棗及桂心。若犯之，即重發。

又　按摩法　熱摩手心，頻拭額上，謂之修天庭。連髮際二三七遍，面上自然光澤，所謂手宜在面是也。

面上雜病　風刺、粉刺、皯䵳、痤疿、酒查、肺風瘡，皆面上之病。風客皮膚，痰漬藏府，則面生皯䵳。脾肺風濕搏熱，則生瘡，紅紫或腫，升麻胃風湯加減用之。　面生熱毒，瘡癧𤻲疿，宜栢連散、硫黃膏、白附子散、清上防風湯。面生一切風刺、粉刺、雀卵斑、皯䵳、鼆子，宜玉容散、連翹散、紅玉散、玉容西施散、皇帝塗容金面方、玉容膏。滅面上瘢痕方，衣中白魚二七枚，白石脂三錢半，鷹糞白七錢半，白附子二錢半，白殭蠶五錢。右爲末，豬脂調和。每夜塗瘢上，朝洗之。

栢連散　治面上熱毒惡瘡。

黃栢、炙黃連、胡粉，炒。各等分。

右爲細末，豬脂調勻。頻塗瘡上。

硫黃膏　治面上生瘡，或鼻臉赤紫，及風刺、粉刺，諸藥不效。

生硫黃、白芷、瓜蔞根、膩粉各半錢，全蝎三箇，蟬殼五枚，芫青七枚，去翅足。

右爲末，另以香油、黃蠟，和合如面油法，火上熔熬，取下，乃入藥末在內，和勻。每用少許。臨卧洗面後，塗面上，勿近眼。數日赤自消，風刺、粉刺，一夕見效。得效

白附子散　治面上熱瘡，或斑點。白附子、密佗僧、白茯苓、白芷、官粉各等分。

右爲末，蘿菖煎湯，洗面後，羊乳調成膏，附患處，明早洗去，無羊乳則代人乳。

清上防風湯　清上焦火，治頭面生瘡，癧風，熱毒。防風一錢，連翹、白芷、桔莄各八分，酒炒片芩、川芎各七分，荊芥、梔子、黃連、酒炒枳殼、薄荷各五分，甘草三分。

右剉作一貼，水煎，入竹瀝五匙服。

玉容散　治面上皯䵳，或生小瘡，或生痤疿、粉刺之類，并皮膚瘙癢，能去垢膩。

皂角一斤，升麻二兩六錢半，楮實子一兩六錢半，白芷、白及、天花粉、菉豆粉各三錢三分半，甘松、縮砂、白丁香各一錢六分半，糯米三合半。

右爲末，和勻。常用洗面。一方加樟腦二錢。

連翹散　治面生殼嘴瘡，俗名粉刺。

連翹、川芎、白芷、片芩、黃連、沙參、荊芥、桑白皮、梔子、貝母、甘草各七分。

右剉作一貼，水煎食後服。一名清肺散。

紅玉散　治面上一切酒刺、風刺、黑䵟斑子。

白芷、藿香、牙皂各二錢，甘松、三乃子、木澤、白丁香、細辛、杏仁、密佗僧各一錢，天花粉、白茯苓各一錢半，樟腦五分，白及三分。

右爲末，臨卧用津唾調，或乳汁調敷面上，明早温水洗去，其面如玉。

玉容西施散　治同上。

綠豆粉二兩，白芷、白及、白斂、白殭蠶、白附子、天花粉各一兩，甘松、三乃子、茅香各五錢，零陵香、防風、藁本各二錢，肥皂角二錢。

右爲細末。每洗面時用之，面色如玉。

皇帝塗容金面方

朱砂二錢，乾胭脂一錢，官粉三錢，烏梅肉五箇，小腦五錢，川芎少許。

右爲細末。臨睡時津唾調搽面上，天明温水洗面，美如童顏，乃神仙妙用之法。

玉容膏　治面上燥瘡及斑䵟諸刺。

又方：　治粉刺。

枯白礬一兩，生硫黄、白附子各二錢。

右爲末。津唾調搽，臨卧上藥，明早洗去。

治粉刺及鼻瘡

雄黄、鉛粉各一錢，硫黄五分。

右爲末。臨卧乳汁調塗，明早温水洗去。

又　頭生白屑

頭生白屑，肺之證也。肺主皮毛，故因風熱而頭皮燥癢，生白屑，消風散主之。頭風生白屑，極燥癢，藜蘆爲末，先洗頭，候欲乾時，取末糝之，令入髮至皮，方得緊縛，兩日夜，即不燥癢。如不效，再用之。先以藜蘆煎湯沐頭，然後糝藥尤妙。又方，白芷、零陵香爲末糝頭，候三五日，篦去白屑，附一二三次效。頭風白屑，瓦松曝乾，燒灰淋汁，熱洗頭六七度差。　熊腦髓作油摩頭可去白屑。【略】

修養法

以手摩耳輪，不拘遍數，所謂修其城郭以補腎氣，以防聾聵也。養耳力者常飽。

又　毛髮

髮屬腎　《内經》曰：腎主髮。又曰：腎之合，骨也，其榮髮也。

髮者血之餘　血盛則髮潤，血衰則髮衰，血熱則髮黄，血敗則髮白。

十二經毛髮多少　《靈樞》曰：美眉者，太陽多血；通髯極鬚者，少陽多血；美鬚者，陽明多血。足陽明之上，血氣盛則髯美長；血氣少則無髯，兩吻多畫。足陽明之下，血氣盛則下毛美長至胸，血氣皆少則無毛；雖有則稀枯瘁。足少陽之上，血氣盛則通髯美長，血氣皆少則無髯。

滋榮散　長毛髮，髮落最宜。

生薑焙乾、人參各一兩。

右細末，生薑切片，蘸藥髮落處擦之，日二次。

三聖膏　治髭髮脱落，能令再生。

附子、蔓荆子、栢子仁各五錢。

右爲末，烏雞脂和勻，搗乾置瓦合内，封固百日取出，塗落處，三五日即生新髮。

二仙丸　治髮脱落，神效。

側栢葉焙乾八兩，當歸全身四兩。

右不犯鐵，爲末，水糊和丸梧子大，酒或鹽湯下五七十丸，日再。

巫雲散　治鬚髮黄白不澤。

膽礬、五倍子、百藥煎、青胡桃皮、酸石榴皮、訶子皮、木瓜皮、豬牙皂角、何首烏、細辛各等分。

右爲末，蜜和如錢大，常於木炭内培養，勿令離炭。用時以熱酒化開塗之。

生禿烏雲油　能生鬚髮。

川椒、白芷、川芎各一兩，蔓荆子、零陵、香附子各五錢。

右爲末，入絹袋，浸香油一斤，中過二十一日，取油擦頭上，即生新髮。

外染烏雲膏

五倍子製五錢，銅末製二錢，白礬、白鹽各一錢半，没石子二箇，麪炒黄色。

右爲末，濃茶調，重湯煮，見黑色，如上法用即黑。

染鬚方

大烏龜一箇，餓一二日，將飯與肉骨果子煙火之食飼之三五月後，夜間以漆盆盛之，用竹片置盆口，令通氣，外放燈一盞，盆內熱，龜自撒尿，急則只麻油煙熏鼻，亦即尿。先用五倍子末，炆醋如膠。若龜尿得一小鍾，入五倍醋，半鍾入磁器，炆一滾角罐收貯，以新筆略蘸搽鬚，多用面黑。

烏鬚髮方

大水蛭二箇，放磁椀中，餓一七日，取烏骨雄鷄血，以松煙墨濃磨汁，傾入豬尿胞內，任水蛭吮飽，將針刺蛭，流出血汁塗鬚髮，留根二分，其汁浸漬入肉，鬚髮一年茂黑，且柔軟，極妙。

金珠綠雲油　能生髮。

蔓荊子、沒石子、躑躅花、訶子皮、白芷、沉香、附子、防風、覆盆子、生地黃、零陵香、芒硝、旱蓮草、丁香各一錢半，卷栢三錢。

右剉袋盛，浸清油八兩中，對過七日。取擦頭上日三。

菊花散　治鬚髮黃燥，能令黑潤。

甘菊、蔓荊子、側栢葉、川芎、白芷、細辛、桑白皮、旱蓮根莖花葉各一兩，

右剉，每二兩漿水三椀，煎至二椀，去滓洗鬚髮。

旱蓮膏　烏鬚黑髮如神。

旱蓮草十六斤，六月下半月、七月上半月採取，不許水洗，扭乾取汁，對日晒過五日，不住手攪，午時方加眞生薑汁，好蜜各一斤，相和，如前晒攪至數日，似稀糖成膏，磁罐收貯，每日空心好酒一鍾，藥一匙調服，午後又一，服至二十一日，將白者摘去，即生黑者。

染白烏鬚髮　宜秘傳烏鬚方，染鬚方，外染烏雲膏，烏鬚髮方，旱蓮膏。

髮宜多櫛　髮是血之餘，一日一次梳。髮多梳，則明目去風，故道家晨梳。常以百二十爲數。

髮占凶證　病人髮直如麻者，十五日死。病人髮如乾麻善怒者，死。病人髮與眉衝起者，死。

針砂　染白髮令黑。取二錢醋浸七日，取晒乾炒黑，入沒石子一箇，爲末，搽如上法。

秘傳烏鬚方　五倍子，不拘多少，槌碎去灰，入砂鍋內炒，煙盡爲度，以青布巾打濕扭乾，布裹脚踏成餅，爲末，每用一錢半。烏黑霜，即炒黃好細麪四兩，當歸尾一兩爲末，白及末一兩，三味攪勻，每用一分半。紅銅末不拘多少，火內燒極紅，投入水碗中，取出再燒再投，取水內自然之末，用水淘淨，醋煮數沸，至乾，隨炒黑色，每用一分半。明白礬末一分半，青鹽一分二釐，沒石子二釐半，訶子肉二釐半，二味俱用麪包入砂鍋內，將桑炭同拌炒至焦乾。右爲末，用濃茶調勻，以酒盞盛貯，用鐵杓注水煮如糊。先將皂角水洗淨鬚髮，然後塗藥，包裹一夜，次早洗去，以胡桃油塗之，令潤。

烏鬚酒　能變白髮，方見身形。

鬚髮黃落　虛損之疾，一損損於肺，皮聚而毛落，宜八物湯。脈弦氣弱，皮毛枯槁，黃芪建中湯。四物湯亦主之。老來髮落，鬚長，常也。少壯有髮落或鬚亦落者，火炎血燥故也，宜服地黃酒、天門冬膏。髮燥者，膽有怒火也。膽合膀胱，上榮毛髮。風氣盛則焦燥，汁竭則枯也。初生兒胎髮，或童男女髮，洗淨鹽泥固濟，火煅爲末，空心酒下二三分，，或入補藥服尤妙。髮黃落宜滋榮散、三聖膏、菊花散、巫雲散、二仙丸、生禿烏雲油、金珠綠雲油。一男年少，頭髮盡脫，用六味地黃丸，不久髮生寸許，兩月復舊。一婦年少，髮盡脫不留一莖，脈微弦而濇，此由厚味成熱，濕痰在膈上而熏蒸，髮根之血漸枯而脫，用防風通聖散去芒硝，惟大黃三度酒炒，兼以四物湯酒製合和，作小劑煎以服，兩月，濕熱漸解，停藥淡食調養，一年而復舊。

經驗烏鬚酒　能變白爲黑，身輕體健，功不可述。每年冬十月壬癸日，面東採摘紅肥大枸杞子二升，搗破，同好無灰酒二斗，同盛於磁器內，浸二十一日足開封，添生地黃汁三升，攪勻，各以紙三層封其口，俟至立春前三十日開瓶，空心煖飲一盃，，至立春後，髭鬚都黑，勿食三白。

中山還童酒　歌曰：中山還童酒，人間處處有。善緣得遇者，便是蓬萊叟。馬藺子一升，埋土三日取出，，馬藺根洗切片一升，用黃米二斗，水煮成糜，，陳麴二塊爲末，酒酵子二椀，并前馬藺子共和一處，做酒待熟，，另用馬藺子并根一升，用水煮十沸，入酒內三日，每日攪勻去渣，隨量飲醉，其酒飲盡，鬚髮盡黑，其酒之色如漆之黑。

一醉不老丹　專養血，烏鬚，黑髮。

蓮花蕊、生地黃、槐角子、五加皮各二兩，沒石子六箇。

右以木石臼搗碎，以生絹袋盛藥，同好清酒十斤，入淨罈內。春冬浸一月，秋二十日，夏十日，緊封罈口，浸滿日數，任意飲之，以醉爲度。須連日服，令盡，酒盡而鬚髮白者自黑矣。若不黑再製服之，神效。

加味蒼朮膏　久服精滿氣盛，髮白變黑，齒落更生。

蒼朮十斤，搗如泥，入大鍋內，用水二桶，以文武火煮至十餘碗，絹濾取汁，入磁罐內，以人參、生地黄、熟地黄、黄柏、遠志、杜仲、川芎、胡桃肉、川椒、破故紙、當歸、薑汁各四兩，青鹽二兩，朱砂一兩，旱蓮草汁二碗，白蜜二斤，各藥爲末，入朮膏，內封固，大鍋水煮，官香二炷爲度，取出埋土中七日，每取二三匙，空心酒湯任下，日二次，養精、養氣、養神。

七仙丹　補心腎，駐容顏，黑鬚髮之聖藥。

何首烏九蒸九晒四兩，人參、生乾地黄酒洗、熟地黄、麥門冬、天門冬、白茯苓、茴香炒各二兩。

右爲末，蜜丸彈子大，每一丸，細嚼，好酒送下，鹽湯亦可。或丸如梧子，每五七十丸，空心酒下。忌食三白及犯房事。

神仙烏雲丹　烏鬚黑髮，返老還童，神效無比。

何首烏八兩，入砂鍋內，黑豆同蒸半日，去豆用好酒浸七日，晒乾，如此蒸七次；破故紙四兩，酒洗砂鍋內炒黄，旱蓮汁二兩，槐角二兩，爲末，胡桐淚一兩，爲末。右細末，棗肉二斤，胡桃仁半斤，搗爲丸，梧子大，空心鹽湯下五七十丸，服三月，勿輟。

卻老烏鬚健陽丹　能變白鬚髮，令黑赤。

何首烏、白何首烏各一斤，牛膝八兩，以黑豆汁拌，蒸三次，赤茯苓，用牛乳五升；白茯苓，人乳汁五升，各以文武火煮乾各一斤，兔絲子、破故紙各八兩。

右爲末，蜜丸彈子大，每服一丸，溫酒化下，日二次。或生地黄、熟地黄各一斤，加入尤妙。

還元秋石丸　治因房室損精，鬚髮早白。

秋石一斤，白茯苓一斤，天門冬、麥門冬、生地黄、熟地黄、人參、地骨皮、人乳粉各四兩。

右爲末，蜜丸梧子大，白湯或酒下三五十丸。

秤金丹　又名一秤金　久服鬚髮黑，返老還童。

熟地黄二兩，地骨皮、蓮花蕊、槐角子，俱用酒浸，夏一日，春秋三日，冬六日，取出晒乾，薄荷各三兩，沒石子一兩，人參、木香各五錢。

右爲末，蜜丸，芡實大，每一丸，噙化溫酒送下，日三服。

四物坎離丸　善烏鬚髮。

熟地黄三兩，生地黄一兩半，同酒浸搗膏，當歸二兩，白芍藥一兩半，同酒炒，知母一兩，黄柏二兩同鹽酒浸炒，側柏葉、槐子各一兩同炒，連翹六錢。

右爲末，蜜丸梧子大，盛磁盒內，放地上七日，晒乾收之。每五六十丸，或溫酒或白湯下。

張天師草還丹　此藥久服，則身輕隨風而去，如列子之乘虛，若髮白者，從根而黑，如未白者，永不白。有不信者，將藥拌飯，與白貓吃一月即黑。

地骨皮、生地黄、石菖蒲、牛膝、遠志、菟絲子酒煮。

右等分，爲細末，蜜丸梧子大，每三五十丸，空心溫酒或塩湯送下，修製忌鐵器，及婦人雞犬見。

鬚髮榮枯　《內經》：曰：女子七歲，齒更髮長，五七面始焦，髮始墮，六七面焦髮白。丈夫八歲，齒更髮長，五八髮墮齒枯，六八面焦髮白。鬚髮顏面皆督脈所絡，陽精盛注於外，則鬚髮榮盛，面體光潤。膽榮在鬚，腎華在髮，精氣上升，則鬚潤而黑。六八以後，精華不能上升，秋冬令行，金削肺枯，以致鬚下，血氣盛則脛毛美長，血氣皆少則脛無毛。足太陽之上，血氣盛則美眉，眉有毫毛，血多氣少，則惡眉。手陽明之上，血氣盛則髭美，血氣皆少則無髭。手陽明之下，血氣盛則腋下毛美。手少陽之上，血氣盛則眉美以長。手太陽之上，血氣盛則頷多鬚。

髮眉鬚髯髭各異　在頭曰髮，髮者，拔也，拔擢而出也。在目曰眉，眉者，媚也，有嫵媚也。頤下曰鬚，鬚者，秀也，物成乃秀，人成而鬚生也。在頰曰髯，隨口動搖，髯髯然也。口上曰髭，髭者，姿也，爲姿容之美也。

髮眉鬚各有所屬　髮屬心，故上生，禀火氣也。眉屬肝，故横生，禀木氣也。鬚屬腎，故下生，禀水氣也。人之髮眉鬚雖皆毛類，而所主五藏各異，故有老而鬚白，眉髮不白者，或髮白而眉鬚不白者，藏氣有所偏故也。男子腎氣外行，上爲鬚，下爲勢。故女子、宦人無勢，則亦無鬚，而眉髮無異於男子，則知不屬腎也明矣。

婦人無鬚　黄帝曰：婦人無鬚者，無血氣乎？岐伯對曰：衝脈任脈皆起於胞中，上循腹裏，爲經絡之海，其浮而外者，循腹右上行，會於咽喉，别而絡唇口，血氣盛則充膚熱肉，血獨盛則澹滲皮膚，生毫毛。今婦人之生，有餘於氣，不足於血，以其數脫血也，衝任之脈不榮口唇，故鬚不生焉。

宦官無鬚　黃帝曰：士人有傷於陰，陰氣絕而不起，陰不用，然其鬚不去，何也？宦者獨去，何也？岐伯對曰：宦者去其宗筋，傷其衝脈，血瀉不復，皮膚內結，唇口不榮，故鬚不生焉。帝曰：其有天宦者，未嘗被傷，不脫於血，然其鬚不生，何也？岐伯曰：此天之所不足也。其衝任盛，宗筋不成，有氣無血，唇口不榮，故鬚不生也。

《島居隨录・應求》《草木子》云：精之榮以鬚，氣之榮以眉，血之榮以髮。《類苑》云：髮屬心，稟火氣而上生。鬚屬腎，稟水氣而下生。眉屬肝，稟木氣而側生。故男子腎氣外行而有鬚，女子、宦人則無鬚，而眉髮不異也。

《串雅外編・烏髮鉛梳》　鉛十兩　錫三兩　婆羅子三個　針砂熟地各半兩　茜根、胡桃皮各一兩　沒石子　黎勒皮　硫黃　石榴皮　慈石　皂礬　烏麻油各二錢，半爲末

右先將鉛錫入末，一半柳木攪勻，傾入梳模子，印成脩齒。餘末同水煮梳，三日三夜，水耗加之。取出，故帛重包五日。每以熱皮襯手搓一百下，先須以皂莢水洗淨。

《串雅外編・烏頭麝香油》　香油二斤　栢油二兩，另放　訶子皮一兩五錢　沒石子六個　五倍子　石榴皮　旱蓮臺各三錢　眞膽礬一錢　豬膽二個，另放　川百藥煎三兩

右共爲末，先將香油熬數沸，然後將藥末入油鍋內同熬，少時傾出，油入礶內盛，微溫入栢油，攪入豬膽，又攪令極冷，入零陵香、藿香葉、白芷、甘松各三錢，麝香一錢，再攪勻。用厚紙封罐口，每日早午時晚各攪一次，仍封之，如此十日。後先晚洗頭髮淨，次早搽之，不待數日，黑紺光澤香滑，永不染塵垢，不須再洗，用之後自見也，黃髮亦黑。旱蓮臺隨處有，料生一二尺高，小如菊，折斷有黑汁，名胡孫頭。

《串雅外編・八白散》　金國宮女洗面方

白丁香　白殭蠶　白附子　白牽牛　白茯苓　白蒺藜　白芷　白及

右八味研入皂角三定皮，用大豆少許，爲末，常用。

《串雅外編・落眉復生》　桑葉七片，每日洗之，一月重生，鬚落亦然。

《串雅外編・長鬚方》　羊屎不拘多少，納鯽魚腹中，用瓦缶固濟灰，和香油塗髮，數日髮漸長而黑矣。

鹿角尖鎊細二錢　皂角刺二錢　牙皂二錢　橄欖煅灰存性，四兩　酸桔子一枚，取汁　生薑取汁

右二味取汁二兩二錢，和勻，入磁器內收貯，用柳木塞口，重湯煮三炷香，聽用。每日晚間以肥皂水洗淨短鬚，上藥擦之，天明洗去。至四十九日，長尺餘，如欲再長，則再擦時每日吃胡桃一個，至二七日吃胡桃兩個，三七日吃胡桃三個爲例。

《串雅外編・剃頭不用刀》　石黃、石灰各一兩，樟腦爲末，調傅即下。

《串雅外編・女人去面毛不用線》　石黃三錢　石灰二錢　爲細末，水調，臨卧時傅面，則面毛盡去矣。

《串雅内編・去面上刺青》　馬肉不拘多少，令蒼蠅叢食生蛆，取蛆晒乾爲末，以針撥動青處，摻之，其青自去。

《串雅内編・去身臂雕青》　膽礬、硇砂、龍骨各五分，人蛆不拘多少，麝香一匙，臨用時加香油一盞，煎熟，將前藥研碎，入油內，用黃丹熬成膏油，單紙貼之，其黑跡自然隱入肉內。

《串雅内編・黑髮仙丹》　熟地一斤　萬年青三片，小用五片　桑椹一斤　黑芝蔴八兩　山藥二斤　南燭皮四兩　花椒一兩　白果一兩　巨勝子三兩，連殼

蜜丸，早晚以酒送下，各五錢，忌食蘿蔔。

《串雅内編・洗癩头方》　洗癩頭方

蝸牛數拾條，洗之，二次卽愈，此方神妙。

庚生按：癩頭用蝸牛洗固有效，然不及用殼蝦白糖同擣爛，於薙頭後敷之神驗。但敷後癢不可當，切不可搔，待其結痂自落卽痊。如或未淨，再敷一二次，無不痊也。歷試多人皆驗。

《串雅内編・禿鬓髮稀》　川椒四兩，酒浸，日日搽之，自然長出。

《續名醫類案・面》　吳進士面患瘡，已潰作渴。自服托裏藥及降火藥，不應。診其脈浮而弱，丹溪云：潰瘍作渴。屬氣血俱虛，况脈浮弱，投以參耆各三錢，歸术熟地各二錢，數服渴止。又以八珍湯加黃耆，數劑脈斂而愈。

王莽遺孔休五，休不受。莽曰：君面有疵，美玉可以滅瘢。休由不受，莽曰：君嫌其價重乎？遂槌碎進休，休方受之。

《全唐文・爲淮南杜相公謝賜曆日面脂口脂表》　臣某言：中使霍子

璘至，奉宣聖旨，存問臣及將佐、官吏、僧道、耆壽、百姓等，兼賜臣墨詔及貞元十七年新曆一軸，臘日面脂、口脂、紅雪、紫雪并金花銀合二、金稜合二。皇明遠燭，殊錫薦臻，抃舞失容，捧戴無措。臣某中謝，伏惟皇帝陛下，立極御天，順時布政。禮崇大蜡，澤浹遐藩。臣叨榮日深，竊位時久，謬迴宸睠，猥降王人。天書下臨，覩三光之照耀；玉曆爰授，知四氣之環周。雕奩既開，珍藥斯見，膏凝雪瑩，含液騰芳。頓光蒲柳之容，永去癘疵之患。命輕恩重，上答何階，無任感抃，屏營之至。

《全唐文·臘日謝賜口脂紅雪等狀》 右，中使某至，伏奉手詔，慰問臣及將士等，又緣臘日，賜臣口脂紅雪，並新曆日等。伏以蜡節嘉辰，載於六籍，皇恩隆洽，賚及萬方。金膏不祕於上清，蘭澤遠傳於中禁，加以元霜絳雪，素能愈病析酲。顧惟賤庸，承此恩造，隕越無地，惶悚失圖，縱知死所，豈答元造，載頒新曆，永傳億萬斯年，欣奉明時，獲辨七十二候。

《全唐文·爲王大夫謝恩賜口脂曆日狀》 右，中使某至，伏奉手詔，慰撫臣及將士等，又賜臘日口脂，并新曆日等。伏以清祀嘉名，載於前典，實追歡之盛節，亦和樂之良辰，況天休光臨，聖慈遐布。顧臣賤陋，竊奉明恩，感戴周全，不知所措。蠲邪愈疾，驗絳雪於仙方；卻老駐顏，覩瓊膏於寶器。式頒聖歷，仰贊皇猷，永爲四海之尊，更續千齡之壽，臣不勝歡躍。

《全唐文·爲昭義李相公謝賜臘日口脂狀》 右，中使某至，伏奉敕書墨詔。緣大禮後慰問臣及將士官吏等。又緣近臘日，便賜臣前件藥物，臣謬履鈞衡，守茲戎鎮，星霜屢改，渥澤逾深，內悚外慙，不知所措，文明啓運，殷薦告成。郊廟展嚴禋之儀，烝黎洽時雍之化。大宥五刑之典，廣霑萬物之恩。自天有慶，與人更始。臣名器俱忝，宸睠曲臨，節近嘉平，恩延寵錫。香膏凝潤於寶器，上藥祕重於仙方。澤變衰顏，不知老之將至；光生僊質，空驚疾乃有瘳。祇奉舊章，式拔新曆。想天長而地久，看日往而月來。

《全唐文·謝敕書賜臘日口脂等表》 臣某言：今日中使某官至，奉宣詔書，賜臣及將士臘日口脂香藥紅雪等。自天有命，蹐地無容；虛受寵光，翻成憂負。臣某中謝，臣位居方鎮，才實凡庸。郡邑臨人，未移風於弊俗；歲時頒物，空竊賜於聖明。特降璽書，重加靈藥，潤之膏液，襲以蘭芳。期美疢以蠲除，冀頹顏而可駐；殊私不遺於一物，曲澤下及於三軍。未報主恩，慙於犬馬，惟將臣節，死於封疆。

《全唐文·爲李中丞謝賜紫雪面脂等表》 臣某言：中使某乙至，奉宣聖旨，賜臣紫雪、紅雪、面脂、口脂各一合，澡豆一袋，特降王人，俯臨私第，銜恩慶抃，省己慙惶，云云。臣謬荷寵私，素無績效。空變星霜之候，猥霑慶賜之恩。跪捧雕奩，榮觀珍藥。功能去疾，永絕於癘疵；澤可飾容，頓光於蒲柳。生成是荷，雨露難酬，無任感戴。

《冷廬雜識·鬚髮早白》 氣血衰則鬚髮易白，每於此徵年祚焉。余觀《晉書》王彪之傳，云年二十，鬚鬢皓白，時人謂之王白鬚，而官至光祿大夫，儀同三司，卒年七十三。此殆異稟，不可以常情測矣。又宋杜祁公衍，年過四十，鬚髮盡白，卒年八十。

人體衛生總部

房中衛生部

交合至理分部

題解

《周易・繫辭下》 天地絪緼，萬物化醇。男女構精，萬物化生。

論説

《周易・繫辭上》 乾道成男，坤道成女。乾知大始，坤作成物。乾以易知，坤以簡能。一陰一陽之謂道。

《墨子・辭過第六》 凡回於天地之間，包於四海之内，天壤之情，陰陽之和，莫不有也，雖至聖不能更也。何以知其然。聖人有傳：天地也，則曰上下；四時也，則曰陰陽；人情也，則曰男女；禽獸也，則曰牡牝雄雌也。眞天壤之情，雖有先王不能更也。雖上世至聖必蓄私，不以傷行，故民無怨。宫無拘女，故天下無寡夫。内無拘女，外無寡夫，故天下之民衆。當今之君，其蓄私也，大國拘女累千，小國累百，是以天下之男多寡無妻，女多拘無夫，男女失時故民少。君實欲民之衆而惡其寡，當蓄私不可不節。凡此五者，聖人之所儉節也，小人之所淫佚也。儉節則昌，淫佚則亡，此五者不可不節。夫婦節而天地和，風雨節而五穀孰，衣服節而肌膚和。

《論語・季氏第十六》 孔子曰：君子有三戒，少之時，血氣未定，戒之在色；及其壯也，血氣方剛，戒之在鬬；及其老也，血氣既衰，戒之在得。

《孔子家語・本命解第二十六》 魯哀公問於孔子曰：人之命與性何謂也？孔子對曰：分於道，謂之命。形於一，謂之性。化於陰陽，象形而發，謂之生。化窮數盡，謂之死。故命者，性之始也。死者，生之終也。有始則必有終矣。人始生而有不具者五焉：目無見、不能食、不能行、不能言、不能化。及生三月而微煦，然後有見；七月而生齒，然後能食；朞而生臏，然後能行；三年顖合，然後能言；十有六精通，然後能化。陰窮反陽，故陰以陽變。陽窮反陰，故陽以陰化。是以男子八月生齒，八歲而齔，二八而化。女子七月而生齒，七歲而齔，二七而化。一陰一陽，奇耦相配，然後道合化成。性命之端，形於此也。公曰：男子十六精通，女子十四而化，是則可以生民矣。而《禮》男子三十而有室，女子二十而有夫也，豈不晚哉？孔子曰：夫《禮》言其極，不是過也。男子二十而冠，有爲人父之端。女子十五許嫁，有適人之道。於此而往則自婚矣。羣生閉藏乎陰，以爲化育之始，故聖人因時而合偶男女，窮天數之極，霜降而婦功成，嫁娶者行焉。冰泮而農桑起，婚禮而始殺於此。

《禮記・哀公問第二十七》 孔子曰：天地不合，萬物不生。大昏，萬世之嗣也，君何謂已重焉。孔子遂言曰：内以治宗廟之禮，足以配天地之神明，出以治直言之禮。

《大戴禮記・禮察》 孔子曰：君子之道，譬猶防與？夫禮之塞，亂之所從生也，猶防之塞，水之所從來也。故以舊防爲無用而壞之者，必有水敗。以舊禮爲無所用而去之者，必有亂患。故婚姻之禮廢，則夫婦之道苦，而淫辟之罪多矣。

《大戴禮記・盛德》 凡婬亂，生於男女無别，夫婦無義，婚禮享聘者，所以别男女、明夫婦之義也。故有婬亂之獄，則飾昏禮享聘也。

《大戴禮記・本命》 男以八月而生齒，八歲而毁齒。一陰一陽然後成道。二八十六，然後情通，然後其施行。女七月生齒，七歲而毁，二七十四，然後其化成。合於三也，小節也。中古男三十而娶，女二十而嫁，合於五也，中節也。太古男五十而室，女三十而嫁，備於三五，合於八八也。

《素問・陰陽應象大論》 黄帝曰：陰陽者，天地之道也，萬物之綱紀，變化之父母，生殺之本始，神明之府也。

《五行大義·第廿三論諸人》： 第一論人配五行：《禮記·禮運篇》云：人者，天地之德，陰陽之交，鬼神之會，五行之秀氣也。文子曰：人者，天地之心，五行之端，是以稟天地五行之氣，而生爲萬物之主，配二儀以爲三材。【略】陰窮反陽，故陰以陽變，陽窮反陰，故陽以陰化，是以男子八月生齒，八歲而齔，十六精通，然後能化。女子七月生齒，七歲而齔，十四而化。《禮》：男子二十而冠，有成人父之端，女子十五而笄，而許嫁，有成人母之道。此皆從天地五行之大數也。

《遵生要旨·房中篇》 天地氤氳，萬物化醇；男女媾精，萬物化生。此造化之源，性命之根本也。故人之大慾，亦莫切於此。嗜而不知禁，則侵尅年齡，蠶食精魄，闇然弗覺而元神真氣去矣，豈不可哀。惟知道之士，禁其太甚，不至杜絕，雖美色在前，不過悅目暢志而已，決不肯恣其情慾以渙性命。或問抱朴子，曰：傷生者，豈非色慾之間乎？抱朴子曰：然長生之要，其在房中。上士知之，可以延年祛病。其次不以自伐。下愚縱慾損壽而已。是以古人於此，恆有節度。二十以前二日復，二十以後三日復，三十以後十日復，四十以後月復。若元氣薄者更宜節之。不然雖勤於吐納、導引、服餌之術，而根本不固，亦終無益。《內經》曰：能知七損八益，七者女子之血，八者男子之精。則血氣精三者可調，不知用此，則早衰之節也。故年四十而陰氣自半也，起居衰矣。年五十體重，耳目不聰明矣。年六十陰痿，氣大衰，九竅不利，下虛上實，涕泣俱出矣。故曰：知之則強，不知則老。智者有餘，自性而先行故有餘。愚者不足。察行而後學故不足。有餘則耳目聰明，身體輕強，老者益壯，壯者益治。蓋謂男精女血，若能使之有餘，則形氣不衰而壽命可保矣。不然竅漏無度，中乾以死，非精離人，人自離精也，可不戒哉！養生之士，忌其人者有九，或年高大、或唇薄鼻大、或齒疏髮黃、或痼疾、或情性不和、或莎苗強硬、或聲雄、或肉澀肢體不膏、或性悍如忌，皆能損人，並不宜犯之。忌其時者十有一，醉酒飽食、遠行疲乏、喜怒未定、女人月潮、衝冒寒暑、疾患未平、大小便訖、新沐浴後、犯畢出行、無情強爲，皆能使人神氣昏潰，心力不足，四體虛羸，腎臟怯弱，六情不均，萬病乃作，特宜慎之。至於天地晦冥，日月薄食，疾風甚雨，雷電震怒，此陰陽大變，六氣失常之時，犯之不惟致疾，且褻污神明，倘成子女，形必不周，雖生而不育矣。嗟乎！嗜慾之情，易縮而難斷，不可不以智慧決也。佛書曰：諸苦所因，貪慾爲本，貪慾不滅，苦亦不滅，苦不滅則生滅矣。養生者惡可不以智慧決哉！

《脈望》 太虛聚而有炁，炁聚則爲精。炁聚精結，包之於土，兆生之理啓矣。經云：男女搆精，包胎始榮，乘其宿命，然後生人，故曰包命。當其元炁初包，狀如垂囊，附脾作種。脾爲眞土，物所憑生，中黃太一，爲人己命。其炁流演不窮，故云元一黃演之炁。上文曰靈光，曰宿命，曰靈爽，皆指受命之命而言。

《古今圖書集成·閨媛部彙考》 嫁娶

禮男娶女嫁何？陰卑不得自專，就陽而成之，故《傳》曰：陽倡陰和，男行女隨。男不自專娶，女不自專嫁，必由父母，須媒妁何？遠恥防淫泆也。《詩》云：娶妻如之何？必告父母。又曰：娶妻如之何？匪媒不得。男三十而娶，女二十而嫁，陽數奇，陰數偶。男長女幼者，陽舒陰促。男三十，筋骨堅強，任爲人父。女二十，肌膚充盛，任爲人母。合爲五十，應大衍之數，生萬物也。故《禮·內則》曰：男三十壯有室，女二十壯而嫁。七歲之陽也，八歲之陰也，七八十五，陰陽之數備，有相偶之志。故《禮記》曰：女子十五許嫁，笄而字。禮之稱字，陰繫於陽，所以專一之節也。陽尊無所繫，二十五繫者，就陰節也。陽舒而陰促。三十數三終，奇陽節也。二十數再終，偶陰節也。陽小成於陰，大成於陽，故二十而冠，三十而娶。陰小成於陽，大成於陰，故十五而笄，二十而嫁也。一說《春秋穀梁傳》曰：男二十五繫，女十五許嫁，感陰陽也。陽數七，陰數八，男八歲毀齒，女七歲毀齒，陽數奇三，三八二十四，加一爲五而繫心也。陰數偶，再成十四，四加一爲五，故十五許嫁也。各加一者，明專一繫心，所以繫心者，何防其淫泆也。

《古今圖書集成·理氣部總論》 天地絪緼，萬物化醇；男女構精，萬物化生。《易》曰：三人行則損一人，一人行則得其友，言致一也。

《本義》絪緼，交密之狀。醇，謂厚而凝也，言氣化者也，化生形化者也。《大全》朱子曰：天地、男女，都是兩箇，方得專一。臨川吳氏曰：絪緼者，氣之交也；構精者，形之交也。天地之二氣交，故物之以氣化者，其氣醲厚而能醇；男女之二氣交，故物之以形化者，其精凝聚而能生。此氣形之相交，以二與三人損一，一人得友之相合，以二者其理同，皆言其以一合一，故能致一而不二也。

乾道成男，坤道成女。

《本義》此變化之成形者。此兩節又明《易》之見於實體者，與上文相發明也。《大全》朱子曰：剛柔相摩，八卦相盪，方是說做這卦。做這卦了，那鼓之以雷霆，與風雨，日月，寒暑之變化，皆在這卦中，那成男成女之變化，也在這卦中。見造化關捩也纔動，那許多物事都出來。《易》只是模寫他這箇。又曰：鼓之以雷霆，潤之以風雨。此已上是將造化之實體對《易》中之理，此下便是說《易》中卻有許多物事。天地父母分明是一理，乾道成男，坤道成女，則凡天下之男皆乾之氣，天下之女皆坤之氣，從這裏便徹上徹下，即是一箇氣都透了。乾道成男，坤道成女，通人物言之，在動物如牝馬之類，在植物亦有男女，如麻有牡麻及竹有雌雄之類，皆離陰陽剛柔不得。又曰：豈得男便都無陰，女便都無陽，這般須要錯看。正蒙云：游氣紛擾，合而成質者，生人物之萬殊；陰陽兩端，循環不窮者，立天地之大義。陰陽循環如磨，游氣紛擾如磨中出者，剛柔相摩，八卦相盪，鼓之以雷霆，潤之以風雨，日月運行，一寒一暑，此陰陽循環，立天地之大義也。乾道成男，坤道成女，此游氣紛擾，生人物之萬殊也。雲峯胡氏曰：剛柔二爻相摩而為八卦，八卦相盪而為六十四，摩與盪即上文所謂變化也。六十四卦之中自有雷霆，風雨，日月，寒暑變化而成象者也，卦之中自有男女變化而成形者也。此一節畫後之《易》又如此也。大抵《易》之未畫卦爻之變化在天地實體中，及其既畫天地萬物之變化又在卦爻實體中。本義兩以實體言見在天地者即未畫之《易》，在《易》者即是已畫之天地，其體皆實而非虛也。

又：一陰一陽之謂道。

《本義》陰陽迭運者，氣也，其理則所謂道。《大全》朱子曰：一陰一陽之謂道，陰陽何以謂之道，當離合看。一陰一陽之謂道，則陰陽是氣不是道，所以為陰陽者，乃道也。若只言陰陽之謂道，則陰陽是道，今曰一陰一陽，則是所以循環者，乃道也。一闔一闢謂之變，亦然。又曰：理則一而已，其形者則謂之器，其不形者則謂之道。然道非器不形，器非道不立，蓋陰陽亦器也，而所以陰陽者道也，是以一陰一陽往來不息，而聖人指是以明道之全體也。此一陰一陽之謂道之說也。問一陰一陽之謂道便是太極否？曰陰陽只是陰陽，道便是太極，程子說所以一陰一陽者，道也。問一陰一陽之謂道，曰以一日言之，則晝陽而夜陰。以一月言之，則望前為陽望後

為陰。以一歲言之，則春夏為陽，秋冬為陰。從古至今恁地滚將去，只是這箇陰陽，是孰使之然哉？乃道也。從此句下文分兩腳。此氣之動為人為物，渾是一箇道理，故人未生以前，此理本善，所以謂繼之者善，此則屬陽。氣質既定，為人為物，所以謂成之者性，此則屬陰。又曰：一陰一陽，此是天地之理，如大哉乾元，萬物資始，乃繼之者善也。乾道變化，各正性命，此成之者性也。這一段是說天地生成萬物之意，不是說人性上事。《傳》一陰一陽之謂道，陰陽交感，男女配合，天地之常理也，歸妹女歸於男也，故云天地之大義也。男在女上，陰從陽動，故為女歸之象。

又：無極之眞，二五之精，妙合而凝，乾道成男，坤道成女，二氣交感，化生萬物，萬物生生而變化無窮焉。

夫天下無性外之物，而性無不在，此無極，二五，所以混融而無間者也，所謂妙合者也，眞以理言，無妄之謂也。精以氣言，不二之名也。凝者，聚也，氣聚而成形也。蓋性為之主，而陰陽五行為之經緯錯綜，又各以類凝聚而成形焉。陽而健者成男，則父之道也。陰而順者成女，則母之道也。是人物之始，以氣化而生者也。氣聚成形，則形交氣感，遂以形化，而人物生生變化無窮矣。自男女而觀之，則男女各一其性，而男女一太極也。自萬物而觀之，則萬物各一其性，而萬物一太極也。蓋合而言之，萬物統體一太極也。分而言之，一物各具一太極也。所謂天下無性外之物，而性無不在者，於此尤可以見其全矣。子思子曰：君子語大，天下莫能載焉；語小，天下莫能破焉。此之謂也。

《古今圖書集成・理氣部總論五》 天陽為氣，地陰為形，男女牡牝皆陰陽之合也。特以氣類分屬陰陽耳，少男有陽而無陰，少女有陰而無陽也。寒暑晝夜，管見有論，至於呼吸，則陽氣之行不能直遂，蓋為陰所滯而相戰耳，此屈伸之道也。凡屬氣者皆陽，凡屬形者皆陰，此數語甚眞。然謂之氣則猶有象，不如以神字易之，蓋神即氣之靈，尤妙也。

又：祛疑說：男女之分，生殺之乘，兩儀立天地之體，一乘妙陰陽之用。一闔一闢之間，陽生陰殺貫乎萬有，受其正氣則為人，冗雜之氣為異類，莫不有雌雄焉。原其受氣之初，闢乘為男，闔乘為女，一闔一闢，男女攸分。《道藏》所載以龍吟虎嘯不後不先為結胎之始，以精血相包處內處外定男女之象，是則是矣，殊不知所以使之然者，蓋有自然而然者矣，使之然者其動靜

闔闢之機乎人之生也，以此合及其死也亦然。

《老老恒言》　男女之慾，乃陰陽自然之道。《易・大傳》曰天地絪緼，男女搆精是也。然傳引損卦爻辭以爲言，損乃損剛益柔之象，故自然之中，非無損焉。老年斷慾，亦盛衰自然之道。損之爻辭曰窒慾是也，若猶未也，自然反成勉強，則損之又損，必至損年。

五藏俞穴，皆會於背。夏熱時，有命童僕扇風者，風必及之，則風且入藏，貽患非細。有汗時尤甚。縱不免揮扇，手自揮動，僅及於面，猶之御風而行，俱爲可愛。静坐則微有風來，便覺難勝，動陽而静陰，面陽而背陰也。

《説文解字注》　情：人之侌氣有慾者。董仲舒曰：情者，人之慾也。人慾之謂情，情非制度不節。《禮記》曰：何謂人情？喜怒哀懼愛惡慾，七者不學而能。《左傳》曰：民有好惡喜怒哀樂，生於六氣。《孝經援神契》曰：性生於陽以理執，情生於陰以繫念。從心，青聲。疾盈切，十一部。性：人之昜氣性善者也。《論語》曰：性相近也。孟子曰：人性之善也，猶水之就下也。董仲舒曰：性者，生之質也，質樸之謂性。

《薛生白醫書二種・醫師秘笈》　苟無父魂母魄在二氣之中，則所生之人亦無知無識，蠢然能動之一物而已，何以能爲有知有識之人乎？既有知識，則天命之性存乎其中矣。是故津精血肉、筋骨皮毛者，形也，賴氣以成。故朱子曰：氣以成形也，陰陽二氣相交相抱，而人之魂魄斯凝聚其中。魂魄者，人之元神，在人氣中所以能生。假使陰陽二氣不相交抱，則元神散失。元神散失則理無所存，不能動而生陽，静而生陰，以從化而滋長形骸矣。何以生乎？然則人之生也，但由父母而不命於大造乎則非也，蓋人之二氣即天地之二氣，人之元神即天地間之鬼神，人之良心天理即太極之理，非有二也，盈天地間皆有此氣，皆有鬼神，皆有太極之理，故形交氣感之時，其精血之凝合而成胎者，以己身之氣引觸乎大造之氣，己心之理引觸乎太極之理，而凝聚胎中，所以生而爲人也，此先天有生之理也。

《醫理真傳・乾坤大旨》　☰乾爲天，屬金，純陽也，稱爲老父、老陽、老子，又名曰龍。

☷坤爲地，屬土，純陰也，稱爲老母、老陰。乾坤交媾，化生六子，乾之初爻，乘於坤之初爻，而生長男，震也；乾之二爻，乘於坤之二爻，而生中男，坎也；乾之三爻，乘於坤之三爻，而生少男，艮也。故曰乾道成男。初爻、二爻、三爻，喻乾金眞精、眞炁發洩之次序也。坤之初爻，乘於乾之初爻，而生長女，巽也；坤之二爻，乘於乾之二爻，而生中女，離也；坤之三爻，乘於乾之三爻，而生少女，兑也。故曰坤道成女。初爻、二爻、三爻，喻坤土眞陰流露之度數也。乾坤六子，長少皆得乾坤性情之偏，惟中男、中女，獨得乾坤性情之正。人稟天地之正氣而生，此坎離所以爲人生立命之根也。

《中西匯通醫經精義・人身陰陽》　夫自古通天者，生之本，本於陰陽。凡人未生之前，男女媾精而成此胎孕，即本天地水火之氣而交媾也。既生之後，鼻息呼吸，得天之陽以養氣；飲食五味，得天之陰以養血。是未生之前既生之後，皆無不與天相通，而所以相通之故，則以人身之陰陽實本於天地之陰陽而已。

綜　述

《孔子家語・觀鄉射第二十八》　淫亂者生於男女無別，男女無別則夫婦失義。昏禮聘享者，所以別男女明夫婦之義也。男女既別，夫婦既明，故雖有淫亂之獄，而無陷刑之民。

《醫心方・交合至理》　《玉房秘訣》云：沖和子曰：夫一陰一陽謂之道，媾精化生之爲用，其理遠乎？故帝軒之問素女，彭鏗之酬殷王，良有旨哉。

黄帝問素女曰：吾氣衰而不和，心内不樂，身常恐危，將如之何？素女曰：凡人之所以衰微者，皆傷於陰陽交接之道爾。夫女之勝男，猶水之滅火，知行之如釜鼎，能和五味以成羹臛，能知陰陽之道者悉成五樂。不知之者，身命將夭，何得歡樂？可不慎哉！

素女云：有采女者，妙得道術，王使采女問彭祖延年益壽之法，彭祖曰：愛精養神，服食衆藥，可得長生。然不知交接之道，雖服藥無益也。男女相成，猶天地相生也。天地得交會之道，故無終竟之限；人失交接之道，故有夭折之漸，能避漸傷之事，而得陰陽之術，則不死之道也。采女再拜曰：願聞要教。彭祖曰：道甚易知，人不能信而行之耳。今君王御萬機治天下，必不能備爲衆道也。幸多後宫，宜知交接之法。法之要者，在於多御少女而莫數瀉精，使人身輕，百病消除也。

漢附馬都尉巫子都年百卅八，字孝武巡狩，見子都於渭水之上，頭上有異氣，怱怱高丈餘許。帝恠而問之。東方朔相之對曰：此君有氣通理天中，施行陰陽之術。上屏左右問子都，子都曰：陰陽之事，公中之私，臣子所不宜言。又能行之者少，是以不敢告。臣受之陵陽子，明年六十五矣。行此術來七十二年，諸求生者，當求所生。貪女之容色，極力強施，百脈皆傷，百病並發也。【略】

素女曰：御敵家，當視敵如瓦石，自視如金玉。若其精動，當疾去其鄉。御女當如朽索御奔馬，如臨深坑，下有刃，恐墮其中。若能愛精，命亦不窮也。

黃帝問素女曰：今欲長不交接，爲之奈何？素女曰：不可。天地有開闔，陰陽有施化。人法陰陽，隨四時，今欲不交接，神氣不宣佈，陰陽閉隔，何以自補？練氣數行，去故納新，以自助也。玉莖不動，則辟死其舍，所以常行以當導引也。能動而不施者，所謂還精，還精補益，生道乃著。

《素女經》云：黃帝曰：夫陰陽交接節度，爲之奈何？素女曰：交接之道，故有形狀。男致不衰，女除百病。心意娛樂，氣力強。然不知行者，漸以衰損。欲知其道，在於定氣、安心、和志。三氣皆至，神明統歸。不寒不熱，不飢不飽。亭身定體，性必舒遲。淺內徐動，出入欲希。女快意，男盛不衰，以此爲節。

《玄女經》云：黃帝問玄女曰：吾受素女陰陽之術，自有法矣。願復命之，以悉其道。玄女曰：天地之間，動須陰陽。陽得陰而化，陰得陽而通。一陰一陽，相須而行。故男感堅強，女動闢張。二氣交精，流液相通。男有八節，女有九宮。用之失度，男發癰疽，女害月經，百病生長，壽命銷亡。能知其道，樂而且強，壽即增延，色如華英。抱朴子云：凡服藥千種，三牲之養，而不知房中之術，亦無所益也。是以古人恐人之輕恣情性，故美爲之說，亦不可盡信也。玄素喻於水火，水火煞人又生人，於在能用與不能耳。大都得其要法，御女多多益善。若不曉其道，用一兩者，適足以速死耳。

又云：人復不可都陰陽不交，則生癰瘀之疾。故幽閑怨曠，多病而不壽。任情恣意，復伐年命。唯有得節宣之和，可以不損。洞玄子曰：夫天生萬物，唯人最貴。人之所上，莫過房慾。法天象地，規陰矩陽，悟其理者，則養性延齡；慢其眞者，則傷神夭壽。至如玄女之法，傳之萬古都具，陳其梗槩，仍未盡其機微，余每覽其條，思補其闕，綜習舊儀，纂此新經，雖不窮其純粹，抑得其糟粕。其坐卧舒卷之形，偃伏開張之勢，側背前卻之法，出入深淺之規，並會二儀之理，俱合五行之數。其導者則得保壽命，其違者則陷於危亡。既有利於凡人，豈無傳於万葉。

《女科百問・第一問》 精血以分男女之本源者，何也？

答曰：男子以精爲本，女子以血爲源。男子爲陽，陽中必有陰，陰中之數八，故一八而陽精降，二八而陽精溢。女子爲陰，陰中必有陽，陽中之數七，故一七而陰血升，二七而陰血溢。陽精陰血，皆飲食五味之實秀，爲男女之本源也。方其升也，智慮開明，齒牙更始，髮黃者黑，筋弱者強。暨其溢也，凡充身肢體，手足耳目之餘，雖針芥之處，無有不至。凡子形肖父母者，蓋其精血嘗於父母之身，無所不歷也。是以父一肢廢，則子一肢不肖其父母；一目虧，則子一目不肖其父母。然雌雞牝獸，無天癸而成胎，何也？鳥獸精血往來尾間也。精未通而遇女子通其精，則五體有不滿之處，異日有難狀之疾。陰已痿而思色以降其精，則精不出而內敗，小便道澀而爲淋。精已耗而復竭也。女人天癸既至，踰十年無男子合則不調，未踰十年男子合亦不調，不調則舊血不出，新血誤行，或漬而入骨，或變而爲腫，或雖合而難子。合男子多，則瀝枯虛人。產乳衆，則血枯殺人。觀其精血，思過半矣。

《女科百問・第二問》 古法男子三十而娶，女子二十而嫁者，何也？

答曰：天以剛陽爲尊，地以柔陰而卑，則乾坤之體定矣。若天不剛陽，地不柔陰，是乾坤之體不定矣。夫乾道成男，男自子位左旋，積三十歲而至巳，所以男及三十而娶，當是之時，天陽已剛也。坤道成女，自子位右旋，積二十歲而至巳，所以女二十而嫁，至斯之際，地陰以順也。故及其時得子皆強，所謂乾坤之體定矣。不及其時而嫁娶者，則剛陽柔陰必有所虧也。

《格致餘論・色慾箴》 惟人之生，與天地參，坤道成女，乾道成男，配爲夫婦，生育攸寄。血氣方剛，惟其時矣。成之以禮，接之以時，父子之親，其要在茲。睠彼昧者，狥情縱慾，惟恐不及，濟以燥毒。氣陽血陰，人身之神，陰平陽祕，我體長春。血氣幾何？而不自惜，我之所生，翻爲我賊。女之耽兮，其慾實多，閨房之肅，門庭之和。士之耽兮，其家自廢，既喪厥德，此身亦瘁。遠彼帷薄，放心乃收。飲食甘美，身安病瘳。

《格致餘論・陽有餘陰不足論》 人受天地之氣以生，天之陽氣爲氣，地之陰氣爲血，故氣常有餘，血常不足。何以言之？天地爲萬物父母。天，大也，爲陽，而運於地之外；地，居天之中，爲陰，天之大氣舉之。日，實也，亦屬陽，而運於月之外；月，缺也，屬陰，稟日之光以爲明者也。人身之陰氣，其消長視月之盈缺。故人之生也，男子十六歲而精通，女子十四歲而經行。是有形之後，猶有待於乳哺、水穀以養，陰氣始成，而可與陽氣爲配，以能成人，而爲人之父母。古人必近三十、二十而後嫁娶，可見陰氣之難於成，而古人之善於攝養也。《禮記》注曰：惟五十然後養險者有以加。《內經》曰：年至四十，陰氣自半，而起居衰矣。又曰：男子六十四歲而精絶，女子四十九歲而經斷。夫以陰氣之成，止供給得三十年之視聽言動，已先虧矣。人之情慾無涯，此難成易虧之陰氣，若之何而可以供給也？經曰：陽者，天氣也，主外；陰者，地氣也，主內。故陽道實，陰道虛。又曰：至陰虛，天氣絶；至陽盛，地氣不足。觀虛與盛之所在，非吾之過論。主閉藏者，腎也；司疏泄者，肝也。二臟皆有相火，而其系上屬於心。心，君火也，爲物所感則易動，心動則相火亦動，動則精自走，相火翕然而起，雖不交會，亦暗流而疏泄矣。所以聖賢只是教人收心養心，其旨深矣。天地以五行更迭衰旺而成四時，人之五臟六腑亦應之而衰旺。四月屬巳，五月屬午，爲火大旺，火爲肺金之夫，火旺則金衰。六月屬未，爲土大旺，土爲水之夫，土旺則水衰。況腎水常藉肺金爲母，以補助其不足，故《內經》諄諄於資其化源也。古人於夏必獨宿而淡味，兢兢業業於愛護也。保養金水二臟，正嫌火土之旺爾。《內經》曰：冬不藏精者，春必病溫。十月屬亥，十一月屬子，正火氣潛伏閉藏，以養其本然之眞，而爲來春發生升動之本。若於此時恣嗜慾以戕賊，至春升之際，下無根本，陽氣輕浮，必有溫熱之病。夫夏月火土之旺，冬月火氣之伏，此論一年之虛耳。若上弦前、下弦後，月廓月空，亦爲一月之虛。大風大霧，虹霓飛電，暴寒暴熱，日月薄蝕，憂愁忿怒，驚恐悲哀，醉飽勞倦，謀慮勤動，又皆爲一日之虛。若病患初退，瘡痍正作，尤不止於一日之虛。今日多有春末夏初，患頭痛腳輭，食少體熱，仲景謂春夏劇，秋冬差，而脈弦大者，正世俗所謂注夏病。若犯此四者之虛，似難免此。夫當壯年便有老態，仰事俯育，一切隳壞。興言至此，深可驚懼。古人謂不見所欲，使心不亂。夫以溫柔之盛於體，聲音之盛於耳，顏色之盛於目，馨香之盛於鼻，誰是鐵漢，心不爲之動也？善攝生者，於此五箇月，出居於外。苟值一月之虛，亦宜暫遠帷幕，各自珍重，保全天和，期無負敬身之教，幸甚！

《醫先》 沂陽生曰：甚矣，精爲至精之寶也。故岐伯云：精者，身之本也。是以精枯則病，精竭則死。夫勞極則精罷，思極則精離，飲食少則精減，房慾頻則精耗。試觀樹木撥皮膏脂則萎枯矣，夫人曷可妄用其精哉？故曰：精不妄用則氣不散，氣不散則神不移。又曰：思不可用，意不可動，意動則神移，神移則氣散，氣散則精亾。《道德經》曰：致虛極，守靜篤，穀神不死，是謂玄牝。

《赤水玄珠·命門圖說》 生生子曰：天人一致之理，不外乎陰陽五行。蓋人以氣化而成形者，即陰陽而言之。夫二五之精，妙合而凝，男女未判，而先生此二腎，如豆子菓實，出土時兩瓣分開，而中間所生之根蒂，內含一點眞氣，以爲生生不息之機，命曰動氣，又曰原氣，稟於有生之初，從無而有。此原氣者，即太極之本體也。名動氣者，蓋動則生，亦陽之動也，此太極之用所以行也。兩腎，靜物也，靜則化，亦陰之靜也，此太極之體所以立也。動靜無間，陽變陰合而生水火木金土也。其斯命門之謂歟！

《素問》曰：腎藏骨髓之氣。又曰：北方黑色，入通於腎，開竅於二陰，藏精於腎。《難經》曰：男子以藏精。非此中可盡藏精也，蓋腦者髓之海，腎竅貫脊通腦，故云。

生生子曰：三十六難言腎有二臟，其左爲腎，右爲命門。命門者，諸精神之所舍，男子以藏精，女子以繫胞，故知腎有二也。三十九難言：五臟亦有六臟者，謂腎有兩臟也。其左爲腎，右爲命門，命門者，精神之所舍也。男子以藏精，女子以繫胞，其氣與腎通。細考《靈》、《素》，兩腎未嘗有分言者，然則分之者，自秦越人始也。追越人兩呼命門爲精神之舍，原氣之繫，男子藏精，女子繫胞者，豈漫語哉！是極歸重於腎爲言。謂腎間原氣，人之生命，故不可不重也。《黃庭經》曰：腎氣經于上焦，營于中焦，衛于下焦。《中和集》曰：闔闢呼吸，即玄牝之門，天地之根。所謂闔闢者，非口鼻呼吸，乃眞息也。越人亦曰：腎間動氣者，人之生命，五臟六腑之本，十二經脈之根，呼吸之門，三焦之源。命門之義，蓋本於此。猶儒之太極，道之玄牝也。觀銅人圖，命門穴不在右腎，而在兩腎俞之中，可見也。《難經》雖有命門之說，並無左右水火之分，何後人妄臆指命門屬相火耶？顧《靈》、《素》三陰、三陽、手足十二經，配合皆有定偶，以象十二時、十二月、十二律之意。今又以命門爲屬火，則當統之於何經？十二經既無所統，則兩腎皆屬少陰水可知。《黄庭經》曰：兩部腎水對生門。左腎爲壬，右腎爲癸，生門者臍也。或曰：然則《脈訣》何謂命門配三焦屬相火也？余曰：此高陽生之誤，戴同父辯之已詳。三焦是手少陽經，配手厥陰經爲表裏，乃手經配手經，火配火爲定偶也。豈有手配足、火配水之理哉！滑伯仁《難經本義》註曰：命門其氣與腎通，則亦不離乎腎，其習坎之謂歟？坎者水也，易謂上下二坎相重，陰而又陰，故曰習坎。手心主爲火之閏位，命門即水之同氣歟！命門不得爲相火，三焦不與命門配亦明矣。虞庶亦云：諸家言命門爲相火，與三焦爲表裏，按《難經》只有手心主與三焦爲表裏，無命門三焦表裏之説。據此，則知諸家所以紛紛不決者，蓋有惑於《金匱眞言篇》王註，引《正理論》謂三焦者有名無形，上合手心主，下合右腎，遂有命門三焦表裏之説。夫人身之臟腑，一陰一陽，自有定偶，豈有一經兩配之理哉！夫所謂上合手心主者，正言其爲表裏。下合右腎者，則以三焦爲元氣之别使而言之爾。知此則知命門與腎通，三焦無兩配，而諸家之説，不辯而自明矣。或曰：如子所云，則命門屬水歟？予曰：右腎屬水也，命門乃兩腎中間之動氣，非水非火，乃造化之樞紐，陰陽之根蒂，即先天之太極。五行由此而生，臟腑以繼而成。若爲屬水、屬火、屬臟、屬腑，乃是有形質之物，則外當有經絡動脈，而行於診，《靈》、《素》亦必著之於經也。或曰：然則越人不以原氣言命門，而曰右腎爲命門，何也？予曰：此越人之妙處，乃不言之言也。言右腎，則原氣在其中矣。蓋人身之所貴者，莫非氣血，以左血右氣也。觀《黄帝陰符經》曰：人腎屬於水，先生左腎，象北方大淵之源，次生右腎，内有眞精，主五行之正氣。越人故曰：原氣之所繫，信有核歟！或曰，《靈》、《素》命門有據乎？予曰：《陰陽離合篇》有太陽根起於至陰，結於命門。至陰穴名，在足小指外側。啓玄子註曰：命門者，藏精光照之所，則兩目也。《靈樞》亦曰：命門者，目也。蓋太陽乃腎之表，目者，宗脈精華之所聚，故特以精華之所聚處，而名之爲命門也。右釋命門。

《景岳全書・命門餘義》 命門之義，《内經》本無，惟越人云：腎有兩者，非皆腎也，左者爲腎，右者爲命門。命門者，諸神精之所舍，原氣之所繫，男子以藏精，女子以繫胞也。余以其義有未盡，且有可疑，故著有三焦包絡命門辨，附梓《類經》之末，似已盡其概矣。然而猶有未盡者，恐不足以醒悟後人，兹因再悉其藴，條列於左。

一、命門爲精血之海，脾胃爲水穀之海，均爲五臟六腑之本。然命門爲元氣之根，爲水火之宅，五臟之陰氣非此不能滋，五臟之陽氣非此不能發。而脾胃以中州之土，非火不能生，然必春氣始於下，則三陽從地起，而後萬物得以化生，豈非命門之陽氣在下，正爲脾胃之母乎？吾故曰：脾胃爲灌注之本，得後天之氣也；命門爲化生之源，得先天之氣也，此其中固有本末之先後。觀東垣曰：補腎不若補脾。許知可曰：補脾不若補腎。此二子之説，亦各有所謂，固不待辨而可明矣。

一、命門有火候，即元陽之謂也，即生物之火也。然稟賦有强弱，則元陽有盛衰；陰陽有勝負，則病治有微甚，此火候之所以宜辨也。兹姑以大綱言之，則一陽之元氣，必自下而升，而三焦之普濩，乃各見其候。蓋下焦之候如地土，化生之本也；中焦之候如竈釜，水穀之爐也；上焦之候如太虚，神明之宇也。下焦如地土者，地土有肥瘠而出産異，山川有厚薄而藏蓄異，聚散操權，總由陽氣。人於此也，得一分即有一分之用，失一分則有一分之虧，而凡壽夭生育及勇怯精血病治之基，無不由此元陽之足與不足，以爲消長盈縮之主，此下焦火候之謂也。中焦如竈釜者，凡飲食之滋，本於水穀，食强則體壯，食少則身衰，正以胃中陽氣，其熱如釜，使不其然，則何以朝食午即化，午食申即化，而釜化之速不過如此。觀竈釜之少一炬則遲化一頃，增一炬則速化一時，火力不到，則全然不化，即其證也。故脾胃之化與不化，及飲食之能與不能，亦總由陽明之氣有强與不强，而陰寒之邪有犯與不犯耳。及其病也，則漸痞漸脹，或隔或嘔，或十化其三五，或膨聚而不消，或吞酸噯腐而食氣不變，或腹疼肚痛而終日不饑，或清濁不分，或完穀不化。蓋化則無不運行，不化則無不留滯。運行則爲氣爲血，留滯則爲積爲痰。此其故，謂非胃氣之不健乎？而何以不健，謂非火候之無力乎？今見治痞治脹，及治吞酸噯腐等症，無論是熱非熱，動輒呼爲胃火，餘燼其幾，尚能堪否？此中焦火候之謂也。上焦如太虚者，凡變化必著於神明，而神明必根於陽氣。蓋此火生氣，則無氣不至，此火化神，則無神不靈。陽之在下則溫煖，故曰相火以位；陽之在上則昭明，故曰君火以明。是以陽長則陰消，而離照當空，故五官治而萬類盛；陽衰則陰勝，而陽爲陰抑，故聰明奪而神氣滅。而凡人之聲色動定及知愚賢不肖之有不齊者，何非陽德爲之用，此上焦火候之謂也。此以三焦論火候，則各有所司，而何以皆歸之命門？不知水中之火，乃先天真一之氣，藏於坎中，此氣自下而上，與後天胃氣相接而化，此實生生之本也。是以花萼之榮在根柢，竈釜之用在柴薪。使真陽不發於淵源，則總屬無根之火矣。火而無根，即病氣也，非元氣也。故《易》以雷在地下而爲復，可見火之標在上，而火之本則在下。且火知就燥，性極畏寒，若使命門陰勝，則元陽畏避，而龍火無藏身之地，故致遊散不歸，而爲煩熱格陽等病。凡善治此者，惟從其性，但使陽和之氣直入坎中，據其窟宅而招之誘之，而相求同氣，而虛陽無不歸原矣。故曰：甘溫除大熱，正此之謂也。奈何昧者不明此理，多以虛陽作實熱，不思溫養此火，而但知寒涼可以滅火，安望其尚留生意而不使之速斃耶！此實醫家第一活人大義，既從斯道，不可不先明斯理。倘三焦有客熱邪火，皆凡火耳，固不得不除，而除火何難，是本非正氣火候之謂也。學者於此，當深明邪正二字，則得治生之要矣。

一、命門有生氣，即乾元不息之幾也，無生則息矣。蓋陽主動，陰主靜；陽主升，陰主降。惟動惟升，所以陽得生氣；惟靜惟降，所以陰得死氣。故乾元之氣，始於下而盛於上，升則向生也；坤元之氣，始於上而盛於下，降則向死也。故陽生子中而前升後降，陰生午中而前降後升。此陰陽之歧，相間不過如毛髮，及其竟也，則謬以千里，而死生之柄，實惟此毫釐升降之機耳。又如水煖則化氣，化氣則升無不生也；水寒則成冰，成冰則降無不死也。故腎氣獨沉，則奉生者少，即此生氣之理也。至若人之生氣，則無所不在，亦無所不當察，如臟腑有生氣，顏色有生氣，聲音有生氣，脈息有生氣，七竅有生氣，四肢有生氣，二便有生氣。生氣即神氣，神自形生，何不可辨？衰者速培，猶恐不生，尚堪伐乎？而況其甚者乎。故明師察此，必知孰者已虧，孰者猶可，孰者能益生氣，孰者能損生氣，孰者宜先攻病氣以保生氣，孰者宜先固生氣以禦病氣。務思病氣雖如此，生氣將如何，見在雖如此，日後將如何，使不有原始要終之明，則皆寸光之流耳。

雖然，此徒以斯道爲言也。而斯道之外，猶有說焉。夫生氣者，少陽之氣也。少陽之氣，有進無退之氣也。此氣何來，無非來自根本；此氣何用，此中尤有玄真。蓋人生所貴，惟斯氣耳，而出入之權在呼吸，斯氣數之寶藏也。河車之濟在轆轤，實轉運之神機也。其進其退，其得其失，總在生息之間，而彭殤之途於斯判矣。經曰：得神者昌，失神者亡，即此生氣之謂也。予見遭剝於是者不可勝紀，故特明其義於此。

一、命門有門戶，爲一身鞏固之關也。經曰：倉廩不藏者，是門戶不要也。水泉不止者，是膀胱不藏也。得守者生，失守者死。又曰：腎者，胃之關也。關門不利，故聚水而從其類也。又曰：北方黑色，入通於腎，開竅於二陰。是可見北門之主，總在乎腎，而腎之政令，則總在乎命門。蓋命門爲北辰之樞，司陰陽柄，陰陽和則出入有常，陰陽病則啓閉無序。故有爲癃閉不通者，以陰竭水枯，乾涸之不行也；有爲滑泄不禁者，以陽虛火敗，收攝之無主也。陰精既竭，非壯水則必不能行；陽氣既虛，非益火則必不能固，此固其法也。然精無氣不行，氣無水不化，此其中又有可分不可分之妙用，亦在乎慧者之神悟，有非可以筆楮盡者。

一、命門有陰虛，以邪火之偏勝也。邪火之偏勝，緣真水之不足也。故其爲病，則或爲煩渴，或爲骨蒸，或爲欬血吐血，或爲淋濁遺泄。此雖明是火證，而本非邪熱實熱之比。蓋實熱之火其來暴，而必有感觸之故；虛熱之火其來徐，而必有積損之因，此虛火實火之大有不同也。凡治火者，實熱之火可以寒勝，可以水折，所謂熱者寒之也；虛熱之火不可以寒勝，所謂勞者溫之也。何也？蓋虛火因其無水，只當補水以配火，則陰陽得平而病自可愈。若欲去火以復水，則既虧之水未必可復，而並火去之，豈不陰陽兩敗乎。且苦寒之物，絕無升騰之生氣，而欲其補虛，無是理也。故予之治此，必以甘平之劑，專補真陰，此雖未必即愈，自可無害，然後察其可乘，或暫一清解，或漸加溫潤，必使生氣漸來，庶乎脾可健則熱可退，肺漸潤則嗽漸寧，方是漸復之佳兆，多有得生者。若但知知、檗爲補陰，則愈敗其腎，而致泄瀉食減，必速其殆矣。

《石室秘錄・論任督》 雷真君曰：任督之脈，在藏（符）〔府〕之外，別有經絡也，每爲世醫之所略。不知此二部之脈不可不講，非若衝蹻之脈可有可無也。任脈起於中極之下，以上毛際，循腹裏，上關元，至咽喉，上頤循面入目，此任脈之經絡也；督脈起於少腹以下骨中央，女子入繫廷孔，在溺孔之際，其絡循陰器，合篡間，繞篡後，即前後二陰之間也，別繞臀，至少陰，與巨陽中絡者合少陰上股內後廉，貫脊屬腎，與太陽起於目內眥，上額交巔上，入絡腦，還出別下項，循肩膊俠脊抵腰中，入循膂絡腎，其男子循莖下至篡，與女子等。其少腹直上者貫臍中央，上貫心入喉，上頤環唇，上繫兩目之下中央，此腎之經也。二經之病各有不同，而治法實相同也。蓋六經之脈絡原相貫通，治任脈之疝瘕，而督脈之遺溺脊強亦愈也。然此二脈者，爲胞胎之主脈，無則女子不受姙，男子難作強以射精，此脈之宜補而不宜瀉明矣。補則外腎壯大而陽旺，瀉則外腎縮細而陽衰，補則子宮熱而受胎，瀉則子宮冷而難姙矣。

《醫學源流論·腎藏精論》 精藏于腎，人盡知之。至精何以生，何以藏，何以出？則人不知也。夫精即腎中之脂膏也，有長存者，有日生者。腎中有藏精之處，充滿不缺，如井中之水，日夜充盈，此長存者也。其欲動交媾所出之精，及有病而滑脫之精，乃日生者也，其精旋去旋生，不去亦不生，猶井中之水，日日汲之，不見其虧，終年不汲，不見其溢。《易》云：井道不可不革。故受之以革，其理然也。曰：然則縱欲可無害乎？曰：是又不然。蓋天下之理，總歸自然，有腎氣盛者，多欲無傷，腎氣衰者，自當節養。《左傳》云：女不可近乎？對曰：節之。若縱欲不節，如淺狹之井，汲之無度，則枯竭矣。曰：然則強壯之人而絕欲，則何如？曰：此亦無咎無譽，惟腎氣略堅寔耳。但必浮火不動，陰陽相守則可耳。若浮火日動，而強制之，則反有害。蓋精因火動而離其位，則必有頭眩、目赤、身癢、腰疼、遺洩、偏墜等症，甚者或發癰疽，此強制之害也。故精之爲物，欲動則生，不動則不生，能自然不動，則有益，強制則有害，過用則衰竭，任其自然而無所勉強，則保精之法也。老子云：天法道，道法自然，自然之道，乃長生之訣也。

《潛齋醫學叢書·重慶堂隨筆》 煩勞傷陽，節其勞易，而陽氣亦易復也；情欲傷陰，遂其情難，而陰液亦難充也。他欲猶易遂，而男女之欲尤難遂也。人非聖賢，焉能發乎情，止乎禮義？此怨女曠男之所以多夭折，而子輿氏之所以歎美於太王也。迨其病成，徒藥無補，爲人父母者，如得其情，可不哀矜而早爲之所乎？雖然，情不遂則傷陰，情太縱亦傷陰，故聖人又有血氣未定之戒，遂而能節，固位育之道哉。

注：仁和沈文浦云：夫子一則曰好德如好色，再則曰吾未見好德如好色。屢以德色互喻，豈無謂哉？蓋二者皆愛心爲之也。仁愛之心，自然而然而不能忍，是謂德心；歡愛之心，自然而然而不能舍，是爲色心。此皆與生俱來固有之性，故孟子曰：食色，性也。校子夏則慾充，充此心而賢人之賢益見，大聖大賢之體貼人情。但色有正有邪。自己妻妾正色也，他人婦女、

邪色也。聖經賢傳祇有禁止邪色之訓，從無斷絕正色之理。惟釋老二氏併正色而禁之，正色斷絕則人類絕滅矣。愚謂人類滅絕，則天地空存，彼佛老者將與鳥獸同羣乎？此其所以爲異端之說也。聖人之教，惟婚嫁以時，俾無怨曠，更制禮以節欲，俾無放盜爲非，如同姓不婚，夫婦有別，及天子、諸侯妃匹有數，庶人非四十無子不娶妾，咸有深意存焉。故夫死不嫁謂之節婦，有以哉，有以哉。若夫曠男固易成勞，而怨女爲尤多，不僅室女、錮婢、師尼、寡婦爲然也。其遂而不遂隱忍難言，殆有筆楮不能罄者已。外此則更有良人不淑，惡姑肆虐，橫逆之來，吞聲曲受，婦人未嘗學問，焉能責其盡安于義命哉。抑鬱成勞，舉目皆是。古人妻亡而有子者不再娶，未嘗不有鑒於此焉。余二十三歲而鰥，誓不再娶。至四十九歲爲大兒完姻，子婦善持家，極孝順，此其明效也。一得之愚，敢爲世人告之。不但節慾可以養身，而向平之願易了。《易》云不節若，則嗟若。謂家庭詬誶，兒女啼號之嗟，皆由自不節慾所致，故象曰又誰咎也。其義微矣。

《薛生白醫書二種·醫師秘笈》 朱子曰：天以陰陽五行化生萬物，氣以成形而理亦賦焉，言天命之性乃人所以能生之本也。今人但謂人之生也，以父精母血合而成胎，是但知津精、血肉、筋骨、皮毛之生，而不知陰陽二氣之所以生，與人之知識所由來矣。【略】

父精之中，即有陽氣存焉。母血之中，即有陰氣存焉。假使精血之合，不得父之陽氣，母之陰氣，則敗精淤血而已，何以成胎而爲人以動作而生活乎？陽氣之中即有父之魂焉，陰氣之中即有母之魄焉。

又 三焦，爲腎火之府。乃上焦、中焦、下焦之根，故六府之外，又有此經，共合十二經也。古人不識此經，以爲有名無狀，且不知上中下三焦何其混也。此手少陽三焦乃兩腎之下一團脂膜，爲精門之上源，在男子爲精宮所繫，在女子爲子宮所繫，下通前陰，爲產戶，爲精竅者也。故曰：三焦者，決瀆之官，乃化精化血而爲房帷生產之事者也。腎有水有火而此爲腎水之府，與膀胱相對者也。若上焦者，心肺間之脂膜；中焦者，肝脾膽胃間之脂膜；下焦者，小腸、大腸、膀胱、兩腎之外即此三焦外之脂膜也。而其根在此，故因上中下三焦之根而名此曰三焦也。此乃腎火之苗，故爲男女房帷之本，腎之陽氣無病則三焦無病，而其自招之病則惟房帷生產之所傷也，其病難治之於精宮、子宮，而仍以腎中元陽之氣爲主，陽不足者補之，邪火乘之者

則瀉之，而已至上中下三焦，則又統於肝之動氣，乃木火合氣之物而爲升爲降通貫諸經，雖各因所近之藏府以爲運行，而實統之於肝，亦子從乎母也，則治三焦者，必責之於坎中之陽可知矣。凡人慾情之動，多由心生，而心腎一氣，故心火一動則腎火自發，男子之外腎則屬乎肝，肝筋也，腎火動而肝火因之亦動也，其有心動而陽事不舉者，非腎火不足即肝氣衰也，然必腎火不足而肝氣乃衰，惟有肝氣爲外邪所傷而衰者，則不得專責之腎也。蓋肝主運動，故洩其腎之精而肝乃平也。至於心之情慾不動而陽自舉者，乃肝之邪火妄動也，非腎火之正氣有餘也。至若火動而精即生者，乃陽氣統攝乎精血，陽動而陰應之，如湯之沸爲火所煎而溢流也，此可知房勞之病，火迫傷陰，陰氣涸而陽無所依，則陽亦衰也。婦人亦然，故閨房之不謹者，皆火迫傷陰而陽亦耗散也。若心之慾心既動，則雖未御房帷，精氣未洩，而陰陽交戰精已鼎沸，元黄兩傷，二氣俱耗矣，豈可以未洩而爲無損乎？若忍精不洩則尤害也。

《研經言・命門攷》《難經》：左爲腎，右爲命門。命門者，精神之所舍，原氣之所繫也。男子以藏精，女子以繫胞。案：銅人任脈有石門穴，一名精路，一名命門，一名丹田，在臍下二寸，三焦募也。其旁有足少陰、四滿二穴，一名髓府，去腹中行一寸，足少陰衝脈之會。是男子之精藏於臍下二寸也。又關元在臍下三寸，左爲胞門，右爲子戶，去腹中行二寸五分，爲足少陰衝脈之會，病源卅八，胞門子戶，主子精神氣所出入，合於中黄門、玉門四邊，主持關元，禁閉子精。關元主藏魂魄，婦人之胞，三焦之府常所從止，是婦人之胞繫於臍下三寸也。以此推之，精宫高於胞宫一寸，非同一穴，且命門在十四椎下，去二穴遠，當是《難經》混稱之故耳。其稱命門者，名同實異也，男子精自石門，離宫至横骨，約四寸，而出於玉莖，能射者爲有力，不能射者爲無力。其與女子交則莖頭當女子中極之下，龍門之次，其瀉精正當關元旁，當胞門子戶，故病源有胞門子戶不受男精之論。《千金》云：進火之時，當至陰節間而止。《外臺》云：下精時入玉門半寸許爲佳，此莖頭當龍門之證。

《研經言・胞門龍門玉門攷》《脈經》：帶下有三門：已產屬胞門，未產屬龍門，未嫁屬玉門。案：已產之帶由胎育來，其屬胞門易曉。若未產即已嫁，其帶應由房室來，而屬龍門。未嫁之帶應由邪思來，而屬玉門。何故？攷胞門在關元旁，去臍三寸，再下一寸爲中極，一名玉泉，其下有龍門穴，內當交骨孔中。《千金》云：龍門在玉泉下，女子入陰內外際。翼云：龍門是陰中上外際是也。女人傷於丈夫之病，多在龍門，何以言之？《千金》云：進火之時，當至陰節間而止。蓋謂陰內交骨節間也。《外臺》云：下精時，入玉門半寸許爲佳。蓋玉門內半寸許，正當交骨孔間，與男子交時，龍門以屢開而傷，故已嫁之帶屬此。玉門即陰門，在交骨間無穴，若未嫁，龍門尚未經開，其因邪思而致營熱者，止爲病在經絡，玉門亦經絡外候，故未嫁之帶屬此，脈經分別絕精。又案，《病源》云：胞門、子戶主子精神氣所出入，合於中黄門玉門四邊，主持關元，禁閉子精。彼論三門，淺深同此，則黄門當即龍門。以穴言稱龍門，以門言稱黄門，各有當也。妊娠爲夫所動，則龍門傷不能持關元即致胎墮。故《千金》《外臺》諸書治胎落，有灸龍門者。

《血證論・男女異同論》世謂男子主氣，女子主血，因謂男子血貴，女子血賤，並謂男子之血，與女子不同，而不知皆同也。其不同者，女子有月信，男子無月信，只此不同而已矣。夫同是血也，何以女子有月信，而男子無月信哉？蓋女子主血，血屬陰而下行，其行也，氣運之而行也。女子以血爲主，未嘗不賴氣以運血。氣即水化，前論已詳，氣血交會之所，在臍下胞室之中，男子謂之丹田，女子謂之血室，則肝腎所司，氣與血之總會，氣生於水而化水。男子以氣爲主，故血入丹田，亦從水化，而變爲水，以其內爲血所化，故非清水，而極濃極稠，是之謂腎精。女子之氣，亦仍能復化爲水。然女子以血爲主，故其氣在血室之內，皆從血化而變爲血，是之謂月信，但其血中仍有氣化之水液，故月信亦名信水，且行經前後，均有淡色之水，是女子之血分未嘗不借氣分之水以引動之而運行之也。知此則知男子之精屬氣屬水，而其中未嘗無血無火，且知女子經屬血屬火，而其中未嘗無氣無水。是以男子精薄則爲血虛，女子經病則爲氣滯也。問曰：男子主氣，女子主血，其中變化，誠如玆之所云矣。而女子何以必行經，男子何以不行經？答曰：經血者，血之餘也。夫新故乘除，天地自然之理，故月有盈虧，海有潮汐，女子之血除舊生新，是滿則溢、盈必虧之道。女子每月則行經一度，蓋所以洩血之餘也。血主陰而下行，所以從下洩而爲經血也。至於男子，雖無經可驗，然亦必洩其餘，男子以氣爲主，氣主陽而上行，故血餘不從下洩，而隨氣上行，未可偏廢。

《中西匯通醫經精義·男女天癸》 世謂女子之經血，爲天癸，非也。《內經》明言男子亦有天癸，而注《內經》者，又不能實指爲何物，王冰舊注，知其所至之地而於天癸，究未明言。吾嘗細攷經文參證西法，旁及丹經別錄，於陰陽水火血氣數端，頗能分析，因詳注之。又此章元微，西洋醫法所不能知，故西人於女子之經水，男子之精氣，皆不能洞悉源委。女子二七而天癸至。七爲陽數，八爲陰數，離爲女，坎爲男，皆陰陽互換之道。故男陽而得陰數，女陰而得陽數。女子七歲更齒，二七而天癸至。天癸者，天一所生之癸水，乃腎中一陽之氣化而爲液也。至者，謂腎氣化水，至於胞中也。

任脈通，太衝脈盛，月事以時下。人身總統陰陽者，只是任督兩脈，任居前而屬胃、屬心，主後天，督居背脊屬腎，主先天。二脈交會，則在胞中，胞居大腸之前，膀胱之後，乃是油膜中一個夾室。此胞之膜，上連網油，又上則歸結於背脊中間，是爲腎中之系，即命門也。督脈貫之，爲先天陽氣之根源。氣即水也，西法於水中取氣，凡人口鼻之氣，著物皆化爲水，而腎中天一陽氣所生之水則爲癸水，至者癸水發於腎系之中，下入網油，而至於胞中也，此是督脈所司。先天腎中之陽，交於胞中，是水非血也，屬先天之氣分，其屬後天血分者，則爲衝任兩脈。衝任麗於陽明，屬後天，主奉心化血。陽明飲食所化之精汁，上歸於肺，奉心火之化則色赤爲血，既化成血，則由衝任兩脈，導引而下行，以入胞宮，與天癸之水會合，所謂任脈通者，蓋任脈起於胞中，天一陽氣所化之癸水，既從督脈下入胞中，則後天任脈感陽氣而通暢，其麗於任脈者，爲太衝脈，亦得天癸之陽，而所化之陰血更加盛滿，於是陰血循衝任亦下入胞中，與癸水會合則爲經血，每月一行，是爲月事，故曰月事以時下。女子屬陰，以血爲主，天癸之水氣亦從血化，皆爲赤色，其實中有水液也。督脈癸水之陽不足則經遲經滯，衝任之陰血不足則經淡經枯。

男子二八腎氣盛，天癸至。男女雖有不同，而其先天皆主腎，後天皆主胃。男子二八，先天腎中生陽之氣，所化癸水亦至胞中。女子之胞名血海，名子宮，以其行經孕子也。男子之胞名丹田，名氣海，名精室，以其爲呼吸之根，藏精之所也。胞乃先後天交會之所，先天督脈腎陽所化之水，既至胞中，則後天衝任奉心所化之血與水相應，而衝任通暢，亦下胞中爲陰，與陽應氣與血交，女子以血爲主，則水從血化而爲經，男子以氣爲主，則血從水化而爲

循衝任脈上繞唇頤，生爲髭鬚。是髭鬚者，即所以洩血之餘也。所以女子有月信，上遂無髭鬚；男子有髭鬚，下遂無月信。所主不同，升降各異，只此分別而已矣。義出《內經》，非創論也。世謂男女血迥不同，豈知變化之道哉？夫必明氣血水火變化運行之道，始可治氣血水火所生之病。女子要血循其常，男子亦要血循其常，若血失常道，即爲血不循經，在女子雖無崩帶，亦不受胎。男子雖無吐衄，亦不榮體。至失常之至，則女子未有不崩帶，男子未有不吐衄者也。故女子血貴調經，男子亦貴調經，但男子吐衄，乃上行之血，女子崩帶，乃下行之血，不可例論耳。然使女子吐衄，則亦與男子無殊，男子下血，則亦與崩帶無異，故是書原非婦科，而於月經胎產尤爲詳悉，誠欲人觸類引伸，於治血庶盡神歟。

又曰：女子胞中之血，每月一換，除舊生新，舊血即是瘀血，此血不去，便阻化機。凡爲醫者，皆知破血通經矣，獨於男女吐衄之證，便不知去瘀生新之法，抑思瘀血不行，則新血斷無生理，觀月信之去舊生新，可以知之。即瘡科治潰，亦必先化腐而後生肌，腐肉不化，則新血亦斷無生理，且如有膿管者，必爛開腐肉，取去膿管而後止。治失血者，不去瘀而求補血，何異治瘡者不化腐而求生肌哉。然又非去瘀是一事，生新另是一事也，蓋瘀血去則新血已生，新血生而瘀血自去，其間初無間隔，即如月信下行，是瘀去也。此時新血已萌動於血海之中，故受孕焉，非月信已下多時，然後另生新血也。知此，則知以去瘀爲生新之法，並知以生新爲去瘀之法，生血之機有如此者，而生血之原，則又在於脾胃。經云：中焦受氣取汁，變化而赤是爲血。今且舉一可見者言之，婦人乳汁即脾胃飲食所化，乃中焦受氣所取之汁也。婦人乳子則月水不行，以此汁既從乳出，便不下行變血矣。至於斷乳之後，則此汁變化而赤，仍下行而爲經血。人皆知催乳須補脾胃，而不知滋血尤須補脾胃，蓋血即乳也。知催乳法便可知補血法，但調治脾胃須分陰陽，李東垣後，重脾胃者但知宜補脾陽，而不知滋養脾陰，脾陽不足，水穀固不化，脾陰不足，水穀仍不化也。譬如釜中煮飯，釜底無火固不熟，釜中無水亦不熟也。予親見脾不思食者，用溫藥而反減，用涼藥而反快，予親見催乳者，用芪术鹿茸而乳多，又親見催乳者，用芪术鹿茸而乳轉少，則以有宜不宜耳。是故宜補脾陽者，雖乾薑、附子轉能生津，宜補脾陰者，雖知母、石膏反能開胃。補脾陽法，前人已備言之，獨於補脾陰，古少發明者，予特標出，俾知一陰一陽

精。精清者血不足，精不射者氣不足，精少者氣血均不足。

精氣溢瀉。血從水氣之化，而非清水，必稠濁者，以其水中有血質故也。惟其血與水合化，而後精氣溢滿，得瀉出矣。西醫言精是外腎睾丸所生，不知睾丸只是發精之器，非生精之所。西醫因剖視，只見睾丸内有精，而别處無精，不知精生則運行不見，既死之人而求其化生所在，決不得矣。睾丸中之精，亦死精耳，安可據此以爲生精處哉？

陰陽和故有子。此又統男女言之，天癸水爲陽，衝任之血爲陰，和者，謂會於胞中，合同而化也，女和則經行，男和則精溢，故能生育而有子。今人不知此理，而妄行服藥，以求有子，能無誤乎？

此節乃血氣交會化爲月信，變爲腎精之原委，最要之義也。化爲精者，上行循督脈而入脊上腦，是生骨髓，循任脈而上頰繞唇，是生鬚鬚，出於皮膚生毛，亦較女子更重，蓋男子之血不下瀉，化精氣而上行外達，所以多鬚毛也。血主陰，主下行，女子之水從血化而爲經，則内行下達，每月一瀉。其餘血氣既下瀉，所以上無髭鬚，外少毛毫也。且女子之骨較弱，亦以經血下行，而上生骨髓者少矣。西醫論髓，而不知髓是何物所生，只原未識氣血變化之理也。

《中西匯通醫經精義・全體總論》 女子之胞，男子名爲精室，乃血氣交會、化精成胎之所，最爲緊要，西醫剖割精矣，乃於膀胱之後、大腸之前。只知女子有胞宫，而不知男子亦有胞宫，以女子之胞極厚且大，中空可驗。男子之胞，只是一層夾膜，扁薄而不可見。故只知男子有精管，而不知男子之精管即從胞中出也。特人死胞縮精收，故扁且薄，西醫忽不及察也。此胞又名氣海，氣入則臍下脹，是其驗矣。又名丹田，詳天癸條。【略】

莖委者，身中之機，陰精之候，津液之道也。莖，陰莖。委，垂卵也。機如泰西機器之機，所以出精行溺，精竅通於腎，西醫謂睾丸主生精，非也，内宫太監無睾丸，友人王東樵，親而問過太監，亦有精能洩出。可知睾丸非生精之物，《内經》明言陰精之候，蓋指此耳。溺竅通於膀胱，膀胱者，津液之府，故溺竅名爲津液之道。究之莖委，乃肝之宗筋，肝脈所繞也，故皆以治肝爲主。宗筋主束骨而利機關，故人身之機關皆聽治於此。西醫圖陰器甚詳，然此等物事，人人皆自具之，何待詳圖？但西醫以剖割爲治，此處爲地無多，非詳不能下手。若《内經》、仲景之法，針藥靈妙，無取刀割之粗，故不須圖，且西醫圖之，而究不知陰器所主之妙理也。

《中外衛生要旨・續編》 外腎何爲老耶？年老者外腎縮小，精液變化，漸致於枯，陽痿不舉，而失種子之職。腎底精核亦鬆而大，精管内結聚小核，大如小米，即鈣養炭養等所結成者，亦因其質變硬之故。

子宫何爲老耶？婦女子宫，年愈老愈縮而小，色變淡黄，質亦變硬，原爲三角形，老亦改變其全形，與幼年者迥異，俱因體質變硬之故。

子核何爲老耶？子核之職，主生精珠，按時孕珠通入子管，自十四歲以至四十或五十歲，常供此職，後因子核變硬，精珠不能迸裂，則留閉核内，久之縮小而枯，亦因變硬之故，而不能孕子也。

膀胱、内腎何爲老耶？亦因變硬失職，内腎不合法生溺，膀胱皮變厚硬，難於舒縮，則溺不能制也。

《讀醫隨筆》 精者，合血與津液之精華，極清極厚而又極靈者也，是神之宅也。西醫謂精中有三物：一曰蟲，能蠕動者，男女交媾即此蟲與女精合而成形也；一曰珠，極細極明而中空，精平方一寸約有珠五百顆；一曰白汁，極明而淖，珠與蟲皆藏汁中。汁與珠二者，其於交媾結形，不知何用也。西醫徒恃窺測，而不能明理，雖曰徵實，然未免滯於象矣。四者之在人身也，血爲最多，精爲最重，而津之用爲最大也。内之藏府、筋骨，外之皮膚、毫毛，即夫精也、血也、液也，莫不賴津以濡之，乃能各成其體而不敝。津枯則精血可粉，毛髮可折，故《決氣》曰：精脱者耳聾，氣脱者目不明，津脱者腠理開、汗大泄，液脱者骨屬屈伸不利、色夭、腦髓消、脛痠、耳數鳴，血脱者色白、夭然不澤、其脈空虚。

又：大氣者，精之御也。精者，神之宅也。神者，氣與精之華也。各生於五藏，而五藏之中，又各有所主，是故氣之主，主於命門；精之主，主於腎；神之主，主於心，而復從於膽。

《醫源・女子二七男子二六說》 經云：女子二七而天癸至，男子二六而精道通。余嘗攷之河圖，而知此乃天地生成之數也。《易》曰：天一生水，地六成之，天三生木，地八成之，河圖之外陰而内陽也，夫外陰而内陽者，女子也，方其幼時，天一天三之陽雖具，而地六地八之陰未盈，至二七則盈矣，生數立而成盈數，陽逐陰歸而月事來矣，故二七者八與六之數也。又曰：地二生火，天七成之，地四生金，天九成之，河圖之外陽而内陰也，夫外陽而内陰者，男子也，方其幼時，地二地四之陰雖具，而天七天九之陽未充，至一六充矣，成數滿而生行陰，隨陽發而精始通矣，故一六者七與九之數也。然則《內經》之言本河圖生成之數也，益信矣。

房中養生分部

論　說

《莊子・在宥》 黃帝退，捐天下，築特室，席白茅，閑居三月，復往邀之。廣成子南首而卧，黃帝順下風膝行而進，再拜稽首而問曰：聞吾子達於至道，敢問，治身奈何，而可以長久？廣成子蹷然而起，曰：善哉問乎，來，吾語女至道。至道之精，窈窈冥冥；至道之極，昏昏默默。無視無聽，抱神以靜，形將自正。必靜必清。無勞女形，無搖女精，乃可以長生。目無所見，耳無所聞，心無所知，女神將守形，形乃長生。愼女內，閉女外，多知爲敗。我爲女遂於大明之上矣，至彼至陽之原也；爲女入於窈冥之門矣。至彼至陰之原也。天地有官，陰陽有藏，愼守女身，物將自壯。我守其一以處其和，故我脩身千二百歲矣，吾形未常衰。黃帝再拜稽首曰：廣成子之謂天矣。廣成子曰：來，余語女。彼其物無窮，而人皆以爲終；彼其物無測，而人皆以爲極。得吾道者，上爲皇而下爲王；失吾道者，上見光而下爲土。

《十問》 黃帝問於天師曰：萬(勿)〔物〕何得而行？草木何得而長？日月何得而明？天師曰：(壐)〔爾〕察天之(請)〔情〕，陰陽爲正，萬(勿)〔物〕失之而不鹽(繼)，得之而贏。食陰模陽，稽於神明。食陰之道，虛而五(臧)〔藏〕，廣而三咎，若弗能出楃。食之貴靜而神風，距而兩特，參築而毋遂，神風乃生，五聲乃對。翕毋過五，致之口，枚之心，四輔所貴，玄尊乃至。飲毋過五，口必甘(昧)〔味〕，至之五(臧)〔藏〕，(刑)〔形〕乃極退。(蒪)〔薄〕而肌膚，及夫髮末，毛脈乃遂，陰水乃至，淺(坡)〔彼〕陽㶿，堅蹇不死，飲食賓(膻)〔體〕，此(胃)〔謂〕復奇之方，通於神明。天師之食神氣之道。

黃帝問於大成曰：民何失而(蘴)〔顏〕色(鹿)〔麤〕(貍)〔黧〕，黑而蒼？民何得而(奏)〔腠〕理靡曼，鮮白有光？大成(合)〔答〕曰：君欲練色鮮白，則察觀尺(汙)〔蠖〕。尺(汙)〔蠖〕之食方，通於陰陽，食蒼則蒼，食黃則黃。唯君所食，以變五色。君必食陰以爲(當)〔常〕，助以柏實盛良，飲走獸泉英，可以卻老復壯，曼澤有光。(椄)〔接〕陰將衆，(鹽)〔繼〕以蜚蟲，春(對)〔爵〕員駘，興(坡)〔彼〕鳴雄，鳴雄有精，誠能服此，玉(筴)〔策〕復生。(大)〔太〕上執遇，廱(坡)〔彼〕玉寶，盛乃從之，員駘送之；若不執遇，置之以麷。誠能服此，可以起死。大成之起死食鳥精之道。

黃帝問於曹熬曰：民何失而死？何得而生？曹熬答曰：□□□□□而取其精。(侍)〔待〕(坡)〔彼〕合氣，而微動其(刑)〔形〕。能動其(刑)〔形〕，以致五聲，乃入其精，虛者可使充盈，壯者可使久榮，老者可使長生。長生之稽，偵用玉閉，玉閉時辟，神明來積。積必見章，玉閉堅精，必使玉泉毋(頃)〔傾〕，則百疾弗嬰，故能長生。(椄)〔接〕陰之道，必心塞葆，(刑)〔形〕氣相葆，故曰：壹至勿星，耳目(蔥)〔聰〕明；再至勿星，音氣高(陽)〔揚〕；三至勿星，(被)〔皮〕革有光；四至勿星，脊胠不(陽)〔傷〕；五至勿星，尻(脾)〔髀〕能方；六至勿星，百脈通行；七至勿星，(冬)〔終〕身(失)〔無〕(央)〔殃〕；八至勿星，可以壽長；九至勿星，通於神明。曹熬之(椄)〔接〕陰治神氣之道。

黃帝問於容成曰：民始蒲淳溜刑，何得而生？溜刑成(膻)〔體〕，何失而死？何曳之人也，有惡有好，有夭有壽？欲聞民氣贏屈(施)〔弛〕張之故。容成(合)〔答〕曰：君若欲壽，則順察天地之道。天氣月盡月盈，故能長生。地氣歲有寒暑，險易相取，故地久而不腐。君必察天地之(請)〔情〕，而行之以身。有徵可(智)〔知〕，間雖聖人，非其所能，唯道者(智)〔知〕之。天地之至精，生於無徵，長於無(刑)〔形〕，成於無(膻)〔體〕，得者壽長，失者夭死。故善治氣(槫)〔摶〕精者，以無徵爲積，精神泉(益)〔溢〕，翕甘(路)〔露〕以爲積，飲(榣)〔瑤〕泉靈尊以爲經，去惡好俗，神乃溜刑。翕氣之道，必致之末，精生而不厥。(尙)〔上〕下皆精，(塞)〔寒〕溫安生？息必(探)〔深〕而久，新氣易守。宿氣爲老，新氣爲壽。善治氣者，使宿氣夜散，新氣朝最，以徹九(徼)〔竅〕，而實六府。食氣有禁，春(辟)〔避〕濁陽，夏(辟)〔避〕湯風，秋(辟)〔避〕霜(潛)〔霧〕，冬(辟)〔避〕淩陰，必去四咎，乃(探)〔深〕息以爲壽。朝息之志，(亓)〔其〕出也(潛)〔務〕合於天，(亓)〔其〕入也(楑)〔揆〕(坡)〔彼〕

閨誦，如(臧)〔藏〕於淵，則陳氣日盡，而新氣日盈，則(刑)〔形〕有云光。以精爲充，故能久長。晝息之志，(虖)〔呼〕吸必微，耳目(葱)〔聰〕明，陰陰孷氣，中不薈腐，故身無(苛)〔疴〕(央)〔殃〕。(莫)〔暮〕息之志，深息長徐，使耳勿聞，且以安(侵)〔寢〕。云(云)〔魂〕(柏)〔魄〕安(刑)〔形〕，故能長生。夜半之息也，覺(啎)〔寤〕毋變(侵)〔寢〕(刑)〔形〕，(探)〔深〕(余)〔徐〕去(埶)〔勢〕，六府皆發，以長爲極。將欲壽神，必以(奏)〔腠〕理息。治氣之精，出死入生，驩欣咪穀，以此充(刑)〔形〕，此(胃)〔謂〕(槫)〔摶〕精。治氣有經，務在積精，精盈必(寫)〔瀉〕，精出必補。補(寫)〔瀉〕之時，於臥爲之，酒食五味，以志治氣。目明耳(葱)〔聰〕，(被)〔皮〕革有光，百脈充盈，陰乃□生，繇使則可以久立，可以遠行，故能壽長。

堯問於舜曰：天下孰最貴？舜曰：生最貴。堯曰：治生奈何？舜曰：審夫陰陽。堯曰：人有九(繳)〔竅〕十二節，皆設而居，何故而陰與人(具)〔俱〕生而先身去？舜曰：飲食弗以，謀慮弗使，諱其名而匿其(膿)〔體〕，(亓)〔其〕使甚多而無寬禮，故(興)〔與〕身俱生而先身死。堯曰：治之奈何？舜曰：必愛而喜之，教而謀之，飲而食之，使其題頯堅強而緩事之，必盬之而勿予，必樂矣而勿(寫)〔瀉〕，材將積，氣將褚，行年百歲，賢於往者。舜之(椄)〔接〕陰治氣之道。

王子巧父問彭祖曰：人氣何是爲精(虖)〔乎〕？彭祖(合)〔答〕曰：『人氣莫如(竣)〔朘〕精。(竣)〔朘〕氣(宛)〔菀〕閉，百脈生疾；(竣)〔朘〕氣不成，不能繁生，故壽盡在(竣)〔朘〕。(竣)〔朘〕之葆愛，兼予成(駐)〔佐〕，是故道者發明唾手循(辟)〔臂〕，(靡)〔摩〕腹從陰從陽。必先吐陳，乃翕(竣)〔朘〕氣，與(竣)〔朘〕通息，與(竣)〔朘〕飲食，飲食完(竣)〔朘〕，如養赤子。赤子驕悍數起，慎勿出入，以脩美浬，軲白內成，何病之有？(坡)〔彼〕生有(央)〔殃〕，必(亓)〔其〕陰精(屚)〔漏〕泄，百脈(宛)〔菀〕廢，喜怒不時，不明大道，生氣去之。俗人芒生，乃(持)〔恃〕巫醫，行年桼十，(刑)〔形〕必夭(貍)〔埋〕，頌事(白)〔自〕殺，亦(傷)〔傷〕悲(找)〔哉〕。死生安在，徹士(製)〔制〕之，實下閉精，氣不(屚)〔漏〕泄。心(製)〔制〕死生，孰爲之敗？慎守勿失，長生纍(迣)〔世〕。纍(迣)〔世〕安樂長壽，長壽生於蓄積。(坡)〔彼〕生之多，(尙)〔上〕察於天，下播於地，能者必神，故能(刑)〔形〕解。明大道者，(亓)〔其〕行陵雲，上自麇榣，水(溜)〔流〕能遠，(龔)〔龍〕登能高，疾不力倦，

□□□□□□□巫成柖□□不死。巫成柖以四時爲輔，天地爲經，巫成柖與陰陽皆生。陰陽不死，巫成柖(興)〔與〕相視，有道之士亦如此。

帝盤庚問於耇老曰：聞子(椄)〔接〕陰以爲強，翕天之精，以爲壽長，吾將何處而道可行？耇老(合)〔答〕曰：君必貴夫與身俱生而先身老者，弱者使之強，短者使長，貧者使多(量)〔糧〕。(亓)〔其〕事壹虛壹實，治之有節：一曰垂(枝)〔肢〕，直脊，(橈)〔撓〕尻；二曰疏股，動陰，(縮)〔縮〕州；三曰合(走)〔睫〕毋聽，翕氣以充腦；四曰含(亓)〔其〕五味，飲夫泉英；五曰羣精皆上，翕(亓)〔其〕大明。至五而止，精神日(抬)〔怡〕。耇老(妾)〔接〕陰食神氣之道。

禹問於師癸曰：明耳目之智，以治天下，上均湛地，下因江水，至會稽之山，處水十年矣。今四(枝)〔肢〕不用，家大(糺)〔亂〕，治之奈何？師癸(合)〔答〕曰：凡治(正)〔政〕之紀，必自身始。血氣宜行而不行，此(胃)〔謂〕款(央)〔殃〕，六極之宗也。此氣血之續也，筋脈之族也，不可廢忘也。於腦也施，於味也移，(道)〔導〕之以志，動之以事。非味也，無以充(亓)〔其〕中而長其節；非志也，無以(智)〔知〕其中虛(興)〔與〕實；非事也，無以動(亓)〔其〕四(支)〔肢〕而移去其疾。故覺(侵)〔寢〕而引陰，此(胃)〔謂〕練筋；(踐)〔既〕(信)〔伸〕(有)〔又〕(詘)〔屈〕，此(胃)〔謂〕練骨。動用必當，精故泉出。行此道也，何(迣)〔世〕不物？禹於是飲湩以安后姚，家乃復寧。師癸治神氣之道。

文(執)〔摯〕見齊威王，威王問道焉，曰：(寡)〔寡〕人聞子大夫之博於道也，(寡)〔寡〕人已宗廟之祠，不(叚)〔暇〕其聽，欲聞道之要者，二三言而止。文(執)〔摯〕(合)〔答〕曰：臣爲道三百編，而臥最爲首。威王曰：子(澤)〔繹〕之，臥時食何(氏)〔是〕有？文(執)〔摯〕(合)〔答〕曰：淳酒毒韭。威王曰：子之長韭何邪？文(執)〔摯〕(合)〔答〕曰：後(稷)〔稷〕半鞣，草千歲者唯韭，故因而命之。(亓)〔其〕受天氣也(蚤)〔早〕，(亓)〔其〕受地氣也葆，故辟(聶)〔懾〕懘(胠)〔怯〕者，食之恆張；目不(蔡)〔察〕者，食之恆明；耳不聞者，食之恆(葱)〔聰〕；春三月食之，(苛)〔疴〕疾不昌，筋骨益強，此(胃)〔謂〕百草之王。威王曰：善。子之長酒何邪？文(執)〔摯〕(合)〔答〕曰：酒者，五穀之精氣也，(亓)〔其〕(人)〔入〕中散(溜)〔流〕，(亓)〔其〕(人)〔入〕理也徹而周，不胥臥而(九)〔究〕理，故以爲百藥(繇)〔由〕。威王曰：

善。然有不如子言者，夫春厭寫人人以韭者，何其不與酒而恆與卵邪？文(執)〔摯〕(合)〔答〕曰：亦可。夫雞者，陽獸也，發明聲(葱)〔聰〕，(信)〔伸〕頭羽張者也。復陰三月，與韭俱徹，故道者食之。威王曰：善。子之長卧何邪？文(執)〔摯〕(合)〔答〕曰：夫卧，非徒生民之事也。舉凫雁、鵠、(蕭)〔鷫〕(相)〔鷞〕、蚖(檀)〔蟺〕、魚(鱉)〔鼈〕、(耎)〔蝡〕動之徒，胥食而生者也；食者，胥卧而成者也。夫卧，使食靡(宵)〔消〕，散藥以流刑者也。(辟)〔譬〕卧於食，如火於金。故一(昔)〔夕〕不卧，百日不復。食不化，必如扽(鞫)〔鞠〕，是生甘心密墨，粏湯劓惑，故道者敬卧。威王曰：善。(昇)〔寡〕人恆善(莫)〔暮〕飲而連於夜，苟(毋)〔無〕(苛)〔疴〕(虖)〔乎〕？文(執)〔摯〕(合)〔答〕曰：(毋)〔無〕(芳)〔妨〕也。(辟)〔譬〕如(鳴)〔鳥〕獸，(蚤)〔早〕卧(蚤)〔早〕起，(莫)〔暮〕卧(莫)〔暮〕起，天者受明，地者受晦，道者(九)〔究〕其事而止。夫食氣(譖)〔潛〕(人)〔入〕而(黟)〔默〕移，夜半而□□□□□氣，致之六極。六極堅精，是以內實外平，痤瘻弗處，(廱)〔癰〕(壹)〔噎〕不生，此道之至也。威王曰：善。

王期見，秦昭王問道焉，曰：寡人聞客食陰以爲動強，翕氣以爲精明。(昇)〔寡〕人何處而壽可長？王期(合)〔答〕曰：必朝日月而翕其精光，食松柏，飲走獸泉英，可以卻老復(莊)〔壯〕，曼澤有光。夏三月去火，以日爨(享)〔烹〕，則神慧盛而(葱)〔聰〕明。(椄)〔接〕陰之道，以靜爲強，平心如水，靈(路)〔露〕內(臧)〔藏〕，款以玉(筴)〔策〕，心毋(秫)〔怵〕(愓)〔蕩〕，五音進(合)〔答〕，孰短孰長，翕其神(潧)〔霧〕，飲夫天(將)〔漿〕，致之五(臧)〔藏〕，欲其深(臧)〔藏〕。蘢息以晨，氣(刑)〔形〕乃剛，襄□□□，□□近水，精氣淩(楗)〔健〕久長。神和內得，(云)〔魂〕(柏)〔魄〕皇□，五(臧)〔藏〕軲白，玉色重光，壽參日月，爲天地英。昭王曰：善。

《素問・上古天真論》 昔在黃帝，生而神靈，弱而能言，幼而徇齊，長而敦敏，成而登天。

又

廼問於天師曰：余聞上古之人，春秋皆度百歲，而動作不衰；今時之人，年半百而動作皆衰者，時世異耶，人將失之耶。天師，岐伯也。岐伯對曰：上古之人，其知道者，法於陰陽，和於術數。食飲有節，起居有常，不妄作勞。故形與神俱，而盡終其天年，度百歲乃去。今時之人不然也，以酒爲漿，以妄爲常，醉以入房，以慾竭其精，以耗散其眞，不知持滿，不時御神。務快其心，逆於生樂，起居無節，故半百而衰也。

夫上古聖人之教下也，皆謂之虛邪賊風避之有時，恬憺虛無，眞氣從之，精神內守，病安從來。是以志閑而少慾，心安而不懼，形勞而不倦，氣從以順，各從其慾，皆得所願。

是以嗜欲不能勞其目，淫邪不能惑其心，愚智賢不肖不懼於物，故合於道。所以能年皆度百歲，而動作不衰者，以其德全不危也。

《抱朴子内篇・至理》 抱朴子曰：服藥雖爲長生之本，若能兼行氣者，其益甚速。若不能得藥，但行氣而盡其理者，亦得數百歲。然又宜知房中之術。所以爾者，不知陰陽之術，屢爲勞損，則行氣難得力也。夫人在氣中，氣在人中，自天地至於萬物，無不須氣以生者也。善行氣者，內以養身，外以卻惡，然百姓日用而不知焉。

《抱朴子内篇・微旨》 凡養生者，欲令多聞而體要，博見而善擇。偏修一事，不足必賴也。又患好生之徒，各仗其所長。知玄素之術者，則曰唯房中之術可以度世矣。明吐納之道者，則曰唯行氣可以延年矣。知屈伸之訣者，則曰唯導引可以難老矣。知草木之方者，則曰唯藥餌可以無窮矣。學道之不成就，由乎偏枯之若此也。淺見之家，偶知一事，便言已足，而不識眞者，雖得善方，猶更求無已，以消工棄日，而施用意無一定。此皆兩有所失者也。

又：

或問曰：房中之事，能盡其道者，可單行致神僊，並可以移災解罪，轉禍爲福，居官高遷，商賈倍利信乎。抱朴子曰：此皆巫書妖妄，過差之言。由於好事，增加潤色，至令失實。或亦奸僞造作虛妄，以欺誑世人。隱藏端緒，以求奉事。招集弟子，以規世利耳。夫陰陽之術，高可以治小疾，次可以免虛耗而已。其理自有極。安能致神僊，及祛禍致福乎。人不可以陰陽不交，坐致疾患。若乃縱情恣慾，不能節宣，則伐年命。善其術者，則能卻走馬以補腦，還陰丹於朱腸，採玉液於金池，引三五於華梁，令老有美色，終其所稟之天年。

《抱朴子内篇・釋滯》 抱朴子曰：欲求神僊，唯當得其至要。至要者在於寶精行炁，服一大藥便足，亦不用多也。然此三事，復有淺深。不值名師，不經勤苦。亦不可倉卒而盡知也。雖云行炁，而行炁有數法焉。雖曰房中，而房中之術，近有百餘事焉。雖言服藥，而服藥之方，略有千條焉。初以授人，皆從淺始，有志不怠，勤勞可知，方乃告其深者耳。

又：

房中之法十餘家，或以補救傷損，或以攻治衆病，或以採陰益陽，或以增年延壽。其大要在於還精補腦之一事耳。此法乃真人口口相傳，本不書也。雖服名藥，而復不知此要，亦不得長生也。人慾不可都絕，陰陽不交，則坐致壅遏之病，故幽閉怨曠，多病而不壽也。任情肆意，又損年命。唯有得其節宣之和，可以不損。若不得口訣之術，萬無一人爲之而不以此自傷煞者也。玄素子都容成公、彭祖之屬，蓋載其麤事，終不以至要者著於紙上者也。志求不死者，宜勤行求之。余承師鄭君之言，故記以示將來之信道者，非臆斷之談也。余實復未盡其訣矣。一塗之道士，或欲專守交接之術，以規神僊，而不作金丹之大藥，此愚之甚矣。

《抱朴子內篇·辨問》 又曰：男女飲食，人之大欲存焉。是以好色不可諫，甘旨可忘憂。而昔有絕穀棄美，不畜妻妾，超然獨往，悟言得意，顧影含歡，漱流忘味者，又難勝記也。人情莫不愛紅顏色姿，輕體柔身，而黃帝悅篤醜之嫫母，陳侯怜可憎之敦洽人。鼻無不樂香，故流黃鬱金，蘭麝蘇合，玄膽素膠，江離揭車。春蕙秋蘭，價同瓊瑤。而海上之女，逐酷臭之夫，隨之不止，人口無不悅甘，而周文嗜不美之菹，不以易太牢之滋味。人耳無不喜樂，而魏明好椎鑿之聲，不以易絲竹之和音。人各有意。安可求此以同彼乎？

《抱朴子內篇·雜應》 問曰：爲道者可以不病乎？抱朴子曰：養生之盡理者，既將服神藥。又行氣不懈，朝夕導引，以宣動榮衛，使無輟閡，加之以房中之術，節量飲食，不犯風溼，不患所不能。如此可以不病。

《抱朴子內篇·袪惑》 昔有古強者，服草木之方，又頗行容成玄素之法。年八十許，尚聰明不大羸老。時人便謂之爲僊人，或謂之千載翁者。

《五行大義·第十四論·雜配·配氣味》 《河圖》云：人食無極鹹，使腎氣盛，心氣衰，令人發狂喜，衄吐血，心神不定。無極辛，使肺氣盛，肝氣衰，令人懦怯悲愁，目盲髮白。無極甘，使脾氣盛，腎氣衰，令人癡，淫泄精，腰背痛利，膿血。

《攝養枕中方·慎房室》 彭祖曰：重衣厚褥，體不堪苦，以致風寒之疾；甘味脯腊，醉飽饜飫，以致疝結之病；美色妖麗，以致虛損之禍；淫聲哀音，怡心悅耳，以致荒耽之惑；馳騁遊觀，弋獵原野，以致發狂之失；謀得戰勝，兼弱取亂，以致驕逸之敗。斯蓋聖人戒其失理，可不思以自勖也。

《千金要方·養性序》 夫養性者，欲所習以成性，性自爲善，不習無不利也。性既自善，內外百病自然不生，禍亂災害亦無由作，此養性之大經也。善養性者則治未病之病，是其義也。故養性者，不但餌藥餐霞，其在兼於百行，百行周備，雖絕藥餌足以遐年。德行不充，縱服玉液金丹未能延壽。故老子曰：善攝生者，陸行不遇虎兕，此則道德之指也，豈假服餌而祈遐年哉。聖人所以制藥餌者，以救過行之人也。故愚者抱病歷年而不修一行，纏屙沒齒，終無悔心。此其所以岐和長逝，彭跗永歸，良有以也。嵇康曰：養生有五難，名利不去爲一難，喜怒不除爲二難，聲色不去爲三難，滋味不絕爲四難，神慮精散爲五難。五者必存，雖心希難老，口誦至言，咀嚼英華，呼吸太陽，不能不回其操，不夭其年也。五者無於胸中，則信順日躋，道德日全，不祈善而有福，不求壽而自延，此養生之大旨也。然或有服膺仁義，無甚泰之累者，抑亦其亞歟。

黃帝問於岐伯曰：余聞上古之人，春秋皆度百歲，而動作不衰。今時之人，年至半百而動作皆衰者，時代異耶？將人失之也？岐伯曰：上古之人，其知道者，法則陰陽，和於術數，飲食有節，起居有常，不妄作勞，故能形與神俱，而盡終其天年，度百歲乃去。今時之人則不然，以酒爲漿，以妄爲常，醉以入房，以欲竭其精，以耗散其真，不知持滿，不時御神，務快其心，逆於生樂，起居無節，故半百而衰也。

夫上古聖人之教也，下皆爲之，虛邪賊風，避之有時，恬澹虛無，真氣從之，精神內守，病安從來。是以其志閑而少欲，其心安而不懼，其形勞而不倦，氣從以順，各從其欲，皆得所願。故甘其食，美其服，樂其俗，高下不相慕，故其民曰樸。是以嗜欲不能勞其目，淫邪不能惑其心，愚智賢不肖，不懼於物，合於道數，故皆能度百歲而動作不衰者，以其德全不危也。是以人之壽夭在於撙節，若消息得所，則長生不死。恣其情欲，則命同朝露也。岐伯曰：人年四十而陰氣自半也，起居衰矣。年五十體重，耳目不聰明矣。年六十陰痿，氣力大衰，九竅不利，下虛上實，涕泣俱出矣。故曰：知之則強，不知則老。故同出名異，智者察同，愚者察異。愚者不足，智者有餘。有餘則耳目聰明，身體強健，年老復壯，壯者益理。是以聖人爲無爲之事，樂恬淡之味，能縱欲快志，得虛無之守，故壽命無窮，與天地終。此聖人之治身也。【略】

抱朴子曰：或問所謂傷之者，豈色欲之間乎？答曰：亦何獨斯哉。然長生之要，其在房中，上士知之，可以延年除病，其次不以自伐。若年當少壯，而知還陰丹以補腦，采七益於長俗一作谷者，不服藥物，不失一二百歲也，但不得仙耳。不得其術者，古人方之於淩杯以盛湯，羽苞之蓄火，又且才所不逮而強思之傷也，力所不勝而強舉之傷也，深憂重恚傷也，悲哀憔悴傷也，喜樂過度傷也，汲汲所欲傷也，戚戚所患傷也，久談言笑傷也，寢息失時傷也，挽弓引弩傷也，沉醉嘔吐傷也，飽食即卧傷也，跳走喘乏傷也，歡呼哭泣傷也，陰陽不交傷也，積傷至盡，盡則早亡，盡則非道也。故養性之士，唾不至遠，行不疾走，耳不極聽，目不極視，坐不久處，立不至疲，卧不至懭。先寒而衣，先熱而解。不欲極饑而食，食不可過飽。不欲極渴而飲，飲不欲過多。不欲啖生冷，不欲飲酒當風，不欲數數沐浴，不欲廣志遠願，不欲規造異巧。冬不欲極溫，夏不欲窮涼，不欲露卧星月，不欲眠中用扇，大寒大熱、大風大霧皆不得冒之。五味不欲偏多，故酸多則傷脾，苦多則傷肺，辛多則傷肝，鹹多則傷心，甘多則傷腎，此五味克五臟五行，自然之理也。

《千金要方·房中補益》 論曰：人生四十以下，多有放恣，四十以上，即頓覺氣力一時衰退，衰退既至，眾病蜂起，久而不治，遂至不救。所以彭祖曰：以人療人，眞得其眞。故年至四十，須識房中之術。

夫房中術者，其道甚近，而人莫能行。其法一夜御十女，閉固而已，此房中之術畢矣。兼之藥餌，四時勿絕，則氣力百倍，而智能日新。然此方之作也，非欲務於淫逸，苟求快意，務存節慾以廣養生也。非苟欲強身力，幸女色以縱情，意在補益以遣疾也。此房中之微旨也。是以人年四十以下，即服房中之藥者，皆所以速禍，愼之愼之。故年未滿四十者，不可與論房中之事，貪心未止，兼餌補藥，倍力行房，不過半年，精髓枯竭，唯向死近，少年極須愼之。人年四十以上，常服鐘乳散不絕，可以不老。又餌雲母，足以愈疾延年。人年四十以上，勿服泄藥，常餌補藥大佳。【略】

凡御女之道，不欲令氣未感動，陽氣微弱即以交合，必須先徐徐調和，使神和意感良久，乃可令得陰氣推之，須臾自強，所謂弱而內迎，堅急出之，進退欲令疏遲，情動而止，不可高自投擲，顛倒五臟，傷絕精脈，致生百病。但數交而愼密者，諸病患皆愈。能百接而不施瀉者，長年矣。【略】

凡人精少則病，精盡則死，不可不思，不可不愼。數交而一瀉，精氣隨長，不能使人虛也。若不數交，交而即瀉，則不得益，瀉之精氣自然生長，但遲微，不如數交接不瀉之速也。

凡人習交合之時，常以鼻多納氣，口微吐氣，自然益矣。交會畢蒸熱，是得氣也。以菖蒲末三分、白粱粉敷摩令燥，既使強盛，又濕瘡不生也。凡欲施瀉者，當閉口張目，閉氣，握固兩手，左右上下縮鼻取氣，又縮下部及吸腹，小偃脊膂，急以左手中兩指抑屏翳穴，長吐氣並琢齒千遍，則精上補腦，使人長生。若精妄出，則損神也。

《仙經》曰：令人長生不老，先與女戲，飲玉漿。玉漿，口中津也。使男女感動，以左手握持，思存丹田，中有赤氣，內黃外白，變爲日月，徘徊丹田中，俱入泥垣，兩半合成一因，閉氣深納勿出但入，上下徐徐咽氣，情動欲出，急退之，此非上士有智者不能行也。其丹田在臍下三寸。泥垣者在頭中對，兩目直入內思，作日月想，合徑三寸許，兩半放形則一，爲日月相擒者也。雖出入仍思念所作者勿廢，佳也。又曰：男女俱仙之道，深納勿動，精思臍中赤色大如雞子形，乃徐徐出入，情動乃退，一日一夕可數十爲定，令人益壽。男女各息意共存思之，可猛念之。

御女之法，能一月再泄，一歲二十四泄，皆得二百歲，有顏色，無疾病，若加以藥，則可長生也。人年二十者，四日一泄；三十者，八日一泄；四十者，十六日一泄；五十者，二十日一泄；六十者，閉精勿泄，若體力猶壯者，一月一泄。凡人氣力自有強盛過人者，亦不可抑忍，久而不泄，致生癰疽。若年過六十，而有數旬不得交合，意中平平者，自可閉固也。【略】

所以善攝生者，凡覺陽事輒盛，必謹而抑之，不可縱心竭意以自賊也。若一度制得，則一度火滅，一度增油。若不能制，縱情施瀉，即是膏火將滅，更去其油，可晚而自保，猶得延年益壽。若年少壯而能行道者，神仙速矣。

或曰：年未六十，當閉精守一爲可爾否？曰：不然。男不可無女，女不可無男。無女則意動，意動則神勞，神勞則損壽。若念眞正無可思者，則大佳，長生也。然而萬無一有，強抑鬱閉之，難持易失，使人漏精尿濁，以致鬼交之病，損一而當百也。

《素女方·素女經·四季補益方七首》據唐王燾《外臺秘要》方十七卷析出。

《素女經》：黃帝問素女曰：男子受氣，陰陽俱等，男子行陽，常先病耳目。本其所好，陰痿不起，氣力衰弱，不能強健，敢問療之道。素女曰：帝之所問，衆人同有。陰陽爲身，各皆由婦人，夭年損壽，男性節操，故不能專心貪女色。犯之竭力，七傷之情，不可不思，常能審慎，長生之道也。其爲疾病，宜以藥療之。今所說犯者七：第一之忌：日月晦朔，上下弦望，六丁之日，以合陰陽，傷子之精，令人臨敵不戰，時時獨起，小便赤黃，精空自出，夭壽喪命。第二之忌：雷電風雨，陰陽晦暝，振動天地，日月無精光，以合陰陽，生子令狂癲，或有聾盲瘖瘂失神，或多忘誤，心意不安，忽常喜、驚、恐、悲、憂、不樂。第三之忌：新飽食飲，穀力未行，太倉內實，五藏防響，以合陰陽，六腑損傷，小便當赤，或白或黃，腰脊疼痛，頭項寄彊，或身體浮腫，心腹脹滿，毀形夭壽，天道之常。第四之忌：新小便，精氣微弱，榮氣不固，衛氣未散，以合陰陽，令人虛乏，陰陽氣閉，絕食無味，腹脹滿結，怫鬱不安，忘誤，或喜怒無常，狀如癲發。第五之忌：作事步行，身體勞，榮氣不定，衛氣未散，以合陰陽，藏氣相干，令人氣乏，喘息爲難，唇口乾燥，身體流汗，穀不消化，心腹脹滿，百處酸痛，起卧不安。第六之忌：新息沐浴，頭身髮濕，舉重作事，流汗如雨，以合陰陽，風冷必傷，少腹急痛，腰脊疼彊，四肢酸疼，五藏防響，上攻頭面，或生漏瀝。第七之忌：共女語話，玉莖盛彊，以合陰陽，不將禮防，氣腠理開，莖中痛傷，外動肌體，內損腑藏，結髮塞耳，目視䀮䀮，心中怵惕，恍忽喜忘，如杵舂膈，欬逆上氣，內絕傷中，女絕痿弱，身可不防。犯此七篇，形證已彰，天生神藥，療之有方。

黃帝問高陽負曰：吾知素女明知經脈，藏腑虛盈，男子五勞七傷，婦人陰陽隔閉，漏下赤白，或絕產無子，男子受氣，陰陽同等。其病緣由，因何而起，故欲問之，請爲具說。對曰：深哉問也。男子五勞、六極、七傷，病皆有元本由狀。帝曰：善哉！七傷之病，幸願悉說。對曰：一曰陰汗，二曰陰衰，三曰精清，四曰精少，五曰陰下濕癢，六曰小便數少，七曰陰痿行事不遂。病形如是，此謂七傷。黃帝曰：七傷如是，療之奈何？對曰：有四時神藥，名曰茯苓。春秋冬夏，療隨病形，冷加熱藥，溫以冷漿，風加風藥，色脈診評，隨病加藥，悉如本經。春三月，宜以更生丸，更生者，茯苓也。療男子五勞七傷，陰衰消小，囊下生瘡，腰背疼痛，不得俯仰，兩膝臏冷，時時熱癢，或時浮腫，難以行步，目風淚出，遠視䀮䀮，欬逆上氣，身體痿黃，遶臍弦急，痛及膀胱，小便尿血，莖痛損傷，時有遺瀝，汗衣赤黃，或夢驚恐，口乾舌彊，渴欲飲水，得食不常，或氣力不足，時時氣逆，坐犯七忌，以成勞傷，此藥主之甚驗。方：

茯苓四分，若不消食，三分加一　菖蒲四分，若耳聾，三分加一　山茱萸四分，若身癢，三分加一　栝樓根四分，若熱渴，三分加一　菟絲子四分，若痿洩，三分加一　牛膝四分，若機關不利，加一倍　赤石脂四分，若內傷，三分加一　乾地黃七分，若煩熱，三分加一　細辛四分，若目䀮䀮，三分加一　防風四分，若風邪，三分加一　薯蕷四分，若陰濕癢，三分加一　續斷四分，若有痔，加一倍　蛇床子四分，若少氣，三分加一　柏實四分，若少力，加一倍　巴戟天四分，若痿弱，三分加一　天雄四分，炮，若有風，三分加一　遠志皮四分，驚恐不安，三分加一　石斛四分，若體疼，加一倍　杜仲四分，若絕陽腰痛，三分加一　蓯蓉四分，若冷痿，加一倍

右二十味，擣篩，蜜和丸如梧桐子，先食服三丸，日三。不知漸增，以知爲度。亦可散服，以清粥飲服方寸匕。七日知，十日愈，三十日餘氣平，長服老而更少。忌豬羊肉餳、冷水、生菜、蕪荑等物。

又，黃帝問曰：夏三月，以何方藥，幸得具聞。對曰：宜以補腎茯苓丸，療男子內虛不能食，飲忽忽喜忘，悲憂不樂，恚怒無常，或身體浮腫，小便赤黃，精泄淋瀝，痛絞膀胱，脛疼冷痺，伸不得行，渴欲飲水，心腹脹滿，皆犯七忌，上已具記，當療之法，隨病度量，方用如左：

茯苓二兩，食不消加一倍　附子二兩，炮，有風三分加一　山茱萸三兩，身癢三分加一　杜仲二兩，腰痛三分加一　牡丹二兩，腹中遊氣三分加一　澤瀉三兩，有水氣三分加一　薯蕷三兩，頭風加一倍　桂心六兩，顏色不足三分加一　細辛三兩，目視䀮䀮三分加一　石斛二兩，陰濕癢三分加一　蓯蓉三兩，身痿三分加一　黃耆四兩，體疼三分加一

右十二味，擣篩，蜜和丸如梧桐子。先食服七丸，日二服。忌生葱、生菜、豬肉、冷水、大酢、胡荽等物。

又，黃帝問曰：春夏之療，已聞良驗，秋三月，以何方藥？對曰：宜以補腎茯苓丸，療男子腎虛冷，五藏內傷，風冷所苦，令人身體濕癢，足行失顧，不自覺省，或食飲失味，目視䀮䀮，身偏拘急，腰脊痛彊，不能食飲，日漸羸瘦，胸心懊悶，欬逆上氣，轉側須人，起則扶舁，針灸服藥，療之小折，或乘

馬觸風，或因房室，不自將護，飲食不量，用力過度，或口乾舌燥，或流涎出口，或夢寤精便自出，或尿血尿有淋瀝，陰下癢濕，心驚動悸，少腹偏急，四肢酸疼，氣息噓吸，身體浮腫，氣逆胸脅，醫不能識，妄加餘療，方用如左：

茯苓三兩　防風二兩　桂心二兩　白朮二兩　細辛二兩　山茱萸二兩　薯蕷二兩　澤瀉二兩　附子二兩，炮　乾地黃二兩　紫菀二兩　牛膝三兩　芍藥二兩　丹參二兩　黃耆二兩　沙參二兩　蓯蓉二兩　乾薑二兩　玄參二兩　人參二兩　苦參二兩　獨活二兩

右二十二味，擣篩，蜜和丸如梧桐子。食前服五丸，臨時以酒飲下之，忌酢物、生蔥、桃子、雀肉、生菜、豬肉、蕪荑等。

又，黃帝問曰：春夏秋皆有良方，冬三月復，以何方治之？對曰：宜以垂命茯苓丸，療男子五勞七傷，兩目䀮䀮，得風淚出，頭項寄彊，不得迴展。心腹脹滿，上支胸脅，下引腰脊，表裏疼痛，不得喘息。飲食欬逆，面目痿黃，小便淋瀝，清精自出。陰痿不起，臨事不對，足脛酸痛。或五心煩熱，身體浮腫，盜汗流離，四肢拘攣。或緩或急，夢寤驚恐，呼吸短氣，口乾舌燥。狀如消渴，忽忽喜忘，或悲憂嗚咽，此藥主之，補諸絕，令人肥壯彊健，氣力倍常，飲食百病除愈，方：

茯苓二兩　白朮二兩　澤瀉二兩　牡蒙二兩　桂心二兩　牡蠣二兩，熬　牡荊子二兩　薯蕷二兩　杜仲二兩　天雄二兩，炮　人參二兩　石長生二兩　附子二兩　乾薑二兩　菟絲子二兩　巴戟天二兩　蓯蓉二兩　山茱萸二兩　甘草二兩，炙　天門冬二兩，去心

右二十味，擣篩，以蜜和丸如梧桐子。先食服五丸，酒飲皆得。忌海藻、菘菜、鯉魚、生蔥、豬肉、酢等物。

又，黃帝問曰：四時之藥具已聞之，此藥四時通服得不？對曰：有四時之散，名茯苓散，不避寒暑，但能久服，長生延年，老而更壯，方用於左：

茯苓　鍾乳研　雲母粉　石斛　菖蒲　柏子人　菟絲子　續斷　杜仲　天門冬去心　牛膝　五味子　澤瀉　遠志去心　甘菊花　蛇床子　薯蕷　山茱萸　天雄炮　石韋去毛　乾地黃　蓯蓉並等分

右二十二味，擣篩爲散，以酒服方寸匕，日再。二十日知，三十日病悉愈，百日以上體氣康彊，長服八十、九十老公還如童子。忌酢物、羊肉、餳、鯉魚、豬肉、蕪荑等。

高陽負曰：凡經方神仙所造，服之療病，具已論訖。如是所擬，說從開闢以來，無病不治，無生不救也。並出《古今錄驗》二十五卷中。

茯苓酥方。以下德輝從《千金要方》二十七卷補錄。

茯苓五斤，灰汁煮十遍，漿水煮十遍，清水煮十遍　松脂五斤，煮如茯苓法，每次煮四十遍　生天門冬五斤，去心皮，暴乾作末　牛酥三斤，鍊三十遍　白蜜三斤，煎，令沫盡　蠟三斤，鍊，三十遍

右六味，各擣篩，以銅器重湯上，先內酥，次蠟，次蜜，消訖內藥，急攪之。勿住，務令大均。內甆器中密封之，勿洩氣。

先一日不食，欲不食，先須喫好美食，令極飽，然後絕食，即服二兩；二十日後服四兩；又二十日後八兩，細丸之，以咽中下爲度。第二度以四兩爲初，二十後八兩，又二十日二兩。第三度服以八兩爲初，二十日二兩，二十日四兩。合一百八十日藥成。自後服三丸，將補不服亦得，恆以酥蜜消息之，美酒服一升爲佳，合藥須取四時王相日，特忌刑殺厭及四激休廢等日，大凶。此彭祖法。

茯苓膏方《千金翼》名凝靈膏：

茯苓淨，去皮　松脂二十四斤　松子人　柏子人各十二斤

右四味皆依法煉之，松柏人不煉，擣篩。白蜜二斗四升，內銅器中湯上，微火煎一日一夕，次第下藥，攪令相得，微火煎七日七夜止，丸如小棗。每服七丸，日三。欲絕穀頓服，取飽即得，輕身明目不老。此方後一本有茯苓酥、杏人酥、地黃酥三方，然諸本並無又《千金翼》中已有，今更不添錄。

《混俗頤生錄・戶內消息第九》　人生之大患，嗜慾、飲食，萬病變通，侵尅年齡，皆由此蠶蝕，是以道家所禁去其大甚，不然杜絕所謂師也。過商也，不及言，俱不得其中過之，不及相去幾何。若是先有宿疾，有因食而療，或有因欲而療，損益於身而日用不知，是以上士不惑，牢固性命，寡思慮而遠聲色，節飲食而去奢侈；中智之人，尚未能去其太甚；下智之人，恣其情性，不知禁忌，貪色好財，敗其元和之正氣，遂使大約侵剋，必其然歟！

加以形貌衰羸，傴僂攣躄，沈痼在身，而不能差，既乖攝養，又無良醫，一旦至是，雖即甘饍美色置之於前，豈能覽之顧，何似撙節去就，涓涓不勌，暢志悅目而已，可不懿哉。天地氤氳，萬物化淳，男女媾精，萬物化生，此人生調息性命之根本，攝生之所由，凡人謂之不稽實曰野哉。夫一歲二十已前時

復，三十已前日復，四十已後月復，五十已後三月復，六十已後七月復。道經云：六十閉戶者，言人昧於學性，已損於未萌。以此戒之，猶多病患，噫！夫世人不能畜養元和之氣，保惜形容，妄服丹砂，資助情慾，奢佚則神魂不附於身，茫茫失塗，精魄俱喪，兀然質樸，旨趣都忘，或有功未就，或有始未成，生涯落然，身嬰痼疾，夜起不得，枕席是依，勞歷妻孥，綿綴歲序，良由不知道性。貪徇庸情而已哉。觀夫世人，母存者，不啻其十八九，父存者不啻其十一二，以此推之，則人多嗜慾所惑，蹶其性命，誠可悲之矣。

《混俗頤生錄・禁忌消息第十》 凡隱蔵之時，忌天地晦暝，日月薄蝕，疾風甚雨，雷電震怒，四時八節，弦望晦朔，日月失度，祥雲興現，虹出星奔，本命之辰，魁罡之日，六甲之日，六丁甲子，庚申子午，卯酉，已上並是陰陽七曜失度之時，或天神當辰上直之日，陰氣盛而遏陽則陽不足，陽氣盛而遏陰則陰不足。陰盛陽弱，或陽盛陰衰，故生病之由耳。又忌酒醉之後，飲罷未醒，飽食之後，乍飢正實，出入行來，筋力疲乏，喜怒未定，女人月潮，衝冒寒熱，疾患未平，適大小便來，新沐浴後，既訖大小便，早朝及戌時，犯畢便行奔走，無情而強爲，已上皆神氣昏亂，心力不足，或四體虛羸，即腎藏怯弱，六情不均，萬病從茲而作矣。已上特宜慎之，又忌名山大川，神樹廟宇，宮觀古壇，社樹之處，星辰日月之處，燈燭六畜之前，不可會合，犯之損壽，子息蠢愚，深宜戒慎。又每年五月十六日，是天地交會之辰，特忌會合，主減算壽，損陽道，終身不復。曾見犯者有驗。大約五月是人蛻精神之月，老者奪之，少者加之，宜晏居靜慮，節嗜慾，制和心志冀安用。況夏月心旺腎衰，腎化爲水，待秋乃凝，冬始堅，夏中最須保惜，尤爲要妙。凡所遇年高於身者，不可犯生月，大者猶不許，況其年高乎。陰倍於陽，大損男子，陽倍於陰，亦損女人，是以伯樂相馬之義耳。又忌薄脣大鼻，踈齒黃髮，皮燥痼疾，情性不和，莎苗強硬，聲雄肉澀，肢體不膏，性專妬忌，生痣既多，已上並不可犯之。若諸藥術著在前，他經順攝之方，此其大略。

《攝生消息論・保攝・冬季攝生消息》 冬三月，天地閉藏，水冰地坼，無擾乎陽，早臥晚起，以待日光，去寒就溫，毋泄皮膚，逆之腎傷。

晚服消痰涼膈之藥，以平和心氣，不令熱氣上湧，切忌房事，不可多食炙、煿、肉、麪、餛飩之類。

《新刻三元參贊延壽書・天元之壽精氣不耗者得之》 男女居室，人之大倫，獨陽不生，獨陰不成，人道有不可廢者。莊周乃曰：人之可畏者，衽席之間不知戒者，過也。蓋此身與造化同流，左爲腎屬水，右爲命門屬火。陽生於子，火實藏之，猶北方之有龜蛇也，膀胱爲左腎之腑，三焦爲右腎之腑，三焦有脂膜如掌大，正與膀胱相對，有二白脈自中而出，夾脊而上，貫於腦。上焦在膻中，內應心；中焦在中脘，內應脾；下焦在臍下，即腎間動氣，分布人身，方其湛寂，慾念不興，精炁散於三焦，榮華百脈，及慾想一起，慾火熾然翕撮三焦，精氣流溢，並從命門輸瀉而去，可畏哉，嗟夫！元炁有限，人慾無涯，火生於木，禍發必尅，尾閭不禁，滄海以竭少之時，血炁未定，既不能守夫子在色之戒，及其老也，則當寡慾閑心，又不能明列子養生之方，吾不知其可也。麻衣道人曰：天地人等列三才，人得中道可以學聖賢，可以學神仙，況人之數多於天地萬物之數，但今之人不修人道，貪愛嗜慾，其數消滅，只與物同也。所以有老病夭殤之患，鑒乎此，必知所以自重，而可以得天元之壽矣。

慾不可絕

黃帝曰：一陰一陽之謂道，偏陰偏陽之謂疾。曰：兩者不和，若春無秋，若冬無夏，因而和之，是謂聖，度聖人不絕和合之道，但貴於閉密以守天眞也。

素女曰：人年二十者，四日一泄，三十者，八日一泄，四十者十六日一泄，五十者二十日一泄。

此法語也，所禀者厚，食飲多，精力健，或少過其度，譬之井焉。源深流長，雖隨汲隨滿，猶懼其竭也。若所禀者薄，元炁本弱，又食減精耗，顧強而爲之，是怯夫而試馮婦之術，適以斵虎牙耳。

素女曰：人年六十者，當閉精勿泄。若氣力尚壯盛者，亦不可強忍，久而不泄，致生癰疾。

彭祖曰：男不可無女，女不可無男，若念頭正直無可思者，大佳長年也。又曰：人能一月再泄精，一歲二十四泄，得壽二百歲。

《名醫論》曰：思慾無窮，所愿不得，意淫於外，爲白淫而下，因是入房太甚，宗筋縱弛。

書云：男子以精爲主，女子以血爲主，故精盛則思室，血盛則懷胎。若孤陽絕陰，獨陰無陽，慾心熾而不遂，則陰陽交爭，乍寒乍熱，久而爲勞。

富家子唐靖，瘡發于陰至爛。道人周守眞曰：病得之欲泄而不可泄也。《史記》濟北王侍人韓女，病腰背痛寒熱，倉公曰：病得之欲男子不可得也。

慾不可早

齊大夫褚澄曰：羸女則養血，宜及時而嫁，弱男則節色，宜待壯而婚。

書云：男子破陽太早，則傷其精炁，女破陰太早，則傷其血脈。

書云：精未通，而御女以通其精，則五體有不滿之處，異日有難狀之疾。

書云：未笄之女天癸始至，已近男色，陰炁早泄，未完而傷。

書云：童男室女。積想在心，思慮過當，多致苛損，男則神色先散，女則月水先閉。

慾不可縱

《黃庭經》曰：長生至愼房中急，何爲使作令神泣。

彭祖曰：上士異床，中士異被，服藥千裏，不如獨卧。

老君曰：情慾出於五內，魂定魄靜生也。情慾出於胸臆，精散神惑死也。

彭祖曰：美色妖麗，嬌妾盈房，以致虛損之禍，知此可以長生。

《陰符經》曰：淫聲美色，破骨之斧鋸也。世之人，若不能秉靈燭以照迷情，持慧劍以割愛慾，則流浪生死之海，害生於恩也。

全元起曰：樂色不節則精耗，輕用不止則精散。聖人愛精重施，髓滿骨堅。

書云：年高之時，血氣既弱，覺陽事輒盛，必愼而抑之，不可縱心竭意。一度不泄，一度火滅，一度火滅，一度增油。若不制而縱慾，則是膏火將滅，更去其油。

莊子曰：嗜慾深者，其天機淺。

春秋秦醫和視晉侯之疾曰：是謂近女室，非鬼非食，惑以喪志。公曰：女不可近乎？對曰：節之。玄樞曰：元炁者腎間動炁也，右腎爲命門，精神之所舍，愛惜保重，榮衛周流，神炁不竭，可與天地同壽。

《元炁論》曰：嗜慾之性，固無窮也。以有極之性命，逐無涯之嗜慾，亦自斃之甚矣。

仙經云：無勞爾形，無搖爾精，歸心靜默，可以長生。經頌云：道以精爲寶，寶持宜祕密，施人則生人，留己則生己。結嬰尙未可，何況空廢棄，棄損不覺多，衰老而命墜。

《仙書》云：陰陽之道，精液爲寶，謹而守之，後天不老。

書云：聲色動蕩于中，情愛牽纏，心有念動，有晝想夜夢，馳逐於無涯之慾，百靈疲役而消散，宅舍無寶而傾頹。

書云：恣意極情，不知自惜虛損生也。譬枯朽之木，遇風則折；將潰之岸，值水先頹。苟能愛惜節情，亦得長壽也。

書云：腎陰內屬於耳中，膀胱脈出於目眥，目盲所視，耳閉厥聽，斯乃房之爲患也。

書云：人壽夭在於樽節。若將息得所，長生不死，恣其情，則命同朝露。

書云：慾多則損精，人可保者命，可惜者身，可重者精，肝精不固，目眩無光；肺精不交，肌肉消瘦；腎精不固，神炁減少；脾精不堅，齒髮浮落。若耗散眞精不已，疾病隨生，死亡隨至。

神仙可惜許歌曰：可惜許，可惜許，可惜元陽宮無主，一點既隨濃色妒，百神泣送精光去，三屍喜，七魄怒，血敗氣衰將何補？尺宅丹田屬別人，玉爐丹竈阿誰主？勸世人，休戀色，戀色貪淫有何益？一神去後百神離，百神去後人不知，幾度待說說不得，臨臨下口泄天機。

慾不可強

《素問》曰：因而強力，腎炁乃傷，高骨乃壞。註云：強力入房也，強力入房則精耗，精耗則腎傷，腎傷則髓氣內枯，腰痛不能俛仰。

《黃庭經》云：急守精室，勿妄泄閉而寶之可長活。

書云：陰痿不能快慾，強服丹石以助陽，腎水枯竭，心火如焚，五藏乾燥，消渴立至。

近訥曰：少水不能滅盛火，或爲瘡瘍。

書云：強勉房勞者成精極，體瘦尫羸，驚悸夢泄，遺瀝便濁，陰痿，小腹裏急，面黑耳聾。

眞人曰：養性之道，莫強所不能堪爾。《抱朴子》曰：才不逮強思之，力不勝強舉之，傷也，甚矣。強之一字，眞戕生伐壽之本。夫飲食所以養生者也，然使醉而強酒，飽而強食，未有不疾而害其身，況慾乎！慾而強，元精去，元神離，元炁散，戒之。

慾有所忌

書云：飽食過房室，勞損，血氣流溢，滲入大腸，時便清血，腹痛，病名腸癖。

書云：大醉入房，氣竭肝傷，丈夫則精液衰少，陰痿不起，女子則月事衰微，惡血淹留，生惡瘡。

書云：燃燭行房，終身之忌。

書云：忿怒中盡力房事，精虛氣節，發爲癰疽。恐懼中入房，陰陽偏虛，發厥自汗盜汗，積而成勞。

書云：遠行疲乏入房，爲五勞虛損。

書云：月事未絶而交接，生白駮。又冷氣入內，身面萎黃，不產。

書云：金瘡未差而交會，動於血氣，令瘡敗壞。

書云：忍小便入房者，得淋疾，莖中疼痛，面失血色，或致胞轉臍下，急痛死。

書云：或新病可而行房，或少年而迷老，世事不能節減，妙藥不能頻服，因茲致患，歲月將深，直待肉盡骨消，返究神鬼，故因油盡燈滅，髓竭人亡。添油燈壯，補髓人強，何干鬼老來侵，總是自招其禍。

書云：交接輸寫，必動三焦，心脾腎也，動則熱而慾火熾，因入水致中焦熱鬱發黃，下焦氣勝額黑，上焦血走，隨瘀熱行於大便黑溏，男女同室而浴者，多病死。

書云：服腦麝入房者，關竅開通，真氣走散。重則虛脱，輕則腦瀉。

本草云：多食葫，行房傷肝，面無光。

書云：入房汗出中風，爲勞風。

書云：赤目當忌房事，免患內障。

書云：時病未復，犯者，舌出數寸死。

《三國志》子獻病已差。華佗視脈曰：尚虛未復，勿爲勞事，色復即死，死當舌出數寸。其妻從百里外省之，止宿交接，三日病發，一如佗言。

《格致餘論・房中補益論》 或問《千金方》有房中補益法，可用否？予應之曰：《傳》曰：吉凶悔吝生乎動。故人之疾病亦生於動，其動之極也，病而死矣。人之有生，心爲火居上，腎爲水居下，水能升而火能降，一升一降，無有窮已，故生意存焉。水之體靜，火之體動，動易而靜難，聖人於此未嘗忘言也。儒者立教曰：正心收心養心。皆所以防此火之動於妄也。醫者立教，恬澹虛無，精神內守，亦所以遏此火之動於妄也。蓋相火藏於肝腎陰分，君火不妄動，相火惟有稟命守位而已，焉有燔灼之虐燄，飛走之狂勢也哉。《易・兑》取象於少女。兑，説也，遇少男。艮爲咸。咸，無心之感也。艮，止也，房中之法有艮止之義焉。若艮而不止，徒有戕賊，何補益之有。竊詳《千金》之意，彼壯年貪縱者，水之體，非向日之靜也。故著房中之法爲補益之助。此可用於質壯心靜，遇敵不動之人也。苟無聖賢之心，神仙之骨，未易爲也。女法水，男法火，水能制火，一樂於與，一樂於取，此自然之理也。若以房中爲補，殺人多矣。況中古以下，風俗日媮，資稟日薄，説夢向癡，難矣哉！

《格致餘論・色慾箴》 惟人之生，與天地參，坤道成女，乾道成男，配爲夫婦，生育攸寄，血氣方剛，惟其時矣。成之以禮，接之以時，父子之親，其要在茲。睠彼昧者，徇情縱慾，惟恐不及，濟以燥毒，氣陽血陰，人身之神，陰平陽祕，我體長春，血氣幾何，而不自惜。我之所生，翻爲我賊，女之耽兮，其欲實多，閨房之肅，門庭之和。士之耽兮，其家自廢，既喪厥德，此身亦瘁，遠彼帷幕，放心乃收，飲食甘美，身安病瘳。

《養生四要・養生總論》 養生之道，只要不思聲色，不思勝負，不思得失，不思榮辱。心無煩惱，形無勞倦，而兼之以導引助之，以服餌，未有不長生者也。服餌之物，穀肉菜果爲上，草木次之，金石爲下。蓋金石功速而易生疾，不可輕餌，恐毒發難制也。近觀服杏仁者，至二三年，或泄，或臍中出，皆不可治；服楮實者，輒成骨痿；服鍾乳、陽起石、硫黄、丹砂、雄黄、附子、烏頭之屬，多爲虛陽發熱作疾；服女子初經作紅鉛者，亦然。悉宜屏之，勿輕信也。

方士惑人，自古有之，如秦始皇遣人入海，求不死之藥；漢武帝刻意求仙，至以愛女妻之，此可謂顛倒之極，末年乃悔悞。曰：天下豈有仙人，惟節食服藥差可少病而已。此論甚確，劉潛夫詩云：但聞方士騰空去，不見童男入海回。無藥能令炎帝在，有人曾笑老聃來。

《古今醫統大全・養生餘錄・房中節度》 天地氤氳，萬物化醇。男女媾精，萬物化生。此造化之源，性命之根本也。故人之大慾，亦莫切於此。嗜而不知禁，則侵尅年齡，蠶食精魄，闇然弗覺，而元神眞氣去矣，豈不可哀？

惟知道之士，禁其嗜縱，不至杜絕。雖美色在前，不過悅目暢志而已，決不肯恣其情慾，以伐性命。或問抱朴子曰：傷生者豈非色慾之間乎？抱朴子曰：然，長生之要，其在房中。上士知之，可以延年卻病，其次不以自伐，下愚縱慾損壽爾。是以古人於此，恆恆有節度。二十以前二日復，二十以後三日復，三十以後十日復，四十以後月復，五十以後三月復，六十以後七月復，又六十閉戶。故時加撙節，保惜眞元，以爲一身之主命。不然，雖勤於吐納導引服餌之術，而根本不固，亦終無益。

《內經》曰：能知七損八益，七者女子之血，八者男子之精。則血氣精氣二者可調。不知用此，則早衰之節也。故年四十而陰氣自半也，起居衰矣。年五十體重，耳目不聰明矣。年六十陰痿，氣大衰，九竅不利，下虛上實，涕泣俱出矣。故曰：知之則強，不知則老。智者有餘，自性而先行，故有餘。愚者不足，察行而後學，故不足。有餘則耳目聰明，身體輕強。老者益壯，壯者益治。蓋謂男精女血，若能使之有餘，則形氣不衰，而壽命可保矣。不然，竅漏無度，中乾以死，非精離人，人自離精也，可不戒哉？

養生之士，忌其人者有九：或年高大，或唇薄鼻大，或齒疏髮黃，或痼疾，或情性不和，或有苗強硬，或聲雄，或肉澀肢體不膏，或性悍妬忌，皆能損人，並不宜犯之。忌其時者十有一：醉酒、飽食、遠行疲乏、喜怒未定、女人月潮、衝冒寒暑、疾患未平、大小便訖、新沐浴後、犯畢出行、無情強爲，皆能使人神氣昏憒，心力不足，四體虛羸，腎臟怯弱，六情不均，萬病乃作，特宜慎之。

至於天地晦冥，日月薄蝕，疾風甚雨，雷電震怒，此陰陽大變，六氣失時之常，犯之不惟致疾，且褻汚神明。倘成子女，形必不周，雖生而不育矣。

嗟乎！幃箔之情，易綰而難斷，不可不以智慧決也。佛書曰：諸苦所因，貪慾爲本。貪慾不滅，苦亦不滅。苦不滅則生滅矣。養生者惡可不以智慧決哉？

《古今醫統大全・養生餘錄・總論養生篇》 是以達人知富貴之矯傲，故屈迹而下人；知名利之敗身，故割情而去慾；知酒色之傷命，故量事而撙節；知喜怒之損性，故豁情以寬心；知思慮之銷神，故損情而自守；知語煩之侵氣，故閉口而忘言；知哀樂之損壽，故抑之而不有；知情慾之竊命，故忍之而不爲。若加之寒溫適時，起居有節，滋味無爽，調息有方；精氣補於泥丸，魂魄守於臟腑；和神保氣，吐故納新；嗜慾無以干其心，邪淫不能惑其性，此則持身之上品，安有不延年者哉？

又：

人受氣，雖不知方術，但養之得理，常壽一百二十歲。不得此者，皆傷之也。少復曉道，可得二百四十歲；復微加藥物，可得四百八十歲。養壽之法，但莫傷之而已。夫冬溫夏涼，不失四時之和，所以適身也。重衣厚褥，體不堪苦，以致風寒之疾；厚味脯腊，醉飽饜飫，以致聚結之疾；美色妖嚴，嬪妾盈房，以致虛損之禍；淫聲哀音，怡心悅耳，以致荒耽之惑；馳騁遊觀，弋獵廣野，以致狂蕩之失；謀得戰勝，兼弱取亂，以致驕逸之敗。蓋聖賢誠究其理也。然養生之具，譬如水火，不可缺，過反爲害。

又：

少不勤行，壯不競時，長而安貧，老而寡慾。閑心緩形，養生之方也。或疑者云：始同起於無外，終受氣於陰陽，載形魄於天地，資生長於食息，而有愚有智，有強有弱，有壽有夭，天耶？人耶？解者曰：夫形生愚智，天也；強弱壽夭，人也。天道自然，人道自已。始而胎氣充實，生而乳食有餘，長而滋味不過，壯而聲色有節者強而壽；始而胎氣虛耗，生而乳食不足，長而滋味有餘，壯而聲色自放者弱而夭。生長全足，加之導養，年未可量。

又：

養生大要，一曰嗇神，二曰愛氣，三曰養形，四曰導引，五曰言語，六曰飲食，七曰房室，八曰反俗，九曰醫藥，十曰禁忌。過此以往，義可略焉。

又：

先除慾以養情，後禁食以存命。是知食胎氣，飲靈元，不死之道，返童還年。此蓋聖人之所重也。

我命在我，保精愛氣，壽無極也。

無勞爾形，無搖爾精，歸心靜默，可以長生。

一陰一陽之謂道，三元二合謂之丹，逆流補腦謂之還，精化爲氣謂之轉。

一轉一易一益，每轉延一紀之二，九轉延一百八歲。

陰陽之道，精液爲寶，謹而守之，後天而老。

子欲長生，當由所生之門，遊處得中，進退得所，動靜以法，去留以度，可以延年而愈疾矣。

以金理金，是爲真金；以人理人，是爲真人。人常失道，非道失人；人常去生，非生去人。要常養神，勿失生道，長使道與生相保，神與生相保，則形神俱久矣。

故性命之根，誠有極也；嗜慾之性，固無窮也。以有極之性命，逐無窮之嗜慾，亦自斃之而已矣。

德以形爲車，道以氣爲馬，魂以精爲根，魄以氣爲戶。形勞則德散，氣越則道叛。精消魂散，氣動魄微。是以靜形愛氣，全精寶視，道德凝密，魂魄固守。

夫長生久視，未有不愛精保氣能致之。陰丹內御之道，世莫得知。雖務於氣，而不解絕情慾，亦未免殃矣。

又：

夫善養生者養內，不善養生者養外。養外者實外，以充快悅澤貪慾恣情爲務，殊不知外實則內虛也。善養內者實內，使臟腑安和，三焦各守其位，飲食常適其宜。故莊周曰：人之可畏者，衽席飲食之間，而不知爲戒者也。若能常如是畏謹，疾病何緣而起？壽考焉得不長？賢者造形而悟，愚者臨病不知，誠可畏也。

又：

勞者，勞於神氣；傷者，傷於形容。飢飽過度則傷脾，思慮過度則傷心，色慾過度則傷腎，起居過度則傷肝，喜怒悲愁過度則傷肺。又風寒暑濕則傷於外，飢飽勞役則敗於內。晝感之則病榮，夜感之則病衛。經行內外，交運而各從其晝夜，始勞於一，一起爲二，二傳於三，三通於四，四遷於五，五復返一。一至於五，邪乃深藏，真氣大失，使人肌肉消，神氣弱，飲食減，行步難。及其如此，則雖有命，亦不能生也。

又：

物之最靈，唯其人也。身者乃神化之本。精於人也，若水浮航；氣於人也，如風揚塵；神於人也，似野馬聚空。水涸則航止，風息則塵靜，野馬散而火空。長有精能固，無氣能盛物。精氣神三者，心可不動。其變化也，外忘其形，內養其神，是謂登真之路。嗜慾縱乎心，孰能久去？哀樂傷乎志，孰能久忘？思慮役乎神，孰能久無？利祿勞乎身，孰能久捨？五味敗乎精，孰能久節？酒醴亂乎情，孰能久絕？食佳肴，飲旨酒，顧以姝麗，聽以淫聲，雖精強而反禍於身，耳目快而致亂於神，有百端之敗道。夫一介而希真，安有養身之驗耳？夫學道者，外則意不逐物移，內則意不隨心亂，湛然保於虛寂造化清淨之域。譬如起屋之勞，假一息之形氣尚蘇，神歸其清，而況契於道保真丹所哉？

彭祖曰：養壽之道，但莫傷之而已。夫冬溫夏涼，不失四時之和，所以適身也；美色淑姿，幽閑娛樂，不致思慾之惑，所以通神也；車服威儀，知足無求，所以一志也；八音五色，以悅視聽，所以導心也。凡此皆以養壽。而不能斟酌之者，反以速患。古之至人，恐下才之子不識事宜，流遁不還，故絕其源。故有上士別床，中士異被；服藥百裹，不如獨臥。五音使人耳聾，五味令人口爽。苟能節宣其宜適，抑揚其通塞者，不減年算而得益。凡此之類，譬猶水火，用之過當，不爲害也？不知其經脈損傷，血氣不足，內裏空疏，髓腦不實，體已先病，故爲外物犯，風寒酒色以發之耳。若本充實，豈有病也？夫遠思強記傷人，憂愁悲哀傷人，喜樂過差傷人，忿怒不解傷人，汲汲所願傷人，陰陽不順傷人。有所傷者甚衆，而獨戒於房中，豈不惑哉？男女相成，猶天地相生也，所以導養神氣，使人不失其和。天地得交接之道，故無終竟之限；人失交接之道，故有殘傷之期。能避衆傷之事，得陰陽之術，則不死之道也。天地晝分而夜合，一歲三百六十日而精氣和合，故能生產萬物而不窮。人能則之，可以長存。次有服氣得其道，則邪氣不得入，治身之本要。餘吐納導引之術，及念體中萬神有含影守形之事，皆非真道。人能愛精養體，服氣煉形，則萬神自守其真。不然者，則榮衛枯悴，萬神自逝，非思念所留者也。

又：

晉道成自號崇真子。其論長生養性之旨曰：其要在於存三、抱元、守一。三者，精、氣、神，其名曰三寶。抱元者，抱守元陽真氣也。守一，神靈也。神在心，心有性，屬陽，是爲南方丙丁之火也。腎者能生元陽，爲真氣，其泄爲精，是爲北方壬癸之水。水爲命，命繫於陰也。此之謂性命。爲三一之道，在於存想，入下丹田，抱守元陽，踰三五年，自然神定氣和。神既定，則釋其四大而無執焉。坦然修頤其眞，功滿行畢，其道成矣。

又：

陽精魂主，陰精魄成。二精相搏，而成神明。神以形用，形以神生。神去則形斃，神全形可延。神以道全，形以術延耳。

骨肉以精血爲根，靈識以元氣爲本，神氣乃性命之本也。神爲氣之子，氣爲神之母，子母不可以斯須離也。元氣湛然止於丹田，則變化成矣。神能御氣，氣能留形。出息微微，入息綿綿，深根固蒂，長生久視之道也。故曰：天門常開，地戶密閉，呼至於根，吸徹於蒂，謂之丹田，謂之氣海，如抱雞卵，如魚生水，法就聖胎，自然蟬蛻。

煉精者，煉元精，非淫泆所感之精；煉氣者，煉元氣，非口鼻呼吸之氣；煉神者，煉元神，非心意會慮之神。故此神氣精者，與天地同其根，與萬物同其體；得之則生，失之則死；以陽火煉之則化成陽氣，以陰符養之則結成陰精；見之不可用，用之不可見也。

又：

夫孔竅者，精神之戶牖也；而氣志者，五臟之使佐也。耳目淫於聲色之樂，則五臟搖動而不定也。五臟搖動而不定，則血氣滔蕩而不休。氣血滔蕩而不休，則精神馳騁於外而不守矣。精神馳騁於外而不守，則禍福之至，雖如丘山，無由識之矣。使耳目精明玄達而無誘慕，氣志虛靜恬愉而省嗜欲，五臟定寧充盈而不泄，精神內守形骸而不外越，至望於往世之前而視於來世之後猶足爲也，豈直禍福之間哉？故曰：其出彌遠，其知彌少，以言夫精神之不可使外淫也。故五色亂目，使目不明；五聲譁耳，使耳不聰；五味亂口，使口爽傷；趨舍滑心，使行飛揚。此四者，天下之所養性也，然皆人累也。故曰：嗜慾者，使人之氣越；而好憎者，使人之心勞。弗疾去，則志氣日耗矣。夫人之所以不能終其壽命而中道夭於刑戮者，何也？以其生生之厚。夫惟能無以生爲者，則所以修得生也。

又：

世人不察，惟五欲是嗜，聲色是躭。目惑玄黃，耳務淫哇。滋味煎其臟腑，醴醪煮其腸胃，香芬腐其骨髓，喜怒悖其正氣，思慮消其精神，哀樂殃其平粹。夫以蕞爾之軀，攻之非一途；易竭之身，而瓜分受敵。身非木石，其能久乎？

大凡住生，先調元氣。身有四氣，人多不明。四氣之中，各主生死。一曰乾元之氣，化爲精，精反爲氣。精者連於神，精益則神明，精固則神暢，神暢則生健。若精散則神疲，精竭則神去，神去則死。二曰坤元之氣，化爲血，血復爲氣。氣血者通爲內外，血壯則體豐，血固則顏盛，顏盛則生合。若血衰則髮變，血敗則腦空，腦空則死。三曰庶氣，庶氣者，一元交氣，氣化爲津，津復爲氣。氣運於生，生託於氣，陰陽動息，滋潤形體。氣通則生，氣乏則死。四曰衆氣，衆氣者，穀氣也。穀濟於生，終誤於命，食穀雖生，蘊穀氣還死。精能附血，氣能附生，當使循環，即身永固。乾元之陽，陽居陰立，臍下氣海是也。坤元之陰，陰居陽位，腦中血海是也。生者屬陽，陽貫五臟，喘息之氣是也。死者屬陰，陰納五味，穢惡之氣是也。氣海之氣以壯精神，以塡骨髓；血海之氣以補肌膚，以流血脈；喘息之氣以通六腑，以扶四肢；穢惡之氣以亂身神，以腐五臟。

又：身之有慾，如樹之有蝎。樹抱蝎則還自齧，人抱慾而反自害。故蝎盛則木枯，慾熾而身亡。將收情慾，先斂五關。五關者，情慾之路，嗜慾之府也。目愛彩色，命曰伐性之斧；耳樂淫聲，命曰攻心之鼓；口貪滋味，命曰腐臟之藥；鼻悅芳馨，命曰燻喉之煙；身安輿駟，命曰召蹷之機。此五者所以養生，亦以傷生。耳目之於聲色，鼻口之於芳味，肌體之於安適，其情一也。然亦以之生，或爲賢智，或爲癡愚，由於處之異也。

《類修要訣》 其自戕之疾者，調養失宜，風寒暑濕之所感，酒色財氣之所傷，七情六慾生於內，陰陽二氣攻於外，是謂病生於心，害攻於體也。今只以人之易知易見者論之，且曰：人心思火，久而體熱，人心思冰，久而體寒。悚則髮竪，驚則汗瀝，懼則肉戰，愧則面赤，悲則淚出，慌則心跳，氣則痲痺。言酸則垂涎，言臭則吐唾，言喜則笑，言哀則哭。笑則貌妍，哭則貌媸。又若日間有所見，夜則魂夢有所思。（疚）〔夜〕則話語，夢交合則精泄，至若驚悸氣怒而成疾者則發狂，裸體踰垣上屋，呼神見鬼，歌舞笑哭，此皆因心而生也。太白眞人曰：欲治其疾，先治其心，必正其心，然後資於道，使病者盡去心中疑慮，思想一切安念，一切不平，一切人我悔悟，平生所爲過惡，便當放下身心，以我之天，而合所事之天，久之遂凝於神，則自然心君泰寧，性地平和。知世間萬事皆是空虛，終日營爲皆是妄想，知我身皆是虛幻，禍福皆是無有，生死皆是一夢，慨然領悟，頓然解釋，心地自然清淨，疾病自然安痊，能如是，藥未到口，病已忘矣。此眞人以道治心療病之大法。蓋眞人之教也，本於天地立心，爲生民立命，惟心與天，一理之所得者，獨明而能開人心之迷，惟其心與地，一水之所汲者，獨靈而能滌人心之陋，故以一杯之水而能療醫所不治之疾。罔〔而〕不瘳者，豈由水之靈，實資於道之用也。苟非其人，則以予爲妄誕。老子曰：吾言甚易知，甚易行，天下莫能知，莫能行，是以知我者希，則我者貴。又曰：上士聞道，勤而行之，中士聞道，若存若亡，下士聞道，大笑之，不笑不足以爲道。《內觀經》曰：知道易，信道難，信道易，行道難，行道易，得道難，得道易，守道難，守而不失，乃可長生。

《新刻攝生集覽》 夫善養生者養內，不善養生者養外。養外實外以充快悅澤，貪慾恣情爲務，殊不知外實則內虛也。善養內者實內，使臟腑安和，三焦各守其內，飲食常適其宜，故莊周曰：人之可畏者，衽席飲食之間，而不知爲之戒者，過也。若能常如是畏謹，疾病何緣而起，壽命焉得不長。賢者造形而悟，愚者臨病不知，誠可畏也哉！

夫人之生，以氣血爲本，人之病未有不先傷其氣血者，世有童男室女，積想在心，思慮過當，多至勞損。男則神色先散，女則月水先閉。何以致然，蓋憂愁思慮則傷心，心傷則血逆竭，血逆竭故神色先散而月水先閉也。火既受病，不能榮養其子，故不嗜食，脾既虛，則金氣虧，故發咳嗽，嗽既作，水氣絕，故四肢乾，木氣不充，故多怒，鬢髮焦，筋骨痿。俟五臟傳遍，雖猝不能死，然終死矣。

《濟陽綱目·延年》 又男女論曰：天地氤氳，萬物化醇，男女構精，萬物化生，此造化之本源，性命之根本也。故人之大慾，亦莫切於此，嗜而不知禁，則戕伐年齡，蠶食精魄，闇然弗覺，而元神眞氣去矣。豈不可哀。惟知道之士，禁其太甚，不至杜絕，雖美色在前，不過悅目暢志而已，決不肯恣其情慾以伐性命。或問抱朴子曰：傷生者，豈非色慾之間乎？曰：然。長生之要，其在房中，上士知之，可以延年卻病，其次不以自伐，下愚縱慾損壽而已，是以古人於此，恆有節度，二十以前，二日復，二十以後三日復，三十以後十日復，四十以後月復，五十以後三月復，六十以後七月復。又曰：六十閉戶，蓋時加樽節，保養眞元以爲身之主命。不然，雖勤於吐納導引藥餌之術而根本不固，亦終無益。《內經》曰：能知七損八益，七者，女子之血，八者，男子之精。則血氣精血，二者可調，不知用此，則早衰之漸也。故年四十而陰氣自半，起居衰矣。年五十體重，耳目不聰明矣。年六十陰痿，氣血大衰，九竅不利，下虛上實，涕泣俱出。故曰知之則強，不知則老。智者有餘，自信而先行，故有餘。愚者不足，察行而後學，故不足。有餘則耳目聰明，身體輕強，老者益壯，壯者益治。蓋謂男精女血，若能使之有餘，則形氣不衰而壽命可保矣。不然斲漏無度，中乾以死，非精離人，人自離精也。可不戒哉！養生之士，忌其人者有九，或年高大，或唇薄鼻大，或齒疎髮黃，或痼疾，或性情不和，或沙苗強硬，或聲雄，或肉澀，肢體不膏，或性悍妬忌，皆能損人，並不宜犯之。忌其時者十有一：醉久飽食，遠行疲乏，喜怒未定，女人月潮，衝冒寒暑，疾患未平，小便訖，新沐浴後，及早出行。無情強爲，皆能使人神氣昏潰，心力不足，四體虛羸，腎藏怯弱，六情不均，萬病乃作，特宜慎之。至於天地晦明，日月薄食，疾風甚雨，雷電震怒，此陰陽大變，六氣失常之時，犯之不惟致疾，且褻汚神明。倘成子女，形必不周，雖生而不育矣。嗚呼！帷幕之情易縮而難斷，不可以不智慧決也。佛書曰：諸苦所因，貪慾爲本，貪慾不滅，苦亦不滅，苦不滅，則生滅。養生者，惡可以不智慧決哉。高氏論房中藥物之害曰：自比覺泥水之說行，而房中之說橫矣。因之藥石毒人，其害可勝道哉。夫人之稟受，父母精血厚者其生壯，即多慾尚可支，薄者其生弱，雖寡慾猶不足，故壯者恣慾而不即斃者有之，未有弱者恣慾而壽者矣。飲食男女，人之大欲也，不可已，亦不可縱，縱而無厭，疲困不勝，乃尋藥石以強之，務快斯慾。因而方人術士，得以投其好而逞其技矣。構熱毒之藥，稱海上奇方。入於耳者有耳珠丹，入於鼻者有助情香，入於口者有沉香合，握於手者有紫金鈴，封於臍者有保眞膏、一丸金、蒸臍餅、火龍符，固於腰者有蜘蛛膏、摩腰膏，含於龜者有先天一粒丹，抹其龜者有三籥散、七日一新方，縛其龜根者有呂公縧、硫黃箍、蜈蚣帶、寶帶、良宵短、香羅帕，兜其小腹者有順風旂、玉蟾裩、龍虎衣，搓其龜者有長莖方、掌中金，納其陰戶者有揭被香、煖爐散、窄陰膏、夜夜春，塞其肛門者有金剛楔，皆用於皮膚，以氣感腎家相火，一時堅舉，爲助情逸樂，用之不已，其毒或流爲腰疽，聚爲便癰，或腐其龜首，爛其肛門，害雖橫熖，尚可解脫。內有一二得理，未必盡虎狼也。若服食之藥，其名種種，如桃源秘寶丹、雄狗丸、閉精符之類頗多，藥毒悞人，十服九斃，不可求解。往往奇禍慘疾，潰腸裂膚，前車可鑒，此豈人不知也。慾勝於知，甘心蹈刃，觀彼肥甘醇厚，三餐調護，尚不能以月日起人癯瘠，使精神充滿，矧以些少丸末之藥，頃刻間致痿陽可興，疲力可敵，其功何神。不過仗彼熱毒，如蛤蚧、海馬、狗腎、地龍、麝臍、石燕、倭硫、陽起、絳房、蟻子之類，譬之以烈火灼水，燔熖煎熯，故腎藏一時感熱而發，豈果仙丹神藥，乃爾靈驗速效也耶。保生者，可不惕懼以痛絕助長之念。客曰：某某者每用其藥，今以壽老，何子之疑也。余曰：是誠有之也，但外用者十全二三，內服者無一全於十百。若內若外，豈眞無異術者哉。何能得其眞傳，況比覺爲大道傍門，得陰陽之妙用，率歸正脈，其說匪徒嬬姤怏慾之謂，人之一身，運用在於任督二脈，督爲陽父，任爲陰母，尾閭夾脊，爲督脈之關，中脘膻中，爲任脈之竅，任炁聚於炁海，督炁聚於泥丸，故陰陽升降，吸即升也，起於臍，呼吸降也，轉於腦。其行氣交會，行之至肛門，緊提則炁會，行之至地戶，緊閉則炁交，眞炁一降，則天炁入交於地根，得土則止，眞炁一升，則穀氣出接於天根，逢土則息，此爲陰陽大竅，其理最顯最密。所謂性與命相守，神與氣相依者，此耳。故經曰：神馭氣，氣留形，不須別藥可長生，如此朝朝並暮暮，自然精滿穀神存。生死要關，須知窮此妙境，爲吾身保命大藥，乃於金石虎狼求作造化神靈，其謬失不既多乎！吾重爲死不知害者感也。炁，音氣，以一氣生萬物雲氣也。若稟氣之氣則必用氣，雲氣之氣則必用炁。馭，音御，使也。《太上玄鏡》曰：純陽上升者謂之氣，純陰下降者謂之液，氣液相交於骨脈之間，謂之髓；相交於膀胱之外者，謂之精。心氣在肝，肝精不固，目眩無光。心氣在肺，肺精不實，肌肉瘦弱。心氣在腎，腎精不固，神氣減少。心氣在脾，脾氣不堅，齒髮浮落。五藏之中，腎爲精樞，心爲氣館，眞精在腎，餘精自還下田，眞氣在心，餘氣自歸元府眞詮。

《景岳全書・入集・傳忠錄》 天年論十九

夫人之所受於天而得生者，本有全局，是即所謂天年也。

有困於色者，但圖嬌艷可愛，而不知傾國之說爲何，伐命之說爲何。故有因色而病者，則或成勞損，或染穢惡，或相思之失心，或鬱結之盡命。有因色而死者 則或以竊窺 或以爭奪 或以覆敗無踪，或以驚嚇喪膽。總之，好色之人必多淫弱，樂而忘返，安顧身家？孰知實少花多，豈成瑞物，德爲色勝，非薄則邪，未有貪之戀之而不招殃致敗。凡受色中之害者，吾又不知其幾何人矣。

《壽世青編・勿藥須知》 臞仙曰：古神聖之醫能療人之心，預使不至於有疾。今之醫者，惟知療人之疾，而不知療人之心，是猶舍本而逐末也。不窮其源而攻其流，欲求疾愈，安可得乎。殊不知病由心生，孽由人作。佛氏謂一切唯心造，良不誣矣。所以人之七情內起，正性顚倒，以致大疾纏身，誠非藥石所能治療。蓋藥能治五行生剋之色身，不能治無形之七情，能治七情所傷之氣血，不能治七情忽起忽滅、動靜無端之變幻。故臞仙又曰：醫不入刑官之家，藥不療不仁者之疾。蓋福有所主，禍有所司，報復之機，無一不驗。因有天刑之疾，自戕之疾，其天刑之疾。由夙世今生所積過愆，天地譴之，以致斯疾，此孽原於心也。其自戕之疾者，風寒暑濕之所感，酒色性氣之所傷，六欲七情生於內，陰陽二氣攻於外，此病生於心也。仙經曰：鍊精化氣，鍊氣化神，鍊神還虛。噫，將從何處煉乎，總不出於心耳。故凡思慮傷心，憂悲傷肺，忿怒傷肝，飲食傷脾，淫欲傷腎。藥之所治，只有一半，其一半則全不係藥力，唯要在心藥也。或曰：何謂心藥？予引林鑑堂詩曰：自家心病自家知，起念還當把念醫。只是心生心作病，心安那有病來時。此之謂心藥。以心藥治七情內起之病，此之謂療心。予考歷代醫書之盛，汗牛充棟，反覆詳明，其要主於卻疾。然內經有一言可以蔽之，曰不治已病治未病是也。治有病不若治於無病，療身不若療心。吾以謂使人療，尤不若先自療也。

綜　述

《三元參贊延壽書・起居》 無勞爾形，無搖爾精，乃可以長生。所謂無勞者非，若飽食坐卧，兀然不動，使經絡不通，血氣凝滯，但不必提重執輕，矻矻終日無致，精力疲極則妙矣。

書云：精者神之本，炁者神之主，形者炁之宅。神大用則歇，精大用則竭，炁大勞則絕。

又：夜卧二足屈不並，無夢泄。

《三元延壽書・滋補有藥》 孫眞人曰：人年四十以後，美藥當不離於身。神仙曰：世事不能斷絕妙藥，不能頻服，因兹致患。歲月之久，肉消骨弱。彭祖曰：使人丁壯，房室不勞損，莫過麋角妙藥也。

麋角末七兩，酒浸，炙熟　生附子一箇，炮熟

右爲末，合和。每服方寸匕，酒調，日三。

昔城都府，有緑鬢美顏道士酣酒樓歌曰：尾閭不禁滄海竭，九轉丹砂都謾說。惟有班龍腦上珠，能補玉堂關下血。

乃奇方也，今名班龍珠丹。

鹿角霜十兩，爲末　鹿角膠十兩，酒浸數日，煮糊丸藥　菟絲子十兩，酒浸二宿，蒸焙　柏子仁十兩，淨，別研　熟地黄十兩，湯洗，清酒浸二宿，蒸焙，入藥用

右末以膠酒三四升煮糊杵一二千下，丸如梧桐子大，食前塩湯或酒吞下五六十丸。

導引有法

夜半後生氣時，或五更睡覺，或無事閑坐腹空時，寬衣解帶，先微微呵出腹中濁氣一九止或五六止。定心閉目，叩齒三十六通，以集身中神氣，然後以大拇指背拭目，大小九過，使無翳障，明目去風，亦補腎氣。兼按鼻左右七過，令表裏俱熱，所謂灌溉中岳以潤肺。次以兩手摩令極熱，閉口鼻氣，然後摩面不以遍數，連髮際，面有光。又摩耳根、耳輪，不拘遍數，所謂脩其城郭以補腎氣，以防聾聵。

名眞人起居之法：次以舌柱上腭，漱口中內外津液滿口，作三嚥下之。如此三度九嚥。《黄庭經》曰漱咽靈液體不乾是也。便兀然放身心同太虛，身若委衣，萬慮俱遣，久久行之，血氣調暢，自然延壽也。

又兩足心涌泉二穴，能以一手舉足，一手摩擦之百二十數，疎風、去濕、健脚力。

歐陽文忠公用此，大有驗。

《普濟方・服餌門》　醉不可以接房。醉飽交接，小者面䵟咳嗽，大者傷絶臟脈，損命。

又：房室多足令人腎虛，每見不能步。

又：終身之忌，暮無然燭行房，暮護常氣也。凡氣冬至起於湧泉，十一月至膝，十二月至股，正月至腰，名三陽成，二月至膊，三月至項，四月至頂，純陽用事，陰亦倣此。故四月十月不得入房，避陰陽純用事之月也。

《修齡要旨・導引歌訣》　起火得長安

子午二時存想眞火自湧泉穴起，先從左足行，上玉枕，過泥丸，降入丹田三徧；次從右足亦行三徧，復從尾閭起，又行三徧。久久純熟，則百脈流通，五臟無滯，四肢健而百骸理也。

訣曰：陽火須知自下生，陰符上降落黄庭，周流不息精神固，此是眞人大鍊形。

夢失封金匱

慾動則火熾，火熾則神疲，神疲則精滑而夢失也。寤寐時調息神思，以左手搓臍二七，右手亦然；復以兩手搓脅，擺搖七夕，嚥氣納于丹田，握固良久乃止。屈足側卧，永無走失。

訣曰：精滑神疲慾火攻，夢中遺失致傷生，搓摩有訣君須記，絶慾除貪最上乘。

形衰守玉關

百慮感中，萬事勞形，所以衰也。返老還童，非金丹不可。然金丹豈易得哉！善攝生者，行住坐卧，一意不散，固守丹田，默運神氣，冲透三關，自然生精生氣，則形可以壯，老可以耐矣。

訣曰：卻老扶衰別有方，不須身外覓陰陽，玉關謹守常淵默，氣足神全壽更康。

《修齡要旨・卻病八則》　平坐以一手握脚指，以一手擦足心赤肉，不計數目，以熱爲度。即將脚指略略轉動，左右兩足心更手握擦，倦則少歇，或令人擦之，終不若自擦爲佳，此名湧泉穴，能除溼氣，固眞元。

臨卧時坐於床，垂足解衣閉息，舌拄上腭，目視頂門，提縮穀道，兩手摩擦兩腎腧各一百二十，多多益善，極能生精固陽，治腰痛。

《安老書・保養》　安養之道，惟善保養者得之。孟子曰：我善養吾浩然之氣。太乙眞人曰：一者，少言語，養內氣；二者，戒色慾，養精氣；三者，薄滋味，養血氣；四者，嚥精液，養臟氣；五者，莫嗔怒，養肝氣；六者，美飲食，養胃氣；七者，少思慮，養心氣。人由氣生，氣由神住，養氣全神，可得眞道。凡在萬形之中可保者，莫先於元氣。攝養之道，莫若守中實內，以陶和將護之方，須在閑日，安不忘危。聖人預戒，老人尤不可不慎也。春秋冬夏，四時陰陽，生病起於過用。五臟受氣，蓋有常分，不適其性，而強云爲，用之過耗，是以病生。善養生者，保守眞元，外邪客氣，不得而干之。

至於藥餌，往往招徠，眞氣之藥少，攻伐和氣之藥多。故善服藥者，不如善保養。康節先生詩云：爽口物多終作疾，快心事過必爲殃，知君病後能服藥，不若病前能自防。郭康伯遇神人，授一保身衛生之術，云：但有四句偈，須是在處，受持偈云：自身有病自心知，身病還將心自醫，心境靜時身亦靜，心生還是病生時。郭信用其言知自護，受康節強，倍常年幾百。

《醫先》 或問髮白何也？沂陽生曰：省思慮則心血不耗，髮不易白矣。蓋髮屬血也。問鬚白何也？曰：遠色慾則腎精不耗，鬚不易白矣，蓋鬚屬精也。又問：年高則形容老何也？曰：心爲形役，有耗無益，是以易老，若能一切忘之，則身且忘矣，况年乎！故曰天若有情天亦老，天之蒼蒼者不變，則人之形容鬚髮亦可以無變也。司馬子微《坐忘論》欲法太虛云爾。沂陽生曰：心火不炎則無瘡瘍諸疾；戒暴怒則無中氣諸疾；夏至陰生絶慾，至秋分則無中暑瘧痢諸疾；冬至陽生絶慾，至春分則無傷寒瘟疫諸疾。此謂順天時，法陰陽，以自固。求子則子壽，養生則生怡。

《古今醫統大全・針灸直指・灸忌食物房勞》 《資生》云：既灸之後，當忌食魚膾豬膏熱麪，生冷生酒，動風之物，尤忌大怒、大勞、房室，忍饑、太飽，受熱，冒寒，非徒無益，反得有損，不可不慎也。

《推篷寤語・長生之道》 眼者神之牖，鼻者氣之戶，尾閭者精之路。人多視則神耗，多息則氣虛，頻好內則精竭，務須時時閉目以養神，日逐調息以養氣，緊閉下元以養精，精充則氣裕，氣裕則神完，道家謂之三寶，又謂之大藥，此非惑於異端之教，實吾儒養生之常理耳。

精存於目，則其視明；精存於耳，則其聽聰；精留於口，則其言當；精集於心，則其慮通。故閉四關，則終身無患。又曰：中欲不出謂之扃，外邪不入謂之閉，中扃外閉，何事不節，外閉中扃，何事不成，合文子之二語，觀之人何可不愛精而遠慾耶。

男子八歲而陽精生，十六歲而陽精泄，八八六十四而陽精竭。女子十七歲而癸水生，十四歲而癸水降，七七四十九而癸水竭。余嘗驗之，男子之壽多阻於六十四歲之外，稍有不謹，多生腫脹風痹諸疾，多損壽元。故曰：人生七十古來稀。女子之壽多阻於四十九歲之外，稍有不謹，則多生崩淋中脘諸疾，亦多損壽元，男子能過六十八九，女子能過五十三四，則可躋上壽無難，故知命者，於此耗竭之時，尤宜加謹，此眞人鬼關捩也。

青州錄事參軍麻希憲，年九十餘致仕，唐太宗問攝生術，對曰：臣無他術，惟是少情寡慾，節聲色，薄滋味而已。唐柳公度，年八十有強力，人問其術，對曰：平生未嘗以脾胃熟生物暖冷物，以元氣佐喜怒。宋呂許公爲相，問服食之法于任恭惠公，公曰：不曉養生之術，但中年因讀《文選》有悟耳。謂石蘊玉而山輝，水含珠而川媚，許公深以爲然，觀此三說，則養生之道，可以懸解，若夫煉服食以冀長生，此則方士之妄談，高明之士，愼弗惑焉。

《遵生八牋・延年却病・色慾當知所戒論》 高子《三知論》曰：人生孰不欲倚翠偎紅，沉酣麴糵，明眸皓齒，溺快衾裯。何知快樂之悅吾心，而禍害因之接踵矣。故莊生曰：人之大可畏者，衽席之間，不知戒者過也。故養生之方，首先節慾，慾且當節，况欲其慾而不知所以壯吾慾也。寧無損哉！夫腎爲命門，爲坎水，水熱火寒，則靈臺之焰，藉此以滅也。使水先枯竭，則木無以主，而肝病矣。木病則火無所制，而心困矣。火焰則土燥，而脾敗矣。脾敗，則肺金無資，五行受傷，而大本以去。欲求長生，其可得乎，嗟夫！元氣有限，人慾無窮，慾念一起，熾若炎火，人能於慾念初萌，卽便咬釘嚼鐵，強制未然，思淫逸之所，虎豹之墟也，幽冥之徑也。身投爪牙，而形甘嚅嚙無云，智者勿爲，雖愚者亦知畏懼。故人於慾起，心熱之際，當思冰山在前，深淵將溺，卽便他思他涉，以遏其心，或行走治事以避其險，庶忍能戒心，則慾亦可免，此爲達者言也。平居當熟究養生之理，守靜之方，秉慧劍截斷塵緣，舉法眼看破幻影，無爲死可以奪吾生。清靜恬淡，悉屏俗好，勿令生反速就其死，定性存誠，務歸正道，俾仙不悞我，而我不悞身，久住長年，不爲妄誕，然余所論，人孰不曰，嚼過飯也。余亦知爲熟談，但人知爲嚼過飯，而不知飯所當食，知此談爲熟，奈何熟此談而不行，所以白日沉疴，經年枕席芳華凋謝，早歲泉局，皆由厭嘗談而希平地可仙，薄淺近而務談說高遠，於爾身心果何益哉！徒云自哄自己，畢竟終無一成，吾豈欲人人知予言有本耶，聊自信耳。因錄諸經法言，覺彼色慾知戒，俾得天元之壽。

書曰：服丹石以快慾，腎水枯燥，心火如焚，五臟乾烈，大禍立至。勿大醉入房，勿燃燭入房，勿遠行疲乏入房，勿忍小便入房，勿帶瘡毒疾病未痊入房。

高子曰：寡慾者，無伺時日之戒，而自無慾，多慾者，雖律以時日，而一日不能無慾。若盡如太上五百戒中犯者減算除年，則人壽盡殀亡矣。故立教太嚴，使人反不知信，然而立教之意，戒人節慾，借時日以懼之耳。余於多戒中，僅取已上數條，此大不可犯者爲戒。善養生者，當知所恐懼，而無犯此數者。

高子曰：色慾知戒者延年之效有十：

陰陽好合，接御有度，可以延年。

入房有術，對景能妄，可以延年。

毋溺少艾，毋困(青)〔倩〕童，可以延年。

妖艷莫貪，市粧莫近，可以延年。

惜精如金，惜身如寶，可以延年。

勤服藥物，補益下元，可以延年。

外色莫貪，自心莫亂，可以延年。

勿作忘想，勿敗夢交，可以延年。

少不貪歡，老能知戒，可以延年。

避色如仇，對慾知禁，可以延年。

高子曰：吾人一身，所藉三寶具足，足則形生，失則形死，故修養之道，保全三者，可以長年。夫人一日之中，一家之事，應接無窮，而形勞百拙，起居不知節宣，萬感不令解脫，乃恣意行爲，盡力動蕩，不知五臟六腑之精，所當珍惜以養吾形。六慾七情之傷，所當遠避以安吾體。恃年力之壯，殢任意不以爲勞，何知衰朽之因，死亡之速，由此而致，令人髮槁形枯，蠶眠蛸縮，欲求金石以起吾生，草木以活吾命，有是理哉。故當日用起居，喜怒哀樂，行住坐卧，視聽笑談，逐髮戒謹，則身無所損，元氣日充，精神日足，彭(鑑)〔鏗〕比年，嵩喬同壽，敢曰迂妄以自欺哉。當與同志者，共守此道，因錄諸經法言，覺彼身心知損，俾得地元之壽。

《厚生訓纂・起居諸忌》 神不安尤忌行房

燈燭而卧，神魂不安，尤忌行房。

卧，足一伸一屈，不夢泄。

魂魄傷則狂忘失精，久而陰縮拘攣，悲哀動中則傷口恐懼不解則精傷骨痠瘈瘲，精時自下，五臟失守，陰虛氣弱不耐。

《厚生訓纂・養老》 男子六十閉房戶，所以補衰敗重性命也。

太乙眞人曰：一者，少言語，養內氣；二者，戒色慾，養精氣；三者，薄滋味，養血氣；四者，燕津液，養臟氣；五者，莫嗔怒，養肝氣；六者，淡飲食，養胃氣；七者，少思慮，養心氣。人由氣生，氣由神住，養氣全神可得眞道。凡在萬物之中所保者，莫先於元氣。攝養之道，莫若守中實內。有陶和將護之方，須在閑日，安不忘危，聖人預戒，老人尤不可不愼也。

《紅爐點雪・痰火戒忌》 絕房室

夫四慾之中，惟色最甚，雖聖賢不能無此。故孔氏曰：吾未見好德如好色者也。孟氏亦曰：養心莫善于寡慾。又曰：血氣未定，戒之在色。若此觀之，則色亦人所難制者。今之膏粱逸士，晝夜荒淫，以此爲樂，若悅芻豢，嗜而無厭，必待精竭髓枯，氣匱力乏而後已。昧而失調安能免於死哉！悲夫，若先覺者，豈至是乎？迨夫眞水既虧，則火炎痰聚而勞瘵之證成矣。當此之際，法宜存精以復水，奈火伏水沸，心神浮越，虛陽妄動，竟不能制而復泄其精，則猶源將涸而流將息而復導之，寧不竭乎？噫！病至于此，醫者當凝神定慮以治病者之慾，病者亦宜割情忍受以副醫者之心，庶幾可治，不然不能之死致生也。

戒忌箴

絕戒暴怒，最遠房室。更愼起居，尤忌憂鬱。順就寒暄，節調飲食。毋以我言，虛僞無益。一或失調，噬臍何及。

論保養

凡灸後切宜避風冷，節飲酒，戒房勞，喜、怒、憂、思、悲、恐七情之事須要除之，可擇幽靜之所養之爲善。

《壽世秘典・調攝》 每日戌亥二時，陰旺陽衰之候，一手兜外腎，一手摩臍下，左右換手各擦八十一，每臨卧時一手握赤足，一手摩湧泉，多至千數，少亦百餘，生精固陽，久而彌益。《金丹秘訣》。

卧時坐于牀，垂足解衣閉息，舌拄上腭，目視頂門，提縮穀道，兩手摩兩腎腧各一百二十，多多益善。《頤生微論》。

面宜多擦。

面上常欲兩手摩之使熱，高下隨形，皆使極匝，令人面有光澤，皺斑不生。

目宜常運。

趙人齋曰：眼目宜常轉運，則至老不昏，每轉時先轉左目三十六，卻以右鼻泄火氣，又轉右目三十六，卻以左鼻泄火氣，勿有聲。

齒宜數叩。

齒數叩則堅。道書云：左相叩爲天鐘，右相叩爲天磬，上下相叩爲天皷，若祓除不祥則鳴天鐘，制伏不祥則鳴天磬，存思集神則鳴天皷，俱要閉口緩頰使聲虛而響應深。

氣宜常提，津宜常嚥。

李眞人《長生訣》：一吸便提氣，氣歸臍；一提便嚥，水火相見。不拘行住坐卧，舌攪華池，抵拄上腭，滿口津生，嚥下谷谷有聲，隨于鼻中吸清氣一口，以意目力送至臍下畧存，一存謂之一吸，隨將下部輕輕如忍便狀，以意目力提起上夾脊，雙關直至玉枕，透入泥丸，謂之一呼，週而復始，嚥時有津固妙，無津亦谷谷然嚥之。每日無間，久之精神強旺，百病不生，道書極貴口中津液，謂之金醴玉漿，人能終日不唾，則精氣常留，顏色不槁。若久唾則損精氣，皮膚枯涸。蓋命門在兩腎之間，上通心肺，開竅于舌下，以生津液。古人製活字，從水從舌者，言舌水可以活人也。津與腎水同源，嚥歸下極，重來相會，既濟之道也。太上作⿰身家，張道忠註，⿰身家與藥同乃自家水也。《清異錄》云：仙家以津液灌溉丹田，爲種壽泉。

《內經》云：一陰一陽之謂道，偏陰偏陽之謂疾，兩者不和，若春無秋，若冬無夏，因而和之，是謂聖度。蓋陰陽有相資之益，無偏廢之理，惟陽氣閉密而不妄泄，斯生氣強固而能久長。

聖人陰陽交會之要，因陽氣盛，發中外相，應鼓勇有餘，乃相交合，則聖人之制度也。若強用施泄，損耗天眞，精氣竭矣。或謂採陰補陽，以御女求長生，理所必無。凡人欲動，則精流，如蹶張之弩，孰能御之。己之精不能制，而能採人之精乎。強制逆閉蓄穢，蘊熱爲疽爲腫，蘊蓄至久，一敗如決渠，死不旋踵。《楚志》稱百歲楊不知何許人，人有見之四十年前髮已二毛，今更添黑口，皆鯢齒似重生者。楊自憶：爲天順二年生，百歲外矣。所居挾二姬，嘗以御女術遊諸貴豪家。自云：吾貧不能得三姬，若得三姬卽不死，士大夫慕長生者，皆與遊，而曹中丞尤尊信，復市一姬與御之，術敗而死，未幾曹中丞亦以此術死，徐叔明作傳刺焉。

男子以精爲主，女子以血爲主，故精盛則思室，血盛則懷胎。若孤陽絕陰，獨陰無陽，慾心熾而不遂，則陰陽交爭，乍寒乍熱，久而爲勞。

《養生書》云：男不可無女，女不可無男。無女，則意動神勞而損壽，若念眞正無可思者，則長生也。

樹衰土培，陽衰陰補，含育元氣，愼莫失度。《壽養叢書》。無情莫若木，木至衰朽卽壅土培之，尚得再榮。又見以嫩枝接續老樹，亦得長生，用意推理，陽衰陰補是亦宜耳。衰陽以少陰補，取其元氣，津液引於我身，卽顏復童矣。故老人虛人，與二七以前少陰同寢，藉其薰蒸，最爲有益，但不可恣淫，以喪寶促生耳。郭丹葵曰：予好道數十年，精氣神會合處，實覺有得，只導引之法行之，殊煩難不免作止。惟每晨取幼女津唾服之，以多爲貴，久久百節靈通，體強神旺，斯還元之秘訣，不老之奇方也。

人身氣爲衛，血爲榮，虛損者，氣血不足也。氣虛則形衰，血虛則精竭。虛與損異，慾事過多則精虛，方慾事時，盡筋骸之力以送之，則損，力畢，全副之神以行之則損神，受損時虛火益動並不知虧，殆後種種病生矣。知虛損而急葆之，十生八九，虛而重虛，其損益甚，藥石無濟矣。

凡人內勞神明，外勞形質，俱足夭折，惟房勞較甚。爲其形與神交用，精與氣均傷也。《長生秘典》。

精欲漏時提氣守泥丸，或微呵一二次，勿使心氣下從，雖有走漏，可無大傷，切勿子後行房，陽方生而頓滅之，一度傷於百度。《頤生微論》。

氣入身來謂之生，神去離形謂之死，知神氣者可以長生，固守虛無以養神氣，神行卽氣行，神住卽氣住，欲得長生，神氣相注，若房勞過甚，則精血竭而神無所依，氣無所附，忽致暴絕也。《胎息經》。

人素羸瘠乃能兢兢業業，凡酒色傷生之事，皆不敢爲，則其壽固可延永矣。如素強壯，乃恃其強壯恣意傷生之事，則其禍可立待也，此豈非命雖在天，而制命在己歟。皆春居士。

人生莫若寡慾，未必長生，亦可卻病。聖人治未病，賢人治已病。已病矣，思其致病之根，由於不謹急，遠房幃，絕嗜慾，庶幾得之，世人服食，以求長生，惑矣。甚者日服補藥，以資縱慾，則惑之甚也。

按：戴埴鼠璞云：俗以素女術出於彭籛，予考《列仙傳》，籛云：上士別牀，中士異被，服藥百裹，不如獨卧。後人集其採納之術號《彭祖經》，是籛之採納以存眞，葆衛爲先務，與世之論大相反。所謂喪四十九妻，五十四子，特欲形容八百歲之壽且久耳！《漢・藝文志》有房中八家，百八十六卷，且謂聖王制外藥（不）〔以〕禁內情，爲之節文，樂而有節，則和平壽考，迷者弗顧以生疾而隕命，即此類也。

雨未必能浥物，雨氣最浥物；日未必能竊人面目，月受日光，於月下坐，最能竊人面目；鬼未必懾人，鬼影響最懾人；慾事未必損人，慾念最損人。隔牆餃釧，隙穴髻鬟，少年當之，有衽席不施，而爍爲枯腊者多矣。《紫桃軒又綴》。

人生氣血，每七日一度進長，所謂三陰三陽，而又加一晝也。《易》曰七日來復是也。人於房室之事，七日一犯，所生止足供其輸泄，漸漸衰弱，至四十則氣血衰矣。若能踰七日而爲，八日即有一分之餘，從此益之，爲二八、三八、四八，以至六八四十八日不犯，自然陽道壯岸，所用不竭，其所生自享永年。故曰：知之則強，不知則老。聖人立教，欲人於既婚後，即守此七八之禁，故以四十前後爲斷。若俟衰老之後而爲之，無及矣。然亦非若方士之謬談，蓋陰陽生息，節宣之至理耳。《紫桃軒雜綴》。

昔廬陵周和尚年九十餘，能行遠路，鬚髮不白，言無他術，壯年能節慾耳。且云：人精液能生人，若保守存留豈不能自生。畫士張翬年九十餘，耳聰目明，尚能作畫，亦曰平生惟慾心淡，慾事節，或者賴此，無他術也。

疲乏入房虛損少子，強力入房則精耗，精耗則腎傷，腎傷則髓竭內枯，服腦麝入房，關竅開通，真氣走散。

《內經》言，醉以入房，養生大忌，是以節慾先須戒醉，醉後最易犯慾。生平謹凜，頃刻恣睢，尊生一念，遂置度外，故養生家切忌縱飲。《折肱漫錄》。

婦人若遇月事，最宜謹慎，否則與產後症相類，多致勞瘵等疾，或經血內滲，則竅穴淋瀝無已。

《丹鉛別錄》云：月事謂之入月，天子諸侯有嬖妾以次進御，其有月事者止而不御，難于口說，故注丹于面，灼然爲識也。王建宮詞，密奏君王知入月，喚人相伴洗裙裾。漢律姅變，亦謂月事也。

凡丹石補藥，房術秘法，興陽澀精，行樂不覺，藥性暴烈，或洗或嚼，或噙于口，或藏臍下，阻塞精道，強忍不洩，取快一時，毒藏臟腑，真陰枯爍，種禍在身，終久必發，以致喪身，不可不慎。陳毓仁。

金石之丹皆有大毒，即鍾乳硃砂，服久皆能殺人。蓋其燥烈之性爲火所逼，伏而不得發，一入腸胃，如石灰投火，煙焰立熾。唐憲文敬懿諸帝，皆爲服丹所誤。宋時張聖民、林彥振等，皆至發瘍潰腦，不可救藥，近代張江陵末年服丹死時，膚體燥裂如炙魚。然夫鍊丹以求長生也，乃不能延齡，而反以促壽，人何苦爲所愚而恬不知戒哉。蓋皆富貴之人，志願已極，惟有長生一途，欲之而不可得，故奸人邪術得以投其所好，寧死而不悔耳，亦可哀也。

《壽世青編》 固精法

《金丹秘訣》云：一擦一兜，左右換手，九九之數，真陽不走。每於戌亥二時，陰旺陽衰之候，宜解衣閉息，一手兜外腎，一手擦臍下，左右換手，各兜擦九九之數，仍盤膝端坐，手齒俱固，先提玉莖，如忍小便狀，想我身中元精，自尾閭升上，直至泥丸，復過鵲橋，降至丹田，每行七次，精自固矣。

愚按：精者，人身真元之氣，五官百骸之主，而神魂附之，以生者也。夫神猶火也，精猶油也，油盡則燈滅，精竭則神亡，故精由氣生，神由精附，固精之法。宜急講也。半月精固，久行愈佳。

內養下手訣

《易》曰：一闔一闢謂之變，往來不窮謂之通，闔闢往來無非道也。人生以氣爲本，以息爲元，以心爲根，以腎爲蒂。天地相去八萬四千里，人心與腎相去八寸八分，此腎是內腎，臍下一寸三分是也。中有一脈，以通天息之浮沉。息總百脈，一呼則百脈皆開，一吸則百脈皆合，天地造化流行，亦不出於闔闢二字。人之呼吸，即天地闔闢也，是乃出於心腎之間，以應天地陰陽升降之理，人能如此，養以自然，則氣血從軌，無俟乎搬運之煩，百病何自而生。如有病能知此而調之，則不治而自卻矣。下手之訣，必先均調呼吸，先須屏絕外緣，順溫涼之宜，明燥濕之異，明窗淨几，滌慮清心，閉目端坐，叩齒三十六通，以集心神，然後以大拇指背于手掌心，勞宮穴處，摩令極熱，周拭目之大小眥各九遍，并擦鼻之兩旁各九遍。又以兩手摩令熱，閉口鼻氣，然後摩面，不俱遍數，以多爲上，名真人起居法；次以舌舐上腭，攪口中華池上下，取津漱鍊百次，候水澄清，一口分作三次，汩然嚥下，名曰赤龍取水，又曰玉液煉己法。最能灌溉五藏，光澤面目，潤肺止嗽，其效若神。行持時不必拘定子午，每於夜半後，生氣時行之，或睡覺時皆妙，如日中閒暇時亦可。

《勿藥玄詮·寡慾養真》 腎乃藏精之舍，爲天一之神水，臟腑筋骸皆賴其滋養，若不知保攝，損耗真元，則氣弱神疲，百病乘之。養生之士，最宜珍惜。

養生大要

夫養生之道，非止一端，雖起居衣食，皆有所養，茲舉其畧，最爲簡便之方。

節飲食，減勞碌，適寒溫，避風雨，時起居，忘思慮，寡慾念，戒氣怒。

飯後散步逍遙，以化飲食，而生精力。此動以生陽也。當腹空時，入室靜坐，洗心滌慮，調養氣息，以寧神志，此靜以生陰也。陰陽相生，氣血充足，精神強旺，壽寓延洪。

色慾傷　男子二八而天癸至，女子二七而天癸至，交合太早，斵喪天元，乃殀之由。男子八八而天癸絕，女子七七而天癸絕，精血不生，入房不禁，是自促其壽算。人身之血，百骸貫通，及慾事作，撮一身之血，至於命門，化精以泄。人之受胎，皆稟此命火以有生，故莊子曰：火傳也，不知其盡也。夫精者，神倚之，如魚得水，神必依物，方有附麗，故關尹子曰：精無人也，神無我也。《楞嚴經》曰：火性無我，寄於諸緣。氣依之，如霧覆淵，不知節嗇，則百脈枯槁，交接無度，必損腎元，外雖不泄，精已離宮，定有眞精數點，隨陽之痿而溢出，如火之有煙燄，豈能復返於薪哉。

《金丹秘訣》曰：一擦一兜，左右換手，九九之功，眞陽不走。戌亥二時，陰旺陽衰之候，一手兜外腎，一手擦臍下，左右換手，各八十一，半月精固，久而彌佳。

《物理小識》　欲色者，腎氣隆也。老而好色衰者，腎微也。

又　固濟法：十六錠金最要，存陰蹻，扼莖，如忍溲，久則止遺。升、提、降、散，須視其體。

《陸地仙經》　愛惜精與氣

精氣，人之根本，雖不當絕，不可妄施。年友鄭公曰：余三十五無子，荆妻勸娶妾，余自後常獨宿，月會妾一二次，未嘗每宵同宿，今六子三女，並無胎癇疹毒之患，今年八十九矣。尚能夜書細字，飲食步趨如幼，皆愛惜精氣所致。有同鄉某姓者，正室已四子，猶娶名妓三、閨女五，皆冶容，沒後穢不忍言，予非暴人短也，幸尊生君子鑑焉。

子午固關元

關元，乃人之氣海也，修養家名爲丹田，臍下一寸三分，元氣之所蓄，人每心思意動，無不耗元氣也。子午二時，洗心靜坐，鼻調勻，反觀內顧於關元之所，則一重身痛。長着汗衣，則病痲木發黃；勉強涉水，則病腳氣攣痺；饑餓澡浴，則病骨節煩痛；汗出見濕，則病痤疿。痤，癤也。音坐，平聲。

飲食傷：

經曰：飲食自倍，腸胃乃傷，膏粱之變，足能也生大疔，膏粱之疾，消癉痿厥，飽食太甚，筋脈橫解，腸澼爲痔。飲食失節，損傷腸胃，始病熱中，末傳寒中。怒後勿食，食後勿怒，醉後勿飲冷，引入腎經，則有腰腳腫痛之病。飽食勿便卧。飲酒過度，則臟腑受傷，肺因之而痰嗽，脾因之而倦怠，胃因之而嘔吐，心因之而昏狂，肝因之而善怒，膽因之而忘懼，腎因之而爍精，膀胱因之而溺赤，二腸因之而泄瀉，甚則勞嗽、失血、消渴、黃疸、痔漏、癰疽，爲害無窮。鹹味能瀉腎水，損眞陰，辛辣大熱之味皆損元氣，不可多食。

《楊西山先生修真秘旨・煉精法》　修藥法

夫精氣神者，身中之三寶，延生之上藥也。古人有煉精化氣，煉氣化神，煉神反虛之說，爲學仙之漸法，其旨意玄，余未及知。然每默思而究其理，彷彿其意則不遠人，故立法自程，並爲養生者助焉。

煉精三法

一生精。精生於情，情和悅則精生。黃帝曰：精生於穀，精不足者補之味，味非濃厚之味也，五穀五菓之甘者皆益人，因其時而食之，飲食，生於甘汥則精生矣。

一藏精。黃帝書曰：腎者受五臟之精而藏之，冬不藏精，春必病溫，在臟曰精，在骨曰髓，髓之府曰腦。故上腦下腎，精之源流也，精臟足則氣升於腦，腦髓足則液化爲精，此上下二源，自然之道，宜靜以養之。蓋眞陰以靜而藏密，而術家反以搬運擾之悞矣。然要更有要法，莫妙於塞兌，兌者精動之竅也，精由情感而動，情將感而亟窒之，此塞其坎陷之竅也。欲由目見而生，目有見而反觀之，此塞其巽入之兌也。如此則風定水澄精自密藏矣。

一運精。精久不泄則盈，盈者易傾，故當有以運之。運者，非搬運之謂也，平其心而調其息，因調息以噍液氣，液相鼓盪而精自隨，清氣化而爲精華矣。俟氣和脈融，復廣步於庭，百步郤坐，凝定魄力，片時是爲，以魄制精，其凝魄之法，盤膝坐緊，兩手握固，舌舐上腭，鼻微內吸，前提後攝，俱微以意乏之，勿太着力，心蓄殺機，如怒如帍，旻謂煉魄，如此片刻，勿令氣亂，即委體安和而卧，此法每以精生時爲之，大抵年老者，十四五日，中奉者七八日，少壯者三日，覺勃勃情生，是發動之候也。

煉精有時在卯酉、巳亥。卯酉者，日月之門戶，巳亥者天地之門戶，於此四時恆以上養煉之，則精化爲氣也。

煉氣三法

一調氣。人之元氣鼓舞之機，在於呼吸，一呼一吸謂之一息，息息相生，乃天地翕闢，陰陽往來之理也。人臟腑之氣有不調則呼吸之，氣或滯或散，或多或少，而不能如度。黄帝書曰：人一呼氣行三寸，一吸氣行三寸，呼吸定息，氣行六寸。一日一夜，一萬三(二)千五百息，氣行八百一十丈，當五十周於身，以應大衍五十陰陽之至數也。人於息而調之，則鼓盪太和應天之度，合地之理，可以驅除臟腑邪氣，充潤周身血脈。其法靜坐平心委氣，呼吸勿令太急，勿令太緩，勿令有聲，耳聞勿教，強過氣亂，綿綿若存，洋洋悠悠如蟬。曳風如絲貫藕，是謂調氣。然尤在平時動靜食息之。

《聖濟總錄纂要・平補諸虛益精扶陽》　六神丸方，平補諸虛，大益氣血。

石菖蒲　地骨皮　牛膝酒浸　菟絲子酒浸，炒　生乾地黄　遠志各等分

右爲末，鍊蜜丸如梧桐子大，每服二十丸，空心食前溫酒或鹽湯下。加至三十丸。

山藥四倍丸方，平補除風，滋益年壽。

山藥半兩　枸杞子一兩　甘菊花二兩　熟乾地黄四兩

爲末，鍊蜜丸如梧桐子大，空心食前鹽湯下三十丸，溫酒亦可。

補骨脂丸方，平補諸虛，益精壯陽。

補骨脂　松脂　白茯苓　山藥各八兩　杏仁去皮、尖，雙仁，炒，三升　胡桃肉　大棗各一斤　桂心　牛膝酒浸　澤瀉　菖蒲　薏苡仁　萆薢　檳榔各一兩　鹿角膠炙燥，十兩　獨活　蛇牀子　蒺藜子炒去角，各一兩　生地黄廿斤，取汁

右除地黄汁外爲末，以水煎至地黄汁成膏，入藥點蜜和丸如梧桐子大，每服空腹溫酒下三十丸。

峻補

論曰：陰陽之氣，本自和平，過則生患。峻補之藥，施於倉卒，緣陽氣暴衰，真氣暴脱，或傷寒陰證諸疾，急於救藥者，不可緩也。蓋人稟受有限，嗜慾太過，病疾横生，固當取陽氣以扶衰弱。則峻補諸方，經所謂補下治下制以急，急則氣味厚者，此之謂也。

青硫丸方，治久冷，峻補元藏。

硫黄一斤，酒、甘草水浸，研三日　附子去皮臍　山茱萸各四兩　牛膝酒浸，三兩　白豆蔻去殼，二兩　木香二兩　肉豆蔻去殼，二兩　艾葉一兩，乾

爲末拌勻，蒸木瓜肉和搗爲丸如梧桐子大，每服十丸，至十五丸空心鹽湯下，如腳腰疼痛，用木瓜湯下。

益神丸方，補元藏久冷。

硫黄酒拌甘草水研一日　木香　肉豆蔻　檳榔　桂心　青橘皮去白各一兩　附子去皮臍　乾薑各一兩

爲末和勻，用糯米粥丸如梧桐子大，每服十丸至十五丸，空心酒下。

補虛益氣

論曰：形不足者溫之以氣，精不足者補之以味。形精相感，氣血生化，則榮衛循流，不失其度。食飲不節，起居靡常，嗜慾過度，神憊精搖，則真氣將耗，虛損之疾由是而生。治法當補虛益氣。

菟絲子丸方，補元藏，益脾胃，止腹臍疼痛，思進飲食，固真氣，美顏色。

菟絲子水淘去浮者，用酒浸七日，別搗　萆薢各二兩　肉蓯蓉酒浸一宿，四兩　黑狗脊骨并髓炙焦，一兩，牛黄者亦佳　枳實炒，一兩　熟乾地黄二兩　山藥一兩

爲末，酒煮麪糊丸如梧桐子大，每服三十丸，米飲下，空心食前各一服。

地黄沉香丸方，治上熱下冷，五勞七傷，補益虛損。

沉香　鹿茸酒浸，酥炙　肉蓯蓉酒浸　牛膝酒浸　附子去皮臍，各三兩　菟絲子酒浸一宿，別搗末，三兩　黄耆　熟乾地黄四兩　蒺藜子炒，二兩　巴戟天　川芎　石斛　山茱萸　木香　羌活　補骨脂　蛇牀子　楝實取肉　人參　桂心　懷香子炒　檳榔　骨碎補　安息香胡桃瓤二枚研。各一兩

右爲末，別取地黄自然汁七升，棗膏四兩，酒三升，蜜半斤，酥五兩，於銀石器中熬如膏，放冷入羯羊筒骨內髓半斤，鍊油去滓，和前末杵千百下，丸如梧桐子大。每空心溫酒或鹽湯下三十丸，加至四十丸。

四補丸方，益氣血，補元藏，悅顏色。

栢子仁生絹袋盛　何首烏切片　肉蓯蓉切片　牛膝生絹袋盛。各三兩

用酒三升，春夏浸七日，秋冬浸二七日，取牛膝，栢子仁先搗如泥，次將何首烏，蓯蓉杵得所爲丸如梧桐子大，每服二十丸至三十丸，空心溫酒下。

補虛益精髓

論曰：《內經》謂腎者主水，受五臟六腑之精而藏之，又曰腎之合骨也。骨者髓之府，故嗜慾過傷，精髓耗憊，則必用補腎之劑以益之。凡病虛則補之，不必專用熱藥，若腎虛之證尤當以益精髓爲先。《聖濟經》謂陽劑剛勝，則曰天癸竭而榮涸。蓋謂此也。

覆盆子丸方，治五勞七傷，骨髓虛憊。

覆盆子　鹿茸去毛，酥炙　巴戟天　五味子　桂心　山藥各半兩　黃耆　牛膝酒浸　熟乾地黃一兩　遠志一分　肉蓯蓉酒浸　石斛各三分

右爲末，鍊蜜丸如梧桐子大，空心溫酒下三十丸。

仙丸方，補不足，填精髓，除風變白。

生地黃廿斤，取汁　生牛膝十斤，取汁　生薑三斤，取汁　菟絲子酒浸，別取末　桃仁去皮、尖、雙仁，炒　杏仁酒浸去皮、尖、雙仁　巨勝子甑內炊熟暴乾九遍，湯浸去皮炒，研　蒺藜子各一升　白蜜

先將地黃汁量三升入銀石器內，浸到處刻記定，次入餘地黃汁，慢火煎至刻處，次下牛膝汁，又煎至刻處。其火常令如魚眼沸。次下杏仁、桃仁末，次下巨勝末，次下蒺藜末，次下菟絲末，又下白蜜，攪勿住手，候可丸即搗三千杵，丸如梧桐子大。每服空心溫酒下三十丸，加至四十丸。晚再服。百日後白髮變黃，二百日後從黃變黑，諸風悉除，尤補腰腎，益氣明目。

金鎖丸方，壯元氣，益精髓，補虛損。

龍骨一兩，茅香湯浴三遍，研如麪　蓮花蕊七八月採，二兩　雞頭粉三分　山茱萸酒浸取肉　沉香　肉蓯蓉酒浸去皮　附子去皮臍　桂心

爲末，以金櫻煎膏，丸如無卽鍊蜜丸如梧桐子大，空心溫酒下二十丸至三十丸。

地黃煎方，治精極，填骨髓。

生地黃一斤，取汁　牛酥一斤　白蜜一斤

以慢火煎地黃汁減半，內牛酥更煎良久，次下蜜攪勻，候稀稠得所，瓷器盛，每日空心食前，溫酒調下數錢。

靈芝丸方　治脾腎氣虛，補骨髓，通利耳目。

蒼朮一斤，米泔浸，時換水

以竹刀刮去皮并土，夏浸三日，冬浸七日，晒乾爲末，棗肉丸如梧桐子大，空心棗湯下三十丸至五十丸。蒼朮一味甚妙。人以至賤而忽之，服之勝他藥多矣。熬膏亦佳。

補虛固精

論曰：腎主水，受五藏六腑之精而藏之，所謂天一在藏本立始也。若腎衰精氣不固，或因洩而出，或因聞見而溢，或因虛勞漏泄精氣，或因邪氣乘虛客於陰爲夢遺，皆腎虛也。宜補益固之，澀以去脱之劑。

九物金鍊丹方，治虛損，去風閉精，固元陽。

龍齒　敗龜板酥炙　雄蠶蛾　白蓮花各半兩　山藥二兩　巴戟天半兩　蓮子心　肉蓯蓉各一兩　雄雞肝一具

爲末，麪糊丸如梧桐子大，每服十丸，空心溫酒下。

補骨脂丸方，治夢泄。

補骨脂炒，四兩　龍骨　山茱萸　巴戟天各一兩

爲末，鍊蜜和丸如梧桐子大，空心鹽湯下三十丸。

神效散方，治夢泄。

白茯苓一兩　豬苓二錢

先用水煮合宜，去豬苓，再將茯苓焙乾爲散，每服一錢，溫酒下，空心夜卧各一。

半夏丸方，治夢泄，除痰，利胸膈。

半夏二兩，湯洗七遍，入豬苓四兩，炒令豬苓紫色，去豬苓，用半夏

爲末，酒麪糊丸如梧桐子大，每服十五丸，空心粥飲下。

韭子丸方，治腎藏虛冷，腰膝痠疼冷痺，夜多小便，夢寐遺泄，日漸羸瘦，面無顏色。兼治女人惡露，赤白帶下。

韭子七升，淨揀

以醋湯煮千百沸，取出焙乾，旋炒令作油麻香，爲末鍊蜜丸如梧子大。每日空心溫酒下二十丸，加至三十丸。

補虛壯元陽

論曰：陰陽氣血之在人，初無餘欠，及勞動妄作，嗜慾過度，戕其太甚，則有陰陽傷憊之病，氣血虛損之證。法宜補之。

蓯蓉丸方，補元藏，益精氣，利腰腳。

肉蓯蓉酒浸，二兩　天雄去皮臍，一兩　白馬莖酥炙，二兩　雀卵四十九枚

菟絲子酒浸三宿，一兩

右將四味爲末，以雀卵拌鍊蜜丸如梧桐子大，每服十丸，空心溫酒或米飲下。

菟絲子丸方，補虚益氣，壯元陽。

菟絲子淘去浮者，以酒浸七日爛研，焙乾，三十兩　蘹香子炒，八兩　青鹽三兩

爲末，用浸藥酒煮麵糊丸如梧桐子大，每服空心溫酒下二十丸至三十丸。

補虚理腰膝

論曰：《內經》謂腰者腎之府，轉搖不能，腎將憊矣。膝者筋之府，屈伸不能，行則僂仆，筋將憊矣。蓋腎主腰肝主筋，筋聚於膝，若腎藏虚損，肝元傷憊，則筋骨受病。故腰膝爲之不利。

酸棗仁散方，治骨極腎虚脚膝骨髓痠疼。

酸棗仁八兩，微炒　虎脛骨二兩，塗酥炙黄　熟乾地黄八兩　杜仲二兩，炒黄

桂心三兩　牛膝三兩

右爲散，每服二錢，胡桃酒下，葱茶亦可。空心日午夜卧各一服。

杜仲丸方，補下元，烏髭鬢，壯腰膝，進飲食，悅顏色，治腰疼。

杜仲炙，爲末　補骨脂炒香熟，爲末　胡桃仁湯浸去皮研，各一兩

研勻鍊蜜丸如梧桐子大，每服三十丸，空心溫酒下。

地仙煎方，治腰膝痠疼痛，腹內一切冷病，令人悅澤顏色，骨髓堅固，行及奔馬。

山藥末一斤　杏仁去皮尖一升　生牛乳一升

先將杏仁細研，入生牛乳，絞取汁。次取山藥末相拌，入新瓷器密封，安放釜中。重湯煮一日煎成，每服一錢，空心溫酒下。

菟絲子丸方，治腰膝積冷痠疼或痹痛無力，壯真元。

菟絲子　牛膝各一兩

於銀石器內，好酒漬之，令酒過藥一寸，經五日控乾焙燥，擣羅爲末。將元浸藥酒煮麵糊丸如梧桐子大，每服三十丸，空心食前酒下。

《宣明論方·補養門·藥證方》　雙芝丸　治補精氣，塡骨髓，壯筋骨，助五臟，調六腑，又服(注)〔駐〕顏不老。

熟乾地黄焙，取末　石斛去根，酒炙　五味子焙　黄耆剉　肉蓯蓉酒浸　牛膝酒浸　杜仲蜜水浸炮　菟絲子酒浸三日，炒　麋鹿角霜半斤　沉香三錢　麝香二錢，研　人參　白茯苓去皮　覆盆子　乾山藥　木瓜　天麻酒浸　秦艽已上各一兩　薏苡仁二兩，炒

右爲末，煉蜜爲丸如桐子大。每服二十丸至三四十丸，溫酒下，鹽湯米飲亦可。凡年五十歲已上加入黑附子，以青鹽湯蘸炮，鹿角一大對，去頂三指，碌黄半斤渾用。以上用些油，釜中以水同煮，令微沸，勿太急甚，水耗只旋添溫水，須用水以備添也，煉令角膠汁出盡，其角如霜，以手捻如膩粉乃盛之，取用勿令穢污也。

金鏁丹　治男子本藏虚冷，夜夢鬼交者。

龍骨水飛　菟絲子一兩　破故紙　韮子　澤瀉　牡蠣各半兩　麝香少許

右爲末，酒麵糊爲丸，如桐子大。每服三十丸，溫酒下空心食前，日三服。

水中金丹　治元藏氣虚不足，夢寐陰人，走失精氣。

陽起石研　木香　乳香研　青鹽各一分　茴香炒　骨碎補炒　杜仲各半兩，去皮，生薑炙，絲盡　白龍骨一兩，緊者槌碎，絹袋盛。大豆蒸熟，取出焙乾，研。

黄戍腎一對，酒一升，煮熟，切作片子，焙　入白茯苓一兩，與腎爲末

右爲細末，酒麵糊和丸如皂子大。每服二丸，溫酒下，空心，忌房室。

《壽親養老新書·集方》　金櫻子丸

補腎秘精，止遺泄，去白濁，牢關鍵，神妙。

金櫻子一升，搥碎入好酒二升，銀器內熬之，候酒乾至一升以下，去滓再熬成膏　桑白皮一兩炒　雞頭粉半兩，夏採日乾　桑螵蛸一分，酥炙　白龍骨半兩，燒赤爲末　蓮花鬚二分

右爲末，入前膏子，捜爲丸，如梧桐子大，空心鹽湯溫酒下三十丸。如丸不就，即用酒麵糊爲之。

《壽親養老新書·食治方》　青娥丸

治腎氣虚弱，腰痛，俛仰不利，秘精，大益陽事。老人服此，顏色還童，少年服此，行步如飛。

破故紙十兩，以水淘過，用香油炒，如臟腑虚冷，麥麩炒　杜仲五兩，須是六兩方得五兩，剉如骰子大，麥麩炒黄色　胡桃仁五十箇，以糯米粥相拌，臼內擣五六百下，只用此粥爲丸

右丸，如梧桐子大，每服三十丸，空心鹽酒下。

此方趙進道從廣州太守處得之，久服大有神效。遂作詩一絶以紀其功：十年辛苦走邊隅，造化工夫信不虛。奪得風光歸掌内，青娥不笑白髭鬚。

《壽親養老書·食治老人五勞七傷諸方》 食治老人五勞七傷，下焦虛冷，水便遺精。宜食暖腰壯陽道餅子方。

附子一兩，炮製去皮臍　神麯三兩　肉蓯蓉一兩半，酒浸一宿，利去皺皮，炙乾　乾薑一兩，剉，炮製，剉　桂心一兩　五味子一兩　大棗二十枚，煮去皮核　羊髓二兩　菟絲子一兩，酒浸三日，晒乾，爲末　白麵一斤　蜜四兩　黄牛乳一斤半　酥二兩　漢椒五錢，去目及閉口者，微炒去汗

右爲末，入麪以酥蜜髓乳相和，入棗瓤熟搜於盆中，蓋覆，勿令通風，半日久即將出。更搜令熟，捍作糊餅大，面上以筯挑之，即入爐熬中，上下以火煿令熟。每日空腹食五枚。一方：入酵和更佳。

《壽親養老書·食治諸方》 食治老人益精氣，強志意，聰利耳目。鷄頭實粥方

鷄頭實三合

右煮令熟，去殼，研如膏，入粳米一合煮粥，空腹服之。

《逍遙子導引訣》 火起得長安

子午二時，存想眞火自湧泉穴起，先從左足行上玉枕，過泥丸，降入丹田，三遍；次從右足亦行三遍；復從尾閭起，又行三遍。久久純熟，則百脈流通，五臟無滯，四肢健而百骸理也。逍遙子云：陽火須知自下生，陰符上降落黄庭，周流不息精神固，此是眞人大鍊形。

形衰守玉關

百慮感中，萬事勞形，所以衰也。返老還童非金丹不可，然金丹豈易得哉！善攝生者，行住坐卧，一意不散，固守丹田，默運神氣，沖透三關，自然生精生氣，則形可以壯，老可以耐矣。逍遙子云：卻老扶衰别有方，不須身外覓陰陽，玉關謹守常淵默，氣足神全壽更康。

搓塗自美顔

顔色憔悴良由心思過度，勞碌不謹。每晨靜坐，閉目凝神，存養神氣，沖澹自内達外，兩手搓熱拂面七次，仍以嗽津塗面，搓拂數次，行之半月，則皮膚光潤，容顔悦澤，大過尋常矣。逍遙子云：慾寡心虛氣血盈，自然五臟得和平，衰顔仗此增光澤，不羡人間五等榮。

閉摩通滯氣

氣滯則痛，血滯則腫。滯之爲患，不可不慎治之。須澄心閉息，以左手摩滯七七遍，右手亦然。復以津塗之，勤行七日，則氣通血暢，永無凝滯之患。修養家所謂乾沐浴者，即此義也。逍遙子云：榮衛流行不暫休，一綫凝滯便堪憂，誰知閉息能通暢，此外何須别討求。

凝抱固丹田

神一出便收來，神返身中氣自回。如此朝朝并暮暮，自然赤子産眞胎。此凝抱之功也。平時靜坐存想，元神入於丹田，隨意呼吸，旬日丹田完固，百日靈明漸通，不可或作或輟也。逍遙子云：丹田完固氣歸根，氣聚神凝道合眞，久視定須從此始，莫教虛度好光陰。

《泰定養生主論》 治童下元不固，便前溺後，夢寢遺精。

韭子半斤，酒浸一宿，焙所爲末，一兩　白龍骨研，一兩　黄耆炙，一兩

右三味爲末，酒糊爲圓，如桐子大。每服二十圓，至三十圓，食後鹽湯鹽酒任下。

《泰定養生主論·婚合門》 戊己圓　治新婚男子女人，素稟虛寒滑泄，飲食無味，肌肉不生，多睡少寤，終日昏蒙，夜多異夢，畏寒喜熱，喫食嘔吐清水，狀如翻胃。養脾開胃，滋血氣，長肌肉，化精益髓，補暖丹田，老幼當人，皆可服之。

茴香三兩揀淨　甘草一兩炙　浮椒五兩，揀淨，即胡椒也　人參一兩　白术二兩　硃砂半兩，細研　白茯苓三兩，去皮　香附子三兩，炒去毛

右爲細末，生薑汁打糊爲圓，如梧桐子大。每服二三十圓，空心食前白湯送下，日二服。

腎氣圓　治男子素稟虛弱，或病失將理，五損六極等傷，駐顔益壽，溫補下元。

生地黄八分　肉桂二分　白茯苓去皮四兩　澤瀉三分　大附子炮，去皮臍，三分　乾山藥四分　山茱萸去子三分　牡丹皮三分

右爲末，煉蜜爲圓，如梧桐子大。每服三十圓，溫酒塩湯空心任下，忌生蘿蔔、牛肉、生葱。

《谷水秋園漫筆・頤養補益彙方》 彭祖補陽固蒂長生延壽方。八門下同。扁鵲用此二十味，浮沈升降，君臣佐使，治勞嗽之疾無不痊愈。不惟勞疾，凡一年四季各熏一次，元氣堅固，百病不生，及久嗽久喘，吐血寒勞，遺精白濁，陽事不舉，下元極弱，精神失常，痰膈等疾。婦人赤白帶下，久無生育，子宮極冷，凡用此灸，則百病頓除，益氣延年。

人參　附子　胡椒各七錢　夜明砂　五靈脂　沒藥　虎骨　蛇骨　龍骨　白附子　朱砂　麝香各五錢　青鹽　茴香各四錢　丁香　雄黄　乳香　木香各三錢

右爲末，另用白麪作條圈於臍上，將前藥一料分爲三分，内取一分先填麝香末五分，入臍孔内，乃將一分藥入麪圈内，按藥令緊，中插數孔，外用槐皮一片蓋於藥上，以艾火灸之，無時，損易壯，其熱氣或自上而下，自下而上，一身熱透，患人必倦沈如醉，灸至五六十壯，遍身大汗，上至泥丸宫，下至湧泉穴，如此則骨髓風寒暑濕，五勞七傷，盡皆拔除。苟不汗則病未除，再於三五日後又灸至汗出爲度，學者須用小心，灸至百二十壯則疾必痊。灸時要慎風寒，戒生冷、油膩，保養一月以後，愈加精神健旺。婦人灸臍，去麝香，加韶腦一錢。

小接命熏臍秘方。夫人賴精血而成形，其在胞胎，惟有臍帶與母氣相通。隨母呼吸，十月脱胎，漸長成人。七情六慾，内外交侵，喪失真元，殞軀喪命，良可惜也。余哀閔世人，特傳良方，壯固根蒂，保護形軀，熏蒸本源，除卻百病，其效如神，每年中秋日熏蒸一次。

乳香　沒藥　猳鼠糞　青鹽　續斷各二錢　麝香一分

右爲末，令人食飽仰卧，用蕎麥麪水和捏一團，徑過寸餘，臍大則徑二寸，内入藥末安臍上，用槐皮一片覆圈藥之上，以豆許艾壯灸之。百脈和暢，冷汗如雨，不可令痛，痛則反泄真氣，灸至行年歲數而止。無病者，連日灸之；有病則三日一次，灸至腹内作聲，作痛，大便有涎沫等物出爲止。只服米湯，兼食白肉、黄酒，以助藥力。若患風氣，有鬱熱在腠理者，加女子紅鉛拌藥，則汗易出而疾隨愈矣。

接命丹　養丹田，助兩腎，添精補髓，返老還童，卻病延年。

大附子一枚，切作八片　甘草　甘遂二兩，搥碎

右以布包，用燒酒二斤，共浸半日，文武火煮乾爲度。取起附子去草，遂加麝香三分，搥千餘下，分作二丸，陰乾納一丸於臍中，七日一換，餘丸放黑鉛盒内養之。

溫臍種子方。

五靈脂　白芷　青鹽各二錢　麝香一分

右爲末，用蕎麥粉水和成條，做圈安於臍上，以前藥末入於臍中，用艾灸之。婦人尤宜，但覺臍中溫煖即止，過數日再灸，太過則生熱也。

溫臍兜肚方。專治痞積、遺精，白濁，婦人赤白帶下，經脈不調，久不受孕者，惟有孕者忌之。

白檀香　羚羊角各一兩　零陵香　馬兜鈴　馬蹄香即沈香　白芷　木鼈子　甘松　升麻　血竭各五錢　丁皮七錢　麝香九分

右爲末，作三分，以熟艾絮綿裝白綾兜肚内，初用者，每三日後一解，至第五日又用，一月後常用之。

瓊玉膏　《入門》。填精補髓，調真養性，返老還童，補百損，除百病，萬神俱足，五臟盈溢，髮白復黑，齒落更生，行如奔馬，日進數服，終日不饑渴，功效不可盡述，一料分五劑，可救癱瘓五人；一料分十劑，可救勞瘵十人。若二十七歲服起，壽可至三百六十；若六十四歲服起，壽可至五百年。

生地黄十六斤，搗絞取汁　人參細末，二十四兩　白茯苓細末，四十八兩　白蜜煉去滓，十斤

右和勻，入磁缸内，以油紙五重，厚布一重，緊封缸口，置銅鍋内水中懸胎，令缸口出水，上以桑柴火煮三晝夜，如鍋内水減，則用煖水添之，日滿取出再用，蠟紙緊封缸口，納井中浸一晝夜，取出再入舊湯内，煮一晝夜，以出水氣，乃取出先用少許祭天地祇，然後每取一二匙溫酒調服，不飲酒白湯下，日進二三服，如遇夏熱置陰涼處或藏冰中，或埋地中，須於不聞雞犬聲，幽净處，不令婦人喪服人見之。製時終始勿犯鐵器，服時忌食葱、蒜、蘿蔔、酢酸等物。

《養生四要・卻病方》 山藥味甘，性溫，無毒。補虚病，充五臟，強陰。久服耳目聰明，輕身，不飢。書云：薯蕷涼而能補，大有益於補養。

何首烏酒：新取用竹刀刮净，薄切，米泔浸一夜，取出日乾。木石臼杵爲末，磁器盛之。每日空心稱一錢，酒調服。蓋何首烏味甘溫，長筋骨，益精髓，壯氣力，黑鬚髮。久服令人有力，遇偶日服之爲良。忌羊血。一讚曰：

神物着助，道在仙書，雌雄相交，晝夜合之。服之去穀，日居月諸，返老還少，保安病軀。

天門冬酒：一新取天門冬一二十斤，去皮心，陰乾，搗羅爲末。每服三錢，酒調下。蓋天門冬味苦甘，寒，強骨髓，養肌膚，鎮心補腎，潤五臟，益氣力，殺三虫，去伏屍，久服延年，令人多子。此藥在東嶽名淫羊藿，在中嶽名天門冬，在西嶽名藿香、藿松，在北嶽名無不愈，在南嶽名百部，在京洛山阜名顛棘。處處有之，其名雖異，其實一也。忌鯉魚。

春壽酒方：常服益陰精而能延壽，強陽道而得多男，黑鬚髮而不老，安神志以常清。蓋取爲此春頌以介眉壽之義而立名也。

天門冬去心　麥冬去心　生黃　熟黃　山藥　蓮肉去心　紅棗去皮核，各等分

每一兩煮酒五碗，旋煮旋飲，其渣於石臼中杵極爛，爲丸梧子大。每服五十丸，酒下。此方大有補益。

治諸風痰紫皆浮萍酒方：歌曰：天生靈草無根幹，不在山兮不在岸，始因柳絮逐東風，點點飄來浮水面。神仙一味去疢痾，要採之時七月半，管甚癱風與瘓風，些小微風都不筭。豆淋酒內服一丸，鐵幞頭上也出汗，其萍以紫皆爲上，採回攤於竹篩中。下著水盆，曝之乃乾，研末，煉蜜爲丸如彈子大。每服一丸，用黑豆煮酒化下，治在左癱右瘓，三十六種風，偏正頭風，手足不舉，口眼喎斜，癜風癩風，服過百粒，即爲全人。

比天助陽補精膏：歌曰：靈龜哀弱最難痊，好把玄經子細看，補髓添精身體健，殘軀栽接返童顔。此方添精補髓，善助元陽，潤皮膚，壯筋骨，理腰痛，下元虛冷，五癆七傷，半身不遂，腳膝痠弱，男子陽事不舉，陰精易泄。貼之可以與陽固精，行步康建，氣力加添。治女子下元虛冷，經水不調，崩中蒂下無子者，貼之可以暖子宮，和血氣，其功不可盡述。惟在至誠修煉，藥力全備，火候溫養，以二七爲期，其功成矣。

眞麻油一斤四兩，用淨鍋一口，以磚架定，三足安好，白炭三十斤，慢火煎煉，不可太急，恐損其藥。槐、柳、桃、榴、椿、杏、楊，各二枝。

第一下

甘草去皮，二兩，煎至不鳴

第二下

天冬，去心　生黃酒洗　熟黃酒洗　遠志去心　麥門冬去心　蛇床子製　肉蓯蓉酒洗焙乾　牛膝去蘆酒洗　鹿茸酥製　續斷　虎脛骨酥炙　紫稍花去草　木鱉去殼　穀精草　大附子去皮　杏仁去皮次　肉桂　菟絲子酒淘淨，搗爛焙乾。　肉豆蔻麪包煨　川楝子去核

右二十味，各錢半，剉碎，煎至成炭取起，以布慮去渣，要淨，再上磚架定，取嫩桑條如姆指大，約長一尺六寸者一根，攪油。

第三下黃丹水飛，炒乾，半斤　黃臘鮮明者五兩

燒油令滾，以茶匙抄丹細細入油，桑枝不住手攪，滴水成珠，不散爲度。又取起攤候溫，又上架。

第四下

雄黃透明者　白龍骨　倭硫黃　赤石脂各一錢

研細末，勿令油大沸，只大溫，微火煎，不住手攪，不攤起，候溫上架。

第五下

乳香　沒藥　丁香　沉香　木香各一錢

爲細末，入膏內，不住手攪，微火溫養。

第六下

射香當門子　蟾酥乳汁製　陽起石煅　肉芙蓉各一錢

爲細末，入膏內，不住手攪，微火養煉。務要軟硬得宜，貼不移而揭之無跡爲度。取起收磁罐中蜜封口，埋土中三日夜，去火毒。每用膏五錢，攤在厚細素段絹上，貼臍下關元穴及背後腎俞二穴，每一箇可貼六十日不換，其效如神。但不可恃此回從，以傷眞元也。

《养生四要》　鹿角霜丸

鹿角踞成寸段，長流水浸七日，入沙鍋內，用桑柴火煮七日夜取出，外去粗皮，內去血穰，研細，淨，一斤　知母去皮，塩酒炒黃色，爲末，淨，半斤　生黃酒浸一夜，晒乾，爲末，淨，四兩　熟黃酒浸一夜，晒乾爲末，淨，四兩　天冬酒浸去心，晒乾爲末，淨，四兩　麥冬酒浸去心，晒乾爲末，四兩　當歸全用，酒洗爲末，二兩　何首烏去皮，用人乳拌匀，九蒸九晒爲末，二兩，不犯鐵器　白茯苓去皮，爲末，用水淘淨，去筋膜，二兩　麋角製法同前，淨末，一斤　黃栢去皮，切，爲咀片，酒炒老黃色，爲末，淨，半斤

共爲一處，拌勺，煉蜜爲丸梧子大。每服五十，空心溫酒送下，或塩湯

送下，亦好。

烏鬚固本丸

何首烏半斤，米泔水浸三宿，竹刀刮去皮，切片，方加黑豆五升，同首烏滾水泡一時，蒸熟去豆　生黃二兩，酒浸　黃精四兩，用黑豆二升同煮，熟去豆，忌鐵器　熟黃二兩，酒浸　天冬二兩，去心　麥冬二兩，去心　白茯苓二兩　赤茯苓二兩，各去心　片朮二兩　人參二兩　五加皮二兩　巨勝子二兩　柏子仁二兩　松子仁二兩　核桃仁二兩　枸杞二兩

爲細末，煉蜜爲丸梧子大。每服七八十丸，空心溫酒鹽湯下。

卻老烏鬚健陽丹

何首烏半斤，米甘浸三夜，竹刀刮去皮，打碎，如棋子大，赤白各一斤　牛膝半斤，同前中首用黑豆五升，入沙鍋內煎二次爲末　枸杞半斤，酒浸洗，晒乾爲末　當歸半斤，酒浸一夜，加茯半斤　故帋五兩，炒黃爲末　茯苓赤，一斤，牛乳浸。白，一斤，人乳浸。俱一夜，晒乾　菟絲子半斤，酒浸三日，晒乾爲末

右七味各不犯鐵器，煉蜜爲丸如彈子大。日進三丸，早進一丸，空心酒下；午後一丸，薑湯下；臨困一丸，鹽湯下。初服三日，小便雜色，是去五臟雜病。二十七日唇紅，口生津液，再不夜起。四十七日身躰輕律健，兩乳紅潤，至一月後，鼻頭辛酸，是諸風百病皆出，四十九日目視光明，兩手火熱，精通，白髮反黑，齒落更生，陽事強健，丹田如火，行步如飛，氣力倍加，非人不可輕泄，乃神秘之方也。

《攝生衆妙方・補養門》　大造丸

紫河車一具，用男子初胎者佳，米泔水洗淨，瓦上焙乾爲末　敗龜板年久者良，童便浸七日，酥炙，二兩　黃栢去粗皮，鹽酒炒褐色，一兩五錢　杜仲酥炙去絲，一兩五錢　牛膝去苗，酒浸晒乾爲末，一兩二錢　生地黃四兩，入砂仁末六錢，白茯苓一塊，重二兩，稀絹袋盛入磁礶內，好酒煮乾，添酒七次，去茯苓、砂仁不用，只將地黃一味研爲餅　天門冬去心，一兩二錢　麥門冬去心，一兩三錢　一方有人參一兩

右各爲末，連地黃餅子石臼搗極勻，酒米糊爲丸，如梧桐子大。空心臨卧白湯、鹽湯、薑湯任下。冬月用好酒尤妙，夏月加五味子五錢，婦人服加當歸二兩，去龜板，男子遺精，婦人帶下，並加牡礪一兩五錢。一云，男子亦加當歸。

二至丸

熟地黃三兩，肥大沉水者佳。酒和九蒸九暴，竹刀切碎　生地黃二兩，肥大者酒浸洗過晒乾，竹刀切碎　菟絲子一兩，酒浸一宿煮熟，搗碎作餅，晒乾爲末　山茱萸鮮紅者用，六兩，水泡去核，取淨肉二兩　肉蓯蓉一兩，刷去浮甲，劏去中心白膜，無灰酒浸一日，酥炙，竹刀切碎　敗龜板三兩，酒浸一夜酥炙黃，石器搗碎　人參肥白人用一兩，蒼黑瘦健人止用五錢　黃耆一兩，去皮，微黃色肉中白綿柔者最佳　黃柏三兩，堅厚鮮黃者，酒浸春秋一日半，夏一日，冬三日用，炒至褐色　牛膝一兩，長大柔潤者，酒浸一宿洗用　枸杞子一兩，甘州者佳　破故紙一兩，炒黃　五味子一兩，肥大者佳　白朮三兩，無油者麥麩炒　白芍藥一兩，酒浸一時，去皮炒　當歸二兩，大者有力，酒洗　虎脛骨一兩，酥炒黃色　杜仲一兩，酒浸炒去絲　山藥一兩，白而無皮，手可粉者　知母二兩，肥者酒浸一宿炒　陳皮一兩，薄而陳者，水泡去白　白茯苓一兩，堅白去皮赤觔

右方共藥二十二味，名二至丸，取冬至一陽生，夏至一陰生之義。其效如神，如法製造爲末，取分兩淨數，煉蜜爲丸如梧桐子大。每服八十丸或百丸，無灰酒及鹽湯，不拘時送下。

生精健脾二至丸　補血氣，壯筋骨，理脾胃，卻百疾，養壽生子。

當歸身去蘆，酒浸洗，一兩五錢　川芎一兩　白芍藥酒浸，洗晒乾，二兩　熟地黃肥壯沉實者酒浸晒乾，二兩　人參去蘆，堅實者，五錢　白茯苓潔白堅實者，去皮，一兩　白朮堅白者去梗洗淨，一兩五錢　陳皮紅薄者晒乾洗淨，一兩　枸杞子鮮紅潤小者，二兩　山茱萸鮮紅肉厚者，酒浸去核晒乾，二兩　菟絲子酒淘洗去土酒浸搗成餅晒乾，一兩　瑣陽酥炙五錢　杜仲去粗皮，細切，生薑汁拌炒，去絲淨，一兩　肉蓯蓉竹刀刮去鱗，酒浸細切晒乾，一兩　巴戟天連珠者酒浸去心晒乾，一兩　遠志甘草水浸去心晒乾，一兩　乾山藥一兩　蓮蕊白蓮者佳，一兩　牛膝去蘆酒浸晒乾，一兩　遼五味五錢

右各精製如法(品)，各爲細末，煉蜜，入人乳半碗，爲丸如梧桐子大。每服五七十丸，空心淡鹽湯送下。

丹溪加味虎潛丸

人參　黃芪　芍藥炙　黃檗堅厚金色者，酒浸炒　當歸酒洗　山藥各一兩　瑣陽比蓯蓉乾而色淡者，酥炙黃　甘州枸杞　虎脛骨酒浸一宿，酥炙黃　龜板同上製　菟絲子酒浸炒，各五錢，蒸，另研，再浸再蒸，三五次方可爲末　破故紙炒　杜仲炒去絲　五味子各七錢半　牛膝酒洗二兩　熟地黃四兩

右爲末，煉蜜和豬脊髓丸，如梧桐子大。每服百丸，溫酒或鹽湯下。

滋陰大補丸即還少丹無楮實而分兩不同

牛膝酒浸　山藥各一兩五錢　杜仲酒和薑汁浸，炒斷絲　巴戟去心　山茱萸鮮紅者去核　肉蓯蓉酒浸，新瓦上焙乾　五味子　白茯苓去皮　茴香炒　遠志甘草同煮去心，各一兩　石菖蒲　枸杞子各五錢　熟地黄一兩

右爲末，紅棗煮取肉和煉蜜爲丸，如梧桐子大。每服八十丸，淡鹽湯或酒空心下，與上虎潛丸相間服之，佳。所謂補陰、和陽、生血、益精、潤肌膚、强筋骨，性味清而不寒，溫而不熱，非達造化精微者，未足與議於斯。以上二方乃草窻劉氏所定者。

加味補陰丸

甘州枸杞鹽酒炒，二兩　知母鹽酒炒，二兩　黄柏鹽酒炒褐色，三兩　生地黄酒洗，一兩　熟地黄酒洗過，薑汁炒，二兩　天門冬去心，一兩五錢　麥門冬去心，七錢　乾山藥微炒，一兩　杜仲姜汁炒去絲，二兩　牛膝去蘆酒洗浸，一兩　當歸去蘆酒浸，一兩　山茱萸去核，一兩　瑣陽酥炙，一兩五錢，大便軟者去五錢　原方有菟絲子酒浸一宿，炒，取末，一兩　人參去蘆，七錢

右依前法製過爲細末，用好白朮與前藥末相等爲咀，用銅鍋熬，先以水六大碗熬至一碗，取出聽用。再以水五碗，熬至一碗，取出聽用。再以水四碗，熬至一碗，通前其水連渣以靜袋濾過，文武火熬成膏，和前藥末爲丸，如梧桐子大。每服五七十丸，空心淡鹽湯送下，忌食白蘿蔔、諸血。

神仙既濟丹

人參二兩五錢　白茯苓二兩五錢　當歸一兩五錢，用身，酒洗　乾山藥一兩五錢　山茱萸肉一兩五錢　川牛膝一兩五錢，酒洗　栢子仁一兩五錢　生地黄一兩五錢，酒洗，另搗　杜仲一兩五錢，酒製，炒斷絲　枸杞子一兩五錢　龍骨末一兩五錢，火煅，另研　菟絲子二兩，酒浸，炒，另研　五味子一兩　遠志一兩，去心　石菖蒲一兩　天門冬一兩，湯泡去心　麥門冬一兩，去心　熟地黄一兩，酒浸另搗

右件共爲細末，煉蜜丸如梧桐子大。每服八十丸，空心淡鹽湯送下。

延齡益壽丹　此季全眞傳與政和縣蔡學官，能存精固氣，通達二十四經脈，三百六十骨節，滿注一身毛竅，使腎水滿而養精，精能養氣，氣能滿而養神，神能滿而養身。服之半月，精滿氣盈，元氣壯勝，武火下降，相火自滅，陽消陰長，滋益腎水，能補丹田，滑澤皮膚，百戰百勝。男人精冷絶陽而補興，婦人胎寒絶陰而補孕，服之一月，白髮返黑，面如童顔，此道不可述盡。

何首烏四兩，竹刀去皮切片，用黑豆九蒸九晒後，用人乳拌一次　當歸一兩，酒洗淨　知母二兩，酒炒去毛　川芎一兩　杜仲去粗，姜汁炒去絲，二兩　白茯苓一兩，去皮　青鹽一兩，淨洗　茯神一兩，去皮心　遠志一兩，去蘆心，甘草煎水浸半日　川椒一兩，去目出汗，留紅皮，去白肉　牛膝酒洗　硃砂一兩，研碎，打零，炒　蜜一斤，煉過，鏡光止　薑汁二兩　黄檗二兩，去皮，酒浸，日晒夜浸　破故紙酒洗　小茴香去土，鹽水洗，炒黄　天門冬去心，一兩　麥門冬去心，一兩　核桃肉四兩，去油炒黄　旱蓮四兩，水煎五滚　石菖蒲鹽洗將炒，一兩　生地黄酒洗，一兩　熟地黄酒洗，一兩　石乳去油，一兩　川巴戟酒洗淨，一兩　山精用米泔水三兩碗，浸半日，竹刀刮去粗皮，四兩，爛者不要，要選好的，切碎搗爛，放砂鍋内，水三碗，煎至鍋内汁乾取出，砂鍋内浸，要換米泔水一二次，然後酒煎成膏，同旱蓮汁、薑汁拌諸藥末

右二十七味，煉蜜爲丸如梧桐子大。每服七十丸，早晚鹽湯酒任下，不飲酒，滚白湯下，一月見效。

神仙訓老丸　益元補陰，黑鬚髮，堅齒，童顔不老。

何首烏雌雄一斤　山茱萸　菟絲子　當歸酒洗　白茯苓　地骨皮　甘州枸杞子去核　川芎　天門冬去心　麥門冬去心　淮生地黄　淮熟地黄　川牛膝酒洗　遠志　甘菊花　山藥　甘草炙　肉蓯蓉酒浸洗　杜仲酒炒去絲　酸棗仁　補骨脂　生黑豆末　桑椹子以上各四兩

右爲末，煉蜜丸如梧桐子大。每服六七十丸，空心溫酒送下。

八仙添壽丹　此藥能烏鬚髮，壯神，强筋骨，調榮衛，久服延年。

何首烏六兩，用竹刀切片，用瓦甑蒸，蒸時用黑豆五升，一層豆一層藥，蒸一時取出晒乾，如此九次，豆爛換好者，曝乾聽用　川牛膝六兩　山茱萸肉　柏子仁　知母　黄檗　當歸各四兩　敗龜板四兩，酥炙

右同爲極細末，煉蜜丸如梧桐子大，每服空心酒送下三十丸，七日後添十丸至七十丸止。忌燒酒、蘿蔔辛辣之物。

秋石五精丸

秋石一兩，童男女潔淨無體氣者，沐浴更衣，各聚一室，用清潔飲食及鹽湯與之，忌葱、

蒜、韭、牛肉不潔之物，椒茶不用尤妙。聚便各盈缸，然後男女童便各另熬成秋石，各另用。另盛瓦罐，鹽泥固濟，鐵線固定，打一火炷香爲度。連換鐵線打七火，然後男女秋石秤勻，和成一處，如成塊，研開。用龍水將紙七層慮過，用鍋仍熬成秋石，其色雪白。初生男胎潔淨婦人香濃乳汁和成，日晒夜露，但乾卽添乳汁。待日精月華取足四十九日後入藥，用五精丸方見效　蓮肉五錢，眞川椒方佳　小茴香五錢　白茯苓一兩

右爲丸，用人乳汁呑下，初生男胎者。

仙傳斑龍丸　歌曰：尾閭不禁滄海竭，九轉神丹都漫說，惟有斑龍頂上珠，能補玉堂關下穴。此藥理百病，養五臟，補精髓，壯筋骨，益心志，安魂魄，令人駐顔輕身，延年益壽。

鹿霜　鹿膠　菟絲子酒浸二日，蒸焙乾，爲末　柏子仁去殼，另研　熟地黄酒浸二日，蒸焙乾爲末，各十兩

右爲細末，先將鹿膠用無灰酒，於磁器内，慢火化開，卻將膠酒煮糊和藥杵二千下，丸如梧桐子大。每服五十丸，空心鹽湯送下，或酒亦可。

或有加減者於前人立方之意，恐有不宜。

煮鹿角膠霜法，用新麋鹿角三對，各長二寸，截斷長流水浸三日，刷去垢。每一斤用淨楮實子一兩，桑白皮、黄蠟各二兩，砂鍋河水慢火魚眼湯，桑柴煮三晝夜，不可斷火，常添熱水，不可添冷水，毋令露角，三日取出角，竹刀削去黑皮，晒乾碾爲末，卽爲鹿角霜，將煮鹿角汁濾去滓，慢火熬膠，傾磁器内，候冷凝，陰乾爲膠。

鹿血丸

黄柏去皮，鹽酒炒，二兩　知母去毛酒炒，二兩　山茱萸去核，二兩　枸杞子二兩五錢　天門冬去心，二兩五錢　麥門冬去心，二兩七錢　熟地黄酒洗，二兩　生地黄酒洗，二兩五錢　人參二兩　龜板酥炙，三兩　白茯苓去皮，二兩　川萆解二兩　山藥二兩五錢　五味子去梗，一兩三錢　當歸身酒洗，二兩五錢　澤瀉去毛，一兩二錢　牡丹皮一兩　牛膝去蘆酒洗，二兩

右爲細末，卽殺鹿取血，加酒二三盞，就入藥末内和成丸，如梧桐子大。每服九十丸，漸加至百丸，至百五十丸，空心用滚水送下。

鹿肝丸

熟地黄酒洗，二兩　生地黄酒洗，二兩　當歸身酒洗，二兩　枸杞子二兩　甘菊花一兩　天門冬去心，二兩　冬青子二兩　白蒺藜去刺炒，一兩三錢　玄參一兩五錢　川芎一兩三錢　白芍藥酒炒，一兩五錢　黄連酒洗，一兩三錢　槐角炒，用子，一兩　茺蔚炒，一兩

右共爲細末，用鹿肝去膜，搗爛和丸如梧桐子大。每服八九十丸，臨睡時或下午食後稍遠用滚白水送下。

斑龍二至丸

鹿角鋸成寸段，長流水浸七日，入砂鍋内，用桑柴火煮七晝夜取出，外去粗皮，内去血穢，研爲細末，淨一斤　麋角製法同前，淨末一斤　黄柏去皮，切爲粗片，酒炒老黄色，爲末，淨半斤　知母去皮，鹽酒炒老黄色，爲末，淨半斤　生地黄酒浸一宿，晒乾爲末，淨四兩　熟地黄酒浸一宿，晒乾爲末，淨四兩　天門冬酒浸去心，晒乾爲末，淨四兩　麥門冬酒浸去心，晒乾爲末，淨四兩　何首烏去皮，用人乳拌勻，九蒸九晒爲末，淨二兩。以上俱不許犯鐵器　當歸全用酒洗，晒乾爲末，淨二兩　白茯苓去皮爲末，用水淘去觔膜，淨二兩

右末共爲一處拌勻，煉蜜爲丸如梧桐子大。每服五十丸，空心黄酒送下，或鹽湯亦可。

鹿角霜丸

黄柏八兩，去粗皮，用人乳拌勻晒乾，又如此三次，炒重褐色用之，或七兩，或六兩，隨時加減　鹿角霜八兩　天門冬去皮心　麥門冬各二兩　人參一兩或二兩　生地黄置水中大浮酒浸一宿，二兩　熟地黄酒浸一宿晒乾，二兩

右爲細末，煉蜜丸如梧桐子大。每服六七十丸，加至百丸，空心用淡鹽湯送下，或酒亦佳。

太極丸　人五臟配天五行，一有不和則爲疾，藥有五味，各主五臟，可使調和，故曰太極。

知母屬金，主清潤肺金，苦以降火，佐黄柏爲金水相生之理。去毛，酒浸一宿，晷炮爲淨末，二兩四錢　黄柏屬水，主滋腎水，苦以堅精。去皮，鹽酒浸三日，晷炮褐色，爲淨末，三兩六錢　破故紙屬火，主收斂神氣，(明)能使心包之火與會門火相通，故元氣堅固，骨髓克實。澀以治脱也。用新瓦炒香，爲淨末，二兩八錢　胡桃仁屬木，主潤血氣。凡血屬陰，陰惡燥，故油以潤之。破故紙有木火相生之妙，古書云黄柏無知母，破故紙無胡桃仁，猶水母之無鰕也。去黄皮。待各藥成末，將此三兩二錢研爲漿，無渣和入諸藥内　砂仁屬土，主醒脾開胃，引諸藥歸補丹田，香而能竄，和合五臟沖和之氣，如天地以土爲沖氣也。去殼，先將五錢用花椒一兩炒，去椒不用，又用五錢不炒共

右為細末，煉蜜丸如梧桐子大。每服五十丸，清湯空心下。

人參固本丸 此方雖人所常知，而中和平易，實冠諸方也

天門冬　麥門冬　生地黃　熟地黃　人參

右為細末，煉蜜丸如梧桐子大。鹽湯或酒空心服五十丸。

還童丹　專治腎水不足，髭鬚蒼白，眼目昏花，腰腿疼痛，固精壯陽，大有神效。

熟地黃酒拌蒸，臨時杵成膏，忌鐵，五兩　牛膝去蘆，酒洗，四兩　黃耆破開，蜜水拌透，炙，四兩　五味子去核，二兩　覆盆子四兩　地骨皮去骨　白茯苓去皮　白蒺藜另杵，淨炒　桃仁去皮尖，各四兩　胡桃仁溫水浸，去皮，五兩　菟絲子五兩，先用水洗淨，次用好酒拌浸透，半濕時杵成餅，焙乾為末

右除胡桃仁、桃仁、熟地黃搗成膏，餘藥同為細末，和入前藥，再入煉蜜，共杵勻，丸如梧桐子大。每服五七十丸，晨晚好酒進服，或間用鹽湯下。忌葱、蒜、蘿蔔。若五十以前人服，可減胡桃仁二兩，恐其大滑，大便燥不必減也。

秘傳十子丸　天仙呂祖傳世度人，能治百病，修製丸成，齋戒沐浴焚香，先獻天地祖宗，擇六庚開成吉日，方許人服。每服五六十丸，淡鹽湯空心送下，以乾物壓之，服至百日，功效無窮，能添精補髓，不老不死，專主男子汞精不堅，女人血鉛不足，調和陰陽，生育男女，神效立應。又治五勞七傷，心神恍惚，夢遺鬼交，五痔七疝，諸般損疾，女人血鉛不足去柏子，易香附子，加當歸、川芎、生熟地黃各四兩。男子酒色過度，精不生育，加鹿角霜八兩，連珠、巴戟肉、山茱萸、生地黃、黃柏、枳殼、何首烏，蒸七次，各四兩或二兩，共十子，均為細末，煉蜜丸如梧桐子大。服之三生有幸者，得傳此方，真濟世養身至寶，勿妄傳非人。

覆盆子　枸杞子　槐角子和何首烏蒸七次　桑椹子　冬青子共蒸，各八兩　沒石子　蛇床子　菟絲子酒蒸搗爛　五味子炒乾　柏子仁各四兩，先搗爛入

右為末，加減如總論內修製丸，服。

補損百驗丹　專治諸虛，遺精白濁，血少無精神，四肢倦怠，脾胃不佳，大腸不實，虛寒虛眩，頭眩目花等症。

菟絲子一斤，陳淨，以無灰臈酒浸一日一夜，次早去酒，以小甑蒸之，晒至暮，又換酒浸蒸晒九次，然後在星月下碾為細末　生地黃半斤，無灰煮酒浸三日三夜，再換酒洗

為淨末，一兩

右五味，各製如法，足數拌勻，煉蜜為丸如梧桐子大。每早晚用白湯或茶酒隨意送下，服至三年，效不可言，服至終身，地行仙矣。

坎離丸　此藥取天一生水，地二生火之意，藥輕而用功大。久服而取效速，先賢王道之藥，無出於此，大能生精益血，升水降火。

當歸全用好酒浸洗三日，晒乾剉碎　白芍藥溫水洗剉碎，用好酒浸一日，晒乾炒赤　川芎大者，小者不用，清水洗淨剉碎。各四兩　厚黃柏去皮，八兩，內二兩酒浸，二兩鹽水浸，二兩人乳浸，二兩蜜浸，俱晒乾炒赤　知母去毛，四製，與製黃柏同　熟地黃八兩，懷慶者佳。四兩用砂仁，四兩用白茯苓，同入絹袋，入好酒二壺，煮乾，去砂仁、茯苓二味，只用地黃

右八味修製和合一處，平鋪三四分厚，夜露日晒三日三夜，收天地之精，日月之華。研細末用，正冬蜜一斤八兩，加水半碗，共煉至滴水成珠，再加清水一碗，煎滾和前藥丸，如梧桐子大。每服八九十，空心鹽湯送下，冬用溫酒送下。

加味坎離丸　夫心屬火，腎屬水，水火升降，五臟俱實，百病不生，世人或因酒色過度，勞心費力，精耗神衰，心血少而火不能下降，腎氣衰而水不能上升，脾土無所滋養，漸至飲食少進，頭目昏花，耳作蟬聲，腳力酸軟，肌膚黃瘦，偏身疼痛，吐痰咳嗽，胃脘停積，夢遺盜汗，泄瀉手足厥冷。此方下滋腎水，上降心火，中補脾土，除風，添精補髓，強陰壯陽，殺九蟲，通九竅，補五臟，益精氣，止夢遺，身輕體健，延年增壽，久服有效。

人參二兩　五味子去梗，一兩　麥門冬二兩　牛膝酒浸，二兩　黃芪蜜炙，一兩　菟絲子酒浸，成餅，用二兩　小茴香鹽炒，二兩　當歸酒浸，二兩　白茯苓去皮，二兩　木香一兩　川椒去目合口，微炒　黃栢酒浸炒，四兩　天門冬去心，五兩　肉蓯蓉酒浸，二兩　山茱萸去核，二兩　杜仲炒斷去絲，二兩　巴戟去皮，酒浸，二兩

右為細末，秋冬酒糊為丸，春夏蜜為丸如梧桐子大。每服五七十丸，空心鹽湯或好酒任下。

六味地黃丸

乾山藥　山茱萸各四錢　澤瀉三錢　牡丹皮　白茯苓各三錢　熟地黃八錢

淨，放在磁鉢內，搗至極爛用

右二味和爲細丸，空心食前用無灰酒，每服八九十丸，或米湯淡鹽湯下亦可。

長春眞人保命丹 治五勞七傷，虛損無力，四肢困倦，腳手頑痲，血氣耗散，面黃肌瘦，陽事不升，虛暈惡心，飲食減少。

茯苓 天門冬 山藥 熟地黃 枸杞子 何首烏各四兩 乾薑二兩 大茴香炒一兩 青鹽少許 鹿角膠四兩 蓮實半斤，去皮 破故紙四兩，淨，香油炒 沒石子十個 胡桃仁半斤，淨肉 新小米一升，同茯苓、牛乳煮粥晒乾 旱蓮草晒乾，一斤 麥門冬四兩

右爲細末，空心白湯調勻二三匙，日進二服，不拘老少男女皆效。

三味補陰丸 治酒色過傷少陰

龜板半斤，酥炙 黃栢一斤，酒炒 知母半斤，酒炒

右煉蜜爲丸如梧桐子大，每服四十丸，空心酒送下，或鹽湯亦可。

烏龍丸 四川何總兵常服。

九香蟲一兩，半生半熟 車前子四錢，微炒 陳皮四錢 白朮五錢 杜仲八錢，酥炙

右爲細末，煉蜜丸如梧桐子大。每服一錢五分，鹽白湯或鹽酒送下，空心服，臨卧仍服一次尤妙。此方有大奇效，能理膈間之滯氣，助肝腎之虧損。久服延年，妙在九香蟲一物，其蟲一名黑兜子，如小指頂大，產在貴州赤水衛河中，至冬伏於石下取之，其地方居人多有收者，此蟲驚蟄後卽飛出不可用。

保眞膏 此膏能存精，通氣固本，堅硬，壯筋骨，有百戰之功，最不泄精，兼治男女下元虛冷，遺精白濁，赤白帶下，子宮久冷絕孕，風濕肚疼痞塊並皆治之。先浸油，方法：

天門冬 麥門冬 遠志 穀精草 生地黃 熟地黃 附子 小茴香 大茴香 羌活 木鱉子 獨活各一兩

右俱切成片，用香油一斤，將藥入內浸三日，連藥油入鍋，熬藥黑色，撈去藥滓，放磁罐內澄清聽用。

治藥方法： 用大鯽魚一尾，去鱗甲腸潔淨，次將雄黃、硃砂爲末，各五錢，硫黃末三兩，拌勻，裝入魚肚內，以綿紙包裹數層，外用麵包，放入灰火內煨熟，取出晾冷，擇出三味藥來，將魚刺連頭去了，卻將魚肉與藥同搗如泥爲丸，如菉豆大，白麵爲衣，晒乾聽用。

喂鷄方法： 用白雄烏骨鷄一隻，餓三日，加與米泔水飲之後，將鷄糞門縫住，卻將前藥徐徐喂之，藥盡，急將鷄殺死，取出鷄肫，內連腸內擇出晒乾爲細末。

熬藥方法：

松香三兩，前聽用 香油三兩 葱汁 酸醋各半鍾

先將葱汁、醋、油，熬滴水不散成珠後下松香末，熬時漸漸入前藥，片時取下晾，急下後細藥末。

乳香 沒藥 母丁香炒 乾薑各五錢 肉桂一兩 川山甲五錢，拌上炒 射香二錢

攪勻熬成膏，藥用磁罐盛之，每用絹一方，攤藥三錢。臨晚用，先將葱汁薑搗爛擦臍，熱後貼藥，飲好酒一二鍾。次加火，手熨磨一百度，陽事自然堅壯。每藥一個，須用一月可換，如欲精通，須去此膏，累有效驗，妙不可述。

千金不易比天助陽補精膏

靈龜衰弱最難全，好把玄書仔細看，助老精神還少貌，常時勤服返童顏。金龜出入超凡聖，接補殘軀越少年，雖然不到天仙位，卻向人間作地仙。解曰： 此藥專添精補髓，不泄，善助元陽，滋潤皮膚，壯筋骨，理腰疼，下元虛損，五勞七傷，半身不遂，或下部虛冷，膀胱病症，腳腿酸痲，陽事不舉，男子貼之，行步康健，氣力加添，奔走體輕。女人貼之，能除赤白帶下，沙淋血崩，兼不生一瘡癤，通二十四道血脈，堅固身體，返老還童，專治喘戶，善遇鼎氣，不泄眞精，不泄眞氣，去膏藥方泄則有孕矣。此藥百無所忌。

眞香油一斤四兩 甘草二兩 遠志去心 牛膝去苗 虎脛骨炙 川續斷去苗 熟地黃焙乾 肉蓯蓉去鱗蘆甲 鹿茸炙 蛇床子揀淨 天門冬去心 生地黃 菟絲子揀淨搗爛 肉豆蔻麵煨 川楝子去核 紫稍花去草 木鱉子去殼 杏仁去皮尖 官桂去皮 大附子去皮臍 穀精草

右㕮咀，入香油內，煎至黑色去渣，方下飛過黃丹八兩，黃香四兩，透明柳條不住手攪，不散爲度。再下雄黃、硫黃、龍骨、赤石脂，各二錢，火再熬沸。又下沈香、蟬酥、木香、乳香、沒藥、母丁香、陽起石煅、阿

芙蓉爲末。再熬沸濾，爲末，將銅茶匙挑藥滴水不散爲度。又下黃蠟五錢，將膏子收貯磁罐盛之，封口嚴密，入水浸五日，去火毒，然後紅絹攤，每一個重七錢，貼臍上或兩腰腎上，每一個貼六十日方換，其效如神，不可盡述。此方宜謹藏，寧將千金與人，靈膏不可輕授，此之謂也。

蒼朮膏　存精因氣，通達二十四關脈，繫三百六十骨節，流注一身毛竅，使水流而養精，精流而養氣，氣流而養神，神流而養身，服之半月，精滿氣盈，元陽壯盛，能補丹田，能減相火，陰消陽長，男子精冷絕陽，婦人胎冷不孕，服之一月，髮白返黑，齒落更生，顏面如童。

蒼朮十斤，米泔浸一宿，刮去皮碓，舂如泥。大鍋內文武火煮水二桶，約有十餘碗，取出冷定，絹濾去渣，入磁罐內，加衆藥　人參　生地黃　熟地黃　黃柏　遠志各四兩　杜仲炒　川芎　核桃肉　川椒　破故紙各四兩　碎青鹽二兩　碎硃砂一兩　當歸四兩　旱蓮草取汁二碗　蜂蜜二斤　薑汁四兩

右各藥共入前蒼朮膏，磁罐內封固，大鍋水煮香二炷爲度，取出埋地七日，每日空心酒一盞，或白湯服下。

金櫻膏

經霜後以竹夾子摘取，於木臼中轉柞卻刺，勿損之，擘爲兩片，去眞子，以水淘洗過爛，搗入大鍋，以水煎，不得絕火，約水耗半取出澄濾過，仍重煎似稀餳。每服取一匙，用煖酒一盞調服，其功不可具載。沈存中云：金櫻子即野棠梨，止遺泄，取其溫且澀，世之用者，待紅熟取汁熬膏，大誤也。紅熟則卻失本性，取半黃時採爲妙。十一月、十二月採，佳。《本草》云：療脾洩下痢，止小便，利澀精氣，久服令人耐寒輕身。

《壽養叢書·食物本草》　金櫻子，味酸，澀平，無毒。療脾洩下痢，止小便利，澀精，久服令人耐寒，輕身，殺寸白蟲。和鐵粉可以染髮，去子留皮，熬成稀膏，用煖酒服。其功不可盡載。

覆盆子，味甘酸，氣平，微熱無毒。主輕身益氣，令髮不白，顏色好。又主男子腎虛，精竭陰痿。女子食之有子。熟時軟紅可愛，五月採之，失採則枝就生蟲，製爲蜜煎食更佳。

鵓鴿肉，暖，無毒。調精益氣，解一切藥毒，食之益人。若服藥人食之減藥力，無效。又治惡瘡疥癬，風瘙白癩，癧瘍風，炒酒服之，白色者佳。

《壽世保元·補益》　歸茸丸

懷熟地黃酒蒸，四兩　懷山藥酒浸，二兩　山茱萸酒蒸，去核，二兩　白茯苓去皮，一兩　牡丹皮一兩　澤瀉一兩　當歸酒洗，二兩　嫩鹿茸酥炙，四兩　遼五味子四兩　懷牛膝去蘆，酒洗，二兩　官桂二兩　大附子炮，去皮臍，二兩

右爲細末，鹿角膠半斤，酒打稀糊爲丸，如梧桐子大。每服五十丸，空心鹽湯、溫酒送下。

一論五仁斑龍膠專治眞陽元精內乏，以致胃氣弱，下焦虛憊，及夢泄自汗，頭眩四肢無力。此膠能生精養血，益智寧神，順暢三焦，培塡五臟，補心腎，美顏色，卻病延年，乃虛損中之聖藥也。

補精膏

牛髓四兩，搗爛，去粗　胡桃肉去皮，四兩　杏仁去皮，四兩　山藥薑汁拌，蒸熟，去皮，八兩　人參四兩　紅棗肉去皮核

右將杏仁、胡桃肉、山藥、棗子四味，搗爲膏，用蜜一斤，煉去白沫，與牛髓同和勻，入磁罐內，重湯煮一日。空心，以一匙，用酒或白湯化服。

呂洞賓補屋修牆養生訣

少年豪氣往前爲，豈料中年力弱虧。休將藥餌調眞息，自有元陽養氣時。

君子小人，莫知陰陽相媾之妙，幼年之人精強力壯，不顧身形，惟貪快樂，以泄爲美。不知老之將至，百病來侵。蓋因幼年骨脈未堅，父母愚蒙，早娶妻室，或因幼失父母，任意飄蕩。醉飽行房，以致口苦舌乾，虛熱盜汗，諸症侵染，無藥治療。呂公留下秘訣，用人參不拘多少，切碎，將米同煮，候熟取起，陰乾。選小雌雞二三隻，每日將米喂養。待鷄生卵，每日食三五七個。不過百日之內，大有功效。形容嬌美，返本還元。若有烏鷄更好。如用雄鷄同食此參，生抱小鷄，日往月來，其功不可具述。

延壽甕頭春　又名神仙延壽酒，周藩宗正西亭傳，眞仙方也。

天門冬去皮，一兩　破故紙一兩　肉蓯蓉麩炒，一兩　牛膝去蘆，一兩　杜仲麩炒，一兩　川椒去目，一兩　大附子水煮，五錢　粉草一兩

以上八味爲末，入麯內同和糜。

淫羊霍一斤，泔水浸，仙靈脾，俗名　羯羊脂一斤，拌淫羊霍，炒黑色　頭紅花一

斤搗爛，晒乾　當歸四兩　白芍一兩　生地黄二兩　熟地黄二兩　白茯苓四兩　蒼术米泔浸，炒，四兩　甘菊花一兩五錢　五加皮四兩　地骨皮四兩

以上十二味，剉咀皮，絹袋盛貯，鋪缸裏。

縮砂蜜五錢　白豆蔻五錢　木香五錢　丁香五錢

以上四味，後用，煮酒，爲末用。

右藥二十四味，共五斤四兩。用糯米二斗，淘凈，浸一日夜，又淘一次，蒸作糜。取出候冷，用細麴末四斤，同天門冬等八味和勻。卻將淫羊藿等十二味，貯於粗絹袋，置缸底。將前糜拍實於其上，然後投上品燒酒四十斤，封固一七日。榨出澄清，方入罈，加砂仁等四味，封固。重湯煮三炷香，埋土中三日，以出火毒。每日量飲數杯，一七日百竅通暢，渾身壯熱，丹田微癢，痿陽立興。切忌醉酒飽食行房，只待氣血和平，緩行無禁。久久純熟，自然身輕力健，百病不生。若男婦俱服，兩精和合，一度成胎，功效多端。未可名狀，珍之重之。

坎離丸　治燈窗讀書辛苦，學問易忘，士大夫勤政勞心，精神昏倦，妙不可言。思慮房慾，人爲所累。思慮過度，心血耗費。房慾失節，腎水枯瘁。腎水一虚，心火即熾。釀成勞瘵，雜症難治。防其未然，坎離既濟。補髓填精，調榮養衛。聰耳明目，安神定智。滋陰降火，百病皆治。日誦千言，不忘所記。

龍骨火煅，五錢　龜甲酥炙，五錢　遠志甘草水泡，去骨，一兩　白茯神去皮木，一兩　酸棗仁炒，一兩　石菖蒲去毛，五錢　當歸身酒洗，一兩　麥門冬水潤，去心，一兩　天門冬水潤，去心，一兩　地黄酒洗，一兩　熟地黄酒蒸，二兩　人參五錢　山茱萸酒蒸，去核，一兩　五味子一兩　山藥一兩　川黄柏去皮，酒炒，一兩　知母去毛，酒炒，一兩　甘枸杞子一兩　柏子仁一兩

右忌鐵器，精製合爲一處，石臼內搗成餅，晒乾，磨爲細末。煉蜜滴水成珠，每蜜一斤，加水一碗，調和前藥爲丸，如梧桐子大。每服三錢，清晨空心，鹽湯或酒任下。節慾，忌三白。

長春不老仙丹　治諸虚百損，五勞七傷。滋腎水，養心血，添精髓，壯筋骨，扶元陽，潤肌膚，聰耳明目，寧心益智，烏鬚黑髮，固齒牢牙。返老還童，延年益壽，壯陽種子，卻病輕身，長生不老，眞陸地神仙。

仙茅酒浸洗，四兩　黄精酒蒸，四兩　赤何首烏米泔浸洗，槌碎如棗核大，入黑豆同蒸三日，極黑　白何首烏同上製。各四兩　大懷熟地黄用生地黄酒浸洗，碗盛，放砂鍋內蒸一日極黑，掐斷，晒乾，二兩　大懷生地黄酒洗凈，掐斷，晒乾，二兩　天門冬水潤，去心，二兩　麥門冬水潤，去心，二兩　白茯苓去皮，人乳浸晒三次，二兩　巨勝子二兩　甘枸杞子二兩　遼五味子二兩　菟絲子酒洗凈，入砂罐酒煮爛，搗成餅，晒乾，二兩　覆盆子二兩　補骨脂酒炒，二兩　揀參二兩　嫩鹿茸酥炙，二兩　川杜仲去皮，酒炒，二兩　懷牛膝去蘆，酒洗，二兩　當歸身酒洗，二兩　川巴戟水泡去心，二兩　肉蓯蓉酒洗，二兩　鎖陽酥炙，二兩　遠志甘草水泡，去心，二兩　青鹽二兩　柏子仁二兩　小茴香鹽酒炒，二兩　川萆薢酒洗，二兩　懷山藥二兩　山茱萸酒蒸，去核，二兩　川椒去目，微炒，二兩陰虚火動，素有熱者，加川黄柏，酒炒　知母酒炒。各二兩　紫河車一具用壯盛婦人首生男胎，先以米泔水洗凈，次入長流水中再洗，新瓦上微微焙乾

右忌鐵器，用黄道吉日精製。秤和一處，石臼內搗成餅，晒乾，磨爲細末。用煉蜜爲丸，如梧桐子大。每服三錢，空心好酒送下，忌三白。如極虚，用後八仙斑龍膠化爲丸，乃補益天下第一方也。

《攝生秘剖》　九龍丹　治腎水不足，邪火搖動，精濁遺失之證。

枸杞子酒煮　金櫻子焙　山查肉炒　石蓮肉炒　蓮花鬚焙　熟地黄搗膏　芡實粉炒　白茯苓　川當歸等分

右爲末，煉蜜丸如梧桐子大。每服三錢，空心白滚湯送下。

精濁，腎液之病也，所以精濁者，心爲之也。一動其心而天君搖，搖則精濁走失矣。所謂主不明則十二官危也，其精濁與便濁不同，便濁是便溺，渾濁卽膏淋證也。乃是胃中濕熱，滲入膀胱，與腎經絕無相干，精濁則牽絲粘膩，雖不便溺亦漸漬而出耳。治此者宜滋腎清心，健脾固脱，是丸也，枸杞熟地當歸，味厚者也，可以滋陰，滋陰則足以制陽光，金櫻、蓮鬚、芡實，味澀者也，可以固脱，固脱則無遺失。石蓮肉苦寒可以清心，清心則淫火不熾。白茯苓甘平可以益土，益土則制腎邪，而山查肉者，所以消陰分之障礙也。

龜鹿二仙膏　治虚損精極者，夢泄遺精，瘦削少氣，目視不明等證，久服大補精髓，益氣養神。

鹿角二斤　龜板一斤　枸杞子六兩　人參三兩

右將鹿角截碎，龜板打碎，長流水浸三日，刮去垢，用砂鍋河水，慢火魚眼湯桑柴煮三晝夜，不可斷火，當添熱水，不可添冷水，三日取出，

晒乾，碾爲末。另用河水將末并枸杞人參，又煮一晝夜，濾去渣，再慢火熬成膏，初服二錢五分，漸加至三錢，空心酒服。

精氣神人身之三寶也。經曰：精生氣，氣生神，是以精極則無以生氣，以致瘦削少氣，氣弱則無以生神，以致目昏不明。鹿得天地之陽氣最全，善通督脈，足於精者，故能多淫而壽。龜得天地之陰氣最厚，善通任脈，足於氣者，故能伏息而壽。其角與板，又其身聚精氣神之最勝者，取而爲膏以補之，所謂補以類也。且二物氣血之屬，又是造化之玄微，異類有情，竹破竹補之法也。人參爲陽，補氣中之怯。枸杞爲陰，清神中之火，是膏一陰一陽，無偏攻之憂，入氣入血有和平之美，繇是精日生，而氣日旺，而神日昌，庶幾享龜鹿之年矣，故曰二仙。

玄及膏玄及，五味子也。　治火嗽，夢遺精滑，更能強陰壯陽。

北五味子一斤，水浸一宿，去核　白蜜三斤

右五味子入砂鍋，加河水煎之，取汁，又將渣再煎，以無味爲度，入蜜微火熬成膏，空心白湯下一二匙。

北方之令主閉藏神，氣虛怯則不能收固。五味味酸，酸者束而收斂，能固耗散之精，有金水相生之妙，況酸味正入厥陰，厥陰偏喜疏泄，乃圍魏救趙之法也。一物單行功，專力銳，更無監制，故爲效神速。《元和紀用經》之玄及散厥有旨哉。

養生主一名歸圓杞菊酒。

此酒補心腎，和氣血，益精髓，壯筋骨，安五臟，旺精神，潤肌膚，駐顏色。

當歸身酒洗，一兩　圓眼肉八兩　枸杞子四兩　甘菊花去蒂，一兩　白酒漿七斤　好燒酒三斤

右四味，用一絹袋盛之，懸於壜中再入二酒，封固貯月餘，不拘時隨意飲之，甚有利益。

唐子西名酒之和者，曰養生主；酒之勁者，曰齊物論。然則補益之酒貴純和也。是酒也，當歸補血奇珍，圓眼養心佳果，枸杞子扶弱，謂之仙人杖，甘菊花益壽，名之傳延年，酒漿之甘，厚腸胃而潤肌膚，燒酒之辛，行藥勢而通血脈，且其配合，性純和，味甘美，誠養生主也。若夫沉酒無度，醉以爲常，亦反致疾耳。此大禹所以疏儀狄，周公所以著酒誥，雖爲敗德之防，亦寓隕軀之戒。邵堯夫云美酒飲教微醉後，此得飲法之妙，所謂醉中趣，壺中天者也。斯盡養生主之旨矣。

百花如意酣春醞

此醞益腎固精堅陽，久戰且其品味不燥不熱，眞房術中之絕技也。

角沉香一兩　玫瑰花一兩　薔薇露一兩　梅花蕊一兩　桃花瓣一兩　韭菜花一兩　核桃肉八兩　白酒漿五斤　好燒酒五斤

右七味用一絹袋盛之，懸於壜中，再入二酒封固，窨月餘，隨意飲之，最妙。美景良辰，花朝月夕，絲竹合奏，童妓賡歌，藉此醞以發興暢懷，融融然何樂如之。且飲醇襲芬，恍若沉酣於百花香谷也。更有一種妙處，或行或止，或久或速，亦任自如，謂曰：如意不亦宜乎。

百藥長　此酒治男婦諸虛百損，五勞七傷，身體羸瘦，胸膈脹滿，脾胃不調，四肢無力，筋骨疼痛，并風痰寒濕一切等證。

當歸一兩　川芎五錢　白芍藥一兩　懷地黃四兩　白朮土炒，一兩　白茯苓一兩　天門冬去心，二兩　麥門冬去心，二兩　牛膝一兩　杜仲炒，一兩　破故紙一兩　茴香一兩　五味子一兩　枸杞子四兩　陳皮一兩　半夏一兩　蒼朮一兩　厚朴一兩　枳殼一兩　香附一兩　砂仁五錢　官桂一兩　羌活一兩　獨活一兩　白芷一兩　防風去蘆，一兩　烏藥一兩　秦艽一兩　何首烏二兩　川萆薢一兩　乾茄根四兩　晚蠶沙一兩　乾薑一兩　紅棗一斤　燒酒六十斤

右各藥共用一絹袋盛之，懸掛罈中。再入燒酒封固窨半月，不拘時，隨其量之大小多寡飲之爲宜。其藥渣晒乾研爲細末，爲丸服亦妙。

余嘗讀漢史，至王莽詔書云：酒爲百藥之長，然則帥百藥而治百病者，莫酒若也。虛損勞傷，身體羸瘦，藉此長以帥。歸、芎、芍、地養其血，白朮、茯苓益其氣，天冬、麥冬潤心肺，牛、杜、紙、茴補腰腎，五味助其陰，枸杞壯其陽，胸膈脹滿，脾胃不調，藉此長以帥。陳皮、半夏、蒼朮、厚朴平其胃，枳殼、香附、砂仁、官桂調其中，風寒痰濕力乏痛楚，藉此長以帥。羌活獨、白芷、防風、烏藥、首烏、秦艽、萆薢、茄根、蠶沙、薑、棗之屬，去其風，散其寒，燥其濕，行其痰，如此則疾自癒，力自強，而氣血自旺矣。百藥之長，名稱實也。或疑味多不專，殊不知七情五賊紛擾其中，正宜此大隊之長，以安內攘外也。譬之韓侯之兵，多多益善云爾。

固精益腎煖臍膏

治男子精寒，陽事痿弱，舉而不堅，堅而不久。白濁遺精，并婦人稟受氣弱，胎臟虛損，子宮冷憊，血寒痼冷，難成子息，帶下崩漏等證，貼之俱有奇效。

韭菜子一兩　蛇床子一兩　大附子一兩　肉桂一兩　川椒三兩　真麻油二斤　燕丹飛淨者十二兩　倭硫黃一兩　母丁香一錢　麝香三錢，各研　獨蒜一枚，搗爛

右將前五味，用香油浸半月，入鍋內熬至枯黑，濾去渣，入丹再熬，滴水成珠，捻軟硬得中，即成膏矣。每用大紅緞攤如酒盃口大，將倭硫、丁麝末以蒜搗爛為丸，如豌豆大，安於膏藥內貼之。

夫精乃腎中之真水也，全賴真火以養焉，此火寄於腎中，行於三焦，而入於甲膽，聽命於天君，所以溫百骸，通七竅，養五臟六腑之精，而藏於腎中，皆此火也。是火也，萬物之交，故曰，君非此火不足以生萬物，人非此火不能以有生，若此火一衰，則萬物無生矣。緣是男子，則白濁遺精，而陽痿精寒，婦人則帶下崩漏而子宮虛冷，是膏皆溫熱之品，用之貼臍，自有奇效。貼臍者何益？緣於父母媾精未有形象，先結河車中間透起一莖，如蓮蕊初生，乃臍帶也。蕊中一點真火，即命門，此穴處於兩腎之中，至有左右開闔，正如門中根闑，故名為臍，然則臍為命門之根矣，最宜溫火以助其元陽，壯其真火而益，此腎三主之原，則腎能藏精而不漏，且此方皆不傳之秘，惟可與知者道之，當留意於此膏焉。

《壽世秘典·食治選要》　戊戌酒　補虛羸，壯陽道，暖腰膝，益氣力。

黃牡犬一隻，治淨，煮爛，搗如泥。連汁和麴米如常釀酒飲之。《本草圖經》云：牡狗陰莖，專補右腎命門真火，能令陽道豐隆，精暖盈溢，使人有子。

仙茅酒　專治虛損，陽痿不舉。

仙茅四兩，先用米泔浸，去赤汁。又用黑豆水浸透，用黑豆一層，仙茅一層，重重相間，鋪入甑內，砂鍋上蒸一炷香，取出晒乾，如此七次，用竹刀切豆大塊，再三次。不可犯銅鐵器　淫羊藿四兩，洗淨，剪去邊刺，羊油炙或炒　五加皮四兩　當歸二兩　龍眼肉百枚

右藥入磁罐內，用好酒十斤，浸七日，鹽泥封固，用桑柴文武火懸胎煮三時，埋地下三日，取出，過七日，每日飲三五盃，將藥渣濾出，晒乾為末，煉蜜丸桐子大。每服五十丸，空心用此酒下。一方：用仙茅一斤，參水浸一次，淫羊藿葉一斤，鹿茸四兩，當歸四兩，酒三十大壺。

製法：同去五加皮，龍眼肉不用。

《辨證錄·虛損門》　人有入房縱慾，不知葆澀，以致形體瘦削，面色痿黃，兩足乏力，膝細腿搖，皮聚毛落，不能任勞，難起床席，盜汗淋漓，此損精而成勞症也。夫陰精足者其人壽，未有精虛而能長年者也。然而精足者，舉世絕無其人，所以腎有補而無瀉，其或病或不病，亦分之於能節與不能節耳。世人貪片刻之歡，至於死亡無論也。泄精未至於死亡，烏忍其病而不救，要不能舍填精而別求異術也。然而填精實難，泄精既多者，不特傷腎，必且傷脾，脾傷胃亦傷矣。胃為腎之關門，胃傷則關門必閉，雖有補精之藥，安能直入於腎宮，是補腎必須補胃，胃與脾為表裏，補胃而補脾在其中，故填精之藥，斷宜合三經同治耳。

方用開胃填精湯：

人參三錢　白朮五錢　熟地一兩　麥冬三錢　山茱萸三錢　北五味一錢　巴戟天一兩　茯苓三錢　肉豆蔻一枚

水煎服。

連服十劑，精神生，飲食知味，胃氣大開，再用十劑，可以起衰。再用十劑，前症頓愈。

此方雖非起死之方，實係填精妙藥。填精而精足，精足人可不死，然則此方正起死之方也，人亦加意而用之乎。

此症用扶弱湯亦妙。

熟地一兩　石斛　麥冬各五錢　北五味子一錢　巴戟天　菟絲子各三錢　山茱萸五錢

水煎服。【略】

人有過於好色，入房屢戰，以博歡趣，則鼓勇而鬥，不易泄精，漸則陽事不剛，易於走泄，於是骨軟筋麻，飲食減少，畏寒之症生，人以為氣虛之故，誰知是腎中之水火兩損乎。

夫腎中相火藏於命門之中，乃水中之火也，腎中水火，不可兩離。頻於泄精者，似乎損水而不損火，殊不知火在水中，水去而火亦去也。凡人火動之極，而水泄之，水泄之極，而火無水養，則火更易動而易泄，水火兩傷，欲腎之不損得乎？治法必須大補腎中之水，不可補夫腎中之火。蓋水雖生於

火，而水涸之時，驟補夫火，則水不能制，而火且炎上，亦足以害之也。惟大補夫水，使水足以制火，而火亦自生。方用六味湯大劑煎飲，服至兩月，然後加入附子、肉桂，以培補命門之眞火，則水火有既濟之妙，庶幾兩受補陰、補陽之益也。世人認八味丸爲補陽之藥，然仍於水中補火，是補陽而兼補陰之藥也。所以補火無亢炎之禍，補水無寒冷之虞耳。

此症用菟絲地萸湯亦神。

熟地一兩　山茱萸五錢　菟絲子一兩　巴戟天五錢

水煎服。

《頤身集・勿藥元詮》　金丹秘訣

一擦一兜，左右換手，九九之功，眞陽不走。戌亥二時，陰盛陽衰之候，一手兜外腎，一手擦臍下，左右換手各八十一，半月精固，久而彌佳。

李東垣曰：　夜半收心靜坐片時，此生發週身元氣之大要也。

積神生氣，積氣生精，此自無而之有也，鍊精化氣，鍊氣化神，鍊神還虛，此自有而之無也。

髮宜多梳，面宜多擦，目宜常運，耳宜常彈。閉耳彈腦名鳴天鼓。舌宜抵腭，齒宜數叩，津宜數嚥，濁宜常呵，背宜常暖，胸宜常護，腹宜常摩，穀道宜常撮，肢節宜常搖，足心宜常擦，皮膚宜常乾沐浴，即擦摩也。大小便宜閉口勿言。

色慾傷　男子二八而天癸至，女人二七而天癸至，交合太早，斲喪天元，乃夭之由。男子八八而天癸絶，女人七七而天癸絶，精血不生，入房不禁，是自促其壽算。人身之血，百骸貫通，及慾事作撮，一身之血至於命門化精以泄。人之受胎皆稟此命火以有生，故莊子曰：　火傳也，不知其盡者也。夫精者，神倚之如魚得水。神必倚物，方有附麗，故關尹子曰：　精無人也，神無我也。《楞嚴經》曰：　火性無我，寄於諸緣。氣依之如霧覆淵，不知節嗇則百脈枯槁，交接無度必損腎元，外雖不泄，精已離宮，定有眞精數點隨陽之痿而溢出，如火之有煙燄，豈能復返於薪哉。

《潛齋醫話・寡慾說》　沈芊綠云：　男女居室，雖生人之大倫，爲聖王所不能禁，然必行之有節，則陰陽和而孕育易。若淫慾無度，則精傷氣餒，神散血枯，由是而潮熱，而骨蒸，而枯槁，而羸瘦，而尪怯，變生種種，年壽日促矣。若夫豔冶當前，姣嬈在側，情投意洽，頓起淫心，因而雲雨綢繆，眞精施泄，雖此身殆斃，有所勿顧，即不然，或蓬婆相對，村醜相臨，未免有情，因諧魚水，甚至三妻四妾，居室纏綿，衾枕言歡，匪朝伊夕，更有損茲閨閣，戀彼龍陽，有美孌童，心如膠漆，要皆實有其事，確有其人，興之所到，情之所鍾，所謂一旦相依，誰能遣此者，獨可異者，既無彼美，終鮮狂且，形不必其相遇，目不必其相接，忽然而心動，忽然而火熾，獨居無偶，宛如有女同衾，握手爲歡，不啻伊人在御，直身頓足，筋脈都搖，而且火則屏而上炎，精則罄而就下，其爲傷損，較之實有其事，確有其人者，爲尤甚焉矣。則其精氣神有不歸於竭者哉。所以婚嫁貴及時也。俞惺齋云：　周愼齋謂酒是邪陽，色亦邪陽，邪陽勝則正陽衰。誠至言也。凡人逞慾，藉酒爲助，自覺陽強可喜，不知仍靠命門眞陽作主，慾既遂而邪陽息，眞陽始寧，慾火頻起頻息，眞陽必漸用漸衰，或慾起而勿遂其慾，似與眞陽無損，然如燈火本明，而於燈下另添一火以逼之，此火漸旺，則燈火漸滅，理更可悟。凡服壯陽熱藥皆同此理。尊生者，總以泊然不起慾火爲妙也。

杜勞方，專治骨蒸勞熱，羸弱神疲，腰脊疫疼，四肢痿軟，遺精吐血，欬逆嗽痰，一切陰虛火動之證，輕者二三料全愈，重者四五料除根。若先天不足之人，不論男女，未病先服，漸可強壯，常服更妙。以其性味中和，久任亦無偏勝之弊，屢收奇效，勿以平淡而忽之。方用：

枇杷葉五十六片，刷去毛，鮮者尤良，咳甚者加多，不咳勿用　紅蓮子四兩，不去心皮　梨二枚，大而味甘者良，去心皮，切片　大棗八兩，同煮熟後去皮。煉白蜜一兩，便燥多加，溏瀉勿用

先將枇杷葉放砂鍋內，甜水煎極透去渣，以絹瀝取清汁，後將果蜜同拌，入鍋鋪平，以枇杷葉汁淹之。不咳者但以甜水淹之，蓋好煑半炷香，翻轉再煑半炷香，收瓷罐內。每日隨意溫熱連汁食之，冬月可多製，夏須逐日製小料也。

咳嗽多痰，加眞川貝母一兩，研極細，起鍋時加入，滚一二沸即收。吐血，加藕節擣汁同煑。

《願體醫話》　世間惟財與色最是耗人精氣，速人死亡。而方士之言曰：　金銀可點化以濟壽，少女可採補以延年，既快嗜慾，又得長生，何憚而不爲耶？　試以情理度之，恐無此太便宜事，不敢信也，不可惑也。

俞桂庭曰：　死生有命，富貴在天，皆不能以人力謀也。既富貴矣，又欲長生，一念之貪，方士得以售其術。古來惑於爐火者，無不傾家；　惑於採補

者，無不喪命。愚夫接踵，可不哀哉！《呂氏春秋》云：所謂長生者，非能短而續之也，畢其數也。欲畢其數者，惟積德其庶幾乎？點化採補，皆損德之事，其得禍而速死也宜矣。

獨宿之妙，不但老年，少壯時亦當如此。日間紛擾，心神散亂，全藉夜間安睡以復元氣。若日裏心猿意馬控制不定，及至醉飽又復恣情縱慾，不自愛惜，如泥水一桶，何時得清？

俞桂庭曰：此從來卻病保生延壽之第一仙方也，此外並無丹藥，別求秘訣，皆是愚人。

《醫門補要・病時病後要省勞節慾》　人當病來，一觸忿怒，勞動並嗜慾，憂思能使輕症轉重，而重症入危至，病將愈，尤宜屏去外緣，方易強健。若不禁戒，變象蜂起，誰之咎歟。

《中西匯通醫經精義・五臟所傷》　久坐濕地，強力入房，則傷腎。腎中之陽能化濕氣，則水達膀胱，氣行肢脊。若久坐濕地，則濕氣太甚，而腎陽反受其傷，必生肢脊疼腫等證，治宜燥之。腎中陰精充足，無損，則能種子，入房乃其常事，若力已竭而猶勉強入房，則腎精枯矣，治宜滋補。

《中外衛生要旨》　精者滋於身者也，氣者運於身者也，神者主宰一身者也。如耳目官骸之能運者氣也，使之因事而運者神也，運之或健或倦者精也。耳乃精竅，目乃神竅，口鼻乃氣竅。故耳之閉塞，精病可知；目之昏蒙，神病可知；口之吼喘，氣病可知。人身精實則氣充，氣充則神旺，此相因而永其生者也；精虛則氣竭，氣竭則神逝，此相因而死者也。人身液化爲血，血化爲精，精化爲髓，如飲食水穀入胃，由脾磨化成液，生血以充精，故必藉穀以培後天之精，人乃得生也。精者神倚之，如魚倚水，蓋魚藉水養，神藉精滋也。又精者氣托之，如霧托淵，蓋淵淺則霧薄，精衰則氣弱也。先哲謂人身精液，本於各臟所生，不過藏之於腎，非獨出於腎也。無搖爾精，乃可長生，無搖者，守之固也。人肝精不固，目眩無光；肺精不固，皮肉消瘦；腎精不固，神氣減散；脾精不固，齒髮衰白，疾病隨之，死亡將至，洵不誣矣。《參贊書》曰：人至中年以後，陽氣漸弱，覺陽事猶盛而常舉，必慎而抑之，不可縱情過度，一度精不洩，一度邪火滅，一度邪火滅，一度暗添油，若不打破此關，則是膏火將殘，更去其油。故經語云：穩守精室勿妄洩，閉而寶之可長活，凡房室之事，火隨慾起，煽動精室，雖不洩而精離位，若出而復忍之，則精停蓄，必化膿血成毒。

氣有秉於天地者，有受於父母者，秉天地之氣，謂之真氣，受父母之氣，謂之凡氣。真氣者，人纔成胎，便秉天地之氣，與人身之氣，以類感類，合化以成人。身氣有清濁厚薄，人因有強弱剛柔，凡氣者人初受形，因父精母血，蘊結而成胎，自有溫暖之氣，至十月氣足，然後降生，一點凡氣，藏於下丹田氣穴，一身之氣，以及呼吸，皆出於此。先天元氣爲陽氣，後天穀氣爲陰氣，常使元氣內運，陽氣若壯，則陰氣自消，陽壯陰衰，百病不生。人若貪睡，則神離於氣，氣無所主，奔潰四溢。上陽子云：寶精則氣裕，氣裕則精盈，養生之士，先資其氣，資氣在於寡慾，慾情不動則精氣自相生矣。

神者，人之未生，父母構精，其兆始見一點，初凝之念是也。始見一點，即所以成形，初交一念，即所以生神，神爲氣之子，如有氣以成形，乃神之知覺運動，指始有身而言也。神爲氣之帥，如神行即氣行，神住即氣住，指既有身而言也。神靜則心和，神躁則心蕩，心蕩則形傷，欲全形先在理神，清心寡欲，以安於內，杜漸防危，不誘於外。身如屋，神如主人，主人亡，則屋無與守，曠而將傾矣。身如舟，神如舟子，舟子去，則舟不能行，空而隨敝矣。世人忙忙碌碌，只奉養肉身，而關係至重之神，反撇卻不顧，猶之，捨舟子而操舟，棄主人而奉屋，豈不危哉！昔康仲俊年八十六，極壯，自言少時讀《千字文》，即有所解悟，心動神疲四字，平生遇事謹節，不勞心疲神，故老而不衰。太乙曰：存神可以固元氣，令病不生。若終日擾擾，則神馳於外，氣散於內，營衛昏亂，衆疾相攻矣。神能使耳目手足視聽持行，氣即隨而運之，故寧神即養氣保精也。

修煉祇在精氣神，蓋精生氣，氣生神，精弱則神氣衰也。人年十六則精泄，所喪者少，則隨日所生以補之。所補者後天之陰精，非先天之元精。若所補不敷所泄，則精竭而身憊矣。故慾不節則精耗，精耗則氣衰，氣衰則病至，病至則身危。噫！精之爲物，其真寶乎，又奚可縱慾而喪軀乎。《千金翼方》論男女交媾之理，常人身體壯者，二十歲四日一泄，三十歲八日一泄，四十歲十六日一泄，五十歲二十日一泄，六十歲者閉精勿泄，體力猶壯者，一月一泄。凡人氣力自有盛過人者，亦不可抑忍久而不泄，致生癰疽。若年過六十，有數旬不得交合，意中平平者，自可閉固也。有一老人七十餘歲，詢余曰：數日來陽氣益盛，自思氣血已衰，何有此盛？余答曰：此反常不吉之兆，予不聞膏火將竭必先暗而後明，明止則滅乎。今年邁桑榆，當閉精息慾，忽春情發興，故曰反常，宜勉之。後四旬發病而歿，此不愼之效也。觀此則壽之修短，全係精氣神之盈虧，精血一敗，神氣無所倚附，欲長壽而享諸福難矣。達者當知精髓有限，生之甚難，耗之甚易，如油盡燈滅。若縱慾精散，假力藥餌，棄眞取僞，棄內取外，不亦愚乎。養生以養心爲主，故心不病則神不病，神不病則人自寧，養生之法，須要擺脫一切，毋以妄想戕眞心，毋以客氣傷元氣。

王侯之宮，美女盈千，卿士之家，侍妾數百，晝則以醞酒淋其骨髓，夜則以房室輸其血氣，耳聽淫聲，目樂邪色，醼內不出，遊外不返，王公得之於上，豪傑馳之於下，及至生產不時，字育太早，或童孺而擅氣，或疾病而搆精，精氣薄惡，血脈不充，既出胞藏，養護無法。又蒸之以緡纊，爍之以五味，胎傷孩病而脆，未及堅剛，復縱情慾，重重相生，病病相孕，國無良醫，醫無審術，姦佐其間，過謬常有，會有一疾，莫能自免。故今少百歲之人者，豈非所習不純正乎。

《抱朴子》曰：或問所謂傷之者，豈色慾之間乎？答曰：亦何獨斯哉。然長生之要，其在房中，上士知之，可以延年除病，其次不以自伐。若年當少壯，而知還陰丹以補腦，采七益於長俗一作谷者，不服藥物，不失一二百歲也，但不得仙耳。不得其術者，古人方之於凌盃以盛湯，羽苞之蓄火。又且才所不逮，而強思之，傷也；力所不勝，而強舉之，傷也；深憂重恚，傷也；悲哀憔悴，傷也；喜樂過度，傷也；汲汲所欲，傷也；戚戚所患，傷也；久談言笑，傷也；寢息失時。傷也；挽弓引弩，傷也；沈醉嘔吐，傷也；飽食即臥，傷也；跳足喘乏，傷也；懽呼哭泣，傷也；陰陽不交，傷也。積傷至盡，盡則早亡，盡則非道也。

儒生家多得洩精症者，雖緣心火不純，亦因徹夜談笑，永夜讀書，引丹田之氣，盡縱於口角之間，致使精失其伴，遂有此洩精症耳。善保身者，談笑宜少，讀書宜和。

保身以安心，養腎爲主，心能安則離火不外熒；腎能養則坎水不外溢。火不外熒，必無神搖之病而心愈安，水不外溢，必無精洩之患而腎愈堅。腎堅則命火不上沖，心安則神火能下照，精神交凝，結爲胎息，可以卻病，可以延年。平日之間，靜養身體，素位而行，隨遇而安，則心性和平，神氣沖淡。

人身中精氣雖分陰陽，然眞陰眞陽，原有互根之妙，相生之理。天下未有眞陽固密，而陰精不足之人，亦未有陰精充滿，而元陽不壯者，但燥熱之陽乃能傷陰，沈寒之陰，乃能傷陽。經固有少火壯火之別，則陰可類推矣。至若飲食藥物之陰陽，積寒積熱必能傷氣傷精，又不可不愼，陰陽均不可偏。然凡人調攝，則助陽必兼助陰，陽譬則火也，陰譬則油也，火有氣有形而無質，油則純以質用矣。氣非形質則無所附麗，厚其形質，元氣乃充，故如營者此火，燎原者亦此火，原無衰旺，因所附以爲衰旺，吾人日用飲食，總是補之味，蓋欲補其精也。精補則氣自足，若舍形下之器，則無形上之道。

體弱人每事當知所節，節慾節勞節飲食，此其大要。子瞻云：傷生之事非一，而好色者必死。人當好色情濃時，特提死字敵之，可得衰減，凡用心用力，及用目用耳，一切事稍覺其勞，即便停歇以節省之，稍息再勞，庶不至受病若待病而後調之，費力而取效難矣，醉之爲害，不可勝言，其於節慾，更須戒醉，醉後最易犯慾，《內經》言醉以入房養生大忌，能致百病，蓋醉裏乾坤，另一光景，生平謹凜，頃刻忿睢，尊生一念，遂置度外，故攝養家切忌縱飲。

王履素先生云，予少年氣血不足，十日九病，自慮不能老，幸延殘喘以迄於今。中丞給諫兩兄，生平精神大旺，竟年不滿六旬。蓋予以病萬分加意保攝，所以得全其生，兩兄役役世法中，藥餌調攝，不知爲何以有所恃而促其算也。予病源因於色，後來極其節慾，腠理虛不禁風，坐臥必於屏風處，不敢偶肆，覺飢即食，覺寒即衣，覺煖即減，覺勞即息。不敢強力以作，生平藥餌，無一日輟。初未知醫藥，頗有誤，後識岐黃妙理，大得其益。居官甚有礙於調攝，上鑒兩兄，皆以勞心政務，得疾而殞，故未老即掛冠。予之重養生也蓋如此。

晉侯求醫於秦，秦伯使醫和視之曰：疾不可爲也，是謂近女室，疾如蠱，非鬼非食，惑以喪志。公曰：女不可近乎？對曰：節之而引樂以爲喻，謂五降之後，不容彈矣，於是乎有煩手淫聲，慆堙心耳，物亦如之，至於煩乃舍也已，無以生疾，又以六淫配六疾。曰：陰淫寒疾，陽淫熱疾，風淫末疾，雨淫腹疾，晦淫惑疾，明淫心疾。女陽物而晦時，淫則生，內熱惑蠱之疾，今君不節不時，能無及此，要知女色不能絕，必須節之，淫則致疾，人皆知女爲陰，不知其外陰而內陽，元門亦有取坎塡離之說，故好色最能傷陰，以其熱也，凡人獨宿書齋，自有一種清明之氣。日與婦人作緣，便覺志氣昏憒，故謂之惑疾。子産聘晉問疾，叔向問焉，子産謂君子有四時，朝以聽政，晝以訪問，夕以修令，夜以安身，於是乎節宣其氣，勿使有所壅閉湫底，以露其體，今無乃壹之，則生疾矣。蓋壹與節相反，壹則耽於女色，而聽政訪問諸務俱廢，安得無疾，然則吾人應酬交際，小勞其身，不能以了世法，所以節宣其氣，豈知養生調性之道哉，無論一於好內者之必生疾，即一於安逸者，恐亦非保身之道耳。古人之言，不可不省。

傳記

《藝文類聚・人部・隱逸上》 《帝王世紀》曰：黄帝有熊氏，少典之子，姬姓也，生壽丘，長于姬水，龍顔有聖德，受國於有熊，居軒轅之丘，故因以爲號。治五氣，設五量，及神農氏衰，黄帝脩德撫民，諸侯咸去神農而歸之，黄帝於是乃擾馴猛獸，與神農氏戰于版泉之野，三戰而克之。又徵諸侯，使力牧神皇直討蚩尤氏，擒之于涿鹿之野，使應龍殺之于凶黎之丘，凡五十二戰，而天下大服。有妃，生二十五子，黄帝在位百年而崩，年百一十歲矣。或傳以爲仙，或言壽三百歲，葬于上郡陽周之橋山。《抱朴子》曰：黄帝生而能言，役使百靈，可謂天授自然體之者，猶復不敢端坐而得道，故陟王屋而受《丹經》，到鼎湖而飛流珠，登崆峒而問廣成，之具茨而事大隗，適東岱而奉中黄，入金谷而諮子心，論導養而質玄素二女，精推步則訪山稽力牧，講占候則詢風后，著體診則受雷岐，審攻戰則納五音之策，窮神姦則記白澤之辭。

《雲笈七籤・神仙傳》 廣成子

廣成子者，古之仙人也。居崆峒之山，石室之中，黄帝聞而造焉。曰：敢問至道之要。廣成子曰：爾治天下，雲不待族而雨，木不待黄而落，奚足以語至道哉。黄帝退而閑居三月，復往見之，膝行而前，再拜請問治身之道。答曰：至道之精，杳杳冥冥，無視無聽，抱神以靜，形將自正，必靜必清。無勞爾形，無摇爾精，乃可長生，慎内閉外，多知爲敗，我守其一，而處其和。故千二百年而未嘗衰老，得吾道者上爲皇，失吾道者下爲土。予將去，汝入無窮之門，遊無極之野，與日月齊光，與天地爲常，人其盡死而我獨存焉。

蔡長孺

蔡長孺者，蜀郡人。夫妻共服十精丸，體氣充盈，年九十生一男，名度世。一百五十歲復生一男，名無極。年三百歲，視之如少童。

天門子

天門子者，姓王名剛，尤明補養之要，故其經曰：陽生立於寅，純木之精；陰生立於申，純金之精。夫以木投金無往不傷，故陰能疲陽也，陰人著脂粉者，法金之白也。是以真人道士，莫不留心注意，精其微妙，審其盛衰，我行青龍，彼行白虎，取彼朱雀，煎我玄武，不死之道也。又陰人之情，有急於陽，而外自收抑，不肯請陽者，明金不爲木屈。陽性氣剛躁志節疏畧，至於遊宴，聲氣和柔，言辭卑下，明木之畏於金也。天門子既行此道，年二百八十歲猶有童子之色，乃服珠醴，得仙入玄洲中去。

《歷代名醫蒙求》 鳳綱不老　能嗣延年

《神仙傳》鳳綱者，漁陽人也。常採百草花，以水漬封泥之。自正月始，盡九月末止，埋之。百日煎丸之。卒死者，以藥内口中皆立活，綱長服此藥，至數百歲不老，後入地肺山中仙去。

何首烏傳：昔何首烏者，順州南河縣人。祖名能嗣，父名延秀。能嗣常慕道術，隨師在山。因醉，夜卧山野，忽見藤二株，相去三尺餘，苗蔓相交，久而方解，解了又交，驚訝其異。至旦遂掘其根歸，問諸人無識者，後有山老忽來示之，答曰：子既無嗣，其藤乃異，此恐神仙之藥，何不服之。遂杵爲末，空心酒服一錢。服數月，似強健，因此常服。又加二錢服之，舊疾皆痊，髮烏容少，數年之内，即有子，名延秀。秀生首烏，首烏之名因此而得，生數子，年百餘歲，髮黑，何首烏長筋肉，益精髓，壯氣，駐顔，黑髮，延年。

《醫史・醫和傳》 醫和者，秦醫也。晉平公十七年，公疾病，求醫於秦，秦景公使和視之，曰：疾不可爲也。是謂近女室，疾如蠱，非鬼非食，惑以喪志，良臣將死，天命不祐。公曰：女不可近乎？對曰：節之。先生之樂，所以節百事也。故有五節，遲速本末以相及中聲以降，五降之後，不容彈矣。於是，有煩乎淫聲慆堙心耳，乃忘平和，君子弗聽也。物亦如之，至於煩，乃舍也已，無以生疾，君子之近琴瑟，以儀節也。非以慆心也，天有六氣，降生五味，發爲五色，徵爲五聲。淫生六疾，六氣。曰陰陽風雨晦明也，分爲四時，序爲五節，過則爲菑，陰淫寒疾，陽淫熱疾，風淫末疾，雨淫腹疾，晦淫惑疾，明淫心疾，女陽物而晦，時淫則生内熱惑蠱之疾，令君不節不時，能無及此乎。出告趙孟，趙孟曰：誰當良臣？對曰：主是謂矣。主相晉國，於今八年，晉國無亂，諸侯無闕，可謂良矣。和聞之，國之大臣，榮其寵祿，任其大節，其菑禍興，而無改焉，必受其咎。今君至於淫以生疾，將不能圖恤社稷，禍孰大焉，主不能禦，吾是以云也。趙孟曰：何爲蠱？對曰：淫溺惑亂之所生也，於文，皿蟲爲蠱。穀之飛，亦爲蠱。在《周易》，女惑男，風落山，謂之蠱，皆同物也。趙孟曰：良醫也，厚其禮而歸之。是歲也，趙文子卒，十年而平公薨。先是，晉景公之十九年，公疾病，亦使求醫於秦，秦桓公使醫緩爲之，未至，公夢疾爲二豎子。曰：彼良醫也，懼傷我焉，逃之。其一曰：居肓之上，膏之下，若我何？緩至，曰：疾不可爲也，在肓之上，膏之下，攻之不可，達之不及，藥不至焉，不可爲也。公曰：良醫也。亦厚爲之禮而歸之。無幾而景公薨。或曰：緩即和也，音訛。

或問醫和診晉侯之脈，而知其良臣將死，有是理邪。曰：有之，不聞僧智緣子，智緣診父之脈，而能道其子之吉凶，罔不奇中，王註蓋嘗疑之，荊公曉之，以爲實有是理，夫診子，既可以知父，則診君亦可以知臣，非洞達陰陽造化之妙者，孰能與於斯。消息而用之。謂李之論飲食勞倦內傷脾胃，則胃脘之陽，不能以升舉，并及心肺之氣，陷入中焦，而用補中益氣之劑治之，此亦前人之所無也。

然天不足於西北，地不滿於東南，天陽也，地陰也，西北之人，陽氣易於降，東南之人，陽火易於升，苟不知此，而徒守其法，則氣之降者，固可愈，而於其升者，亦從而用之，吾恐反增其病矣。乃以三家之論，去其短，而用其長，不復參之，以太極之理，《易》《禮記》《通書》《正蒙》諸書之義，貫穿《內經》之言，以尋其指歸，而謂《內經》之言火，蓋與太極動而生陽，五性感動之說有合，其言陽道虛，則又與《禮記》之養陽意同，因作相火及陽有餘，陰不足二論，以發揮之，其論相火。有曰：陽動而變，陰靜而合，而生水火木金土，然火有二焉，曰君火，曰相火，君火者，人火也，相火者，天火也。火內陰而外陽，主乎動者也。故凡動皆屬火，以名而言，形質相生，配於五行，故謂之君”，以位而言，生於虛無，守位稟命，故謂之相火。天生物，恒於動，人有此生，亦恒於動，然其所以恒於動者，皆相火助之也”。見於天者，出於龍雷，則木之氣，出於海，則水之氣也。具於人者，寄於肝腎二部，肝屬木，而腎屬水也。膽者肝之府，膀胱者腎之府，心胞絡者，腎之配三焦，以焦言，而下焦司肝腎之分，皆陽而下者也。天非此火，不能生人，人非此火，不能以有生，天之火，雖出於木，而皆本乎地，故雷非伏，龍非蟄，海非附於地，則不能鳴，不能飛，不能波也。鳴也，飛也，波也，動而爲相火者也。肝腎之陰，悉具相火，人而同乎天也。或曰：相火天人所同，東垣何以指爲元氣之賊，又謂火與元氣不兩立，一勝則一負，然則如之何？曰：可使之無勝負乎！曰：周子曰：神發知矣。五性感動，而萬事出，五者之性，爲物所感，不能不動，謂之動者，即《內經》五火也，相火易動，五性厥陽之火，人從而扇之，則妄動矣。火既妄動，則煎熬眞陰，陰虛則病，陰絕則死，君火之氣，經以暑與熱言之，而相火之氣，則以火言，蓋表其暴悍酷烈，有甚於君火也。故曰：相火元氣之賊。周子曰：聖人定之以中正仁義而主靜。朱子亦曰：必使道心常爲之主，而人心每聽命焉，此善處乎火者也。人心聽命於道心，而又能主之以靜，彼五火將寂然不動。而相火者，惟有扶助造化，而爲生生不息之運用爾。夫何元氣之賊哉！或曰：《內經》相火，注言少陽少陰矣。未嘗言及厥陽太陰，而吾子言之，何也？曰：足太陽少陽，東垣嘗言之，治以炒柏，取其味辛，能瀉水中之火。戴人亦言，膽與三焦，肝與胞絡，皆從火治，此歷指龍雷之火也。余以天人之火，皆生於地，如上文所云者，實廣二公之意耳！或曰：《內經》言火者非一，往往於六氣中見之，而言藏府者，未之有也。二公豈他有所據邪。曰：經以百病皆生於風寒暑濕燥火之動，而爲變者，岐伯歷指病機，一十九條，而屬火者五，此非相火爲病之出於藏府者乎。考之《內經》，諸熱瞀瘛則屬之火，諸狂躁越則屬之火，諸病胕腫痛酸驚駭則屬之火。又原病式曰：諸風掉眩，屬於肝火之動也”，諸氣膹鬱病痿，屬於肺火之升也”，諸濕腫滿，屬於脾火之勝也”，諸痛癢瘡瘍，屬於心火之用也。是皆火之爲病，出於藏府者然也。噫！以陳無擇之通達，猶以暖識論君火，日用之火，論相火，是宜後人之聾瞽哉！其論陽有餘陰不足，有曰：人受天地之氣以生，天之陽氣爲氣，地之陰氣爲血，然氣常有餘，而血常不足，何爲其然也？天火也，爲陽，而運於地之外，地居天之中爲陰，而天之大氣舉之”。日實也，屬陽，而運於月之外”。月缺也，屬陰，而稟日之光，以爲明者也，則是地之陰，已不勝夫天之陽，月之陰，亦不敵於日之陽，天地日月尙然，而況於人乎。故人之生，男子十六歲而精通，女子十四歲而經行，是有形之後，猶有待於乳哺水穀之養，而後陰可與陽配成乎人，而爲人之父母，古人必近三十二十，而後嫁娶者，可見陰氣之難於成，而古人之善於保養也。錢仲陽於腎有補而無瀉，其知此意者乎。又按：《禮記》注曰：人惟五十，然後養陰者，有以加《內經》年至四十，陰氣自半，而起居衰矣。男子六十四歲，而精絶；女子四十九歲，而經斷。夫以陰氣之成，止爲三十年之運用，而竟已先虧，可不知所保養也。經曰：陽者天也，主外；陰者地也，主内。故陽道實，陰道虛，斯言豈欺我哉。或曰：遠取諸天地日月，近取諸男子之身，曰有餘，曰不足，吾已知之矣。人在氣交之中，今欲順陰陽之理，而爲振養之法，如之何則可。曰主閉藏者腎也，司疏泄者肝也，二藏皆有相火，而其系上屬於心，心君火也，爲物所感，則易於動，心動則相火翕然而隨，聖賢教人收心養心，其旨深矣。天地以五行更迭衰旺，而成四時，人之五藏六府，亦應之而衰旺。四月屬巳，五月屬午，爲火大旺，火爲肺金之夫，火旺則金衰，六月屬未，爲土大旺，土爲水之夫，土旺則水衰，况腎水嘗藉肺金爲母，以補助其不足。古人於夏月，必獨宿而淡味，兢兢業業，保養金水二藏，正嫌火土之旺爾。《內經》又曰：冬藏精者，春不病溫，十月屬亥，十一月屬子，正元氣潛伏閉藏，以養其本之真，而爲來春升動發生之本。若於此時，不恣以自戕，至春升之際，根本壯實，氣不輕浮，尚何病之可言哉！於是翁之醫益聞，四方以病來迎者，遂輻湊於道，翁咸往赴之。

著錄

《抱朴子·序》 洪體乏超逸之才，偶好無爲之業，假令奮翅則能凌厲玄霄，騁足則能追風躡景，猶故欲戢勁翮於鷦鷯之羣，藏逸跡於跛驢之伍，豈況大塊稟我以尋常之短羽，造化假我以至駑之蹇足。以自卜者審不能者止，豈敢爲蒼蠅而慕冲天之舉，策跛鼈而追飛兔之軌。飾嫫母之陋醜求媒媼之美談，推沙礫之賤質索千金於和肆哉！夫以僬僥之步而企及夸父之蹤，越士所以璅困也，以要離之羸而強赳扛鼎之任，或作勢。秦人所以斷筋也，是以望絶於榮華之途，而志安乎窮否之域，藜藿有八珍之甘，而蓬蓽有藻梲之樂也，故權貴之家雖咫尺弗從也，知道之士雖艱遠必造也，考覽奇書既不少矣。率多隱語，難可卒解，自非至精不能尋究，自非篤勤不能悉見也。道士淵博洽聞者寡，而意斷妄說者衆。至於時有好事者欲有所修爲，倉卒不知所從，而意之所疑，又無可咨問，今爲此書，粗舉長生之理，其至妙者不得宣之於翰墨，蓋麤言較略以示一隅，冀悱憤之徒省之可以思過半矣。豈爲暗塞必能窮微暢遠乎，聊論其所先舉耳！世儒徒知服膺周孔，桎梏皆死，莫信神仙之事，謂之妖妄之說，見余此書不特大笑之，又將謗毁真正，故不以合於世，余所著子書之數而别爲此。一部名曰《內篇》凡二十卷，與《外篇》各起次第也。雖不足以藏名山石室，且欲緘之金匱以示識者，其不可與言者不令見也，貴使來世好長生者有以釋其惑，豈求信於不信者哉！葛洪稚川謹序。

《校刊抱朴子內篇·序》 道家宗旨，清淨冲虛而已。其弊或流爲權謀，或流爲放誕，無所謂金丹仙藥，黃白玄素，吐納導引，禁咒符籙之術也。秦漢方士絶不附會老子，即依託黃帝亦非道家之說。《漢書·藝文志》以黃帝諸篇分屬道家神仙，蓋本《七略》，《七略》又本於《别錄》，劉子政固誦習鴻寶，篤信神仙者而典校祕書，仍别方技於諸子之外不相殽也。東漢之季，桓帝好神仙，祠老子。張陵之子衡，使人爲祭酒，主以老子五千文都習。神仙之附會道家，實昉於此。《抱朴子·內篇》，古之神仙家言也，雖自以內篇屬之道家，然所舉仙經神符多至二百八十二種，絶無道家諸子。且謂老子泛論較略，莊子、文子、關尹喜之徒，祖述黃老，永無至言，去神仙千億里。尋其旨趣，與道家判然不同。又後世學仙者，奉魏伯陽爲正宗，是書偶及伯陽內篇之名，並無一語稱述。惟《神仙傳》中言《參同契》假爻象以說作丹之意而已。是稚川之學，匪特與道家異，并與後世神仙家無幾微之合。余嘗謂漢之仙術，元與黃老分途，魏晉之世玄言日盛，經術多岐，道家自詭於儒，神仙遂溷於道，然第假借其名不易其實也。迨及宋、元，乃緣參同爐火而言內丹，鍊養陰陽，混合元氣，斥服食胎息爲小道，金石符咒爲旁門，黃白玄素爲邪術，惟以性命交修，爲谷神不死羽化登真之訣，其說旁涉禪宗，兼附易理，襲微重妙，且欲併儒釋而一之。自是而漢晉相傳神仙之說，盡變無餘，名實交溷矣。然則葛氏之書墨守師傳，不矜妙悟，譬之儒者說經，其神仙家之漢學乎！孫伯淵漕司，篤好古義，兼綜九流，以明刻《抱朴子》及天一閣鈔本，錯亂脱誤，手自校讎，復屬余與顧澗蘋各以家藏諸本參證他書，覆校數過，伯淵敘錄篇目，將以刊行。余因舉神仙與道家者流，古今分合之故，論次爲序，覽者或有考焉。嘉慶十七年七月甲戌桐城方維甸撰。

按明刻《抱朴子》於內篇之後附入別旨一篇，專論吐納導引，與內篇本意不合辭義，亦甚淺近，不似晉人手筆，考之稚川自敘本無此書。隋唐諸志皆不著錄，惟《宋史·藝文志》道家有《抱朴子·別旨》二卷，注云：不知作者，亦不謂爲稚川所著也。晚出之書元不可信，且今本五百六十餘言，不盈一卷，并非宋元舊本，故削去之，不復附於篇末云。維旬又跋。

《養性延命錄·序》 夫稟氣含靈，唯人爲貴。人所貴者，蓋貴爲生，生者神之本，形者神之具，神大用則竭，形大勞則斃。若能遊心虛靜息，慮無爲。服元氣於子後，時導引於閑室，攝養無虧，兼餌良藥，則百年耆壽是常分也。如恣意以躭聲色，役智而圖富貴，得喪恆切於懷，躁撓未能自遣，不拘禮度，飲食無節，如斯之流，寧免夭傷之患也。余因止觀微暇，聊復披覽《養生要集》，其集乃錢彥張湛道林之徒，翟平黄山之輩，咸是好事英奇，志在寶育，或鳩集仙經眞人壽考之規，或得採彭鏗、老君長齡之術，上自農黄以來，下及魏晉之際，但有益於養生，及招損於後患。諸本先皆記錄，今略取要法，刪棄繁蕪，類聚篇題，分爲上下兩卷，卷有三篇，號爲《養性延命錄》，擬補助於有緣，冀憑緣以濟物耳。或云：此書孫思邈所集。

《混俗頤生錄·序》 天地之間以人爲貴，言貴者，異於萬物也。人之所重者，榮顯所寶者，性命自天地精粹以生形，寒暑燥濕以生困，合順而守之，順則瘵癘不作，逆則萬瘥輻湊，雖大限而不能續中間，夭枉沈痼跛眇之疾，良由攝理乖方之致。然夫駢拇枝指，附贅懸疣，此乃生常之患，非關謂息之誤矣。是以五色亂目，五音聾耳，五味爽口，畋獵狂心，四事去之，塵外之人也。凡居深山處窮谷，與猿猱爲侶，逐麋鹿爲群，棄寰中之美樂，食炁餐霞，保壽齊於天地者，萬萬人中未有一二哉。稍能於飲食嗜慾間消息之，則無枉橫之虞也。詞昔年五味酒食過度，痼疾纏身，思其所因，有自來矣。遂即棲心附道，肆志林泉，景慮都忘，漸至痊復。詞稟性頑愚，昧於忌犯將攝之理，粗約羈縻。僅二十年來，頗獲其驗。且夫脩短窮通，人之定分，不能保存和氣而乃騰倒精神，加以鍛鑄金砂，資助情慾，棄其仁義，冀信禎祥，妄圖永遠，此其大惑歟。謂皮之不能存，毛將安附。至於脫屣沖虛，駕龍控鶴者，此乃世世施陰德，生生履仁義，又有兀兀之性，所稟堅固，非藥餌之所致，古人有壽數百歲者，不聞有學道求仙之術，龜龍蛇鶴，亦無服食茹芝之方，松筠經霜而不凋，蔓草先秋而搖落，此物之自然性也。豈天地大道，私於彼人物哉。是鳥獸非彈射不死，蓋以自適之性，飢啄渴飲，嗜慾以時而無所縈，人多夭傷疾病，以貪求名利，追琢其神，強服藥餌，加以嗜慾無時，昧於忌犯，服翫奢侈，飲食過度，輒恣飽暖，且夫土木泉石，莫非造化所成者，則負瑰奇詭怪之狀，而人亦然，况利祿榮顯，暫時間耳。蓋非干身之事，帷攝生養性，則神謐延齡而已，今輒具《消息樞要》十章，題目曰《混俗頤生錄》。此皆歷試有驗，非乃謬言。雖不能究習研精，而乃梗槩略備，不能盡文直書其事，倘遇同道覽之，冀微採綴云爾。

《三元參贊延壽書·序》 黄帝問岐伯曰：余聞上古之人，春秋皆度百歲而動作不衰，今時之人，年至半百而動作皆衰，時世異耶，人將失之耶。岐伯對曰：上古之人其知道者，法於陰陽，和於術數，食飲有節，起居有常，不妄作勞，故能形與神俱而盡終其天年，今時之人不然也，以酒爲漿，以妄爲常，以慾竭其精，以耗散其眞，不知持滿，不時御神，務快其心，逆於生樂，故半百而衰也。又曰：知之則強，不知則老，知則耳目聰明，身體輕健，老者復壯，壽命與天地無窮，此僕養生延壽之書所由作歟。所謂養生者，既非爐鼎之訣，使憚於金石之費者，不能爲。又非吐納之術，使牽於事物之變者，不暇爲。郭橐駞有云：駞非能使人壽且孳也，以能順人之天而致其性焉耳。僕此書不過順乎人之天，皆日用而不可缺者，故他書可有也可無也，此書則可有也，必不可無也。僕生甫二周，而生母遷于淮北，壯失所在，哀號奔走淮東西者凡三年，天憫其衷，見母於蘄之羅田，自是歲一涉淮，一日道出龐居士舊址，遇一道人，綠髮童顔，問姓，曰宫也，問所之，曰採藥。與語移日，清越可喜，同宿焉。道人夜坐達旦，問其齒，九十餘矣。詰其所以壽，曰子聞三元之說乎，時匆匆不暇叩，後十年戊辰，試太學至禮部，少憩飛來峰下，忽復遇其人，貌不減舊，始異之，攜手同飲，因詰向語，道人曰：此常理耳。余稽首請之，曰：人之壽，天元六十，地元六十，人元六十，共一百八十歲。不知戒愼，則日加損焉。精氣不固，則天元之壽減矣。謀爲過當，則地元之壽減矣。飲食不節，則人元之壽減矣。當寶嗇而不知所愛，當禁忌而不知所避，神日以耗，病日以來，而壽日以促矣。其說皆具見於黄帝、岐伯、《素問》、老聃、莊周及名醫書中，其與孔孟無異，子歸以吾說求之，無他術也。復爲余細析其說，且遺以二圖，余再拜謝。蚤夜以思之，前之所爲其可悔者多矣。於是以其說，搜諸書集而成編，以自警焉。僕年七十，父年且九十一矣。蒙恩免役，侍奉他無以仰報。

《泰定養生主論・序》 物生於天而養於天，然天不能司其養，非天不司養也。人爲嗜慾所勝，聲色所蠱，寵榮勢利之徇，雨暘燠寒之觸冒扆薄，情炎於中，形槁於外，至是而養於天者，天始不能司，養於天者天不司，則其生於天者亦戕矣。聖人憂其戕也，而醫道行焉。《內經》數萬言，或防於未然，或捄於已然，無非補天養也。後賢有作，敷暢演繹，而其書益汗牛充棟於世。洞虛王中陽制行高，見道明，壯歲屏世累，隱吴之虞山，居環堵三十年，目矓烱然，身不踐闤閈，著書若干卷，宋莊周氏宇泰定者發乎天光，及養生主之語，題曰《泰定養生主論》。自婚孕幼壯以至於老期，節宣各有宜，順者以安，違者以疾也。自運氣、標本、脈症、方劑，以至病家之當務，醫者之所存，罔不究極論列，派析縷分，其用心亦仁矣。嗚呼！生者，人之至願也，生我者天，而養生者我也。知養生之在我，則知養生主之說；不知養之在我，恣情縱慾，迷而不返者，天且不能司，於是書也何有。至元後戊寅長至日從仕郎江浙等處行中書省照磨段天祐序。

《攝生要義・序》 河濱丈人曰：養生之說其來尚矣。神農嘗草，軒皇立論，秘啓造化，德濟含靈，天人之蘊，於是昭布矣。迨及後世，論述漸廣，高者蕩入偃空，卑者專守方餌，不知調息攝性，緩形節慾，乃人理之隱訣，性命之樞機焉。余自壯年以來，頗講此術，緣動達形，緣虛達氣，下不著伎，上不泥偃，似於攝生之秘，超然有得，乃會綜羣文，詮取要旨，以著論十篇，用發蒙學。嗟乎！修身體道，弘濟蒸人，治世之事業也。養氣完形，寡欲嗇精，保生之大節也。是故生之道有餘，而後治之道斯立，尼父慎疾，禮貴養生，求諸會通，豈復異旨，要在知音察之爾。

《攝生要義・後序》 叙曰：世言方技略者，類以非經闢之固也。然經以止道，道以息邪，故有殊塗同歸，而大義不詭於聖人，則固弗可詘也已。今觀河濱丈人所纂《攝生要義》其存想篇，則務專精氣，洞與神叅，要不可以邪汩之一耳！至云守寸及諸景象所見，皆假設之義，則與所謂蕩入偃空者，又大不侔。其諸篇亦皆制外養中，順生節適之道，何嘗喪肝膽，遺耳目，嗒然忘其形，而與世爲罔兩者倫也。噫！達生者，類出於是，其去夭昏札瘥而極耆耇者，固其所已，又安知不爲經之佐使也哉！河濱丈人爲誰，大司馬浚川公也。公固志存天下，而思躋之仁壽之域，以廣熙和之化者，則於是乎端有賴也。

《頤身輯要・養生論敘》 古之君子所以養生慎疾者，極謹嚴，其故何也？凡吾之身體血氣，皆是稟乎天地父母者，而不可爲私有，豈可敢毁傷而斷喪之耶！是仁人孝子之事親事天而成其身者，所以養生慎疾而保愛其命也，非若彼方外之士，鍊形竊氣，苟爲長生久視之計，而逞其欲，濟其私之比也。君子之道，舍生取義者，所以處變也。故貪生背義者，君子以爲恥，節慾保生者，所以處常也。故忘生徇慾者，君子以爲賤。夫天之生物也，以太和元氣，人資之以爲生，故順而不害之者，君子所以奉天也。毁而傷之者，小人所以逆天也。是以養生之術，其要在順天節慾而已矣。中華之說養生者，多是方外術士之徒，故其書往往虛妄不經，其術不順德義之則，徒使人心迷惑，固君子之所不取也。篤信素稟氣薄弱，恐不能免夭札，故自幼有志于衛生之術，看書之際，每有古人之言資養生者，則隨而抄出之，其不合于道義者，舍而不採焉。積年也久而漸至數百條，竊謂頤生之道苟具焉。自覺予之幸而免夭札，而至耄耋者，乃職此之由也。然而編次未成，門類未分，只恨暮齡浪倒，不能成書。予之畏友竹田定直，欲助予成志，於是採而輯之，次而錄之，類分門別，此書遂成編焉。幸同志之士，有取之爲養生之助，惟選輯之意也。予感定直之，秉心塞淵而能成吾素志，因記其事爲之序。

《頤身輯要・養生論》 天地之大德，曰：生逆之而斲喪者，無天也。身體髮膚，受之父母，私之而毁傷者，無親也。奉天事親者，豈可忘生而忽保養耶。保養有道，簡策所載不爲不多矣。然或畧而不備，或雜而不經，深憾其無全書。益軒先生嘗有志于編録，旁求汎抄，既盈篋笥，欲裒成一書而未果，遂令定直爲之編次。定直受命，兹以集錄，漸而終功，乃質先生，備經斧正，方脱其藁，竊謂頤生之道，莫先養心，而養心莫若寡慾，夫心君以明，則相火守位，七情適和，百體從令，八邪六淫，斯可以勝焉，此其所以立本也。然情慾之易誘難遏者，惟食色爲大，而所以生心術之害，致親枝之傷，亦莫此甚焉。苟能節之，養德則可以入聖賢之域，謹之養體，則可以無病而長存。豈可不思所以如瓶如城而守防之乎！然不翅此，自耳目口體，以至于起居坐立，動止語默，各養之有法。陰陽寒暑，風雨晦明，各避之有時。若違之，則亦不免有疾病，故善攝生者，順道而不逆，謹微而不失，則真氣靡不從於內，而淫邪弗能侵于外，病安從來。至若導引之術，調氣之法則多，是出於方外術士之所說，固似非君子之所可取。然至其所以流蕩氣血，暢和肢體之術，無害理而有益人者，則誠有可取焉，而不能舍者，亦是古人詠歌德蹈，以養血脈之意也。吾豈采葑采菲以下體乎。故以此行之平生而治未病，少有不快，則以此解散其鬱悶，苟至有攝養爽節而生病，則又必命藥療之，求艾愈之，施治投劑，雖資醫人隨法守禁，實係自家固所不可不知也。凡自養心寡慾，以至於修起居，慎疾病，皆是自保之道，當如此矣。然夫人各有老，則養老之道，不可不審；各有幼，則慈幼之道，不可不察。況耄耋稺弱之有尤難養者耶，所宜竭心力於其間也，夫上焉而老老矣，下焉而幼幼矣，老幼各得其所，而孝慈之願斯達矣。中焉而守己矣，保和歸全，而吾之所以奉天事親者，無復有遺憾也，頤生之道於是乎具焉。斯編所以立門分類而爲之次序者是也。唯如求嗣之說，則前稿未備，慈幼之法，亦畧焉。故再考索於方書之中，〔要〕待先生之是正，然後附求嗣於戒慾之尾，補慈幼於養老之次，以欲令夫人成璋瓦之慶，而免無後之患也。且其通說保養之道，而不可分屬于門類者，則悉取以標於編首，爲之總論，庶使觀者先知其大要，至其最後一門，則先生所特加也。竊意唯一心也養之者，頤生之本原也。樂之者，頤生之能功也，以此始焉，以此終焉，其旨深矣。一心取關亦大矣。嗚呼！先生之志仁矣哉。予先蒙其仁者也，庶將以此自警，又以推放四方，俱躋于壽域，同享太平之樂，亦是區區所願也。

藝　文

《類修要訣·慎守歌訣》　精氣切須堅慎守，益身保命得長久，人多嗜慾喪形軀，誰肯消除全永壽。未病憂病病難成，已災去災災遺否，臨終始解惜危身，不及噬臍身已朽。胎息縱然勵力修，欲情不斷也殃咎，陰丹體得道方全，如此之人還尠有。

《萬壽仙書·衛生寶訓》　孫眞人枕上記　侵晨一碗粥，夜食莫教足，撞動景陽鐘，扣齒三十六。大寒與大熱，宜莫貪色慾，醉飽莫行房，五臟皆反覆。艾火謾燒身，爭如獨自宿，坐卧莫當風，頻須暖處浴。食飽行百步，常以手摩腹，莫食無鱗魚，諸般禽獸肉。自死禽與獸，食之多命促。土木爲形象，求之有恩福。父精母生，肉那忍分，南惜命身人，六白光如玉。

《寡慾寶訓》　上陽子曰：惟婬慾爲諸業之首，修行之士，先當屏絶。長春眞人對君以慾爲第一戒，《太微靈書》以慾爲十敗之首。修行無他，但能持戒慾，餘皆易事耳。世以絶慾爲甚難者，皆愚癡之見。初孶之士，試千無人之境，獨行獨卧，仍戒飲酒，日則以丹經常玩，夜則以清淨存心；外則不令飢渴，內則常加滋補。如此半年一載，待其精氣內固，自不思慾。若慾念未除，是精尚未全，宜當固之。《丹經》云：精全者不思慾。眞名言也。

仲冬宜去聲色，禁嗜慾。

雜　錄

《醫說·養生修養調攝》　孫眞人養生雜訣　人年四十以上勿服瀉藥，常餌補藥大佳。人有所怒，血氣未定，因以合交，令人發癰疽。遠行疲乏，來入房室，爲五勞虛損少子。水銀不可近陰，令人消縮，鹿豬二脂不可近陰，令陰痿不起。故善養生者，常少思、少念、少慾、少事、少語、少笑、少愁、少樂、少喜、少怒、少好、少惡，此十二少者，養性之都契也。

《席上腐談》　木瀆酒肆吳其姓者，病精滑不禁，百藥不可療，予授以一術，極簡易，但脅腹縮尾閭。閉光瞑目，頭若帶石，即引氣自背後直入泥丸而後嚥，歸丹田。不問遍數，行住坐卧皆爲之，仍教以服《既效方》保眞丸，彼亦不服，但行此術。不半年後見之疾已愈，而顔如桃矣。此術亦可療頭風。

道家傍門術有鼻吸口吐之說，以爲不漏。既吐矣，安得不漏？始不信，試之果驗，此術亦可療夢遺。

世傳三峯採戰之術，托黃帝玄素之名，以爲容成公、彭祖之所以獲高壽者，皆此術。士大夫惑之，多有以此喪其軀，可哀也已。葛洪喻之爲冰盆盛湯，羽苞蓄火，或以爲舐刀刃之蜜，探虎穴之子，豈不險哉！

《北夢瑣言》載唐相國夏侯孜得彭數之術，悅一娼，娼不能奉承，以致尾閭之泄致卒。予外祖閭丘公，爲大理評事時得此術，兩臉如桃，年過七十竟爲此術所害，與夏侯孜無異。丹家以爲桶底脫，蓋中年而精力健，能吸縮閉固，晚年精力衰，不能吸縮閉固，是以一夕而傾倒殆盡。

覆山子詹合注《陰符經》，以奇器爲末，用之處女，可謂亂道之甚矣。又注《參同契》穿鑿附會，是乃魏伯陽之罪人也。眞西山爲之序其書，儒者蓋以之爲異端，而不復窮究其説，遂爲所欺。

《推蓬寤語・無搖爾精》 長生之道，《莊子》一段，亦自好看。如云黄帝問廣成子治身奈何而可以長久？廣成子曰：善哉！問至道之精，窈窈冥冥；至道之極，昏昏默默。無視無聽，抱神以靜，形將自正，必靜必清。無勞爾形，無搖爾精，乃可長生。愼内閉外，多知爲敗，我守其一，以處其和，故千二百歲而形未嘗衰。人果能無勞爾形，無搖爾精，長生之道，可以無俟外覓。

物生於天而養於天，然人爲嗜慾所勝，聲色之蠱，勢利之徇，燠寒之觸，情炎於中，形索於外，天始不能司其養矣。聖人作《内經》數萬言或防於未然，或救於已然，無非補天養也。嗚呼！知養生之在我，則知聖人之言，當鑒如迷欲不返，則天且不能如之何，况古人之陳言乎！

身有毛髮處俱是精之走漏處，頭之有髮，精隨上越也。眼之有毛，精隨之視出也。鼻之有毫，精隨氣行也，頤頰之有髭鬚，精隨口發也，便溺之有毫毛，精隨液動也。蓋精發于竅，氣亦從之，其不及隨竅出者，横溢於旁遂爲毛髮耳。此最爲一身精神之徵，皓素枯槁而不之惜，何哉！

眼者，神之牖；鼻者，氣之戶；尾閭者，精之路。人多視則神耗，多息則氣虚，頻好内則精竭。務須時時閉目以養神，日逐調息以養氣，緊閉下元以養精，精充則氣裕，氣裕則神完，道家謂之三寶，又謂之大藥，此非惑於異端之教，實吾儒養生之常理耳。

精存於目則其視明，精存於耳則其聽聰，精留於口則其言當，精集於心則其慮通，故閉四關則終身無患。又曰：中欲不出謂之扃，外邪不入謂之閉，中扃外閉，何事不節，外閉中扃，何事不成。合文子之二語，觀之人何可不愛精而遠欲耶。

男子八歲而陽精生，十六歲而陽精泄，八八六十四而陽精竭，女子七歲而癸水生，十四歲而癸水降，七七四十九而癸水竭。余嘗驗之，男子之壽多阻於六十四歲之外，稍有不謹，多生腫脹風痹諸疾，多損壽元，故曰：人生七十古來稀。女子之壽多阻於四十九歲之外，稍有不謹，則多生崩淋中脘諸疾，亦多損壽元。男子能過六十八九，女子能過五十三四，則可躋上壽無難，故知命者，於此耗竭之時，尤宜加謹，此眞人鬼關捩也。

青州録事參軍麻希憲，年九十餘致仕，唐太宗問攝生術，對曰：臣無他術，惟是少清寡欲，節聲色，薄滋味而已。唐柳公度年八十，有強力，人問其術，對曰：平生未嘗以脾胃熱生物暖冷物，以元氣佐喜怒。宋吕許公爲相，問服食之法於任恭惠公，公曰：不曉養生之術，但中年因讀《文選》有悟耳。謂石蘊玉而山輝，水含珠而川媚。許公深以爲然，觀此三説，則養生之道可以懸解。

《病榻寤言》 夫生人之初，陰陽和會，絪緼凝結，資血氣以爲榮衛，故血陰而氣陽，陽旺乃生陰血，方其少壯，則氣盛而血華，及其老也，氣斂而血衰，髮白膚皺，是其徵也。加之以五欲交攻，二火焚和，語云：燥萬物者，莫熯乎火，膏油所以繼火於無窮，人當暮齒，則壯膏既盡，衰燼漸微，譬之春楊條枝，柔可綰結，至秋枯瘁，脆若拉朽，木液竭而生理盡矣。故養生者以惜精氣爲本。

飲食男女，人之大欲也，而大戒存焉。故有以肥甘爲酖毒，衽席爲畏途者，戒於所易溺也。砒霜之於甘露也，美惡不同，用之而生死立異，然謂甘露可以殺人，砒霜亦能活命。夫旨酒美色，沉面荒淫，以伐命戕生，此非以甘露殺人者乎。良藥苦口，而利於衛生，忠言逆耳，而藉以寡過，此非以砒霜活命者乎。故曰：甚美者惡亦稱，美好者溺性亡生之尤物，世知惡之爲惡矣，抑有察於美之果得爲美乎。

《堅瓠五集・戒好色》 司空圖詩：昨日流鶯今日蟬，起來又是夕陽天，六龍飛轡長相窘，更忍乘危自着鞭。吕純陽詩：精神實與粉骷髏，卻向人間覓秋石。寒山詩：人言是牡丹，佛説是花箭。射人入骨髓，死而不知怨。陳眉公詞：紅顏雖好，精氣神三寶，都被野狐偷了。眉峰皺，腰肢裊，濃妝淡掃，弄得君枯槁。暗發一枝花箭，射英雄，應弦倒，病魔纏擾。空去尋醫禱，房術誤人不少，這煩惱，自家討，塡精補腦，下手應須早，快把凡心打疊，訪仙翁，學不老。楊誠齋戲好色者曰：閻羅未嘗相喚，子乃自求押到，何也？即此詩詞之意，但識得破時，忍不過耳。

《老老恒言》 《記・王制》曰：八十非人不煖。《本草》曰：老人與二七以前少陰同寢，藉其薰蒸，最爲有益。少陵詩煖老須燕玉是也。愚謂老年以獨寢爲安，或先令童女睡少頃，被煖則起，隨即入寢，既藉薰蒸之益，仍安獨寢之常，豈非兩得。倘氣血衰微，終宵必資人以煖，則非如《王制》所云不可。

《醫醫偶錄·五寡慾》 或説神仙之説有諸，程明道先生曰：若説白日飛昇之事，則目所未睹，至如居山林間，寡慾惜精，保行陳氣，以延年益壽則有之。譬如一爐火，置之風中則易過，置之密室則不易過，有是理也。程伊川先生謂張思淑曰：吾受氣甚薄，三十而浸盛，四十五十而後完。今吾年七十有二矣，校其筋骨於盛年無損也。若待老而求保生，是猶貧而後蓄積，雖勤無補矣。劉元成先生曰：安世平居，未嘗服藥，方遷謫時，年四十有七，先妣必欲與俱，百端墾罷不允，安世念不幸使老親入於炎瘴之地，已是不孝，若非義固不敢爲，父母惟其疾之憂，如何得無疾。祇有絶慾一事可保無虞，遂舉意絶之，自此至今，未嘗有一日之疾，亦無宵夢之變，三十年來，血氣意興，只如當時，終日接師友劇談，雖竟夜不寢，翌朝精神如故。廣成子曰：必静必清，無勞汝形，無摇汝精，乃可以長生。故延年要訣，以寡慾爲第五。

《重慶堂隨筆·卷下》 豕腦多食能痿陽，何也？蓋坎爲豕，在地支則屬亥，水畜也。水性最弱，而腦者其一身之主腦也，故能柔物，可以熟皮，久食之不僅陽痿，云有患輭癱者。惟爲水畜，故肉最多而無筋，腎極盛而多子，性喜卑濕，穢食偏肥，能化穢食爲肥脂者，非其脾運之獨健，乃其脏獨大於他獸也。脏主消化食物，大而厚力，故能變朽腐爲神奇，觀染家用以洗絹帛，則黑者可白，人用以爲面脂，則黎者可澤。若蒸熟食之，可以助消化，滌濁痰。故婦人子宫脂滿不受孕，及交合不節而子宫不淨，此能走任脈，清子宫，且血肉之品，無尅伐之慮，最爲妙藥。若孕婦食之，則蠲胎垢，其兒出痘必稀。【略】

鹿茸性熱升陽，陰虚而陽易浮越者，不可擅用。目擊誤用而血脱於上以殞者多人矣。

鼠矢不但治女勞復也，可以散乳癰，通淋濁，已疳脹，消疝瘕。【略】

周亮工先生云：親串有從余遊都門者，其人謹願，生平絶跡北里，突生黴瘡，不解所自。余忽悟其故，解之曰：君因質弱，常服紫河車，京師四方雜集，患黴瘡者甚夥，所服之中，安知無黴瘡衣胞，此瘡能延及子孫，氣之所衝，尚能中人，生子多無皮膚，其胞尤爲毒氣所歸，君之患必由於此。衆人皆以爲然。夫忍於食人之胞以自裨，蓋仁者尚不爲，况未必有功而適以滋害如此，可不戒哉。

《退庵隨筆·攝生》 昔邢和叔恕嘗言：吾曹須愛養精力，精力稍不足則倦。所臨事皆勉强而無誠意，接賓客語言尚不可，况臨大事乎？然則以修己治人爲務者，不可不先講尊生矣。

養生家言，以《素問》上古養眞篇爲最古，所論上古之知道者，法於陰陽，和於術數，食飲有節，起居有常，不妄作勞，故能形與神俱，而終其天年，度百年乃去。今人以酒爲漿，以妄爲常，醉以入房，以慾竭其精，以耗散其眞，不知持滿，不時御神，務快其心。逆其生樂，起居無節，故半百而衰云云。可見縱欲戕生，古今同慨。蓋稟氣之厚薄，命數之延促，造物者主之，雖父子不能相假也。而疾疢之或消或長，體氣之或榮或衰，則存乎其人。譬之樹藝，鹵莽滅裂，與辛苦灌溉者，各自食其報耳，於造物何與焉？

養生自以絶欲爲第一義，然少壯之年。誠難言之，且不求嗣續，即講閉房，亦不可爲訓，吾儒平實之方，在節欲而已。昔董子言治身者以積精爲寶，身以心爲本，精積於其本。則血氣相承受，而形體無所苦。故君子甚受氣而謹遊於房，新壯者十日而一遊於房，中年者倍新壯，始衰者倍中年，中衰者倍始衰，大衰者之月，當新壯之日，而上與天地同節矣。

王充《論衡》所言養生之事甚詳。如云：唾不及遠，行不疾步，耳不極聽，目不久視，坐不至久，卧不及疲，先寒而衣，先熱而解。不欲極饑而食，食不過飽，不欲極渴而飲，飲不過多。凡食過則成積聚，飲過則成痰癖。不欲甚勞甚逸，不欲起晚，不欲汗流，不欲多睡，不欲奔車走馬，不欲極目遠望，不欲多啖生冷，不欲飲酒當風，不欲數數沐浴，不欲廣志遠願，不欲規造意巧。冬不欲極寒，夏不欲窮凉。不露卧星下，不眠中見肩。大寒大熱，大風大霧，皆不欲冒之。又云：欲得長生，腹中當清。欲得不死，腹中無滓。此《雜應篇》述道書之言，《意林》引作欲得長生腹中清，欲得不死腹無屎。皆平易切實之談。

孟瓶菴師曰：近世顯宦多服硫黄，或晚而無子，冀叶熊徵，或内寵既多，罔顧鴆毒，甚至聰明蓋世之人亦爲之。覆轍相尋，可爲永鑒。諸暨余尚書常服硫黄，爲閩臬日，吾友鄭孝廉洛英誤從之，下體潰爛，乞死不得。余座主故尚書無錫秦公，自服硫黄後，治事著書，可通夕不睡。朝士大夫以爲龍馬精神，嘗於酒間語余曰：吾五十以前，苦臂痛，自服食後精神百倍。此庚辰年事也，後於壬午疾發，痛楚不減昌黎所言。歸工部苦趣者，猶憶八月初旬，爲公壽，座中皆門生，是日演《長生殿》劇，公素精音律，別設一席坐，僮奴摩手足者五六人，云少歇則痛不可忍，日惟飲白馬乳數碗，洎疾亟，假歸，至天津，遂以殞命。近聞陳繩菴鴻臚，亦服此藥，燥急異常。予於前年見之，已面非人色矣。己丑年，予按試敘州畢，郡守楊君天文以仙茅二斤見貽，余不敢服，楊君亦以二斤遺王君日杏，王君喜甚，取以浸酒。初服甚有效，洎辛卯予來成都，王君參定邊副將軍幕，來則腦鼻及手足心俱發惡瘡矣。昔之服食者冀得長生，而乃速死，今之服食者，冀得取樂，而乃受苦，噫！可以返矣。

今人氣體遠不及古人，陰常有餘，陽常不足，亦消長之運然也。故養生家必以補陽爲先務。即使陰陽俱虧，亦必以補陽爲急。蓋陽能生陰，陰不能生陽，其理亦復如是。宋太醫竇材《扁鵲心書》云：道家以消盡陰翳，鍊就純陽，方得轉凡成聖，霞舉飛升。故云陽精若壯千年壽，陰氣如強必斃傷。爲醫者要知保扶陽氣爲本，今人動云我有火病，難服熱藥，所延之醫，半皆趨承附和，不言上焦有火，即云中下積熱，有畧啓扶陽之論者，不覺彼此搖頭，左右顧盼，不待書方，而已有不服之意矣。夫四百八病，大約熱者居多，人身之火多，亦是自然之理。天之六氣，火居其二，今之庸醫，執壯火食氣之說，溺於滋陰苦寒之劑，不知邪之中人，元氣盛則能當之，乃以涼藥冰脫，反泄元氣，是助賊害主也。凡人飲熱湯及炙煿之物，從齠至髦，斷無損人之理。故燧人立法，食必用火，熱之養人，時刻不可闕。俗醫多用涼劑，譬之飲人冷水，陰害黎民，良可慨矣。

《扁鵲心書·住世之法》 紹興間，劉武軍中步卒王超者，本太原人。後入重湖爲盜，會遇異人，授以黃白住世之法，年至九十，精彩腴潤。辛卯年間，岳陽民家，多受其害，能日淫十女不衰。後被擒，臨刑，監官問曰，汝有異術，信乎？曰：無也，惟火力耳。每夏秋之交，即灼關元千炷，久久不畏寒暑，累日不饑，至今臍下一塊，如火之煖。豈不聞土成磚，木成炭，千年不朽，皆火之力也。死後，刑官令剖其腹之煖處，得一塊非肉非骨，凝然如石，即艾火之效耳。故《素問》云：年四十，陽氣衰而起居乏，五十體重，耳目不聰明矣；六十陽氣大衰，陰痿，九竅不利，上實下虛，涕泣皆出矣。夫人之眞元，乃一身之主宰，眞氣壯則人強，眞氣虛則人病，眞氣脫則人死。保命之法灼艾第一，丹藥第二，附子第三。人至三十，可三年一灸臍下三百壯；五十，可二年一灸臍下三百壯；六十，可一年一灸臍下三百壯，令人長生不老。余五十時，常灸關元五百壯，即服保命丹、延壽丹，漸至身體輕健，羨進飲食，六十三時，因憂怒，忽見死脈於左手寸部，十九動而一止，乃灸關元命門各五百壯，五十日後，死脈不復見矣。每年常如此灸，遂得老年康健。乃爲歌曰：一年辛苦惟三百，灸取關元功力多，健體輕身無病患，彭籛壽算更如何。先生三法定爲保命之要訣，然上策人多畏懼而不肯行，中策古今痛掃視爲險途，若下策用之，早而得其當，亦可十救其五。予遵行歷年不無有效，有否效，則人云偶中，否則讒謗蜂起，此非藁附之過，乃予熱腸之所招也。吾徒不可以此而退縮不前，視人之將死可救而莫之效也。

《養病庸言·弁語》 養病要我去用物，不爲物所用。就處境而論，處富貴須存濟人利物心，養此心活潑之天，若一味鄙吝節嗇，而不權乎義禮，則隨處窒礙，毫無樂趣矣。處貧賤須存隨分樂道心，養此心闊達之天，若一味牢愁抑鬱，而不達乎義命，則貧賤之外，又添一椿苦處，直苦而又苦矣。就飲食而論，則膏粱喫得不楷當，適足以害我腸胃；藜藿喫得楷當，亦足以挹其精華。就藥物而論，上品之藥有時而殺人；下品之藥有時而已疾，此我去用物，不爲物所用之例也。推到病上，病亦物也，我去養他，便是我去用病，不爲病所用。古來大智之人，其渾身是智，寶其能隨物用之也。能用物，則宇宙間事尙皆處置得亭亭當當，豈濟一身而反不足乎嘗觀。

萬物皆備於我矣，神而明之，存乎其人，竊願與世人共勉之矣。

常存退一步想，則所處之境，無非樂境，而心氣和平矣。或問退一步想，固足以使心氣和平，如有出乎情理外之可氣可怒，將如何安排？曰：他氣我怒，我要我氣也，我若果氣，中他計矣。我卻不氣，他便無如我何？只此是安排之法。若要長生，先求短死，鄙人病利害時，所卧之牀便當他是棺材，所居之室便當他是停櫬之所，自己身體竟當已死看待，持之頗久，一切名利心，嫉妬心，怨憤心，貪戀心，期望心，好勝心，固執心，不識消歸於何有。蓋心如枯井，又如寒灰槁木，一切念頭無從闌人也。又久之，身體不過如是。又久之，身體漸漸好起來，至今頑軀依然尙在，雖仍病骨支離，然較之乍病時已大相懸殊矣。此親自體驗過來，見者勿哂其孟浪也。老子云不見可欲，使心不亂，玉體橫陳，肉薄相接，除是聖賢仙佛，方能不動心，下此則當之而靡矣。故養病必服獨宿丸，三字見《宋史》。且必獨宿，則導引之功可施也。妻妾雖正色，然亦要格外節制，格外矜嚴，與妻妾相對，如待師保，與妻妾同卧，如防寇盜，則情欲之感，無介乎容儀，燕私之意，不形於動靜矣。病若利害，妻妾只可在臥室外料理藥餌，預備服食，不可見面親身服事，則子弟及僮僕之愿慤者當之。蓋病人相火必動，不可更見女色也。其閨閤之物，及女人衣履，亦宜收好，不可觸目。相火旺時，即不接女色，心亦要動，此時惟有想女色旁邊都是夜叉鬼物，刀槍利刃，森羅布列等我到，彼就要動手。若攖其鋒，頃刻隕命，則心可懼而思返。世人出門必戀家，客居必思家，此或父母在堂，慮曠定省，子弟在家，慮失敎訓則可。然徒戀徒思無益，亦當想一善處之法。若施之於妻妾，則尤大謬矣。古人云：男女有別。又云：夫婦有別，可知男子自有男子之事，女子自有女子之事，故特下一別字。志在四方，男子之事也。及日乎閨門之內，女子之事也。原無跬步不離之義，且中人資質多不甚高明，終日廝守，或不能制其情慾，節其狎暱，趁此出門，有功正可，惜身如寶，惜精如金，養得竟體，充實病痛，不作理業應務勝任有餘，身泰家昌，妻妾亦享其福，則所以爲妻妾謀者，孰大於是，孰忠於是。若徒變徒思，則無益於事，而適傷其身，客窗瀟灑之天而牽於離思，則鬱火爲之上攻，旅榻清淨之體，而敗於夢交，則眞水爲之下注，即使伉儷誼重，謹守繩墨，並無別項苟且暧昧之事，其足以致病已如彼矣。況其流弊猶有不止於是者乎。以強健人往，以羸病人歸，至此而始悔戀家思家之失計也。亦已晚矣。戀則必思，當先治其戀，此處需有風雲氣。凡夫婦久別相逢，要格外謹愼。凡人所以與妻妾狎暱者，爲其互相愛也，然我愛妻妾，心欲弄得精髓枯竭，纏綿床蓐，使妻妾勞於服事，瘁於擔憂，卒之不免於奄然物化。又俾妻妾做孤鸞單鳳，一生一世酸苦伶仃，是非特不愛之而適以害之矣。妻妾愛我必欲陷我於死，亦不愛我，實甚而害我，實甚以上兩層念頭，常擺在心上，作鎮心之寶。又時常講解於妻妾聽，則已之情慾，固不戢而自消，而妻妾之心亦恍然省悟，知吾意之無他，惕然警懼，知蠱我之不可，熟習久之，衽席之上，皆天命流行，雖共衾裯無虛夕，亦不害也。此當與中庸，其次致曲節，參看聖賢仙佛，不必存是念頭，而自能見色不動，此自誠而明者也。凡夫婦同寢，彼此都一毫不動欲念，互相抱持而睡，則陰陽之正氣互相感受，互相調劑，極有益處，慾念一動則敗矣。凡人享艷福者，身體必不健，享年或不永。以其情好太篤，精氣受戕太甚，抑亦造物者之靳其福也。慧心人覷破此恉，偏要與造物爭權，老壽之福從此而（豐）〔半〕，不亦休與。鴛鴦雙棲不免羅畢，雎鳩摯而有別，無人弋獲。讀詩者，可以觀物而興矣。

迎　嗜慾不愼，寒暑不避，喜怒逐物，心思過度，勞倦不顧，此迎之說也。

忽　略不關心，不知其所自來，不知其何以去，此之謂忽。

憒　互詳耐字下，肝火愈旺，肺金消鑠，百體精華隨之而竭，此危道也。

糟塌　常存進步想，好像自己永無死期。又如此身永遠死不得的。與妻妾狎暱無度，或漁色冶遊，不習導引，藥劑亂投，飲食任性，欬唾隨意，被服但求適觀，晏起晏眠，經旬不理髮，經月不濯足，恆大聲疾呼，趁著一時興致，談論不休。目力多用，夜睡必點火甚或燒燭。喜觀淫詞小說，及一切誨淫誨盜之書。恆與輕薄少年及不正經人往來，身體生病，舉動一如未病時，幸而稍愈，便忘生病時苦惱。

常存進一步想，則一生永無樂境矣。百年伉儷，以圖片刻歡娛而匆匆分手，亦甚合不通，此處道理甚是粗淺，不必與講學問也。《漢書·藝文志》云：房中者性情之極，至道之際，是以聖王制外樂以禁內情而爲之。節文傳曰：先王之作樂，所以節百事也。樂而有節，則和平壽考，及迷者，弗顧以生疾而隕性命，可知古房中之術，皆保身謹疾之道，而非如後世之縱欲，以殃身矣。漁色冶游，無病人亦足以致病，有病人溺此，其顚危可想而知矣。病人被服，但求適觀，不務適體，與桎梏何異。出門愛好入室惜物，新舊衣互易，尤足感寒。淫詞小說，及誨淫誨盜之書，皆足以動火，接輕薄少年，及不正經人談論亦然。病體舉動，一如未病，本無致愈之道，其愈也，亦幸而少閒，原不算數。然已便忘生病時苦惱，則病勢必復發，勢必更劇。

《冷廬醫話·保生》　蘇子瞻曰：傷生之事非一，而好色者，必死旨哉！斯言士天夫祿位，既隆更思，快心悅志，往往昵近房幃，講求方術，不知適以自促其生，偶見《野獲編》所紀云：大司馬譚二華綸，受房術於陶仲文時尚爲庶僚，行之而驗。又以授張江陵，尋致通顯，譚行之二十年，一夕御妓女而敗，時年甫逾六十，自揣不起，屬江陵愼之。張用譚術不已，日以枯瘠，亦不及下壽而終。夫譚張皆一代偉人，而猶縱慾殞身，可見色易溺人也。自非脫然於情慾之私，而見之卓守之堅，烏能不爲所害哉！

凡人於情慾最難割斷，觀宋李莊，簡集中客，有見饋溫劑云：可壯元陽，因感而作詩，竊歎其淡泊之懷，堅定之守爲不可及也。詩云：世人服煖藥，皆云壯元陽，元陽本無虧，藥石徒損傷。人生百幾期，南北隨炎涼，君看田野間，父老多康強。茅簷弄兒孫，春隴驅牛羊，何曾識丹劑，但喜秫黍香。

伊余十年謫，日聞貴人亡，金丹不離口，丱妙常在傍。眞元日滲漏，滓穢留空腸，四大忽分離，一物不得將。歌喉變哀音，舞衣換縗裳，爐殘箭鏃砂，篋餘鹿角霜。咄哉此愚夫，取樂殊未央，我有出世法，亦知不死方。御寒須布帛，欲飽資稻粱，沐頭酒一壺，膝上琴一張。興來或揮手，客至亦舉觴，滌硯臨清池，鈔書傍明窗。日用但如斯，便覺日月長，參苓性和平，扶衰固難忘，恃藥恣聲色，如人蓄豺狼。此理甚明白，吾言豈荒唐，書爲座右銘，聊以砭世盲。讀此可以見所養之純，宜其久居廊廟，而神明不衰，克躋上壽也。士大夫能如公之守身，有不康強逢吉者乎。公又與蕭德超書云：張全眞在會稽搜求妙麗丹砂茸附，如啖魚肉徒恣嗜慾耳。自謂享榮貴，得便宜，今爲一蓑枯骨，有甚便宜，到這裏便世尊諸大菩薩出來也救不得，豈不哀哉！此可以爲溺情燕私者當頭棒喝。

養生家有行房禁忌日期，人每以爲迂而忽之，不知世間常有壯年得病，暴亡，未始不由於此，至於合婚吉期，往往不避，分至節氣，少年恣慾，隱乖陰陽之和，病根或因之而伏，不可不留意也。

採戰之術，乃邪說也。孫眞人《千金方·房中補益》篇，詳房中之術，且謂能御十二女而不施瀉者，令人不老有美色，若御九十三女而自固者，年萬歲。此等論說，疑是後人僞託。夫見色必動心，況交合之際，火隨慾熾，雖不施瀉，眞精必因之而耗，安能延年。又治陽不起，壯陽道方，用原蠶蛾、蛇牀子、附子等味，以此示人，必將假熱藥以縱慾而貽害無窮。曾謂濟物攝生，如眞人而忍出此乎。男子破身，遲則精力強固，凡育子者最防其知識早開，天眞損耗，每至損身，當童蒙就傅之時，尤宜審擇儔侶，勿令比匪致傷。余族姪某成童時，至親戚讀書，同塾六人，有沈氏子年最長，導諸童以淫褻事，數年後諸童病瘵死者三人，姪亦一病幾殆。又如俊僕韶婢，皆不宜使之相親。長洲陳公子甫婚而咯血，其母慮溺於燕婉，命居書室，一老奴一稚僮侍寢，老奴嗜酒夜卽酣睡，公子遂與僮私，病轉增劇，比其母知之，則已沈痼，竟致不起。此所謂但知其一，不知其二，可不鑑諸。沈氏子余曾見之，屢應童子試不售，四十餘歲瘵劇以卒，殆薄行之報。

人至中年每求延壽之術，有謂當絕慾者，有謂當服食補劑者。余謂修短有命，原不可以強求，如必欲盡人事，則絕慾、戒思慮二者並重，而絕慾尤爲切要，至於服食補劑當審氣體之宜，愼辨藥物，不可信成方而或失之偏轉受其害也。

盧子繇《傷寒論疏鈔金錍》云：人不見風龍，不見石魚，不見水鬼，不見地，猶于聽者之不見害也。余爲續之曰：人不見風龍，不見石魚，不見水鬼，不見地，猶好色者之不見病也。蓋人能不爲財色所溺，則於保生之道思過半矣。

行房忍精不泄，阻於中途，每致成疾，如內而淋濁，外而便毒等症，病者不自知其由，醫者鮮能察其故，用藥失宜，因而殞命者多矣，可不愼歟！

《史記·太倉公傳》載其診疾，二十有四得之，內者有七而死，不治者有四。其二因於飲酒且內；其一因於盛怒接內；其一因於得之內，而復爲勞力事。養生者，識此當知所戒矣。

嚥氣不得法反足爲害。惟嚥津較易，亦甚有益。每日於閒暇時，正坐閉目，以舌偏攪口中三十六次，津卽盈滿，分作三次嚥下。嚥時喉中須啯啯作聲。以意送至丹田，此法行之久久，大可卻病延年。余表兄周荔園士煜，中年便血，誤服熱藥，遂成痼疾，身羸足痿，十載不痊。後乃屏棄方藥，專行此法，一年之後，諸恙悉愈，身體亦強健如初。

杭州郎二松，十三歲患瘵垂危，聞某庵有道士功行甚高，往求治之，道士教以行八段錦法，謂能療疾，並可延年，遵而行之，三月後病去若失。

張景岳稱其父壽峰公，每於五更嚥氣，因作噯以提之，使吐，每月行吐法一二次，閱四十餘年，愈老愈健，壽至八旬以外。俞惺齋非之，以爲陽明胃脈下行爲順，若吐則上逆頻吐，理當損壽，何反益壽，殊未敢信，此說良是。夫古人汗吐下三法皆治實證，若屬虛證，均非所宜。張壽峰以吐而得壽，必體質強健，或素有痰飲，乃藉吐以推蕩積垢，他人不得輕易效之。

《堅瓠秘集·情慾傷生》《韻府續編》：將受情慾，先斂五關，五關者，情慾之路，嗜好之府也。目愛彩色，命曰伐性之斤。耳樂淫聲，命曰攻心之鼓。口貪滋味，命曰腐腸之藥。鼻悅芳馨，命曰薰喉之煙。身安輿馹，命曰召蹶之機。此五者，所以養生，亦以傷生。

《堅瓠秘集·煖外腎》《明道雜志》：洛陽劉几，年七十餘，精神不衰，體幹清健，猶劇飲，予素聞其善養生，因問之。几曰：我有房中補導之術，欲授子。予曰：方困小官，家惟一婦，何地施此？見几每一飲酒，輒以嗽口，雖醉不忘，謂此可以無齒疾。晡後，食少許物輒已。几有子婿陳令，頗知其術。曰：煖外腎而已，法以兩手掬而煖之，默坐調息，至十息，兩腎融液如泥，淪入腰間，此術至妙。又《菽園雜記》回回教門，善保養者，無他法，惟煖外腎，使不着寒，見南人着夏布袴者，甚以爲非，恐涼傷外腎也。云夜卧，當以手握之令煖，謂此乃生人性命之本根，不可不保護，此説最有理。

圖表

《壽養叢書·修真秘要》 絞丹田

治肚腹疼痛，亦能養精。以身端坐，兩手抱臍，一行功運氣四十九口。

呂祖散精法

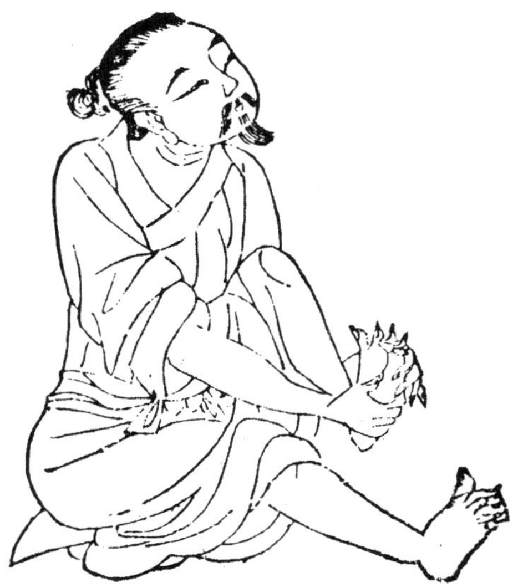

治精脈不存。坐舒兩腿，手扳左腳心，施功運氣，左三口，右三口，故爲散而不走。

降牛捉月

收精法。其法當精欲走之時，以左手指掩右鼻孔，右手於尾閭穴截住精道，運氣六口，而精自回矣。

呂祖養精法

以身端坐，用手擦腳心，運氣二十四口，右腳亦然。

陳摶睡功

治色勞。側卧，頭枕右手，左拳在腹上下往來擦摩。右腿在下，微卷左腿，壓右腿在下。有想調息，習睡收氣三十二口。在腹，如此運氣一十二口，久而行之，病自痊矣。

陳摶睡功

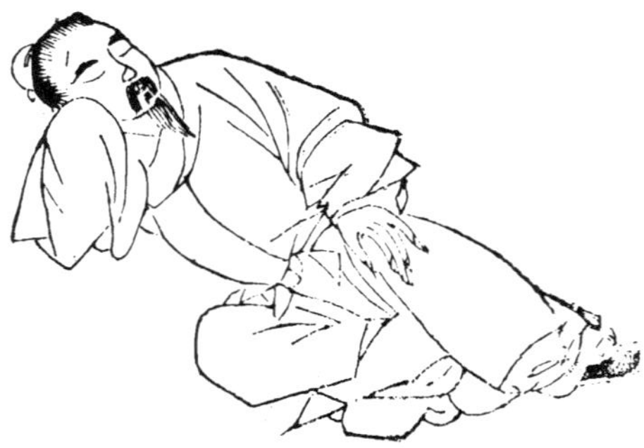

治夢泄精。仰卧，右手枕頭，左手用功，左腿直舒，右腿拳，存想運氣二十四口。

治腎堂虛冷

治腰腿疼。端坐，兩手擦熱，向背後摩精門，運氣三十四口。

《赤鳳髓》 卭疏寢石

收精法。其法，當精走之時，以左手指掩右鼻，右手於尾閭穴截住精，氣運六口而精自回矣。

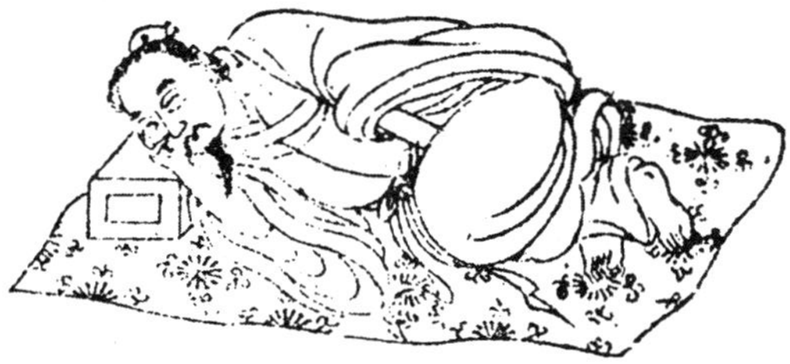

容成公靜守谷神

治頭暈。咬牙，閉氣，用兩手按耳後，撣天鼓三十六拍，叩齒三十六通，名曰鳴天鼓。

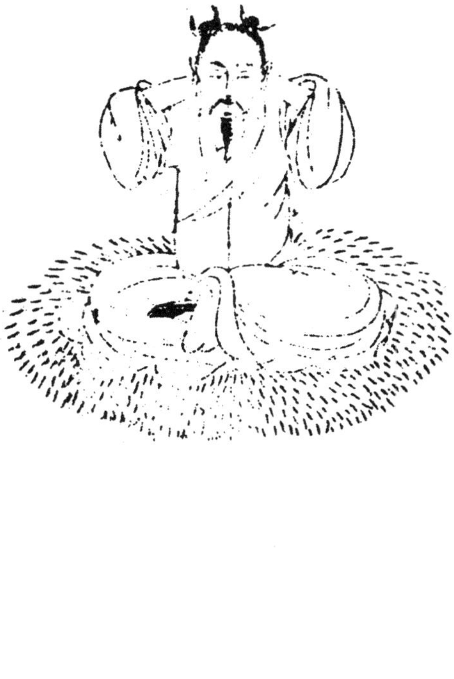

《萬壽丹書・延齡篇》 一形衰守玉關法：

形衰枯槁。切須守爐，爐者丹田。丹田者，腎前臍後也。若行住坐卧，一意不散，固守勿怠，而又運用周天之火，自然生精、生氣、生神，豈止變衰顔如童子，體爲神仙，若壯健行之，收功甚速。

一夢失封金櫃法

慾動則火熾，火熾則神疲，神疲則精滑而致夢失也。每寤寐之時，必要凝息定氣，以左手搓臍二七，右手亦然。復以兩手搓脇腹五七，左右搖扇三四回，次嚥氣吶於丹田，握固良久，廼正屈足側卧，永無走泄矣。鄭思遠眞人曰：事多忘者神昏，汗多出者神脱。此是夢失神弱，脱漏眞精，乃脩身之士大忌也，當勵前功。

黄花姑卧水形

專收走精。精欲走時，將左手中指塞右鼻孔內，右手中指按尾閭穴，把精截住，運氣六口。

服藥用神芎湯。人參、枸杞、升麻、川芎、遠志、黄芪、甘草、歸身、地骨皮、故芷、杜仲、白术各等分，加生薑一片，蓮子去心七個，水煎服。

趙上灶搬運息精法

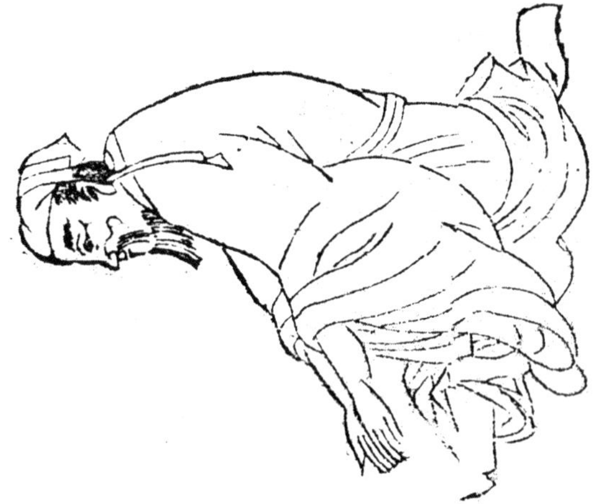

治夜夢遺精。側坐，用雙手搬兩腳心，先搬左腳心，(槎)〔搓〕熱行功運氣九口。次搬右腳心，行功同前。

服藥用玉關丸。人參六錢，棗仁、牡蠣粉、五倍子、枯礬、龍骨各五錢，茯神一兩，遠志肉一兩半，共爲末，蒸棗肉爲丸，每服五六十个，空心蓮子湯下。

李栖蟾散精法

治色勞虛怯。側卧，左手枕頭，右手握拳，向腹往來擦抹，右腳在下，微拳左腿，壓上習睡，收氣三十二口，復運氣十二口。

服藥用建中大補湯。人參、白术、茯苓、白芍、熟地黄、黄芪各一錢，當歸、川芎、杜仲、從蓉、故紙各七分，甘草、肉桂各三分，薑棗水煎，不拘時服。

陳希夷降牛望月形

治精滑夢遺。端坐，扳起兩脚，（槎）〔搓〕摩兩脚心令熱，施功運氣，左右各三十口，故散精不走。

服藥用固精丸。炒知母、炒黄栢各一兩，煅牡蠣、煅龍骨、芡實、蓮蕋、茯苓、遠志、山茱萸肉各三兩，爲末，蜜丸，硃砂爲衣，每服五十丸，空心淡鹽湯下。

虛靜天師睡功

治夢中洩精。仰卧，用右手枕頭，左手握固陰處，行功，左腿直舒，右腿拳曲，存想運氣二十四口。

服藥用養心湯。人參、山藥、麥門冬、茯神、酸棗仁、歸身、白芍、遠志肉、蓮鬚各等分，薑棗蓮肉水煎服。

引用書目

書名	年代	作者	版本	備注
周易	周		阮刻十三經注疏	
禮記	春秋		阮刻十三經注疏	
老子	春秋	原題老聃	阮刻十三經注疏	
論語	春秋	孔　丘	阮刻十三經注疏	
墨子	戰國	墨　翟	諸子集成	
孟子	戰國	孟　軻	阮刻十三經注疏	
荀子	戰國	荀　况	諸子集成	
黄帝内經素問	戰國、漢	佚　名	明嘉靖趙康王朱厚煜居敬堂刻本	素問
莊子外篇	前三六九—前二八六		諸子集成	
養生方	不詳	佚　名	馬王堆漢墓帛書第四	
抱朴子	二八一—三四一	葛　洪	四部叢刊初編	
肘後備急方	約三一五	葛　洪	人民衛生出版社一九五六年四月第一版	肘後方
孔子家語	魏	王　肅	諸子集成	
女史箴一首	晉	張茂先	昭明文選五十六卷	
養性延命錄	南朝	陶弘景	道藏醫書十四種	
褚氏遺書	南齊	褚　澄	日延寶元年京都吉田四郎右衛門翻刻	
昭明文選	五〇一—五三一	蕭　統	清嘉慶胡克家刊本	
五行大義	五九四	蕭　吉	日本元祿十二年刻本	

藝文類聚	六二四	歐陽詢等	上海古籍出版社一九八二年一月新一版
攝養枕中方	六五一	孫思邈	歷代中醫珍本集成
備急千金要方	六五一	孫思邈	人民衛生出版社一九五五年影印江戶醫學影刻北宋千金要方本第一版
千金翼方	六八二	孫思邈	人民衛生出版社一九五五年影印日本文政十二年影刻元大德十一年梅溪書院刻本
素女方	七五二	王　燾	雙梅景暗叢書本
雲仙雜記	九〇七	馮　贄	叢書集成初編
唐會要	九六一	王　溥	叢書集成初編
全生指迷方	九六〇	王　貺	《宋人醫方三種》排印本
醫心方	九八四	丹波康賴	人民衛生出版社一九五五年月影印日本淺倉屋藏版本
雲笈七籤	約一〇二〇	張君房	四部叢刊初編
東坡志林	一〇三六—一一〇一	蘇　軾	筆記小説大觀第七冊
江隣幾雜志	不詳	江休復	筆記小説大觀第八冊
蘇沈良方	一〇七五	蘇軾、沈括等編	六醴齋醫書十種
事物紀原	一〇七八—一〇八五	高　承	叢書集成初編
混俗頤生錄	不詳	劉　詞	道藏醫書十四種
聖濟總錄	一一一七	趙　佶	清乾隆五十年至五十四年震澤汪鳴珂燕遠堂刻本
聖濟經	一一一八	趙　佶	人民衛生出版社一九九〇年二月點校第一版
扁鵲心書	一一四六	竇　材	醫林指月本
宣明論方	一一八六	劉完素	劉河間醫學六書
釋常談	不詳	佚　名	叢書集成初編
攝生消息論	不詳	丘處機	叢書集成初編
養生月覽	一二三〇	周守忠	壽養叢書本

養生類纂	一二二〇	周守忠	壽養叢書本
歷代名醫蒙求	一二二〇	周守忠	一九三二年故宮博物院輯《天祿琳琅叢書》，據南宋尹家書籍鋪刻本的景印本爲底本的整理本
醫説	一二二四	張　杲	明嘉靖二十三年乙巳顧定芳刻本
婦人大全良方	一二三七	陳自明	人民衛生出版社一九八五年十一月點校第一版
脾胃論	一二四九	李　杲	人民衛生出版社一九五七年四月影印古今醫統正脈全書本第一版
蘭室秘藏	一二五一	李　杲	人民衛生出版社影印明新安吴勉學校本
女科百問	一二七九	齊仲甫	明萬歷本
三元參贊延壽書	一二九一	李鵬飛	壽養叢書本
逍遙子導引訣	不詳	逍遙子	叢書集成初編
壽親養老新書	一三〇七	陳　直	明萬歷刻本
飲膳正要	一三三〇	忽思慧	人民衛生出版社一九八六年六月第一版
瑞竹堂經驗方	一三三三	沙圖穆蘇	當歸草堂醫學叢書十種
世醫得效方	一三三七	危亦林	人民衛生出版社一九九〇年三月點校第一版
泰定養生主論	一三三八	王　珪	臺灣新文豐出版公司依據臺灣故宮博物館藏日本天保六年影鈔明正德四年刊本影印
格致餘論	一三四七	朱震亨	東垣十書十種
谷水秋園漫筆	一三四七	朱震亨	清抄本
輟耕錄	一三六〇	陶宗儀	叢書集成初編
四時宜忌	一三六七	瞿　佑	叢書集成初編
席上腐談	一三六七	俞　琰	四庫全書地三百六十七册
元史	一三七〇	宋　濂	百衲本二十四史
普濟方	一三九〇	朱　橚	人民衛生出版社一九五九年十月第一版

說郛	一四〇七	陶宗儀	上海古籍出版社影印本
活人心法	一四二四	朱　權	明嘉靖二十年辛丑朝鮮安玹刻本
修齡要指	一四四二	冷　謙	學海類編本
奇效良方	一四四九	董　宿	明正統刻本
四氣攝生圖	一四四九	佚　名	中國書店綫裝影印明正統道藏本
丹溪先生心法	一四八一	朱震亨	古今醫統正脈全書本
安老懷幼書	一四九八	劉　宇	明校刻本
醫史	一五一三	李　濂	明正德刻本
韓氏醫通	一五二二	韓　懋	清刻本
攝生衆妙方	一五五〇	張時徹	明嘉靖刻本
醫先	一五五〇	王文祿	叢書集成初編
古今醫統大全	一五五六	徐春甫	南京中醫學院一九八四年復制本
推篷寤語	一五七〇	李豫亨	三三醫書第一集第十八種
赤水玄珠	一五七三	孫　奎	人民衛生出版社一九八六年一月點校第一版
遵生八箋	一五九一	高　濂	人民衛生出版社一九九四年六月第一版
類修要訣	一五九二	胡文焕	壽養叢書
攝生要義	一五九二	河濱丈人	壽養叢書
攝生集覽	一五九二	胡文焕	壽養叢書
類修要訣	一五九二	胡文焕	壽養叢書
厚生訓纂	一五九二	周　臣	壽養叢書
養生要旨	一五九二	許樂善	明刻本
赤鳳髓	不詳	周履清	叢書集成初編

東醫寶鑑	一六一〇	許　浚	人民衛生出版社一九九五年十一月影印明萬歷四十一年癸丑十一月朝鮮內醫院刻本第一版
壽世保元	一六一五	龔廷賢	明經綸堂刻本
玉芝堂談薈	不詳	徐應秋	筆記小說大觀第十一冊
涌幢小品	一六二二	朱國禎	筆記小說大觀第十三冊
類經	一六二四	張介賓	人民衛生出版社一九五七年五月影印明金閶童涌泉刻本第一版
萬壽丹書	一六二四	龔居中	清嘉慶九年刻本
濟陽綱目	一六二六	武之望	明萬曆四十八年庚申著者序刻本
紅爐點雪	一六三〇	龔居中	清嘉慶九年鄞江書林星聚樓新刻本
松江府志	一六三一	陳繼儒	明崇禎四年增刻九十四卷影印本
種子編	一六三六	岳甫嘉	明崇禎九年東吳銘新齋刻本
攝生秘剖	一六三八	洪　基	光緒三十一年刻本
景岳全書	一六三九	張介賓	人民衛生出版社一九九一年六月點校第一版
乘香	一六四一	周嘉青	筆記小說大觀第十二冊
脈望	一六四四	趙臺鼎	叢書集成初編
島居隨錄	不詳	盧若騰	筆記小說大觀第十三冊
壽世秘典	一六六一	丁其譽	明末頤吉堂刻本
病榻寤言	一六六四	陸樹聲	叢書集成初編
壽世青編	一六六七	尤　乘	歷代中醫珍本集成
蒿菴閑話	一六七〇	張爾岐	筆記小說大觀第十六冊
勿藥玄詮	一六八二	汪　昂	咸豐四年刻本
天臺縣志	一六八四	黃執中	康熙二十三年刻十五卷本，咸豐補刻
石室秘錄	一六八七	陳士鐸	清江左書林版

辨證錄	一六八七	陳士鐸	人民衛生出版社一九六五年五月第一版
堅瓠集	一六九五	褚人獲	筆記小說大觀第十五冊
醫學眞傳	一六九九	高世栻	醫林指月十二種
養生論	一七〇一	日·貝原篤信	日本寬政二年刻本
女科精要	一七〇二	馮兆張	馮氏錦囊秘錄綫裝本
蜀都碎事	一七〇二	陳祥裔	筆記小說大觀第十七冊
香祖筆記	一七〇五	王士禛	筆記小說大觀第十六冊
頤養詮要	一七〇	五馮曦	光緒戊戌刻本
物理小識	一七〇九	方以智	康熙三年於藻刻本
萬壽仙書	不詳	明·羅洪先撰，清·曹無極增輯	道光壬辰刻本
粵西叢載	不詳	汪　森	筆記小說大觀第十八冊
陸地仙經	一七二六	馬　齊	清刊本
古今圖書集成	一七二八	陳夢雷	巴蜀書社、中華書局一九五八年十月影印第一版
胎產心法	一七三〇	閻純璽	人民衛生出版社點校一九八八年十月第一版
醫宗金鑒	一七四二	吳　謙	人民衛生出版社一九五七年二月影印清乾隆七年壬戌武英殿聚珍版本第一版
醫學源流論	一七五七	徐大椿	清乾隆二十二年半松齋刻本
串雅內編	一七五九	趙學敏	清光緒十四年榆園刻本
串雅外編	一七五九	趙學敏	清光緒十四年榆園刻本
醫貫砭	一七六四	徐大椿	徐大椿醫書全集
蘭臺軌範	一七六四	徐大椿	徐大椿醫書全集
觚賸	一七七〇	紐　琇	筆記小說大觀第十七冊
續名醫類案	一七七〇	魏之琇	清同治刻本

老老恆言	一七七三	曹庭棟	珍本醫書集成
通俗傷寒論	一七七六	俞根初	上海科技出版社一九五九年二月新一版重訂《通俗傷寒論》本
大同府志	一七七六	王飛藻	清乾隆四十一年本
十七史商榷	一七八七	王鳴盛	叢書集成初編
羅氏會約醫鏡	一七八九	羅國剛	清乾隆五十四年大成堂刻本
聽雨軒筆記	一七九一	清涼道人	筆記小說大觀第二十五冊
疫疹一得	一七九四	余師愚	人民衛生出版社一九五六年四月影印道光八年戊子延慶堂刻本
續子不語	一七九八	袁　枚	筆記小說大觀第二十冊
吳醫匯講	一八〇一	唐大烈	上海科技出版社一九八三年六月第一版
醫醫偶錄	一八〇三	陳年祖	珍本醫書集成第十四冊
說文解字注	一八〇七	段玉裁	上海古籍出版社一九八一年十月影印第一版
重慶堂隨筆	一八〇八	王秉衡	潛齋醫學叢書十四種
橘旁雜論	一八一二	黃凱鈞	清嘉慶十七年刻友魚齋醫話本
全唐文	一八一四	董　誥	清嘉慶十九年揚州全唐文局刻本
初月樓續聞見錄	一八一八	吳德旋	筆記小說大觀第二十三冊
醫學從衆錄	一八二〇	陳修園	上海書店一九八八年影印陳修園醫書七十二種
履園叢語	一八二五	錢　泳	筆記小說大觀第二十五冊
雜證匯參	一八二六	程杏軒	清道光十三年癸巳刻本
重纂福建通志	一八二九	陳壽祺	道光九年修十五年續修二百七十八卷
清嘉錄	一八三〇	顧　祿	筆記小說大觀第二十三冊
蘇州志	一八三一	沈　銳	道光十一年刻咸豐二年補刻十卷本
薛生白醫書二種	一八三一	薛生白	光緒二年刻本

退庵隨筆	一八三七	梁章鉅	筆記小說大觀第十九冊
兩般秋雨庵隨筆	一八三七	梁紹壬	筆記小說大觀第二十三冊
內科簡效方	一八三八	王士雄	潛齋醫學叢書十四種
潛齋醫話	一八三八	王士雄	中國醫學大成第四十冊
願體醫話	一八三八	史　典	咸豐元年重慶堂刻本
類證治裁	一八三九	林佩琴	清咸豐元年丹陽林氏研經堂刻本
咫聞錄	一八四三	慵訥居士	筆記小說大觀第二十四冊
歸田瑣記	一八四五	梁章鉅	筆記小說大觀第十九冊
頤身集	一八五二	葉志銑	咸豐丁丑刻本
冷廬雜識	一八五六	陸以湉	筆記小說大觀第二十三冊
醫理眞傳	一八六九	鄭壽金	清同治十三年成都文林齋劉氏刻本
墨餘錄	一八七〇	毛祥麟	筆記小說大觀第二十一冊
瀛濡雜志	一八七一	王　韜	筆記小說大觀第二十七冊
埋憂集	一八七四	朱梅叔	筆記小說大觀第二十一冊
庸閑齋筆記	一八七四	陳其元	筆記小說大觀第二十一冊
蟲鳴漫錄	一八七七	采蘅子	筆記小說大觀第二十二冊
養病庸言	一八七七	沈子復	清光緒三年刻本
志異續編	不詳	青城子	筆記小說大觀第二十七冊
春在堂隨筆	一八七九	俞　樾	筆記小說大觀第二十六冊
嘯亭雜錄	一八七九	昭　槤	筆記小說大觀第三十五冊
耳郵	不詳	俞　樾	筆記小說大觀第二十六冊
醫門補要	一八八三	趙　濂	清光緒九年癸未刻本
血證論	一八八四	唐宗海	清光緒十九年癸巳刻本

中西匯通醫經精義	一八八四	唐宗海	中西匯通醫書六種
津門雜記	一八八四	張　燾	筆記小說大觀第二十四冊
妙香室叢話	一八八四	張培仁	筆記小說大觀第十八冊
中外衛生要旨	一八九〇	鄭官應	清光緒九年癸未益智書會校刻本
讀醫隨筆	一八九一	周學海	周氏醫學叢書三十二種
庸盦筆記	一八九一	薛福成	筆記小說大觀第二十七冊
冷廬醫話	一八九七	陸以湉	清光緒二十三年烏程龐氏刊本
醫源	一九〇〇	芬余氏	三三醫書第一集第二十九種

《中華大典》辦公室

主　　任：于永湛

副 主 任：伍　傑

　　　　　姜學中

編　　審：趙含坤

　　　　　崔望雲

秘　　書：宋　陽

封面裝幀設計：章耀達

《中華大典》四川編纂處

主　　任：林　建

　　　　　段志洪

副 主 任：侯安國

《中華大典·醫藥衛生典》

項目負責人：段志洪

　　　　　　侯安國

　　　　　　周田青

項目組成員：李　嘉　馮　傑

　　　　　　白亞輝　徐慶豐

　　　　　　康麗華　黄雲生

　　　　　　侯躍生　王群栗

　　　　　　潘　錦　陳　敏

圖書在版編目（CIP）數據

中華大典·醫藥衛生典·衛生學分典·人體衛生總部/
張早華主編. 一成都：巴蜀書社，2015.9
ISBN 978-7-5531-0562-8

Ⅰ. ①中…　Ⅱ. ①張…　Ⅲ. ①百科全書—中國　②衛
生學　Ⅳ. ①Z227　②R1

中國版本圖書館 CIP 數據核字（2015）第 169351 號

中華大典·醫藥衛生典·衛生學分典

人體衛生總部

編纂：《中華大典》工作委員會
《中華大典》編纂委員會

出品人：林　建

總編輯：侯安國

責任編輯：徐慶豐　白亞輝　陳憲良

出版：巴蜀書社
（四川省成都市槐樹街二號　郵政編碼　六一〇〇三一）

印刷：成都東江印務有限公司
（四川省成都市溫江區涌泉街道辦事處共耕工業園 H-12
電話：〇二八-八二六〇一五五一　郵政編碼　六一一一三〇）

經銷：新華書店

成品尺寸：一八五毫米×二六〇毫米　印張：十九　字數：六〇〇千
二〇一五年九月第一版　二〇一五年九月第一次印刷

定價：貳佰圓

書號：ISBN 978-7-5531-0562-8

ISBN 978-7-5531-0562-8
9 787553 105628 >